獻給凱特，以及所有愛她的人

推薦序

當我們面對生命之源

方力行／國立海洋生物博物館創建館長、
國立中山大學榮譽講座教授

能靜靜閱讀《擁抱流水》這本書的人或許需要一些特質，對冒險的熱情，對生死的包容，對原野生命的欣賞，對人類作為的反省。也和看一般科幻、偵探、愛情、傳記，甚至科普書籍的一氣呵成都不同，讀者的心需要在細緻和寬廣、狂野和理性，自然和法治中來回擺蕩，真是不容易！

可是看這本書的時候，又感到親切和熟悉，或許是英格蘭的河流也和台灣有幾分類似，都是島嶼型河川，而不是那種一瀉幾千公里的大陸江河，或許是我個人的河川生活經驗，又或許真正的原因是：我們都是水做的，人體中有百分之七十是水！

本書作者愛咪—珍是一位河川泛舟的冒險家，書中談的都是她在不同河流活動中的觀察、體驗和感觸，不過她划的是獨木舟，和台灣所熟悉的皮筏漂流型泛舟不同。獨木舟小而輕便，可以進入河流上游溪澗峽谷、湍流瀑布疊蕩，地形變化多端的場域，那兒的環境自然、隱蔽、原始，讓作者有了豐富而細緻，觀察林木花草、鳥獸蟲魚的經歷，也使得讀這本書時，在追隨極限運動冒險者的興奮之際，忽然添加了如詩如畫的心靈體驗，時不時置身於艾菊、柳蘭、蘆葦、薊草……以及蜉蝣、彩蝶、石蛾，甚至鱒魚、水獺的中間。

其中描述蜉蝣出現的情景一節，更讓我想起高中時和好友們在北勢溪一個河灘露營的光景：黃昏時光，碧綠的河面上飛來一群「小雲朵」般的蜉蝣，因為忽上忽下，接近河面，水面上剎時出現了無數大大小小的圓圈圈，像變魔術一樣，怎麼回事？原來是平時深藏水底的魚兒都跑出來，在水面將口對著天空一張一闔，等待著落入水中的晚餐呢！

除了划獨木舟之外，作者比一般泛舟者多做了一件事，那就是親身跳入水中游泳，真是「愛水」呀！做為一個河川生態的研究者，我深深瞭解唯有自己身處水中，才能體會和周邊的河川物我合一的感覺，不管水質是清冽如鏡、冰冷如霜、混濁如泥、風平浪靜或是波濤洶湧，都一樣欣然以赴。也唯有這樣，才能真正瞭解生長在這種水體中，魚類或其他生物的具體感受。記得早年赴亞馬遜河及馬達加斯加島做調查時，也曾一樣情不自禁地跳入那混濁如泥、食人魚和水蛭橫行的河川中游泳，享受被水擁抱的快樂舒暢，是以看到一位同樣會做此等「傻事」的文學作者時，真是心有戚戚焉。

不過在任何地方親水、入水時，一定要有人帶領並先做好足夠的功課，就像作者書中所做的一樣。水絕對沒有你想像的安全！文中提到的「虹洞」、「旋轉巷子」，個人也都曾親身經歷過。虹洞是水下一種地形變化造成流水突然加快並吸入狹縫或洞穴的現象，在楠梓仙溪浮潛調查魚類時，就曾完全無預警地遇上，也因為瞭解水性，得以及時反應，才逃過一劫。旋轉巷子則是會將物體吸入的漩渦，年少輕狂時想要知道它的吸力有多大，還故意游進新店溪的大漩渦中去體會它的吸力，回想起來，其實都是老天慈悲，留下自己的一條命。這也正是老人家常說中「欺山莫欺水」的道理——水的變化太快，又難以捉摸，雖然是生命之源，但面對她時，一定要心存敬畏，切莫輕忽。

在比較個人角度的水中運動體驗和自然觀察描述外，愛咪—珍書中也觸及了社會上許多人關心的

環保、法律、個人權益，以及應該如何用不同角度去思考的議題：譬如在一個更為自由（或是個人？資本？）主義的英國，連蜿蜒在森林中的溪流都是地主所有的，那麼沿著河流進入的划船者，算不算就是擅自侵入別人的土地呢？為了防止這些入侵者，有些人在河流上掛上鐵絲網阻止外人擅入，尤其在激流中它極容易造成傷害或翻船，就像騎摩托車碰上懸在空中、橫過路面的繩索一樣。這是地主的權力？還是有意傷人的不法律行為？……而從另一個生物或環保的角度來講，「通行的獨木舟或甚至一隊獨木舟，對魚或其他水生物沒有危險，但擦過礫石確實會干擾產卵地和傷害魚卵。沒有足夠的水浮起時，划槳是個爛點子，一開始就不環保」。身為一個自然的探索者，作者在質疑別人時也同時能檢討自己，誠懇地反映了每一個公民社會中的利益參與者，都應該有的自省態度和修養。

但這卻讓我想起，台灣許多越野車隊溯溪露營或尋求刺激的行為。一輛接一輛的越野車粗暴的輪胎會比船槳溫柔嗎？怎麼沒有人在意？

而大家現在早已耳熟能詳，環境生態與文明發展的衝突，書中也一再提到，不過少了一般常見，主觀的指責和漫罵，謹守著只做客觀的陳述：例如為了用水，人們築起了水庫、水壩和河堰，破壞了河川的生態與景觀，也妨礙了遊憩活動。好吧！就算這是文明發展必須的作為，但是「水公司承認每天讓三十億公升的水從水管中漏掉也沒帶來幫助」或許才是真正的問題？因為沒有負責任、有效率的機構來正視並解決問題。「保育和環保運動從未真正辦到這一點……大型非政府組織，有數百萬名成員，但只要他們繼續防守自己的地盤……他們就總是會稀釋彼此的努力」，這不是環保人士沒有盡力，而是少了一份從他人立場考量事情，願意共同尋求適當的平衡點，然後具體解決問題，規劃未來的肚量與做法。愛咪—珍在書中，雖然輕描淡寫，但實則語重心長地點出了現今社會面臨的困境和解方。

其實她講述的並不止是如此，還有河川，或是「水」，和人類歷史、文化間的關係，兩者密不可分，互相因果，如何做卻全然操在人的手中。由於利用了河川之便，「一八六〇年代的布拉福號稱是全球最富裕的城市」，卻是「糞溪」的創造者；水力發電似乎是綠色能源，「足以提供都市發展動力」卻也「可以永遠運作下去，直到驅使本地的物種滅絕」。更有意思的是她指出水庫造成的環境生態改變，將變成溫室氣體的主要來源，尤其是甲烷，它捕捉熱量的能力是二氧化碳的二十四倍，也是以前少有人提到的論點。但是她並沒有反對或指責，仍然只是平靜地指出「河流應該是可以被解放」的，並同時陳述它的利弊，尊重人們依著自己的知識和選擇，去塑造自己，以及自然的命運。至於貫穿所有事情的「水」呢？再一次引用作者撰寫全書的冷靜態度：「在河流的生命中，這些都是短暫即逝。」

水，是永恆的！

《擁抱流水》的尾聲也非常令人驚豔，愛咪—珍把水、流水、水流，和它所塑造滋養的萬物：地形、河谷、樹林、生物（當然也包含人類），用一位秀麗的美女和一條皺著眉眼的巨龍來隱喻，卻依然沒有主觀的自以為是，而是用謙遜的心問道：或許我們在水裡也曾留下某些剪影，那痕跡可能會像什麼？像每一位讀者自己心中描繪的樣子！

目次

請幫我打造一艘小船，
乘上流水而去
在河水深處，在大魚爬行處
我很高興擁有讓我漂浮的東西。

——強尼・福林（John Flynn），民謠〈流水〉（The Water）

前言

只有水，往前流動

Only water, moving on

我大概知道這個水池的深度，但不清楚具體是幾英尺。

——娜恩・雪柏德（Nan Shepherd），《山之生》（*The Living Mountain*）[1]

相較於鄰居萊克蘭（Lakeland）[2]的瘦骨崎嶙，霍吉爾丘陵（Howgill Fells）[3]顯得豐盈妖嬌。丘陵在隆恩（Lune）山谷與羅賽河（Rawthey）[4]之間竄伸而出，在此，地球的骨頭似乎長滿肌肉，儘管沿著頂端的每個彎道都被吃草動物啃食殆盡。更下方處是陡峭的峽谷溪流——潮濕、親密，有著腹股溝般的裂縫，生命在這裡相互追逐，流水滲透而河流高漲。

在一個冷冽、湛藍的早晨，我腳踏瀝青路面，走上農場小徑，開始往下坡而去。坡度的改變讓張力從一組行走肌肉轉換到另一組，我幾乎是馬上就聽到潺潺水聲。那只是條奔流的小河，但現在我循著它

走，我感覺我抗拒了幾乎七年的衝動彷彿又重然浮現。

此處已經步入深秋。家庭雀在農場樹籬裡不尋常地安靜。昨晚降下季節第一道鋒利的霜，這使得牠們靜默下來——即便嬌小，但牠們彷彿打從骨頭裡知道，什麼即將來臨。犬薔薇和山楂長著累累果實，沉甸甸地，葉片抖落。玫瑰果展現生氣勃勃的猩紅色，山楂果則是靜脈血液噴在泥土上的顏色：黝黑、缺氧，在每個小小的痛風腫脹處結痂成殼。我納悶山楂的邪惡名聲是否有部分是來自其果實的外貌。玫瑰果的豐柔和不祥的山楂果之間的對比使我著迷——我知道我不會是第一個注意到這點的人。我各撿了一小簇放進口袋裡，提醒自己要記得研究它們的象徵意義。

我繼續沿著河灣走，抵達河流。淺灘旁有座人行橋，一個黃色警告標誌寫著：死亡危險。那是警告我頭頂上有電線，口氣強勁但帶著點平庸。我轉過頭，這樣我就看不見標誌，並能將注意力轉而投向河水。它在橋下緩緩滑動，是整條移動，平滑得好像一種固態、不可能存在的事物。盯著不斷流出的水太久，你會害怕地球是否會枯竭。

河水水位很低，低到船隻無法航行。就像大部分排出小小的集水區的陡峭河道，除非下大雨才有可能使水位升高。然後，幾束流水匯流變厚，在岩石上和岩石間創造出短暫的航道。要在這種地方泛舟的計畫總是決定得很臨時。大家會基於氣象預報而在前一天展開激烈辯論，但要直到我們集合時才會敲定。朦朧朧一大早，我們將獨木舟綁在車頂行李架上，通常會坐進一間供應油膩膩的三明治和滾燙紅茶的路邊咖啡館。接著，我們會同意某個目的地，開車前去，在這裡或那裡從車裡跳出來，用已知的測量物——橋柱、特殊的岩石——測量水位。然而，在我十年來跑遍英格蘭北部的河流經驗中，羅賽河使我困惑。它的狀況從未適合泛舟，它的姊妹河克洛河（Clough）則看起來好一點；或者我們最後就會往下

游到隆河，到肯特河（Kent）或雷萊文河（Leven）[5]更西處，抑或是回頭轉而翻過本寧山（Pennines）[6]，往約克郡的格雷塔河（Greta）或蒂斯河（Tees）那非常值得信賴的上游段而去。在約克郡獨木舟俱樂部成員的眼中，這段過程像是在打全壘打，儘管開車要花上一個半小時。羅賽河總是被留待到往後再探險。

河水是薄黑咖啡的顏色，河道寬廣低淺。我可以看見底部的圓石和岩架，催促著河水匆匆注入淺灘。上游有較大的石頭，頂端長滿苔蘚。幾棵樹從頭頂橫掛而過，沒有樹葉的年輕梣樹吊著一捆捆種子，活像骯髒的手帕。此地也有赤楊，包覆在黝暗的栗紅色柳絮裡，還可見榛樹、橡樹，以及無邊無際的犬薔薇和山楂。

一道路徑從河水升起，左閃右躲，最後變成稍微比羊徑寬一點的小路。我不確定這條路是對的。我正從上游接近目的地，僅是因為我不想走救護車走的那條路；那時救護車從路邊停車場奔馳橫越田野，拖著厚重的設備。我想走我朋友凱特走過的路，當時她與一群朋友在一起，他們全都是經驗豐富的獨木舟玩家，在二〇一二年一月一日經過這條路往下游而去。

凱特只是做自己就非同凡響。她有棕色的眼眸和從不留長的短髮，儘管瀏海有時會輕撫過眉毛，她會迅速伸手將它梳理回原位。她有雙強壯的大手，指甲修剪得整齊但沒有塗上指甲油，她似乎不費任何力氣就能擺出物理治療師和皮拉提斯愛好者追求的良好姿勢。她穿衣品味不俗，我可以想起幾乎所有我看過她穿的衣服，因為她換來換去總是那幾套精選穿搭。她有大方的微笑，瞬間照亮臉蛋。

我經過濃密的金雀花灌木叢——有些開花了——在強烈的陽光下呈現炫目的燦黃。路徑另一邊的山楂標示原野的界線，它們**年歲**已高——光禿禿的它們看起來淒涼又飽受風吹，但它們長得緩慢而小心翼

翼，因此結實強壯。許多山楂的樹皮已經剝落，裸露出來的木頭像漂白過，如森森骨骸。一隻知更鳥幽揚鳴囀。知更鳥總是在高唱。幾隻禿鼻烏鴉呱呱叫著。溪流閃亮的水快速橫越路徑往下坡湍湍而去。

在陽光中，我所在之處下方的河流閃耀灩灩銀光。我可以聽見它——快速流動的滾滾河水形成連續播放的背景音樂，我想念這個音樂。我經過另一座農舍後，路徑往下坡走去。它頗為陡峭，地心引力拉著我的雙腳直到我又走到森林裡。橡樹、山毛櫸和梧桐仍舊布滿金色和紅狐色的樹葉，但空氣乒乓響著，充滿畫眉和鶇鶥的啾啾警覺鳴啼。

河流進入下面的峽谷，越過這幾棵樹。我知道這裡靠近那個地點，我能聽到的水聲一定來自**那個**急流。鳥兒不斷咕咕叫喊。

離開。妳為何不就**離開**？

結果，我沒啥選擇。前方有雙重障礙，強大的鐵絲柵欄和幾道電網，發出生氣勃勃的滋滋聲。沒人想要我去下面那裡。農夫不想，鳥兒不想，我不想。然後我仍舊走著，經過峽谷，告訴自己會找到一條橋，再返回另一邊的上方。我穿越一片田野，通過一道農場大門，旁邊有位專家似的牧羊人粗暴地對待幾隻不情不願的綿羊。我摸摸他的狗。

「天氣不錯。」

「可不是，得好好享受。」

「是的，沒錯。」

我重新回到河流邊，在這它很安靜——幾乎是清澈的，上游沒有任何激流的跡象。在那個元旦，它看起來一定就像這樣。河水往前流動著，微光閃爍，美麗如昔。河水淙淙，如以往般持續奔流。我沒有

懊悔，沒有罪惡感，但不能說沒有意圖，因為**河流就是意圖**，就是進展。

我越過一條石橋，回頭走山谷小路。我最後認命，從救護車停車的地方開始走，橫越救護直昇機一定曾降落的原野。從那很容易攀爬過柵欄，慢慢滑下河堤，在我恢復鎮定之前，我已經在峽谷了——面對著陡峭的巉崖，頂端是我在一小時前繞過的圍著柵欄的林地。鳥兒一定還在高處啾鳴，仍舊警告著要我離開，但我在潺潺奔流的河水聲中聽不到牠們的啼聲。幾束璀璨陽光往下流洩至此，照得河流爛灼生輝。

這裡應該就是事發地點。河道在此緊縮——只有大概五公尺寬。但激流不止一處，我深感困惑，因為我以為我就是**會知道**。從我泛舟的經驗來看，它們並不陡，但它們很複雜，需要很多技巧，得做很多選擇。低水位使得人難以判定流水的危險度。我可以想像凱特越過上方的漩渦，坐在她的獨木舟裡，燦爛微笑，享受冬天由蕨類、地衣和地楊梅構成的翠綠景致。

或許她曾舀起一把水來沖洗她的臉，就像我們經常做的那樣，提神兼與河流進一步建立感情。那可不只是流水。你只要看一眼就明白。逐漸地，山丘放棄自己，放棄它們培育的生命。那個咖啡色澤就代表土地和生物本質，它曾經是地質和生物物質，但現在除了河流外，不再屬於任何事物。

凱特在我丈夫洛伊和我開始嘗試懷孕時，宣布喜訊，但最後她女兒漢娜和我兒子洛奇的誕生之間還是隔了兩年。我常在懷孕初期尋求她的建議，而她總是有問必答。第一個建議是「擁抱混亂」，那對我

們助益良多，可以應用到生活上的所有層面，不僅只是照顧小孩當下黏答答又混亂的困境。第二個曾是、現在也仍舊是比較困難的部分。「當寶寶誕生時，」她有次曾說，帶著特有的信念，「那就是你們分開的開始，所以妳得馬上訓練自己習慣這種感覺。妳得將他放進別人的臂彎裡，讓他們也愛他。因為雖然我們的孩子感覺起來像我們的一部分，但他們是獨立個體，他們需要我們教會他們這點。做為母親的我們要負的責任，就是讓自己變成一種累贅，儘管我們自私的心想要相反的東西。」我的確想要相反的東西。我仍舊如此。我想要讓洛奇留在我伸手可及之處。讓他知道他得到無限的愛。但就像漢娜，他也是獨子。眼看他們漸漸長大，像森林的樹般根冠相連，在家庭以外的世界結交朋友，我知道凱特會引以為傲。

凱特有顆如旭日東升般的心：寬大為懷，憐憫一切，總是活在當下，追求她航行全世界所追尋的刺激——而那是競速，不是巡航。

洛奇誕生後，我想盡快重新開始運動，我尋求凱特的專業建議，問她我如何恢復產前體態。我記得她握住我的手指，引導我去感覺腹部肌肉的空隙。腹部肌肉會分開是為了容納和適應寶寶，她警告我直到肌肉重新結合前，都不要跑步。但沒有東西能阻止我划獨木舟，只要是在合理範圍內。我一等剖腹生產的疤痕癒合就回到水面上。我們的朋友圈裡有幾個人也同時應付好幾個難題，而且應付得游刃有餘。洛伊和我在洛奇七個月大時，就去法國阿爾卑斯山脈旅行，那是我們每年夏季的例行之旅——朋友們在我們划槳時，輪流讓他在河堤上一顛一顛地走和擁緊他。寶寶和泛舟——我們可以同時擁有兩者。我們的確也同時辦到。

我面對峽谷裡湍急的水流，眼睛不禁從這個地貌掃至那個地貌，試圖理解，想像會是什麼事以什麼方法出錯。那個石頭？那個水流交會之處？或那個？我在這個低水位中甚至無法看出最佳路徑可能是什麼。每樣東西都輕易地潺潺流過，白色泡沫和浪花的小漩渦在表面形成美麗的圖樣，彷彿一隻看不見的手在攪動水流。

現在我人在現場了，卻不真的知道該做什麼。我沒有帶鮮花來。我似乎連該說什麼都沒準備好。但我的口袋裡有兩把莓果。猩紅的薔薇果和血紅的山楂。我在手裡掂了掂它們的重量，然後將它們拋進水裡。山楂在陽光照射下如此燦爛，我可以看見它們隨著水流上下晃動，直到河道輕輕轉彎將它們帶出我的視線之外。我開始挑前往下游的路。那並不容易。河堤太陡峭，樹叢繁盛難以前進，所以我在河邊爬過岩石和苔蘚，小心地緊抓住樹根和生草叢。我經過第二道急流尾處，直到那時才恍然大悟下面還有另外一個。峽谷變窄，我無法接近它，所以我往上並在周遭攀爬，慢慢往再遠一點的寬池子向下前進。就在我再度往下爬行時，我忽然瞥了一眼下方的急流，頓時全身唰地停了下來，因為我直覺知道就是**這個**。我知道，因為那是個窄小到不行的空間，水流急速堆積，無情地高高濺起，裡面有一整棵樹幹橫亙卡住，樹根朝上。陽光照不到那裡，個別聲音被岩壁掐住，吸納後成為白噪音。

凱特在那裡困了十分鐘。

我畏縮一下，發出咒罵，在心裡大聲納悶——我究竟以為我來這裡會獲得什麼好處。

我轉過身，但我無法抹掉它刻在我心底的印象。

我找著往更下游處的緩慢水流的路，然後蹲在邊緣的石架上。這裡一定就是他們救出她的地方，儘管我無法理清他們是怎麼辦到的。直到救生員來前，他們一直幫她做心肺復甦術。

我洗洗臉，聞著水的味道，感覺它刺痛我的肌膚。這些感受中有我難以承受的懷舊之情。我察覺我有多想念流水——**這種**流水——冰冷、帶著土地芬芳和透著氣，新鮮但又十分古老。

我曾試圖回返。我們在湖泊和平靜的水面操作開艙式獨木舟，那總是帶來喜悅。但當面對激流時，划槳總是奪走我的心。我無法信任我的視野，因為它無法保持清晰。我也無法信任肌肉，它總是被腎上腺素氾濫。我的心臟也怦怦快跳。許多年來，我的獨木舟靜靜安放在車庫裡；然後，它被送往一位朋友的穀倉。

我洗著臉，當涓涓細流流下脖子，從臉蒸發時，我往下一瞧……瞥見一個奇怪的東西。剛開始，我以為那只是一條線——釣魚線，或者可能是浮在水上的蜘蛛絲。它緩緩移動，蜿蜒曲折，之後消失。我歪著頭張望，它又出現了，捕捉著璀璨太陽光芒。我伸手去碰，但只碰到水。然而我仍然看得見它，現在看得非常清楚，而後我恍然大悟——那不只是在水面上發生了什麼。那是一道面紗，在擾動燦爛光芒時才可得見，延伸進入水深處。流水流經它，沒有留下殘渣或岩屑的物質或碎片，就像我的手指。我移開手時，它剎時改變形狀。

我恍然了悟，我看到的是流水間的介面——渦流線（eddyline）。我在獨木舟中習慣想像自己會看到如窗簾或牆壁般的渦流線——這些障礙需要小心估算其力量和角度，才能在控制一切的情況下，安全通過，並避開要沖刷我離開線的兩道水流之間的緊繃張力，不然我甚至可能會翻船。但我不記得曾經**看過**一條實質的線。我曾見過表面流水相互衝撞，泡沫、漩渦和流水駝峰捲起的簾幕——那是其他流水在

哪交會的線索。但我從未看過流水和回流間這麼完美、精確的界線。這裡的簾幕流速緩慢，緩慢到河水看起來幾乎是靜滯的。表面沒有擾動，所以沒有打破微微的折射，使得我感知到通常看不見的東西。這就像看到過去和現在、生與死之間的銜接。巨大之物之間的最微小無物。我看得越久，便看到更細微的特色。微漩渦、湧昇流、渦漩和細小漣漪。那些漣漪一定是小小漩渦造成的結果，從下方拉著表面流水。它們看起來像指紋，彷彿某人碰過水後，而水記得這人。它們緩慢移動，有時在漂浮入下游時衝撞彼此。這景象令人著迷、感覺奇異又帶來安慰，那是流水形塑而成、層次豐富而又不斷變化的精巧結構。

我記得那年元旦在接到電話前的那幾個小時，那時的我什麼都還不知道。那天有個梨粉紅色的日昇，我們到阿恩賽得諾特（Arnside Knott）[7]山峰慢跑，然後在安布賽德（Ambleside）[8]的酒館吃午餐。不知道為什麼，我總是想起那裡的地毯，我在那笨拙地清理十一個月大的小嬰兒打翻的義大利麵和蔬菜，他可一點也不肯合作。然後來了一通電話，我們匆匆在夜色中趕回約克郡，趕回我們最愛的人們都聚集在一起的房子裡，在那等加護病房傳來奇蹟。冰水會使萬物緩慢下來，不是嗎？我們全都聽過，有些關於失溫的故事能在這種情況下提供生命線，降低大腦對氧氣的咆哮需求。而且這是凱特。從不放棄的凱特。從未想到過會英年早逝的凱特。

我們等了兩天，一起過夜。蠟燭燃燒到根部，然後我們點燃更多。我們和寶寶相依，擁抱彼此。我們喝了很多酒。然後凱特的丈夫保羅打來電話。幾個打結的字眼，兩句沒說完的句子。世界瞬間改變形狀。重要部分剝離，碎成碎片。

幾個星期以來，我們似乎只是在踩踏流水。只做似乎最需要做的事。喪禮上色彩繽紛，充斥著河流般的故事，滿載著海洋般的愛。幾星期變成幾個月，等到我察覺到生命持續前進時，才恍惚覺得自己像在海洋上漂蕩長時間後上岸，看見熟悉地點的路標，雙腳踩著結實的土地，地心引力如往常般運作。但到那時，我已經練就在船上行走自如的本事，結實的土地反而讓人感覺沒安全感。當然我不是承受最糟糕打擊的那位。凱特的父母和兄弟們、保羅，甚至小漢娜的反應都會使她引以為傲，堪可作為楷模。我確定我一定能為他們做更多，為努力嘗試讓凱特繼續留在我們生命中的朋友們做更多。但有時候，我能做的只有按捺下自己因無能為力改變已經發生的事而產生的憤怒。

我們所有的泛舟朋友都有驚險逃過一劫的故事——犯下巨大錯誤，最後及時被拯救。任何極限運動都是如此——由冒險、團隊合作、堅毅意志和赤裸裸的好運構成的故事。我腦中深藏著許多人荒謬地生還的故事。維斯娜．烏洛維奇（Vesna Vulović）是位塞爾維亞空服員，從殘破的機體中於三萬三千英尺摔下，卻存活下來，在我那本《金氏世界記錄》一九八一年版的封面上揮手微笑。安娜．貝恩霍姆（Anna Bågenholm）是滑雪運動員和醫護人員，在一九九九年滑到冰封的河流冰層下，在浸泡水中達

八十分鐘、心臟停止達兩小時後成功甦醒，她那時的核心體溫只有攝氏十三點七度。鮑伯・桑佛德（Bob Sandford）是位登山菜鳥，被融水沖刷下薩斯喀徹溫冰河（Saskatchewan Glacier）[9]的冰河縱穴，深至底部，他沿著冰河下的流動水流往前衝，在冰山鼻處絕地重生。想到這類事情確實可能發生，而凱特卻無法以敘述她自己逃出生天、克服逆境的狂野故事來逗我們開心，這讓人憤怒異常。

我的憂傷被怪物般狂亂、無法表達的憤怒貫穿。我氣自己無能為力，無法讓事情變得更好——改變已經發生的事——而且還帶著點罪惡感。我因沒有在現場而使凱特失望。我們都接受過激流救難訓練。我們全都反覆練習過，而在練習的過程中，被救的人總是活著回來。連嘗試的機會都沒有，讓人難以忍受。我們從未討論過這件事，但我想我們的朋友伊昂有這份直覺，他那天和凱特在一起，幫忙將她拉出水面。在許多人致詞的悼詞中，他自我介紹，只是簡單說，在凱特最後一次的河流之旅中，他能相伴左右是他的榮幸。伊昂是惜字如金的人，有時給人一種漫不經心的感覺。然後，他偶爾會用那種感性發言突襲你，字裡行間不僅僅是推崇凱特，還看清和接受哀痛所在的情感深淵，而我以為我能隱藏得很好。我很久後才想到，也許每位在喪禮上的划槳老手都有相同的感覺。

幾乎令人不可置信的是，我們在十個月後又回到相同的火葬場，與另一場巨大的哀傷搏鬥。傑森・拉波（Jason Raper）十六歲時加入俱樂部，人格已經成長成熟：仁慈、活潑，是我們所見過天生最該靠划槳為樂的泛舟手。凱特死後兩個月，傑森在三天內一鼓作氣划艇渡過烏爾河（River Ure）[10]、烏茲河（Ouse）和亨伯河（Humber）[11]，總計一百六十英里，募集到數千英鎊並捐獻給救護直昇機服務，以紀念凱特。在那之後不到四個月，他也走了，被挪威的勞達倫河（River Raundalen）沖刷奪命。他年僅十九歲。數週後才尋獲他的屍體——他母親在三個月後才能為獨子安排葬禮。那個火葬場裡有扇彩繪玻

璃窗，描繪熠熠星空下的一艘有著正方形風帆的古老船隻。其中有個桅杆形狀的十字架，意思是說，如果你選擇那樣看的話就會看到；驚濤駭浪中有條宇宙河流和星空，假使你要的話。但我兩者都不想要。沒人能告訴我他的死有道理，或者符合某些更崇高的目的。

幾個月後，保羅分享了一封接受凱特的器官捐贈的病人寫來的信。然後我適度地、私下流了淚，幾乎承受不住那份感激。以某種方式，她在那，在我們無能為力時讓事情變得更好。器官捐贈對那些陌生人來說不僅是禮物，對我們而言也是如此。在那之後，安靜而毫不張狂地，滿腔憤怒就這樣離我而去。

——

我一直想去事發現場看看。我以為那會是某種週年紀念——正確的時刻到了就會自然發生。今天我剛好在那一帶，沒有事前計畫，也沒有告訴任何人，而這樣似乎比較容易。我騙自己這說的通。但事實上，由於現在是秋天，感覺起來確實時機恰當。肥沃豐饒和衰亡從兩端擠壓而上，將生命引導入銀色河流，死亡在這一岸，重生在另一岸。

我在走回車子的半路上，才察覺我沒有做我理應該做的事。我沒有說再見。我沒有說，是因為凱特不在那。她當然不在。那裡只有水，不斷往前流動。

她會很懊惱我從那之後就很少坐上我的船，但也許她會瞭解為什麼，在多年蹦蹦跳跳地尋求刺激冒險後，我開始止步不前。當然，這有部分是因為我做媽媽了，部分則是因為我的年歲增長，身體和體力都不太再吃得消。外面還是有許多熱愛冒險的母親，仍舊熱衷其中，但我已經抵達極限，不再需要大膽

追求更刺激的事物。我可以愉悅地回首過去被腦內啡浸淫的日子。我可以看見我曾見過的事物——是的，那是很棒的景觀。但我相信，凱特會告訴我不要花太多時間回首過去。她會堅持嶄新而正要進入視野的，才是最迷人的景觀。眼前將要出現的地貌是隱晦神祕的連綿圓丘，某樣東西溫柔但堅決地拉著你，就像地心引力。違抗地心引力可能比你想像得更為容易。只要噴一口氣，讓薊種子冠毛飄浮在空氣中就能辦到。但現在呢，河流和我似乎只想順其自然。

只是順水推舟。

——

我在幾個月後於元旦又重返現場，早早離家，決定好好利用短暫的灰濛天光。這次我直接去現場，爬過搖搖晃晃的鐵絲網，滑下河堤，本來以為苔蘚可以提供緩衝，但我被它騙了，馬上感覺到河岩的尖銳稜角。河水的水位甚至比上次還要低矮，暴露出急流那些毫不留情的剖面——深處是一個狹窄出水所形成的凹洞，水沖蝕著底部。進去時很寬敞，出來時很狹窄——一個典型的奪命陷阱。

水池清澈深沉。我沒有花太多時間打量，因為我雖然穿著羽絨外套，卻已經凍僵了。我要不現在就行動，要不就放棄。

我已經有大約五年的溪流游泳經驗。不是很遠的距離，而且只在溫暖的季節，即使在夏天，我也總是穿著潛水衣。但我察覺潛水衣會降低我對冰水的內在忍受度，而不是改善它。如果我要重新熟悉河流，並且用適當的方式來做的話，那分隔的那一層就得不穿。誰都不會建議選擇在深冬開始野外游泳。

但我熟悉冰水，的確對環境也沒有抱持天真的想法。上面的急流是個殺手，但冷冽河流的水池安全得可以——深沉緩慢，容易進出，在下游段落裡注入淺灘。唯一真正的風險是冷休克，但我只要慢慢來就可以減緩它發生的機率。

我脫光衣服，迅速套上泳裝和一雙老舊運動鞋。我馬上全身起雞皮疙瘩。

「穩住，」我告訴自己，「慢慢來。會有刺痛的感覺，剛開始還會難以呼吸。就讓它們自然發生。」它們的確發生了。我走進水裡讓水淹至膝蓋，然後到大腿、腰部和胸脯，讓反射性的喘氣動作慢慢發揮作用。然後我手往外一推。我在游泳。幾乎是立即而古怪地浮起來，感覺非常奇妙。三十秒後，我就能緩慢而深沉地呼吸。我繞水池游了一圈。水色金黃奪目，襯著我的雙腿和腳丫澄澄奶油黃。但我胸口傳來的感覺十分古怪。我困惑了一會兒，然後察覺到我快速更衣時將泳裝穿反了，因此想當然耳，低背設計沒有遮住它該遮的東西。由於天氣太冷，我感覺不到差別，下水時胸脯得不到任何遮掩，結果冷到瑟瑟發抖。現在雙峰全坦露出來。我踏著水，連連噴著鼻息，連聲咒罵，蠕動身體將泳裝脫掉，拋到岸邊。雖然可能性很小，但我情願被全身看光光，也不要被看見反穿泳裝。

我又繞著水池游，試圖控制呼吸，只是現在我忍不住咯咯輕笑，全身發抖。我盡可能壯起膽子，游得離急流很近的出口不遠，想說我能掌控一切，或以嚴肅莊重的言詞訓斥它偷走的東西。但反穿泳裝改變了我的心情。我什麼都感覺不到，只有活力四射地活著的刺激感，好像要高聲喊叫。

我爬到稜角尖銳的岩石上，笨拙地用毛巾擦拭自己，套上衣服，我很高興我記得將它們攤放在那裡。我感覺不到我的肌膚，但就像有個火爐在體內，而那是我以前未曾體驗過的。我喝了一瓶咖啡，回頭將目光掃越原野。一群禿鼻烏鴉低頭啄著一堆草，一束陽光破雲灑入，禿鼻烏鴉全都停下來抬高頭張

望——不是對著我，而是對著太陽光，彷彿很吃驚。我也停了下來，有那麼幾秒鐘，我們都站在那，我想像我們都沐浴在大腦化學物質的相似洪水中。燦爛陽光似乎注入深邃、古老的幽暗大腦，穿透俄羅斯娃娃般層層的祖先：哺乳類體內的爬蟲類，爬蟲類體內的兩棲類，兩棲類體內的魚。一條沒有中斷的線，由狡猾、小心翼翼、懂得攫住機會、頑強、兇狠、到處爬行、爭奪蠕動、向前猛衝、努力不懈的倖存者組成。我感覺得到牠們全體，我的祖先，在牠們的沉睡中微微攪動著。

今天是某種實驗的暫時點子最後正式成形。我會回去。不只是回到這條河，也不必然是激流——畢竟我不再是三十歲了——而是去一般的河流。我一直忖度著我幾個月前在這裡看到的、髮絲般細柔的渦流線，指尖般的漣漪，水中的微粒和潮濕岩石的氣味。我納悶這些年來我究竟錯過了什麼。所以，是的，我會回來，但會慢慢地，而這次我會更加全心全意。

譯注

1 娜恩．雪柏德（1893-1931），蘇格蘭現代派女作家，著名著作為高山回憶錄《山之生》。
2 英國西北英格蘭坎布里亞郡的度假勝地，即湖區。
3 北英格蘭山丘，位於湖區和約克郡谷地之間。
4 位於英格蘭坎布里亞西北部。
5 克洛河、肯特河、雷萊文河皆位於坎布里亞。
6 英格蘭北部主要山脈，稱為「英格蘭的脊梁」，全長二四一公里。
7 英格蘭坎布里亞郡阿恩賽德附近的山峰，高一五九公尺。

8 英格蘭坎布里亞郡的城鎮。

9 位於加拿大艾伯塔省。

10 位於英格蘭北約克郡，最終匯入烏茲河。

11 位於北英格蘭東岸，由烏茲河和特倫特河匯流而成，注入北海。

第一章

新鮮但如此老邁

Fresh and yet so very old

穹蒼中有河流，而且巨大到難以想像。

我們看不見它們，因為不像雲朵、淫淫細雨、白雪和濛濛迷霧，這些河流是由氣體構成，而不是流水或固態的冰。在任何時候，看不見的蒸氣構成我們天空中的水的百分之九十九點五左右，而它總是在移動，沿著壓力梯度和繞著障礙滂泊而下，就像陸地上的河流受到地心引力牽引而下行。這些河流中最大的寬達數千至數百公里，長達數千公里，它們每天從濕熱的熱帶移動走百億噸的水。那是密西西比盆地二十七倍的排水量，或者泰晤士河的千倍。這些浩大的流水是幾十億年來驅動著水分橫越、繞過和穿越地球的系統的一部分。

「大氣河流」（atmospheric river）這個術語是新近造詞，但其作用在其登陸地點早已為人熟悉。阿拉斯加和智利接收從熱帶太平洋載往東北和東南的濕度輸送帶；其他則從加勒比海橫越大西洋，將雨帶到英倫三島。有些帶著穩定但大量的雨水，而更強大的則產生長期洪災或巨量的雪。登陸的大氣河流的

衝擊幅度改變很大，不僅因它們的速度、方向、大小和強度，也因為景觀地形：不同河流集水區的海拔、形狀和方向都是重要特色。要將這個新科學發展成對一個既定地點提出正確的氣象預報和風險評估則非常複雜。但這些空中河流的存在恰恰提醒我們，河流不是固定的實體，不僅只是在河道中的水帶。自然學家、倡議人士和作家羅傑·迪金（Roger Deakin）有次曾寫道：「一棵樹即是一條河。」但一條河流也是一棵樹，不僅只是札根在土壤和岩石中，也在空中，枝幹則擴展進海洋。科學才剛開始解開樹根透過菌根菌的網絡，以看不見的方式相互交織的模式；但在相較之下，水實際上流過地球上每個生命體，卻再明顯不過。現在就有條河流流過你的身體。

我九歲時，我們住在德國，當地的游泳浴場就是我們現在所稱的休閒水池——做來讓人在室內玩要，而非游泳。我不在意，因為當時的我不會游泳。我在那不感到害怕，因為我可以碰到池底，也戴著橘紅色的手臂游泳圈。這水池最棒的地方在於它有個造浪機器——在一九七〇年代末期，這可是新鮮事物。每二十分鐘左右，一陣嗚叫般的「噹噹聲」會在磁磚壁間迴盪，水就會從深處高高鼓起，隨著坡度湧上，沖到淺灘。海浪會越變越大，直到它們形成真正的浪花，力量大到足以將一個小女孩沖上「海灘」。我愛死它了。**砰砰砰**。我被沖到那。

有一天，在海浪變小時，問題自然浮現。看著流水潑濺過我的手臂，我納悶：**這是什麼？它怎麼會這樣移動？它為什麼會閃閃發光？**如果你問我的兒子（現在的他和我當時年紀相仿）水是以什麼構成

的，他會毫不猶豫地說是 H_2O——包括兩個氫原子和一個氧原子的分子。我不記得我在那麼小的時候曾被教授過那類科學。那時的我已經在唸生涯中的第五所小學，可以說我的早期教育多少有點不正統，如果「貧乏」並非對的字眼。我確實沒有關於分子的知識。水就是水，是基本要素，就像對古代人而言。但在那一刻我納悶了。滿腹疑問的我跑去問我母親。「萬一水是由我們看不見的、非常小的東西組成的呢？」

我記得她給我的滿臉問號。「嗯，它是啊。」

我不記得這段對話的後續，只記得當時定格在心中的畫面。那個「非常小的東西」銀光閃閃，帶著一個油膩膩、微微發光的彩虹。它們有許多種形狀，它們推擠、旋轉和追逐過彼此。它們相觸時會發光。它們是活生生的。或許我曾看過浮游生物在顯微鏡下的影像，只是當時沒有打心底理解。長期以來，這些奇怪的形式是我想像水的方式，要是我們能夠深究和更靠近看的話。有時候，當我試圖想像非常微小的事物時，我現在仍舊能夠看見它們。分子世界，以及更小的量子宇宙：全是光線和曲折，衝撞和流動。

水的真相並沒有比較不奇怪。一氧化二氫的屬性可以分解到分子結構——兩個氫原子不對稱地連結到一個氧原子上。氧氣目前構成地球大氣層的百分之二十一，組成大約地殼所有岩石質量的半數。在質量上，它是宇宙中第三豐富的元素。氫甚至更多。儘管是最小和最輕的化學元素，氫氣占宇宙中（由原子所組成的）重子物質質量的四分之三。這些豐富元素的自願組合使得水非常充足。其怪異之處則大部分來自每個分子的不平衡和極性。氫帶著輕微的負電荷，而氧是正電荷，因為正負相吸，水分子遂攀住彼此。這創造了表面張力現象，而這在許多事物中，賦予雨滴球根形狀，允許水黽在水上行走。自吸引力也導致毛細現象，使得我們能用吸管喝水，植物能在違抗地心引力下將水分從地面吸起。

還有一個重要的生物學意義是，每個水分子的氧原子有能力和其他元素的原子結合，使得水變成獨一無二的有效和廣譜溶劑，並且是使生命變得可能的無數化學反應的媒介。

水還有另一個奇怪的地方是，在固態、液態和氣體形式發生時，其氣溫的範圍狹窄——這範圍剛好吻合地球表面的狀態。地球因此是古迪洛克行星（Goldilocks planet）[1]——不會太熱，不會太冷，對我們已知的生命體來說恰恰好。跨越這些溫度，水能從液態冷凍成固態，從固態融化成液態，從液態蒸發為氣體，從固態昇華成液態，和從氣體沉澱為固態。最不尋常的是，水冷凍時會結晶，那意味著冰比液態水的密度更低，所以水是從上面開始冷凍，下面的水則自由流動，使得水生生命得以存活。人們如此熟悉水的這些特性，根本無須贅述，但就化學術語來說，它們並不「正常」，因此它們對生命的含意再怎麼講都不可能過於誇張。

直到最近，我們以為注滿最初原始海洋的水是來自三十八億年前撞擊地球的冰封彗星或岩石，但數個彗星的遠端分析樣本則告訴我們，它們的水包含太多「重」氫同位素氘，不符合地球的水的成分。科學家們比較偏好的理論是，地球的水在此的歷史更久，不知怎地安然度過地球歷史的早期熱階段，以及四十五億年前的年輕行星與另一個行星的衝撞，後者導致物質的噴射，隨後形成月亮。由於當時大氣層中二氧化碳的巨大壓力，超熱的海洋可能維持液態。不管真相是什麼，水充滿海洋，冷凍成冰河，以雨珠掉落，或者從含水層升起，流過河流和我們的身體。水是無法想像的古老事物。

這個脆弱、易動和易變物質的化學特性，也是水在整個宇宙，以及尤其地球上散布的關鍵方式。現在，連幼稚園都有教導水循環的變形和運動，但它雖是反覆再三的教育主題之一，卻能在每次教導中擴充內容。水在最簡單的形式時，從海洋蒸發，形成氣體（蒸氣），沉澱成雲朵，然後變成雨，下降在土

地上，注入河流後又運輸回海洋。我講的都是事實，除了真實過程並非如此。我和洛伊認識和結婚時，他是地理及地球科學老師，每當我說到水循環時，他總會翻白眼。他說，與其說是循環，不如說它是個到目前為止都難以掌握的複雜過程；透過這個過程，水經過循環、過濾、改道、運輸、局限、化學結合、分裂和重新組合。某天晚上，我帶著些許醉意，以一瓶酒挑戰他教授我水文學初級課程。那花了不只一晚，也不只一瓶酒，但他對我描述的事物是舞蹈，或該說甚至是首歌，有些動作或旋律會重複，但其結構、節奏和地點都是爵士樂的即興部分，而自然（也就是物理／上帝／宇宙）將即興演奏彈奏得如此美妙。它的過程是像下述這樣的。

地球上大部分的自由水（在百分之九十六和九十七之間）在海洋裡，海洋是鹹的，因為數十億年以來，流水沖刷過岩石和礦物質時，將其中的鹽分溶解，一路挾帶進海洋。當水從表面蒸發進入大氣層時，鹽分被留在海洋裡。淡水構成全球的水的百分之二點五左右，其中百分之九十九左右冷凍成冰河或冰帽，或在地下儲藏和運送。剩下的百分之一（全球水的百分之零點零二五，如果你記得上面的算數的話）則存在於湖、河流和沼澤裡，而在土壤、大氣層和生物體內也看得見它們的蹤跡。

大氣水分只占全球水分的**微小**部分——大概是百分之零點零零一（淡水的百分之零點零四）。即使如此，這仍舊是大約十三兆噸的水分，隨時都懸浮在我們頭上。用另一種方法來說，大概五十八萬立方公里或五百八十兆噸的水每年蒸發進大氣層。如果天空的水一起降下來的話，地球表面每平方英吋大概會下一吋的水，但事實上，在任何時間，只有大約百分之零點五的大氣層水會凝結或冷凍而形成雲朵或降水。全球蒸氣的百分之八十五來自海洋，大部分是來自熱帶或亞熱帶，水氣在此緯度由空氣運動播散。這些運動會產生，是因為地球被太陽照射下形成的不同熱度導致的壓力梯度現象——低緯度比高緯

度接收更多太陽能量。熱空氣上升，而冷空氣下降，創造出空氣電路，就是我們所知的對流圈，就在行星的表面上。地球自轉意味著對流有經度因素，也有緯度因素，而這抵銷了所謂的柯氏力（Coriolis effect）。這些因素結合起來推動空氣（因此還有水），以大致可預測的方式，繞著低層大氣轉，並沿著高速氣流和其他氣流前進。濕氣從某些地方轉向，灑到其他地方，又在某些地方滂沱墜落，常常在其蒸發之處降下幾千公里。某些濕氣流比其他來得大，而這些較大軌道的綽號便是大氣河流。

我們在大氣層所見到的冷凍或凝結的水有各種型態，包括冰晶、雪花、冰雹、霰和液態水滴。這些粒子、彈丸和水滴被集體稱做「水氣凝結體」，它們的尺寸範圍很廣，從幾微米到偶爾出現、直徑二十公分的反常冰雹都有。當水降落在土地上時，它可能在幾分鐘內蒸發（植物構成特別有效的蒸發表面，因為葉片的面積大）。它也有可能冷凍，可能過濾進土壤，或者浸潤多孔或碎裂的岩石；它也可能被生物吸收，又或者它可能繼續它的自由旅程，和其他流水形成河流。

作為每年陸地的降雨量，水分降落的總質量估計在一一九兆噸左右（一一九兆噸，或一一九公制）——這類數字過大到難以想像。但知道下列數據可能會有幫助：生活物質的總質量加上人類曾製造過的**所有**東西（目前的數值大約相等，而人為質量估計在二〇二〇年首次超過生物量）只超過一公制。那是很多水，而它總得有地方去。

地球已經下了大約四十五億年的雨。當行星表面冷卻到可以允許水降落並維持液態時，雨便會開始流動和匯聚成水池。一條涓涓細流加入另一條，受到地心引力的指引，循著溝渠和漣漪流動。因為其無以匹敵的溶劑本質，水會滲透入岩石或環繞其周遭，溶解它們的某些礦物質含量。溪流會合時，它們變成一道自然力量，它們的緩緩流動、沖刷、擦洗和捶打，有時足以將岩石碎片沖離地質脈石。這類侵蝕

是種正面活動——攜帶更多水的河道於是形成，轉而發揮更多侵蝕力量。來自圓石、鵝卵石和礫石或大或小的粒子堆積成沙，淤泥和黏土都困在流水裡，它們在那推擠、翻滾、相互衝撞，並持續如此。粒子越小，它們便能被攜帶得越遠越快；在水流緩和下來之處，它們會逗留一會兒。侵蝕和沉積之間的動態平衡，意味著河流是動態實體。隨著時間流逝，它們的河道像蛇的身體彎曲、收縮並往側橫行。

只有某些降落地面的雨水直接流進河流。大部分的降水浸透土壤，進入更深的岩床。這就是地下水。岩石的孔隙度（其結構中的孔隙空間量）和滲透性（那個空間的可接觸程度）各有不同，因此產生的引導和儲水能力也迥然大異。能儲水的岩層便是含水層，含水層的儲水表層稱為地下水位。在地下水位接近或高於地面層的地方，就有泉水和濕地。在含水層的岩床歪斜處，較下層的水承受靜水壓，穿過天然斷層或井後掙脫，又或者透過重疊的岩層滾滾湧流而出。地下水留在地下多長時間都有可能，從數小時（事實上，植物能在數分鐘內掃除土壤水）到在非常深的含水層裡超過一百萬年。

種種都使人們難以判斷河流從哪裡起始和結束——我們可以為求方便在地圖上畫線，但大自然裡不存在著這類線條，而如同環境保護專家約翰·繆爾（John Muir）[2]常被引述的話所言：「當我們想獨立挑出任何事物時，我們就會發現它連接到宇宙的每件事物。」地球水循環中絕大部分的水不是河水，但它曾經是，未來也將再度是。河流只是水最清晰可見和最活躍的地方。是最可飲用、最慷慨、最凶猛之處。作為獨木舟玩家，我曾被河水承載，也曾見過其令人驚奇之處。山谷、小瀑布和峽谷；河流從懸崖

表面汩汩噴流而出，或者在地面下猛然消失；比我腰圍還粗的冰柱形成暫時的冬宮、旋轉的餅狀冰、嗚咽和轟隆隆的冰河從鼻孔裡吐出河流。我划過某些你只能以直昇機抵達的地方，因此得將獨木舟綁在滑雪板上。我知道某些河景隨著歲月改變，有些則在一夕之間重新創造自己。我見過幾乎各種顏色的水，見過百萬道燦陽照亮的彩虹在水的表面，也見過一條僅由皎月照耀的河流。我聽過河流涓涓流淌和以快節奏歡唱，或如雷聲般轟然巨響咆哮。我嘗過它們鹹甜的滋味。我見過流水自由流動，被大壩阻擋，或截彎取直。我見過它們氾濫和乾涸。但我認識流水嗎？不，不真的清楚。一點也不。

譯注

1 指軌道位於恆星適居帶的行星。

2 約翰·繆爾（1838-1941），美國當代最重要的自然哲學家，同時也是發明家、生物學家、地質學家、探險家，從十九世紀末即開始推動自然保育運動，進而催生多座國家公園及自然保護區，被譽為「國家公園之父」和「現代環保運動之父」。

【小記】

雪丘 Snow dome

分水嶺 Watershed

在相對高地的一條虛構的線，將集水區或盆地和水注入的特殊河道或流域區分開來。也可以用來指稱整個集水區。

大陸分水嶺 Continental divide

在流域之間的一條線，水分別從這裡往大陸兩側出海。

一九九六年，我在將攻讀博士學位三分之二的時間花在追蹤海膽幼蟲的神經發展後，參加了由舊金山州立大學和加利福尼亞州科學院主持的第九屆國際棘皮動物會議。這是個認識世界海膽、海星、陽隧足、海參和海百合學者的大好良機，也能免費旅行到世界的另一側。我在發表完研究後，哀求人家順道載我去優勝美地山谷，從那我往北旅行，主要是靠搭巴士。我有個小帳篷，

但沒有火爐，因此我用鋼杯煮飯，或者將食物直接放在火上烤，那時我主要是吃豆子和烤到焦黑的馬鈴薯。

那時的我對許多事物都毫無概念。比如，有一天早上在加拿大溫哥華島，我差點一腳踏入一堆閃閃發光的紫色黑熊大便，那就在離我帳篷不遠的海灘上。它看起來像是兩份的燕麥粥加上莓果蜜餞。我碰到的兩位漁夫告訴我，我還能活著純屬運氣，因為我身處黑熊的地盤，而我竟然沒有將我藏起來的點心和睡覺地點分開。有一天，我和一群陌生人搭著小船試圖去賞虎鯨，那天有人看到三隻大型海洋哺乳動物一起行動。我們在滔滔海浪裡上下晃動，超過一百隻鯨魚掀起高聳波瀾悠游而過，牠們如此接近，讓我甚至可以聞到牠們的呼吸。在偏遠和不熟悉的地方與陌生人擠在一起讓我很不爽。在賈斯伯國家公園（Jasper National Park）[1]，我在沒有地圖的情況下爬上一座小山，不知怎地將我的保溫瓶掉在路上。下山時，我感覺到比以往經驗都還要脫水得厲害，但當我總算抵達路易斯湖（Lake Louise）[2]上方的茶館，他們竟然拒絕給我水——在這裡，他們得將水搬上來，得煮沸，分量只夠煮茶，費這番功夫可不是為了提供白癡觀光客冷水喝。我於是點了茶，（沒有流下淚水地）哭了十分鐘，因為煮茶就耗費了那麼久時間，結果我在嘗試喝茶時燙到嘴巴和喉嚨，畢竟我可等不到它變涼。我對所有讀者承認這份愚蠢，因為它可以納入我數天後聽到的一個故事的脈絡。風險是我們能被教會管理之事，但沒有比經驗更優秀的老師。

趁在班夫（Banff）[3]時，我參加哥倫比亞冰原的觀光團。那是個受歡迎的觀光景點——有巨大輪胎的雪車軋上軋下冰磧石，開上在一座稱做雪丘（Snow Dome）[4]的山一側延展的骯髒冰河。我們的導遊解釋，以洛磯山脈標準而言，此山山峰是沒有特別高，但它的響亮名號來自它是三道

大陸分水嶺——它不僅將河水分成兩道，還是三道，並分別流進不同的海洋。他說，在此地，從相同的雲一起降落的三滴雨或雪花，很有可能分道揚鑣進入北極海、太平洋或大西洋。

一等踏上冰河，乘客便被允許自由活動，隨意漫步。穿著運動鞋和平常鞋子的他們，大部分時候忙著滑跤或慢吞吞地走，要不就沿著綁在釘進冰裡的木釘上的繩子排隊往上走，扶繩的用意是為了讓人和冰河縱穴保持安全距離。冰河縱穴是大而深的湛藍洞穴，通往融冰的小河，流水涓涓流過表面後噴出，然後消失。我可能比大部分的人探索得更遠，因為導遊後來跑來找我。我們走回去時，他告訴我一位年輕登山者的故事：這人試圖走鄰近的一條冰河來抄捷徑，結果被沖刷進冰河縱穴。一個惡夢般的命運，但在這個例子裡卻變成倖存的奇蹟故事。導遊告訴我，不知怎地，這位年輕人在掉進冰隙後大難不死，順勢一路滑進冰下的河流，在數百公尺外的下游，也就是冰河鼻部逃出生天。故事中的這位年輕主角於是變成我心目中大難不死的英雄；從那之後，我每每窺探入冰河那催眠般的夢幻湛藍深處時，就會聯想到他，但我也懷疑那故事至少有一部分是觀光神話。

直到二十五年後，我剛好觀賞加拿大作家林恩．馬泰爾（Lynn Martell）訪問那個男人的電視專訪。羅伯特．桑德佛（Robert "Bob" Sandford）現在已經七十多歲了。他娓娓道來，他如何在一九七〇年，試圖獨自穿越哥倫比亞冰原的薩斯喀徹溫冰河臂。「我又冷又濕，而且累透了，我只想下山。所以我抄了捷徑……前一分鐘我還在看著陽光遍灑的噴濺流水，下一分鐘我就在瀑布的正中央，一頭掉入冰下的完全黑暗中。」他描述說他滑下一連串海底山脊，進入在下方奔流的河流，身體在冰河肚子下伸手不見五指中擦來擦去，猛力砰地撞進圓石，只能呼吸著水和冰之

間那幾吋的空氣。儘管恐怖無比，他也記得自己異常冷靜，甚至是帶著無限驚奇。「我從四周各個地方聽到無數種水製造出來的聲音。我就在此地，在行星動脈之內，親手檢視水對世界做的事……」在沿著冰冷闃暗中嘎嘎響地滑一陣子後，他恍然察覺光線復返。「河流將我往前沖刷，光芒越來越強烈。翠綠逐漸融合成淡藍。我那時注意到岩石掛在一個完全由光構成的天花板之外。然後，我被沖出冰河，進入璀璨陽光，掉入北薩斯喀徹溫河的飽滿氾濫中。」

一道流水能將一位全身發抖、濕透的天真男孩從冰河中央安然無恙地送出，而另一道河流卻陷一位經驗豐富並有所準備的個人於無助絕境，就算僅離朋友幾吋遠也挽救不了性命，我有時覺得這難以接受。我們都是皚皚雪花。然而，在得知桑德佛於此事後畢生貢獻於河流，並成為水和氣候安全的國際顧問專家之後，我莫名感到一絲絲的安慰。

譯注

1 加拿大落磯山脈最大的國家公園。
2 位於加拿大艾伯塔省。
3 位於加拿大艾伯塔省洛磯山脈內的小鎮。
4 位於哥倫比亞冰原大陸分水嶺的一座山。

第二章

湍湍急流
Torrent

忽必烈在仙納度
下令建造一座莊嚴的歡愉宮殿
那裡是聖河阿爾發流經之處
穿越深不可測的洞穴
往下奔流到一片沒有陽光的幽暗海洋

——山繆・泰勒・柯立芝（Samuel Taylor Coleridge），《忽必烈汗》（Kubla Khan）[1]

我不記得曾去河流玩耍過，直到去了泰晤士河——那時我們從北愛爾蘭去度假「小屋」，我當時才五歲。我們在我祖母家附近沿著河走了一段路，她住在泰勒赫斯特（Tilehurst），位於雷丁鎮（Reading）

郊區[2]。那是一九七六年夏季，河堤乾涸，像被烤過，草兒帶來搔癢感。乾枯的薊花刺痛赤裸的雙腿。河流黝暗，流速遲緩，浮著一層灰塵，灰濛濛的。

一九七八年，我們搬去德國，那片土地有自己寬廣的卡其色動脈。我們在威悉河（Weser）[3]上往往返返，在萊因河做一日遊，投宿穆莎河（Mosel）[4]河畔的露營車營區，那裡為葡萄園所環繞。但我從未想到要去煩惱這些平坦、什麼都沒有的河流的源頭在哪，或要流向何處。我記得我曾視河流為風景、運輸樞紐或障礙之外的唯一一次體驗，是在我們拜訪哈默爾恩（Hamelin）[5]時——那時我們看了一場表演，一位小丑吹笛手用悠揚笛聲引導老鼠和小孩，跳著舞跑進威悉河。

我十歲時，我們搬回英國永久定居。我父親是皇家電子和機械工程部的軍官，派駐在步兵學校的基地，就在索爾茲伯里平原（Salisbury Plain）[6]邊緣的沃明斯特（Warminster），這片地貌的特色是只有一條奔流的白堊河流，河流這麼少還真極為少見。我的臥室窗戶可俯瞰長滿荊棘的巴特伯里丘（Battlesbury Hill）那陡峭的邊坡，目光越過眼前的地平線則是蔓延十五英里的墳塚和坦克路徑、古墓和炸彈坑，一路延伸至巨石陣（Stonehenge）。那個地方，以及我和我妹妹探索它長達三年所享受到的無憂無慮的自由，造就了我；那裡在我的骨骼裡添加白堊，靜脈裡塗上一抹葉綠素，在我腦裡建立馬路和欲望路徑的網絡，直至今日仍舊掌控我現下的思考方式。

我不記得除了「別走超過紅旗」和「回家吃晚飯」外，還要遵守什麼規矩。我們真的回家時，有時是帶著燧石和羽毛，有時是從靶場收集來的黃銅彈匣。偶爾撿到實彈是令人興奮的發現，儘管我們抱持著有一天要用大石頭和槌子「做轟轟烈烈大事」的野心，它卻從來沒有實現。

回到英國意味著不再有利用假期拜訪或招待親戚和老朋友的義務——我們現在可以只在週末這麼

做。我們開始去新的地方——不是去拜訪人，而是去探索。我們在北德文區（North Devon）[7]展開初步嘗試；在那裡，我們住在穀倉翻修而成的小公寓裡，就在托里居河口（Torridge Estuary）。它有冷冷的毛氈地板，客廳裡有飾有美耐板的小廚房和壞掉的長沙發，兩間小小的臥室放著搖搖晃的床。我們好喜歡那個地方。從那，我們拜訪韋斯特沃德霍！（Westward Ho!）[8]累石海灘（它的地名有古怪但吸引人的驚嘆號），還有沃拉科伯（Woolacombe）和克羅伊德（Croyde）的沙灘。我們走了好幾英里的海灘步道。但最棒的是埃克斯穆爾（Exmoor）[9]的荒野，充斥著岩石和鬼魂、壞蛋和英雄、小馬和鹿、金雀花芬芳的斜坡，以及彈性十足的草地中無止無盡的小路。那裡有陡峭的林地，樹上長著地衣披成的鬍鬚，古老但又聰明到不至於長到太高大，而那裡還有河流——但不像遲緩的泰晤士河或鼓漲的萊因河。法文將這份差異描述得最棒。我們使用平庸的詞語如「移動的水」（moving water）或「激流」（white water）時，他們用「活著的水」（*l'eau vive*）和「狂野的水」（*l'eau sauvage*）。我想不出還有比「活著」和「狂野」更好的字眼，能夠用來描述那些北德文區的河流。

我想，我的某些特殊性格在這裡恣意開展。就像一種預防接種，由流水傳運娜恩·雪柏德（Nan Shepherd）所謂的「生命之螯」（a sting of life）。有一條河流對我的影響特別深遠，不僅是因為它鮮活的美景，還有因為它可怕的力量。近四十年來，我在記憶裡渴慕那個地方，常以瀏覽幾張正方形的拍立得照片默默回味。重返舊地可能會打破咒語。但我越思念著那些河流，越想回去接觸那些河水，這條河流就越在我夢中幽幽舞動、璀璨奪目。我開始想著我自己的烏爾河。我自己的、神聖的阿爾發河。

那是在三月中旬，我在闃暗夜色中開車穿越波洛克（Porlock）[10]：除了一家炊煙裊裊的油炸食品專賣店，其他店都是關閉的。在寫到這個安靜的薩默塞特（Somerset）村莊時，幾乎有義務要提到山繆·泰勒·柯立芝，以及那個「從波洛克肩負要事前來的人」，這人的拜訪打斷了柯立芝——他那時正狂熱地在紙上創作他的迷幻史詩《忽必烈汗》，那是在一七九七年左右。他後來宣稱那超過三百行的完整的詩，其靈感全來自恍恍惚惚的夢中，由他喝了一百三十格令的鴉片酊所引發。他喝鴉片是為了治療痢疾。詩的地點設在一條神聖、迷宮般的河流旁，河流蜿蜒流過五英里的帳篷、森林和溪谷，而在創造它的瘋狂中，這條河流從起伏不定的地球冒出芽，拋著「像來回彈跳的冰雹或多粗糠穀粒」的石頭。那恰恰是一條世界之軸，透過一個經過培育的人類空間，連接天堂和地獄的想像。如果你在地球上尋找真正的阿爾發河，你會在南極洲找到它。如同其詩意濃重的同名河流，它大部分都流經地下，但它的測繪和取名是在《忽必烈汗》發表問世的很久以後，由湯瑪斯·「格里菲斯」·泰勒（Thomas 'Grif' Taylor）繪製命名，他是羅伯特·史考特（Robert Scott）[11]的南極新地探險隊裡的地理學家。柯立芝的靈感可能來自希臘神話中的奧菲烏斯河（River Alpheus）[12]。也可能他取名叫它阿爾發（Alpha），是為了指出那是萬物初始之地。在那場命運多舛的打斷之後，他從未完成此詩，但在二十年後發表未完成的版本時，它已經擁有自己的神話，特別是在詩人心中。

我慢慢駕駛車子開上出波洛克的山丘，駛上雪波斯（Shapes）隱約顯現的沼澤時，嘩啦大雨再次傾盆而下：金雀花樹叢好像在緊緊相擁；荊棘被風攔腰剪斷；表情陰鬱的幾群綿羊。馬路雨水氾濫，我因得試圖專心看到擋風玻璃之外而緊張兮兮，眯著眼以免被大雨濃霧中的頭燈強光直射。我不再想著要照原計畫睡在森林過夜，但這時再找旅館已經太遲了。我也許得睡在車上。但後來一道燈光閃爍而出，在

濃霧中顯得模模糊糊。那是個酒館——我父親曾在八月溽暑中，拍下我母親、我妹妹和我在酒館外喝咖啡和可樂的照片，因此我認出那是同一家酒館。十分鐘後，我的背包已經被我收好在藍球客棧（Blue Ball Inn）一樓的一間舒適房間內，我則一邊喝著紅酒，一邊看著酒吧菜單考慮挑哪道菜。

—

我偷偷摸摸走出酒館時，曙光尚未乍現，但一隻歌鳩已經迫不及待地忙著發表聲明，像鎮報員般重複播報頭條新聞。我們倆似乎都渴望善加利用大雨稍微止歇的片刻。上山往沼澤而去的路徑兩旁，有著被苔蘚覆蓋的乾砌老牆。地面被水滲透，濃霧包裹，舉目所見都是一片灰濛濛。我正調整心態，告訴自己這下日出不會有什麼看頭時，一隻雲雀從我上方的沼澤啪地振翅起飛。我沒看見牠飛起，也沒瞥見也許催促牠這麼做的濛濛天光。但當牠開始啾鳴時，我不由自主地將臉轉朝上，就在那一刻，牠好像灑下某種如此明亮和美好的東西，我覺得那一定是咒語。牠清除天空的濃霧，使那變成一道破口，而後那道破口變成一道細線。那細線是暗藍色，而非灰色，而在藍色天空中，月亮閃現而出，像個微弱、沾滿麵粉的指紋。

海鷗開始嗚咽，一隻松雞在不遠處憤怒地飛起。靠近山丘頂上有一扇結冰的大門，冰在我手下融化。在另一邊，聲音景觀已然改變，奔湧的流水嘶嘶作響，一隻畫眉鳥嚶嚶高唱。草皮路徑現在往山丘下而去，在我下方的土地上靜躺著森林形成的裂縫，雲海洶湧奔騰翻滾，如同用紗布止住傷口的血一般。那路徑帶著我穿越金雀花叢，在那，幾隻鷦鷯加入大合唱，然後我走過另一道大門。

我現在看不見下方的河流，但它像音速迷霧般居住在森林裡。住在此地就得沐浴在持續的白噪音中，儘管所有的聲音都必須被過濾。鳥聲必須變得鋒利才能穿透背景的奔流巨響，而其他聲音，包括蹬腳步聲、拖著腳的沙沙走聲、蕭蕭風聲和嘶嘶呼吸聲都被吸納進去。這種環境對於掠食者來說非常有利，但對獵物而言就並非如此了。

儘管光禿禿，樹兒們仍舊充滿綠意；苔蘚和地衣造成斑點處處，使得它們如骨骼般的外觀姿態在我轉動眼角餘光時幾乎溶解。我在濃密森林裡穿梭，樹兒們則在彼此間穿來穿去。我停下腳步時，它們也停下腳步，一如紅綠燈或大風吹遊戲。它們扭曲的身形是舞者的身體，為我擺好姿勢，準備隨時等我轉身或某種祕密音樂悠然響起。

「啵啵啵。」

「早安，渡鴨，啵啵。」那不比自言自語更糟糕，但它驅走了樹兒們給我的輕微焦躁不安。一隻雌紅鹿在樹幹間遊走，出現在路徑上，注意到我後急忙蹦蹦跳走。我走在浸透水的地上跟蹤牠的足跡，呼吸著在牠之後似乎變得濃稠和稍微凝結的空氣。

在樹林下方是一片凋零的狐紅色橡樹葉，山桑子和冬青樹苗冒出初芽，而苔蘚浪潮躡手躡腳像下垂的綠色暖腿褲爬上樹幹。在樹幹高處，還有其他附生植物——豐富的地衣、蕨類，以及有著小酒窩、圓滾滾、多汁可食的芍藥葉。枯槁的蕨草像林間空地的餘燼般發出淡淡光芒。但在路徑開始向下時，我進入一個新領域，大片大片的石南花和帶狀葉地楊梅。現在，橡樹之間有著樺樹，橡樹則比高處森林的還要巨大堅實。

我是聽到附近有淌淌流水聲，往上追蹤而至。那來自路徑旁的一顆大石頭，聽起來像是泉水，但在

到處尋找、四處探頭想準確查明聲音來源後，我發覺那是下方急流的回音。這是大自然的殘酷把戲，流水聲是最難定位的聲音之一。但在這個案例中，它幫助我看到其他景觀。回音來自一道很深的裂縫——我傾身靠近去聽時，倏忽瞥見裡面的失落世界。它是個迷你的洞穴世界，地底鋪滿整齊的暗綠色苔蘚，和外面岩石上、呈淡色羽毛狀的品種不同。一株小小的紅葉佛甲草在苔蘚裡冒出初芽，一隻棕色蝸牛正慢慢滑過它，眼柄上下搖擺。我靜靜觀察時，牠在路徑上被一隻粉紅色刺尾生物追趕過去，後者大約只有半公分長。一隻彈尾蟲——某種六腿昆蟲的表親。牠踏著謹慎的腳步經過蝸牛，躲在枯死橡葉形成的拱門下，然後小心翼翼地從另一邊出來。牠猶豫不決、到處窺探，將觸角歪向四方，然後躡手躡腳爬到裸岩上的濕氣所形成的涓涓細流。牠停下腳步，之後低頭喝水。另一隻出現，牠們並排沾水啜飲，觸角繼續像羚羊耳朵般轉個不停。如果牠們真有感覺到我——我的緩緩呼吸，又或許我的黯淡影子，那可能就跟我注意到天氣變化時的感覺相同。當我移開目光，太陽變得高掛，綠地更為明亮，曙光變成早晨。

聲音景觀在路徑迤邐向下時改變。我下方有個匯流，並朝某個方向而去，我正面對著併流的河水——一條穩定的湍湍急流，像極洗衣機脫水。但將眼神轉移回來的話，我就面對一條較小的支流，它唱的歌音階較高，更為急迫和華麗，但也更內斂。你可以從聲音來判斷一條河流，這事讓人驚異。我恍然了悟我今天要去看的河流不是記憶裡的那條。它不是涓涓瀑布和陽光遍灑的水池所構成的夏日景色。它會是一道湍湍急流。

——

瓦特斯密特宅邸（Watersmeet House）[13]比我記憶中小，但粉紅色石頭和英國賽車綠的木工手藝就令我感到相當熟悉了。喝下午茶的草坪可能比我記憶中還有更多桌子和大垃圾桶，但呈「之」字形的籬笆和繞著架高的花圃圍成圈的石椅則一點也沒改變。那是個實至名歸的花園，妥善修剪和割好草，儘管四面八方圍繞著森林和野溪，而且鳥兒是馴服的：藍山雀和歐亞大山雀，頗為大膽，期待被蛋糕和三明治碎屑餵食。

這棟宅邸是奉華特．史蒂文生．哈利代（Walter Stevenson Halliday）之命，在一八三〇年代早期興建，作為漁屋之用——他的頭銜是牧師，但他很早就因在一八二九年繼承一大筆遺產而退休；他善用那筆遺產將自己打造成康堤斯貝里（Countisbury）這個小教區的地主和鄉紳。華特是個慈善家、藝術贊助者、歷史業餘愛好者、自然學家，以及惡作劇專家。他的特殊惡作劇就是購買真正的羅馬貨幣，然後將它們埋起來，等著未來的古玩家來挖掘發現。就像他奢華生活中的大部分事物，這棟宅邸是個玩具。他選擇雕刻在門楣上、詩人華茲華斯（Wordsworth）銘文同時引起迴響但又刺耳無比。

大自然自己創造這個地點：
旅行者不知道這點，但它會
永遠逃脫他們的理解；此地美景鮮明：
而如果一個男人在附近興建別墅的話，
就該在樹兒們的庇護下安眠，
並將河水攪拌入每日餐點，

他將會如此喜愛，因此在他的死亡時刻
此地的景象會徘徊於他的思緒之中。

大自然不再私自擁有這個地點，因為在哈利代的時代「旅行者不知道這點」，但現在由於宅邸在英國國民信託組織（The National Trust）[14]手中，他們確實知道。但，要不是他有那份財力和狂妄自大來聲索和培育這個狂野的地方，將自己當成德文郡的忽必烈汗，我可能永遠不會親自來探訪此地。

我深深沉浸在回憶裡。這時，我聽到流水奔騰的湍湍聲之上，有個熟悉的歡快、清晰的聲響，然後我瞥見了呼呼拍打的翅膀——原來那是一隻有著棕色背部的鳥，牠直直往上飛，快速低飛過上游，砰地降落在長滿苔蘚的圓石上。我覺得開心，也鬆口氣，因為我知道自己正身處初次遇見這物種的地盤的幾公尺範圍內。

白喉河烏（*Cinclus cinclus*）聰明而矮胖，圓厚的軀體大概有網球那麼大，翅膀則似乎至少小了三個尺寸，實在太小了。牠有個短尾，會像鷦鷯般習慣性翹起，但窄鳥啄強而有力。羽毛的顏色大部分是巧克力棕，除了頸部下有整齊的白色圍兜和紅褐色的腹帶之外。

鳥名同時描述了鳥的兩個特色，包含牠棲息在河邊岩石上時會上下蹦跳，以及牠的狩獵風格——牠會反覆俯衝撲進淺灘那快速流動的水流中。在那裡，牠會沿著河床往上游走，翻尋礫石，探尋裂縫。這些動作困難的部分在於維持潛在水下，儘管羽毛想乘空氣飛翔。白喉河烏有相對大的腳爪，能牢牢抓住的長趾，這能幫助牠們抓穩岩石河床。那些三角形的短翅膀原本讓飛行相當費力，但在水下，翅膀反而能傾斜到一個角度，使水流能幫助翅膀保持向下壓。比起和河流搏鬥，白喉河烏更能駕馭它的活力。

在岩石上的鳥噗咚撲入水中，四或五秒鐘後重新浮出水面，飛回相同的歇腳處。牠重複這動作三次，然後改變下水位置。牠會尋找任何小型水生獵物：範圍廣大的幼蟲——河蠅、蜻蜓和豆娘，水甲蟲、蠕蟲和水蛭，還有小魚，以及稍晚在春季時出現的蝌蚪。白喉河鳥是分布廣闊的鳥，遍及英倫三島，牠們巨大的胃口和狩獵技巧意味著牠們與快速流動、淺淺的岩石河流關係密切，這些河流有清澈的河水和健康的無脊椎動物族群，因此牠們不像大家以為得那麼常見。儘管如此，今天若一隻都沒看見，我可是會很沮喪。

我走過橋梁，到一小塊分隔東林河（East Lyn）和灰白橡木水（Hoaroak Water）[15]的岩石那邊，這岩石就在它們匯流之處上方。灰白橡木水是個有像階梯般的瀑布和彎道的峽谷，流水踢動和捶打兩側形成的狹小空間。一隻鷦鷯在河水附近唱歌，嗓子似乎比平常拉得高——這有點道理，因為這樣牠的歌聲才會被聽見。許多河岸鳥類——河鳥、翠鳥、灰鶺鴒——的歌聲和叫聲都有這個特質，還有大山雀，其多變的歌聲是被密集研究的主題，以在交通噪音中持續高調唱歌而聞名，因此，要想像一種高度定著的物種族群，如鷦鷯，會在如此吵鬧的棲息地中發展出地方性的歌曲，並非異想天開。

我繞個路上坡，因為我想探訪一處路邊停車處。瓦特斯密特上方的A39號公路上有兩個。一個是個從岩壁裡劈砍出來的長形停車場；另外一個在路邊，突出懸於山谷之上，比較小，是員工專用停車場。而在這個不祥的地點，有個真正驚奇之物。

它叫做禁止停車白光樹（No Parking Tree）。這獨特的名字屬於一種最不尋常的物種。它的英文俗名和拉丁學名 *Karpatiosorbus admonitor*（原先是 *Sorbus*）都指稱在一九三〇年代首次注意到它時釘在它身上的一個標誌。一項仔細的調查顯示瓦特斯密特山谷中大約還有一百棵樣本，而生態學家下結論說，這

就是此超局部物種的整個族群。它屬於白橡（又稱白面子樹），隸屬於也包括歐洲山梨和野生楸樹的組，以其突變、雜交和種化的傾向為人所知。二〇〇九年的分子遺傳分析確認它單獨形成一種物種後，馬上成為世界上最罕見的樹種之一。在此同時，六種新白橡物種和雜交種在威爾斯被發現並且得到命名。

禁止停車白光樹成長低調，也沒有標誌，斜倚著一道滿是柳穿魚花攀爬其上的石牆。我得老實說：以前，它風光多了。樹幹裂開，一大塊在背後剝落，主要樹幹裡有個大洞。外皮粗糙、處處是裂縫且爆開，地衣覆蓋其上又脫皮。分枝在頂部如噴出般散開，長有花苞，顯示它仍然還活著，但只靠外殼撐住。我開始慢慢退開，這時，兩隻小頑皮鬼在樹幹形成螺旋滑梯，發出亮光，時間剛好夠我瞥見各自頭上的一抹火焰，然後又熄滅，離開，呈螺旋狀路徑追逐，令人暈頭轉向。是戴菊（Goldcrest）。我將牠們的短暫猶豫詮釋為我應該再次細看的指示，而從這個新角度，我以不同的眼光看見樹幹裡的大縫隙。它讓我想到希拉納吉（*sheela-na-gig*）[16]——某種在古老教堂裡的神奇猥褻女性雕像：有些肥胖，有些削瘦，但全都展示令人瞠目結舌的誇大陰唇。她們究竟是被拿來作為反對色欲思緒的警告，或是擁抱誕生和繁殖的異教象徵，則沒有人真正知曉。

我有點自覺地傾身進洞口，嗅聞變黑的樹幹內牆。它看起來被燒焦，但沒有燒過的味道。有一道條紋般的白色真菌、一小部隊的木蝨和更多的那種棕色蝸牛。長春藤莖纏成一條辮子，扎根在洞口底部，往上爬過以前是樹的心臟之處。有些洞口塗焦油般的內襯正在剝落。我將一根手指按在下方淡色木材上，它輕易便彎曲。它浸滿水，像個海綿，我用力按時，綠色的水從手指下滲出。這個最罕見的生物處於危險狀態，但水將是讓它走向衰亡的一大主因，如同也賦予它生命一般。它不是瀕臨死亡，而是在有所轉變。我抽回手時，水從我指尖滴下，落在形成陡峭下坡的地面。在那，它會與雨水融合，奔騰過地

楊梅和蕨類，穿越腐葉和腐質土，進入岩石縫隙，越過步道，橫越岩床。我納悶它多久後會變成河流？也許在這次循環中它不會──它也許會被吸入根部，或苔蘚底部，或真菌菌絲之中。它或許會被木鼠或彈尾蟲啜飲。它也許會被蒸發，形成雨，降落在另一個國家。

回到河邊，我碰到穿戴紅色潛水衣、頭盔和救生圈的四個人，他們拿著投擲繩。其中兩人，一位男人有著短灰髮、藍色眼眸和法令紋，另一位則是一頭黑髮的嬌小女子，臉頰粉紅，在我接近時咧嘴而笑。他們散發出健康、幹練和友善的氣息，我問他們是否是消防員。激流救生常隸屬於消防隊，他們也定期接受訓練。結果呢，這些人是埃克斯穆爾救難隊的成員。「儘管說到水，」男人說，「大部分時候都是在談搜索和尋獲屍體。今年就已經兩個了。」考量到他們的氣魄和正面態度，他們做的是大公無私的事，但他們每次出勤卻不總是以歡樂收場。我問死亡率是否和最近的大雨相關。那女人搖搖頭。「不是。就是人們決定他們受夠了，選擇投河輕生。」

我從灰白橡木水的一側爬了一小段路，找到位於岩坡旁邊可以站立的地方；在那裡，我可以看見淡綠色的河水，而同樣呈淡綠色的西班牙環保玻璃瓶就這樣緩緩流過。太陽已經露臉，蚊蟲形成的雲朵憑空冒出。流水中段有個輕微的白色波濤揚起，水像鯨魚背部般豎直魚鰭，在另一處，水則像禿鼻烏鴉尾巴般噴湧和遍灑。流水流經所有這些混亂後，仍舊完美清澈。

爛漫陽光照亮蒸氣雲朵的巨浪，我反覆思索救難隊女成員說的話。我能辨識出非常深、非常清澈或非常有力的流水拉力。我在德國的童年期間坐過很多渡輪。我們會搭夜間渡輪從奧斯坦德（Ostend）或法拉盛（Flushing）[17]出發，有些早晨我會爬上船尾欄杆，感覺巨船引擎的隆隆震動，稍微傾身向外，但仍在安全範圍內，默默感覺令人目眩的白色和碧綠色的動盪尾流。儘管如此，我可不是在體驗赴死的

欲望——反而恰恰相反。

在我成長期間，我們從來沒討論過死亡。那不是不尋常的事——西方文化在這方面令人感到無望地有所不足，而基督教教誨又有永生的承諾，這些都讓我在經歷喪親之痛時毫無準備。死亡是某種你得如此堅決地去抗拒的事物，因此當它發生時——就像在我剛懂事時，我年邁的祖母突然死去，我因此想像她被發現時，一定有一把匕首刺穿她的心臟。自然安詳的死亡，或者死亡是更大進程的一部分，這種觀點令人反感。我讀到這種說法時，完全排斥這種觀點，E・B・懷特（E. B. White）[18]的《夏綠蒂的網》（*Charlotte's Web*）就把死亡描述得很溫柔，後來我又讀到理察・亞當斯（Richard Adams）[19]不太溫柔的《瓦特希普高原》（*Watership Down*），這兩本書都讓作者在我年輕的心目中變成怪物。後來，我們眼看著得巴金森氏症的外婆逐漸枯萎。她知道她行將就木，有次曾試圖討論此事，那是在我也在場時，但我母親拒絕。因此，當不可避免的事來臨時，我也滿心抗拒，不肯哭泣，將我的心思牢牢地放在其他地方，導致我對喪禮的印象只有我坐在火葬場裡時編的雛菊花圈。我讓自己對死亡的狡猾脈絡不為所動。約翰・史坦貝克（John Steinbeck）[20]的《小紅馬》（*The Red Pony*）讓他被我列為另一位嗜殺成性的異端作者，這是我打造的脆弱肓甲的另一層保護。

總得有東西將這個保護層敲掉，而最後，是山脈促成了這件事。河流或海洋，甚至是跑車也可以，但山是第一位。十七歲時，我獲選加入庇里牛斯山脈探險隊，所有成員都被要求得保持非常結實的身材，並學會導航和紮營技巧、攀爬、救難和急救。我反覆暴露於只要體重稍有不同便瀕臨生死關頭的地點。冒險幾乎在一夕之間重新塑造死亡的意義。那不再是陰影，而是使得生命變得金光燦爛、珍貴、充滿魔力的光芒。在那啟示的醒悟下，另一個啟示降臨：每一次的失去，都深藏著分離的禮物。提醒人們

要好好活著。

瓦特斯密特下游一小段外，河流變窄，如雷般轟隆隆的急流兩側都安有石製基腳。這些是曾駐立在那的一座橋所留下的所有痕跡。新橋就在下游處，跨度有三倍寬，非常高，設計來容納大量的水。石造部分爬滿數百隻我剛才看過的平頭棕色蝸牛。河邊步道的一張長椅離橋很近，上面有一隻浸透水的工作靴，棕色皮，左腳鞋，裡面有一個打了死結的綠色袋子，裝著狗糞。它被安放的「位置」如此奇特，使得我不禁都要懷疑它其實是個藝術品。

河流下游處，河水敏捷地叮噹作響，在碧綠苔蘚圓石形成的花園周遭綻放幽幽微光。它有股溫順和永恆的氣息，但這完全是誤導。我經過一個粗陶製薑汁啤酒瓶被安嵌的地方，這是為紀念曾駐立在此的一座小礦泉水工廠——它汲取的水飽含放射性物質，大眾曾相信這對治療痛風有效。現在，這裡已經幾乎見不到建築的痕跡了。它在將近七十年前的那個相同夏夜，與舊橋一起被徹底搗毀。

———

一九五二年八月中旬，北德文區海岸的度假旺季如火如荼地展開，林茅斯（Lynmouth）[21]的人流暴增三倍到大約一千兩百人，觀光客每年湧入這個小鎮，為「英國最漂亮的海邊村莊」所吸引。前半個月只是場小清洗。兩週內十五厘米的降水量即使以英國夏季著名的潮濕標準而言都令人失望。但沒人預料到八月十五日那場天啟式的暴雨。數小時內，大約二十三厘米（估計為九千噸）的水降落在埃克斯穆爾的邊緣地帶。目擊者聲稱看到紫色、黑色和髒黃色穹蒼，大雨如此滂沱，連皮膚都會感到刺痛。大雨落

在早就淹水的土地上，因此水直接灌入東和西林河飽漲的支流。

為給讀者一些概念，整個林河的集水區只有一百平方公里，但那晚記錄到的水量只有泰晤士河兩次極度滿潮時才曾超越，而泰晤士河注入的地區幾乎比林河的集水區大上一百倍。那年引發的洪水，仍舊是世界史上有紀錄以來最慘烈的洪災之一。東和西林河大部分流經森林山谷，穿過總數三十一條橋，最後在離海岸數百公尺處匯流，就在林茅斯的中心。西林河在最後幾百公尺處陡降，然後進入一個維多利亞時代打造的涵洞，當時是設計來為村莊的房舍和企業創造更多空間，其中包括幾個浪漫的別墅飯店。

那晚從沼澤湧出的湍湍急流不僅包含水，還有巨量的殘骸。當水、土壤、圓石、樹和鬆脫的石材砰砰猛往下游衝去時，涵洞頓時塞住，流水和漂流木便開始轟轟灌入林茅斯的狹窄街道。在上游，滿是樹葉的樹癱倒下來，猛力撞上許多橋而慘遭折斷，堵住更多的植被、圓石和土壤，並形成暫時的水壩。晚上八點到十點之間，大水在西林河的阻擋物後漲高超過正常標準的十八公尺，或說六層樓高。在這些障礙再也阻擋不住後，浪濤般的水力大到足以翻轉五十噸的石頭，將其變成巨大漂流的落錘。倖存者描述在逐漸黯淡的天色中，岩石和大水如雪崩般地轟然滾下山谷。在林茅斯，蔬果商店和小禮拜堂承受那波洶湧大浪的全部力道。蔬果商和他的妻子、他們的鄰居和姪子，被沖刷離建築物，撞上林戴爾飯店（Lyndale Hotel），而奇蹟般地，腦筋轉得快的飯店人員和住客在能逃到樓上前，將他們從窗戶拉入。幾分鐘後，蔬果商店和小禮拜堂就消失，河水灌入飯店的一、二層樓，迫使六十人逃入更高的穿廊。那時已是漆黑的夜晚，電力已斷。直到洪水退去或日光來臨前，不會有得到拯救的機會。他們省著用幾支聖誕節蠟燭，不知道腳下的建築物能不能挺得住。大約在凌晨兩點，飯店建築後部崩解，發出另一聲可怕的轟然巨響，但建築的主要部分依舊挺立。

漁夫肯．歐森翰（Ken Oxenham）在看到海港被淹沒，以及整個村莊的船隊都被沖離下錨處後，便跑上坡去找妻子和小孩，在木頭間爬行，因為馬路已被沖刷不見。他們三人後來爬到高地，眼看著下方整排別墅在閃電的閃閃照耀下，「像一疊撲克牌般被折了起來」。在這片混亂中，他們能聽到他們熟識的人們在被沖入海洋時發出的淒厲尖叫。在西林河更上游段的巴布魯克（Barbrook），更多房屋被沖毀，滔天大水奪去郵差的四個家人、兩個在他家度假的男孩，以及他們的鄰居和兩個被其收留的年輕澳洲遊客的性命——當西林河在幾分鐘內漲高六公尺時，他們隨著殘骸被沖走。在黑暗中，往康堤伯里丘（Countisbury Hill）下坡開的車子在本來是路面的地方跌入沸騰翻滾的洪水。

到了早晨，倖存者被迫面對一幅無法想像的災難場景。今天，在洪水紀念廳裡有一張照片顯示，林戴爾飯店的住客在露臺上等著輪到自己被撤離，而蔬果商的妻子貝兒．愛爾（Beryl Eyres）的小小身軀穿著長裙，披著披肩，肩膀掛著手提包，被扶著下梯子，因為飯店前方的地面已經消失，只留下岩石和泥土形成的裂口。

三十四人在那場洪災中死去。洪水無情，肆意地帶走九個男人、十六個女性，和九個小孩，他們介於三個月大到八十歲之間。其中有二十三人是當地人，十一人是觀光客。好幾天以來，不斷有屍體沖刷上來——有些則永遠沒有找到。二十八座橋梁和超過一百座建築物被毀，那包括林茅斯大約四分之一的地產。在更廣闊地區，四百二十人的家遭毀。

氣象學家、水文學家和地質學家從那之後曾指出加劇林茅斯洪災的數個因素。在埃克斯穆爾那邊的沼地土壤很淺，在致命的傾盆大雨降下前，就已經浸滿水，而那不巧就是西林河暴漲之處。集水區的地形，以及建造上不明智的維多利亞涵洞，無疑是雪上加霜。針對這場大雨的本質所提出的問題，更

讓人對某個駭人聽聞的事件產生疑心。一九四九到一九五二年間，一個稱做「積雲」（Cumulus）的計畫由皇家空軍和倫敦帝國大學的氣象系聯合執行。積雲計畫是一項針對操作天氣的可能性的調查，特別是可否人工造雨。人工降雨是個爭論性極大的技術，它通常涉及噴灑鹽、乾冰或碘化銀到作為核中心的雲中，而圍繞著這個核中心，水分會凝結成大到可以降落地面為雨的水滴。作為積雲計畫的一部分，最後一趟人工降雨飛行於一九五二年八月十四日在皇家空軍克蘭菲爾德機場（RAF Cranfield）執行——就在林茅斯洪災的前一天。在那天之前所寫的報告指出一切順利；八月十四日，在飛官亞倫·葉茲（Alan Yates）於貝德福郡（Bedforshire）上空的雲噴灑鹽後，他宣稱科學家恭喜他促使五十英里外的斯坦斯（Staines）降下五十年來最大的雨。葉茲說，但在林茅斯的消息傳來後，歡慶變成震驚的靜默。針對這項計畫本有早已拍好的紀錄片，卻從來沒有公開播放。

試圖於前幾週引發降雨此舉，是否導致埃克斯穆爾的土地浸潤情況？或在洪災前的那幾趟飛行，是否造成最後毀滅性的災害？二〇〇一年，BBC廣播四臺的一個廣播紀錄節目《他們造雨那天》（*The Day They Made it Rain*）提出了這些問題，節目中並剪輯了幾樁軼事、口頭證詞和間接證據。前北德文區國會議員東尼·斯佩勒（Tony Speller）在嘗試自己調查時指出，時間上的巧合很驚人，而且關於實驗的文件還據稱已經消失。機密檔案的消失並無法證明這中間有因果關係，但確實暗示了相關人士對其可能性的嚴肅憂慮。氣象學家菲利普·愛登（Philip Eden）一直反駁說，林茅斯在十七和十八世紀就至少曾遭受兩次嚴重洪災之苦，並強調其與二〇〇四年於康瓦耳郡的博斯卡斯爾（Boscastle）發生的洪災的雷同性，該地也有類似而天然脆弱的水文背景。再者，一九五二年為埃克斯穆爾帶來大雨的低氣壓長達幾百英里——完全與執行積雲計畫的飛官描述的造雨處理規模不同，而且那是發生在一百五十英里之外。

另一方面，美國天氣科學家則宣稱早在一九五〇年代，以碘化銀人工造雨的技術能在遠至三百英里外引發降雨。

人工降雨和濾雲法（cloud clearing）兩者的潛在優勢五花八門。在美國，至少從一九四六年開始就在執行人工降雨的實驗，其結果總是某些爭論的主題。在中國，人工造雨在毛澤東的熱烈支持之下獲得首次試驗，自一九六〇年後就變成定期任務，而在二〇〇八年，北京的奧林匹克運動會開幕儀式能保持天氣晴朗就歸功於這項技術。二〇二一年七月，阿拉伯聯合大公國的國家氣象中心宣稱在杜拜成功引發人造雨；當時熱浪侵襲杜拜，他們使用鹽和設定好程式的無人機輸送電荷進入雲中。二〇二二年，中國當局計劃啟動「天河工程」，這計畫每年會從長江流域將幾十億噸的水蒸氣北運至黃河流域——此地區有定期乾旱困擾。他們的想法是這樣的：審慎地增加降雨可以供應黃河集水區大為增加的人口。但這種規模的天氣改造也許也會對某些地區造成不良影響，比如青藏高原的濕地和其他主要河流，包括湄公河、布拉馬普特拉河[22]和薩爾溫江[23]，它們的水源都聚集在那地區。

在英國，大部分的天氣改造嘗試都是軍方行動。一九一六年，軍方在牛津耐斯（Ness）執行的實驗是嘗試造雲，目標在干擾預期會有的德國飛行器襲擊，但到了一九四〇年代，軍方的興趣轉移至製造晴空以讓飛機起降更為容易，並加強目標區的可見度。到了一九五〇年代早期，人工造雨成為議程要項。一九五三年，在英國陸軍部的會議上，一位訪英的美國氣象學家艾文・克利克（Irving P. Krick）描述人工造雨的潛在軍事優勢，包括阻礙敵軍部隊，而最黑暗的一點則是，在原子彈引爆後，能強化放射性汙染物的散播。

林茅斯的清理和重建花了六年。人們移除掉超過十萬噸殘骸，最大的那些岩石得用爆破方式處理，

因為機械無法移動它們。幾棟建築遭到搗毀，為大型擴大的新河道騰出空間，它看起來和流經它的河流不成比例，即使是在濕冷的冬季後。這種姿態是為高山河流提供空間和尊敬，應該可以安定人心，但它卻詭異地座落於此地。就像洪水紀念廳的展示，它是一個提醒，儘管這個提醒已經從鮮活的回憶中慢慢褪去，留下未曾回答的問題——它們如同噩夢的前兆，潛伏在甜美夢境之中。

譯注

1 山繆·泰勒·柯立芝（1772-1834），英國浪漫派詩人，《忽必烈汗》是其重要詩作。
2 位於英國東南部的伯克郡。
3 位於德國西北方。
4 萊因河在德國境內的第二大支流。
5 位於德國西北部下薩克森邦，因是格林童話故事舞臺而聞名。
6 英格蘭南部的白堊高原。
7 位於英格蘭西南德文郡。
8 英國英格蘭德文郡的海濱小鎮。
9 大略是英國西南的山丘沼澤地區。
10 英國薩默塞特郡沿海城鎮。
11 羅伯特·史考特（1868-1912），英國探險家，曾帶領兩支探險隊前往南極。
12 希臘伯羅奔尼撒半島最長的河，注入伊奧尼亞海。
13 位於英國德文郡，興建於一八三二年。

14 英國規模龐大的國家自然保育及古蹟保護機構。
15 兩者都位於薩默塞特郡，灰白橡木水是東林河支流。
16 在愛爾蘭、英國或歐洲教堂常見的神祕女性裸體雕塑，象徵性解放、生與死。
17 奧斯坦德位於比利時，法拉盛位於荷蘭。
18 E・B・懷特（1899-1985），美國著名散文家、評論家，以及兒童文學作家。
19 理察・亞當斯（1920-2016），英國奇幻小說作家。
20 約翰・史坦貝克（1902-1968），美國著名小說家，一九六二年獲得諾貝爾獎，代表作為《人鼠之間》（*Of Mice and Men*）、《憤怒的葡萄》（*The Grapes of Wrath*）。
21 位於埃克斯穆爾的北部邊緣，橫跨東林河和西林河交會處。
22 又譯迦羅都河，為南亞第一大河。
23 發源於中國西藏，流經雲南後進入緬甸，後注入印度洋。

【小記】

空心的陷阱 Hollowing

虹洞 Siphon

河床中河水流經的縫隙，在此，各種漂浮物，包括泳者，都可能會被卡住。虹洞最常在岩石底下或之間形成，但在石灰岩地形中，它們或許也連接地下系統。

我們在說到地質時間時，口氣彷彿岩石是天長地久的縮影。但它不是。當岩石遇到水時，水會在時間中勝出，每次都是如此，而在英格蘭，僅有少數地點反映了這份真理——其中，就數約克郡谷地最為明顯。空心化的現象在那無處不在；一個布滿洞穴、洞罐和水道的石灰岩地形。你甚至可以看到它們在許多河流或溪流裡形成，在大部分的水滴滴落處，你可以在岩石找到圓碟狀凹洞，有些淺，有些深，有些包含河流沖刷來的鵝卵石，日日夜夜形成漩渦並沖刷著。這些凹洞的大小從頂針般小到大教堂尺寸等不一而足，而且形狀千奇萬變，從碟子、王座和馬桶，到洞穴和峽谷應有盡有。

我第一次以新手身分在瓦爾夫河（River Wharfe）[1]泛舟時，我們的終點是林頓瀑布（Linton Falls）——那是個令人印象深刻的分層瀑布，離觀光客聚集的格拉辛頓（Grassington）[2]村莊不遠。我那時腦內啡大量分泌，能離開水著實令我鬆了口氣，只是看著幾位俱樂部裡較具經驗的划槳手思索如何度過最後一道瀑布。河水水位相對低，河床暴露，使得那裡某道暗藏危機的裂縫變成頗需技術的挑戰——一道彎曲狹窄的突縫被處處尖角的岩石和岩壁圍住。最後，只有林頓夠膽去做。我愛看他划槳——他處理激流迴旋的技巧如此精確，看似全不費功夫；他像舞者般怡然自若地與河流愛人跳著纏綿的親密舞步。他放置好安全罩作為預防措施，沒人預期到後來會真的派上用場——林頓通常是人們學習和觀看的對象，而不是接受照顧。當他的船在第一道瀑布的半途突然顛簸打住時，他看起來一臉驚訝，我還不禁放聲大笑。但卻沒人覺得好笑。大家的情緒一下從嬉鬧變成異常嚴肅。

林頓處在典型的「卡住」情況中——他的船卡在突出的岩石間，而那些石頭可能是為測量用途而打造的。他挺直身體，穩住船隻，但用他的身體擋住部分的轟轟水流，如此一來，嘩啦沖到他背上的水在肩膀處像噴泉般往上狂噴。

河流兩側的裸露岩石平臺突然間因活動起來而嗡嗡作響。每個人似乎手中都有東西：投擲繩、登山帶、攀岩鎖扣。

「他不能就出來用游的嗎？」我問洛伊。

「不行，那裡可能有虹洞。」

我開始瞭解其中的危險了。在更高的水流處，泳者不太可能會被吸入這種致命地貌，但在這

個水位，尤其激流之下的地理結構離水面很近，沒人想冒險。低水位有其獨有的危險，而這道激流已經奪走數人性命。

我默默走開，感覺自己派不上用場，無知使我的心沉重。手勢和身體語言清楚展現人們正在激流兩端相互溝通角度、計畫和應急措施。河水重重敲打過林頓的耳朵，他可能聽不太到什麼。他等待著，臉色陰鬱，開始在無情的壓力下垂著身子。

在短短三分鐘之內，人們將一條繩子牽過河流，並在上面用攀岩鎖扣套住第二條繩子，好讓林頓可以抓住它，將它扣在救生衣的安全帶上。那時，他才得以解開防浪甲板，身體一斜翻出船，滾進水道。他被快速帶往前，身體被拋入下一個漩渦，在繩子尾端安全落地。笑聲很快就回來了。但在那些時刻內發生了幾件事：我看到我新朋友無憂無慮、搞笑外表下的硬漢本能；我變得對被困的划槳手感受到的孤獨略知一二；而我學到的最重要教訓，可能是每個泛舟的人都該知道的——困難將不斷接踵而至。

最後獲得勝利的，不必然是河流的速度、水量或力量，但它的殘酷無情不容小覷。它不需要呼吸，不需要睡眠，不需要伸展或抖動身體的暫時停頓。隨著時間流逝，在不費吹灰之力的轉瞬間，它會奪走肌膚的熱度、肢體的生命、河堤的樹木、河道的岩石、大陸的巍峨高山。它會使土地變得空心。而它要求全然的尊重。

譯注

1 位於英格蘭約克郡。

2 位於英格蘭北約克郡。

第三章

橡樹河
Oak-water

我的北德文區之旅帶給我不小驚嚇。那地方和我記憶中差不多，但重新返回該地則挑起太多不堪的過往。如果那是個起點，那麼我一點也不清楚自己接下來該去哪裡。所以我直接返家。

幾天後，我了悟我可以嘗試另一個源頭——一個近到我可以穿著雨靴和睡衣，手裡拿著咖啡，馬上就出發探索的地方。近到如果洛奇需要我時從房子裡大叫，我都可以聽到的地方。

——

我們從二〇〇九年搬來時就一直住著的家是個半獨立式別墅，蓋在一座老舊採石場的側坡，距離約克郡德溫河（Derwent）[1]一百五十公尺。我們在找房子時，細查過標記了洪水可能發生的地點的地圖；洛伊堅持要買在高處，於是我們安頓在一個高於河流水位二十公尺的地方，河流在此流經一個蜿蜒曲折

的凹口，這景觀被稱為克克漢峽谷（Kirkham Gorge）。他願意接受就在房子正對面湧出的水泉所代表的隱晦危險。

這水泉在地圖上被以藍色小圓圈標示；當我們剛搬來這裡時，我馬上去找它，希望湧出的泉水明亮清澈。事與願違，在一路辛苦跋涉、閃躲、穿梭和掙扎求取平衡後，我發現一條甘草色的爛泥，困在破碎的磚砌建築之間。

——

今天也沒什麼特別。剛開始，我以為在我們的房子和隔壁房子於五十年前翻修時，石匠將礫石傾倒在此。房子是翻修自採石場工人所居的一排小別墅，上下各兩個房間。這裡留有半打灰泥磚砌板，顯示以前房子的剩餘部分，看起來很小。也許是個煤棚，或是廁所——但後來，我讀了一個名叫瓦爾的女人的第一手記載，她小時候住在三號別墅直到一九五一年，記得她母親曾在那取水。也許這是個小水井或幫浦房。

今天，那些磚塊上頭已經有一層厚厚的苔蘚和其他森林植物，包括滿開的報春花，地上還散布著一堆淡色羽毛，讓我的目光轉向傾塌的牆下空間——一座低矮的小屋——塞滿幾袋撕裂的塑膠糧食袋和班尾林鴿的殘骸。

我從水源的第一個黑色水池滲透而出的地方循線開始，穿越一道廢石堤——有一小道水流從那流出。水流令人驚異地很快轉為清澈，在幾步內，它就在沙地上變得閃爍明亮且流動迅速。水流經過一棵

柳樹，在我們搬來時，它原本是栽種在前門旁的半個桶子裡。它只剩根莖，有一個嬌小美麗的接枝，我想後者叫「佛拉明哥」，是個裝飾性粉紅葉片變種。這個嵌合體從未成長很是讓我不安。所以有一天，我帶上一些線環將其頭部砍掉，移除整個接枝部分，然後將根莖從桶中轉種到泉水旁的潮濕地面。我看到它以最令人吃驚的速度往天空成長後非常開心。它不會長到很高，因為每兩年電力公司都會來將它修剪到電纜下方，但它不受束縛的精力引發我微笑。泉水從柳樹那流經我們停車的地方、果樹，以及洛奇的鞦韆。在夏季，它為有著水苦賈和矢車菊的濃密花圃包圍，還有長至和人肩膀一樣高的旋果蚊子草、玄參、柳蘭和野覆盆子，那裡曾是茵茵草地——我也曾整理過這裡。水流繼續往地面上和下再流一百公尺，然後消失在鐵路底下，進入河流旁的沼澤林地。

在英國，有四條河流都叫做德溫河，其中以約克郡的這條最長，儘管在坎布里亞和德比郡的兩條同名河川較為知名。它們的名字源自凱爾特語的 *dar*，也就是橡樹的意思——有些當地人的確仍叫它達溫河（Darwent）。從北約克郡的地圖觀之，此郡輪廓形狀就像分枝散葉的古老橡樹，高大但更寬闊，有個粗壯的樹幹。約克市躺在樹幹頂端，西邊的大樹枝是約克郡谷地。東邊大樹枝的上半部是沼澤，下半部是石灰岩丘陵的邊緣。德溫河流經這些地方，然後像長春藤般沿著「樹幹」側邊往下走。這是一條被人遺忘的河流——沒有谷地以它命名（那份榮譽由它的支流萊河〔Rye〕擁有），一直都鮮少有人探訪，儘管它靠近觀光重鎮約克市和北約克沼澤國家公園（North York Moors）。雖然沒什麼名氣，約克郡的德溫河以許多方式令人驚豔。最奇怪的地方是它在看得見海洋的地方升起，然後幾乎完全轉向內陸，繞了近乎兩百四十公里，最後抵達亨伯河的河口。我們住在中游的河彎處，在此，河流仍舊固執地流離海岸，儘管穿越一道雕刻在土地裡的峽谷，那是上游的水池在冰河時期後發現的出路。克克漢峽谷不再是

它最初的峽谷，但仍舊是地貌中的重要特色，在某些地方有七十公尺深，迫使河流和鄰近的鐵道進入迤邐的彎道，火車只得以爬行速度前進。

沿著峽谷有數十座像我們家附近那座一樣的水泉。它們的水道都沒超過兩百五十公尺長，但其緩慢的流水軟化了從裂口到廣闊山谷的地形。那些和我們家那邊被有機物質窒息的黑色水泉不一樣，呈現飽含碳酸鈣的白色；碳酸鈣溶解自石灰岩岩床，幾乎在水曝露於空氣時就沉積成為方解石。這個礦物質硬皮在流過森林土地時覆蓋路徑上的所有東西：小樹枝、地殼和錐狀地形——甚至相當精緻的有機物都能以比它腐朽的速度更快地遭到石化。我曾從方解石纖細的外殼剝下腐爛的樹葉，留下完美但脆弱異常的褪皮，上面汙跡斑斑，葉脈明顯，但乾燥時立即化為粉末。

我從沒看過乾涸的水泉，它們的確是使此地成為良好居住地點的優點之一，而那是在我們所知的任何建築物在此興建前，在採石場建成前便是如此。採石場開採石灰石和蜂蜜膚色的石頭，它們後來成為當地建築的特色建材。我們房子後面的斜坡是從挖鑿超過數百年的採石場雕刻而出，它形成岬角的一部分，河流繞著它在進入峽谷時稍微偏向。那個岬角頂端有個巨大的長方形土木工事，推估可追溯到鐵器時代。從那邊看出去的景觀已經大部分遭樹木遮掩，但在冬天，你可以看見下方滑行的河水，而對兩千年前居住或在此工作的人來說（我們不知道它是否是個聚落、戰略地點或工業重鎮），河流一定曾是運輸、貿易和食物來源的生命線。

在我們房子後面採石場的另一邊，考古學家辨識出六個羅馬時代磚窯的殘跡，它們曾被用來生產樸實無華、由輪盤拉胚而成的大盤子、碗和儲藏容器，可以說是等同於四世紀的 IKEA 基本款家飾品。人們現在稱它們為克倫貝克陶製品（Crambeck ware），有三種顏色——灰色、紅色和羊皮紙色——遠至

哈德良長城一帶都有人使用過。陶器的製造地點取決於該地是否有冰河融水和河流傾洩的適合陶土，河流則作為運輸管道、供應線，聯繫、商業和機會路徑，以及和其餘世界的連結。

——

二〇〇八年，我和洛伊與一群划獨木舟的朋友旅行至印度。我們的目的地是印度河一道偏遠但景觀壯麗的支流，稱做藏斯卡河（Zankskar），也稱做紅銅河（copper river）。到那裡要花一個星期。先坐長程飛機到德里，然後轉搭國內線到列城（Leh）——這裡是喜馬拉雅拉達克地區的首府，也有著世界上地勢最高的商業機場。機場的跑道很短，為巨大山峰形成的小灣所環繞——我從未體驗過更像墜落的降落。花一天在列城購買後勤物資後，我們跳上一輛巴士，後窗被擊得粉碎，因此排入陣陣廢氣，那意味著車上的每個人在上車後一小時內就覺得噁心想吐。我們納悶是否要忍受這種苦長達三天。但很快我們就明白了。這輛巴士是取代卡在橋梁另一邊的巴士，不巧有一個路段在最近的洪水中被沖毀。要到目的地，我們得卸下裝備，越過由快速砍倒幾棵樹所搭成的臨時棧橋，橋上還綁著十幾扇舊門。棧橋下方三十公分處就是凶猛的湍急小河——水流濃稠黝暗如蘑菇湯。走過這條棧橋後，年輕人穿著夾腳拖，和打扮時髦、套著布羅克鞋的長者不慌不忙地向前走來。我們載著獨木舟、行李袋和防水袋跟在後方。

我們開車開了三天三夜，一直在往高處走，旅行超過四分之三的路徑，繞過一個大圈，要到藏斯卡河的冰河源頭。我們在卡爾吉爾（Kargil）住宿一晚，第二晚則在郎頓（Rangdum）[2]附近廣袤的沖積平原過夜，我們睡得極不安穩，因海拔高度而發冷和頭暈目眩。花那麼多時間抵達這個偏僻地區，通常是

要讓我們適應高度，但這類與世隔絕是當地人的生活現實，也成為藏斯卡地區獨特認同的主要來源。人口少又分散。大部分的藏斯卡人信奉藏傳佛教並且自給自足，幾世紀以來，人口維持在土地栽種限制下的水準可以供養的範圍內，而強大的修院傳統和一妻多夫制也抑制人口成長。它感覺起來像是另一個世界，即使是和列城相較。但是，考量到良好的水位，最棒的划艇隊伍曾在一天之內划過下游回到列城。這對當地人而言不是個選項，但在冬天，當幾公尺的白雪阻擋高山隘口，使得漫長的開車旅行變成不可能之舉時，河流便可提供進出之路，從醫療緊急救助到寒假返家的孩童都會使用這條路徑。這非凡卓越的一百公里冰道稱做查達（Chadar），也變成長途健行冒險家的朝聖地。但這類榮景的日子所剩無幾。我們往河流下游走了總共五天；在第四天，我們抵達一個正在開通新路的地方，工程人員用炸藥炸開懸崖。如果你現在去那裡——在真實人生中或透過 Google Earth——你會看到這條彷若河流孿生兄弟的路，緊貼著每個彎曲的河道走，只是比較高，而且乾燥。值此之際，氣候變遷使冬天的冰變薄，而查達之旅則越來越危險。

在我家位於德溫河谷地的山坡上上下下，循著泉水找尋它們在地面上湧出和消失之處，我突然察覺我兒時就是進行這類探險——當時，任何灌木叢、任何樹籬間的縫隙、任何可爬的樹，都是個誘人的邀請。我在成長過程中相信探險精神就在我的血液裡，因為我的曾祖父利屈斐爾德・亨利・莫斯利（Lichfield Henry Moseley，以小名「利屈」聞名），是位「非洲探險家」。我以前總想像他戴著木髓遮

陽帽，在叢林中披荊斬棘，划獨木舟經過大河流，與部落長老一同坐著抽菸。這有部分屬實。利屈的確在西非四處旅行，剛開始是服務於皇家尼日公司（Royal Niger Company），後來則是在利華兄弟（Lever Brothers）擔任督導。他在一八九九年畫的發源於東奈及利亞和喀麥隆高地的貝努埃河（Benue River）西方支流地圖，最後由皇家地理協會認可存檔。從我伯父蒐集的信件和報告中，我讀到利屈如何宣稱以煙火表演克服貝努埃原住民（可以理解的）敵意，並追尋連當地人都不願意探索的上游，並似乎對他們的理由漠不關心。我不確定我是否想知道更多，我做的更多研究證明我的不安其來有自。顯然，利華兄弟在默西賽德郡（Merseyside）的陽光港（Port Sunlight）所吹噓的進步思想並未延伸到非洲。身為比屬剛果棕櫚油廠的管理督導，我的曾祖父反對為當地人做有意義的加薪。油廠是列華兄弟在一九一一年設立的子公司，意圖在當地創立棕櫚油種植園。油廠後來因雇用黑市勞工而變得惡名昭彰。利屈在現在還活著的後裔誕生前便過世，所以我無從知道如果他生在不同時代，被教導不同價值觀，從事不同職業，或只是問更多問題的話，他會變成哪種人。但我確定有一天我會把他的事蹟告訴洛奇。

一個世紀後，利屈的故事讀來令人難受。但他的記載強調一件能引發我共鳴的事。在荒野之境——過去每個地方都曾是荒野——旅行最容易的方式通常是走水道。身處冰凍地帶的藏斯卡人就是這麼做。從青銅時代開始，我在德溫河上從過去到現在的所有鄰居也是這麼做。河流是條高速公路。

在至今流傳下來最古老的不列顛地圖，即十四世紀的高夫地圖（Gough Map）上，我們當地的城鎮莫爾頓（Malton）清晰可見，看起來比今日更為重要，因為它位居德溫河（*Fl Derwent*，拉丁縮寫的 *fl* 代表 *Flumen*，即河流）和萊河交匯處。高夫地圖的名字不是指涉地圖的繪製者，而是其擁有者之一。理查·高夫（Richard Gough）是位十八世紀的古文物收藏家，但他得到那張地圖時，它已經有四百年歷史。

地圖的始源和在一三〇〇年代末期或一四〇〇年代早期繪製地圖的方式已經佚失，但專家推測高夫地圖是被繪製來作為行政資源，而非展示或裝飾。約克郡和林肯郡的描繪特別正確——研究高夫地圖的學者伊莉莎白·索洛波娃（Elizabeth Solopova）認為，或許是因為當時的英格蘭中央政府雇用了許多來自那地區的男人。約克在地圖上的名字是 *Eborienc*，實際上是北方首府，所以它的周遭和那些在約克和倫敦路徑上的城鎮才會為人所熟知。

該地圖最突出的特色是大量的紅屋頂聚落和河流。河流被極度放大——就像某些生氣勃勃的藤蔓其試探性的幼芽。道路以蜘蛛網狀的紅線標示。原本的墨水已經隨著時間褪色，但即便這些線曾比現在看起來還要顯眼，它們還是描繪得很精緻和微不足道——本應如此，因為中世紀的道路網絡自從羅馬占領以來改變甚微，而要再過五百年後，運河和鐵路網絡才能提供可與河流匹敵的運輸系統。

一八九一年，《約克郡週報》（*Yorkshire Weekly Post*）刊載了一系列由作家湯姆·布拉德利（Tom Bradley）所寫的約克郡河流專文。那系列文章後來伴隨著手繪地圖收進一套書裡，那些地圖賦予「河流和鄰近道路的鳥瞰景觀」。我的鄰居安妮有一天塞給我此套書中的一本重印本——《第六集：德溫河》——我馬上對它感到著迷。布拉德利的文風符合他的時代，強烈關注教堂、釣魚和社會刻板印象——但地圖是份驚奇。我愛附有精美地圖的書，這本書當仁不讓，地圖垂直打開有六頁半大。我凝視代表老車站的小型繪圖，那在我們巷子底端，現在是安妮和她丈夫愛德蒙住的地方，此外還有熟悉的橋梁和堰、島嶼和河曲、大宅邸和磨坊。因為河流組成的緞帶從一頁流到另一頁，我遂用手指循著它，往上經過胡頓安伯（Huttons Ambo）的吊橋（小孩子都愛死它了，因為它會搖晃），然後經過莫爾頓和諾頓（Norton），從一道不再存在的鐵路下走過，穿越皮克林山谷（Vale of Pickering）上方的一長段迴旋

的河彎後進入較高的地，在森林和懸崖間穿梭。地貌描繪得如此清晰，就像Google Earth，只是用鋼筆繪製而成的版本。最後，在地圖最高處，你來到一處位於菲林代爾斯沼地（Fylingdales Moor）的高地，叫做德溫赫德（Derwent Head）[3]。看到它後，我感到羞愧，因為我從未去過那裡。

尋找河流源頭沒有表面上看起來那麼簡單。大部分的河流有支流，所以每次你碰到匯流處，你就得決定要循著哪條支流往上追。如果河流飽含雨水，真正的源頭可能接近陸地高點，也就是分水嶺。但水泉可以在任何高度出現。河流的「真正」源頭是離河口最遠處。河口可以純粹是河口，或是與另一條上游距離較長的河流交匯處。如果態度嚴謹一點，這意味著源頭得在所有競爭者都被測量後才能指認。那有點不太浪漫，但至少很清楚，對吧？這個，可不。在某些案例裡，傳統優先——尤其在泰晤士河這個例子中。我們所知的泰晤士河源頭是泰晤士赫德（Thames Head），位於格羅斯特郡（Gloucestershire）[4]的賽倫賽斯特（Cirencester）附近，由位於肯伯（Kemble）的楚里伯里米德（Trewsbury Mead）的一塊石頭標示——這裡雖經過環境署和英國地形測量局認可，但卻不是真正的源頭。靠近考伯利（Coberly）的七泉（Seven Springs）是更有可能的源頭，它與泰晤士赫德比起來，離泰晤士河口不但更遠，還遠達二十二公里。再者，這些泉水全年湍湍奔流，而來到楚里伯里米德的訪客往往看不到任何水的跡象。如果你去拜訪七泉，你會看到水從一座岩石露頭底部的幾個洞涓涓冒出，還有一塊石匾嵌在牆上，銘文寫著 *Hic tuus o Tamestine Pater septemgeminus fones*——即「在此，哦，泰晤士父親，這是你的七泉」。對我

而言，這份文采超過那個平庸和自以為是的泰晤士赫德銘文的落跑贏家，那段銘文如下：**泰晤士河管理處／一八五七至一九七四年／這石頭在此標示泰晤士河源頭**。

還有一條支流的存在可能打敗支持泰晤士赫德或七泉為源頭的主張，它暗地在更上游處出現，就在靠近烏倫伍德（Ullenwood）[5]的一座特教學院的校園內。這地點靠近泰晤士河—塞文河分水嶺，因此就教科書的標準而言，可能是最真實的源頭；但七泉聽起來更浪漫和可靠，而泰晤士赫德則訴諸傳統。我猜你可以自己挑選。

———

我們計劃在初夏到德溫赫德進行家族探險，開車來到北約克沼澤國家公園，然後沿著艾勒溪（Eller Beck）那逐漸縮小的水流，健行上到分水嶺的另一邊；艾勒溪最後則是注入約克郡的埃斯克河（Esk）。我們循著菲林代爾斯飛彈早期警告站的外牆步行，那是個巨大的灰色梯形建築，裡頭有著固態相位列陣雷達系統，不斷掃描天際，察看是否有飛彈闖入，以及誰知道還有什麼。那是個礙眼的地標——是英美合作的象徵，也是人類彼此相殘的殘酷提醒。

沼地乾燥到令人擔憂。原本該是濕地之處，現在長有一畦畦的東方洋鬍子草，頭狀花序隨風猛烈招搖。泥炭土壤皺裂處處，數十年來的燃燒石南花弄得土壤碎裂，變成木炭色。風將沙子、塵土和泥炭碎屑吹進我們的眼睛——洛奇的情況最為糟糕，因為他最接近地面。他只得緊閉眼睛，往往跌跌撞撞地絆倒，然後全身摔進一堆東方洋鬍子草，只好面朝下躺在那。我怕驚擾生態，一直挑長滿叢生草的路走，

心裡衡量著賄賂和誘騙的選擇。但當我抵達他平躺的地方時，他正凝視著植被頂端——就在他鼻子的正前方——他不經意間瞥見一個迷你植物展現的驚奇，那是有著小圓葉的毛氈苔，也就是圓葉茅膏菜。它半打華麗庸俗的鮮綠葉片比洛奇的指甲還小，但它們形狀完美，每個都有毛茸茸的紅毛，以及冒出濃稠液體的微小頭部。我們有時會養食肉植物作為珍品，但這是他第一次在野外看到。看到他愣愣地躺在那，我想到達爾文在一八六〇年的斷言：「現在，比起世界上所有的物種源起，我更在乎毛氈苔。」達爾文是第一個證明這物種和其親戚的葉子會誘捕和溶解昆蟲絕非偶然的人，它們是活躍的肉食者，使得這類植物能大舉攻占許多物種無法生存的低營養棲息地。

毛氈苔的黏液有著超凡的黏性和彈性，引發生物材料研究者的興趣——在過去，它曾被用來製造咳嗽藥和春藥。我開始興奮地和洛奇討論這其中的某些部分，但他沒在聽。他只是在觀察。他甚至沒有對食肉植物著迷——養在花盆裡的寵物版本就已經能滿足他對植物暴力的胃口。這次，他只是被這個迷你的完美之物，以及在廣袤沼地中意外撞見此物種的不可能性吸引。

我們在慢慢往上坡走一小時後抵達德溫赫德。聚集在這個沼澤窪地的是雨水，由一大片洋鬍子草標示。這裡去年降下超過一千毫米的雨，而從分水嶺你可以看見它的目的地，即北海，大概距八英里遠。但這條河流要流經的里數更遠。在最近的冰河期之前，德溫河多多少少是直接奔向海岸。但當冰河往前進時，現在是北海的地方變成一道冰牆。冰開始融化，河流卻被擋住了。水聚集形成大湖，最後高出南部底端，往南刻出一條逃脫路徑，雕刻出一條峽谷，現在稱之為「鍛造谷」（Forge Valley）。湖水枯竭，離開哈克尼斯（Hackness）[6]的寬廣山谷。

這宜人肥沃的山谷許多年來是威廉．史密斯（William Smith）的家，他常被稱為地質學之父，在經

歷一段時間的財務災難（他曾為此在債務人監獄裡蹲過一陣子）之後抵達這裡。他後來被一位富有的恩人，約翰．強斯史東（John Johnstone）聘雇為地產管理人。強斯史東這招厲害——史密斯在其對科學的貢獻得到廣泛認可時仍在哈克尼斯。直到今日，他仍在斯卡布羅（Scarborough）那座可愛的羅頓達博物館（Rotunda Museum）受到讚揚，這座博物館是英國為專門目的建造的，是最古老的博物館之一，由史密斯親自設計，而他的貢獻如今安放在令人驚豔的侏羅紀和更近期的寶藏館藏中。

鍛造谷現在被經營成森林自然保護區，區內有一條長長的河邊木板步道，保護著植物群，並使人們可以在被水浸透的地面上方行走。走於其之上，就像彈奏一只原始、未調音的木琴——每個木板都迴響著相同的音高。在夏季，帕眼蝶翩翩繞圈迴轉。地楊梅的穗會讓你雙腿發癢。許多種蜻蜓閃爍微光並上下猛衝。此處的河流寬僅五公尺，呈現紅茶色澤，但非常清澈。河流有時在碰上倒下的樹形成的小堰時會穩定下降，那些倒下的樹呈現不同程度的腐朽，在它們之間的水池則有小鱒魚彎曲起身體大力彈跳。這裡有個受歡迎的游泳地點，仍可使用和遭廢棄的繩子相互擺盪，有各種不同顏色，酒瓶則掛在樹上，如同襤褸的祈禱幡旗。這裡也有水泉——光彩熠熠的清澈流水汩汩從峽谷的森林那側冒出，溪流彈奏著低沉的輕笑聲，流經苔蘚和蕨類的厚重床圃，抵達主要河流。就像那些在我家附近的同類，這裡的水泉在每年春季都拋下方解石，初期河道穿越森林、呈淡灰色。

鍛造谷下有著一座城堡，它曾是威廉．艾頓（William Ayton）[7]的家，他用自己的名字來為河流東邊和西邊的村莊命名。城堡應該曾是座令人印象深刻的龐然大物，從那地區覆蓋的土木工事和河流邊殘留的中世紀魚池可資斷定，但現在仍舊聳立的唯一部分是牛棚。

離開哈克尼斯之後，後冰河德溫河的水流灑入下方山谷，但仍舊無法抵達海洋，所以流水又聚集成

池，與從國家公園西部而來的流水匯合，形成一個更大的水池，現在稱為皮克林湖（Lake Pickering）。皮克林湖最後以類似方式注入哈克尼斯，其水流較高，超過克克漢的低點，並雕刻出另一座峽谷，灌入約克山谷（Vale of York）。由於還有最後幾十英里（最後三十英里是透過烏茲河和亨伯河）才能抵達海洋，現在從德溫赫德展開的河流旅行，距離比其前冰河水道長上十倍。在鍛造谷下方只有不到三十英里的下降，德溫河的中游和下游變成慢吞吞的低地生物，常常蔓延成沼澤和灌木濕地。

既然來到德溫赫德，利拉十字架（Lilla Cross）這個石造紀念碑就是個必訪景點——它矗立在利拉里格（Lilla Rigg）高處附近，就在古老的中世紀古道上，今日仍可通行。我們從比德（Bede）[8]和伍斯特的佛羅倫斯（Florence of Worcester）[9]的作品得知，利拉是位七世紀盎格魯—撒克遜領主和牧師，在諾森比亞（Northumbria）[10]的埃德溫國王（King Edwin）的朝廷中服務，後者的宮殿據推測是位於德溫河中游的巴特克朗貝（Buttercrambe）。如果不是利拉死得轟轟烈烈，歷史也許不會記上他一筆。六二六年的復活節，威塞克斯（Wessex）的王子委任一位刺客假扮成信差走進國王的晉見聽眾裡。他在傳達訊息到一半時，拔出藏好的匕首往前撲。利拉當時站得很近，跳到國王面前，胸膛上挨了一刀。由於用力過猛，匕首不但刺穿利拉身體，還刺到他身後的國王——非常具有《權力遊戲》的味道。利拉死了，但國王大難不死，據說這個經驗使國王決定皈依基督教。

這似乎是個適合紀念利拉的地點。儘管那兩個圓塚的建成年代更早，其中之一上面的石造十字架的年代又近了三百年，但他也許埋葬於此——也許那是個替代物，或是後來根據利拉的歷史意義的致敬之物。或許十字架的置放根本和利拉無關，這份聯想是人們後來才賦予的。但現在在此前沉思，在它豎立於此地的一千年後，在匕首刺穿一位勇敢男人的胸膛的一千四百年後，十字架使得這地點、天空和土

地，意義非凡。如同那些圓塚。如同早期警告站。如同我們來到此地憑弔。如同流水在舞動的洋鬍子草間匯聚成一條閃亮緞帶下坡而去。

德溫赫德只是河流的源頭之一。還有許多——比如幾個最高高地的雨水凹洞、數百條小山溪和水泉。達比森林（Dalby Forest）[11]邊緣有座稱為迪波戴爾（Deepdale）的山谷，山谷裡有片草地，我有次在那度過嚴寒的滿月夜晚，傾聽從周遭森林揚起的各種獨特春季聲響。有吃吃暗笑，有高音的咯咯輕笑，也有像玻璃瓶被裝滿時的低沉音符，有節奏快一點的，爭相競速奔向前。這些是白溪（White Beck）的源頭，在哈克尼斯上方注入德溫河。我記得那晚的急迫感——當那些年輕泉水在皎皎月光中嘰喳閒聊和放聲哈哈大笑，我的傾聽有著重大意義，因為那條河再也不會以相同的方式說話。我納悶它在地底下潛伏多長距離後才浮現在我腳下。我也納悶那晚曾揚起的水流現在去哪了。

白溪的取名很恰當。它的溪水流出碳酸鈣，拋在倒下的樹幹上，形成石灰華的移動階梯。我曾觀賞過小虹鱒等著攀爬這些階梯——全身蠕動著穿越大小樹枝形成的糾結，跳過低矮的臺階，或者等在大型臺階下，趁冬天等泉水推擠力更大時，游泳向上一躍。

更多山溪穿越沼地高原邊緣缺口的裂縫。這些也是由冰河融水構成，現在變弱成為小溪流，隱身在非常陡峭的山谷裡。你得在苔蘚覆蓋、枝幹扭曲的小橡樹間猛衝，才能控制下降。底部的流水流過苔蘚滿布和黑果越橘札根於裂縫的碧綠斷層，並常得穿越多年來從上方倒下的樹木。

約克郡德溫河的最東支流赫特福德河（River Hertford）或許是看起來最無趣的，大部分被整治成運河。但它因其純粹的相反特性而值得一提——它離海口只有一千七百五十公尺，在北部短暫慢流，然後似乎忘記其本職，往西轉離海岸，直到它遇上德溫河。赫特福德河也是注入斯塔卡爾（Star Carr）的河

流；斯塔卡爾曾位於另一大型後冰河湖的岸邊，並是某些最引人注目的中石器時代考古學地點之一。此地的泥炭保存了骨製和木製工藝品，包括大批穿孔魚叉，為歐洲最早的木工技術的證據，也被認為是不列顛最古老的已知住所。其中最令人過目難忘的是以紅鹿頭顱製作的鹿角頭飾，學者普遍認為其具有薩滿功能。挖掘出來的結果是幾世紀的居住占領、頻繁季節性狩獵、處理動物殘骸能力，以及涉及儀式活動的複雜文化之證據——這些全緊跟著發生在九千年前的冰河時期之後。

在皮克林山谷，德溫河在與萊河交匯處水量增倍，後者注入北約克沼澤國家公園西南方的大片地區。萊河和其幾條支流暴烈又容易氾濫——就像直到十九世紀早期的上德溫河（Upper Derwent），當時一段五公里的水道開挖，穿越卡住原始前冰河水道的冰河沉積，提供通往海洋的捷徑。頂端的水閘確保低水位的水流持續流下德溫河修繕好的河道，但在高水位處，流水被改道，流入稱做海道（Sea Cut）的人工運河——它於一八〇四年興建完成，作為史卡比溪（Scalby Beck）的延伸，目的是降低艾頓的洪水氾濫危險，並提供史卡比的磨坊動力。儘管如此，德溫河中游在滂沱大雨後，仍照舊變成彷若牛奶咖啡的昏暗棕色，並沖毀堤防。

沿著德溫河水道穿越皮克林山谷和約克的定期河水氾濫，意味著兩側的土地非常肥沃，但不利於發展大型聚落。事實上，河流中游只有兩座城市——莫爾頓和諾頓這兩個中型孿生城鎮，以及史丹佛橋（Stamford Bridge）所在的大型村莊。在更下游處，這個自然氾濫而給予河流的空間則意味著，下德溫河成為最完好無損，並且是歐洲最有效能的低地河流生態系統之一。

這條不可思議的河流是驕傲和惱怒、豐饒和危害的來源，也成為那些熟知它的人爭論不休或得到歡愉的源頭。但就其大部分的水道而言，這類人令人吃驚地少。河流下游當然有其熱切的擁護者——主要

是生態學者和賞鳥人——但德溫河中游幾千年來對地貌的創造起了一定作用，並是人類生活和生計的中心，同時悄悄變成一條隱藏的河，謙遜、人跡杳杳、無人探索，只有在氾濫時人們才會提到它一筆。

譯注

1 位於英格蘭北部。
2 兩者皆位於印度北部拉達克境內。
3 即德溫河的源頭。
4 英國英格蘭西南部的郡。
5 隸屬於考伯利。
6 位於北約克沼澤國家公園內。
7 威廉・艾頓（1816-1909），英國國教牧師。
8 比德逝於七三五年，英國神學家。
9 伍斯特的佛羅倫斯逝於一一一八年，修道士和編年史家。
10 早期中世紀盎格魯—撒克遜王國，領土範圍涵蓋北英格蘭和東南蘇格蘭。
11 位於北約克沼澤國家公園內。

【小記】

地下水 Groundwater

水泉 Spring
含水層中的地下水在地面冒出的地方。

克克漢峽谷陡峭的兩側斜坡是森林和牧野的混合體——後者陡峭，點綴著由世世代代的黃土蟻堆造的小山丘。比起周遭的草皮，此地比較溫暖乾燥，這些高達膝蓋的小丘每個都是微棲地——小型植物的迷你花圃。黃土蟻身軀很小，呈芥末色澤，舉止溫文，過於埋頭忙於自己的工作，因此沒有成群移動去發動攻擊的習慣。近年來，幾個小丘遭機械從坡側刮除；我真的很努力想瞭解其背後動機，考量到山坡過於陡峭和崎嶇不平，無法割草或栽種，蟻丘也未對斷續在此吃草的綿羊造成傷害。所以，當我瞧見兩個穿橘色螢光外套的男人和一台綠色挖土機在山坡上時，我害怕這會產生更多無益的毀滅，於是帶著我的狗在慢跑路徑上繞道去看看是怎麼回事。男人們已經在地上挖了個大洞，我在打招呼和自我介紹時解釋說，我無法不去納悶這是為什麼。他們說，

他們是為自來水公司工作，試圖在這片田野下尋找管線漏水之處。

我大聲質疑他們怎麼知道從何處著手。其中較年輕的男人告訴我，他們有個粗略的概念，但最快的方式是用從較年長那位男人工作服口袋裡探出頭來的金屬桿來偵測。

「你在**探測**地下水？」

我很吃驚，但他們告訴我，他們一貫如此做，並對著地上的洞點了點頭，以證實其觀點。那裡有很緩和的井水，但沒有水管存在的跡象。在地貌這麼複雜的大片原野上，他們可以挖洞的地方有那麼多，結果他們首先找到的是流水。不是他們要找的水管，但的確是道流水。

要是在幾年前，我會翻翻白眼走人。我知道我會——事實上，我在半島修道院（Byland Abbey）[1]碰到一對偵測地脈的二人組時，我就是這麼做。但年紀的增長使我變得對人事物更好奇，而不是更習以為常，我也變得對追求經驗更加飢渴。我問起我可否試試。

年長的男人遞給我金屬桿，他的同事則牽好狗繩。金屬桿由紅銅製成，成L形狀，兩邊大概長三十五公分，鬆散的套管則是較短的黃銅。我抓住套管，一手一個，覺得尷尬，稍微有點荒謬——彷彿我是在駕駛想像中的太空船。他們建議我稍微走幾步，從似乎乾燥的地方開始找。所以我走到一個輕微突起的土堆，然後轉身再面對他們，握住金屬桿保持兩側水平，它們向前指著。我再走幾步，這次不是走向洞口，但越過上方的斜坡，盡可能放慢速度，保持腳步平穩。金屬桿摸起來冷冷的，毫無生氣——要維持它們不動如山比我想像中來得容易——它們在套管裡毫無動靜，以自己的重量保持穩定。但然後，倏忽間，兩個金屬桿都向反方向移動起來。我右手上的那個指向上坡，往左搖擺；另一個猛撲向右，然後它們交叉，在我跟前像十字轉門的柵欄般停下來。

我不禁輕喊出聲，停下腳步。

兩個男人交換眼神，似乎沒有特別高興或驚訝。我的示範可能就像玩開燈點亮燈泡這種把戲。

我倒退幾步，再往前走。金屬桿大力搖擺。

我看看我的所在位置——比那個洞的稍微上坡一點。這裡可能有個泉線（springline）倒是說的通——那是山坡中最隱約可辨的窪地，或許急流會稍微集中於此。但它很不明顯，而我從前就曾注意到急流，現在才發現這種凹地整個山坡都是。

我更仔細觀察金屬桿。它們不可思議地簡單。年長的男人告訴我，他以便宜價錢網購，因為它們看起來很管用，但其他人則用衣架自己製造。

我再經過更多凹地。金屬桿在我走上或走下彼得和傑克兩人挖的洞的線時，每次都會旋轉。我稍微讓它們歪向一邊，想說可能是我自己沒抓平，它們才會有那麼激烈的反應。我知道我得抱持懷疑態度。我知道科學從來無法解釋這個現象，除了說它是基於探測者對暗示和期待的敏感而導致的潛意識效果，而且在這類既定地形裡，找到水源的機會本來就相對較高。我清楚我們的感官容易犯錯的諸多證據。但很難想像會有人抱持的理論比眼前這兩人更空穴來風，而他們就在這裡，定期探測水源，以最好和最快的方式完成任務。我問他們，他們是否知道金屬桿為何如此運作，他們只是聳聳肩。

幾天後，我再重回當地。挖土機留下的痕跡仍然明顯，有兩堆攪起的土堆。看起來他們在我離開之後又挖了一個洞，離第一個不遠。兩個都有粗略回填，而在第二個洞被挖掘出的土塊中，

有幾個紅陶土管碎片。

自從那次之後，我又來回走去那裡好幾次。有時，我會帶上我自己的金屬桿——我是用鍍鋅線製作的。我越過每個泉水、蒸氣和湍急的泥沼時，它們都會旋轉，有時在其他地方也會。我只是隨性指引它們，但我無法否認我很喜歡這樣——所以，也許這種現象是我自己造成的。水至關重要，演化使得生物發展出尋找到它的方式，而那是在億萬年前，在能理性推理、自覺性強的雙足行走的猿猴，其一脈相傳出現在地球上之前。有沒有可能金屬桿是在幫助我們與被智識取代的感官重新建立連結呢？我不知道，但那似乎不再很瘋狂。曾經是熟悉的蔥茂山側現在感覺起來更像野獸的外皮，我在上面如滿懷希望的跳蚤漫步遊蕩，尋找皮膚下奔流的靜脈。

譯注

1 位於北約克郡沼澤國家公園內。

第四章

趁我們還行時盡情飛翔

Fly while we may

兩個男人在森林的窄橋上相遇。兩人都是戰士。兩人都很驕傲。一位是七呎高的蠻勇之士，另一位則輕盈並聰明得像隻狐狸。他們決鬥，先是用語言，然後是鐵頭棒，以不只一種方式瞭解彼此。不久後，兩人都落入水中。巨人聲稱勝利，但從河流起身後，就此有了新的命運和名字。

羅賓漢和小約翰的相遇是我最喜歡的洗禮故事。河流有雙重角色，自從天地開闢以來，河流的象徵都是如此這般，它是分隔兩個男人的界線，他們透過它變成至交。在一九八〇年代，電視改編劇《舍伍德的羅賓漢》（*Robin of Sherwood*）中，編劇理察．卡本特（Richard Carpenter）以生花妙筆賦予河流魔力，而河水的浸泡也暗喻小約翰從崇拜撒旦的諾曼男爵施咒下，全然解放。儘管我小時候暴露在滿滿的軍事愛國主義中，我多少有點如浮萍般的童年使我對家鄉的認同有點半吊子性質。但那部電視劇讓我打從骨子裡覺得自己是英國人，並在我上了教堂仍覺得有所不足時，以某些較古老的神祇填滿心靈的空隙。在後來的一些年間，我把祂們全忘得一乾二淨，但祂們從來沒有真正離開過，而一位神祕的森林巫師假扮

成獵人赫納，對飾演羅賓漢的邁克爾．普雷德（Michael Praed）所說的話，仍舊以相同力道縈繞我心田，啟發我並重新讓我安心。**無事遭到忘卻。從來沒有**。

無論你將河流視為連結或障礙，大都是視你的角度而定。對在約克市中心那兩座陸橋上任何一側塞車的駕駛而言，烏茲河是個障礙。但沒有河流，就不會有約克的存在，而河流的流動遠遠比曾大部分環繞城市的沼澤來得馴服，並在至少直到一九九〇年代的貨物運輸上扮演要角。在倫敦，泰晤士河是文化也是物理分水嶺，但也是此市最大和最古老的自然資產。

河流作為同時是界線和入口的二元性，透過歷史和神話得到重複歌頌。當西元前四九年，凱撒和他的軍隊跨越盧比孔河（Rubicon）[1]時，那便成為戰爭必然發生的象徵行徑。就如跨越神祕的冥河，是旅行至古典世界的地獄不可或缺的經歷。

河流是天然的管轄界線，從後院到國家不一而足。在不列顛，河流長久以來被當作教區和郡的邊界。我今天就走在這樣一條界線上，靠近麥克西（Maxey）村莊，就在劍橋郡和林肯郡的邊界上。河流在二十世紀前半被截彎取直，但郡的界線仍舊忠實地循著古老的彎曲水道，因此現在河水從郡到郡間像條碼般閃爍，造成劍橋郡的某些零星土地孤立在林肯郡的河邊，反之亦然。我現在說的河是威蓮河（Welland），穿越彼得伯勒（Peterborough）[2]北部廣大的農耕平原，其中大部分曾是沼澤地。那地區的行政界線改變得非常頻繁。麥克西曾是彼得伯勒和那薩伯杭德（Nassaburgh Hundred）中世紀司法管轄區的部分，然後併入曾短暫存在的杭廷頓郡和彼得伯勒合併郡（彼得伯勒本身並未納入），再來又重新分配給劍橋郡（劍橋不再是其一部分）。我納悶現在當地人在被問到是哪裡人時會說什麼。

威蓮河的河水曾延伸穿越過一大片沼澤地，沿著奈恩河（Nene）[3]注入廣闊的威特樂賽湖（Whittlesey

Mere）。它曾是英格蘭第一大湖；六英里長乘三英里寬，儘管湖水從未深過幾呎，但它在一八五二年遭全部排乾，以創造豐饒的農耕土地。威蓮河上游也曾遭重大整治，現在流過一系列溝渠、河道和水道，複雜到你若想試圖瞭解，可能會發瘋——甚至是在有圖解的幫助下。值此之際，抽取水（包括一九七〇年代的拉特蘭湖水壩〔Rutland Water〕）意味著整個系統現在承載的水比以前少。從我這個局外人的觀點看來，這個製圖、水文學和行政的混亂讓此地產生漂若浮萍之感。

我從西迪平（West Deeping）[4]朝赫普斯頓（Helpston）[5]走，沿著現今稱做國王街（Kings Street）的羅馬道路的部分前行。對早期的工程師而言，要橫貫威蓮河氾濫平原一定是個重大的挑戰——道路的這個短暫路段越過幾個河道和水道上的九座橋梁。在其中一座橋梁之下的河水現在已經乾涸，幾世紀以來雕刻其上的塗鴉文字多到數不清，包括農夫詩人約翰·克雷（John Clare）雕刻的「**約翰·克雷在一八一一年造訪赫普斯頓**」等字眼，他那時十八歲，正在接受石匠的學徒訓練。但今天這地方最令人吃驚之處在於有人住在這裡。在橋拱下排有床、地毯、桌子和架子，一個塞滿復古廚房器具的抽屜，好幾罐食物和裝飾品，甚至還有一個很重的花瓶，裡面插有一捆裝飾性的蒲葦。這裡看起來樸實無華但又骯髒無比，我無法肯定地說，這是瘋狂或悲哀或別的什麼。它很像我小時候夢想有的小窩——設備完善、裝飾別出心裁。

我散步穿越麥克西洩洪道（Maxey Cut），進入淹水的礫石採石場區，這地方曾是青銅時代的不列顛最大的儀式地點之一。這地方數年來在我的想像中散發幽幽魅力，那是自從我讀了法蘭西斯·普萊爾（Francis Pryor）於一九八〇年代早期在此的考古調查記載之後。普萊爾因在芬斯（Fens）[6]和東安格里亞（East Anglia）[7]的考古發現而聲名大噪——包括此地，也就是彼得伯勒的馮格特（Fengate）[8]，後

來還有霍爾姆一世（Holme I）的驚人木製紀念碑的出土，後者以海石陣（Seahenge）聞名，為諾佛克（Norfolk）的霍爾姆海岸的海潮沖刷所揭露。

麥克西地區的石陣、堤道和古道路的完整範圍直到一九七六年的乾旱才展露，隨此顯現作物痕跡（cropmark）——潛在特色導致作物成長出現輕微不同的結果。普萊爾和他的同事花了數年嘗試，以盡可能地理解這遺址在砂石開採前的大部分原貌。對新石器時代的人而言，這個平坦、毫無特色的地貌為何意義重大，原因並不明朗；但普萊爾指出，可能是相同事物使得此地擁有與霍爾姆一世時期一樣特別的地貌：在製造那些紀念物的時代，它們位處接近或由水包圍的地形裡。這類地方豐饒而生產力高，也許也因為儀式活動而受到偏愛，因為它們靠近那時可棲息世界的邊緣。在此使用一個多少已被濫用的專門術語——它們是閾限空間（liminal space）：形上學界線在自然或物理層面的表現形式，往往如同河流、水泉和湖泊，或許被視為從一個世界到另一個世界的潛在跨越地點。

對我這個未受過訓練的人而言，現在已經沒有事物可以告訴我曾經佇立在此的土方工程、圍牆和石陣。我凝視過作物痕跡的空拍照，並將它們和現代地圖與衛星影像做對比。我多少知道，那兩公里長、兩側是溝渠、現在稱做「麥克西古道」的步道，穿越現代馬路，並與威蓮河的主要水道交會。我在穿越它時，是否想像自己寒毛直豎？我的骨頭裡有股奇怪的顫動感——這感受讓我聯想到針灸，而非行走運動。我確定我沒有，因為它發生過兩次，一次是在馬路上，一次是在河邊的步道上。我是在何時變得如此易受暗示影響？

從這裡，我循著威蓮河朝馬克特迪平（Market Deeping）[9]走去。在一座跨越小支流河道的橋梁上，從劍橋郡進入林肯郡。在那，翱翔徘徊於兩郡之間，我找到蜉蝣——這年的第一批。牠們提醒我今天是

六月六日——我父親葬禮的週年紀念日。他死於二〇〇五年五月二十四日，就在要過六十九歲生日之前。從那之後，那造成心態改變的兩週，在我記憶中由帶有翅膀的蜉蝣的出現而變得特別。蜉蝣很不尋常，因為牠們有兩個有翅的生命階段，加上多個水生幼蟲階段。牠們從數月或數年作為非繁殖用的「巢」的家，也就是從水裡育嬰室中掙脫束縛，得到自由，然後再度換羽，幾乎是立即變成最後成蟲型態，稱之為「紡紗工」或「成蟲」，其唯一的生物目的只在於繁殖。這個倏忽即逝、光輝燦爛和飽漲性欲的階段後來變成一個英文格言。蜉蝣（mayfly）不完全和五月（May）有關——整個夏季都是蜉蝣出現的季節，但在英格蘭的大部分年間，五月似乎是出現的高峰期。

此處的小雲朵也許包含五十隻紡紗工，牠們在表演自己的古老儀式，在原地上下擺動。那是一場令人陶醉的演出——牠們的翅膀快速嗡嗡振動，往上飛高大約一公尺，保持身軀垂直，因此牠們看起來宛若上升的天使，線般的尾巴（或稱尾須）整個折起來。飛到最高處時，牠們如同降落傘般打開翅膀，張開尾須——尾巴位置的改變讓牠們將身體抬至水平狀態，然後以跳傘運動員的姿勢往下掉，在有效緩慢下降之餘，還能回來原先牠們開始的地方，與蘆葦頂端形成水平，因此沒有比往上升時快。牠們飛高時大約花一秒鐘，下降時一秒鐘，不斷反覆。我偶然會看到在求偶舞中有兩隻一起下降，在最低點時分開，但我得觀賞數分鐘，舞蹈才會結束。雄性負責飛起和下降，每隔一段時間，雌性會飛起進入蜉蝣群中，她會被短暫擁抱和進行交配——這個圓房時間持續不長於下降的一秒鐘，然後她往下飛離。這或許發生十幾次，然後在轉瞬間，整個蜉蝣群解散。

文藝復興藝術家阿爾布雷希特·杜勒（Albrecht Dürer）[10]可沒忽略其中關於變形和升天的孿生主題；他創造了一幅版畫，名為《聖家族與蜉蝣》（*The Holy Family with the Mayfly*），當時是一四九五年。畫

中的蜉蝣據說是嬰兒耶穌基督的象徵，天堂與人間的具體連結。一反常態地，杜勒沒有將那隻蜉蝣畫得「很好」。由於牠必須在人類肖像旁顯得非常渺小，牠於是有蠕蟲般的軀體、棍棒狀的觸角、彎曲的長喙和很圓的翅膀。結果，這幅版畫常被說成聖家族與蝴蝶，或蜻蜓。蝴蝶或蜻蜓也經歷奇蹟般的變態週期，但兩者都沒表演這類往上升的天使舞蹈——我確定杜勒看到的景象一定是如同我所描述的那般。

蜉蝣群出現時，堪稱是令人瞠目結舌的景觀——一種以數大壓倒掠食者的生物策略，好確保至少有部分會倖存下來，並成長到足以繁衍後代。二〇一七年，我們在約克郡德溫河看到某個令人大吃一驚的畫面。當時，洛奇和我正如往常般到克克漢修道院散步，結果注意到不尋常現象。他以較敏銳的眼力先看到它。

「看看那些鳥！牠們在做什麼？」

那看起來像是一群海鷗，飛得非常高，在某種拉長的漩渦裡旋轉。我們靠近後看到更多。等我們抵達河流時，我們正走在鳥兒形成的柱子下，牠們有兩百公尺高，由不同的鳥類鬆散地形成好幾層——鶲和鶺鴒在靠近河水之處覓食，牠們之上則是沙燕和家燕，然後是雨燕，最後是幾千隻呱呱狂叫的海鷗。在下個小時內，景觀變化。層層的鳥變成一道簾幕，沿著河流彎道向前奔去。幾千隻蜉蝣攀住河邊植被，以及樹林中的葉子。更有好幾千隻的身體漂浮在我鄰居池塘的表面。

不是每個夏季都有這類景觀。二〇一九年，我目擊到最多鳥類聚集在一起的那次，總共看到了四種，牠們以密集隊形飛在法恩代爾（Farndale）[11]社區中心外的車子引擎蓋上。當時，我們開車去那觀賞聲名大噪的民俗歌手二人組，馬汀和伊萊莎・卡西（Martin and Eliza Carthy）父女的現場演唱。

法恩代爾是德溫河另一條支流小道夫河（River Dove）的河谷。它最知名的景觀是每年四月往河流

兩旁延伸生長的黃水仙地毯。黃水仙比大部分的花圃裡的花要來得小、呈淡黃色，就我看來，它們有一種淡淡的、頑童式的邋遢。它們的喇叭花冠和花瓣比較不像狀若充過氣的栽培品種那麼硬，因此更容易上下晃動和振動。數大便是美。這年度景觀總會持續幾週，在此期間，羅密爾（Low Mill）和教堂屋（Church Houses）這兩個位於法恩代爾的村莊空地會暫時改成停車場，而小戴夫咖啡館（Daffy Café）和茶園則賣培根三明治、蛋糕和當地果醬賣得嚇嚇叫。山谷給人一種居民之間相當親近之感，尤其可能是因為它倖存過一九六〇年代的築壩計畫，當時計劃在上游用巨大的泥土河堤建造水庫。卡西父女演出那晚，黃水仙的盛開季節已過，但羅密爾那用波浪板搭建的社區中心擠滿了人，中心看起來搖搖欲墜。你可以看出誰是常客，因為他們自己帶了椅墊，免得坐在折疊椅上引發腰痛。

我對那晚記憶猶新，因為那天是五月二十四日，我妹妹打電話來報噩耗的十四週年紀念日。她把話說得斷斷續續的，我惱火了好幾年。她不是說「爸爸死了」（Dad has died），而是說了「爸爸是死的」（Dad is dead）。為了某些理由，形容詞比動詞還糟糕。我想要聽的是認可我父親也是參與者的字眼。動詞多少會帶來他還活著的錯覺。某人不可能是死的，然後又活著。但他們可以死去了但仍舊存在。我父親仍舊是我父親。那是個荒謬和不合情理的反駁——我妹妹比我更體貼得多，她當時處於極度震驚的狀態中，而這類消息總是毀滅性的——但我花了好幾年才消氣。我只能以假設痛失親人的時刻所爆發的不平，會依附在其所能發洩的第一個事物上的理論，來想辦法合理化我的反應——在這個例子中，就是傳遞噩耗的方式。我最後向她坦承時，她納悶她是否選擇了最不經修飾的說法，這樣她才能嚇得讓我們兩人相信不可能發生的事還是發生了。

馬汀．卡西那晚狀況不佳。他似乎很累，怪罪於花粉熱，道歉說他只能演奏，演唱部分得全部由伊

萊莎發揮。他暫時忘記和音時，她給他時間，聽眾也是。第二次他又犯錯，她溫柔地責罵他。

「長進點，馬汀。」

我父親的名字也是馬汀。我溜出社區中心，穿越一片峨參，在道夫河上的橋漫步。暮色已沉，我想我可能可以看到更多蜉蝣。我走過這條橋很多次——那是條輕鬆、對孩童友善的橋，可以走上山谷，我第一次來時便是和凱特同行。那是黃水仙的季節，洛奇當時三個月大，漢娜則是結實的小娃娃，正在蹣跚學步。我記得靠在那相同的木欄杆上，看著河水，說著我多希望父親能活到認識他的孫子。我不記得凱特說了什麼。也許她什麼也沒說。更重要的是傾聽。

在演唱會外頭的暮光中，蝙蝠開始在水面上俯衝和劇烈跳動，偶爾潛入水下，激起銀色波光粼粼的漣漪。有幾隻蚋，但不再有蜉蝣，事實上大型昆蟲都已絕跡。我發現自己非得要看到點什麼才願意離開，最後的確有東西來了：一隻慌張抖動的淡色小蛾，一隻蝙蝠像導彈般瞄準牠。它看起來像毀滅，但其實多半是種轉換——蛾的能量轉變成蝙蝠的能量。我走回社區中心，靠在後面牆壁上，聽著演唱的尾聲。伊萊莎正在為下一首歌營造氛圍。

「一首歌或一張唱片需要言之有物。」她說。「一個重點，或一個故事，就像、像，嗯……」她摸索著比喻。「……像蜉蝣的生命週期。」

我不知道她為何這樣說——或許她也曾追尋過蜉蝣的夢幻身影——但我感到全身陡然一震，彷彿她

的字眼為我通上了電。眼淚湧出，不肯停下來。

譯注

1 義大利北部的河，流入亞得里亞海。
2 位於英國英格蘭劍橋郡。
3 英格蘭東部河流，部分構成劍橋郡以及諾佛克的邊界。
4 位於英格蘭林肯郡。
5 位於劍橋郡。
6 英格蘭東部的天然沼澤地區。
7 英格蘭東部地區，包括諾佛克、薩佛克和劍橋郡。
8 為青銅時代考古遺址所在地。
9 位於英格蘭林肯郡。
10 阿爾部雷希特·杜勒（1471-1528），德國中世紀和文藝復興時期版畫家。
11 位於英格蘭北約克郡。

【小記】暗水 Dark water

在坎布里亞肯德爾（Kendal）下的肯特河（River Kent）有個河段，是每個和我划過獨木舟的人的最愛，部分是因為它的位置方便抵達，而且即使在不同水位也很穩定，但主要原因在於這最後幾公里河段的特色眾多又繁複多樣。首先，峽谷入口有個急流，會將你送進一個托爾金筆下的世界，頭頂上的石牆覆蓋滿苔蘚和蕨類。在冬季，無數小溪流和小泉維持的綠色景觀，會轉瞬變成奇幻飄渺的皚皚冰區。擁有頹廢美感的景色常是在一夕之間被創造出來，第二天即融化，這些總是使我深深著迷。

峽谷外還有更多落差和堰，並以佛斯瀑布（Force Falls）為整趟旅程的盛大終點——那是一道嗓音嘹亮的瀑布，只要你維持身軀筆直、熱情划槳，就很難出錯，但過程中又很嚇人，因為在河流上時，你其實看不太到前方有什麼。從邊緣開始就無回頭路，你在這時最後看到的是激流的咽喉。天真的新手會不慎噗通掉落水中，和船分道揚鑣，但翻滾流大力沖刷，而那裡有個祥和的大湖，泳者和設備都能安然重聚。那就是旅行終點——有乾衣服和熱飲等待著。

肯特河的激流泛舟總是超乎期待。有時，我們這個自信滿滿的划槳手小組會在一天內來回三

次。我生了洛奇後，第一次泛舟地點就是在這——剖腹生產十週後，我知道我能毫不費力地辨到。

「再來一次」的誘惑有次曾誘使我們在幾乎完全的黑暗中划過最後幾個落差。你在黃昏時，眼睛會逐漸適應，但我們卻不曾察覺那時已經很晚。或許我們判斷錯誤，沒抓準為最後泛舟來回開車的往返時間。無論如何，我們在暮光中出發，幾分鐘後就發現自己在一片闃暗中泛舟。黑暗的河流難以判讀。等我們抵達佛斯瀑布入口時，河水不是純粹的黑壓壓一片，就是黯淡無光，有著吵雜的白噪音。我們只能憑藉直覺和熟悉度。我不會、也不可能推薦這趟旅程給其他人。但與此同時，我從未如此清楚地意識到河流的肌肉組織——不該說是它的力量，毋寧說是其結構——每個顛簸、拋起和推擠，都代表流水的組成成分，宛如身軀裡無數且五花八門的小肌肉，允許身軀維持某種姿勢，或者做出錯綜複雜或差別細微的動作。我們注意運用二頭肌和股頭肌，腹肌和三角肌——但就像使用鍵盤時，或者比如說赤腳在搖晃的原木上維持平衡，又或者是說一句簡單的句子，都需要數千次小小的肌肉收縮和彎曲。瞭解這些小肌肉和我們在使用它們的方式之餘，也有利於划槳手在河流中辨識它們的作用。它們很容易遭到忽略，但在那晚的黝黯中，我感覺到它們看不見的拉扯和輕推，以及它們穩住、推動或拉船的力道。我和我朋友莎拉並肩划槳——近到我們可以稍微商量彼此能看見什麼，拚命回憶大概的路徑，又距離夠寬到可以給彼此活動的空間。我記得她在黑暗中的臉，大大的眼白，在半微笑、半扮鬼臉之間展露的森森牙齒。我的表情也是如此，在刺激的感受中摻雜罪惡感，因為我知道我們正在做一件不該做的事。

第五章

土地上的線

Lines upon the land

人們告訴我們海洋在高漲
但我會保護這段土地
濕地氾濫，白頸麥雞逐漸消失
但我會為這些小生物彎曲身軀。

——柯蒂・麥克法倫（Kitty Macfarlane）[1]，〈人，友誼〉（*Man, Friendship*）

在你轉進布里奇沃特（Bridgwater）M5公路往東前進之後，薩默塞特低地與沼澤（Somerset Levels and Moors）[2]會立刻將你吞噬。這裡有筆直且虛幻的地平線，土地兩旁是蘆葦成排的溝渠與寬闊的排水溝相交著，這些排水溝被稱做「林斯」（Rhynes）。路旁樹籬很高，內側被經過的車輛刷剪到巴士高度，

創造出長方形的通道。在七月，路肩生氣蓬勃，粉紅色的千屈菜和剪秋羅迎風綻放，在其中冒出看板，為柳樹接枝和蘋果酒農場打廣告。

對習慣起伏不定的地貌的人而言，這片平坦需要花時間適應。遠處有較高的森林地；就如同平坦碟子的暗綠色邊緣，我想那裡可能是確定自己位置的好地點。接著，我注意到幾英里外有個看起來突出的山丘高聳在地貌上，頂端是最令人印象深刻的廢墟，於是我決定改變方向，朝那而去。但那是個視覺把戲。我後來發現，那個山丘叫做布羅芒波（Burrow Mump）[3]，既不大也不遠。我馬上就抵達那裡，近看後發現它是個完美的圓錐體，並且嬌小到引人發噱。爬上二十四公尺垂直的山坡到頂峰的廢墟教堂，只花了我一分鐘。但這二十四公尺將帶給你無數賞心悅目的景致。

下方的景色活脫脫像出自查爾斯・譚納克里夫（Charles Tunnicliffe）[4]的童書繪圖。白色大帳篷為村莊節慶或表演豎立。那裡有小小的綠色和金色田野，後者已經放有捆好的乾草，而紅色小拖拉機正在堆放老式的方形乾草堆。這裡的田野規模受到錯綜複雜的溝渠系統限制，其中水流會注入迤邐的柏瑞河（River Parrett）[5]。樹木劃出馬路和河道的界線——濃密的赤楊、閃閃發光的白楊、優雅的梣樹和楊柳——有些形成一致的錐體，因此你在遠處看，會誤以為它們是教堂尖塔。但這裡最多的是柳樹：就視線所及之處，都是點點漣漪般滾動的灰綠色。

地理上而言，薩默塞特大部分的低地和沼澤地貌是新生事物——在最後一次冰河期之後，沼澤被創造為泥炭地，而這地區的主要河流，即往南的柏瑞河和北部更遠的艾克斯河（Axe）和布路伊河（Brue）則占據大片濕地。河水分散和浸透，而非流動。這些濕地就像約克郡的斯塔卡爾，在生物學上豐富萬千，使得抵達那邊必得歷經的艱辛非常值得。早期聚落在高地的島上建起，人們則以建造木製棧道的網絡來

解決移動的困難。其中，有兩條棧道緊挨著彼此在布路伊河山谷裡前進，是世界上已知的這類建物中最古老的兩個。斯威特古道（Sweet Track）和更古老一些的波斯特古道（Post Track）各別可追溯自西元前三八〇七和三八三八年，是由單片橡木和椴樹木板鋪設而成的狹窄木板路，木板則放在交錯的榛樹和萊姆樹樁上。它們僅使用了相對短暫時間——在斯威特古道的案例中，或許只有十年，在那之後海平面的上升似乎使得永久聚落變得無法維持。水在此總是利弊並存，季節氾濫是種特色，賦予羅馬和盎格魯—撒克遜時代主要聚落名字來源，如薩默頓（Somerton）就意味著夏季城鎮。薩默塞特是片夏季土地。在冬天，它曾是、現在有時也仍舊是，水的王國。

自有歷史，以及排水系統在《末日審判書》（*Domesday Book*）[6]完成的時代興建以來，人們一直在努力控制水災的發生。從十二世紀開始，在格拉斯頓伯里（Glastonbury）、阿瑟爾尼（Athelney）和慕切尼（Muchelney）[7]修道院帶領下，人們圈了幾千英畝的地，排乾後，以將新地出租來獲得收益。這工作持續了九百年——河流兩旁修建圍牆、重新導向、改道和創造（尤其是一七九五年的國王瑟居摩爾水渠〔Kings Sedgemoor Drain〕、一九四〇年的杭斯皮爾河〔River Huntspill〕，以及近如一九七二年的索威河〔Sowy River〕）。總體而言，這些天然和人工水道總計有數千公里的溝渠、河流、排水道和林斯。

根據英國國民信託組織的指示標誌圖，布羅芒波是「野餐的好去處」。幾個家庭正這樣做。某人以馬克筆塗改了標誌，將「野餐」改寫為「酒館」。我想他們的看法沒錯。如果天氣沒有這麼熱，我也會在這裡閒散度過午後，觀賞小教堂的陰影從正午的最矮處，隨著日漸西落，像日晷的晷般掃過。但烈日高照；我知道附近一定有涼爽的碧綠河水，在從約克郡開很長一段車來後，我最想要的是這個。

我有點漫無目的地繼續往前行駛，直到一隻蒼鷺遊蕩過杞柳間的馬路，走出蘆葦，指點我看到停車

場就在幾棵柳樹樹蔭下、穿越一條林斯的路前方。有輛露營車停在那，還有輛小車，兩位老者在前打盹。我利用敞開的車門作為屏風快速更衣，希望他們不會在錯誤的時刻張開眼睛。我一拉上泳衣幾秒鐘後，車子引擎就啟動，那對老夫妻噗噗駛離，究竟是出於不表贊同、拘謹，或忍俊不禁，我永遠也不會知道了。

河堤花團錦簇，錦葵、紫草、桑麻和牛蒡正盛開著。鏈眼蝶和熊蜂漫天飛舞。空氣仍舊沉重，要不是還有露營車收音機傳來板球對抗賽評論平淡呆版的聲調，眼前會不可思議地安靜。小鳥在柳樹間高高掠過——我想是鶯，但在夏季唱夠歌兒、也咆哮夠後，牠們在換羽和重長飛行羽毛的此時，採取睿智的平靜，接下來牠們會遷徙。白色小蛾在我走動時從草叢間飛撲而上。根據深度計，水大約是四呎深，碧綠又長滿雜草，漂流著開著黃色花朵的睡蓮。水面上半公尺的空間裡繁忙無比，蚋形成的雲朵上下跳動，蜻蜓和豆娘老練地在彼此間穿梭。牠們全都是藍色系，像舞團般相互協調：小斑蜻、褐蜻蛉、心斑綠蟌和珈蟌豆娘呈現比較刺眼的珐瑯色調。魚的魚身很長，纖細的鯉有著粉紅色魚鰭，上緣是青銅色。我想是鱅魚。牠們每幾秒鐘就在各處各自躍起，河水表面交疊著彼此重疊的環狀漣漪。

我原本計劃下水的第一個地點附近，水裡有某種死物漂浮——水面上有個毛茸茸的圓頂，聚集一群狂熱的發亮僧帽水母。我改而走過橋梁進入上游。

我無法感覺到任何水流，儘管蘆葦顯示了水流的方向；我出於習慣從上游先游起，經過冷熱地帶。蜻蜓和豆娘在頭上嗡嗡作響。灰斑鳩咕咕叫。睡蓮的花苞看起來像羅馬時代的雙耳陶罐——就是那種有窄頸的陶製酒甕。每個葉片的陰影下都有無數小魚。

我游回下游，放大膽子盡可能靠近那個位於橋下的死物。那是個發脹異常的錢鼠，卡在雜草間，腫

脹到像個氣球，是活著時的兩倍大。我小心翼翼地游過殘骸，盡可能不濺起水花，以免吞入髒水，但我沒辦法不引發擾動。河水在我穩定的蛙泳動作前揚起天空色彩的弓波——從我戴了蛙鏡的視野觀看出去，小振幅的漣漪似乎變大。我看見泡泡從底部升起——我經過時產生的震波一定使得它們從雜草和礫石間鬆脫，氣體在那經由光合作用和腐敗的過程中獲得釋放。泡泡在騰起時成長、抖動和翻轉，閃爍金光——如同硬幣翻滾進許願池，但是是相反過來。看見泡泡使我了悟我最輕微的划水動作對魚兒來說一定相當顯眼——我的動作產生向下和向外擴散的漣漪。這些震動的頻率太低，不能像聲音般被聽見，但大部分的魚除了耳朵外，還有確切收聽到這類低頻機械「噪音」的器官。魚的側線感覺器官是一排沿著體側排列的小孔洞。孔洞在皮膚下經過含水通路相連，通路裡側滿是叫做「神經丘」的器官，每個都有突出的一捆小毛細胞，探入通路的黏液中。毛細胞則展現各式各樣的尺寸和敏感度，能偵測水中的壓力改變，並將資訊直接導入中央神經系統。它的運作方式大約和我們的耳朵偵測到聲音的方法類似，但對更長的波長和更低的頻率更為敏感，使得魚能感覺到水在不同速度移動導致的壓力變化。牠們真的可以聽到流水，詮釋會洩露祕密的漣漪，從水流和嘰嘰喳喳的漩渦得知誰在附近、誰可能在接近，以及誰即使在離開視線後仍會留下天機。

我仰泳了一會兒，觀看葉子在楊柳鞭子狀的樹枝上印出斑駁圖案。從綠色到灰色，從灰色到綠色，那動作幾乎像水的漩渦。柳樹是這地方的「精神象徵」。在英國的數量和生物多樣性上僅次於橡樹，這些盎然勃勃的美麗柳樹曾經是重要作物，生長超過幾千英畝，供應各種有用產品。

柳樹可以藉由修剪（近到靠近地面）或去梢（剪到頭上的高度）以刺激成長。採納哪種技術仰賴其成長是要讓牲畜可以接近（它是極為優秀的飼料），或不讓牠們靠近。修剪之間的間隔變化很大，以促

成不同厚度的重新生長，這能拿來做各式各樣的使用，方法多到不可思議。最細的幼枝稱做 whip，在第一年長得很長又沒有分枝，很適合拿來編織。洛奇出生後幾個月內，都睡在凱特借給我們的、柳條編製的四腳搖籃內——漢娜和凱特自己都在嬰兒時期睡過這個搖籃。柳條（wicker）與北歐語中的 *vika* 分享字根，*vikker* 意味著柳樹。德魯伊教徒[8]、自然學者和實驗考古學家克利斯．帕克（Chris Park）以古老方式養蜂，使用手編的蜂箱；他告訴我一個古老的愛爾蘭諺語，可能可以追溯自口述傳統，那就是「柳樹是蜜蜂的力量」。這諺語其來有自，柳樹是三月裡第一批開花的樹種，它們的柳絮製造驚人數量的花粉和花蜜。但那個古老智慧背後還有個不太為人所知的面向。克利斯說，那就是柳樹「擁有」蜜蜂的力量——那是一種集體力量，小樹枝一起凝聚時，能創造出極為強壯和功能性的結構——籃子、蜂箱、捕魚陷阱、籬笆，甚至建築。柳樹木材不容易腐爛，因此對建造戶外建築來說特別有價值。等久一點的話，幼枝會長厚成細枝，然後是較堅固的樹桿——兩者都還可以編織——然後是木樁，最後是厚實的樹幹，能用來建造、砍成柴薪或做木炭。柳樹木炭柔軟，灰分含量低，因為能用來製造火藥而特別有價值，儘管在現今，藝術家比較可能拿它來作畫。柳樹的醫藥特質已經傳頌幾千年。葉片、樹皮和汁液豐富的新木（來自樹幹和樹枝的外層）飽含水楊酸，能夠抗發炎，並且是阿斯匹靈的前身。

柳樹也是全不列顛河畔主要的樹種；事實上，許多河堤是以柳樹根交錯而成，它們形成濃密的矮林地面穩定土壤。這個穩定土壤的功能對此地的低地非常重要。柳樹不僅格外有用處，也是簡單就可收成的作物——它們長得很快，一年內就可產生有用的材料，不需澆水，也不需人工肥料。

我將泳衣掛在柳樹上晾乾，並把身子探出橋外——我的頭髮因游過泳而在未乾的狀況下變成一頭捲髮。一個男人駕著貨車抵達。他脫到剩內褲時對我咧嘴一笑，並展露一身令人印象深刻的刺青，一躍噗

通跳水進入滿是睡蓮的河中，然後直接爬出來，拋給我另一個默契十足的微笑，接著跳上貨車駛離，在不到九十秒鐘的尋幽探訪後如獲新生。

我又往森林高地而去，希望能觀賞到更廣闊的景致。我看到比爾蘋果酒公司（Bere Cider Company）時，實在無法抗拒。在涼爽的穀倉裡，一位白髮蒼蒼、穿著藍色襯衫的男人正從一排木製酒桶中將酒瓶裝滿，酒桶上都有粉筆標籤。

「要來一杯嗎？」他拉長聲音懶洋洋地說，那是他打招呼的方式。我謝謝他，他眼神裡帶著問號在木桶旁揮舞半品脫的玻璃杯，我指指貼有「乾」字標籤的一排木桶。

「嗯。」他說，拿出兩個玻璃杯，遞給我一杯，我們叮噹乾杯之後啜飲。這種乾蘋果酒要以牙齒和頰黏膜以及舌頭品嚐。他告訴我他叫做吉姆。

「妳是哪裡人？」

我告訴他。

「妳聽起來不像約克郡人。」他那口拖長的母音不容錯認，是可愛的薩默塞特口音。

「的確不是。我不真的**來自**哪裡。我是軍人小孩。」

他注意到我一頭濕髮，我解釋我剛游過泳，所以朝氣蓬勃。

「人們一定想說妳瘋了。」

我告訴他不會，也有別人跑去游泳。在思索片刻後，他問起水有多深。

「不深。」我把手比到胸口的高度。

「現在也許不深。妳該看看淹水時的模樣。」

他拉了一張高腳椅過來，一副要講故事的模樣，示意我再喝一杯。「花了兩年人們才又能回家。但至少現在環境署又在疏浚了——妳瞧，他們停了十年。在我這一輩子當中，他們一直在疏浚。然後他們就這樣停止作業，賣掉所有設備。接著，水災就來了。人們從未看過那種水災——整個地方變成一座大湖。在下面沼澤地那邊，房子低於河流水位，但一百年來從未淹過水——但那時卻淹了。有些人過著兩年無家可歸的生活。所以他們又開始疏浚了。他們必須這麼做，不然水沒地方去，根本沒有空間。」

他問起我為何來到南方，我說我是自然學家時，他問我是否是為了慶典而來。我說我不知道有個慶典。

「喔，就要舉辦個大慶典了——四百位自然主義者[9]。不知道他們確切會做什麼。如果妳問我的話，我會說他們穿上衣服比較好看。」

——

翌日，我在蘭波特（Langport）[10]租了平臺式獨木舟，划向柏瑞河上游，朝慕切尼而去。流水清澈——我可以透過如緞帶般搖擺的雜草看見河底。褐雨燕和家燕在頭頂劃出弧線。我來此是想體驗不同的河流經驗——與陡峭激流相反——這條河是我所知最平坦的河。河水知道自己要往哪流，但划起來毫不費力，而我聽說水流和緩也造成別的問題，尤其是對鰻魚而言，牠們利用水流作為向下游遷徙入海的方向線索。在此，天然的水流流得如此緩慢，大型排水渠創造的引水——比如為了發電、灌溉或飲水——會愚弄鰻魚，而這些日子以來，由於數量銳減，任何鰻魚以這種方式死去都是悲劇。

轉過河彎，我划進一群在空中飛翔的珈蟌豆娘，大約有二十隻。我忙於觀賞牠們，沒注意到有條線從河堤出現，以尖銳的角度進入河流，我差點撞上它。那是釣魚線。我快速閃避，注意到從蘆葦處有兩根釣桿伸出，我馬上緊張萬分，這時，兩位釣客站起身。

「嗨！」其中一位微笑著說。

「喔，嗨。抱歉，我差點扯到你的線。我想你們不是在釣獨木舟吧。」

「哈，不是，但我倒想坐看看。妳是從蘭波特租來的嗎？多少錢？」

他們的友善讓我鬆口氣。我們聊了幾分鐘，聊著獨木舟和豆娘，現在有超過一百隻在我們頭上和周遭飛舞。我問起我昨天看見的魚，他們同意那可能是鰷魚。

「二十五公分長──那算大隻，」在我用雙手以老套的方式比出「大概這麼大」的樣子給他看後，第二位釣客插嘴。「標本尺寸。牠們確切是在哪？」我大笑說，我不記得那村莊的名字，更何況是哪條林斯。

──

我又划了幾小時的獨木舟，但從我低矮的視線望去，景觀少有改變。自從二〇一二到二〇一四年的水災後，柏瑞河被用泥土外灘圍住，再過去的土地完全被隱藏了起來。河堤長著濃密的紫色千屈葉和如海浪般波濤洶湧的甘菊，有一家子沿著河堤上端走著，走動時驚擾起幾百隻蝴蝶漫天騰飛──孩子們很開心。他們一定也有踩碎腳底的甘菊，因為這裡的氣味宛如天堂。

我去拜訪老相識，凱婷．梅莉（Kate Merry）。凱婷和我曾在同一個野生動物慈善機構共事，也就是人民瀕危物種信託基金會（People's Trust for Endangered Species），那是十年前——我是雜誌編輯，她是教育部門的主管。她現在和另一個小型慈善機構蝴蝶保護組織（Butterfly Conservation）合作，並和丈夫奈傑爾．邦斯（Nigel Bunce）同住在慕切尼一座翻修的馬廄裡。奈傑爾是位修補屋頂師傅。他們有自己的土地，在那栽植長桿小麥，而奈傑爾會用它來蓋蘆葦屋頂。他還有一個柳樹栽培地，生產用來綁茅草屋頂的柳樹莖。

「以前低地那邊有數千英畝的柳樹栽培地，但需求降低和更便宜的進口貨使這行業消失。現在，柳樹僅被種來穩定溝渠。」奈傑爾告訴我。「我只能用這麼多，仍舊有人用柳樹做籃子和欄架等等的，這些東西有點變成奢侈品。或許那在後塑膠的未來世界會有所改變。如果能看見它再度成為商品就太好了。柳樹是很不可思議的樹。」

在容易淹水的地區，人們有個經驗法則，那就是擁有古老教堂的村落比較安全，因為教堂通常都興建在較高的地。沒有教堂比慕切尼修道院更古老。七世紀末期，一座修道院首次在此建立。另一個激勵人心的指標是它的名字——Muchelney（慕切尼）意味著「大島」。一般來說，冬季水災將村莊定期變成島嶼，這裡的住家一般建築於較高的乾地。

但在二〇一二年的十一月可非如此。那時，凱婷和奈傑爾的第一個兒子艾略特才八個月大。凌晨兩點半，凱婷正在艾略特的房間哺乳。

「我察覺到我可以聽到涓涓水聲——像暖器有時發出的聲音——但我們並沒有暖器。然後我注意到我的腳丫子整個都濕了，我在缺乏睡眠的狀態下，模模糊糊地想著，我真應該把灑出來的東西擦乾淨——接著我發現到處都是水，從混凝土地板浮上來，從門下滲出來。我們那時有個房客和訪客，所以我們四個在接下來的幾個小時內盡可能地搬東西——房子的大部分都在一樓，所以我們用磚塊和木塊把家具墊高：一個磚塊，兩個，然後三個。但到了早上，水淹到膝蓋。」

水淹了幾個星期。慕切尼被孤立了兩個月，在那期間，想出鎮的唯一方式是搭船或露營車，或者當地農夫也會每天兩次用拖拉機拖車載人出來兩次。

凱婷和她的家庭好在能搬到對街的度假別墅保持乾燥。「它有點變成受災鄰居的避難中心。你能擁有奢侈的按摩浴缸澡，卻得跋涉過渾濁且及膝的河水進自己家找褲子或任何東西，感覺起來就是很古怪。」

最後，慕切尼的水完全退了。人們重新安頓下來，村民以這次水災是百年一見的這類描述來安慰自己。

「但，之後它又發生一次。就在一年多後。這次我們有預料到。二〇一三年的十一月和十二月降雨降到荒謬的地步。然後在一月，水又開始高昇。我們打電話給環境署，他們說，『別擔心，你們離河太遠』。很奇怪，我們還得向他們解釋地下水位是怎麼變動的。甚至連登門來察看我們好不好的消防隊員都一直在問河流在哪。但河水和地下水在此時是同樣的。可憐又困惑的消防隊員和我只能站在那，看著廚房淹起水來。我當時又懷孕了，還抱著艾略特。那感覺古怪異常，但至少這次我們比較有心理準備。每個人都是。」

她幾乎讓人感覺定期淹水好像不是什麼災難。她大笑。「怎麼說呢，我們在這裡過得很快樂。在過去，人們得與水災和平共存。而在這些時日，我們要忙的是保險、把東西扯掉、重新開始。但還有另一種方式。一種較老、較有彈性的方式。我們很幸運，我們的房子老舊，有硬地板、石灰水泥和沒塗灰泥的石頭——連廚具都因為是木製的而逃過水災：奈傑爾把它們拆開，用砂紙磨光，再重新組合。你還是能在上面看得到淹水的痕跡，但那是房子的部分歷史。

「我猜我們現在已經學會與此地的大自然共存。我們會注意小細節——水確切靜躺在哪、躺了多久。這幾乎是種第六感。」

但這個地區仍舊發生了改變。自從水災奪走凱婷和奈傑爾的某些地，並使它不再適合耕作後，泥土外灘出現，也讓用來捆綁柳樹莖的百年老割捆機變得毫無用武之地。他們現在改種果樹。另一個重要改變是，馬路路面被鋪高了。「我真的對此感覺很複雜，」凱婷說。「我是說，我們現在總是能在需要時去特易購超市買衛生紙，但慕切尼不再是個大島，失去某種特色。它在在提醒我，我們需要重新學習如何與土地給我們的限制和平共存。」

我在開車返家前，終於有機會去瞧瞧森林高地。天氣酷熱，但長滿長春藤的橡樹樹蔭很涼爽，一大片開闊的綠茵草地開滿蘭花，到處是唧唧高叫的蚱蜢。景觀漫無天際，很容易想像吉姆在喝蘋果酒時描述的淹水湖，一路延伸到匡托克（Quantocks）[11]和海洋，把慕切尼和布羅芒波變成島嶼。這整個地區位於氣候變遷的前線，而以某些方式，其未來就如同斯威特古道的古老木造棧道一樣岌岌可危。但此地的人們已經和水打交道打了很長一段時間。接納和抗拒之間是有緊繃張力，但人類和自然、給予和拿取之間也存有討價還價的古老問題。這麼一想，人心就得到安慰，以某種古怪的方式。

譯注

1 柯蒂・麥克法倫（1993-），英國薩默塞特音樂家。
2 薩默塞特郡的沿海平原和濕地地區。
3 眺望薩默塞特沼澤的小山丘，上頭有座遺跡，是一座從未興建完成的教堂。
4 查爾斯・譚納克里夫（1901-1979），英國知名鳥類和野生動物自然主義畫家。
5 流經英格蘭西南部的多塞特郡和薩默塞特郡。
6 諾曼征服英國後，於一〇八六年完成的大規模調查紀錄，該手稿保存在英國國家檔案館。
7 三座修道院皆位於薩默塞特郡。
8 凱爾特人的古代宗教信仰。
9 自然學家和自然主義者（天體營者）兩詞在英文中都是 naturalist。
10 位於薩默塞特郡。
11 匡托克丘陵是薩默塞特郡布里奇沃以西的丘陵地區。

【小記】

洗澡玩具 Bath toys

漩渦 Whirlpool

相反的水流交會時創造出來的旋轉流水。

藏斯卡河磅礴而湍急的河水流過深深的淤泥時，水流變得起伏不定，並掀起驚天浪濤。河水在轉彎處和圓石上吵嚷不休，砰砰沖過岩架，但在被迫通過無法辨識坡度的隘口時至少可以為人所預測。在這類案例中，沖刷峽谷岩壁的逆流結合起來創造漩渦——漩渦出現後又消失，變化莫測，持續幾秒鐘到幾分鐘不等。有些漩渦很大，如果它們在獨木舟划過時形成，船和划槳手都會被直接向下吸走。我們碰上幾十個這種「旋轉巷子」（swirly alleys）——剛開始時令人措手不及，接著就變得相當有趣。通常，我們會穩定往前划，或有時以鬆散的隊形隨波逐流，嘰喳聊天或陷入靜默沉思，這時，某人會就這樣消失。浸泡沉入水中從未超過一或兩秒，我們的船會打散漩渦，而我們也會上下晃回水面，就像洗澡玩具，由於冷水帶來的震撼而噴著氣或高聲喊叫。我們會繼續往前划，並納悶誰會是下一個被吸走的人。

第六章

水的意義

The meanings of water

在全世界因新冠肺炎的限制而陷入沉默前的那個夏季，我發現自己正和一位認識還不到一個小時的女人身處一片漆黑之中。我所能看見的唯一光線，是掛在她背包上的定位系統所發出的紅色ＬＥＤ燈光。可可．奈爾（Coco〔Colombine〕Neal）在做長程徒步旅行，循著水穿越某些英格蘭最偏遠和最曝曬的地貌。定位系統能讓她的親朋好友得知她的所在位置，即使是在沒有手機訊號的地方。我納悶他們現在看不看得見她，因為她人在地底下。紅色光芒提醒我，她還有很長的路要走，最不需要的就是受傷。此外，我年紀大得足以做她母親了，也許我該是那個要有責任感的人。我對著黑暗說。「好。我們可得約定好。妳不准骨折。如果不舒服要說。」

回答是一陣咯咯輕笑。「這太瘋狂了。但我愛死了。」

我感覺她停頓了一下，然後我們顯然有相同想法，因為她又開始大笑，笑聲在我們周遭看不見的表面轟轟作響。她說：「我們在這裡**幹嘛**？怎麼會這樣？」

這一切的確感覺起來不太真實。我們十天前連彼此的名字都沒聽過。兩小時前我們還不認識。現在我們卻一起慢慢穿過闃暗，完全沒有適當配備，對要往哪去也完全沒個底。但我已經知道，可可是我所認識過最棒和最有趣的人之一。

我們是在推特上認識的，突如其來地由作家羅伯特．麥克法倫（Robert Macfarlane）[1]穿針引線，因此排除了社交困難，使一段原本不可能發生卻該發生的友誼誕生。可可是能說三國語言的景觀考古學家、人類學家和詩人，她在法國南部長大，後來搬去比利時。所以令人毫不訝異的是，她有漂泊不定的靈魂。她現在住在謝菲爾德（Sheffield）[2]，在我們認識那時，她正要獨自一人徒步去蘇格蘭，追尋她自己設計的、沿著河流和古道走訪的路徑，特別是經過被水庫特意淹沒的地景——在那裡，水位提高，改變了生活和景觀的型態，就像全球各地即將面臨的那樣。她也利用長途徒步為雪花蓮計畫（Snowdrop Project）推動倡議和募資。雪花蓮計畫是個小型的慈善基金會，為人口販賣交易的倖存者提供實質和感情上的支持。

我們在可可留宿的一個露營地碰面。我停車時，發現水壺漏水到副駕駛座上，於是趕快用毛巾將那塊濕濕的地方蓋住。可可上車時注意到了，剎時停了下來，所以我連忙開始解釋——她爆出一串銀鈴般的大笑。「老天！我原本以為妳嫌我太髒太臭，怕我會弄髒妳的座墊！」我們之間的情誼就此定調。這不會是一場平庸的徒步。它會變成一場充滿話語文字、而非以步伐刻劃的旅行。在接下來幾個小時內，我們幾乎沒有走多少路，但旅程本身卻涵蓋幾千英里和好幾千年的歲月。

那天如英國氣象局預報所說，是那年最炙熱的一天，可可原本應該休息，所以我開車到上尼德戴爾（Upper Nidderdale）[3]——尼德河在此流經一道深邃的峽谷。我對這個地方不是很熟，但我想我們能找

到樹蔭和涼爽的水，並走一小段路，也許還可以找到茶館或酒館。

我們還沒正式出發，就看到一面牆上有個縫隙，通往一條小徑。我們走上小徑，經過漆成綠色的鐵所形成的奇怪裝置。那是個老舊的十字旋轉門，部分遭到拆解，但又焊接得動彈不得；我們一致認為，在河畔步道上發現這種東西真是太古怪了。我們再走一會兒後稍事休息；或許是因為那裡有個小十字路口連接上一條通往岩石裂口的小徑，而我們一直聊天，遲遲無法決定要不要走那條路。我問起可可怎麼會選擇攻讀考古學——我只知道有關她的幾件事，其中一件就是她正在攻讀考古博士學位。

「喔，我不真的算是考古學家。嗯，我是，但我的專攻無法放進任何特定研究框架。」她告訴我，考古學家通常是研究固體，而非液體，但學科近來有更專注於研究河流的趨勢。她以景觀考古學家馬修・埃德格沃特（Matthew Edgeworth）為例說明。「他稱呼河流為『景觀的暗物質』（the dark matter of landscape），因為我們看得到其效果，卻不見其原動力。」

可可解釋，她的論文是從記憶和經驗繪製地圖的協作過程——記錄她徒步經過的社區中的人們和她自己的記憶與經驗。她所繪製的景觀和地方地圖並非埋在地下，而是在水庫的水之下。「但這絕不是多愁善感，」她尖銳地指出，「水位上升是我們未來得以各種方式妥協的趨勢。我對什麼東西會倖存下來有興趣，對會變成什麼和甚至可能成為什麼有興趣，而不是那些已經失去了的事物。」她是瑞典考古學家科爾內利烏斯・霍爾托夫（Cornelius Holtorf）的粉絲，後者的論點在人人都認為保存古物是如此重要的領域裡多少有點爭議——因為他主張，接受失去和改變在培養韌性方面是首要條件。

「霍爾托夫相信看見事物的分崩離析能幫助我們辨認過程，我認為它可能也能幫助我們避免掉進陷阱——比如，那在民族主義的思想中很常見——想像過去發生的某個情境是永遠不變的，就是一種陷

阱，過去從來不是如此。如果我們不警覺點，懷舊和多愁善感就會是陷阱的一部分。」

我們停下腳步、好好觀賞四周，便發現自己不僅是在一個裂縫的入口，更是在一個洞穴的入口。一個很高的入口，陡峭的階梯往下朝黑暗而去。我們交換驚喜歡欣的眼神，走下階梯來到鋪滿圓石的地上。那裡涼爽無比，令人感到幸福。洞穴似乎一路延伸到懸崖中，我們決定冒險進入，走過歲月磨損的凹凸地面。很快地，唯一的光源是倒映在光滑方解石岩牆上的一道微弱天光，之後光線也消失，黑暗於是吞噬我們。我們一邊移動、一邊伸直手臂摸索空間，估量尺寸，試圖感覺四面八方，害怕牆壁或地板在無預警之間消失——但若天花板突然出現也很不妙，我們的頭部沒有任何保護，若是撞上可就慘了。手腳形成的四個接觸點可悲地取代了視野寬廣掃描四周的功能，但我們的聲音提供了一點指引——我可以感覺到兩側附近有牆，頭上還有空間——我將手臂揮舞過頭時有股奇怪的空靈感，感覺同時在室外和室內。我後來得知，那個洞穴的確非常狹窄、非常高，並對自己本能地以回聲測量距離的準確程度感到非常訝異。

我們緩慢前進。岩石從兩側壓擠進來時洞穴變窄，但步道持續往前延伸。此時，我瞧見可可肩帶上掛的小紅燈，我想起她在推特上寫的、有關徒步的推文串。「一如既往，身為女人，在獨自一人出發之前，」她寫道，「我在學習去信任的，不僅是我自己的力量和韌性，還有周遭人們的仁慈和意圖。」

這樣可以嗎？我在背叛那份信任嗎？但她對我的疑問大笑以對，她聲音裡的歡愉恰恰符合我的心

境。我們踉踉蹌蹌地往前走——拖著腳步而非確信地踩踏。我對骨折一事的提醒有一半是認真的——這地方並不偏遠，我合理推論我們不可能碰上真正的危險，但在黑暗中，甚至連走錯一小步都能扭到足踝。我的想像力如脫韁野馬，想像我左邊的大洞是個無底的懸崖。我不確定我們哪位是愛麗絲，哪位是白兔，但今天已經偏離正軌，感覺起來什麼事都可能發生。

前方有光線，是出口或僅是一個裂縫，我們剛開始時並不確定，但我們沿著最後彎道繞過，瞧見一扇光芒萬丈的綠色和金色窗戶。等我眼睛適應時，我看出那是扭曲的樹枝和篩過樹葉透照進來的耀眼天光。一棵非常高大的樹跨坐在出口。刺眼景象進一步化為熟悉的羽狀樹葉。我陡然停下。

「哇！『進入地下世界的途徑，是穿過皸裂的老白蠟樹幹』。」

這是羅伯特．麥克法倫精采的《大地之下：時間無限深邃的地方》（*Underland: A Deep Time Journey*）的第一句開場白，我最近才剛讀完此書，可可則在旅途上帶了一本。她抓住我的手臂，我們開心縱聲大笑。我們更進一步走進天光，發現眼前有個兩邊陡峭的小洞口，上面有幾道階梯往上。

我們拾階而上，進入露營地所在的原野，穿越入口步道反向跨過豪斯汀峽谷（How Stean Gorge）[4]的橋。二十一世紀的遊客簡單稱此地為「小瑞士」，但我覺得看起來比較像《魔戒》描繪的中土世界。

我們靠著橋的欄杆往下張望，談著徒步本身：長程和短程，慢慢走路給予的犒賞，以及獨自一人的恐懼和挑戰。「娜恩．雪柏德寫著在出神狀態下走進山間，但我感覺剛好相反。」可可說。「我是**走進**我的身體。我不擅長照顧自己，我得克服很多恐懼，但我現在真的在這麼做，我如此引以為傲，如此快樂，即使身體會痠痛和疲憊。」我們討論氣候倡議人士瑪麗．安妮絲．海格拉（Mary Annaïse Heglar）最近寫的一篇優秀的文章〈但這之中最棒的是愛〉（But the Greatest of These is Love），她指出愛是環

保人士最有力的武器。可可後來告訴我，她的整趟徒步之旅即將成為關乎愛和建立親緣的行動。「我好害怕，但人們如此仁慈。我愛上他們和他們教我的事。我也愛上地貌，因為我也在學著熟悉它。」

在跨越峽谷上的橋之後，一切越來越離奇，底端有個衣櫃。一個在臥室中常見的衣櫃。我們打開它，發現的不是櫥櫃，而是一條往下的小徑。我們剎時了悟：這是遊客體驗的一部分。我們身後有座售票亭，分發安全帽和手電筒給遊客，在某些案例中，還有繩降吊帶和救生衣。我們心有默契地咧嘴而笑，在快速瞥過四周確定沒人後，偷偷一閃而入。

遠離凶猛的烈陽，峽谷那灰色、翠綠、青銅和翡翠色調繽紛映入眼簾，一片暢然。河流水位非常低，河床的骨頭展露無遺。巨大的懸崖底部遭到侵蝕，崖床表面破碎，岩石塊幾千年以來紛紛掉落。泥炭水流動的河床，邊緣和岩架被時間和水流磨得平滑，水藻漆成一片綠，苔蘚成為裝飾。現在已近晌午，刺眼烈陽以光束滲透過長在峽谷邊緣的樹，創造出與河畔強烈相反的地帶。一隻鶺鴒在岩石間展翅飛掠，不僅鼓起尾巴，還飽脹軀體，時而翅舞腳蹈地疾飛入空中咬食蚋。有那麼一兩次，牠迅速飛入光束中，翅膀瞬間變得半透明，閃閃發著白光，彷彿整隻燃燒起來。我曾在剎那間看見在牠在一次突襲下所獵捕的生命，最後如閃爍的斑點——一粒黃金色的舞動塵埃——在蚋被吞噬前，牠的能量轉化為另一個生命。

我們在那站了很久，談著水，以及它為何如此重要的各種理由。我告訴她凱特的事。還有洛奇（Lochy）——他的全名是洛克蘭（Lochlan），意味著「湖之戰士」，會選擇這個名字，正是因為其流水意涵。如果他是女孩，我們會叫她塞爾克（Selkie），以類似理由用凱爾特和北歐民俗傳說的「海豹人」之意命名。可可說，這種自然和文化、給予和拿取之間的糾纏，是她研究河流的原因。「河水不僅

只是人類故事發生的背景——它是我們故事的一部分——我們是水的故事的一部分。我們控制它，讓它改道，駕馭它，但它總是有能力反擊或對抗我們。當然，因此將水視為一個有主體的事物，尤其是神祇，是有點爭議的，但我自己的確是那麼想的。」

她向我介紹薇洛妮卡．斯特朗（Veronica Strang），一位在杜倫大學任教的文化暨環境人類學家，專攻水和河流。她主張，水神學的循環（hydrotheological cycle）是人類文化共享的現象，自開天闢地以來，人類透過現實經驗與想像來解釋世界。「斯特朗認為，不同文化持續共有的特色，存在於那些關乎我們如何體驗、感覺和思考水的事物。比如，她描述昆士蘭原住民社群信仰，他們相信特定河流中的嬰孩或孩童精靈會在人出生時跳進人的身體，死時則必須回到水裡。斯特朗將此與多塞特（Dorset）的做法比較——在那，祈望有小孩的人仍舊去許願井。」

水的崇拜（hydrolatry），或水是「神聖的」這一概念，在世界宗教中無所不在，展現在浸潤、祭酒、聖餐、慶祝、承諾、感恩、治癒、朝聖、淨化，以及葬禮等儀式上：我們浸入水中、倒水、啜飲、舉杯、獻祭、沐浴、混合配藥、追隨、清洗、對水表示忠誠，從生命初始至結束皆是如此。我們自水而來的概念，是科學家在以演化概念理解這點的許久以前，人們就有的直覺。我們在生命開始時，都是從一個溫暖私密的小海洋出現，這個海洋在生理和親緣關係上，取代生命萬物源起於地球最初的水。考古學家往往在河流、沼澤和泥炭沼澤挖掘到大量看起來像是還願供品的東西（有價值之物被儀式性地放在不可及

之處——或許是表達誠意或感謝神祇干預的表徵），而這類地點含有強烈的神話色彩，令人想起「過渡」的場景：舉例來說，它們必然常常與通往來生或另一個世界的路徑交錯。

我們的倖存仰賴水的這一事實，深深嵌入每種人類文化。水泉、井和水道是賦予生命之所在。農業的誕生僅能拿來強調這種依賴性，而沖積層洪水灌溉和肥沃土地，被視為善意和多產豐饒的神祇所贈與的禮物。河流的名字往往是神祇名——在英國，迪河（Dee）[5]是來自拉丁文 *deva*，意味著「女神之河」；頓河（Don）[6]取自凱爾特母親女神 Danu（她的名字也是多瑙河〔Danube〕的來源）；克萊德河（Clyde）[7]則是羅馬—凱爾特文化中的 Clota、Clut，或 Clutoida——淨化女神。在某些故事裡，塞文河（River Severn）[8]的精靈薩賓娜（Sabrina，亦有 Sabren、Sabre、Hafren 和其他變體）是女神，而在其他故事裡，她又是因遭到不公待遇而慘遭溺斃的公主。某些神祇似乎遭到反向操作。泰晤士河（Thames）的名字根源來自布立吞語（Brythonic）[9]，意味著「黑暗」（dark），而 Tamar、Tame、Thame、Teme、Tavy、Teifi 和其他變體也有同樣的意思。它原先曾正式拉丁化為 *Tamesis*，源自男神 Thame（老父親泰晤士）之名，這字與羅馬河神 Tiberinus 極為相似，也是源自一位女神，即從埃及神話採納而來的伊西絲（Isis）。

在強調水與豐饒和生育力的連結的同時，某些神話似乎比科學更早瞭解板塊結構和大陸漂移說，述說環繞已知世界的海洋如何是某種有其循環的河流。一個包羅萬象的單一水域概念，竟與大陸漂移的重建理論如此契合，因此地理學家將曾一度環繞古老的盤古（Pangea）大陸的史前海洋，以女泰坦神祇特提斯（Tethys）命名。根據神話，特提斯河神和泰坦河神俄刻阿諾斯（Oceanus）的水神後裔是住在海洋的海洋女神（Oceanids）和淡水河神（Potamoi），而祂們的孫子則是多如繁星的水寧芙或水中仙女。

在淡水中，則有河流與小溪的水寧芙（Potamides）、湖的水精（Limnades）、噴泉寧芙（Crinaeae）、沼澤水靈（Eleionomae）、泉水女神（Pegaeae）、住在地獄沼澤的幽冥仙女（Avernales），以及井寧芙（Pegasides）與同樣和井有關、擁有對羊水的額外管轄權的卡默奈（Camenae）。祂們之中最重要的是女神卡爾門塔（Carmenta），名字源自拉丁文 *carmen*，意味著「咒語／歌／神喻」，但也是「符咒」（charm）的字根——還有什麼比賦予生命魔力的水，更強大、更日常的符咒呢？水中仙女攜帶著水，將水從玻璃水瓶裡倒出——這是在水文學的科學概念使其變得更複雜前，解釋水從地球冒出來的魔幻現象。

水同時象徵重生和誕生。我的孩提時代早期充滿宗教氣氛，我很喜歡嬰兒摩西的故事：自羊水誕生，然後經過水載運，後來命令紅海一分為二。摩西在猶太教、基督教和伊斯蘭教裡都是先知，雖然我從來未被燃燒灌木叢的神喻或老年登山的壯舉（有些故事說，摩西在一百二十歲時攀登居波山〔Mount Nebo〕以俯瞰應許之地，並死在山頂）等事蹟說服，但我總是覺得摩西故事的開端很吸引我。我是在懷孕時再次想起此事，並進而在網路上尋找摩西的籃子。當時我很驚訝地意識到，不僅我記起的那部分故事有水——這那些故事中，水提供安全——我也看見了一個女人之間相互同情和共謀的故事，而這些女人是分別位處社會、文化和種族鴻溝的相反兩側。

摩西出生的時代，正逢一位沒有安全感的法老統治——他認為，希伯來人已經繁衍得太多了，因此下令殺掉所有新生的男嬰。摩西的母親約基別（Jochebed）用蘆葦編織製作了一個防水搖籃，以瀝青和焦油密封，將摩西放在裡面，然後放在水上漂浮，而在尼羅河的蘆葦床沿岸這麼做很安全，尤其他姊姊米利暗（Miriam）又保持距離於一旁守護。法老的女兒瞥見籃子，認出嬰兒是希伯來人的小孩。當公主

不僅只是要顯示憐憫，還要將摩西當成自己的小孩養大的態勢變得明顯時，年輕的米利暗現身，表示她願意幫忙找奶媽。她將約基別帶來，如此她就能繼續照顧親生兒子，而他也能以皇家身分長大。

嬰兒被放在水上漂流的主題在神話中頻繁出現。蘇美國王薩爾貢一世是被放在密封籃子裡於幼發拉底河上漂流。而羅馬的攣生創建者，羅穆盧斯和瑞摩斯（Romulus and Remus）也是被留在台伯河裡或河畔，他們當時受到台伯河神（特提斯和俄刻阿諾斯的兒子之一）的保護。在不列顛的凱爾特傳說中則有變形的塔利埃辛（Taliesin），他是詩人的首領，我們將在後文適當時候回來討論此點。所有這些角色都象徵性地從水重生，以完成他們命運交付的使命。

全世界的水神故事足以裝滿一整座圖書館。無需多說，祂們存在於全球文化裡，許多擁有令人吃驚的共同點。除了神祇之外，還有無數與河流有關的其他精靈和仙子，祂們享有許多共同特徵，但卻非全部都具有善意。有些是邪惡得徹底，但大部分則模稜兩可。祂們通常是半人半獸或變形者，具有同等程度的誘惑力和怪異，同時美麗又恐怖，帶來性和死亡。

在北歐、日耳曼和古老英格蘭神話中，水精靈被稱之為nix、näkki、nek、nixie、nøkk、nicor、knucker和nykur（還有其他變體），祂們以動物或河邊人魚的姿態出現。根據詞源學，祂們的名字衍生自相同的原始印歐動詞字根，意味著「清洗」，但也有「赤裸」的意思。英文的水妖（nicor）和水龍（knucker）常以冰龍或龍的型態現身，因此似乎與法國的凱爾特傳說中的水妖美露辛（Mélusine）有關——她是普瑞西妮仙后（Pressyne）和奧爾巴尼的艾利納斯國王（King Elinas of Albany，源自蘇格蘭）的女兒。母女都是下半身為蛇的變形者。祂們誘騙男人許下永遠不偷看祂們洗澡或分娩的承諾——這些承諾無可避免都會被打破，使她們拋棄男人；在某些版本裡，她們還真的長出翅膀以龍的型態飛走。

在斯拉夫傳統裡，露莎卡（rusalki）是人魚生物——在最早期的異教徒版本裡，她們是充滿善意的豐饒精靈，灌溉作物，但在較晚近的民俗故事裡，她們變得更具威脅性——成為溺斃女性無法安息的靈魂，有著美麗的軀體和聲音，引誘年輕男人到水下，被她們紅色的長髮糾纏致命。

類似的女海妖故事則還有英格蘭民俗故事中的河流魔女：即珍妮．格林泰特（Jenny Greenteeth）和佩格．鮑勒（Peg Powler），兩者都和北方河流有關。當不是以美麗年輕女子之姿現身時，她們是格林迪洛（gridylows）——是擁有綠皮、鯊魚般的尖牙、強壯無比的水魔鬼：從詞源學上來說，與格林德爾（Grendel）有關，他是最古老的英文古詩中的英雄貝武夫（Beowulf）殺死的怪物。格林德爾是男性，但更大的威脅則是來自他潛伏於水中的母親。

在蘇格蘭，則有變形精靈凱爾派（kelpies），威爾斯則有水馬（water horses）。在中美洲有惡性水靈（wihwin），澳洲則有本耶普（bunyip）。這些都會將你引誘下水，讓你待在那動彈不得。類似生物也出現在中國和菲律賓的民間故事，以水鬼和人魚希尤克伊（siyokoy）為人所知。在日本，你會遇到的綠皮人形河邊殺手比較可能是河童——擁有烏龜外殼，只有孩童大小，但比男人強壯，以各種作惡多端聞名，從惡作劇偷看女性裙底到強暴，謀殺或從肛門移除受害者的靈魂等不一而足。據說，河童擁有三個屁眼，因此會放驚天動地的響屁。河童在陸地上時會變得脆弱，想維持健康得仰賴頭頂盤狀凹洞裡的少量的水。如果水潑了出來，牠必死無疑。牠們與小黃瓜有所關連，可以用來阻礙或鼓勵牠們——但難以判別是哪種。牠很迷人，有時甚至有趣，但或許所有善變的水惡魔的主要目的，都在於提醒人們在水邊要提高警覺，尤其是小孩。

可可鼓勵我讀讀薇洛妮卡．斯特朗的書《水的意義》（*The Meaning of Water*）——我後來確實讀了，

它幫助我瞭解所有變形和水生物身上的二元性，其存在並不令人意外。「水最『一貫』的特性，」薇洛妮卡・斯特朗寫道，「就在於它不是恆久不變的，其特色就是隨環境改變的變形能力和敏感度。」

水的變形特性使得它能夠成為任何容器的形狀，並有超凡能力在各種形態間變形——液態、固態、氣態——不但永無止境，還總是可逆。它保持在極端間移動的潛力。斯特朗描述的「改變的敏感度」，包括水傳導和反射光線的方式。基於一個理由，我們不能無視這一點。心理學家稱呼其為「柔性魅力」（soft fascination）：流動的水的景象與聲音足以刺激大腦，引發注意，但又如此不規律，使它既不會導致人出神，也不至於感覺太過單調。它引發關注，又不會占據思緒，但能解放心靈至別處悠遊。它非常有利於人展開反思，並擁有斯特朗所稱的「世俗水崇拜」的強烈吸引力——那是種「將水聖化，但又不會賦予其宗教教義負擔」的信仰。

可可對水庫的看法讓我再三玩味。在玩划槳的歲月間，我曾在威爾斯國家激流中心（National White Water Centre for Wales）待了好幾個週末，那地方位於特勒韋林湖（Afon Tryweryn）湖畔，就在上方的水壩將水注入湖中之處。控制性放水使得划槳到下游的巴拉（Bala）變得高度可預測和準確，大多數有能力的划槳手都能利用混合了自然和人工特色的急流磨練技巧、學習急救訣竅，並且玩個盡興，而遊客可以搭乘由有經驗的導遊掌舵的充氣式橡皮艇體驗順流而下。這個地方生氣蓬勃、朝氣滿滿，和不過幾百公尺遠處的上游形成鮮明對比。

一九六〇年代早期，坎培塞林村（Capel Celyn）是威爾斯最後幾個完全講威爾斯語的社區之一。它以其河流命名，那是條特勒韋林的小支流，從阿雷尼格福爾山（Arenig Fawr）和阿雷尼格法赫山（Arenig Fach）高聳的山巔間騰起，然後陡峭下降，往東轉繞過森林和原野的平底山谷，山谷裡還有農田和住宅地、一座教堂、墓園和貴格派聚會所。它在此變寬，但仍舊淺得讓人們可以利用淺水處和踏腳石跨越。至少在過去是如此。

現在，如果你從特洛芬尼德（Trawsfynydd）開Ａ４２１２號公路朝巴拉駛去，你會繞過一個彎道，發現一個完全改變的地貌。不斷起浪的灰色流水一定使得任何還抱著對此地的過往印象的人難以想像——這裡曾是一座綠色的山谷，有著寧靜的村莊坐落其中。

我自己的童年經驗幾乎和可可一樣彷若浮萍，但儘管如此——或者正因如此——我對特定地點的記憶非常強烈。記得細節並知道在我離開後某處仍然存在，足堪安慰。我很少迷路，往往能再度找到以前曾去過的地方，即使在許多年後。但若帶我到一個已然改變之地，我會深感不安——一種徹頭徹尾的錯位感。我青少女時代的家鄉和大學校園，兩者都在我熟悉它們後經歷劇烈發展，我發現重訪舊地會帶來惶惶不安。座標也許是對的，但許多東西已經出錯。

坎培塞林徹底地以更加激烈的方式改變。整個村莊被抹除，為建造將供應英格蘭城市利物浦飲用水的水庫而遭到淹沒。英國國會法令授權建造水庫，完全繞過威爾斯批准過程這關，致使一個長達九年的反對運動失敗，沒能阻止一九六五年人為淹沒山谷的計畫。威爾斯從未忘記這份背叛，尤其是「勿忘特勒韋林」（*Cofiwch Dryweryn*）這個口號還以白色大寫字母塗鴉在紅底背景上，使它變成政治和文化象徵。最初始的塗鴉該歸功於記者、詩人和文人學者梅奇．斯蒂芬斯（Meic Stephens），它出現在塞羅迪

金（Ceredigion）[10]靠近朗瑞斯塔德（Llanrhystud）一面傾塌的茅舍牆壁上。它遭到破壞後又被重新漆上數十次，在威爾斯數十個地點及全球各地都有人紛紛效尤。

如果你現在在水壩旁停車，沿著它漫步，呼呼強風會以你措不及防的力道襲擊你。即使在陽光於水面上閃爍的溫暖日子也是，而我納悶在你知道前因後果後，你是否仍能覺得眼前此景如詩如畫。R・S・湯姆斯（R.S. Thomas）[11]在他的詩〈水庫〉（Reservoirs）裡，描述此類地點的平靜令人反胃，而這似乎不算個太強烈的字眼。我將此點謹記在心，大聲納悶，這類地方的地圖除了帶來惆悵外，還能有什麼。可可深深地吸了一口氣。

「所以……水一直是我人生中的重要部分，」她說。「小時候，我和我媽還有繼父在荷蘭船屋上住了幾年，那是在布魯日外的運河，我們還非法偷接當地的電來用……我從來沒有明確感受過家的感覺，我的家人又分散四方。我外婆是丹麥人，她老說著在大船上玩耍長大的故事，她父親是個水手，跳海自盡。我爸回了英國，所以在整個童年期間，我會在一年中去看他幾次，在英吉利海峽上來來回回。水連結我們，即使在它使我們分隔兩地的時候仍是如此。」

我們比較小時候常常搬家的經驗。我們兩人都非常好奇，如果一輩子只住在同一個地方會有什麼感覺。「能擁有一輩子的朋友一定很棒，」可可說，「但我也納悶那種家和歸屬的感覺是否也會造成對改變的恐懼。

「所以我猜我才會想到去研究，非常有根的感覺的人因水而失去熱愛的家或土地，與只知道改變的人，這兩種角度之間的差別這個點子。對有根的人而言，水是龐大崩解的代理人，但對我來說，它卻同時代表不變和連結者。」

她向我介紹文化地理學家凱特琳．德西爾維（Caitlin DeSilvey）的理論，後者的研究探索改變過程的文化意義，特別是文化遺產，包括「緩和管理」（palliative curation）的概念，也就是管理者記錄和詮釋失落和衰亡，而非嘗試阻止。「在改變發生的地方可以發現意義和記憶，」可可說，「毀滅之地也是嶄新的起端。」

這種思考方式有力地提醒我幾年前另一位考古學家告訴我的事。吉姆．列利（Jim Leary）的研究也處理「移動」，從走路到遷徙皆然。吉姆和我第一次交談是在脫歐公投的倒數時日裡，那時我打電話給他，和他談論多格蘭（Doggerland）——在八千年前海平面升起淹沒前，一度連結不列顛和歐洲大陸的低矮土地。考古證據顯示，多格蘭曾是個人口非常稠密的地區；對我們這種念茲在茲要控制水的現代人而言，我們很容易假設，逐漸失去土地給海是個創傷性過程。但吉姆馬上打破那種概念。「我完全不這樣看，」他告訴我，「對那些人而言，水是機會——充滿食物，而且比起在此前存在的濕地上，有水反而更方便旅行和貿易。我們很有理由認為北海的出現團結了人們，而非分化他們。」

特勒韋林抗議也帶來團結。大量的灰水和其所代表的傷害（我很清楚試圖合理化它並非我的工作）在現實生活中和政治上仍舊非常明顯，但升高的水位不是故事結局。在這裡，家園遭淹沒的人數為四十八人，與其他地方因水庫和水力計畫而流離失所的人數相形見拙，比如在印度就有數百萬——但對威爾斯人而言，這是個政治引爆點。促成水庫興建的國會法令，遭到所有三十五位威爾斯國會議員投票反對（一票棄權），而人們持續且堅定地為恢復和保障威爾斯身分認同與語言的努力則歸功於後續發生的事件，它也促成了一九九七年在票數勉強過半數的強況下，迫使西敏政府將權力下放至地方。

可可最熟悉的河流是另一條德溫河——在德比郡（Derbyshire）的那條，萊迪鮑爾水庫（Ladybower reservoir）就興建在那，在一九三五至一九四三年間淹沒另一個村莊，後來的進程為第二次世界大戰所拖慢，但沒中止，因為保障水能供應給英格蘭東中部（East Midlands）城市德比、諾丁漢（Nottingham）和萊斯特（Leicester）是如此重要。可可曾走到源頭多次。「你一次又一次地沿著河流走到其源頭後，你最後會辨識出它有獨特個性。」她說。「那是個多面向的性格。有些特色是自然的，比如特殊的綠色色調、氣味或堤防上的樹種，但其他特色則是與人類攸關——你碰到的人的口音、以前的工業廢墟，從地面突出的各式老磚頭和石造建築使得路徑凹凸不平。即使在它流經城市時，它仍舊保有所有的味道，儘管城市裡發展如此之大，堤防散落著玻璃瓶、罐頭和針頭。」

我們在佩特利橋（Pateley Bridge）[12]結束這天的旅程，在尼德河堤防吃著外帶披薩，不斷叨叨談著、談著。我們那時還不知道，可可也很快就會成為一位母親。她的女兒會是個真正的塞爾克（海豹人）寶寶，包著完整的羊膜出生。可可會帶著她去徒步旅行，為地圖添加更多回憶。

譯注

1 羅伯特・麥克法倫（1976-），英國自然文學作家、紀錄片主持人，創作領域包括文學、旅行與自然，也熟悉地形學及生態學。著作包含《心向群山》（*Mountains of the Mind: a History of a Fascination*）、《大地之下》（*Underland: A*

Deep Time Journey）。

2 位於英格蘭南約克郡。

3 位於英格蘭北約克郡。

4 位於約克郡谷地國家公園內。

5 蘇格蘭亞伯丁郡（Aberdeenshire）的河流。

6 位於俄羅斯。

7 位於蘇格蘭。

8 為英國最長河流，長三五四公里，源於威爾斯，注入布里斯托灣。

9 凱爾特語的一個分支。

10 威爾斯的一個郡，瀕臨卡迪根灣。

11 R．S．湯姆斯（1918-2000），威爾斯詩人，詩中經常反思現代技術對自然、鄉村生活，以及人的信仰的衝擊與破壞。曾於一九九六年獲諾貝爾文學獎提名。

12 位於英國北約克郡的城鎮。

【小記】
水獺 Otter

這可不是好事——我找過所有該找的地方：外套口袋、我的書桌、碗櫃、前門旁的櫥櫃、廁所裡的窗臺。我到處都找不到我的手機。在極其惱怒下，我徵召洛伊和洛奇加入搜索大隊。洛伊打開手機上的尋找朋友應用程式。

「啊。找到了，」他邊說邊給我看他的手機螢幕，一個通常代表我的小肖像在森林裡，離家半英里遠。我們立刻展開一場探險。那時夜已深沉，路徑在某些地方很陡峭，又因爛泥和濕葉變得滑溜溜。甚至連跳過注入主要山溪的小溪流裡的踏腳石都足以讓我三思而行，儘管我上下搖晃的手電筒可以照亮前路。我的手機就在路徑旁，可能是我下午蹓狗時從口袋裡掉出來的。我們開心地調頭回家，但就在我們跳著踏腳石時，洛伊的手電筒光束照到正前方的山溪，那裡有某樣東西在。

「水、水、水獺！」他半喘氣半驚喊，我只是驚鴻一瞥：發亮的琥珀色眼睛瞬間眨了一下，然後是個長長的影子，不過是個倒影，黑上加黑，活像上游的鬼魂，宛如一滴墨水在緩緩旋轉的水流中消散。我想起熱情如火、睿智的插畫家潔琪・莫理斯（Jackie Morris）[1]單色筆觸下那如用

魔術般變出的水獺，還有我最喜歡的泰德·休斯（Ted Hughes）[2]的詩〈造訪〉（Visitation），裡面將水獺的他者性發揮到淋漓盡致，而且從沒提到牠們的名字，使牠們變成如現實生活中往往半真實半想像的動物。我們爬下荊棘滿布的堤防，希望再瞥見牠，但視野裡只有水流，在最輕微的濛濛迷霧下流過。沒關係。這是我到目前為止，在最靠近房子的地方看到一隻水獺，那天因此彷彿被下了魔咒。我有時仍舊會夢到牠，醒來時總是感覺到我並不怎麼受到歡迎，而是被幽幽召喚，回到漆黑上游，朦朧的過往時光中。

譯注

1 潔琪·莫理斯（1961-），英國作家、插畫家、藝術家，於威爾斯海邊生活與創作。二〇二〇年曾與羅伯特·麥克法倫合作創作的《失落的咒語》（*The Lost Words*）。另著有《解憂夢境書》（*The Unwinding and Other Dreamings*）。

2 泰德·休斯（1930-1998），英國桂冠詩人和兒童文學作家。

第七章

鐘仔泉和吉普賽河

The Bell Guy and the Gypsey

這個激情萬分的地球，在靠近其水泉處，發出哀嘆遺忘死者的聲音。

——萊納．瑪利亞．里爾克（Rainer Maria Rilke）[1]，〈天使所見〉（*Seen by Angels*），莫林．雪德瑞克（Merlin Sheldrake）翻譯

我甩不開如果我找到對的水泉，就能從中學到更多事物的想法。所以我開始到處探問，凝視地圖並探索網路上不熟悉的角落——那些不是隸屬於自然學家和划槳手的領域，而是水文學家、地質學家、歷史學家、神話學家、巫師和德魯伊教派者的範疇。我才開始察覺，這片地景有這麼多水泉。

我在十一月出發，進行第一趟目標明確的水泉探索——當時我正從流感中慢慢恢復，身體虛弱到甚至連走稍微傾斜的坡都是一場奮戰。那是在幾週破紀錄的大雨後的第一個放晴日，太陽引我出門，我覺

得自己活像《柳林風聲》（*The Wind in the Willows*）[2]裡的鼴鼠，在奪目陽光中眨著眼。

我遵循直覺和傳聞，開車越過飽漲的德溫河，沿著上坡開至約克郡低丘的白堊地。我在路邊停車場停好車，這停車場是從被A614號公路隔斷的蜿蜒路段形成的。我在冷冽的空氣中拉好夾克拉鍊後往前走。小徑被幾段臨時搭建的圍籬堵住，圍籬上掛有以刺眼的紅、黃和黑三色寫的警告標語：**砍樹中**。的確，地圖和衛星照片中的三十七英畝稀疏林地現在看起來不到原本的一半大。剩餘的則是碎木片和幾個整齊的木材堆。砍樹工作仍在進行——我閃過圍籬，走近一小群圍著履帶收割機的男人。

這可不是我原先想像的景象。我知道我在地圖上看到的水泉離公共小徑有點距離，我還希望能在森林裡找到一條通暢的路。但實際上，不僅樹幾乎沒了，現在還會有至少四雙眼睛目睹我擅自闖入林地，跑過來用健康和安全法規來煩我。但我選擇直球對決。

「嗨！看起來你們很忙。」

我現在看出他們砍下的樹是單一栽培的，現在只剩一排還挺立著，後面則是看起來生長更自然的樹。我朝木材堆比了比。

「它們是什麼樹？」

「大部分是白楊。」較年長的男人回答。他看起來像是個友善的地主。「是在七〇年代種的。早就該把它們砍下來了。」

「當初是為什麼種它們？」

較年輕的男人穿著保暖的刷毛上衣，上頭飾有TreeWorx（專業伐樹）的商標圖案，他解釋，這些樹原本是種來做木柴桿，但後來捷克開始出口比較便宜的貨，最後連砍它們都不划算。

「現在它們只能用來做木屑，」他說，「但連那都不容易。這種樹的木頭很濕——我得先讓這些風乾，然後才能處理。」

我決定坦白承認我的目的。

「我想去看看那邊的水泉。你們知道它們嗎？」

較年長的男人眼睛一亮。「喔，當然。鐘仔泉（Bell Guy）。它今年很早就開始推擠冒水，」他對砍樹的男人點點頭，「這讓他的工作變得更困難了。」

砍樹的男人咧嘴而笑。「是啊，我們原本想我們現在就可以辦完事，但水滲透了一切。」

我說我對白堊河有興趣，那位年紀較大的男人就接著解釋說，他是為了山溪才砍樹。後來，我得知他的名字叫亞蘭・穆林格（Alan Mullinger）。「白楊喝很多水。所以我們要用本地混種取代它們。」

我們再聊了一會兒，亞蘭給我從森林遠處到水泉的指示，並建議我不要試圖穿越森林。五分鐘後，我繞過另外一邊，經過發芽的冬麥田野。樹林邊緣是一公尺寬、清澈而湍急的溪流，在枯死的葉片堆間奔流過蒼白的礫石。三隻西方狍從我前面的樹林陡然冒出，蹦蹦跳躍過田野，其臀部在低沉的太陽餘暉中閃著微光。再一分鐘後，又閃出兩隻。一隻鼩鼱跑過我前方的小徑。我一個分心，山溪就這麼……消失了。我仍舊沿著河道走著，但現在它是塞滿黃色落葉的溝渠，完全沒有水。我困惑不解，回頭重走幾十步，山溪又出現了，水流滾滾奔流。我走進流水，再度轉向上游。幾公尺後，我發現一道水泉——那是堤防裡的一個洞，從那裡，整個山溪如琴酒般清澈地湧出，在足夠的壓力下緩緩涓流，然後在我來的方向分成兩條。這是很令人著迷，但卻不是我特意前來看的水泉。

我檢查地圖後再往前走，仍舊沿著林地邊緣。繞過而非穿越是個好建議——我仍舊有點虛弱，身體

搖搖晃晃，光是走在不平穩的地面上就因用力而喘氣連連。我可以看見樹林裡的死水——明亮天空下的水坑，反映著赤楊、樺樹和懸鈴木幾乎赤裸的樹枝。再往前一點，樹林間的開口看來是個入口，我能再次聽見潺潺流水。這條溪大很多——輕易就有三公尺寬，上游正是我來此尋找的目的。我原本以為它會很難找，會比較隱密，但它幾乎是明顯得要命。一個環形水池，中央有個高聳的凸出物。鐘仔泉。人們有時告訴我，由於它在巨大壓力下騰起，它看起來幾乎像座噴泉，陡降的水流也許就是Bell Guy字面上描述的事物——一座鐘狀的噴泉。今天它卻是個低矮的圓頂，輪轂蓋大小。我繞著水池上方嘎吱作響的林地裡挑選路徑，水池毫無疑問是個源頭，因為該是上游的地方，卻什麼都沒有。它是個完全成形了的河流，憑空冒出。我猜這就是我期待的，但即便如此，它似乎很膽大妄為。

白堊河的這種猝發性總是使人們著迷。缺乏可見的匯聚。源頭隱晦。鐘仔泉甚至在還未被推擠形成噴泉時，似乎就以白色礫石構成的自我清洗環池而鶴立雞群——賦予受人照顧的神殿印象。水的品質是另一個奇蹟。它炫目的清澈是水流經自然最佳濾器的結果。它的恆溫保證穿越水泉的入口下方處，有個恆久以來不受季節和天氣的變幻莫測影響的世界，不會遭到暴風攻擊，從不乾枯，也從不結凍。人類的衝突、愚蠢和悲傷對它無從下手。

我從堤防那端凝望。水池大概四公尺寬，水泉在中央。我難以判斷水有多深，所以我小心翼翼地踩進去，緩緩移動——部分是因為外面的溫度只有攝氏四度，我不想讓水淹過防水靴或是因重心不穩而跌進去，但也因為被我靴子攪拌而起的淤泥羽流和有機碎屑似乎像是種褻瀆。我不想玷汙這水的清澈。水泉的圓頂緊繃而表面光滑，是水池表面唯一平滑之處——其他地方全是片片皺紋和漣漪。我從堤防看時它宛如水晶球，但現在它給我的印象像隻大眼睛，令人不安，就像鯨魚的眼睛，眼白轉動著，有著黑色

瞳孔和呆滯的晶狀體，玻璃體則從中鼓起。

我們在學校時曾解剖過閹牛的眼睛一次，而當黏狀物從手術刀尖噴出時，我昏了過去——這對未來想成為生物學家的人而言是個羞辱。這回憶帶來陣陣噁心感，我告訴自己這只是水。但我無法對眼睛視而不見——它鼓脹起來，還緩緩滾動。我轉開頭去眺望低沉的太陽，現在是璀璨的橘色，將赤裸的樹林照得一片燦爛，樹枝宛如被鍍上一層金，樹幹上的苔蘚發出閃閃光芒。等我再去看水泉時，它已經不再是個眼睛。我可以看見水裡有騰起的白堊小顆粒，起起伏伏，就像水晶球裡的小塑膠粒。我靠得夠近，可以彎腰去碰水，但我先觀察它。水非常多變，難以判斷我是在看什麼——在表面緊繃的凸狀處，可以完全清澈見底，但那裡有非常多的水流和環流、摺痕和漣漪，以至於這些清澈的窗口款款搖擺、相互推擠，最後搖曳不定，閃耀著忽明忽滅。蒼穹和頭上赤裸樹枝的破碎倒影交錯，使得眼前情景更使人困惑，我凝視了好一陣子，它才開始解體，而我又反胃了。那是個同心圓般的排列——布滿落葉的溪床、一圈乾淨的白色礫石，而在中央，我現在看出它是一個洞——形狀參差不齊，但有個顯眼的邊緣和完全闃暗的內部。洞並不怎麼大——我沒有掉入的危險——但我腳下有片空虛的倏忽感使我暈眩起來，彷彿我如此不經意涉水而過的淤泥溪床可能會突然消失，將我拋下一個地底世界，而儘管白堊如此湛白，水流如此清澈，在那只會有一片黑暗。

這不是眼睛。這是張嘴。地球的嘴，而她訴說著水。

我怔住不動，有點焦慮。我想像自己把手伸向那片虛無，但剎時有個感覺，認為我這樣做也不算錯，但卻會不受歡迎、唐突……不合禮數。我記得《飛俠哥頓》（*Flash Gordon*）[3]裡的一景，彼得·鄧肯（Peter Duncan）將手臂伸進空心的木頭裡時，被某些難以描述的恐怖螫咬，他不禁哀求一死。我那時大概九歲，

那一幕讓我有好幾個月的晚上都恐懼萬分。再者，水很深，想碰它一定會弄濕自己。所以我決定光用看的就好。

破碎的散射光使得倒影如此混亂，我真希望我有帶蛙鏡來，或至少太陽眼鏡。我納悶如果沒有光線直接照射，是否會清楚一點，於是移動位置，拖著腳繞著水池走，直到我站在西沉的太陽和水泉之間，然後再彎腰仔細凝視。

畫面馬上有所不同。我可以看見自己在天空襯托下的倒影，很令我驚訝。我的臉完全隱沒在陰影中，亮橘色火焰從我的頭射出。我察覺那是落日餘暉點亮我蓬鬆毛燥、沒梳理的頭髮，將橘紅色光芒整個擴散開來，流水的不斷流動使得倒影向外滾動。我可以用物理學解釋這一切。但你不會每天看到自己在通往地下世界的閃爍黑和白色入口內，變成燃燒的雕像。我深吸好幾大口氣。

現在，我不是我通常想像的那個人。

現在，我是什麼？一名先知？或許是女巫。我覺得我被賦予某種特許，於是我改變心意，決定把手伸進水中。我盡量捲高袖子，使用雙手。水涼爽但並不冷冽——所有白堊泉都維持在接近攝氏十度的恆溫：它們在夏季感覺冰涼，在冬季則溫暖，而在非常寒冷的早晨，它們往往裹在低矮的霧靄中。今天的水比空氣溫暖，但流速很快，即刻就為我的皮膚帶來寒意。水流的力量比我預期的大很多——我將手掌往下壓時，真的感覺到抗拒，我於是瞭解亞蘭在提到水泉時，為何說它是一股推擠的力量，而不是流動或奔騰。沒有辦法能制止這個水流。無法停止這首悠揚的歌。

那股寒意開始讓我雙手和前臂的骨頭疼痛起來。我從圓頂中央舀起水，小口啜飲、洗臉，然後再度站直。

我的腳丫一定是慢慢沉進落葉泥裡，因為我察覺水開始滲透入牛仔褲。那可能對身體恢復健康無益，但我還沒準備好要離開。我留下來，觀賞光線在樹木和樹枝上玩著把戲，閃爍不定，聽著落葉窸窣掉落，禿鼻烏鴉呱呱啼叫，而流水在我皮膚上乾萎，彷彿和皮膚結合，在雙頰和前額上形成一層薄薄、冷冽的銅綠。然後我開始止不住激烈顫抖，有點困難地將靴子從黏答答的底部拉出，涉水走到堤防。

我書房牆壁上的高夫地圖旁還有另一張地圖——為紀念地質學之父威廉・史密斯一八一五年出版《不列顛的地質地圖》（*Geological Map of Britain*）兩百週年所印製的特別版。史密斯的原版和這個特別版，兩者最驚人特色之一是數字2呈現彎曲亮綠色閃光形狀，或說像是隻抬頭觀望的天鵝。它從擠滿塘鵝和海雀的本普頓（Bempton）[4]和約克郡沿岸的弗拉姆伯勒角（Flamborough Head）懸崖開始，往下穿越林肯郡和東安格里亞的突出部，然後轉西南通過北部山丘（North Downs）到索里茲伯里平原，回頭往東經過威塞克斯和肯特海岸。這全都是白堊地形：高原、山丘、懸崖。我在英國住過的所有地方不是在它之上，就是靠近這種地形——儘管只涵蓋地圖的大約百分之二十，但從文化上說來，白堊地形似乎是英格蘭的磐石。砂礫、石板和花崗石在凱爾特荒野中有種默默散發的吸引力，石灰岩則是充滿洞的生氣蓬勃，但沒有什麼能和白堊那搖搖欲墜的宏偉壯麗與美好的宜居性相較。白堊地貌上密集的考古遺址顯示，人們長久以來瞭解上述這點。至於對生物學家而言，白堊地貌還有額外的吸引力：這片柔軟、蒼白的地質現象，是一直都在發生變化的。白堊衍生自微海洋生物的碳酸鈣骨骼——主要是有孔蟲和球石

藻，沉積於古代海床上。這些小生物美麗無比，牠們的變化性和精緻意味著，和大部分的其他岩石相較，白堊的微結構雜亂無章——微小的洞遍布，因此具有高度多孔性——其體積的三分之一甚至一半以上都是空間。多孔性並非罕見之物，黏土也具高度多孔性。但黏土往往不透水，白堊的空洞則可企及——空洞之間彼此相互連結——因此它能同時儲存和釋放水。

相同的白堊地區在另一張我喜歡的大不列顛地圖上也明顯標示——那是一張數位地圖，覆蓋單一地理資訊系統，顯示河流和山溪的網絡。其密度使人吃驚。河流往往被描述為地貌的靜脈，這類比在這張地圖上很驚人——它真的看起來像一張循環系統的解剖圖解。如果你在螢幕上放大看整個英格蘭，宛如森然白骨般的白堊地區會越發突顯，河流反而罕見。這是因為水傾向於滲透進白堊，而非從它表面流過。但白堊河在地面上的哪裡出現，哪裡就變得特別。水從大自然最精良的濾器中湧出，從地球流出純粹、清澈和甜美的流水。在夏季的酷熱中，它的恆溫提供庇護，而白堊水泉則提供免費的自來水，即使是在最冷冽的冬季。

英格蘭的白堊河，舉如魏文尼河（Waveney）[5]、格蘭達河（Granta）[6]、伊琛河（Itchen）[7]、布雷克瓦特河（Blackwater）、雅芳河（Avon）[8]和特斯特河（Test）[9]在生態和文化上的名聲都如雷貫耳。它們在文學中穿梭並閃爍光芒，從湯姆斯·哈代（Thomas Hardy）的小說到理察·亞當斯的《瓦特希普高原》均可以見到其身影。它們在濟慈、華茲華斯、丁尼生和布魯克的詩中燦爛生輝，而在《水之道》（*Waterlog*）描繪的水上長途漂泊之旅中當然也不曾缺席——那是羅傑·迪金的不列顛兩棲旅程，更別說它帶給日後無數野外游泳書籍、日誌和散文多少靈感了。甚至是有眾多白堊支流的泰晤士河也可以聲稱擁有某些魔力——肯尼斯·格拉姆（Kenneth Grahame）在《柳林風聲》中對它的描繪強烈勾勒出白

堊河的特色。至於對飛蠅釣者而言，英格蘭東南部的白堊河更是朝聖之地。

奇怪的是，起源於約克郡高原的白堊河在盛名中罕少得到這類關注。高原地貌以各式各樣的方式被誤認為奇爾特恩丘陵（Chilterns）[10]、薩塞克斯或威塞克斯丘陵或索爾茲伯里平原，但因主要公路少見，一邊海岸線又非常靜僻，它們比上述任何地點都要來得偏遠。

這裡的水泉不是都像鐘仔泉一樣顯眼或可預測。我還想看另一座，但我不確定我能否找到它。它的水道在現代地圖中有被標示出來，而如果你只考慮僅顯示河流的地理資訊系統，它會因為是乾涸的北部高原中唯一一條東西向水道而顯得突出。不過，我之所以懷疑自己能否找到它，原因不來自製圖或導航，而是水文。

這條孤獨的河流名為吉普賽河（Gypsy Race），是英格蘭最北部的白堊河，因此我也相信，是全球最北的。不像其他起源於丘陵的河流，它並未注入赫爾河（River Hull）[11]，而是孤孤單單地直接通往在布里德靈頓（Bridlington）的北海。我很小心我的遣詞用字，因為吉普賽河似乎有辦法推翻任何關於它的傳聞。它是我所遇過最奇怪的水道之一。

關於吉普賽河的民俗故事，主要來自於其水流特殊的不可預測性。水來了又走，不僅是隨著降雨或季節，最古怪的是，各水段也沒有一致性。它罕少全力汩汩奔騰，而在它這麼做時，傳說會因此發生令人惶惶不安的事件。據說，一六六四年的倫敦大瘟疫前就出現這種異象。它在威廉三世於一六八九年罷黜詹姆斯二世時和一七九五年再度發生；一七五九那次甚至就在一顆大隕石掉落約克郡沃德紐頓（Wold Newton）的水道附近前不久發生（那顆隕石現在擺放在自然歷史博物館，隕石掉落地點則由方尖碑標示，就靠近一座整潔的露營公園，園主很樂意為遊客指出地點）。據稱，吉普賽河在兩次世界大戰開戰

前又洶湧奔騰。昨天我從我朋友強・特雷爾（Jon Traill）那收到一封訊息，他是約克郡野生動物信託組織（Yorkshire Wildlife Trust）的景觀經理，他說現在泉水非常洶湧。

這條迷你小河的名字所召喚出的巡迴流動和浪漫情懷，感覺起來美妙地適合一條神龍見首不見尾的河流，儘管吉普賽旅行者的詞源來自埃及文，反映羅馬的中東傳承，但其實河流的名字與石膏（gypsum）分享語言學字根——源自希臘文 *gypsos* 這個字，同時意味著石膏和白堊。吉普賽河在本質和名字上同時代表白堊河。

黑霜燃燒殆盡，天氣轉為壯觀的湛藍拱頂。天穹頂端是深沉的蔚藍，地平線則是雪白，濛濛迷霧放大了璀璨天光，眼睛直視的話幾乎會感覺刺痛。這個奇怪的冬季並不冷冽，直到一月天氣晴朗的咒語灑布——一個大型氣壓系統造成的結果，自一九五〇年代有紀錄以來的最高紀錄。這些時日也在別的方面顯得古怪。推特上的科學討論圈子充斥對參宿四衰亡的臆測，那是位於獵戶座肩膀處的紅色恆星：人們主要討論的是，參宿四在這最近數個月以來的戲劇性衰敗，是否預測其迫在眉睫的滅亡（或毋寧該說，我們即將目睹一個可能發生在七百多年前的滅亡）。有人說，參宿四即將爆炸形成超新星，而昨夜在好幾回合的失眠中，我一次又一次地夢到一場大爆炸，像白色康乃馨般在獵戶座的翻領處恣意綻放。在我的怪夢中，參宿四有著穩定的脈搏，隨著每次脈動都顯得更明亮、更大，沐浴在銀河的白冰放射線中，而地球周遭的氣體則膨脹後又消退——我醒轉後辨識出那是神祕博士（Doctor Who）的時間機其悸動引擎的節奏。那個夢瘋狂地循環不已，因此我在三點起床，在晨衣上披了一件羽絨夾克。我在將腳丫猛擠入防水靴時，狗兒默默出現，耳朵翹直。我們一起出門，走上農夫鄰居的結霜車道，那裡可以仰望清晰的北方天空。獵戶座低沉地坐在地平線上，它的肩膀處有一道橘色光芒。的確很微弱，但確實在那[12]。

我納悶吉普賽河是否也是如此。

我抵達達格勒比（Duggleby）[13]時已經超過早上十一點——那是吉普賽河上最早建立的聚落，存在於歷史記載之前，有令人印象深刻的墳塚。貫穿村莊的這條小溪第一件讓我吃驚的事是水流好小，離房子好近。你一步就可跨越水道，但為了使鄰近房舍間往來容易，每個房舍前都有通往前門的小棧橋。達格勒比上游的河水沿著公路奔流一小段路，很容易使人誤認為是條排水溝。但清澈的河水顯示這不是溝渠。今天水流順暢，安靜地對自己噗嗤淺笑。

我循著水道往上游走到它偏離道路之處，然後沿著田野間的界線走。發芽的冬麥田和水道之間有恰當的六公尺距離，麥田看起來像是布滿去年為野鳥播下的、富含種子的雜草。溪流有厚厚一層柳蘭和繡線菊的死莖，這裡沒有潺潺水聲，只有靜默的水流，倒影稍微扭曲變形。我經過山楂和柳樹林。山楂樹枝裹著濃密的黃色和灰色地衣；柳樹在大力修剪下仍舊發芽茁壯，樹柄呈動脈血液般的紅色，花苞則像骯髒的彎曲指甲。還有野薔薇的栗色枝芽——在強烈陽光下呈現血色，激烈糾纏在一起。我經過灌木叢最濃密處時，傳來一陣輕微的吱吱聲，有種大型物體在裡面移動。最初，我以為那是隻在休息的鹿，不禁低語道歉——然後牠站了起來，我的心臟咚地跳了一下。那是隻野兔。我想我以前從來沒這麼近地看過活生生的成年野兔。牠的個頭讓我大吃一驚。牠站著不動很久，側著身體面向另一邊，所以我只能看到一隻大而凶猛的黃玉眼睛，而後牠就消失了——如此快速地蹦蹦跳越過新麥田，時間只夠我吸口大氣。我激動不已，全身起雞皮疙瘩。

河的源頭由幾株樹幹眾多的大型哨兵柳標示，禿鼻烏鴉的啄搖擺著，創造出一種打擊樂般的柔軟咔噠聲——一種溫和的擊鼓聲。樹林底部是個下沉的水池；水池之上，冬蚋形成的雲朵在晌午的驕陽中款

款舞動。水池滿是亮綠色雜草新近長出來的莖梗——我攀爬下堤防，拉出一把。那是水芹——有芹菜般的莖，比起長相相似的水田芥更緊實，葉片以相反方向成對生長，毛茸茸的根從每個葉片底部冒出。我並不真的懷疑自己的判斷，但還是折斷一根莖，聞聞味道——聞起來有很重的胡蘿蔔味。葉片底面覆蓋著小水蛭。

水池裡的水比空氣溫暖幾度。陽光在淤泥、燧石碎石和彎月形河道上斑駁閃爍，水面上的每片葉子和莖都在光芒中跳舞——甚至連浮萍的每片小葉子都躺在自己的小漣漪裡。這些和繞著個別表面特色的渦流所形成的粼粼漣漪，在河床上創造出催眠般的熔岩燈效果——每個影子都有不停抖動、幽靈似的色彩邊緣。我觀賞這場光舞越久，就越發察覺水流有多複雜。水從不只一個方向流過來——水池裡有幾處湧昇流，但我現在也看見從另一頭涓涓流過來的一道小水流。我向上爬回堤防，繞過鄰近田野的一處淺凹地，那片田野大概有網球場大小，在光線反射的穹蒼中散發淡淡微光。田野經過耕犁，像其餘土地般播種，但冬麥長得不太好。成排的農作物間的畦有清澈的水，沖刷過礫石和亮綠色水綿形成的席子。我停下腳步時聽到聲音——一個快速、不規律的**咘哩波**、**咘哩波**、**咘哩波**。地面在冒泡。田畦裡靠近我腳丫處，我捕捉到一陣輕微騷動——水流從一個小洞湧出。一旦我融入這片光景和聲音，我便了悟這裡有幾十個這種小泉嘴——可能超過一百個，水流從此沿著田畦形成水溝，喃喃低語，在田邊構成水坑，然後穿越堤防上長腿的植被，流過主要水源之上，進入水池。

這水在地下蟄伏流多長距離？它從哪裡被推往前？這是個潮濕的冬季，但枯水期延續了數日——水坑蒸發，雨水餵養的小溪水位低矮。但這個詭異的水泉有自己的腳步。事實上，這地區的田野能夠栽種就表示最上游的部分若有流水則實屬罕見。我不禁納悶這份豐沛的水會為這甫開展的一年預告著什麼。

我重拾來路回到達格勒比，然後再往更遠處走至吉普賽河彎彎曲曲地穿越了的草兒叢生的原野——在此，同樣形狀的土峰和凸起物顯示被棄置的約克郡茅索波（Mowthorpe）村莊的格局。我的抵達驚動了一群為數一百五十隻的灰雁緩慢而嘈雜地啪啪振翅起飛，但牠們在一百公尺遠處的蔥鬱草兒間再度降落。原野底部，溪流汩汩流經在幹道下的紅陶水管，在另一端潺潺湧出，聲音聽起來像是要灌滿古代的大型澡盆。一位蹓著可卡犬的女人停下來和我一起張望，並說她從未見過水流奔騰得如此高或快。

我開車去柯比格林達利特（Kirby Grindalythe），那是山谷下方的下一座村莊。在村中的第一座房舍迴轉後，你又會看見吉普賽河，河流越過河堤進入一片被嚴重踩踏的原野，從這片地的角落，有人挖了一段小溝渠引導河水回到河道。挖出的爛泥和石頭仍舊堆在附近，鏟子留在現場以備不時之需。如果不這樣稍微加以干涉的話，河流會衝入下面的房舍。這條狡猾的溪流也許小，但其惡作劇的潛力十足。

再下一座村莊是西盧頓（West Lutton），我繼續開車，希望在那再次找到吉普賽河。我不費吹灰之力就找到它的河道——經過更精密的溝渠疏浚，有更多小橋，但當我凝視時，不禁困惑不已。水道完全是空的。我問另一位蹓狗人，想看看她是否知道任何內幕。她說她在二〇一七年搬來此地。「那時還有水流。但它在二〇一八年夏天乾涸，直到這週下了幾天雨後才又開始有水——所以，現在裡面有冰，」她指指不比茶盤大的一個冰坑，「然後它又沒水了。」我告訴她，我在一英里上游處才剛看到柯比格林達利特那幾乎像洪水的水流，還有在達格勒比那位牽著可卡犬的女人說的話。我問她，她認為水流向何處？如果不是這裡的話。「似乎沒人知道。村莊裡議論紛紛——有些人希望教區議會委任一場調查，但老一輩說用不著費神，它自己會冒出來。我實在不知道該怎麼想，它很奇怪。」我們站在那盯著那個冰坑，彷彿它有答案。那的確非常奇怪。

西盧頓的老年人是對的。我在一年半後又回到吉普賽河，那時是二〇二一年的枯水期，和我同行的還有考古學家吉姆．列利。它在達格勒比的水位很低，在柯比格林達利特則只有半吋深。我現在知道，這意味著西盧頓不盡然會完全沒水，而的確，在那的水流比上游的兩個村莊都還要多。吉姆解釋，吉普賽河不是單一水道，而是眾多水泉組成的系統，其易變的各個水流剛好流經同一水道。這和強．特雷爾告訴我的不謀而合：從達格勒比的含水層出現的水流，不必然就是流往下游的水。「源頭的水流似乎在盧頓上方流進一條斷層線某處。誰知道呢？從那它可能出現在赫爾河的集水區。另外一件事是，吉普賽河總是很晚才來——即使冬天雨量豐沛——有時遲至四月。有時根本不來。然後在二〇一二年，它淹沒伯頓弗萊明（Burton Fleming）[14]那座較大的下游村莊——那地區新來的居民無法理解水是打哪來的，它怎麼會一直來，而且不是順著河道下來，而是從地面往上冒出。」

吉姆和我前往約克郡拉德斯頓（Rudston），這村莊聲稱是英格蘭持續有住人的最古老聚落之一。它靜躺在大沃德山谷（Great Wold Valley）的長勺中，諾曼教堂位於稍微高地處，吉普賽河繞著它後以九十度轉左。如果你站在這個角落，窺看附近房舍的屋頂，你可以看見諸聖教堂的尖塔頂端，這美麗的教堂可追溯至十四世紀。但這地方的精神意義比教堂更古老。現在你從河彎處已經不可得見，你得走上山丘繞過教堂，眼前就會有個高聳的巨大岩石，它在以前可是這片景觀的主角。拉德斯頓巨石（Rudston Monolith）差不多八公尺高，是全英國最高的——比巨石陣的撒森岩高上兩倍，其嵌入地下的石塊可能也有這麼高。

這個巨大的立石大概是在新石器時代晚期或青銅時代早期豎立，或許早於基督誕生兩千五百年。拉德斯頓這個名字是古英文，可能衍生自 *Rood-stane*，暗示基督教早在教堂興建很久前便挪用這塊巨石。吉姆說這完全是刻意之舉——吸納異教宗教比完全禁止它們要來得簡單。我納悶這塊巨石看過多少神祇來來去去？凱爾特、羅馬、撒克遜和北歐宗教可能全都在諾曼人侵略前為這塊巨石找到一個定位——所有侵略者至少都夠尊重它，沒有把它拉倒。我現在已經來過這裡幾次，僅在咫尺之遙的教堂最困擾我的一點是，你不再能站在這裡取得廣角視野，或觀看夕陽西沉。如果地貌沒被教堂遮蔽，這地方一定會和巨石陣或埃夫伯里（Avebury）[15]一樣出名。

巨石並非來自本地。拉德斯頓是白堊地，但這塊像巨大燙衣板的碎片是粗砂石。最近的粗砂石裸岩在十英里外，於靠近斯卡布羅的凱頓（Cayton）——但和此巨石的最佳地質吻合物在更遠之處，你可以在三十英里北部的惠特比（Whitby）找到相同的岩石，而那是在北約克郡沼澤內陸。橫越過起伏不定的鄉間將巨石運到這裡，即使在今天都得有龐大的後勤運作。而這是在超過四千年前完成的，簡直顛覆想像。

在這幾千年間，雨水已在巨石較窄的邊緣刻畫出小縫，也打出深深的坑洞，而原本一度宛如蛋糕上鑲嵌的櫻桃的眾多鵝卵石飽受風吹雨打。一七七三年，一位當地傑出人物，包斯威勒太太（Mrs Bosville）注意到巨石頂端的風化現象，決定以添加鉛頂做為解決辦法。有人說她另有動機——這是為了防止從此地亂彈而出的異教能量逃脫。周遭地貌處處可見古代土木工事，包括四座古道：溝渠劃分的直線特色被認為是代表真實或象徵性的列隊前進路線。其中三條在拉德斯頓與吉普賽河交會處匯聚。大沃德山谷上上下下還有數十座墓葬建築、石陣、圍地和溝渠。吉姆和我花了漫長的一日探訪某些遺跡，包括達格勒比豪（Duggleby Howe）、沃德紐頓和威利豪（Willy Howe）[16]的圓墳。在圓墳間，幾乎每個

我們行走過的田野似乎都有耐人尋味的小丘，暗示以前有過建築物，包括幾個整座遭棄置的村莊，以及可能曾是採石場和運石道的窪地。整個地貌等待考古調查來一探究竟，吉姆毫不懷疑連結它們、斷續的白堊流水的重要性。

我們在拉德斯頓分道揚鑣後，我駛過吉普賽河的最後幾英里路——它沿著通往布里德靈頓港的路低調淌流。在港口那，水量仍小，它溫順地從停車場下流經一個巨大涵洞，涓涓向前，這真是條神祕且變化無常的小河，但水量已經大到足以構成下一個無人能預料的洪災。不確定的只有會是在何時。

譯注

1 萊納．瑪利亞．里爾克（1875-1926），德語詩人，對十九世紀頹廢派文學有重大影響。
2 英國孩童小說家肯尼思．格拉姆（1859-1932）創作的兒童文學代表作，為經典作品。
3《飛俠哥頓》是一九八〇年上映的英國動作片，改編自同名漫畫。彼得．鄧肯是英國演員。
4 位於英格蘭約克郡。
5 於諾佛克和薩佛克形成邊界的河流。
6 為康河（River Cam）的支流。
7 位於英格蘭漢普郡。
8 位於英格蘭格洛斯特郡。
9 位於英格蘭漢普郡。
10 為英格蘭東南丘陵地帶。

11 位於英格蘭北部約克郡。

12 二〇二一年出版的一份研究顯示，在二〇二〇年觀察到參宿四突然變得黯淡的原因，比較可能是紅色巨星所剝落的塵土和其他殘骸導致，而非恆星即將死亡的徵兆——原注。

13 位於英格蘭北約克郡。

14 位於英格蘭約克郡，靠近北約克郡。

15 位於英格蘭西南部威爾特郡，村內有新石器時代墓群。

16 達格勒比豪、沃德紐頓和威利豪皆為東約克郡著名古墳區。

第八章 溪流旁斜倚的柳樹

A willow grows aslant a brook

溪流旁斜倚著一棵柳樹，
柳葉的灰白葉片底面映襯著光亮透明的溪水；
她戴著美麗的花環來到那裡
用的是烏鴉花、蕁麻和千屈草
滿嘴粗話的牧羊人卻給了它更粗鄙的名字，
但我們端莊的淑女叫這種花為死人的指頭：
在那，她戴著雜草花冠爬上下垂的樹枝
想掛在上面，但一枝心懷惡意的樹枝斷裂；
她遂連人帶花一起掉落
嗚咽的溪水裡。她的衣服隨波開展；

她暫時像美人魚一樣漂浮在水面上一會兒：
她嘴裡還斷斷續續唱著古老的歌謠；
似乎毫無感覺到她自己的悲楚，
或像在水中生長的生物，穿著衣物：
但要不了多久
她的衣服因浸水變得沉重，
在她悠揚的歌唱聲中將這可憐的女孩
拉下沉到爛泥巴裡死去了。

——威廉．莎士比亞，《哈姆雷特》（第四幕，第七景）

巴士沿著雙向車道緩緩駛出泰晤士河畔的京斯敦（Kingston）時，坐在我隔壁座位的女人說，她會告訴我要在「村莊」的哪裡下車。我眺望窗外的商店、起重機、多線道交通，在二月的霏霏細雨中倍感淒涼，而她使用的字眼似乎很古怪。但我們轉離A240號公路時，倏忽間，我們進入一條兩旁皆種了樹的馬路，經過絕對是鄉野風貌的建築物。艾威爾（Ewell）[1]緊攀住其鄉村認同，儘管早已為城市蔓延所吞噬。我在伯納霍爾公園（Bourne Hall Park）下車，那裡的交通噪音混雜著禽類如木管樂器和銅管樂器的大亂奏。眼前有至少一百五十隻加拿大雁和灰雁、綠頭鴨、疣鼻天鵝和骨頂雞，擠在陰暗的半英畝池塘裡，吵雜地活像全世界上最沒紀律的管弦樂團。

我欲拜訪的河流是霍格斯米爾河（Hogsmill）[2]，它源起於艾威爾附近的一系列水泉，包括在這片混亂的羽毛生物下方某處的一條。還有一條兩吋深的小溪流，涓涓流經公園，水道兩旁建有圍牆。它的河床覆蓋著黑色淤泥和枯死的葉片，但其水流展現白堊河水的招牌清澈。

我穿越一片布滿鵝糞的斜坡草地，到一座一九六〇年代晚期建成的圓形大廳，那裡有埃普索姆（Epsom）和艾威爾的市民中心，一樓則是當地博物館。傑瑞米．哈特（Jeremy Harte）館長在紀錄室和我碰面，它也可作為共用辦公室。那裡滿是書架、檔案櫃和不搭調的家具，還有個骯髒的洗手檯，塞滿沾著茶漬的馬克杯。傑瑞米領我到一個書桌前，他已經在上面堆滿有關河流資訊的檔案。他先幫我泡了幾杯濃茶，用馬克杯裝著，接著告訴我一隻大鱒魚的故事。那隻大鱒魚在公園旁邊的橋下住了許多年，維多利亞時代的自然學家和散文家理查．傑佛里斯（Richard Jefferies）[3]非常欣賞牠。那條魚逃過所有試圖捕捉牠的魚鉤和魚線，但最後卻困在因河流暫時改道以安裝水管所產生的小水池裡。四個大男人攻擊水池，他們到處摸索、攪動爛泥，手裡拿好魚叉。傑佛瑞斯不忍心看下去，寧可抱持著空泛的希望，認為那隻大魚最終總是能夠逃脫——但是，他從未再見過牠。我想，或許牠就此消失，就像麗澤．穆勒（Lisel Mueller）[4]那首鏗鏘有力的詩〈釣月〉（Moon Fishing）裡面的月亮；詩中，男人（恐怕我總是假設他們是男人）用草叉追獵月亮的倒影，還揮舞著頭髮製成的漁網和用心臟做魚餌的魚鉤，最後試圖將水喝乾，讓水池乾涸到只剩爛泥。我問起現在這裡還看不看得見鱒魚，傑瑞米的同事大衛說，我比較可能看到錦鯉。

我掃描了數十年和霍格斯米爾河相關的傳單、雜誌文章、地名辭典、時事通訊，以及考古、歷史和生態學報告，館員們則在我周遭聊天，話語如穩定的水流像渦流般打轉，混合著足球賽事結果、最近的

益智問答節目《大學挑戰賽》（*University Challenge*）提出的問題，以及有關伊莉莎白一世的愛人們的八卦臆測。

我在出門時以嶄新的眼光觀看那片池塘。就水文學和歷史而言，它比它看起來得還要深和對外關係複雜。我剛才才得知，水泉在一九九〇年乾涸時有場臨時起意的挖掘，意外發現可追溯自羅馬占領時期的貨幣、鐵器時代和撒克遜陶器，以及豐富的小球形燧石，可能是用來獵野禽時所用彈弓的彈丸。如果當時鳥類的密度就像現在，你絕對不可能空手而返。

這類古代歷史證據讓我納悶這個故事該從哪時開始。我在心裡搜尋，抵達一千年前，當時有位北歐王子，他可能是神話人物，而非真人。透過英國最著名的劇作家，他的故事從那時流傳到現在。一位在想像中溺斃的女主角、一位有遠見的年輕藝術家和維多利亞時代超模。一位退休的生物老師、一隻半水生齧齒動物和一群熱心的年輕保育人士。

昨天我去了泰特美術館（Tate Britain）。從匹黎可（Pimlico）地鐵站走到那的途中，你會在約翰·艾斯利普街（John Islip Street）和阿特伯里街（Atterbury Street）交會處，遇見那位青銅藝術家。他是約翰·埃弗雷特·米雷（John Everett Millais）[5]，他來到艾威爾時只有二十二歲，當年是一八五一年，同行的還有威廉·霍爾曼·杭特（William Holman Hunt）[6]，他們是為了在那年夏季追求創作和彼此陪伴而來。米雷是位天才兒童——十一歲時就進入皇家藝術學院就讀，他與霍爾曼·杭特和其他五人在一八四八

年共同創立了前拉斐爾兄弟會（Pre-Raphaelite Brotherhood）。前拉斐爾派以獻身於真實呈現自然的藝術和高舉某些偏愛的人類理想，來違逆傳統。結果是，作品的細節豐富，以批評家約翰・拉斯金（John Ruskin）[7]為其聲援的話來說，其美學精神是「什麼都不拒絕，什麼都不選擇，也什麼都不鄙視」。畫廊裡，米雷最著名的作品吸引大批民眾。那幅畫很小，裱著粗粒金畫框，低矮地掛在牆壁上。我坐在正對它的椅子上。畫廊人潮如織——這裡有數十幅驚人作品，包括其他前拉斐爾傑作。但米雷這幅畫最吸引人們駐足觀賞。坐在我旁邊長椅上的女人來自荷蘭，她長年來都固定特地來欣賞這幅畫。「我想這個病毒意味著我們很快就不能旅行了，所以我得趁還能來時趕快來。」她告訴我。

這幅畫的主題，是莎士比亞筆下的奧菲莉亞（Ophelia）的溺斃，它呈現許多層面：悲劇性、令人感慨萬千、美麗——但對我而言，最令人難以抗拒的是，它令人心痛地熟悉。我當時還不知道畫裡的這條河流，但我知道新綠和衰亡的混合交纏、悶熱的腐爛肥沃氣味。我知道流水繞著鳶尾花莖流過時發出的涓涓聲響，而其上方的空氣是如何涼爽到足以在陽光爛漫的日子裡讓人起雞皮疙瘩。我知道池生毛茛和水馬齒的毛鬚在正弦曲波裡如何漂移。我知道從高和低的不同角度，河床看起來會是什麼樣子，還有它在我腳丫下的感覺。我知道徐徐微風如何吹拂垂柳樹枝，葉片如何分散太陽的奪目光線，成為喃喃低語。浸淫在此幅畫中，我可以感覺到河中那個忘我的、想像中的女孩所不能感受到的一切。

米雷所繪製的河流是霍格斯米爾河，如其在一百七十年前的夏季所展現的姿態。但這條河可以是英格蘭的任何一條白堊河。可愛、綠意蔥鬱、邊緣有點骯髒。霍爾曼・杭特後來寫到米雷是怎麼發現那個地點的：「我們以重新甦醒的信念追蹤結霜的雜草，然後突然間，『米雷運氣』將他夢想的樹棲和花朵豐饒的確切構圖帶到他眼前，因此他歡欣地指著說，『你瞧！還會有更完美的景點嗎？』」

霍格斯米爾河今天看起來當然不像這樣。二月是個錯誤的時間點，而過去的幾十年間對我們的河流也並不友善。但我在博物館讀的幾份傳單和雜誌專文都表示，霍格斯米爾河仍舊是聯繫綠色空間的一條罕見都會走廊，儘管環境署報告訴說了令人沮喪的故事：水質變差，水量越來越少。

河流造就這座山谷。它是人們定居的理由，而一千年來它是動力的主要源頭。麵粉磨坊，就像那個在下游的艾威爾橋旁的白色大型擋雨板磨坊，在二十世紀變得比較不那麼實用——不僅是因為有其他形式的能源，但也是因為在從含水層持續不斷的抽水以供應家用和農用之下，就是沒有足夠的水來轉動石頭。在有些年間，霍格斯米爾河上游完全乾涸，儘管它現在是有流水。它是個流速快、清澈的溪流，深及膝蓋，礫石河床穿越布滿小徑和水道的林地。河堤兩旁是燈心草和黃菖蒲，紅冠水雞在其中悠游。水裡有水馬齒構成的綠色銀河，一棵大柳樹塌倒，枝條展開越過水道。靠近這裡，第一眼看到的事物很像是森寶利連鎖超市（Sainsbury's）的購物袋，但後來看清楚時才看出那是隻巨大、亮橘色的錦鯉。館員大衛說的沒錯。

另一棵塌倒的樹提供越過河流的有用選擇，可惜在另外一側是個建築工地。一個大坑被挖掘開來，下面的河流因地表徑流而渾濁。它流經鐵道下，短暫被排水管引導穿越環境署的水位站。穿越涵洞之後，河流又轉為生氣勃勃，從左迴轉到右，宛如從盒子中釋放出來的蛇。我只想拍手慶賀。水下淺處有一排踏腳石——我啪喳啪喳地濺著水花踩過河流。

榛樹的葇荑花序充滿錢伯森林（Chamber Wood），成熟的橡樹和梣樹樹幹上攀爬著濃密的長春藤。

那裡也有個林地音景——禿鼻烏鴉、知更鳥和鷦鷯，引吭高歌兩調歌曲的大山雀。但這些熟悉的聲音陡然被爭吵聒鬧的雜音淹沒——數隻紅領綠鸚鵡飛馳過頭頂。自從我搬到北方後，這種鳥已經變成家鄉郡區本土鳥類中的一分子，完全不起眼。牠們在這片綠地中最顯翠綠，但就算牠們的羽毛奢華至極，歌聲卻叫人不敢恭維。我觀賞牠們時幾乎摔了一跤，但走在我前方的那對夫妻或牠們的兩隻狗對此則無動於衷。

河流在拉克西來路（Ruxley Road）下的陰闇消失，急流被罐頭和塑膠的悲慘殘骸阻塞。但是，某種亮白色的東西吸引了我的注意力，我剎時停止呼吸。那是隻小白鷺，近到我可以看見牠羽毛中的風羽。牠正涉水越過溪流，在涵洞的黑嘴中顯得耀眼生輝。我看著，牠伸展雨傘般的雙臂，半跳半飛上懸在牠頭上的樹枝；黃色腳丫晃蕩了一會兒，嘗試在那過於細瘦的樹枝上求取平衡，那樹枝幾乎無法承受牠的重量，整個光景看起來有點好笑。從較遠處——也許是從路上——人們很容易便會將這隻小白鷺誤看成擱淺的白色塑膠袋。古怪的是，這想法使我振奮。我已經看到活生生的橘色錦鯉和樸素的白鷺，但其實沒有看到多少塑膠袋，因為自從二〇一五年來，超市就不提供免費的塑膠袋。在那之前，塑膠袋幾乎是河流和更廣袤的地貌中不可迴避的禍害，它們其實只是更大問題的一小部分，但只要有政治動力和意志，解決它們其實相對容易。

就像鸚鵡和鯉魚，小白鷺在此變成日常光景，但對我而言，牠們頗富異國情調，讓人聯想到裝飾性宗教畫和時髦壁紙上的野生動植物組合：牠們被放在一起，是為了象徵或美學原因，而非生態保育。我不確定米雷是否能抗拒這三樣生物其天使般的燦白、爐火般的亮橘和繡花絲線的翠綠。我可以想像將它們都塞進《奧菲莉亞》的場景中——白鷺靜靜站在河堤，橘色鯉魚就在吃水線下默默徘徊，而一對鸚鵡

使上方的柳樹枝彎曲。

穿越馬路和河流後，我在一些花園圍籬後方發現一條模糊的綠色草徑。對岸的堤防有一條柏油路，解釋了我眼前這條路人跡罕至的原因。濃密潮濕的荊棘灌叢幾乎帶來立即的隔音效果，阻隔交通噪音，而在二十五公尺內，我所能聽到的只有山毛櫸枯葉在我腳下發出的蔌蔌聲，以及鷦鷯在靠近下游處的啾啾罵聲。我很後悔跑來找這隻鳥——在靠近水位處，植被為紙盒、玻璃瓶和裝狗大便的袋子所阻塞，長春藤和漢紅魚腥草相互交纏。

我又經過另一株塌倒的柳樹。這棵樹被鋸成好幾段，沿著河堤用鐵絲綁住，可能是為了防止它被沖走，或遭惡作劇踢進河裡。但這也是符合生態學的想法——將它留在這裡腐爛，可以為許多種生物帶來滋養。柳樹顯然是河流沿岸最多的樹種——最大的那些都經過劇烈修剪，可能是出於安全考量，但它們重新生長的大膽活力令人刮目相看。眾多的新枝芽紛紛從每個被鋸斷的樹枝如癤瘤般的末端冒出，讓柳樹看起來像善於拳擊術的老法術師，從舉起的拳頭爆送出咒語。

在河流後方的梣樹小樹林裡，我發現某種紀念碑。幾十個蠟燭燈吊在光禿禿的樹枝上，樹枝因負重而往下垂；此外，聖誕節裝飾和其他裝飾品、泰迪熊和灰色長毛兔也掛在這裡，活像是掛在獵場看守的絞刑架上；還有幾個用塑膠緞帶吊著的小玻璃醋瓶——那種你可以在廉價小咖啡館看到的醋瓶。在樹的基底，則堆放原本應是一束但分散開來了的人工康乃馨、葬禮花朵花圈的框架，以及幾個裡面裝有死去植物的塑膠盆栽。

那裡有張鍍了膜的生日卡片，上面有一首詩：「**美麗環繞著我們**，**花朵**、**鳥兒和樹木**，**溪流和低矮山脈**，**星星和深藍色的海洋**。」詩人寫詩的意圖，或許和隱藏在艾威爾出土的貨幣和陶器，或沉積在全

球河流裡的隨葬品和還願貢品背後的意念動機，沒有什麼不同。但這首詩使我感到悲傷。想到所有充滿愛意的塑膠製品最後會流至河流裡，就覺得五味雜陳。

灰松鼠蹦蹦跳跳地陪我走過下一座陸橋，經過歡迎我們抵達京斯敦自治市鎮的告示，六線道的交通帶給我的煩憂似乎比牠更甚。一道鑄鐵大門回頭通往河流小徑，河流奔流過一系列小基石。水量再度高漲，呈現渾濁的卡其色澤。

我在車流噪音之上聽到兩種聲音。知更鳥的歌唱和難聽至極的機械尖叫。我以為會碰到某人正在使用角磨機剪裁鋼鐵，但反而是找到一道鐵絲網柵欄，裡面有兩輛卡丁車繞著車道擺尾行駛，防撞護欄則以上漆的輪胎堆成，好將卡丁車維持在人工車道的環線和轉彎裡。

彷彿要排除掉對任何對和平的過去所抱持的美好幻想，柵欄旁的解釋看板告訴我，從一七二〇年到一八七〇年之間，這段河流重度工業化，十幾座磨坊所磨出的不是麵粉，而是火藥。這是個完美的地點——有河流的水力，以及提供適當木炭的大量柳樹。磨坊惡名昭彰，危險性十足。整個作業進程經常發生爆炸。同時，火藥的產出造成更廣闊的毀滅——外銷供美國內戰和一八七〇年的普法戰爭使用，品質可疑的火藥有時被認為是法國戰敗和隨後德國統一的因素之一。

威廉・霍爾曼・杭特就是用其中一座磨坊來作為《世界之光》（*The Light of the World*）畫作的背景。霍爾曼・杭特至少畫了三次的肖像，呈現基督提著油燈，敲著雜草叢生的門。它象徵將救贖拒之在外的心。但在得知製造火藥的危險事業後，我發現腦海中正上演一場我自己發想出來的搞笑表演：被煤煙染黑和燒焦的安全人員，在阻止滿心善意的上帝之子帶著火焰進入禁區而意外引爆磨坊這件事上，一再地以失敗告終。

「你不是彌賽亞……」我喃喃自語。「你會引發**爆炸！**」

河流在流經一條橋時變寬至幾乎十公尺，那條橋有鐵花欄杆和一堆套著塑膠袋的垃圾桶，家戶垃圾到處灑了出來。附近有座酒館，以人造木材搭建，有喬治王朝時代的窗戶，門口的花園裡安放了數十張棄置的長椅。一個紅色看板表明酒館名就叫「霍格斯米爾」。我走進酒館，點了濃湯，找到一張可以攤開地圖的大桌子。我重讀了《米雷和霍格斯米爾河》（*Millais and the Hogsmill*）這本手冊，是莫文・紐曼（Meryn Newman）在二十年前送我的，他那時是薩里野生動物信託組織（Surrey Wildlife Trust）的麝香鼠保護專員，我曾和他合作推動一個電視紀錄片的拍攝提案，後來沒有拍成。那本手冊由芭芭拉・韋伯（Barbara Webb）寫成，她是位退休教師和當地歷史學家，奉獻數年時間尋找米雷的《奧菲莉亞》畫中背景的精確地點。藝術家自己的信只給了模糊的暗示，但他寫了許多細節，描述直接在陽光下作畫的不舒適和惱人。他描述從住處走了兩英里路，在河堤上坐得巍巍顫顫，並抱怨薩里蒼蠅的尺寸和凶猛。酷熱和強風讓他惱怒，更別提還有兩隻天鵝，「堅持從我想畫下的地點觀察我，更增添了我的悲慘。」他與當地人和牲畜惹上麻煩：「一紙通知威脅我得在治安官前現身，罪名是在田野非法越界並毀壞乾草，同時我也得在上述乾草被割取後，取得該田野上一隻閹牛的允許。」這些都沒提供芭芭拉精準的地點，但在薩里紀錄室裡發現的、由一位叫亨利・卻特溫德—史塔皮頓（Henry Chetwynd-Stapylton）的同代人寫的筆記卻帶來突破。一八五一年，史塔皮頓是莫爾登（Malden）新近指派的牧師，他辨識出一棵穿越霍格斯米爾河的棧橋上方一百碼的柳樹，那是在通往瑟比頓（Surbiton）[8]的路徑上。

芭芭拉的手冊中給了一項步行建議，描述我已經走過的路線，但她也推薦一條從酒館出發的歧路，那會經過伍斯特公園農莊（Worcester Park Farm），也就是一八五一年米雷和霍爾曼・杭特居住之處。

我到那裡時發現，農莊、田野和榆樹大道早已消失。那地區現在是住宅區，有中產階級的味道——從建商停在外面的卡車數量判斷，有幾塊地正在開發。兩個在拆鷹架的男人快活地以波蘭語聊天。這裡已經幾乎沒有能讓藝術家認出來的東西了，除了從山丘頂端的一小塊休閒地眺望的山谷景觀。我挑了一條兩旁圍有花園籬笆的路徑，路上有濃密灌木叢在側的陡峭斜坡，藍山雀和大山雀的叫聲此起彼落。沿著路徑往下走，會來到古老的莫爾登教堂，那裡有扇停柩門和木製的戰爭紀念碑，一盆新鮮水仙置於其上，還有人以拙劣的筆觸在死者的名字上畫了顛倒的十字架並寫上「滾開」二字。一棵巨大的冬青櫟聳立於紀念碑旁，比後者還古老，長滿常綠樹葉。聽著徐徐微風在冬天窸窣吹拂過其寬闊葉片形成的天篷，很是古怪。我停下腳步傾聽。我佇立在那，雲朵分開，強烈的陽光穿透過樹葉。我頓時覺得置身另一個季節和世紀，倏地回到了一八五一年的夏季——我相信，在那時，此樹已經老到足以烙印在人的記憶中。

路徑又再度陡峭下降，經過白花開得如大泡沫般的櫻桃李樹，以及一棵掛著訓練器材的樹，器材綁著樹枝上並擺盪著，樹枝則高得搆不到。路徑在棧橋上方重新與河流會合。在米雷的時代，這座棧橋是個漆成白色、有著美麗的格子設計木造建物。現在，它是混凝土板加上鍍鋅欄杆，被下游一百公尺處的粗野鐵路天橋襯托得渺小。在老地圖上，霍格斯米爾河那被清楚標示、極盡迤邐的河彎早已不再，河流現在是棕色的，太過筆直，以橘色交通錐裝飾，這種交通錐現在幾乎是英國都會水道的必有配備。下游處，另一棵柳樹的樹枝有半數掉落河水中。我今天看到數百棵柳樹。有些龐大無比，其巨大的樹枝橫生過水面；許多則裂開，心臟被渴望往水而去的重量扯開。最近的高水位以看起來像馬桶沖水物和塑膠殘骸的東西裝飾這株樹。

我已經快要抵達米雷狂熱吟誦的繁茂地點，但我心裡暗做大失所望的準備，想說如果想給這個地方

更好的機會，我應該在五月或六月，而非二月來造訪此地。但我現在既然已經在這了，我就遵循芭芭拉的筆記，越過橋轉往上游。路徑幾乎立即開展進六英畝草地（Six Acre Meadow），陡然映入眼簾的景象令人意外地魅力十足：濕漉漉的、成簇的燈心草和綠草，有一大片的林地。在那，橋上游一百公尺處就是作畫地點，景觀就像史塔皮頓牧師和芭芭拉所描述的。

就藝術上來說，米雷在此完成的畫作是革命創新的。由於前拉斐爾派忠實描繪自然，包括衰亡和不完美，他們已經造成轟動。米雷以使用完全天然的背景，而不是經整理、建造或修整過的人造背景，將繪畫帶至新的境界。他從背景開始作畫——這部分至少和奧菲莉亞的肖像一樣重要，後者則是後來在畫室裡添加的。他以繪製真實河流從右流到左的水流畫面來打破傳統，輕蔑地拋棄傳統上視向左移動為邪惡的觀念。他筆下的花朵包含某些莎士比亞提過的花——犬薔薇和千屈菜（又稱「蜘蛛抱蛋」）——還有其他自然在堤防和河水裡生長的花，包括鳶尾花、勿忘我和池生毛茛。

斷裂的柳樹當然早就不再，但其他柳樹取代了它的位置，斜倚在水面上，就如同莎士比亞描述的。河堤出乎意料地陡峭——米雷一定是棲坐在斜坡上，而非頂端——現在如同那時，植被濃密。眼前有好幾叢亮綠色的地楊梅，某些早開的漢紅魚腥草添加點點色彩，一簇楚楚可憐的小型水仙由自由掉落的種子長成，縷紅白相間的警告膠帶黏在黑莓灌木之間，還有一瓶舒適坐定的葡萄適運動飲料（Lucozade Sport）。一小群鸚鵡嗟嗟飛翔於樹間，尖叫聲掩蓋過一輛在附近某處倒退的車子所發出的嗶嗶聲。

我站著看了一會兒，瞪著棕色的水，試圖想像這景象在夏季會是如何，同時喘著氣。一隻翠鳥——該死的**翠鳥**——飛往上游，如一道猛衝而來的超自然藍色火焰。牠在我的視野中只出現一秒，瞬間就消失，但牠電光雷火般的掠過重新將今天點亮，我敬畏地開懷大笑，不可置信。我知道我寫這段時會像杜

撰——恰到好處的時機和轉瞬即逝的效果。但真的，沒有什麼會比這更為完美。

我走回橋上時，碰到一棵橡樹，我估計大概有兩百或三百歲。我將手指插進樹皮的槽中，搜尋它的記憶。我想我得到的答案不僅來自那棵橡樹，還有翠鳥、柳樹和河流，它們的答覆在我的神經鍵中劈啪作響：

> 沒有東西是平凡的。沒有東西遭到遺忘。我們記得對你來說是歷史的事物，而且在更長久之前亦是如此。所有的一切都被保留下來，作為潛在的力量，宛如伏特電壓。讓水流開始流動的，是連結——如此一來，電路才能形成。

將六英畝草地這個地點視為奧菲莉亞的水中墳墓，這種說法和事實有幾分出入。《哈姆雷特》的故事是改編自北歐傳說的安姆勒斯王子（Prince Amleth）[9]，他的事蹟在十三世紀由丹麥歷史學家薩克索·格拉瑪提庫斯（Saxo Grammaticus）記錄下來，以哈姆雷特之姿於十六世紀晚期出現在法國和英國歷史和戲劇；為莎士比亞想像力的精髓。奧菲莉亞完全是他的創造，但沒因此比較缺乏人性。兩百五十多年後，她溜進米雷的心田，轉換地點到薩里草地的一條河流，而他畫的是二十二歲的伊莉莎白·席達爾（Elizabeth Siddall）[10]那張閃耀動人的臉。但伊莉莎白不是在河裡，而是在藝術家冷冽畫室的浴缸裡。米雷和霍爾曼·杭特寫了信和日記，經過芭芭拉·韋伯的費心解釋，我才能在這裡與他們同在。那是個不斷被重新複寫的文本——八百多年來，真實和想像出來的人生在此遙相呼應。它們推擠、旋轉和跑過彼此，在相觸的地方發出亮光。電路形成。

一八五一年十月下旬，米雷完成了河堤植被的描繪。現在在伍斯特公園工作的他，開始畫起另一幅繪畫《胡格諾派教徒》（*The Huguenot*），其背景是一片花園牆壁，他輪流畫著這幅和奧菲莉亞畫中背景的新特色——一隻在河裡游泳的麝香鼠。麝香鼠（或牠們廣為人知的名字「水鼠」）是胖嘟嘟、臉看起來愚鈍的囓齒動物，會在河堤挖洞，以種類廣泛的河岸植被為食。牠們在米雷的時代數目眾多，他的助手楊（Young）輕易就能取得和供應樣本就足可作證。但如果米雷的信件摘錄可信，儘管他有驚人的才華，可憐的他處理麝香鼠手法慘不忍睹。

十月二十八日——我的助手楊在早餐後帶來一隻老鼠。開始畫牠游泳，總督這時來訪，帶來錢，並在我工作時坐在一旁。四小時後，老鼠看起來像隻溺斃的小貓。

十月二十九日——把老鼠清乾淨，看起來像隻獅子，放大圖畫。

十一月五日——我的助手楊帶來另一隻掉入陷阱的老鼠，外形有點損傷。杭特聘請他壓著一隻可憐的綿羊，在擺出最誘人的固執姿態後，綿羊的頭畫得很不令人滿意。

十一月六日——杭特建議我畫老鼠，但沒心情。

十一月七日——早餐後檢視老鼠。由於心生懷疑，也為了追求完美，決心重新修改。楊恰好帶著另一隻老鼠和從京斯敦畫商那取來的新畫布（給杭特的）出現。小心翼翼地修改老鼠，最後成功符合我和大家的品味。

十二月四日——杭特的叔叔和嬸嬸來訪，兩人都很激賞每樣細節，除了我的水鼠。叔叔（我請他猜是什麼動物）激切地說是隻野兔。從我們的笑容，他發現自己猜錯了，兔子成為下一個冒險猜測。在那

之後，我模糊記得嬸嬸猜狗或貓，她帶來海綿蛋糕和一瓶雪莉酒，我們在午餐時分享。

或許是在蛋糕和雪莉酒的助興下，米雷似乎對畫不好麝香鼠這件事感到釋懷，後人假設他將麝香鼠自畫布上永遠刮除。隔天，兩位藝術家返回倫敦，米雷花了整個冬天畫奧菲莉亞。他的畫是第一幅實際描繪出溺斃場景的畫（先前的畫家都描繪她坐在斷裂前的樹枝上）。在他的指示下，伊莉莎白．席達爾花了幾個小時躺在他畫室的浴缸裡，穿著有著亮彩繡線的二手長袍，但是卻髒髒的，而這對他的畫而言，是另一個完美無比的安排。他如此專注於作畫，以至於沒有注意到，在浴缸下供暖的蠟燭燒光了。堅忍的伊莉莎白不想抱怨，結果感冒，差點小命不保。她倖存下來，擔綱未來許多畫作的模特兒，後來自己也成為成就斐然的藝術家，儘管為身體健康和心理疾病所苦。她和另一位前拉斐爾派藝術家加百利．羅塞提（Dante Gabriel Rossetti）的女兒未出生便死去；她自己則在一八六二年死於服用過量的鴉片酊，為畫中罌粟從奧菲莉亞手上飄落的異象又添了一層新的傷感。

如果不是為了以下事實，失蹤麝香鼠的故事僅會是個註腳。到了二十世紀晚期，這物種在霍格斯米爾河和幾乎英格蘭的每條河流大量滅亡。等我開始在一九九〇年代攻讀生物學時，麝香鼠已經有好長一段時間是英國國內數量衰退最快的本土哺乳類。危機主要來自棲息地的消失——特別是河流的運河化，剝奪了可供麝香鼠挖洞、餵食和躲藏的河堤及其上柔軟的植被。遭到捕食則是另一個因素，最著名的是

野生美洲水鼬，進口到毛皮農場的此類動物在逃脫或特意野放後，數量暴增。

麝香鼠應該要很常見的。牠們並不挑食，繁殖快速。一個再普通不過、多產的囓齒動物會從生態系統中消失，一定是出了什麼大錯。牠們在整個國家中面臨絕種威脅，是我們管理不周的可怕指標。早在二〇〇一年，莫文・紐曼就對恢復霍格斯米爾河的生機和復育麝香鼠很有遠見，但河流的狀況、對水鼬的憂慮使這變成遙不可及的夢想。

在下游棧橋處，河流小徑進入霍格斯米爾當地的自然保護區，我很興奮地在解釋看板上看到麝香鼠的照片，但看板只說這物種曾在此很常見，並暗示正在進行復育牠們的計畫。自從莫文的時代以來，事情似乎沒有什麼改變，而看板繼續表列復育會面臨的困難：水鼬、適當棲息地的稀少、水位的起伏不定，以及都會表面徑流汙染下的水質。文中沒有提到狗，但小徑上的爛泥密密麻麻都是狗爪印。我覺得情況並不樂觀。

我轉進另一條主要大路，兩旁是兩次大戰期間的房舍。我手機上的地圖告訴我，這裡是托沃思（Tolworth）[11]，我對它的所知，僅限於它是旅遊廣播電臺提到易發生事故的地段。河流在此被引導進巨大混凝板之間，為包裝袋、洩了氣的錫箔氣球、速食包裝紙、罐頭、破布和數百個塑膠瓶所阻塞。許多塑膠瓶的內容物幾乎確定是人尿，在阻塞的車陣中被駕駛從汽車窗戶裡拋出。在混凝板上方有柳樹、黑莓、醉魚草，以及旋果蚊子草去年長出卻未能盛開的花苞；此外，在混凝土防波堤上方和之間也冒出些許綠意。但吃水線下沒有綠色事物，死掉的植被和漂浮木均勻地被絨毛狀的浮渣棕色海藻覆蓋。還有什麼能比這來得更不理想？

我經過地下道穿越八線道的馬路。在又走上河畔小徑一分鐘內，我發現前面這條步行路徑稱做倫敦

環形路（London Loop）。自從離開艾威爾以來，小徑第一次從河流分歧開來。我穿過住宅區，進入繁忙的主要街道，兩旁是商店和外帶店。我經過漿果地站（Berrylands station），走在鐵道下，循著一條路繞過霍格斯米爾山谷汙水處理廠的周邊，那是占據鐵道和河流之間一塊橢圓形地上的巨大設施。我在那之後，只短暫瞥見過霍格斯米爾河，它流經京斯敦的郊區，最後被磚籬水道引導注入泰晤士河。欄杆上有警告標示，指示人們不要餵鳥。一個穿著兜帽的男人靠在欄杆上，拿著一整袋的麵包邊、碎屑和水果皮，餵食一群急切地聚集過來的鵝和海鷗。

在造訪這條河流數個月後，我在推特上收到訊息。那是來自倫敦西南區的一位環保倡議人士，他問我是否能支持一個群眾募資計畫。這類計畫有時困難重重。值得奮鬥的理想很多，而無法全數捐贈它們讓我感到有些無力。但這個計畫已經達成初始的募資目標，看樣子很有潛力擴大募資金額。募來的款項會拿來復育霍格斯米爾河畔的麝香鼠。我轉推那份請願，查了組織者的背景，是一個叫公民動物園（Citizen Zoo）的社會企業，由一群就讀於倫敦帝國理工學院保育科學碩士學程的朋友創立的。他們都是新面孔，其中之一是艾略特．紐頓（Elliot Newton），其白天工作頭銜是京斯敦自治市鎮理事會生物多樣性專員。我觀賞募款影片，艾略特在其中穿著藍色格紋襯衫，揹著背包，手裡拄著結實的木杖，涉水走到上游。他很瘦，有著一頭紅髮，留著短短的鬍鬚，模樣驚人地像畫家梵谷。為了這個和其他理由，我聯絡上他，幾天後我們透過視訊碰面。

艾略特對募款的成功和社區的大力參與感到興高采烈。他們招募到六十位志工在河堤上進行棲地復育工作，並使用漂浮平臺來監控水鼬，平臺的通道鋪有壓實的沙子或軟黏土，很容易採到腳印。如果看到水鼬腳印，通道可以重新設定為捕捉模式。非目標物種會得到釋放，被捕的水鼬則會為被遷移至他處找尋新家或人道殺害。「幸運的是，這裡沒有牠們的蹤跡，這很好。」艾略特說。「但我們會一直監控下去，因為水鼬分布地區極廣，如果需要的話，我們會用陷阱將牠們捕捉殆盡。」

這項計畫是與野化暨再引入專家德瑞克．高（Derek Gow）合作進行的，他已成功為數十種計畫復育動物。「我們得提前一年開始有所安排，如此一來，牠們得到釋放時便是剛滿一歲的時候，不會像幼獸那樣缺乏經驗。」艾略特說。「計畫是讓牠們準備好在二〇二二年被野放。」

我納悶要在哪野放，想著沼澤的足徑，自然保護區內無數的狗足跡，以及那地方對人和寵物來說不容置疑的受歡迎程度。

「嗯……我們說這件事時，人們會抬高眉毛，但我們要利用汙水處理廠。」我的確也抬高眉毛，但不是因為我不可置信，而是因為它太完美——那個廣闊地區人跡罕至，也沒有狗。

「狗是個憂慮所在，」艾略特承認，「但保持這條河向大眾開放很重要。考慮到這一點，我們將要求本地蹓狗人士辨識和指定『狗解放區』，遠離更為敏感的地帶。」

彷彿這些消息還不夠好似的，艾略特告訴我，芭芭拉．韋伯還健在，他會聯絡她，看看她願不願意和我談談。他寄出電子郵件數日後，讓我聯絡上她的朋友愛麗森．富爾（Alison Fure），愛麗森解釋說，九十歲的芭芭拉身體很虛弱，總是在家，但樂於和我交談。我們安排了一個通電話的時間。一位看護接到電話，交給芭芭拉。

她活潑、耳聽八方且消息靈通。她告訴我，她這輩子都住在莫爾登。我問起她對霍格斯米爾河的最早記憶。「喔，那時我才三歲。它很常淹水，所以它有時主宰生活。這些年來，他們對它做出很多改變——截彎取直，改建河堤。那總是個你能去散步的地方，但以前的灌木叢很多，我不記得年輕時有沒有那麼多——我們讓那裡比以前容易到達。在我認出米雷作畫的地點後，他們在那放了椅子，那是研究藝術的一位理事會人員在退休時捐贈的。還有一些解說看板。我希望它們沒被塗鴉。」

我向她保證，我在造訪時看到那些看板很乾淨。「那很好。我以前在遺產開放參觀日時會帶大家去那漫步，看板很受歡迎。但我現在完全不能去那了。我連在房間裡走來走去都不行。我不能走出戶外，所以我只在想像中這樣做。那很惱人，講起來也很無聊。」她傷心地大笑。「我想封城之後，代表大家現在都一樣了。」

我問她是否還能讀書。「啊，我喜歡，但大部分的書都太重了，不好捧著。」

我盡我所能述說我的造訪——有關冬青櫸和翠鳥，我告訴她，我覺得自己和米雷、霍爾曼・杭特十分親近，但在要和她分享我聽到的其他聲音時及時住嘴。我覺得她是位實際的女性——講述樹的聲音或許有點太超過。但她和我對那些前拉斐爾派男孩的魅力看法相同。

「喔，是的，日記讓他們栩栩如生。我的確開始覺得我認識他們和他們的世界。我想，他們知道他們的世界很特別。他們現在一定認不出伍斯特公園了。但大家有努力保留草地、河流和莫爾登老城區。我想那是好的一步吧。」

「這些都該歸功於妳！」我說。

「噢，很多人都付出努力，現在仍舊是。有些年輕人很熱衷於復育麝香鼠。」我說我和艾略特談過，

並問起那隻沒成功被畫入《奧菲莉亞》的麝香鼠。

「啊，是的！米雷試了又試，想畫一隻，但人們一直認為牠是別的生物——我想他很沮喪。」她咯咯輕笑起來。「他將它刮掉，畫了其他東西。但我做研究時，我想，他們正好在泰德清理畫吧。他們在畫框底下發現了一個草圖，他們認為是麝香鼠。所以說來，牠一直都在那。」

> 所有的一切都被保留下來，作為潛在的力量，宛如伏特電壓。

我說，疫情結束後，我想去拜訪她。她不肯給出承諾。「我們得看看事態如何發展。」我寄給她一本《山之生》（*The Living Mountain*）——它不僅是一本我深深喜愛的書，也因為它很薄、又輕，我希望她能捧著讀，而娜恩．雪柏德能幫助她「在心靈中走出戶外」。

幾個月後，在二〇二一年初，愛麗森寫電子郵件告訴我，芭芭拉過世了。她說，他們希望紀念追悼會能和麝香鼠的野放結合起來一併舉行，並問我能不能參加。

譯注

1 位於英格蘭東南部的薩里郡，距倫敦市中心以南約十二英里。
2 位於薩里和大倫敦，為泰晤士河的小白堊河支流。
3 理查．傑佛里斯（1848-1887），英國自然作家，以描寫英國鄉村生活知名。
4 麗澤．穆勒（1924-2020），德裔美國詩人，曾獲普立茲獎。
5 約翰．埃弗雷特．米雷（1829-1896），英國畫家，前拉斐爾派創始人之一。

6 威廉·霍爾曼·杭特（1827-1910），英國畫家，前拉斐爾派創始人之一。

7 約翰·拉斯金（1818-1900），英國維多利亞時代最重要的藝術批評家之一。

8 位於倫敦西南部，和泰晤士河相鄰。

9 安姆勒斯王子為中世紀斯堪地那維亞傳說人物，莎士比亞《哈姆雷特》的靈感來源。

10 伊莉莎白·席達爾（1829-1862），英國藝術家和詩人。

11 為倫敦西南部郊區。

【小記】

零下七度 Minus seven

反捲浪 Stopper

在落差下方形成的一種液壓特色——快速的水流在重力下加速，與下方的水會合，被迫返回自己本身——創造出旋轉的水圓柱向下、上、回頭移動，然後再向下。在水面上，它呈現出一種高起的浪或回拖浪，划槳手稱其為「翻滾流」。在一端或兩端沖刷的反捲浪中玩起來可以樂趣無窮，允許划槳手不加限制地衝浪，面對上游，捕捉逆向水流，翻滾、旋轉或橫翻船隻。其他反捲浪則是封閉的，範圍從不好划槳到致命的「氣井」（keepers）都有。

在除夕夜，我們在上蒂斯河（Upper Tees）划船，我們深愛此處，沿途風景優美。在我們於結冰的朦朧迷霧中開上蒂斯代爾（Teesdale）[1]時，車上的溫度計穩定下降，直到我們在高瀑布飯店（High Force Hotel）停車時，顯示為零下攝氏七度。在那樣的日子裡，你可以看見水做些奇奇怪怪的事。熟悉的特色出現新形狀，冰覆蓋在冰上。那天早上，我們得破冰才能進入河流。在

跳進頭幾道急流後，我們全都套上厚重的護胸甲，因為濺起來的水在接觸救生衣後變成滑溜溜的冰。潛水衣和防水裙劈啪作響，我們的頭髮和睫毛結凍。我們在渦流裡遇上奇特現象，結凍的泡沫形成的圓盤緩慢旋轉。河流裡的泡沫常被詮釋為汙染的跡象，但它也是水中的蛋白質自然產生的結果——腐朽的葉子和其他有機物質會產生蛋白質。那在蒂斯河上完全正常，通常也不會持續出現在那，但在凶猛的冷冽中，慢速移動於渦流中的泡沫在爆開前就結凍。它沿著河堤堆起，但在渦流中，溫和的旋轉阻止它持續形成大量的團塊——反之，點點泡沫自己形成餅狀。在這條河划槳的數年中，我看過從五公分到四十五公分尺寸不等的圓盤，質地像蝦餅，穩定到足以用手撿起和處理。

在非常低溫的激流中划槳很是費勁，我們不敢猶豫不決。我的朋友莎莉感覺到自己已精力耗盡，於是選擇早點下船，走比較遠的路回到車上。抵達車子後，她發覺在救生衣和潛水衣上凍結的厚冰意味著她無法拉下拉鍊。那個下午經過那裡的路邊巡邏警察大概沒料到會有個冰山美人揮手示意要他停車，請他幫忙輕解羅衫。但他們可不是憑白無故自稱為急難救助服務。

在此同時，我們划過低瀑布（Low Force）的大型落差，那天它像個橫掃結婚蛋糕上的冰柱裝飾的狹窄舌頭——在出口前，我們只剩一個地點要攻破。這個小落差有點名氣。它是個擁有兩個反捲浪的雙重突出岩架。通常我會從左邊通過，但如果在第一個翻滾流失速過多，並且沒有維持在軌道上的話，第二個翻滾流會將船從左攪拌至右，掃進一個封閉的反捲浪，讓船劇烈翻滾起來。這個「打字機流」（typewritering），在我於這條河上展開的幾十趟練習中從未出現過。但今天到底是輪到我了。在我承受衝擊時，我清楚記得我在想，和空氣比起來，水溫暖多了。我拉

起防水裙，往下游游了一會兒到岩石那邊。我爬出來時，頭髮、眉毛和潛水衣都結冰了。我的馬尾在我一路走回車子那邊時，在我的肩膀上噠噠作響。

譯注

1 英格蘭北部山谷，位於蒂斯河流域。

第九章

達特的哭喊

The cry of the Dart

我哭喊達特，殘酷的達特河
每年你奪走一顆心臟
你竟然奪走她的
你使我的心碎
你這殘酷、冰冷的河流

——史帝夫．奈特利（Steve Knightley，舉手合唱團〔Show of Hands〕），〈殘酷的河〉（*Cruel River*）

我在德文郡無所事事。我臨時收到通知，告知我理應於埃克塞特參加的一場研討會取消舉辦了。他們無須給出理由。我們現在與世界一同適應某個不受歡迎的新存在，它大剌剌而舒適地坐在我們的細胞

裡，利用打造出我們的分子機器來達到自己的目的。新冠肺炎確診案例開始在英國達到高峰，和在其他地方一樣可怕。我打電話給我訂的小飯店取消訂房。老闆聽起來聽天由命，結果我喃喃祝他幸運，並要他留下訂金。我無法想像，如果這疫情持續超過幾個星期，那樣的小本生意要如何存續。

我沒有迫切的投宿需求。車子裝滿露營裝備和一星期的補給，如果需要的話，我可以驅車完全逃離人群。達特穆爾（Dartmoor）[1]就在那。更特別的是，那裡有達特河（Dart）——一條我所知甚少的傳奇河流。

達特河是約克郡德溫河的姊妹河，其名字和上游集水區的本質都反映這點——兩者都源起於沼澤，以它們順流而下時經過的橡樹林命名。但達特河的海拔比我家鄉的河川高超過兩倍，為不列顛西部更大的降雨量餵養。它高漲得更快，下降得更陡峭，比約克郡那條名字相似的河更為精力充沛。它也有個頗負傳奇的聲音。流水傾倒過達特密特（Dartmeet）下游深谷的花崗石岩架所產生的特定流級，製造出它獨特的聲音，迴盪在山谷兩側和梅托爾（Mel Tor）的岩石間。但它罕少被聽見——因為就像吉普賽河的流水聲，這聲音被視為一種惡兆。本地傳說聲稱，達特河必須定期奪走一條人命，而「達特的哭喊」就是這份饑餓的表徵。在許許多多葬生於這條河的性命中，一位年輕農場工人特別被當地傳說傳頌。故事是這樣說的，詹可（Jan Coo）在洛布魯克（Rowbrook）當農場學徒，那座遺世獨立的房子現在仍舊高高聳立在峽谷上方。深冬的一個酷寒夜晚，詹可聽到河流在呼喚他的名字。他發出警報，想說有人身處危險中，但大家出門搜尋，卻沒找到任何人。春神降臨時，聲音回返，這次詹可喊回去時似乎有所回應。他擔心再度引發不必要的恐慌，於是單獨出發，結果從此沒有回來。

我決定去那裡看看。那不是個容易抵達的地點，特別是，如果你走我選擇的路的話。那條路從梅托

爾直接急遽下降，經過長得與我胸口等高的金雀花和荊棘，翻越過花崗石巨石。但等到我抵達覆蓋峽谷陡峭低矮的邊坡的森林時，一切就變得容易多了。那種突然的植物轉換，驅趕你進入一個迥然大異的世界。森林裡大部分是橡樹，配角則為冬青、樺樹、榛樹和花楸樹。它們是流暢的深綠，這要多虧在每塊岩石、樹幹和樹枝上蔓爬的苔蘚、地衣和蕨類。這是片完全的雨林：一個強烈、全年呈現海底翠綠的世界。我爬下來後（我後來發現比較簡單的路徑會是循著一條叫做賽門的湖的溪流向下），發現河流在突出的花崗石圓石間，淙淙流下寬闊的岩架處，有個地方可以駐足。水流很平順，其中有安全的水池可以跳入，我暢快地游泳以洗除汗水，撫平金雀花和荊棘帶來的刮傷。更高的流水處有如雷聲隆隆的湍湍急流。在非常特殊的情況下，流水產生一種深沉的回聲調子，對音樂敏感的人認為它唱的是F大調。我聽不出來，但河流的確以它一貫的聲音迴盪在山谷間。

回到在峽谷之上的梅托爾，我聯想到達特河的哭喊背後的脈絡，其與亞瑟·柯南·道爾（Arthur Conan Doyle）的《巴斯克維爾的獵犬》（*The Hound of the Baskervilles*）雖有不同，但同等駭人。在那個故事中，福爾摩斯長期受苦的朋友和敘述者華生聽到一個冷澈心扉的低沉呻吟，並從狀若和藹可親的自然學家傑克·史塔列頓（Jack Stapleton）那得知，當地人認為那是傳說中的獵犬的叫喊，為了嗜血而狂吠；但沒有比「爛泥沉澱，或流水揚起，或英格蘭最後一塊瀉鹽石的低沉迴響」來得更邪惡的聲音。華生認為，那呻吟是「我這輩子所聽過最詭異、古怪的聲音。」

海佛德宅邸（Hayford Hall）據說是巴克斯維爾宅邸的靈感來源之一，離沼澤只有五公里，我認為獵犬的吠聲和達特河的哭喊一定有所關連。獵犬的故事部分來自威斯特獵犬（Wisht Hounds）的神話，據說牠在西達特河的威斯特曼森林（Wistmans Wood）徘徊不去。在此上游處，景觀的確在某些地方很

像梅托爾。地圖上散布著新石器時代建築的遺跡，包括數十座茅屋形成的圓圈，史塔列頓也曾指出這點。「史前人類密集住在沼澤地，」他對華生說，「我們發現那些小型排列物，就是他們確切留下來的。」我納悶那些古代人類的動機——他們比柯南．道爾的虛構人物更真實，但卻更難企及——為何要選擇定居在如此毫無遮掩的地點。我忖度河流的聲音對他們而言有何意義。

等我接近新橋（Newbridge）[2]時，河流正在暮陽中閃爍微光。這裡夠寬闊，讓人感覺心曠神怡，無拘無束。從划槳手的角度來看，在經歷上方稱為「瘋狂英里」（Mad Mile）的段落後，河流在充滿平滑、清亮的岩石的急流間，提供喘息空間；水流滑溜的舌頭宛如擦得閃亮的玻璃，下方則有敞開雙臂歡迎人們的大水池。我從未在達特河中划槳——這裡離家太遠——但我看得出來這為何是經典行程，我很想念我的船。

從新橋出發，我漫步往上走回到河流的另一邊，心中沒有特定目的地，只有在星空下找到某處睡覺的模糊意圖。夜晚的大合唱開始演奏。這裡的林地通風，樹木成熟，天篷仍舊敞開，但初發的綠色葉芽正準備紛紛冒出。這裡極適合做為夜晚序曲五重奏的演奏會大廳，大山雀、知更鳥、鷦鷯、黑鳥和歌鶇放聲高歌。嘰喳柳鶯還未加入，但牠們應該在不遠處。放聲狂吼的春天指日可待。雄灰林鴞開始咕咕呼叫和回應。聽不見被激怒的雌性發出的「科維科」聲，只是一連串抱怨的「哈呼呼」，就在咫尺之遙。但在河流奔流的潺潺聲下，所有聲音都顯得難以確定。

我在這裡。你……你呢？
我在這裡。

哪……裡？

這裡。

哪……裡？

這裡。我在這裡。

在尋找睡覺地點的過程中，我幾乎要在一個低矮的小島上，一片長滿苔蘚的小谷地安頓下來，因為那裡很容易抵達，只要越過一小段回水地帶即可。但我想起涓涓細流的聲音會對我的膀胱造成的效果，而且這條河高漲得很快，我在這裡不會睡得安穩。於是我重拾來路，回到一個狀似常有人使用的地點——那是接近新橋上方的最後岩床，附近有一整片冬青，狂烈搖擺肢體，舞動地像精靈或女巫。它們讓我想到《梣樹穹頂》（*Ash Dome*），那是長在北威爾斯一處林地，一個活著的雕像：藝術家大衛・納許（David Nash）在那以完美的圓形，種下一群梣樹，悉心加以照顧。納許讓樹木長成互補的形狀，形成集體往內傾的渦流。我最近讀到，他不再期待這些樹會活得比他久——由擬白膜盤菌這種真菌所導致的死亡（枝枯病）幾乎無可避免。我很想在那之前觀賞它們。舞動的冬青比納許的梣樹女巫更狂野、更黑暗，編舞雜亂無序。我覺得我剛好碰到它們進行召喚儀式的時刻，或許因為我的闖入，它們只能停頓，無法完成。那不是睡覺的好地點。所以我留下它們守護自己的祕密和舞蹈，在一棵較大的樹下找到一片平臺，從這裡可眺望流水——現在夠暗，白色激流清晰可見。

我打開防水包，弄好氣爐，抗拒用手電筒拯救夜視——氣爐的光芒會給我炊飯的足夠光線。但在我點燃氣爐前，一束白光突然在樹林間閃爍，探照燈掃來掃去，上下晃動和旋轉，偶爾在戴著它的人的頭

或手直接轉向我時，鼓脹得如同超新星。有人正從馬路的方向走過來。

我整個人僵住，慶幸我沒有點亮任何燈光。我的眼睛已經適應黑暗，我仍舊可以靠視力四處移動。我處於有利位置，我知道他們在那，但他們不知道我在這。我沒有轉頭——如果手電筒照到我的毛帽，這下就遮不住我的臉了——我越不去看他們接近時拿的刺眼LED燈越好。我離路徑十五公尺遠，所以他們或許沒有注意到我，但如果有狗……狗不喜歡黑暗中的驚喜。倘若我聽見牠靠近，我就得小心翼翼地現身，免得驚動牠。光線捕捉到對面堤岸的樹叢——下沉、徘徊、掃左掃右，最後移出視線。我努力傾聽，看看還有沒有接近的咚咚腳步聲或拖著腳走的狗掌聲。

我痛恨這一切。這不是恐懼，但那是一種立即讓我全身感到疲憊，一種宛如狐狸被入侵地盤時迸發的爆怒：這是**我的**夜晚——我不想分享。我真希望我有貓咪的鬍鬚，這樣我就能更敏感地感覺到空氣的震顫。我希望我的鼻子能告訴我，什麼正在接近。我希望我的耳朵能夠轉動，轉離奔流的轟隆河流，朝向路徑。我在夜幕低垂後懷疑森林中有另一個人類在，我很瞭解這背後的諷刺意味，但本能大大超過理性。三分鐘滴答溜走。就算走路緩慢的人都足夠在此時間內經過我的獸窩，我再度慢慢轉身。腎上腺激素慢慢消退，我在腦海中重播剛才那幕，從馬路來的晃動下降，停頓，左右轉動的光線。我禁不住咯咯輕笑。我自己做過那種拿手電筒的人數百次，在開車時內急。我很開心，為了他們好，我沒有現身——沒人想在夜晚的黝黑森林裡拉下褲子時被嚇到。

我太可笑了，但儘管如此，我的感官還是花了十五分鐘才從完全警戒的狀態中冷卻下來，等到那時，夜晚降臨。我又質問自己對睡覺地點的選擇。我離馬路太近，急流的吵雜聲使得我難以聽到其他聲音。或許我應該移到安靜一點的地方，可以聽到有人接近的地方。我尋找其他選擇。一棵坍塌的樹後方的空

地可阻擋某些噪音，但也遮住了我喜愛的風景。頭上有棵巨樹以突出的角度斜倚。如果它今晚像其鄰居般倒下來，我會被像隻蟲般被啪喳壓扁。

我的胃開始咕嚕咕嚕抗議，因此我終於點起氣爐，煮沸河水泡茶，並加熱食品包晚餐。我到處漫步，慢慢吃飯。除了潺潺急流外，我什麼也聽不到。但在我有所動作時，有時舀起熱馬鈴薯泥進入嘴巴，我會注意到手中的食品包嘶嘶作響。我將它舉高至耳邊，恍然了悟——它像靠近瓦特斯密特的圓石，迴響著河流噪音的狹窄頻帶——一種柔軟的聲音，但在急流奔馳的背景中可以聽得很清楚。錫箔紙從這地方的聲景中扯動一條聲音的線。它的獨立彈奏讓我可以清晰、個別地聽見它，即使在我將袋子放下來後也如此——宛如在群眾間，辨識出那熟悉的聲音。**嘶嘶嘶**。那是空氣被捕捉和往下深拉的聲音，現在重新浮出表面。每秒鐘爆破的成千上萬個泡沫聲響。

這片聲景中也有其他聲音。我踉蹌走上岩石，試試看我能不能一個個分辨它們。小波浪在岩石上的啪啪撲擊聲。急流和緩流在反捲浪裡衝撞發出的嘶嘶聲。一個深沉、更具攻擊性的嘶聲，聽起來像我有次在澳洲北領地（Northern Territories）的一條河流洞穴裡游泳時碰到的澳洲淡水鱷；牠的眼睛微弱地在闃黑中發著橘光，宛如參宿四。河道裡鬆動的石頭發出喀隆喀隆的低沉聲響；時不時，一個巨大的噗通聲響起，那是岩石之間突然有道暫時空隙所致。在所有聲音之下，則是中央水舌在挖洞進雕刻數千年的水道內時的低音。

詩人愛麗絲・奧斯瓦爾德（Alice Oswald）[3]將這條河流的聲音編織入她那催眠般迷人的長詩〈達特〉，於二十年前發表。詩中許多聲音是真實的——人們活動、工作或和水有所關連的聲音，奧斯瓦爾德訪談這些人超過三年。其他則是神話或想像：詹可不安的靈魂，還有河流本身的哭喊。奧斯瓦爾德

收集這些線索和回音，鋪陳它們，澄清、放大、使人難以忘懷。不令人意外的是，那位命運多舛的獨木舟手的聲音最能引發我的共鳴。自從詩發表後，達特河至少又奪走兩位獨木舟手的性命。這大大解釋了克里斯．威勒（Chris Wheeler）的案例，因為他的船曾一度在北威爾斯的康威瀑布（Conwy Falls）卡住，脫困時兩邊膝蓋都脫臼，致使他本人就是個傳奇——結果他卻在二〇〇九年，死在布羅德史東河（Broadstone）下游幾百公尺處。然後在二〇一七年，湯比．漢默（Toby Hamer）在靠近貝爾池島（Bell Pool Island）附近被樹卡得動彈不得。我不認識這兩個人，但他們都是奧斯瓦爾德詩中的獨木舟手，她賦予他們的聲音則令人心碎地熟悉：

> 我們在遲暮時分衝出河流，全身濕透，大聲叫喊
> 河流如此美麗，我們無法集中注意力

每個我認識的激流划槳手都當過那個重拾狂野、重返童年、在雨水中瘋舞的傻瓜。在精疲力竭和獲得深沉的滿足之後，接踵而來的是僵硬的手指、粉紅的雙頰、因河流而暈眩，以及腦內啡高漲。我們睡得像死豬，然後穿回濕漉漉的潛水衣再重頭來過，一週又一週；到了夏天，我們有時甚至在下班後騰出時間，如果那時整天下雨，可抵達的河流又狀況良好的話。但這首詩也表達了這運動所要求的自我決心和毅力。當你踏進單人獨木舟，划入挑戰性十足的河流時，你只能靠自己。你的朋友或許可以罩你，另一位划槳手或許會引導和對你展示最佳路線，但沒人能幫你划槳。你的感官、你的反應、你的判斷力、你的行動、你的生命——全是你自己的責任。就像克里斯．威勒和湯比．漢默知道的——傑森知道，還

有凱特也知道——如果事情出錯，或許沒有任何人能做些什麼來救你。安全就在咫尺之外，但大家完全束手無策。你可以離空氣和啾啾鳥歌只有一吋遠，但卻遭到兩者拒絕，有時還是永遠。

奧斯瓦爾德也賦予奪走獨木舟手性命的河流一個聲音。它同時撫平心靈並令人感到窒息，熟悉但陌生，飽含那種勾引你前來的致命魔力。

……低下你的頭，
看起來不錯，滿是吻
你愛的人都熟悉，過來將頭放在我的石頭上滾動
過來時將舌頭收在頭顱裡，過來飲矣，過來睡矣

在黑暗中，這些字眼似乎緊緊纏繞著河流的猛衝和奔流。水的舌頭猛伸進急流的喉嚨，忙碌到不受語言干擾，但是……

過來飲矣矣矣

我已經喝過河水。我自己曾浸泡在河流裡。我是水。

……請以飽滿的吸氣將我吸入

我曾看過水清澈到彷彿十分透氣。我現在在水裡嗎？

過來睡矣矣矣

睡眠不肯降臨。

呼吸吾

我的確曾吸氣將它吸入過。我曾跟著我朋友丹在坎布里亞的克洛河下到一個短短的峽谷，我們知道最後會有個「棘手的」落差。我沒有算好划動的時機，於是我的船馬上被卡住翻覆。液壓吸力和無法在曝氣水中緊抓讓我無法翻滾，所以我倒立著等了一下，改變姿勢，伸手往下，希望槳會攀住某些較深的水流，而那些水流不會重新流回入反捲浪。我了悟我無法藉由沖刷力掙脫，即將撐不住時，便去拉氯丁橡膠防水裙的握環，它讓我和座艙緊緊相連。流水瞬間將我自船鞭離。通常在有穿救生衣的情況下，泳者可以直接往上晃到水面，但這次卻不行。這次我往下沉。高度曝氣水的密度下降意味著，甚至在穿著救生衣時，物理學都幫不了我的忙。水的顏色變暗，從白色變到卡其色，同時聲音變得較少、較為深沉，從尖銳的白噪音變成貝斯般的隆隆雷聲。我沒有被到處亂拋，反而感覺有很長一段時間，身體似乎在來回徘徊。

我聽過這個地方。「綠色房間」。

我也聽過幾個如何逃脫它的理論。讓你自己變大，如此一來，水流會抓住你，將你帶至表面。讓你自己變小，你就能潛深一點，到水密度較高之處，離開落差，而非朝它返回。甚至，如果以上方法都失效，趕緊脫掉救生衣，讓自己潛得更深。我嘗試了幾個動作。空間似乎比預期中還多。它到底有多深？

然後，彷彿某人轉動了旋鈕，光線和聲音都陡地再度增強，平滑地合併在一起。某樣溫暖的東西輕觸我的臉頰，我抓住它，非理性剎時攫住我，讓我相信那是一隻手——某人不知怎地往下伸手進入這個奇怪的地方要將我拉出。我抓穩，然後恍然大悟，那是防水裙的氯丁橡膠，在眼前啪啪翻動。我稍微舉高身體，某樣大型物體籠罩上方。船的船體。**有人在那**。那是橘色的，辨識如曙光乍現。那是我的船，空蕩蕩的，在翻滾流中與我一起滾動。

另一個聲音在我腦海中揚起——不是水的砰砰重擊聲，而是我的血液滾滾奔流。光線又變強了，幾乎是白色。我的臉還沒有劃破表面，但很接近了。我往後仰頭，感覺到我的臉上有空氣泡沫的溫暖。我在水流又開始把我往下拉前抓住機會，口含泡沫呼呼喘氣，接著，這是第一次，我開始搏鬥。光線和聲音變得無法分離，我耳朵裡發著光，眼睛後方嗡嗡作響。這時，有東西游進我的視野周邊。蜿蜒曲折，泛著黃色，如鰻魚般快速移動。一條繩子。我用力划水，抓住它，在它緊繃時緊抓住，怎麼也不放手。丹從上方將我丟入下游的翻滾流。他讓水流搖擺著我，進入岩石後方的渦流，他就站在那，再將我的身體拉上岩架。標準救援。我上岸後只能躺著，猛烈咳嗽，無法動彈數分鐘之久。

——

詭異的是，那整段插曲的記憶並非是糟糕的。它很激烈，但並不可怕，事實上，我不感到害怕足堪安慰。另一個朋友曾一度被從一條河流中拉出，失去意識和失去呼吸，後來在河堤上被救回甦醒過來，他也是那樣說的。那是種無助感，但也很接近好奇。不是攸關接著會發生什麼事——在那裡你沒辦法意識到未來，只有一種對逐漸要開展什麼的狂熱納悶。我從未因此而有夢魘，但現在站在達特河旁，那個低語重新播放。重新播放。

請呼吸吾矣矣矣

我將睡袋拿回到岩石處，包裹住自己，觀看著黑暗中的水。在我看得見它時，它比較熟悉，比較不讓人緊張。

我們可能一輩子都不會意識到感官的潛力。我最近讀到，人類指尖能偵測到單一原子物質厚度所造成的表面差異——透過無法看到的質料和熱傳導，以及電荷的改變。就光光一個原子。我們的聽覺敏銳到足以分辨相隔不到三千萬分之一秒所發出的不同聲音，以及音高和音色其微不足道的差異，這意味著我們能在數千種聲音中辨別出某個熟悉的聲音。這些是我想投注注意力所在的微妙之處。但現在，我納悶那可能是個把自己逼瘋的好方法。這條河擁有太多聲音。我於是試圖集中注意在聲音以外的東西。

夜晚黑闃又闇藍。天空是深海軍藍，樹木的交纏輪廓形成黑色蕾絲衣領；水像墨黑般的絲料，有紫色斑點。我的大腦告訴我，泡沫是白色的，但實際上，它只在特定的幽隱光線頻帶上變換，而我看見的色調則在鈷的範圍內。

我的緊張平息下來。現在夜已深沉，在雲朵的毛毯下，黑暗濃密。我讓黑暗充滿我的視野，滾滾河流的聲音淹沒我的聽覺。手機的電池沒電了，我很開心能擺脫數位臍帶，在深夜中起錨。

過來睡矣

冷冽將我喚醒，抬頭看時我發現，我失去一層絕緣體——雲朵散開，星星明亮，但那是頑皮的光芒，只提供光線，毫無熱度。我將兜帽拉起來蓋住帽子，繫緊睡袋，只露出眼睛和鼻子，再將防水袋拉近。頭頂上有鑽石般燦爛的行星——金星。儘管是以蓋亞的孫女之名命名，就天文學的術語而言，金星比較像是地球赤裸的姊妹。它緩慢的自轉比公轉久，大氣層幾乎完全是二氧化碳，創造出來的壓力等同於一公里的海洋深度，而失控的溫室效應意味著它的地表比水星還熱，即便水星比它還要更靠近太陽。金星的岩石不但無菌，也未被磨損過，平均溫度超過攝氏四百度。但從這裡看，它擁有冰般的白，鮮明的明亮和光彩包含所有的顏色，以及無色。

我納悶金星是否會嫉妒蓋亞那旋轉的藍色和掛毯般的綠斗篷？它是否曾有過這類斗篷？或者，它其實同情旋轉到暈頭轉向的姊妹，其上所充滿的生命的沸騰有機侵擾，而水的沖刷和化膿，只是使它作嘔？

我隔天醒轉時，手錶指針的微弱光線告訴我現在是三點五十分。我鑽進睡袋更深處，決心從逐漸縮短的夜晚中再擠出一點睡眠。感覺起來時間並沒有流逝，但陡然間光線降臨，森林再次充滿鳥的啾啾歡唱，而我極度需要小解。

我點亮氣爐，但煤氣罐就快空了，火焰呈現微弱的藍。我將雙手握住罐子來溫暖它，看能不能誘騙出殘渣來蒸發，但最後放棄，用溫水泡咖啡。我拿著咖啡往回，走上急流旁岩石基石所形成的斜坡，啜飲史上最難喝的咖啡。即溶咖啡粒沒有溶解，變成塊狀黏在牙齒上。灰色天光越來越強，第一道柔嫩的淡藍滲透入蒼穹，此情此景下，差勁的咖啡勉強可以接受。

我並不急。我沒地方要去。岩石是冷灰色，白色石英線在上面交叉。古典世界的哲學家，包括老普林尼（Pliny the Elder）[4]和泰奧弗拉斯特（Therophrastus）[5]，相信石英是一種冰的石化，古老到再也無法融化。Crystal 的字根和字首 cryo- 都指涉相同的冷凍過程，衍生自古希臘字 *Krystallos*，意味著冰。

石英曾一度是液體，以融化或溶液之姿奔流過岩石的柔軟處，穿越古代沉積層之間，在整齊的平行沉積層中留下二氧化矽的分子。石英有精緻、等距的線，宛如那些在作業簿裡的，較粗的線則以古怪的角度和其交錯：斷層和斷裂則以一個個分子填實和治癒。

我看了看手錶：仍舊是三點五十分。就像煤氣罐和手機電池，手錶的電池也沒電了。這是很不專業的探險實踐，但每個小小的到期反而使我情況更好。沒有電荷的細小涓流，手錶機械裡的石英——為我現在坐著的岩石的水晶表親——不再急忙拉扯著秒數離開。時刻不再形成滴答響著、井然有序的列隊，但卻汩汩傾洩而過，如河流般的無數水滴一樣奔放自由。我被贈與一個時間之外的黎明，這個點子使我開心萬分。

我父親的手錶在他過世時停止走動。它的指針所顯示的時間吻合他死於心臟病發的估算時間，就在我母親於五月那個星期二下班回家幾小時前。我想它有可能前一天就停了，但我父親是位講究完美的鞋匠。他一定會注意到，會從整齊的桌子抽屜裡，拿出工具箱更換電池。我無法確定它如何或為何停止。但我父親在最後時刻曾努力掙扎。為了我們，我知道他會這麼做。他踢掉一隻拖鞋，把家具扳得亂七八糟。他很可能在這過程中用力撞到手錶，力道大到讓機械壞掉。

我在岩石上捲曲著身軀，閉上雙眼，聽著河流聲。我發覺聲音的結構，而那聲音比我昨晚聽到的還要快。那不再是個白噪音的嘶嘶聲，而是許多聲音、許多色彩的歡唱。

我往上游走，在河中沐浴，然後再走回車上。我將包包丟進後車廂，換上乾淨鞋子，滑進駕駛座。發動車子時，收音機響起，播報起晨間新聞。它們重播昨晚首相發布的公告。時間畢竟沒有停止。不知怎地，在我漂浮離開時，時間加速前進。我默默聽到新聞快報播完，在皮膚上殘留的河水仍舊新鮮，頭髮仍舊濕潤。然後我關掉收音機，檢查油表，好確定能一趟就抵達三百三十多英里外的北約克郡，駛離荒蕪一人的道路，開往溫暖的家，還有封城。

譯注

1 英格蘭德文郡中部地區，為國家公園。
2 達特河上的一座中世紀橋梁。
3 愛麗絲・奧斯瓦爾德（1966-），英國詩人，在二〇〇二和二〇〇七年分別獲得艾略特獎（T. S. Eliot Prize）和格里芬

詩獎（Griffin Poetry Prize）。

4 老普林尼逝於七九年，古羅馬作家和博物學家。

5 泰奧弗拉斯特，西元四世紀的古希臘哲學家和科學家。

【小記】

水流 Flow

水舌 Tongue

清澈且平穩地流過急流或其他類型水流的表面水流。

一九七五年，心理學家米哈里．契克森米哈伊（Mihaly Csikszentimihalyi）發表了他的心流理論（Flow Theory），描述訓練有素、積極進取的個體在執行複雜且具挑戰性的任務時，表現出來的一種心理狀態。在心流狀態中，身體和心靈完全專注，時間似乎變得緩慢，障礙似乎可以克服，壓力和憂慮根本不存在。他說，最佳時刻「通常發生在一個人的身體或心靈達到其極限，並自願努力完成某種值得克服的困難事物時……這個專注一旦變得強烈，會導致一種狂喜感，一種明晰感；從這個時刻到另一個時刻，你會確切知道你想做什麼。」我清楚這類心境的閃動。有時候是在跑下陡峭下坡山徑時，我知道我快得無法停下腳步；有時候是在寫作時——尤其是那種一天就似乎能從手指下流出四或五千字的罕見日子裡；並且，至少有時候，是在划槳時。我第一次

有此感覺時，是在藏斯卡河。

在紅銅峽谷前的最後一道主要急流和躺在從右到左彎道的印度河會合。我們盡可能從河堤檢視它。河流的水量使人難以看到太多，但水線似乎很清楚——一條長長的不對稱水舌從左切到右，兩側都有起伏不定的浪濤和翻滾流，長達一百公尺。我們分成兩組下去泛舟。在我那一隊，彼得領隊，然後是凱，再來是我這個最弱的隊員。我們每個人分隔大約七或八個船身長——足以讓我們看到前面的人，又可避免擋到彼此。彼得的目標似乎是水舌，但後來他往左並往下掉後就消失。他的船在浪巔面朝下再度浮現，我看到他掙扎著要將船導正回來，宛如用繩子吊的貓玩具般上下跳動。凱跟在其後，我聽到自己大叫。

「不！往右！」

或許她靠彼得太近，早已進入錯誤的水流那邊。我以前從未自行挑選過這麼大的急流水線。但凱的船被往左吸過去時，她就像彼得一樣，開始翻動和搖擺，我突然覺得有一股隔山觀火的感覺。**這可不行**。我可不走那裡。我要往右——我甚至在這想法形成之前就這麼做了。我用力划槳三或四次後，我知道到了我需要在的地方。我無法再看見任何人。就只有我和龐大的河流，以及平滑、美麗的路徑。我以慢動作划動，只做小幅度修正。我們在河最遠處重新歸隊——彼得和凱狼狽至極，但縱聲大笑——我們一起划槳到其他人等待之處。渦流小而不穩定，所以他們出了河流，在岸邊觀看我們。印地抓住我的船，他是位訓練有素的指導員，擁有以執著的練習所磨練出的讀水能力，真的讓人嫉妒。他靠過來在我耳邊說話以蓋過湍湍急流聲。「妳那樣做，」他說，「真是瘋狂。」這是對我划槳手法最棒的一次讚美，因為就這一次，我確定我值得贏得這份激賞。

契克森米哈伊是對的——心流是個貼切的名詞——那可能是我們最能接近河流的狀態。在後來一年左右的時間裡，我從未感到害怕。我可以駕馭一種水流特色，或我不能，但我最後終於能信任我下決定的能力。我們到阿爾卑斯山的下一趟旅程最後證明了這點，那個遊樂場是我熟悉但一直太緊張兮兮到無法完全放鬆享受的地方。像在吉爾河（Guil）[1]沙托維爾維埃耶峽谷（Chateau Queyras）的狹窄縫隙划槳的這類經典行程，在指導手冊裡被描繪為宛如被沖下馬桶，以往因為需要太多專注力，我因此不加以考慮，現在機會則豁然開朗。那裡的上方有固定鐵索攀岩（*via ferrata*）路線，但在底部的我們沒有時間注意這些。峽谷裡有個渦流；其餘則是像滾滾激流的引水槽，蓬鬆、彈性十足，風光明媚，而且**速度飛快**。緊接在下方的，是岩石累累的守護天使峽谷（Guardian Angel）。我從來沒有表現得這麼好過，往後或許也不會再有了。很快地，我懷孕了，生活步調慢了下來，然後我們失去凱特，還有傑森。自從那之後，有好幾年，我得接受現實，接受那股在水流上掌握一切的特定奇妙感受現在已經屬於別人。我有機會體會它一段時間就已經該心懷感恩了。

譯注

1　法國東南部上阿爾卑斯省的河流，長約五十二公里。

第十章

闖入者威廉

Trespassers Will

水是入侵的終極元素。水壩炸藥、鋪平溝渠和水壓挖掘器都對界線沒有任何尊重。它划過裂縫，噴下山側；它從天際掉落，往上滲透過地面。它反射、扭曲和溶解定義，模糊區別並藐視劃分。對產權律師而言，水是個惡夢。

——尼克．海耶斯（Nick Hayes），《闖入之書》（*The Book of Trespass*）

封城期間，恐懼蔓延。大家最大的憂慮是孩童，在免疫學上理應較為強韌，但卻因為沒打疫苗而曝露在危險之中。我記得我在這期間有好幾夜都經歷最糟糕的失眠。儘管如此，白天幾乎幸福滿溢。我們在風光最明媚的春天被孤立成孤島。我們做自己愛做的事。我的手機滿是和家人散步、花朵、蝴蝶、鳥兒、慢爬的蟲、創意十足的工藝品和愚蠢遊戲的照片和影片。我們大啖在儲藏室後方發現的奇特食材所

煮成的古怪大餐。世界縮小到距離家周遭幾英里左右的範圍內，但我們的位置很好，森林、原野和空蕩的道路突然感覺起來都像是被我們獨占。

河流是上天賜與的禮物。我們在十五分鐘內就能走到克克漢修道院，觀賞它那建於十九世紀早期的美麗石橋和更古老的修道院廢墟。現在這裡沒有船，但在一九二〇年代，它是遊艇和船屋廣受歡迎的停泊處，有個茶園和一小批可供租用的划艇。這些是拉森比家族（Lazenby family）創立和經營的副業——羅伯特也是克克漢平交道的信號員，查理則是當地郵差。

約翰·奧格登（John Ogden）曾描寫克克漢的河流，他在一九七四年所出版的《約克郡的德溫河》（*Yorkshire's River Derwent*）中寫道，這條河如此清澈，從石橋的矮牆就可以看見河床的顏色。我現在知道的河水通常是綠金色，但嚴重遭到淤泥阻塞。它仍舊美麗，是游泳的好地點。河底如白玉草般柔軟，河堤的底部稍微受到沖蝕，但一棵大赤楊的根部提供天然階梯，可以爬進爬出。到了夏天，你與家燕和沙燕分享此處的空氣，白天有蜻蜓和蜉蝣，晚上則有蝙蝠；水裡有跳躍的魚，從底下揚起身子親吻水面。有次，我和一隻蠑螈面對面，牠懸著手臂，在某種幸福和太陽遍灑的恍惚狀態中晃蕩來回擺動雙腿。

另一個我們常去的地方是十分鐘腳程外的上游，靠近克蘭貝克（Crambeck）的小社區。那是個河流和鐵道之間的小荒野，一度曾是煤場，火車從那運送燃料分發至周遭的霍華德城堡（Castle Howard Estate）。那裡有個正方形的坑，以前曾有個地秤，還有個附有壁爐的小石屋，牆壁上仍舊有書架，作為煤場辦公室。

在煤場關閉的六十年間，苔蘚和韌性十足的先驅植被像一層外皮般，定殖壓碎的石頭和煤粉，形成一層薄薄的黑色土壤。在仲夏，這土壤供養的植物種類令人目眩神迷，有夏枯草和三葉草、筋骨草和羽

衣草、琉璃繁縷、石脈根和草原老鸛草，以及各種蘭花，和一種罕見草類：嬌小的治疝草，除此地外，只能在康瓦耳的利澤德半島看到它。

煤場下游是濕泥炭林地地區，由克蘭貝克村莊社區擁有，只經過稍加管理，並在控制鳳仙花的入侵蔓生上做出英勇努力。除了通往一塊可休憩處的狹窄小徑外，其餘地區都是威脅著要吞噬你的荒野——真的就如字面意義那樣。在春天，黑色泥沼深及大腿，但點點潑濺著沼澤金盞花（驢蹄草）那張牙舞爪、極端醒目的黃。在夏季，它比較沒那麼濕，但廣袤的植被帶來綠意，暴亂似的多刺帶來刺痛，並且阻礙足踝、刮傷臉部、拉扯頭髮，但生意盎然。我愛死了。

在二〇〇九至二〇一〇年那個與往常不同的冬季中，我們經歷一道酷寒咒語，氣溫有數週維持在零度以下，夜復一夜，甚至降至攝氏零下十度。有天早上，我冒險進入濕泥炭林地。它已經搖身變為充滿黑色樹幹和樹枝、皚皚白雪、藍色陰影的焦躁仙境。就那麼一次，沼澤被凍得紮實，能輕易行走於其上。到處都是鳥類、狐狸、松鼠、田鼠的腳印。沿著河堤走時，每隔一段時間，就有水獺骯髒的滑跤痕跡。儘管我沒看到人類蹤跡，這地方卻從未感覺如此熙來攘往。

除了煤場的石砌廢墟外，有座較新近但同等失修的木倉庫，門上有掛鎖。窗戶太髒，無法窺探裡面的情形。但在我繞到後方之後，我發現一扇剛好夠大的破玻璃，如果我低下頭並側扭身子，可以鑽進去。裡面有張工作檯，架子上滿是瓶瓶罐罐，它們的標籤，如果曾有的話，早就不見或褪色或鏽掉。一個園藝用草叉靠在工作臺邊，還有髒兮兮的汽車電瓶和早期的平面磨石膏機。連鎖超市的袋子散落各處，而那家超市開幕至今還沒超過十五年。電的線路看起來有五十年，這裡還有一台一九八〇年代的收音機，設計很眼熟，但感覺恍如隔世。

我的第一個想法是，這整個地方是個健康和安全夢魘。老舊工具和線路，還有誰知道有什麼的可疑化學物質。但更困擾我的是，這地方沒有最近曾被孩子占領的跡象。沒有寶藏袋，沒有糖果包裝或洋芋片包裝袋，灰塵中也沒有腳印或指紋。一個塗上螢光橘的頭顱在一面牆壁上咧嘴微笑，但看起來已在那數十年之久。

看起來孩童似乎不再於此地玩耍，甚至在封城期間。肯定的是，至少不能單獨放他們在這。但情況並非總是如此。惡作劇塗鴉仍舊裝飾著秤重小屋裡面的牆壁，包括標示著「冒斯先生」（煤商的名字）的小漫畫。這些小孩中有一位叫做諾曼．威斯特（Norman West），在一九三七到一九五五年間，於河的鐵路那邊，三間小屋的其中一間長大。新冠疫情的肆虐意味著我們不能碰面，但我們可以打電話聯絡；他告訴我，房子早就沒了，但那地方很容易找。「你只要找找我媽的烏荊子李樹，它還在那。」我找到那棵樹，倒是發現一座倒下來的倉庫旁仍舊有建築物的輪廓。諾曼說，他們沒有電和廁所，又位於鐵路較缺乏發展的那邊，所以得去井中取水。「許多年後有人告訴我們那口井水不好——他們為我們裝了水龍頭，但那有半英里遠，所以我們當然沒用它。」

孩童總是被告知，河流很危險，他們當中有許多人更是親眼目睹。「我記得看過一位大兵試圖划著借來的獨木舟橫越河流，結果死掉，」諾曼說，「然後，在戰爭的另一個夜晚，幾個朋友和我試圖從河裡搶救裁縫的人偶，等它翻過身來，露出人類頭顱裡腐爛的臉——我們才知道，那是位被疏散的男孩，在幾個月前失蹤。但最糟糕的是，隔壁年輕的邁可．麥克基利肯（Michael MacKillican）也慘遭溺斃。我記得他父親。他因戰爭而失去一條腿，另一隻則行動不便——所以他都坐著弄他的花園。」

在諾曼的時代，德溫河水流快速且暢通無阻，甚至在低流量時，因為那時有定期疏通淤泥。這部分

是因為汙泥可以用做肥料，但主要是要為保持水上交通順暢。從青銅時代到十九世紀中期，德溫河是這地區的主要貨運路線。駁船曾擠在其水道上，一路遠至莫爾頓，載著五十噸重的穀物、馬鈴薯、礫石和煤。但鐵路改變了一切，到了一九四〇和五〇年代，大部分還在此河航行的船是租來的小遊艇，隨後在航行基礎建設的嚴重惡化下，尤其是閘門，活動有效範圍僅限於克克漢以上。

從約克到斯卡布羅的鐵路是由當地男孩喬治．哈德森（George Hudson）發起興建的許多計畫之一，他出生於下游三英里遠處的小農村豪斯漢（Howsham）。哈德森八歲變成孤兒，由哥哥們養大，之後離開家鄉，在約克的布商手下做學徒。布料生意興旺，哈德森變成合夥人，開始將他的獲利投資在鐵路上。到了一八三〇年代中期，他不僅是一位卓越的商人，也是市議員，後來還當選約克市長。他成為喬治．史蒂文生（George Stephenson）的朋友兼合夥人，史蒂文生是所謂的鐵路之父。等到了一八四〇年代英國鐵路狂潮的顛峰時期，哈德森贏得自己的綽號：鐵路大王。一八四四至一八四六年間，政府為六二二〇英里的鐵道發出准許狀，那等同於今日現存網絡的一半。這包括從約克到斯卡布羅間四十二英里的路線，由哈德森的約克與北密德蘭鐵路公司（York and North Midland Railway）以驚人的速度鼓吹和興建。鐵路在一八四五年七月七日開通，僅在國會法令允許興建開始後一年又三天。

喬治．哈德森的幸運之星最終幾乎在其升起至最高點時，同時隕落，或許他最能警惕世人的傳承是要小心過分擴張的野心。在政商兩界皆無往不利的情況下，他的職涯難免有可疑的來往，最終被經濟毀滅蒙上陰影。他剛開始得以以現任國會議員身分逃掉因債而該坐的牢，但在一八五三年選舉失利，之後便逃亡海外。他在一八六五年嘗試於政界東山再起，但在選舉前幾天遭到逮捕，當時他正再度角逐國會議員。他後來越獄，再度離開英國，熬到一八七〇年才返國，當時已經廢除因債入獄的刑罰。他於一年

後去世，安葬在史卡萊英漢（Scrayingham）的教堂墓地，離他出生地僅兩英里的下游處。

鐵路的意義對德溫河的未來不可限量。新興的貨運服務立即影響河流交通，但轉變的速度對約克與北密德蘭鐵路而言還不夠快，後者在一八五五年購得德溫河中游的航行權，立即增加水運的收費——有效強迫貨船改為鐵路貨運。一九三〇年早期的洪災導致許多閘門暫時關閉，到了一九三五年，在德溫河薩頓潮區界上的法定航行權力遭到正式撤銷。從那之後，就像英格蘭百分之九十七左右的河流，如果你想在這條數千年以來都是交通動脈的水道旅行，或僅是跳進其柔軟光滑的綠色河水游泳，要是你沒得到允許，你就是擅自闖入。

豪斯漢在我家下游的三英里處，有一座水磨坊，喬治·哈德森應該對它瞭若指掌。對此類講究功能的建築而言，它罕常地華麗，於一七五五年重建，當時的豪斯漢宅邸主人考慮採納較富美感的哥德風格。堰上最近加裝了兩台大型阿基米德水輪機後，磨坊現在能夠發電。你接近磨坊時，首先就能聽見堰的汩汩奔騰流水聲，然後等你更靠近後，就變成更大聲的三重心跳聲，那意味著有足夠供應村莊三或四倍的電力。那是個觀賞翠鳥和灰鶺鴒的好地點，還有偶爾傻笑的鸕鶿，而倘若你夠幸運的話，還會看到水獺。磨坊的復建由一個小基金會負責。再生遺產信託基金會（Renewable Heritage Trust）是水電專家大衛·曼（Dave Mann）和他的妻子莫·麥克列德（Mo McLeod）的心血結晶。大衛的公司在英國水電於阿基米德水輪機的運用上領先群倫，而在二〇〇四年於豪斯漢安裝的原始水輪機是第一批為此目的在

英國安裝的水輪機。

我曾擔任再生遺產信託基金會受託人數年，與其他志工合作，幫助維持磨坊運作，在週末擔任訪客的導遊，並為教育活動制定計畫。在某個十月晌午，我在那與大衛和另一位受託人馬汀一起工作時，看見一隻大鮭魚反覆試圖跳過堰——水流過的淺淺寬坡，因為太淺，無法游泳。在這麼遠的上游看到這類生物令人讚嘆——魚通常無法通過下游其他的堰。那隻大魚在戰勝逆境後——從其粉紅色肥大的腹部判斷，是隻雄魚——每幾分鐘就騰起跳躍，近到我們幾乎足以感受到每次砰砰重摔和從石牆往後滑下的猛擊對牠身體產生的傷害。最糟糕的是，基金會曾提議趁安裝第二個阿基米德水輪機時打造一個魚梯（fish ladder），環境署卻認為水輪機才是當務之急。我們的提議會為大眾的荷包省下幾十萬英鎊。但在合理的時間框架內要取得必要的許可是不可能的，所以水輪機在沒有魚道的情況下安裝，而直到今日，任何想抵達遠至豪斯漢的鮭魚若不善加利用河水氾濫，就會先在堰那裡被搞得精疲力盡。

而就是在這段家鄉附近的河流——從克蘭貝克到豪斯漢，有時遠至莫爾頓——洛伊和我又開始划槳。我們剛開始時是用老式敞艙式獨木舟，座艙可容納我們兩人和洛奇。後來我長期出借的獨木舟返家。船變得像位老友。這艘是黃色的 Pyranha H3，現在老舊了，飽受打擊但完好無損。塑膠製的激流獨木舟以離心鑄型製成，像底下帶有輪子的垃圾桶，差別只在塑膠比較厚，能阻擋重大衝擊，非常堅固，可使用數十年。我有一陣子一再拖延回到自己的船上，但當我回去、再度感受到宛如海豹那種熟悉

的滑行，以及從河堤跳下的噗通浮力時，我當下頓時覺得自己彷若從未離開。船的重量比以前更加是種挑戰，而我年事較長的關節在我坐在船上太久後會抱怨，但回到水流上這個簡單事實令我歡欣鼓舞。我們買了一艘小獨木舟給洛奇，並開始認識這條兩岸長滿垂柳、綠意盎然的安靜河道，我們很少在這裡看見其他人。

豪斯漢是洛伊第一次教我如何直划的地點。我搬去約克與他同住時，馬上察覺如果我學會划獨木舟，我會更常與他相處——何況，那看起來似乎很好玩。但划槳可沒看起來那麼容易。新手在水上移動時，總是發現在水流沖擊船側的同時，船會轉得太左或太右。本能反應是更用力地划槳以試圖糾正偏航，但那只會讓情況更糟。每次用力划槳都會創造轉彎的力量。訣竅在於平衡這些力量，利用微妙的修正——划得更寬、更穩定，在一次划動中調整槳葉的角度，或輕輕拖它——或使用你的臀部來改變船的平衡，這樣船緣多少會接觸到水。那牽扯到很多的思考，對我而言完全不是天生本能。河流將我轉左轉右，雜草阻礙划槳。船隻坐起來不舒適，水則又濕又冷。洛伊似乎輕輕鬆鬆划幾下，就能把船划到任何地方，這點並沒有帶給我任何安慰。有時他甚至不用划槳。但我漸漸學到了訣竅。我弄到我的第一艘船，一艘老舊的紅色 Microbat，船身圓滾，人們都描述划這種船時失誤是「可容許的」，因為它缺乏讓船可被輕鬆控制、但對新手而言太棘手的攻擊性銳角。但在那個老舊忠誠的浴缸裡，我可以解決大部分的困難。洛伊幫我把腳踏墊和護臀塞進座艙，這樣我才能卡緊。我學到你不是坐在一艘激流獨木舟，你是穿它，讓它變成你的一部分。你傾身，它就傾身。你抽動一邊臀部或膝蓋，它就會在另一邊鑿水。以同樣的方式，槳變成你手臂的延伸——手臂確實是力量的工具，但也是精良控制的工具。豪斯漢的堰的半中腰有個急流往下流——一趟滑溜溜的滑行帶著彈跳般的沖水力道，你可以在毫無技術可言的情況下，嗖

嗖猛衝下去。困難的部分在於，從那段激流移動到任何一邊的慢流，或更棘手的是，從慢速再循環水流造成的渦流穿越到另一邊的渦流。這樣做的時候，船首會在某個時刻被推往一個方向，而船尾則是朝另一個方向衝，而如果你沒準備好駕馭這些水流並善加利用船的銳角，以及你自己的身體重量和力氣的推動，乃至缺乏適當評估的划槳力道，在這樣的情況下，你會變成漂浮物，搖擺不定，可能翻船。

控制也需要專注——對初學者而言，傾斜和側移兩者感覺起來都可怕地違反直覺。在豪斯漢，我一再翻船並靠游泳上岸。在兩個月內，我的臉有兩次撞到河床（散布著十七世紀建造的堰留下的原始殘餘礫石），弄出非常黑的黑眼圈——那種在街上會嚇到人的傷勢。我很晚才學會採納一種翻船後的防禦姿勢，就是將臉塞進膝蓋裡。

但豪斯漢帶給我的最大驚嚇在某個夏夜中降臨：當時，我建議一些獨木舟俱樂部朋友，我們可以順流而下划到巴特克朗貝（Buttercrambe）[1]——就當作是個旅行。

「我們可以試試看。但我們可能會被法警訓斥一頓。」

「法警？」我想像著穿黑衣的男人沒收電視和音響。

「水法警。他們守衛河流之類的。主要是防範盜獵者，但他們常試圖阻止划槳手。」

「因為他們認為我們在盜獵嗎？」

「不，因為我們擅自闖入。」

「我們是嗎？」

「很大程度上來說算是。嚴格說來，是的。」

孩童時期，我透過主禱文初次學到「擅自闖入」這個概念時，那是種可以原諒的事。然後是艾倫．

亞歷山大・米恩（A. A. Milne）[2]的《小熊維尼》裡那隻神祕兮兮的闖入者威廉（Trespassers William）。在故事裡，百畝森林的小動物們試圖抓到一隻大臭鼠，小豬向克里斯多福・羅賓解釋時極力保證，一個寫著「闖入者W」的破破爛爛的警告牌是指威廉，他認為那是他的祖父。我猜那意味著他們都是闖入者——可能包括米恩在內。我也看過那些寫著「闖入者將挨告」的警告標誌，但可能因為小豬不在乎，所以它們從未對我造成困擾。那些標誌不可能是指我。我可是個乖女孩。

我背得出我的英國獨木舟協會（現在是英國獨木舟運動協會）上的執照號碼。我確定附來的資料袋說過執照給我某種允許。我的船甚至貼有許可貼紙。

我即將得知這張看起來很官方的紙，其實只賦予我在英格蘭不到百分之三的河流划槳的權利。主要是平坦的大河，加上潮水。甚至在參與這項運動數個月後，我就知道，那類地方沒有什麼激流。這下問題來了，那張執照有啥用？

結果是，那張執照幾乎不能用在我們划槳的那類河流上。我被告知，英國獨木舟運動協會試圖努力改善人們在河流上通行的權利。二〇〇〇年的《鄉間和通行權法案》（Countryside and Rights of Way）幾乎差點往前跨一大步，草案原本包括河流和土地兩者，但具體細節遭到刪除。在某些地方，熱心公益的地主願意簽署私人通行許可，舉如豪斯漢橋和磨坊間的那半英里，但整體情況說來是大半遭人拒絕。那是個曠日廢時的協商。我本人深感困惑又很憤怒，覺得好像被別人隨意拍拍肩膀打發。

「他們不能告你？」

「不能。問題是，擅自闖入是民事違法行為，不是刑事。所以他們能叫你離開，然後你有義務這麼做——滯留不去會**變成**刑事違法行為，但最快和最安全的離開方式是順流而下。倘若他們威脅要叫警

察，你就說好，建議在出口處和他們碰面。在那時，你已經積極服從他們要你離開的要求，所以你沒犯法。警察知道，他們也知道。」

有人警告我，我可能會遇到的最憤怒的人不是地主或農夫，而是休閒釣客，尤其是那些付錢釣魚的，而這可能就是問題所在。划槳手的確做出經濟貢獻。我十年來密集划槳，我們在每個有空的週末開車幾百英里，通常是團體行動，在咖啡館、餐廳、外帶店和酒館吃飯，一個月在青年旅館、客棧或營地外宿一兩次或多次，買補給品，買工具。洛伊和我是相對來說花錢花得很小心的人了，但有些財力雄厚的划槳手每年投資幾千英鎊在設備、訓練、書籍和雜誌訂閱、住宿和旅行上。但他們通常不會只因地主擁有河流就直接付錢給地主。釣客就常這樣。從划槳手的角度來看，釣客對這互動模式的嚴厲維護可說是種斯德哥爾摩症候群。

一個更為合理的擔憂是對棲息地的傷害。任何對野生動物造成的衝擊都需要嚴肅考量。通行的獨木舟或甚至一隊獨木舟，對魚或其他水生動物沒有危險，但擦過礫石確實會干擾產卵地和傷害魚卵。沒有足夠的水浮起時，划槳是個爛點子，一開始就不環保。

在某些地方，協議出長期的通行許可是絕對沒問題的。然而，因為大部分的河流流過由許多人擁有的土地，商討新協議遠非易事。我後來認識了德溫河的地方通行官員——他是豪斯漢磨坊再生遺產信託基金會的另一位受託人。保羅是位粗魯但心胸寬大的約克郡人，溝通技巧堪稱精湛——善於處理破碎的東西和難以處理的情境。他在許多方面都是理想的中間人——但我從未為了輕艇、獨木舟或游泳申請預先許可，因為這麼做罕少講的通。任何河流運動都應該視情況而定——不僅要合乎你的能力，也要能管控風險和保護環境。下大雨時，德溫河會從莫爾頓將汙水帶到下游，有時還會造成淹水。在高一點的集

水區，許多河流需要雨水才能航行。你不能計劃天候，這使得預先申請同行許可像是胡扯，就算可能性的確存在，也很礙事。如果你的唯一目標是使人洩氣和造成阻礙，你就不會改善原先的體制。所以除了某些例外情況，划槳手總是繞過這個過程，違反規矩，但其荒謬的稻草人論證邏輯則主張，他們未透過不合目的的系統申請許可。漸漸地，就像許多人，我們對英國獨木舟協會，或後來的英國獨木舟運動協會的能力失去信心。我們不相信它能有所突破，因為地主和釣客遊說團體從不真的想放棄控制權，而這些人有高官朋友——許多河岸大地主確實就坐在國會裡。

因此，在英格蘭大部分可以划槳的河流網絡上，獨木舟手僅剩的選擇就是等到對的流水情況，然後就不管三七二十一地去划槳，盡每分努力確保你尊重河流和鄰近的土地與社區，但冒險接受發生衝突的可能性。現在，幾十年來，這是大部分的人的習慣。負責任的划槳手（我希望我們是）會小心停車、收集垃圾、拯救綿羊和小孩玩具、清除障礙、舉報汙染情事，並且在當地消費和贊助反對輕率發展的草根運動。俱樂部提供水上安全的訓練、大眾體驗課程、為慈善募款——在我住在那的期間，約克獨木舟俱樂部和其會員全年提供這類豐富和愉快的在地活動。

不可避免的是，這類不安和複雜的現況有時會崩解。言語挑戰從禮貌的反對到狂吼的辱罵都有。我從未遭受肢體攻擊，從來沒有人拿鑰匙刮花我們的車子，車窗從未被蓄意打破，輪胎也未被刺破過。從來沒有釣客在拋線時鉤到我（儘管我們常被丟在水裡的線擋到，或從堤岸邊的植被剪掉糾纏的線）。但划槳手之間流傳著非常多這類和更糟糕的故事。釣客會丟石頭或磚頭。威脅或聲稱急流已被設置鐵絲網或刺網這類詭雷，划槳手會被迫放棄，因為只怕萬一是真的。

我之所以害怕鐵絲網，是基於真實而可怕的經驗。

坎布里亞的薄荷河（River Mint）是條岩石累累、刺激萬分的小河，有著發出淙淙聲響的急轉彎和活躍的急流。它是那種需要很多雨才會有充沛水量的河，因此就定義上而言，它的水流湍急。有一年冬天，我跟一小群人在那裡划槳；我跟在ＰＫ後面，他是經驗豐富的領隊，結果我看到他舉起一隻手，在頭上急速繞個圈，那是盡快進入安全的渦流中的訊號。他也在喊些什麼，但我聽不見，而且我來不及。我最後一秒鐘才看見鐵絲網，拉得緊緊的，橫越整條河，位於水面上十公分。我連忙往後倒划——不是因為這樣會有機會避開它，而是要給我自己思考時間。洛伊緊跟在後面大叫。「跳過去！妳得跳過去！」

要讓整艘獨木舟彈跳起來是有可能的。在正常情況下，這類舉動是用在划過突然碰上的落差——你使用動力並協調往前推的臀部、抬起來的腿和緊縮的腹部，以「跳」離邊緣，掠過軟軟的曝氣水，而非往下掉並直線滑下瀑布線，在那，地心引力和水流會把你往下拉，你會對接下來發生的事幾乎無法控制。在眼前這個案例裡，我需要彈起船首，以足夠的動力掠過鐵絲網，我的重量會將船往下壓，之後，將臀部往前推，加上用力划幾下槳，就能讓我跳到另一邊脫困。但因為我猶豫了，我的船速遂變得不夠快。一等到船體碰到鐵絲網，河流的力量就將我沖往側邊。我就要在鐵絲網上橫轉。一般來說，在船突然往側橫轉時，最好的辦法是靠向障礙物，抬起船體前半部分，如此一來，河流會從下方流過。要不然，水會在船體前半部分堆起，將它往下推，迫使船在障礙前翻覆。但這次要是我往前靠便意味著撕裂傷。所以，我做了緊急情況下唯一能想到的辦法。我讓船頭往下掉，翻覆，船體倒過來刮過鐵絲網下。

我們的運氣很好。如果我們是在較低的水位，鐵絲網會是在絞索的高度。而在較高的水位時，我們可能不會發現它在那，除非我們之中有人運氣不好在游泳。往好處想，它的用意可能就像牲畜柵欄——在夏天，水位很淺時，牲畜可能涉水而過，使用水道作為逃脫之徑。但這是冬天划槳季節，而任何在流

速湍急的河流靠近水位處架設鐵絲網的人，不是沒想清楚，就是不在乎鐵絲網會卡到誰或什麼東西。

新冠疫情使得河流通行權的議題得到更廣泛的注意。在克克漢，就像在全國交通方便的著名景點，人潮在封城最嚴厲的階段鬆綁後大量湧入。誰能怪他們呢？那是個完美的野餐和游泳勝地。你可以在附近泊車，那裡有片開闊的原野，公共小徑貫穿其間，河流寬廣，流速緩慢。青少年從橋跳下水以比誰膽子大。到處都是前來享受的家庭。有人喝酒和接吻，嚎哭和尖叫，播放音樂和如狂風般大笑。垃圾量龐大，有些當地人不得不介入幫助清理，而其他鎮民則加入另一場新的瘟疫——誹謗、把外人當作他者，以及超級在地的排外情緒。

垃圾是很討人厭。就其定義而言，它是指我們不想看見的物品，我們希望以最方便的方式丟棄的東西。但不管我們是把垃圾丟垃圾桶、沖進馬桶、放進回收桶、從車窗內往外丟，或在鄉間道路上非法傾倒，這些丟掉的物品還是持續存在，我們得仰賴某人來解決這個問題。那個「某人」，嚴格說來是種體系，並如同往常會有的醜聞所暗示的，還是種失敗的體系。運送上千百噸廢棄物到幾千英里的海外國家做回收、傾倒或燒掉，是否就比在河堤上留下一個洋芋片包裝袋還道德？我可以理解那種憤怒。我曾嘗試將外帶包裝紙塞回車窗內，洛伊則將狗大便袋寄回犯案人的家。但這些報復行徑不能解決問題。作為個人、作為社會，我們只想要我們的垃圾消失。亂丟垃圾不ＯＫ。但自來水公司偷偷排放未經處理的汙水到河流裡也不ＯＫ（他們承認每年偷偷這樣做長達數百萬個小時）。農夫將垃圾傾倒或埋在自

己的土地上，用肥料使水飽含營養或用殺蟲劑毒害水質也不OK。工業排放汙染物也是如此。對愛水的寵物狗施以未受適當監管的防跳蚤噴劑劑量，而這類噴劑有能力殺害幾萬隻水生無脊椎動物，這也不OK。但怪罪大眾是比處理體系的失敗要容易得多。

在我的社群河道上，於後封城接觸自然景點所產生的敵意風暴中，我看到一個時髦的黑白圖案，加上#漫遊的權利（#RightToRoam）標籤。那是尼克．海耶斯（Nick Hayes）的作品，他是《闖入之書》（*The Book of Trespass*）的作者。尼克和環保運動家暨社運人士蓋．施盧索勒（Guy Shrubsole）搭檔，發起反對政府界定擅自闖入為非法行為的新運動，並提議大力拓展人們在英格蘭負責任地越界的法定權利。我馬上對這運動的野心有份親切感，尤其它強調「負責任的越界」，以及人們對土地所共有的熱愛和關懷。

我們第一次碰面是透過視訊電話。尼克和蓋都是和藹可親、不拘小節、專注且極為聰明的人。他們解釋，他們的運動是將爭論納入公共衛生和社會正義的議題內。目前在英格蘭的漫遊權利只涵蓋僅僅百分之八的土地面積，而在《鄉間和通行權法案》允許下，大部分可通行土地是在遠離人口中心的高地，問題則是，人口居住的中心才是最需要綠地的所在。他們主張，大自然應該不是你得長途旅行才能親近的所在。我告訴他們，我曾在二〇一八年為《野生動物人民宣言》（*The People's Manifesto for Wildlife*）寫過文章，那是自然學家和電視主持人克里斯．帕罕（Chris Packham）籌劃的。克里斯指定我為社會包容性和自然通行權的「部長」——我曾提議，走入自然的權利應該被認可為基本人權。

在大自然悠遊能使人免於勞動醫生動手術和住院。它能降低病假數。因此，推廣像徒步、觀賞野生動物、釣魚、游泳和划船等活動，是個強而有力的經濟和省錢論點。再者，我們目前正直直掉進氣候和生物多樣性緊急狀態，只有那些知道、深愛和肯為生態系統盡力的人，才會採取扭轉局面所需的行動，

而我們的倖存仰賴生態系統，地方和全球皆然。

尼克和蓋企圖使綠化帶、林地和河流變成特殊案例。尼克住在船屋，也愛好游泳和划獨木舟。我讀他的書時，得知在羅馬建立的法律中，河流是所有市民分享的公共財——那僅次於全人類擁有的空氣和海洋。作為公有物，河流不該私有化。但不知怎地，在此，它們被私有化了。河流流經的土地地主擁有河堤和河床，而在河水流經的短暫期間，他們甚至可以聲稱擁有河水。如果河流是土地間的界線，那麼每個對岸的地主都擁有到河流中線的河床。然而，在實際的做法上，將河流拿來作為財產法或管轄區的嚴格界線，是個糟糕的地理特徵選擇。水位和水道會改變，大力嘲諷這類界線的實用性。只要你細看英格蘭的高解析度地圖，你會發現教區和郡的界線往往彎彎曲曲——那是河流的過往形狀，現在的河流水道早已被改變，不管是自然發生或透過人工截彎取直。

我一開始在推特上支持「漫遊的權利」運動，就收到大量酸民的留言，有些人降尊紆貴，還有人懷疑現實。一個廣受歡迎的反駁是：「如果我去你家，把你的花園踩得一塌糊塗，你會喜歡嗎？」這簡直是蓄意製造的荒謬論點。在有漫遊權利的國家，包括蘇格蘭，那個權利只應用在大片土地上，法律仍舊保障隱私權，防止住家遭到入侵。在蘇格蘭和其他地方，通行被制定為法規，因此罕少在構成何謂負責行徑上令人產生疑慮。

線上釣魚社群可不覺得我的論點受用，這是一般反應，而那些抱持中庸意見的中間派通常默不吭聲。在真實世界裡，我則碰到許多對其他河流使用者沒糾結的釣客。我的一位鄰居亞蘭（假名）在環保服務和河流洪災危機處理界工作。他身兼划槳手和釣客，證實了我懷疑的事。釣客社群人數龐大，這類大型組織只要有少數人出頭，就能發出很多聲音。亞蘭在專業和個人層面上，都出面反對那些充滿敵意

的人。「他們只是不想聽到世界並不繞著他們打轉。他們跟那些大聲抱怨水獺的人是同一批人，根本不費心去瞭解水獺只住在有很多魚的地方，而作為頂端掠食者，水獺的數目永遠不可能多到足以威脅魚群。他們也不想費神去瞭解生態。他們並對得與魚群之外的任何生物分享河流抱有敵意。不幸的是，當牽涉到像通行這種權利時，我們很容易就可以看出，如釣客信託這類會員組織如何玩弄大眾輿論，以少數群體的姿態尋求同情。我的意思是——你光看看英國政治就知道！但問題是，在客觀事實上，有數目龐大的一群人——可能是大多數——是深思熟慮的釣客，完全願意與其他河流使用者和平共處，但我理解他們為什麼通常不出聲。划槳手比釣客人數來得少，但一般來說，我從他們那沒看到相同等級的無知或叫囂。」

我在當地和社群媒體上看到的那種對人們的敵意，即對想要得到一點極為需要的空氣和空間的人的敵意，這引發我不好的回憶——挑戰一個人存在於某個地方的權利所衍生的尖銳的自我防禦，這實在不利於追求平靜的心靈。然後，在某個無法成眠的夜晚，我剎時想通。我起身坐在床上痛罵，對睡得昏昏沉沉的洛伊宣布，我在河流上碰到、對通行的每個挑戰都發自男人。白人男人，通常單獨行動。在河流上通行——事實上，這在鄉間是極其父權的展現，而且是由孤狼般、為所欲為的男性管轄。

「我受夠了。」我宣布，倒頭陷入沉睡。

看門人的男性特質和隱晦並不令人吃驚。大部分的大地主是男人，其中大部分是農夫，當然還有釣客。在支持「漫遊的權利」數月後，我也注意到最有敵意和費時的互動來自匿名人士的記述——他們不用他們的全名，他們的頭像往往是狗、拖拉機或魚。我不必然懷疑他們關懷河流的聲稱——但他們似乎沒有能力理解其他人也能合法喜愛河流，而我們如果合作起來照顧河川，可以事半功倍。

為了保持理智，我決心不在社群媒體上和不準備秀出真實身分的任何人陷入激辯，事態立即有所改善。我發現，農夫、土地管理人和釣客願意以建設性的態度分享觀看事情的角度。我也遇到不少各種各樣有熱情、值得尊敬、有毅力的人：他們是野游者、划槳手和立槳運動家、散步愛好者、作家、詩人和藝術家、自然學家和影像工作者、環保人士、公眾科學家、草根倡議人士和擁有高知名度的社運人士。

公眾對河流使用權的觀點之所以改變，很大部分要歸諸於休閒野游和立式划槳運動的興起。在疫情期間，立槳板的銷售量一飛衝天。這兩種運動都吸引女性熱烈投入，事實上，在開放水域的長程游泳，是女性能在菁英水準的賽事上比贏男性的少數運動之一。兩種運動都不能逞能，兩者都需要大膽小心。在平靜的水域，沒有比獨木舟或輕艇更隱密的船，或許只有小圓舟除外。它們的原始設計全都是用來打獵和釣魚，因此，以那種方式，划槳者和釣客分享共同的傳承。充氣式獨木舟也快速受到歡迎，就像立槳板，運送相對容易。基本款比起堅固的塑膠船要來得便宜也較不顯眼。激流泛舟手仍少有另類選擇，只能使用相對靠近道路的通行點，將有著鮮亮色彩的塑膠船放在車頂行李架上抵達要去的目的地。而充氣式獨木舟的使用者則能停在隱蔽的地方，用背包裝著船或立槳板走一段距離，溜進水裡。泳者當然有可能更加不引人注意，不管算不算擅自闖入。

像戶外游泳協會這樣的組織有優異的資源，提供安全、負責的水上通行。划槳也有行為規範。它需要更新和更廣為提倡——尤其是為了生物安全，在這比在其他國家更少受到關注。在紐西蘭，河流使用者對清潔和弄乾工具的要求很瑣碎，以防止移轉入侵物種，尤其是矽藻（孿生雙楔藻），以 didymo 或

rock snot 聞名。到處可見提醒——船貼有標語，俱樂部、導遊和教練全都宣講良好實踐。我們此地也有相同兇惡的入侵物種：通訊螯蝦、誇加貽貝、葶艾狀水龍、大豕草和鳳仙花，僅以這些為例。但牠們造成的威脅，以及用來限制牠們拓殖的舉措往往相當簡單，卻鮮少為人所知。這類公眾資訊的傳遞可謂失敗。而且這類教育並不昂貴。但考量到從二〇一〇年至二〇二〇年，英國政府花在出版鄉間規範的金額總數僅有兩千英鎊，而且還是每十八個月印製區區幾張傳單，在這方面，我們還得更加把勁。

我常常思考這點。這條河感覺起來像我的河，我覺得對它有責任，我熟知它、非常愛它。這些感情將我和幾千年來居住、工作和在這小段河流上玩耍的數千人連結起來，更別提這裡的野生動物——有些長壽，有些則非常短命。但，法律說，我沒有權利將我的腳丫或槳放進這些水域裡。因此，理論上說來，這不再是屬於每個人的河流。

譯注

1 位於英格蘭北約克郡的小村莊。

2 艾倫・亞歷山大・米恩（1882-1956），英國兒童文學作家。

【小記】

在奈恩河的夏季 Summer on the Nene

二〇二〇年夏季，我拜訪那位啟迪我對自然之愛的老師。身為學校的愛丁堡公爵獎勵計畫團體的協調人，麗茲．朵荷蒂（Liz Doherty）也在引界山巒和冒險給我時大力相助。她現在退休了，與她先生搬回家族在北安普敦郡（Northamptonshire）奈恩山谷的農莊——那是片田園風光，風景裡有大樹籬、壯觀的老樹、蜜蠟石、茅草屋頂、豐饒的花園、滿是野花的路肩，以及蜿蜒穿越土地、睡得深沉的河流。這是麗茲自己滋長對自然之愛的地方，也是我去拜訪的地方。八百英畝大的農莊現在交由她哥哥約翰及其兒子麥可管理。麗茲的父親鮑伯是位農夫和自然學家，他的祖父是第一個開始在這裡耕作的人，那時是一九〇〇年。

這是我第一次正式和約翰見面——他英俊、實際，說話時帶有溫暖、圓潤的北安普敦母音。我在幾分鐘之內就知道我們不會在每件事上取得共識——就說獾吧。但我也感覺得到這是一位我可以同時喜歡、尊敬和不表同意的人，而他也願意給我空間。

他剛開始時對我的興趣感到困惑，他稱那為「世界上最無聊的河」，然後告訴我，他有次在奈恩河上划船，從佛羅爾（Flore）抵達終點華許（Wash），沿路用他在學校做的獨木舟露營。

他不是很確定這農莊是如何變成野生動物的避風港的。「爸只是選擇不隨波逐流。他總是對野生動物抱著強烈的愛，但他也是獵人。他以前習慣蹺體育課，去獵野禽。年輕時，他常和ＢＢ一起打獵。」

「ＢＢ是？」ＢＢ還以本名丹尼斯．沃特金斯—皮奇福德（Denys Watkins-Pitchford）知名，是位鄉村人士和非常受歡迎的作家，作品以《布蘭登追逐》（*Brendon Chase*）和《小灰人》（*Little Grey Men*）最為有名。

「喔，是的——他們是好朋友。他寫了關於我父親的一大堆事，還有農莊，他也寫了關於伊莉莎白的事。他叫她，『標緻的鄉村女孩』。」

「喔，約翰，別扯這些！」麗茲抗議，但他咧嘴而笑。那是溫暖的逗弄，彷彿他們還是孩子。

「沒穿絲襪……」

「住嘴！」

唉，對麗茲而言，ＢＢ真的是這樣形容她，那是在《安靜的田野》（*The Quiet Field*）裡。農莊和其周遭環境也被寫入《在奈恩河的夏季》（*A Summer on the Nene*）；書中，ＢＢ由妻女陪同，搭著小艙式遊艇在河上旅行。在這個河段，他記述了兩種相對在近期，也就是他的時代，才抵達的新奇鳥類，後來變得很常見——灰斑鳩和縱紋腹小鴞。灰斑鳩主動在一九五〇年代定殖，而小鴞得到當地貴族和鳥類學家湯姆斯．波威斯（Thomas Powys），也就是利利佛勳爵（Lord Lilford）的大力協助，他每年野放「相當數目」以創造棲息地，直到這物種站穩腳跟。小鴞有一陣子被稱為利利佛鴞。

麗茲帶我參觀了農莊。她的鈴木小四輪驅動車滾過仲夏田野，綠草和繽紛野花高達及腰——矢車菊、拉拉藤、毛茛和百脈根。沿著河流的田野正進行進階的管理計畫，約翰和麥可受雇管理以促進環保。對約翰來說，這不費吹灰之力。「從環保的觀點看來，河流是我們的主要資產，但對農耕是個挑戰。就算我們想，我們也不會在此進行集約農業，何況隨時可能發生洪災。」花朵恣意綻放，田野滿是翩翩蝴蝶。我決定我今晚會睡在其中一處，因為新冠疫情的規定意味著我不能待在屋子裡。麗茲告訴我，七月中旬來的話會更棒，他們那時會割乾草，綿羊和牲畜會野放，直到冬季洪水降臨。「我們改養容易養護的品種——本地的林肯紅牛和容易照顧的綿羊，牠們不用剪毛，只需每年洗一次澡。」家畜吃草的地方有架設圍籬，讓牠們遠離河堤，並提供牠們可用鼻口或蹄子推動的飲水器來自行喝水。河堤現在長滿濃密的植被——大部分是外來雜草，因為河流的營養度極高，也比以前更不容易受到侵蝕。小鳥繁忙地飛來飛去。他們告訴我，最重要的工作是和當地野生動物信託組織合作，在氾濫草地上創造幾個長長的水道，設計來讓土地能保水更久。今天那裡有鸊鷉。偶爾是會發生令人沮喪的事，牲畜也會翻越圍籬；「有一年種下了錯誤的混合草種種子，但對方從未能解釋它有什麼不對勁，它非常便宜。」但他們願意嘗試和與自然分享土地，這使人印象深刻，也感染到別人。

「我們覺得能住在這是種特權，」約翰說，「我喜歡這個點子，和人分享。我們做很多教育導覽——我想，城裡人越多越好。其他農夫只會指出所有他們認為我們做錯的事，但對鄉間認識不多的人似乎真的從我們這學到很多。」

在瓦登豪（Wadenhoe）[1]有如詩如畫的磨坊和淺灘，當地農夫有時用淺灘來驅趕牲畜。麗茲

指指以數種語言印製的「禁止釣魚」和「禁止下水」的告示牌。「它們主要用來防範波蘭釣客，他們喜歡來這裡抓晚餐，然後當場就在河堤煮起來。在他們的文化裡，這是完全正常的事，英格蘭關於許可和擅自闖入的規定系統讓他們摸不著頭緒。」

「這裡風景優美。我們不吝於分享，但有時很困難。在封城期間，這變得有點是個爭議。所以，有些人來訪，但不是每個人都守規矩。幾個當地人聽說我們辨識出毒水芹——那是英國最致命的野生植物，他們高興死了——他們想到處設立標語，把遊客嚇跑。」

允許大眾通行帶來挑戰不是新鮮事物。在《在奈恩河的夏季》中，BB寫到麗茲和約翰的父親所面對的難題——擅自闖入的散步者不把大門關好、不受控的狗和划船者沒關好閘門結果引發水災。這聽起來很熟悉，而這家人沒有因此氣餒，很值得褒獎。

「解方是什麼？」稍後，我在花園裡和約翰喝琴通寧時問道。

「當然是溝通，」他說。「解除封城後，一大群孩子跑來我們農莊，在河邊喝酒，留下酒瓶和罐子。麥可去和他們談，問他們為何不去公園，或在離開時順手帶走垃圾。他們說他們未成年，所以得私下喝酒，他們也知道在身後留下垃圾不對，但這裡沒有垃圾桶，他們又不能帶證據回家。我猜我至少能理解這點。」他展現的同理心讓我想大力擁抱他。

「但仍舊該死的很困擾你吧。」

「該死，沒錯。」

譯注

1 位於北安普敦郡。

第十一章

白堊河之夢

Chalk stream dreaming

六月初，等封城從最嚴格的階段逐漸緩解後，我造訪了史肯恩濕地（Skerne Wetland）——那是一處新近開發的自然保護區，由約克郡野生動物信託組織擁有，強．特雷爾（Jon Traill）負責管理。強是個仁慈且充滿智慧氣質的男人：他慎重、鎮定，甚至在他氣瘋的時候都顧慮周全。他注重細節，有說動人故事的本事。他可能可以做一位優秀的老師、仲裁人或政治家。然而，他卻是位保育人士，而且還效率很高。他似乎熟識東約克郡的每位地主、經理和河流看守人，而他總是忙裡忙外，尋找解決方案和建立人脈。強的思考方式就如同流水。

八年前，這座保護區是個商業漁場。它包含一一五英畝的池塘和蘆葦地，由排水道和閘門相互連接；西貝克溪（West Beck）繞過整塊地，哺育水分，是赫爾河的白堊支流。漁場在運作時，便使用一座大型可調整式的蓄水堰來保證河水會積蓄在池塘裡，即使是在低水位時。河水翻過堰製造出瀑布，導致用其他方法不會產生的沖刷流，將底下的珍貴河床礫石埋在一英尺的淤泥下。牲畜在其中一個河堤的

大範圍踐踏使得情況更為惡化。強於是移除蓄水堰，豎立牲畜柵欄，沿著河堤安置以椰殼纖維製成的樁來將河流變窄。這些手段立即增加水流速度，將淤泥沖刷殆盡，轉眼間，礫石再度乾淨。

除了那之外，他的手法很實際，並避免太多修修補補。他說，如果你讓土地告訴你它想要做什麼，保護區管理起來就容易多了。他原本預設作為濕草原的地區快速被柳樹定殖，所以他改變計畫，設立一片萌生林以混合樹齡結構——現在，它成了一塊生氣盎然並展現多樣性的濕林地。

洛伊和洛奇與我在這趟訪問中同行，我們期待遠足，進行可舒展筋骨的每日運動。我們才剛在保護區出發，就聽到咯咯輕笑般的喉音叫喊。我在心裡搜尋了幾秒鐘——什麼水鳥會以這麼大的音量吱吱作響、乾咳和咕噥？我完全想不出是哪種鳥會發出這種聲音。但當其中一隻鳥扯開喉嚨，發出漱口般的巨大打嗝聲時，我不禁大笑。牠們不是鳥，而是湖側褶蛙（*Pelophylax ridibundus*）——一九三〇年代引入英國的一個物種。我們鬼鬼祟祟地凝視，從蘆葦草間看進幾片池塘，但叫喊的褶蛙對即便是最輕微的動作都很敏感。牠們在我們接近時沉默下來。我們小心翼翼地跟蹤才得以近看，但一段時間後，牠們便適應了我們的存在。褶蛙很大隻，擁有庸俗的綠皮，每隻嘴上都掛著比臉還要寬很多的微笑，讓人想起大青蛙科米（Kermit）[1]。牠們是童話故事裡的青蛙王子，每個都認真地需要被吻。幾分鐘後，最大的那隻再度開始高唱小夜曲，我透過望遠鏡看見牠的臉頰像灰色泡泡糖般大大漲起，喉嚨鼓起巨浪吹出不同節奏，創造出最好笑的即興爵士樂，混合了圓潤的打嗝和瘋狂的嘎嘎叫——從一個生物其滑溜溜、微笑似的風囊中，產生兩種聲音、兩種節奏。

我找到一處樹蔭，換上厚厚的保暖內衣、潛水衣和氯丁橡膠材質的巴拉克拉瓦頭套，然後緩緩移動，試圖不要讓自己過熱。接著，我手忙腳亂地爬下陡峭的河堤，聞著被壓碎的水薄荷飄送來陣陣香氣，再

進入幸福的涼爽之中。

我踩上一塊被淹沒的岩石，蹲伏在那幾分鐘，河水在我的腰際流動，慢慢適應新環境。我已經多年沒穿過潛水衣了。老的密封頸套已經鬆掉，需要換新的，而新的又太緊，讓我覺得有點慌張。但它的浮力能幫我避免干擾河床，隔離層則意味著我不必太積極地游泳，也能留在那久一點。就像所有的白堊河，西貝克溪保持攝氏十度左右的恆溫，因此在這麼熱的天氣裡，河水應該冷冽得驚人。但我沒起雞皮疙瘩，沒有可怕的涓涓細流流下頸子，皮膚也不感覺刺痛。隔離的感覺很是古怪。密封在潛水衣的小包裹中，我覺得百般不適應。或許太空人在穿著幾層的合成克維拉纖維和氯丁橡膠衣待在外太空時，也有相同感覺，他們在那是外星人。

我的駐足點是幾棵大柳樹的樹蔭，燦爛烈陽穿透樹葉形成藍色和金色的手指狀斑斕。在對面河堤，最大的那棵柳樹有半打樹幹從河堤冒出，根部則部分裸露，樹枝懸垂於頭上。一個長形陰影往上游飛奔，急急竄入那邊的闃暗空間——那是一條褐鱒，大概有我的手掌和手臂加起來那麼大。

我慢慢、小心地跪下來，在面鏡上吐口水，再沖一沖——一點唾液能防止面鏡起霧——然後戴在臉上，將呼吸管插入嘴中。這身裝備感覺起來荒謬至極——在進入不到大腿深的水中時完全是過度裝備。我向前傾，臉埋入水面下。

我先是感到一陣驚愕，太多東西立即讓我覺得驚訝。我的手和臉是唯二暴露在水中的身體部分，立刻感覺到寒冷帶來的震撼。冰冰的河水涓涓流入我的耳朵。我的腿浮起來，水支撐我的重量。我稍微揮舞手腳以找到可以保持固定的姿勢。我徘徊一下後，頭朝上游，雙手想辦法抓牢河床上較大的岩石。

透過呼吸管的頭幾口呼吸是快速、淺薄的。我記得洛奇還是新生兒時，在將他從搖籃裡抱出來的時

候，他的手腳會大大開展，做出叫做莫羅氏反射（Moro reflex）的抽筋動作——手臂揮出後收起，眼睛大睜，嘴巴張開形成小小的O形，驚訝自己在沒有羊水的支撐下，被懸掛在世界的輕盈明亮中。他大概花了三個月才適應過來，反射動作也漸漸平息。我大概大口呼吸了三次，才終於能好好往前看。

考量到我計劃此行數週，開了四十分鐘車程才抵達此地，並吃力地將一個巨大的防水包拖過整個保護區，再花了十五分鐘蠕動身軀、把自己塞進幾層裝備的情況下，我應該不會感到驚訝——但不知怎地，河水還是令我大吃一驚。**我在河裡**。不是在它旁邊，不是浮在上面，而是在水裡面。面鏡幫助我維持視野清晰，而劃破水面的行動則將我帶到一個世界之外。不論如何，倘若我跪下來恢復直立的身軀，我將會回到溫暖的空氣，花粉滿天瀰漫，昆蟲嗡嗡作響，鳥兒高歌混合著青蛙的呱呱大合唱，水流不會高於我的腰際：河流現在擁有我，它充滿我的五官，幾乎要滿了出來。

我開始到處「鱷魚爬」，用雙手碰觸河床，雙腿拖曳——這技巧讓我緩慢移動，既在逆流中保持定位，又只會造成最小程度的干擾。從水面上方，從堤岸或橋俯瞰，你可能可以大略猜測水的深度和河床的質地，但那就像是從衛星所看到的地貌和從邊坡觀察之間的差異。較高的視角會將所有事物弄得扁平，但從這個河床地形的低矮角度觀之，這真宛如啟示。我的臉離河床只有幾吋遠，我看見一個滾動的河景緩緩褪入一種輕微的乳白色朦朧薄霧，感覺上很遠，實際上可能不會超過十五公分。那不是一片平坦。我正凝視過一片山谷和平原、森林和礫石、峽谷和洞穴的景致。

然後是噢。**噢**。

在幾個洞穴裡，**每一塊**比五便士硬幣大的礫石上面都有東西——一個小花生大小的卵形聚合物，由更小的碎片組合而成，被煤礦井下技術精湛的填充師傅銜接在一起。牠們是石蛾的外殼，以蟲絲相連

結。英國大概有兩百種石蛾，牠們通常是良好河床的主要生物——但這裡的數目令人咋舌。完全數不清。

在大多數情況下，白堊河的河床礫石不是白堊——白堊太軟又易溶，很難持續留存在奔流的河水中。它們往往夾雜著大量燧石，那是白堊滑溜溜的矽酸伙伴，分享生物來源的特徵。如製造白堊的碳酸鈣一般，從燧石構成的二氧化矽以大略相同方式在相同地點進入海床——兩者都是透過海洋生物的骨骼殘骸的沉積——在燧石的例子裡，則是海綿和矽藻。燧石結構偏好發生在大型動物的地洞填實裡，如蟲、兩扇貝和海膽，而結節常常採納這些古老庇護所的型態。以燧石製成的工具是石器時代的工藝品：結節斷裂處創造出來的銳角，不僅能製造鋒利的刀刃、利器和刮刀，而將燧石擊打在另一個獨特且相對常見的礦物質，即黃鐵礦（二硫化鐵）上，能產生長時間的火花，後者可用來生火。燧石的垂手可得、排水良好的土地，以及水的品質，在在使白堊河和其所流經的地貌成為格外優異的居住地點——史前考古學的密集發現足以證明此點。

從這麼近的角度觀看，我也很明白河床不是河底。河流也在礫石之間的下方流淌。我可以看見河水流過縫隙，滲透至下方，上下交相穿越，然後流出我看不見的地方。在那些遮掩和相互連接的空間裡，整個生態是由單細胞和小身軀構成，還有其他才剛開始萌生的生物。卵躺在礫石上，緩緩安頓進安全的孵化區，富氧水流會供應穩定流水，以清理孵化區，並保護它們免於受到饑餓的眼睛覬覦。

在靠近我入水的河堤處，我發現一小群方鼻魚群。從水面上看，牠們身軀黝黑，但若從我藉由潛水而獲得的新視角看過去，可以看到牠們有大膽的色彩——上面斑駁，下面淺淡，每側脅腹都有一條暗色條紋橫貫，在那之上則是一排閃閃發光的粉紅棕色魚鱗。真鱵。毫不起眼，除了有些幾乎和我的手掌一

樣長外——相對說來，如華堡大小。我坐在河床岩石上，臉埋在水裡，手指在牠們之間蠕動。牠們似乎並不感到害怕，或甚至沒有絲毫興趣。但當我將手伸到河底，溫柔地來回摩擦礫石、捲起輕微的淤泥和碎屑時，牠們便疾游過來一探究竟，公牛般的鼻子撞擊我的手指。我在幾公分外嘗試相同舉動，牠們再度聚集過來，這次則是更多隻，猛搖魚尾，用口鼻好奇地推擠。我第三次攪動底部時，魚群更大，然後幾隻魚似乎察覺，我的手指頭黏附在更大的東西上。牠們開始輕啄我的指關節，然後是我的手背。那感覺起來很美妙——小魚的亂舞輕吻，牠們如此靠近和無所畏懼，意味著我能好好仔細觀察。牠們的背部呈現綠色色調，有暗色斑點。脅腹的淡色條紋包含一排玫瑰金色魚鱗，在捕捉到陽光時微微發光。牠們的眼睛很大，帶著金色虹膜——宛如泰迪熊的眼睛，使得牠們的凝視比我預期的還要生動活潑和警覺。鰓蓋依著節奏抖動，我可以看見裡面是白色的。這感覺起來如此親密——好像聽到牠們呼吸。魚鰭底部也是白色。雄魚已經為繁殖變了顏色——腹部一抹粉紅，有那麼一到兩隻的魚鰭底部周遭是鮮紅色。真鱥中有幾隻刺魚——一隻雄魚有猩紅色的胸部和腹部，在綠色、棕色和淡金色礫石中如同燈塔般特別突出。

在感覺過了十五分鐘後（後來我發現是四十五分鐘），我爬上岸去察看我的父子安全小組——他們在堤岸練習投擲救難繩和打安全結。我仰頭喝下一瓶熱咖啡以驅逐寒意，然後又滑回河裡。這次我面對下游，俯躺在河流中間，隨波逐流。河水只夠深到讓我漂浮過毛茛森林——它們精緻的綠色水怪手指掠過我的胸膛。有些地方在漂浮的葉片將開花的花莖舉出水面前，就開始開花，因此有些花沉在水裡——白色花瓣肆意綻放，我可以看見令人驚訝的蛋黃色花蕊。這一定是個意外——花粉和花蜜會被沖刷殆盡——但這片陽光照耀的水底花園景觀令人愉悅。

我又花了點時間。毛茛花床與充滿更多礫石的平原和山谷交替出現。我的臉從來沒有距離河底超過一或兩公尺的事實誇大了速度感。這個速度感，加上河床的起落和水流左右沖擊，讓我有坐雲霄飛車或模擬飛行器的錯覺。好幾群真鱥在眼前分散開來，兩側有更多。數百隻。

剎那間，水流加快腳步，河流變深——山谷礫石變成淡藍，魚的數目增加——四周都是魚群。我的速度太快，無法將牠們盡收眼底，但這就像飛越過塞倫蓋蒂（Serengeti）[2]的無人機飛行——朝氣勃勃。我的四周是無數猛衝猛撞的生物。五百，一千條魚。老天，不，比那多更多。多到數不清……五千……一**萬**？每個水池似乎都有更多條魚在其中來回擺動——在我快速游過時，牠們短跑衝刺、忽隱忽現，在我轉頭時突然出現在頭部前方或兩側。我低空快速飛掠這片陽光斑駁的河流景觀，在魚從半路上衝出時，牠們只分開到足夠讓我通過——牠們不是奔逃，只是在和一塊意料之外的漂浮木達成妥協。

水池變得更深，毛茛慢慢讓步給帶狀雜草。體型大上許多的淡水雜魚開始陰森逼近和奔馳而過——一隻、兩隻，然後是七隻和八隻。淡色水平條紋的茴魚和體軀深厚、有著寬闊平坦魚鱗和粉紅色魚鰭的鯉：鰱魚和鱸魚。河水變得更綠、更渾濁，難以估量距離，因此我不知道牠們的尺寸，但牠們都不小——也許三十公分吧。我開始想著白斑狗魚。我沒戴手套的蒼白雙手感覺很脆弱，我將它們收在胸前。

雲霄飛車慢了下來，我蛙泳，慢慢滑動手臂，游過最後幾百公尺，拖著腿以將干擾降到最低。使勁拉動肌肉讓我察覺身體有多冷。我曾在更冷的水裡游過泳，但被動漂浮和積極游泳非常不同，而九十分鐘的浸泡讓我冷到骨子裡。我發現樹根曾用來支撐起釣魚臺的柱子，用它們將身體拉出水面。烈日當空，但密封在潛水衣中的我無法感覺到熱度。我得很專心才能用發抖的雙手拉開潛水衣的拉鍊，並將密封頸套從頭上脫掉。我的保暖內衣濕透了——密封的設計也許讓衣服仍舊是勒死人般的緊，但縫線老舊

了。等到父子檔找到我時，我的嘴唇變藍，呼吸嗤嗤劇烈振動，下巴咯咯打顫，但我在縱聲大笑，感覺頭暈目眩。我想再下水，但理智戰勝了一切，於是我換上乾衣服，喝更多咖啡，繞著河堤慢跑，直到身體停止顫抖。我們回頭往車子出發，車子在我們離開時已經在太陽下烤了幾個小時——它烤爐般的悶熱甜美無比。我的關節疼痛不已。在那天的其餘時間，我可以感覺到骨頭疼痛，但心靈卻被去過的地方和看過的美景點得通亮。

——

強在那個下午打電話給我時，我仍舊很嗨。像這樣的河流怎麼沒被很多單位、獎項，和電影拍攝認可為觀光重點呢？我問。他哈哈大笑。這類納悶對他而言不是新鮮事。他告訴我一件軼事，赫爾河的多重源頭之所以與被認可為特別保育區的機會擦身而過，原因只是考察員的時間不夠。強對那點感到心平氣和，並未憤憤不平。認可會帶來能見度和資金，那是很好，但也會帶來很多必須克服的限制——「我們在不被綁手綁腳的情況下，可能會經營得更好。」

從源頭、清澈程度、溫度和礦物質內涵等條件來判定，有資格成為白堊河的水道只能是夢寐以求，它也是在非常特殊的情況下產生的結果——就全球而言，白堊河的數量格外稀少。全球白堊河流總數量估計大約兩百至兩百六十條，而且這數目還要仰賴計算時設定的條件。當然，大約有百分之九十在英格蘭，大部分在東南部，在東安格里亞，在威塞克斯丘陵，還有幾條在林肯郡和約克郡丘陵。

白堊河周遭有古老聚落和儀式遺址，這事實顯示，我們的祖先瞭解自身是大地這份令人驚異的瑰寶

之受益人和管理者。但自那之後，在時間長流的某刻，我們卻忘記這點。

二〇一九年，在奇爾特恩丘陵上，三分之二的白堊河乾涸，就像其他地方的河流一樣。這事不應該發生：白堊含水層的大量儲水多到甚至在最乾旱的夏季河流也能奔流的地步。問題是，人們從河流和含水層抽水。全球白堊河密度最高的地區，也是英國人口密度最高地區——英格蘭東南部——此點並未帶來幫助。受到最糟糕影響的有奇爾特恩丘陵科恩集水區的河流，包括維河（Ver）、嘎德河（Gade）和卻斯河（Chess）。維河賦予古羅馬城市維魯拉米恩（Verulamium）[3]其名，這座城市現在名為聖奧爾本斯（St Albans），我妹妹居住的地方。眼看著河流月復一月乾涸引發當地人的憤怒。人們想知道他們的河跑哪裡去了。相同情況也發生在卻斯河。即使英格蘭和威爾斯自來水公司承認讓三十億公升的水從水管漏掉也沒帶來幫助——而這可不是每年，而是每天。不僅自來水服務的監管者，水務監管局（Ofwat）似乎沒有能力阻止這類浪費。根據一位自來水公司執行委員在二〇二〇年七月二十二日對公共帳戶委員會所坦言，自來水公司不願針對漏水採取行動，因為水務監管局會對每項修理記錄開罰——因此，純粹就商業效益來說，（對他們而言）忽視問題比較有利。

維河在二〇二〇年二月又開始流動，當時我人就在現場。在親和水務（Affinity Water）同意於二〇二一年停止每天抽取六百萬公升的水後，白金漢郡的卻斯河也出現類似改善；在我於那年六月探訪時，水位滿溢，清澈無比。要讓鱒魚回返可能得花更長時間，但解決之道很簡單。我們必須放過河流。那是個挑戰——但人類擅長解決這類問題。我們能夠、也必須少用點水。有法蘭絨襯衫的人並不需要一天洗兩次澡，或在衣服僅被穿過一次後就馬上拿去洗。草地稍微乾燥點無妨。現代建築不該用飲用水來沖馬桶。這些不是難以解決的問題。

這些河流有時在令人驚異之處找到代言人。就舉費格爾．夏基（Feargal Sharkey）為例，他曾是地底之聲樂團（The Undertones）的主唱，然後是音樂發言人和網紅，以數種方式影響世界超過四十年。我們在我組織的一個場合裡認識，那時我是自然新網絡（New Networks for Nature）這個創造藝術和環境慈善基金會的成員，當時費格爾在我們的嘉賓克里斯．帕罕突然退出後，在極短的時間內接手拯救全場。身為團隊裡最懂河流的人，我被擢升為訪談者，我很緊張，而那不僅僅是因為我在青少女時期習慣聽費格爾的混音帶。我是真的不確定我們能相談甚歡，因為費格爾對河流的愛來自他一生熱衷於飛蠅釣。他是那座可敬的安維爾馬格納漁場（Amwell Magna Fishery）——國內最古老的漁場之一——的總裁，漁場則位於赫特福德郡的利亞河（River Lea）[4]。或許他痛恨獨木舟玩家。再者，自然新網絡的支持者雖然都非常溫馨和開明，總是有可能會有某人因質疑釣魚而讓他難受，這樣的話，整段採訪就會脫軌。我不確定我有足夠經驗讓訪談保持在正軌上。最重要的是，我從未見過費格爾在公開場合發言，所以我不確定他會傾吐多少。

其實我根本不必擔心。這男人話匣子打開後就關不住，你只需要打開它。事實、統計數字、鑑識細節、引述、軼事、俏皮話，和老天——憤怒；他不將怒氣浪費在其他河流使用者身上，而是以雷射般的精準對準公司、法定機構和那些領導它們的人的失敗之上——自來水公司、環境署，以及環境、食品與鄉村事務部這個政府機構。費格爾本人和在社群媒體上持續施壓，跟他合作的還有其他堅定分子，包括記者和社運人士喬治．莫比奧特（George Monbiot）和記者瑞秋．薩維奇（Rachel Salvidge），以及許多草根組織，它們幫助確保增加我們對河流的可怕濫用的能見度，並追究該負責的人。

費格爾指出的某一點讓我揮之不去，他比較音樂界和環保界。「UK Music（確保音樂界創意和製

作方面利益的組織，由費格爾在二〇〇八年協助創立）的重點是，有史以來，所有應該站在同一邊的人都在同一個房間裡，相互扶持和促進共同目標。但保育和環保運動從未真正辦到這點。外面是有大玩家，大型非政府組織，有數百萬名成員，但只要他們繼續防守自己的地盤，整天只想著招募更多會員，他們就總是會稀釋彼此的努力，並在真的應該下拳處抽手。當風險這麼高的時候，看見這種情況真的是很悲哀。」他說的很有道理。或許有一天我們會去白堊河釣魚。或者泛舟。或兩者皆做。

譯注

1 迪士尼《芝麻街》和《大青蛙劇場》中的角色。
2 非洲坦尚尼亞西北至肯亞西南的保護區，為觀賞野生動物的著名景點。
3 位於英國赫特福德郡。
4 位於英國東南部。

【小記】
蒼鷺 Heron

我在一個安靜的回水地帶游泳，靠近一座有著滑溜溜斜槽的小堰。一株大柳樹垂掛在水面上，還有一棵橡樹長滿豆子般小的橡子，累累結實，觸鬚般的根部則沿著左右河堤伸展。有小堰存在意味著我得先往下游游去——那總是有點讓我緊張，惦記著游回來時會更為艱難。我沒有游很遠，在游了五十公尺左右後調頭，剛巧目睹一隻蒼鷺降落在上游不遠處的水的邊緣。牠像降落傘般悠然飛下，尋找定位，又飛起再下降，鳥爪如此明顯精準，使我聯想到演奏會裡鋼琴家的手。我猜牠是雄鳥，因為牠的背部有特別長且精緻的羽毛斗蓬，那叫鷺毛。牠似乎也特別熱切於照料這些鷺毛，啪答收攏又開展牠的雙翅，最後終於採納一個獵捕姿勢，過程活像瑣碎精緻的摺紙。這讓我陷入兩難，因為我知道蒼鷺無法忍受被觀看。在划獨木舟時，牠們從來不讓我靠近。但如果我想從河堤上觀賞，我發現藏在側邊會有幫助——不要讓牠們看見你在看。眼前這隻蒼鷺費了一番功夫才安頓下來，不知道我就躲在幾公尺外的水裡，但倘若我要返回上游，我必然會驚動到牠。

地球上沒有生物比蒼鷺更能表達滔滔雄辯般的不滿。我想著英國詩人保羅·法利（Paul

Farley）那首優異、咒罵連連的詩〈蒼鷺〉（The Heron）：「……他媽的地獄，好吧，好吧，我會去車庫，為了你燃燒至火紅的香菸。」我低調地畏縮在一旁，鳥兒後來還是看見我：眼睛發射的那道強光，怨恨連連的叫聲。我低聲說。

「抱歉，蒼鷺爵爺。我得經過您。」

鳥兒將牠的角色扮演得淋漓盡致，退縮了一下，用憎惡的黃眼要將我烤焦似的，然後停頓兩秒鐘，在我竟敢沒有倒下來死掉或消失後，牠駝著背伸展翅膀，彷彿舉起牠才剛用肩膀甩下的外套，之後，啪啪啪陡然騰空，斜斜地飛到對面河堤的樹木上。牠一路潑濺白色糞便，紛紛噠噠擊打掉落在樹葉天篷上。我得意洋洋地輕笑。

「您沒射中我。」

第十二章

水所覆蓋的土地

Land covered by water

從土地權利和河流通行權的角度來看，約克郡的德溫河曾是兩大關鍵戰役的焦點，而這兩起事件相隔幾乎千年。第一起事件發生在一〇六六年九月二十五日；它僅僅持續幾小時，卻犧牲數千條性命。第二起事件沒有流血，是在宮廷內的爭鬥，卻從一九八四到一九九一年間歷時七年。

一〇六六年的英格蘭是兵家必爭之地。那年一月，宣信者愛德華（King Edward the Confessor）死後沒有留下明確的繼承人。為了避免繼承戰爭，以賢人會議（Witenagemot）知名的皇家顧問集會立即指定哈羅德．戈德溫森（Harold Godwinson）為王，他當時是國家境內最有權力的人。但哈羅德無法不透過戰爭來保衛王位。第一個挑戰來自他遭到放逐的弟弟托斯提（Tostig），後者嘗試在春天入侵。他被擊退，但兩個更強而有力的挑戰正在醞釀中，一個是挪威國王「無情者」哈拉德（Harold Hardrada），以及諾曼第公爵威廉。到了九月，兩人都已經舉兵準備入侵。

哈拉德首先發動攻擊，他和托斯提結成聯盟，而後者對當地的了解很有價值。他們乘著三百艘維京

船，領著一萬兵力於九月十八日抵達，往北橫掃亨伯河，接著順著約克郡的烏茲河，在潮汐幫忙下來到里柯爾（Riccall）[1]，這是潮汐能帶他們抵達的最遠處。九月二十日，他們徒步攻下到北方首府約克的最後幾英里，在福爾福德（Fulford）[2]外面遇上由效忠於國王的伯爵們帶領的軍隊。挪威軍獲勝，但雙方都為此戰役付出慘痛代價。

哈拉德和托斯提開始起草征服的協商條款，包括要求英格蘭人質。為了避免冒險傷害他們覬覦的權力地位，他們決定不在約克，而是在史丹佛橋舉行會議。史丹佛橋位於德溫河上古老的交叉口，從羅馬時代就存在。他們在致命的錯誤計算中，將一大批戰鬥人員、武器和盔甲重裝備與艦隊留在里柯爾。此時，哈羅德．戈德溫森聽到攻擊軍情，以令人吃驚的速度移動。他從倫敦行軍，一路招募更多軍力，到了九月二十四日，征服涵蓋到塔德卡斯特（Tadcaster）[3]的一八五英里地，那離約克有十英里，離史丹福橋則有十五英里。挪威人沒料到這麼快就又要打仗，而且絕對沒想到是在此地的德溫河。根據某些記載，一位單槍匹馬的騎士先去找哈拉德和托斯提，提供托斯提機會換邊站，重新得回他的伯爵領地。托斯提問，倘若如此的話，那麼哈拉德會得到什麼。「七英尺的英格蘭土地，因為他比其他男人高！」在聽說騎士就是托斯提的哥哥哈羅德時，據說哈拉德評論道：「那男人個頭雖小，卻在馬蹬上坐得很穩。」

撒克遜軍隊行軍過木造大橋。根據傳說故事，他們被一位單打獨鬥的挪威巨人甩著斧頭拖延許久，直到一位英格蘭士兵躲在半個桶子裡從橋下漂過，用矛從下方木板的空隙間刺穿巨人。挪威人倉促間集合而成的人肉盾牌被打破，數以千計的士兵被殺，包括哈拉德和托斯提。其他人在試圖逃走時淹死，從里柯爾來的增援部隊無力阻止潰敗。河流被維京人的鮮血染紅。據說，死者破碎的骨頭將戰場的土壤翻成白色，長達五十年之久。

親臨戰場的感覺很奇特。現在跨越德溫河的橋（單線道的石砌建物，上面有交通號誌，以確保車輛等輪到自己時才通過）位於原本的交叉口下游處兩百公尺遠，那是一處天然淺灘，現在則是另一個迫使鮭魚停駐的堰的所在位置。史學家和考古學家一直無法找到太多關於那場戰役的物理遺留，儘管軍事專家的共識是，撒克遜軍隊在越過河後，曾與入侵者在現知為戰役平地（Battle Flat）的高地這片寬廣地帶激烈交戰。

如果現在你走南河堤上的河邊步道，你會經過高度退化的牧場，堤岸則長滿一種外來入侵植物：鳳仙花。然後，你會經過幾座河畔房舍的長形花園，在那，你能遠眺由一座十八世紀的河道創造出來的小島，以及島上的旅行拖車營地。這就是以前的渡口。附近是村莊中心，有幾家酒館、一間小超市、印度菜外帶店和披薩店。如果你在那站在河邊，閉上眼睛傾聽，可能會聽到救護車警笛的哀嚎。忽視那個，再度傾聽。高壓清洗機的噴射水流刷洗淡綠色旅行拖車兩側的聲音。孩子在盪鞦韆。斑尾林鴿咕咕依偎在一起。在所有聲音之下，則是轟轟瀑布聲。而在那的某處，你可以隱約聽到男人彼此肉身搏鬥的尖叫聲。為了另一個男人的理想而死的嚎叫。

得勝的哈羅德．戈德溫森完全沒有喘息的時間。三天後，在南方兩百多英里外，威廉的諾曼大軍在

薩塞克斯沿岸登陸。哈羅德再度急行軍，和另一支軍隊會合。但他的好運用完了。十月十四日的哈斯汀戰役（Battle of Hastings）由諾曼人全面獲勝。威廉在聖誕節加冕，然後，依你的忠誠而定，身為征服者或混蛋的他在接下來的幾年間，壓制一個又一個的反抗者，建造許多城堡，分封土地給教堂和貴族（在封建體系下，只要他們仍對國王提供服務，他們就仍是地主），並創立龐大的皇家狩獵森林。那是公地系統結束的開端，也是殘留至今日最被曲解的土地擁有模式之一的濫觴，這模式在世界上舉世無雙。一〇八六年年尾，由威廉和他的貴族所進行的深度土地勘查結果被記載下來。後來，它以《末日之書》（*The Doomsday Book*）而聞名，那是一本出類拔萃的歷史紀錄，不僅包含土地、其價值及所有物的細節，還列出在征服前後的地主。英格蘭歷史上最大的土地掠奪行動逐郡逐字地被記錄下來。隨著時間流逝，封建主義遭取代一事意味著，只要你有財力，就能購買土地。但法律卻阻止中型地主累積土地。在每個階段，輸家幾乎都是平民。在十六世紀開始的圈地運動持續到第一次世界大戰，就目前的情況而言，今日英格蘭大約半數土地是由不到百分之一的人口把持。由於一條執著於地產的法律，它（可笑地）將擅自闖入這轉瞬間的行為與地主實際受害等同起來，地產權因此帶來驅逐權。對只擁有很小或沒有土地的極大部分人口而言，英格蘭鄉間是種迷宮，由看得見和看不見的邊界劃分，點綴著成千上萬個寫著「私人土地請勿入內」的警告標誌。我們廣泛的步道網絡掩飾了一項事實，那就是你在這些步道上看見的大部分景觀，其中百分之九十二的土地（大部分都躲在大型私人地產的高牆後方）和百分之九十七的河流都不對你開放。然而，甚至連在一八六二年設立來記錄國家土地擁有權的土地註冊處，都不總是知道那些地主確切是誰，因為，就如蓋・施盧索勒（他在《誰擁有英格蘭？》〔*Who Owns England?*〕對這個主題的揭露令人眼界大開）寫道，「土地總是授予財富和權力，而隱藏財富則是保存它的必要手段」。

儘管我本能反對英格蘭的河流禁行權，我還是花了數年才瞭解我家鄉河流的獨特案例。在此，一場為輸掉了的通行權而戰的戰役已經結束，在最高法院得到判決。而在決定最後判決時，上議院高等法官花了數週時間考慮一個我仍舊不真的知道答案的問題。

河流究竟是什麼？

這裡的故事不只是地主想勒令大眾止步這麼簡單而已，儘管毫無疑問，其中確實有這類意願存在且非常強大。在這個案例中，中德溫河的河岸地主在當地環保人士間擁有堅定的盟友，包括約克郡野生動物信託組織，這在很大程度上要歸功於他們曾相當成功地聯手保護了一個更遠的下游地區。

下德溫河山谷易於淹水，以擁有一個繁複多樣的鳥類相而自豪，這舞臺的參與者每個月都會改變。它是麻鷸、赤足鷸和鳳頭麥雞的繁殖地，是大量的野禽和涉禽的渡冬區，也是候鳥如中杓鷸從非洲到北極長程遷徙的關鍵停留站。此地多為低強度農業，意味著它仍舊是農田鳥類的家鄉，包括大量的燕雀、頰白鳥和麻雀，牠們都難以在其他地方生存。這裡還有麝香鼠和水獺，而原始洪泛草原（自然管理且大部分不用人造化學品施肥）的花朵多樣性使它們成為歐洲最珍貴的土地。因此，在一九七〇年，人們非常吃驚地發現，這是一塊在本質上未受保護的地貌。在世紀之交，它得到數十種機構的認可——其中有幾個被視為當地自然保護區和具特殊價值的科學地點，以及規模大但地點分散的國家自然保護區，這些國家自然保護區隨後更被列為拉姆薩國際重要濕地（Ramsar Wetland of International Importance，為全球認可的重要濕地）[4]、歐盟的鳥類特別保護區和特別保育區。

情況很容易會有所不同。一九七二年，在委託包商於沼澤地上的巴姆比（Barmby）[5]興建攔河壩之前，河流的潮汐活動遠至薩頓，那是德溫河在大約二十四英里上游與烏茲河交會處。興建攔河壩的主要

目的是防止鹹水進入河流下游。這使得自來水公司非常高興，他們得以從攔河壩上方抽取淡水。河流貨運公司也非常開心，他們從河流管理當局得到在任何時候都得保持河流有四呎（一百二十公分）深的保證，這大大改善了遠至薩頓的適航性。嗅到商機的開發商樂不可支。此事也促成了一項令人嘆為觀止的壯舉——它團結了農夫、地主、保育人士和釣客共同對抗開發的可能性。這些各式各樣的利益間形成立即和持續的共識，組成壓力團體，而他們的第一個行動就是整理出詳細的保育案例。數十年的生態研究使得河流獲得現在享有的許多保護區的認可。再者，於一九八〇年代中期，壓力團體成功倡導反對幾座排水幫浦的安裝，因此抑制了農業集約化，本會將許多傳統農耕氾濫平原從季節性牧場轉化為可耕地，其嚴重後果則包括汙染、生物多樣性的喪失，以及土壤流失。

一九八四年，最大的挑戰突然來臨：當時，從薩頓到莫爾頓的德溫河中段的四位最大地主收到檢察總長的傳票。原告是個財團，包括約克郡德溫信託有限公司（是個划船遊說團體，花了十四年努力維護航行基礎建設和允許通行計畫），還有由莫爾頓鎮議會撐腰的開發商團體。所有人都極想看到河流重新開放，儘管他們的理由從傳承和休閒到赤裸裸的商業利益等不一而足。他們的聲稱對一九三五年河流中段的航行權（因此包含通行權）的法定權利之廢止提出挑戰，堅決主張航行權隱含在一九三二年通過的通行權法案內，並認為如果二十年來都這樣解釋和使用，那跨越河岸的權利就該得到建立和認可。法案的一個關鍵註解聲明，「土地」包括「水所覆蓋的土地」。在他的書《約克郡德溫河：時間的時刻》（*The Yorkshire River Derwent: Moments in Time*）中，保育人士和倉促形成的辯方領袖伊恩・卡斯泰爾（Ian Carstairs）解釋道，檢察總長通常不會接下有打輸風險的官司，而以這種方式解決的案件的重要性，遠大於那些在個人、公司或其他組織間處理的當地案件。

接到傳票的地主已經和環保人士及釣客聯手，他們有大量關於河流生態重要性的資料。不幸的是，當觸及航行權時，這些幾乎無關緊要。「很遺憾地，對我們全體而言，」卡斯泰爾寫道，「這問題只能透過財產所有權來打官司，因為英格蘭法律基本上保護私有財產權，而且不對相互矛盾的公共利益進行仲裁。」原告有做他們的功課。「呈交上去支持（反方）的大量證據，在我們未受法律訓練的眼中看來，似乎確認了在過去幾個世紀以來，河流被廣泛用來航行。」

辯方則採納相同的熱情，以及瑣碎、但稍微有點古怪的手法，包括有時丟銅板以推翻經過仔細權衡過的決定，甚至嘗試召喚十七世紀釣客大師艾薩克・華爾頓（Izaak Walton）[6]的鬼魂出來幫忙。然而，這招似乎奏效，因為在一九八九年十二月，一位高等法院法官裁決在德溫河中段沒有早已存在或隨後的公共航行權，因此，一九三五年的撤銷有效。再者，他判決，一九三二年法案有關「水所覆蓋的土地」之註解，並不能應用在河流或湖泊上。原告立即發起上訴。當此案於一九九〇年審判時，三位法官同意原始審判的所有判決，除了一項以外。他們確信一九三二年的公共通行權的確適用──河流如果不是「水所覆蓋的土地」，那是什麼？

這隱含的意義十分重大，不僅關乎德溫河，也與英格蘭和威爾斯的河流有關。如果一九三二年的法案在這個案例中被認為適用，那就會包含數千英里的河流通行問題。現在輪到被告上訴，他們只有一個地方可去。因此在一九九一年十月，此案呈交給上議院，最主要的爭論點便在於河流的合法定義。

一九九一年十二月五日，上議院高等法官做出判決。他們推翻上訴法院裁決，異口同聲地裁定，河流**不是**「水所覆蓋的土地」。英格蘭最資深的法律菁英們在深思熟慮後，為了法律目的，裁決一條河流就是……一條河流。這項判決使保育和釣客團體鬆一大口氣，許多河岸地主則欣喜若狂。他們全都懼怕

開放河流的全部航行權後會衝擊到的不同層面，以及後續可能引涉的相關開發。

那對珍惜德溫河的許多人而言是個勝利，對不想分享它的人而言也大快人心。毫無疑問地，保育人士、地主和釣客為對抗划船者和開發商所組成的成功防禦，限制了對河流的干擾，進而阻止了某個特定種類的開發。莫爾頓河上沒有休閒遊艇、船屋或駁船，也沒有碼頭。我摯愛的河流維持慵懶的綠和金色，是個避風港。另一方面，如果我不願意不斷擅自闖入——搭著小船或游泳——我就不能以這種相同方式熟悉或珍愛它。我與自然和大地之間的關係，幾乎形塑我做的所有事，我的知識都從此而來。再者，我們就面對現實吧——被關閉的河流反正會以無數其他方式受到戕害：工業、農業和家用汙水汙染，地下水的抽取，經過設計的洪災「管理」和其他種類的開發。當被排除在外的大眾被迫與大自然有所隔絕時，上述各類禍害更是變本加厲，而大眾只能視而不見。我們不能為我們不愛的事物奮鬥，我們也無法去愛我們不知道的東西。在此，孿生悲劇開展。在這個人們與自然斷了連結，以及久坐不動的生活方式衝擊國家的身心理健康的時代，大滅絕帶來災難正與數百萬人擦肩而過，因為人們覺得自己和失落的大自然或物種毫無瓜葛。

我並不怨恨保育人士作為辯方的行動。他們已在法律範圍內盡己之力，而法律如此缺乏細微差別，因此也無法判斷快艇和獨木舟、貨船和小圓舟、船屋和輕艇、派對遊艇和立槳等等之間不同。就像伊恩・卡斯泰爾寫道：「賦予一艘船權利，就等於開放給所有要來的船。它們想來就來，從獨木舟到最大的船，它們那時就可在水域上暢行無阻。」但約克郡野生動物信託組織現任的職員爽快承認，排除低衝擊的河船並不是他們的勝利原先所要追求的結果。

從遊艇和文化傳承遊說團體的觀點所看到的航行權兩難在《約克郡德溫河上的航行》（*Navigation*

on the Yorkshire Derwent）得到仔細闡述，那是派特．強斯（Pat Jones）所寫的一本翔實小書。閱讀過程引人入勝，對遊艇所帶來的慵懶、平靜時日有著濃厚的懷舊感，可惜因對辯方聯盟含有沸騰般的鄙視而失色不少——他將辯方描述為「執著於自然保育和環保議題（極端到排除所有其他議題）的組織」，以及「狂熱的所謂環保遊說團體」。河岸植被的生長，尤其是樹，則被視為疏忽，天然洪災是醜聞。看到擁有如此多共同點的團體如此相互反感、撻伐，令人沮喪。值此之際，政府則漁翁得利。

事實是，上議院高等法官的判決所賦予德溫河和其他河流的環境保護，在禁止通行只應用在機動和人數眾多的遊船上時，仍舊生效。這類區別能防止化學和噪音汙染、堤岸沖洗，也不會產生和機動船隻相關的開發，因此也不需要碼頭。獨立驅動的小型河船，如獨木舟、輕艇、小划船、小圓舟和立槳，不需要特殊基礎建設，也不需要碼頭、突堤或堤岸開發。河堤也許需要階梯和浮橋保護，也很有用，但這些和釣魚臺比起來一樣不帶有侵入性。

推動河流通行權是否可能符合生態復育，這個問題需要仔細推敲。答案只有兩個字——責任。在每場通行權辯論中，你都會碰上根深蒂固的觀點，那就是，你無法信任沒擁有土地的人會善待土地。這觀點一廂情願地忽視無數個人和社區行動都積極使環境受益，以及真的擁有土地的許多人都糟蹋土地到可怕地步的事實。財產法賦予地主濫用土地的合法權利，而且，如果他們要的話，還可以完全毀壞它。此時，在二〇二二年，監管汙染和入侵物種的人們，那些盡其所能提高人們意識到河流品質正災難性低落的人們，罕少是地主。他們的確也不是監管機構或政府。財務拮据的環境署承認，就它自己的指標，沒有一條英格蘭河流處於良好的化學或生態狀態，同時也對進行任何重大改善束手無策。插手做環境署人員無法辦到的監管工作的人都是志工：草根倡議人士和公眾科學家。他們當中包含泳者、划槳手、衝浪

者、自然愛好者、漫步者和釣客，許多人深愛河流，但卻又不得不擅自闖入河流之上或河流裡。就是透過這類人的努力，威河的水質和生物多樣性（由集約式家禽養殖導致）的可怕衰退才引起更廣大群眾的注意，而在西約克郡伊爾克利（Ilkley）的瓦爾夫河，成為英國第一條人們可以在其中洗澡的河流後，才迫使環境署和約克郡自來水公司努力改善其表現。

浸泡改變人們——從象徵意義來說，從字面上意義來說皆是如此。本質上，將不負責任的行為拿來當作排除大眾的理由，會導致大眾與自然越來越疏離。如果你想要一個尊重河流的社會，你就得給大眾認識河流的機會。我會將我論述的最後一段留給伊恩·卡斯泰爾。他在第一次看見德溫河時說道：「我毫不懷疑我正在擅自闖入；我並非故意如此，我單純只是太興奮，因為我在一個美麗的英格蘭晌午得以於一個奇妙地方，享受無比快樂的心境。」

譯注

1 位於英格蘭北約克郡。
2 位於約克郊區。
3 位於英格蘭北約克郡。
4 自一九六〇起，歐洲保育人士發覺濕地環境急遽遭到破壞、消失，進而導致水鳥日益減少，便開始推動濕地保育並討論相關議題。在伊朗體育及漁業部長的大力推動之下，促成了保護全球濕地的《拉姆薩公約》的草約簽訂；此約後獲得聯合國的重視與認同，將其歸屬於聯合國教科文組織的所託管的國際公約，成為聯合國第一個處理環境議題的公約。正式公約於一九七一年在伊朗的拉姆薩完成簽署。

5 位於英格蘭約克郡東部。

6 艾薩克・華爾頓（1593-1683），英國作家，著有《釣魚大全》（*The Compleat Angler*）。

【小記】漲潮 High water

暴漲 Spate

河流水位突然漲高，常常導致淹水。

淤泥 Silt

岩石的精細微粒，尺寸在沙與黏土之間（四到六十二微米），小到足以讓快速水流的懸浮液攜帶而行，但又粗到可以掉出慢速水流並沉至河底。在天然的泛濫平原，淤泥是肥沃的農業土壤的重要組成部分。

二〇一五年年尾，狂雨似乎永遠不會止歇。戴斯蒙德風暴（Storm Desmond）在十二月九日登陸，為英格蘭北部帶來破紀錄的洪水，模式則持續著：一道標準的大氣河流在整個十二月帶來滂沱大雨，保持土地浸透，河水暴漲，橋柱和洪災防禦工事幾乎持續面臨危急情況。聖誕節前夕，

另一個風暴伊娃（Eva）降臨，其所造成的河流水位暴漲，迫使約克環境署做出悲觀預估。到了聖誕節隔天的節禮日（Boxing Day），原本設計來防止烏茲河倒流回小支流的約克佛斯防洪閘（Foss Barrier）承受前所未有的壓力。為了不冒閘門或許無法開啟的災難性失敗風險，環境署決定打開閘門，允許佛斯沿岸六百座居家和商業住宅淹沒——希望藉此使下游更多住宅逃過一劫。值此之際，西約克郡的赫布登橋（Hebden Bridge）淹在水裡，而這是三年半來的第二次，卡德河（Calder）衝破堤防。此地居民的憤怒不是針對環境署，而是對周遭的荒野地產投資公司而發。許多人指出，林木植被的缺乏、泥炭地的排水，再加上燃燒石南花以大量狩獵松雞的行徑，嚴重破壞了生態平衡，並導致本應能保持水分的地貌無法保水。最戳到痛處的事情是，德溫河沖破堤防數次，反覆淹沒莫爾頓部分地區和豪斯漢那座老舊的磨坊。

你難以想像洪水留下的混亂狼籍，除非你得面對它。當豪斯頓磨坊淹水時，淤泥的沉積層可以超過一吋厚，就如同留在糧倉門框上的高水位印記所表明。清理淤泥是個沒完沒了的苦工，即使是在最堅韌的石砌建築裡，因為那裡沒有石膏，沒有地板或地毯，也沒有低矮電路。你可以鏟掉和刮除最糟糕的淤泥，然後用水管沖出，等剩下的乾掉——即使有開暖氣，這可能都要花上數週——之後試著用吸塵器吸走，或將微細的塵土掃掉，但它只會在空中飛舞一陣，接著降落在你身後。

到了十二月二十七日，出於對其結溝崩塌的恐懼，塔德卡斯特的瓦爾夫河上那座擁有三百年歷史的古橋遭到封閉。我們的朋友貝傑和珍妮，以及他倆的兩個女兒，就住在距橋咫尺之遙。從許多方面來說，那是個理想的居住地點，可輕鬆走到河另一邊的鎮中心，女孩們和珍妮在那上學

和工作。

十二月二十九日，我的電話響起。是珍妮打來的，口氣哽咽。「那座橋……我想它完了！」果然，在不久之後，社群媒體上分享的影片顯示三百年的石砌古橋像派皮般崩塌入河流中，河水則被聖誕節燈光的反射光芒不協調地照亮。

塔德斯卡特的數百個家庭原本只要走路兩分鐘就可進城，現在變成要開車十五分鐘，繞一大段複雜的路，去越過下一座最近的橋，通過A64公路的雙線道。珍妮心煩意亂。那不只是熟悉地標毀壞帶來的震驚，還有在一夕之間認知到生活方式的改變所必須付出的時間、金錢和心理能量。

地方當局很快便向居民保證，會儘速安置臨時橋梁，並會優先修理古橋。不幸的是，有個障礙。歷史悠久的英格蘭市場城鎮完全被單一地產公司保守管理——此事並不罕見，而塔德卡斯特則是完全掌握在一個人手中，那個男人叫杭菲利·史密斯（Humphrey Smith）。史密斯的財富建立在塞謬爾史密斯（Samuel Simth）連鎖酒館和啤酒廠上——撿好聽的字來說的話，史密斯是個捍衛傳統價值的男人。他的酒館裡沒有電視或點唱機，顧客不可使用手機交談，也不能傳簡訊、上網或拍照。顧客的言語受到監控，如果雇員聽到你罵髒話，則會請你離開。此外，如果房東不強力執行史密斯的規矩，他們可能會失業和失去遮風避雨的房子。對想在他其他財產上經營的企業，他有嚴格的規範。如果你想和伴侶住進他所擁有的數十棟房子裡的一棟——它們大部分是外表吸引人的古雅雙層公寓——你們最好已經結婚。在塔德卡斯特，有夫妻是純粹為了租房子而結婚。願意遵守這類規則的房客很少，因此城鎮有很多用木板封起來的空建築物。

杭菲利在塔德卡斯特急需幫助時，遲遲不肯伸出援手。豎立臨時便橋的工程師苦苦待命時，接踵而來的是數週的爭吵。便橋合乎邏輯的興建地點，是在緊鄰舊橋旁邊的空地上，但它屬於啤酒廠，而史密斯拒絕給予准許。他反而是建議居民的新步道可以走上游，經過他幾年前對大眾關閉的一座老舊高架橋——即使是腳力穩健的步行者都得繞路十分鐘。在這個荒謬的案例裡，河岸擁有權的議題不僅為河流使用者、也為整個社區帶來棘手難題。

最後，臨時便橋走下游，另一位較樂於助人的地主介入處理。經過修繕和重新設計過的主要橋梁在十六個月後重新通車，剛好趕上塔德卡斯特於二〇一七年四月主辦的約克郡公路自行車巡迴賽開賽。在可預見的未來，新橋應該可以抵擋往後的洪災。問題是，未來越來越難以預測，而整個國家裡有數百條古橋，其原始建造者不可能想像到氣候變遷到這個程度，或預視到地貌變得如此無法保水。未來如何處理這些相關危機，絕對是人人有責。

第十三章

銜尾蛇

Ouroboros

那是另一個發人省思且令人落入嚴肅思考的九月夜晚。黑暗總是比預期得還快降臨，我來此觀賞新月，結果它隨落下地平線的太陽後上升的速度之快，令人大吃一驚。

我正在格羅斯特郡的明斯特沃思村（Minsterworth），那是在塞文河河彎外面。高高的河堤上有條河畔步道，但它毫無遮掩，還颳著嗖嗖冷風。我在那閒逛了幾分鐘，想找個能等待的地方，順便找個河堤為我遮風並在靠近河水之處。我頭燈的光束照亮的植被看起來無精打采。蘆葦、草兒、薊、艾菊和柳蘭都低彎著腰，覆蓋著一層乾涸的淤泥，草莖間則塞滿漂浮木的碎片和雜物。我選了一個夠高、可以保持乾燥的地方坐下來。

再度離家感覺很是古怪。在和最親密的家人單獨且長期地陪伴達數個月之後，我現在在遠離家鄉地平線的世界裡，獨自沉思。這是真正能陷入沉思的時間。我心情古怪地緊繃，心思則整天在橫衝直撞。

我不確切確定該期待什麼。我看過塞文河湧潮（Severn Bore）的影片——冒著泡沫的浪潮無情往上

游橫掃過觀看的群眾——但不是所有的涌潮都是一樣的。有些大到足以將一小隊的獨木舟和衝浪者沖到上游數英里遠。其他的則只是小浪，很容易就被強風或大氣壓力弄得平坦無波。為了幫助涌潮觀賞者，涌潮在事前會被根據其可能的力量和大小，以一到五星分級。今年或明年沒有五星級涌潮，下一個最棒的選擇是四星級，但會在夜晚發生。我不知道在暗夜中能看到多少。早上會有個三星級出現，因此我差點決定早點睡。

我察看手錶。我提早半個小時抵達，所以我關掉頭燈，拉上外套拉鍊，將帽兜拉上來蓋住帽子，雙手塞進口袋，縮起身軀保持溫暖。我似乎是單獨一人，但我離A48號公路很近，近到可以聽到車流聲，因此我並不確切覺得孤單。比起車流聲，有個聲音離我更近，但並沒有更大聲。我可以聽到蚱蜢在我身後蔓生的植被內唧唧作響，還有風兒刮過柳樹的沙沙聲。我辨識出甜美嗆辣的艾菊氣味，那一定是在我坐下時被壓扁的——聞起來像蘋果派。

排列在對岸河堤的樹上端，在高高的雲朵之間，木星閃耀著金色亮光，土星就在附近。河流水色是和蒼穹一樣的鐵藍，但卻顯得更明亮——彷彿它有自己的微弱光芒。那不可能真是如此，但它的反射矇騙我的眼睛，或許是因為河的反射比較近，並有河堤的黝暗襯托。

上游幾英里外，有一座優雅的單跨石拱橋，由湯姆斯．泰佛德（Thomas Telford）在一八二〇年代興建，直到塞文橋於一九六〇年開通前，都是塞文河最低矮的橋。它取代一系列較古老的橋，它們都座落在命名恰當的聚落歐伯（Over），那就在格洛斯特之外，其紀錄可追溯至《末日之書》。泰佛德的歐伯橋現在是人行步橋，A40號公路則連接旁邊較新建的橋。我在今天下午稍早開車經過新橋，河流璀璨，陽光遍灑。想像在以前，我所希望目睹的現象就已經凝聚力量，沖過數百英里後注入海洋，這感覺

很是古怪。

塞文河涌潮是外星影響造成的現象。自從月亮形成後，它每天都被地球的引力拉著，固定在軌道上。但引力是雙向的。月亮也拉著地球，尤其是水，只要海洋還存在，月亮就會像狗咬著厚重的床單般拉著海洋，不斷改變它們移動的方向。潮汐主要是由月球引力造成，太陽也有其影響力，當太陽直接正向或反向拉著月亮時，我們最會注意到此點，因為其結果是月循環的大或小潮汐，稱為大潮和小潮。

塞文河河口有著全球最大潮汐的紀錄，垂直高度大約十三公尺。只有加拿大西岸芬迪灣（Bay of Fundy）的可靠紀錄可資比較。涌潮是種潮汐，水流湧浪以非常銳利的銳角接近土地，如漏斗般挺立在布里斯托灣上，然後注入塞文河河口。漏斗變窄時，水被迫推得更高，創造出和河流等寬的浪潮，以時速十三到二十公里的速度向上游衝去。塞文河每年有大概兩百六十次涌潮，發生在一百三十天的早潮和晚汐，但大部分都小到看不見。潮汐在滿月和新月時聚集，那是在地球、月亮和太陽幾乎緊密成一直線的時候，但也受各種其他影響左右，包括大氣壓力、風速和方向、會隨時間改變的流速和水道地形。年度最大的涌潮，通常在春分和秋分左右發生。

微風加速，穹蒼萬里無雲，露出滿天閃亮星斗。有三顆星明顯比其他顆明亮，我犧牲一些夜視能力，使用手機上的應用程式，確認它們是夏季三角巨頭，織女星、天津四和牽牛星。它們全都比太陽大，也更明亮，但距離我們卻有好幾倍遠。從它們那邊看來，地球是個微塵，而地球上的所有生命則過於飄渺虛幻，與它們毫無關連。但我們在這，這個虛無的無窮小碎片上，努力創造意義。我將自己塞進艾菊花叢中，蚱蜢那昏昏欲睡的鳴叫因這份干擾而停頓了幾秒，接著在我安頓下來後又開始唧唧作響。

河流是面磨損的晦暗鏡子，反映出另一邊河堤上漆黑樹木的模糊倒影。現在則完全沒有色彩，只有

黑色和不那麼黑的黑色。在預測時間的前一分鐘，我拉下帽兜，綳緊耳朵傾聽空氣中的每個振動。我可以聽到樹林間的蕭蕭風聲，現在蚱蜢只剩一隻，有牠的獨鳴，還有從公路上不時傳來的噪音聲浪。指定的時間過去了。涌潮預測不是確切科學，所以我繼續等，綳緊耳朵。

幾分鐘奔流而過。我愚蠢到期待聽到它來臨嗎？我當然能看到什麼吧——至少能看到水流倒影中的漣漪？一次又一次地，快速移動的呼呼聲抵達我的耳朵。我綳緊神經，但那是摩托車，其他交通噪音。

四星級涌潮也曾經未能如預期般出現過嗎？我納悶。

那是什麼？某樣東西——一道更黝暗的水橫越河流？它當然不可能會靜靜前來。我的眼睛在愚弄我。我毫無理由地開始咯咯傻笑。「來吧，月亮，」我喃喃自語。「用力拉！或用力推——不管你該做什麼，都快做吧。」

蚱蜢現在又有了二重唱的伙伴——唧唧鳴叫和回應，來來回回。

六分鐘，七分鐘，八分鐘。我開始坐立不安。

九分鐘。

接著，有新事物出現了——至少我認為它之前未出現過——在蕭蕭風聲和馬路白噪音的組合之後，有個沉重的背景聲音。它聽起來有點不祥，惡狠狠的，越來越大聲。我倏地站起身，沖刷聲漸次增強。下游傳來像槍響般的劈啪崩裂——樹枝——或一整棵樹？噪音慢慢變成咆哮。我快走幾步上了河堤。它突然間變得有點可怕。我幾乎看不到任何東西，這世界簡化成純粹的聲音。然後，咆哮聲剎那崩解，變成如此近的砰砰碰撞聲，我不禁高聲大喊——想逃跑的原始本能使我的雙腿在身軀下頻頻抽動。某種蒼白的東西堆高，逆流一衝而過，我看不到它全部的咽喉，雷聲隆隆，幾乎像月亮的怪物化身，張開口猛

然吞噬整條河流。

我這時才想到我的頭燈，急忙將它點亮。

河水的變形如此完全，我只能喘著氣死瞪。涌潮的身軀緊隨著浪頭，河流在吞噬自己，一隻無法阻擋的卡其色銜尾蛇。轉瞬間，水位提高超過一公尺，水面劇烈起伏，滾滾翻騰。倒影都消失了。河水像熱巧克力般濃厚，它拉扯、吸吮著河堤，和中段水流奮力摔角，我的頭燈光束照到白色浪巔。在水流之間，殘骸開始流過：樹枝，之後是樹幹，一個可能是路標的平坦板子，一個洩了氣的大型戲水池，而靠近河堤下則有個物體，形狀類似動物，像某種哺乳類，濕濕的毛髮光滑無比。我打消了自己的第一個念頭，牠不是河狸，忘記現在在迪恩森林（Forest of Dean）[1]裡是有一些。我迅速想過其他選項。軀體太寬了，不可能是水獺。一隻獾？狗？或許是黑色小綿羊。牠流經的速度太快，我無法看清——可能只是個長滿苔蘚的圓木或一捲地毯，但我沒時間一直想答案。我的心田滿是一閃而過的景觀。它雖然看起來像一條河流，但是它走的方向完全不對，是向上游。要克服任何英國河流的最大水流之一所需的精力幾乎大到難以想像。涌潮持續，我觀看了十五分鐘，仍舊忐忑不安，咯咯傻笑，目瞪口呆，直到我察覺長褲被露水浸透，我不再因期待或腎上腺激素猛流而哆嗦不止，而是因寒冷。

後來我在躺在睡袋裡時，納悶與這類純粹兇殘的遭遇，在久遠以前會如何被某個在毫無預警的情況下初次碰上的人加以詮釋。人們應該習慣潮汐的起落，熟悉月亮的陰晴圓缺——但看見河流反噬自己，漲得如此之快——他們如何安睡？他們又是在何時學會辨識出一種模式？那不是個明顯的模式，因為不是每一次潮汐，不是每一次滿月或新月都會帶來涌潮，而且涌潮也各自不同。在有些年間，那幾乎不值得一提，而在其他年間則發生數起。二〇一九年就有三次五星級景觀。

我努力想辦法入睡。或許長期以來渴望的孤獨讓我有點瘋狂。它的確給我天馬行空的想像空間，我無法甩掉我自己也大部分是水的想法，因此月亮一定也有在拉著我。回應月亮引力的不僅是水。地球也有潮汐。這些是行星整個球體的變形，就像海洋的潮汐，在任何地方基本上每天發生兩次，這要感謝月亮的拉力，並在一個較小程度上，還有太陽。我想，沒有封閉系統這類事物。不真的有，除非你在討論的是整個宇宙。我的想法吊在半空中，惶惶不安，處在某種未知地域。我們不全都是這樣嗎？吉普賽河是對的。現在不是正常時期。

譯注

1 英格蘭格洛斯特郡的西部名勝，為一座三角高原。

【小記】

柳樹裡的鬼魂 Ghosts in the willows

我住在泰晤士河谷的某處長達快二十年，一直住到二〇〇二年，但感覺上那些日子像在外國：記憶清晰，但卻遙遠。在牛津郡，於那些接近秋分的湛藍、高壓時日裡，沖積平原上呈巨浪翻騰的柳樹和劃出漣漪的白楊帶來一股異國情調。

秋色開始一掃夏末樹葉的沉重綠意，以輕快且溫暖的徐徐微風吹快樹枝的動作。紅色風箏狡猾地閃動，它們在耕過的田野上高高傾斜，田野則是一片牛奶巧克力慕斯的色彩，晚割的綠色乾草成排等待綑綁。

布斯科特村（Buscot village）[1]精心安排的古雅，似乎不適合我今天前來追尋的那一頭凌亂的鬼魂們。羅傑・迪金在一九九〇年代於派對後來此游泳，在《水之道》中寫到圍繞著柳樹的環形水池：「正是給威廉・莫里斯（William Morris）靈感的那些樹……使他設計出他的《柳樹枝》（*Willow Boughs*）壁紙。」我熟悉那個圖案。我母親過度熱情地將樓下廁所的四面牆壁全都貼上那種壁紙，那時我十幾歲。我因此開始尋找迪金常去游泳的地方，而莫里斯的雙重背書使得此事在早秋熱浪中，成為無法抗拒的短暫休息點。這位備受推崇的設計師、作家和倡議人士，在他人

生最後三分之一的大部分時間裡，就住在下游的肯斯科特（Kelmscott），並把從考斯沃德到牛津這段河流稱之為「泰晤士寶貝」（Baby Thames）。其他人則叫它伊西絲（Isis）[2]——這名字最近遭汙名化，但似乎已被奪占中央舞臺的新興全球怪物組織擠到一旁。河流能移除任何東西。我納悶它是否保留有羅傑和威廉的任何痕跡。

我越過泰晤士河那知名的最短閘門，進入格羅斯特郡，看著一艘小汽艇經過並開往上游。船上有三個男人——還有第四位，他穿著短褲、帆船鞋和帽兜，戴著船長的帽子，閃耀的帽尖有金色圖案攀爬其上，他正在操作閘門。他轉動輪子關閉下游的門，然後信步走去上游的門，那裡有兩位青少女無所事事地觀看著，接著他開始小心翼翼但靈活地轉動機械。小汽艇升高，航行一小段距離，然後停下來。水潺潺流過的聲音傳來，另一個過路人穿著印有「快速航行」標語的T恤，做出凝視下游閘門的姿態。

「我想它還是開著的，老兄。」

船長羞怯地回返，再度轉動輪子。奔流的水流淙淙聲剎時停止，小汽艇像玩具鴨一般順水而起。

閘門下有個空蕩蕩的裝卸專用碼頭，我坐在那，腳丫在水裡晃啊晃的。水是卡其金色，清澈到我能看見柳樹落葉的穩定流動：它們從下方湧上來，從閘門漏出的水流夾帶著落葉前進。落葉劃破水面時，變成繪畫的靈巧畫筆，有些灑上綠色，有些灑上金色，帶著棕色斑點，就像完全成熟的香蕉。其他葉片則淡很多，因為它們以底面朝上的模樣漂浮著。河流嬉弄著落葉，製造自己的構圖。我靜靜等待，半期待會在眼前看到那幅《柳樹枝》鑲嵌畫的原始模樣。但河流有別的點

子。它決定畫布上最需要的，是某些鳳仙花花瓣構成的普普藝術粉紅點觸，然後在強調現代派的濃郁畫筆下，勾上歐洲瓊花莓果的斑斑猩紅。

閘門旁有座小島，其草地修剪得如此整齊，讓人懷疑是動用了魔法的銀製剪刀，而閘門別墅現在是英國國民信託組織的假期出租公寓，呈現考斯沃德完美的一面。甚至連其花園中的粉紅玫瑰都是迷你變種，在它們的襯托下，閃爍發光的紅色優紅蛺蝶看起來像是巨人。別墅風格比較偏向巧克力盒，而非藝術與工藝風格，對我的品味而言，也有點過於甜膩。甚至連堰看起來都狀若結婚蛋糕。但環繞著水塘的樹木，一點也沒有過於完美的問題：接骨木、歐洲瓊花、山楂，和犬薔薇的弧線，全都累累結果，此外還有柳樹。我掃視樹枝，想找任何一點如《柳樹枝》的畫面，但樹木不肯配合。它們並不特意保持儀態莊重或重複圖案。它們在溫暖的微風中咻咻鞭打，活像在茶舞中搖頭晃腦的舞者。毫無疑問地，我可以感覺到羅傑的不羈靈魂就在通往流水的一道爛泥溜槽旁邊，他挖苦地描述那裡「對反對野外游泳者而言，堪稱某種河堤侵蝕」。我跳進其中一個，然後沿著水的邊緣向前，人們通常不走那條路。我在柳樹幹間攀爬，踉蹌維持平衡，腳下踩踏薄荷——我聞得到它的氣味，為我赤裸的腳板帶來一股涼意。在水池邊緣周遭的水面雜亂散布著柳樹的繽紛落葉，還有幾只柔軟的大型精緻羽毛，看起來無比蓬鬆，呈現最淡的灰色。我可以在它們之間看見樹木的倒影，落葉就是自此落下，反襯著明媚天空。水黽的移動在這和那打破這幅畫面——前腿張得比後腿還開的牠們，站立在水面上的四條長腿製造出點點漣漪。

爆竹柳的名字名符其實。最大那棵的樹心早已不見，留下肌肉發達的殘株，猛力崩裂開來，但仍舊生氣盎然，爆炸般的新枝從曾經去梢的樹頂紛紛冒出。盤根交錯如纜繩，但分隔成有如花

線和纖維織成的粗糙蓆子，呈現酒館地毯的顏色——深勃艮第酒紅，並在某些地方褪成紫紅。那裡幾乎沒有土壤，沒有空間。地面幾乎全都是盤根交錯的柳樹根。它們的密度令人嘆為觀止。

我迅速更衣。我選擇性地認為「禁止游泳」的告示牌是拿來指碼頭那邊，而不是指池塘這裡，但不想給任何人來挑戰我的機會。我選了一個地點一躍而入，此時，一條黃金獵犬劈哩啪啦地跑過。一旁的男人告訴我，牠的名字叫火花。牠走後，水變得比較沒那麼閃閃發光，但牠替我指出最容易進出的地點。

我繞著池塘游了幾圈，推開繽紛落葉，打破蒼穹倒影。陽光強烈到我的手臂伸展時，能透過水感覺到熱度。在圓形空間裡游泳令人暢快——你可以繞行或通過，或只是在中央漂浮，像個胚胎，或像汪汪大眼中的閃爍微光。晏蜓低空掠過，製造出《星際大戰》的光劍咻般劃過的聲效。我再度將身體翻至正面時，看見一隻天鵝和四隻發育良好的幼鵝一起加入了池塘——羽毛滿天飛擲。成鵝在多層的堰上踏上第一階，白色羽毛反襯白水，牠從另一階啜飲。那是在這個荒謬美麗之地，最招搖動人之物。

譯注

1 位於牛津郡泰晤士河畔的村莊。

2 埃及神話中最重要的女神，也是生命與健康之神。

第十四章 銀魚 The silver fish

我的葬禮那天來臨時，敲破我的墳墓，
沿著克雷特河沿岸，在河水的潺潺聲中。

——〈讚美克雷特河之歌〉（*Song of Praise for the Clettwr*），由歐文・施爾（Owen Shiers）翻譯

在往南開長途車程去觀賞涌潮時，我曾和一位朋友談過。他是民俗歌手、歌曲蒐集者和博物學家山姆・李（Sam Lee）。在我們範圍廣闊的交談中，山姆提到另一位他認為我應該去認識的歌手。我們掛斷電話不久後，我的手機就嗶嗶響起，傳來歐文・施爾（Owen Shiers）的聯絡方式。因此，兩天後，我開車去麥奇勒斯（Machynlleth）[1]，聽著歐文的新專輯並反覆播放。歌曲全以威爾斯文撰寫——我只認識這語言的幾個地名、地理特色和基本的打招呼用語。歐文的藝名是Cynefin，在英文裡找不到翻

譯，根據他自己的翻譯，那是指一種通常被動物重複使用過的小徑。在那個意義上，它類似英文的橋（smeuse，通常指長滿濃密植被的小徑，為動物所開闢）和野味步道（desire path，通常是由人類路過的雙腳踏出的足徑，標誌出一條偏愛的路徑，往往在較不方便的官方路徑旁被創造出來，作為捷徑）。但對歐文來說，*cynefin* 也代表家，和更廣泛知名的威爾斯概念「希賴斯」（*hiraeth*）相對立——那指的是對一個地方的苦甜渴望，在十九世紀時得到廣泛使用，當時人們被迫離開家鄉，常得出國或轉入城鎮。在歐文的詮釋中，路徑，或說 *cynefinoedd*，形成一種網絡，不只承載著人們，也承載著文化和歌曲。

那是另一個烈日當空的日子，長途開車的炙熱和強光帶來對涼水的瘋狂渴望。亞伯立斯威（Aberyswyth）[2]海灘擠滿在新冠疫情時代返家的大一新生，像小家庭團體般隔開，保持社交距離，彷若鳥群的巢。我找不到地方可以停車，最後放棄，繼續開車前往麥奇勒斯，在戴菲（Dyfi，又名多威〔Dovey〕）山谷[3]發現一處安靜的營地，俯瞰著山丘和森林。我仍舊需要游泳。我一搭好帳篷，就循著有標誌的步道前進，結果在十五分鐘後看到另一個警語說，前面的路徑已經封閉。那個警告標誌看起來是臨時設置的，但似乎豎立在那很久了。我除了以錯誤方向重拾來路外，沒有其他選擇。因此我繞過它，爬上一座橫越小溪的破橋，進入河畔草地。我發現了一個河彎裡堆積平滑鵝卵石的地方，而我斷定——步道封閉意味著其他步行者不太可能來此，因此我迅速跳進水中，逆流而游，幾乎在原地打轉，宛如跑在跑步機上，只是這樣更有益於恢復健康。

夜幕帶來低矮的弦月，月亮是粉紅葡萄柚色。它低垂時，一大片濃密的星星若隱若現，彷彿用噴霧罐噴過天際。那是個壯麗的夜晚，但現在，在過去幾天漂浮進入、如做夢那樣恍惚的狀態消失後，我納悶自己在這片荒郊野外做什麼。我只知道歐文非常在乎某條特定河流，他如此在乎，在乎到他願意花三

年時間蒐集、整理和錄下某些古老的歌謠。他的簡訊非常友善，但他顯然很忙碌，特別為我在會議間安排會面。山姆要我們討論些什麼？我試圖在腦中反覆播放提到歐文名字的那段談話。我們談到白堊河和漬鮭魚、塞文河涌潮，以及我們對月亮共同的愛。但當時我將一半心思放在開車上，除此外，我所能記得的只有不合季節的酷熱和高速公路的強光。

我夢到用雙手試圖抓魚。牠的魚鱗閃爍得如此耀眼，照得我的眼睛刺痛。比銀色更亮、更白，就像從老式鎂光燈的閃光燈泡發出的光。牠在發出夜晚色澤的河流中悠游，留下微微發光的品紅色和綠色殘像。牠一次又一次地溜過我的手指，直到我最後了悟牠不真正是條魚，而是月亮在水面上的粼粼倒影。

早上，歐文又傳來簡訊，建議我們走克雷特河（Afon Cletwr）上坡去塔利埃辛之墓（Bedd Taliesin）。

我突然瞭解我為何在那了。

塔利埃辛的故事是英倫三島最古老的故事之一。那是個男孩的故事，他叫圭昂・巴赫（Gwion Bach，小圭昂），經歷一連串魔法變形，旅行到河流下游，然後出海，最後在回來時成為塔利埃辛，練就出把弄文字的魔法力量，注定要在吟遊詩人、顧問和國王間變得出類拔萃。有些人說他後來成為梅林的導師。我以老方式初次得知他的故事：聽來的，而非閱讀。麥爾坎・格林（Malcolm Green）這位說故事大師將故事講得如此精采，我喜歡得不得了，於是去搜尋細節，結果找到《馬比諾吉昂》（*Mabinogion*）的翻譯本。這本文集包含不列顛一些流傳下來、最古老和最怪誕的散文故事。以中世紀威爾斯文寫的版本可追溯到十四世紀後半葉，但口述傳統則古老得多。它們同樣說到亞瑟王和其他凱爾特神話故事的一些角色和比喻，但也擁有完全獨創的角色。

神話和民俗故事的部分功能就是在對我們顯示我們自己的歷史，內容往往有些細節重複，呼應季節、世代和歷史的循環。就我們自己島上的神話中，這面向可能在《馬比諾吉昂》中最為明顯。在此，黃金之子、賜福、詛咒和變形的故事層層交織，形成不完美的循環——說它們是種「螺旋迷宮」而非循環比較正確，故事從來不完全返回原點或重複，但緊密擦過它先前走過的地方，然後再返回。

我讀的版本是馬修・法蘭西斯（Matthew Francis）[4]的英文詩翻譯版，讀者或聽眾在主角跨河死亡時加入故事，主角叫普萊德利（Pryderi），是德韋達（Dyfed）[5]王子普威（Pwyll）和萊安諾（Rhiannon）的兒子，萊安諾是能掌控時間的女巫。我們立即知道這不是故事的原始開端——只是個我們不容易理解的大圓圈圓周上的一點。隨後的敘事循環、旋轉——有時流出視野，有時則在其他地方蒸發和凝結，但最後總是帶著一種無法避免的宏偉，返回一個非常類似其開始的地方，如河流的叉口，在那裡，太陽燦爛，水流一路絆跤、滑動和洶湧，繞過平滑的岩石。在那裡，我們被留下來透過另一個兒子的視野觀看，他的命脈衰退，「躺在萬事旋轉之處，故事初始」。那並不真正是個結局，只是個我們不容易理解的大圓圈圓周上的另一個點。

故事很難理解。即使法蘭西斯譯筆下壯麗的視覺效果就像用寬頻或衛星訊號觀賞史詩電影——你看見的景致美妙至極，但故事有漏洞。故事讓人勾起對水循環的回憶。在那個世界裡的水大半是黝暗的，藏在深邃的海洋或深層的地下。有些水流抄捷徑返回它們最近流過之處。有些則進入深邃的儲水區，蟄伏時間比文明、或甚至物種還久。但偶爾，它們徘徊在光芒中的時間長到我們會注意到。這類就是從神話得到的頓悟微光，而這許多閃爍的黯淡光芒是水的光輝。世界神話不僅再現了我們的水生起源，也反覆告訴我們關於大洪水，以及土地和文明被水淹沒的故事。古老的洪水神話符合史前海水平面暴漲或海

嘯導致陸地被淹沒的現代科學證據，讓人無法視而不見。我們不得不下結論說，它們代表幾千年前真實事件的民俗記憶。

那是在秋分時節的馬本（Mabon）。歐文在麥奇勒斯一處停車場的濛濛細雨中等我，因為新冠疫情的規定，我們各自開車，向南開幾英里到克雷特河的山腳，這條河短促且起伏不定地順流而下進入海岸平原，然後轉入戴菲河河口。克雷特這個名字和歐文家鄉的河流克雷特瓦河（Clettwr）幾乎一模一樣，不同的是後者注入距此南方五十公里遠處的泰菲河（Teifi）。

歐文在六歲時搬到塞羅迪金的卡波德威（Capel Dewi）小村，因為他父親是英國唯二的豎琴製造師之一，當時需要更大的工作坊。豎琴師的兒子在陡峭的威爾斯河流旁長大，隨後從事結合音樂與地方文化的職業，這看起來似乎擺脫不了浪漫氣息。但歐文堅持其實沒那麼美好。「我是個局外人，」他說。「我們來自卡地夫（Cardiff），在家都說英文，我是聽超脫合唱團（Nirvana）長大的藝術怪胎。在十幾歲時，我只想離開那該死的地方，一刻都不能等。」

逃出那裡意味著學習音樂，然後是得到在創作歌手、專輯製作和人權倡議人士彼得・蓋伯瑞（Peter Gabriel）手下做事的夢想工作。歐文說，那時的他完全不想回威爾斯，更別提搶救民謠。他將心意的改變，歸功於在恩伯康伯（Embercombe）[6]一年半得到的歷練和洞見，此地是德文郡一個無拘無束的度假勝地和教育中心。「我在那的導師問我的問題，都比我所受的文化和教養想得還深。為了追尋那些問題

的答案，我決定返家。那是個重大的決定。很多人會為了得到我的工作而不惜一切代價。」

在英文裡，你說「演奏」（play）樂器，但在威爾斯文裡，你是「讓它唱歌」（make it sing）。歐文了悟到，讓他高歌的是對威爾斯地方和文化的渴望。希賴斯。「或許冥冥中注定，我離開就是為了獲得那種感覺。」他說。等到他真的回家時，他心中已經有了想做的事。

「民俗歌謠是拿來表演的，」歐文說，「就定義上而言，罕少人想到要把它寫下來。對這些往往非常古老的歌曲而言，這危險在於，如果沒有人唱它們，它們就跟著歌手死去。」他開始尋找克雷特瓦山谷附近的歌謠，越靠近那裡越好，最後發現了數十首。有些來自歸檔在如威爾斯國家圖書館（National Library of Wales），以及威爾斯歷史與民俗故事聖費根博物館（St. Fagans National Museum of History）裡的錄音、紀錄或手稿。大部分則直接來自年老山谷居民，他們年紀大到足以在社交唱歌仍舊常見的年代裡學會唱它們。「學術典藏是很重要，但藉此蒐集而來的歌謠，太多只存活於紙張上。有些歌可能數世紀以來都沒再被唱過。我想讓它們起死回生。」三年來努力搜集的成果是*Dilyn Afon*，《跟著河流》，就是我一直在聽的專輯。

在穩定爬坡半小時後，我們暫時駐足在樹林間的一個縫隙，從那裡可以一瞥河口美景。歐文說，在那更遠處有著沉沒海下的神秘古國坎特雷葛威洛德（Cantre'r Gwaelod），是全球史前文化流傳下來的洪水神話中較為人知的地點之一。海平面在最後的冰河時期顛峰和大約八千年前間暴漲超過一百公尺，不列顛也是在那時變成島嶼。坎特雷葛威洛德地勢低窪，土地肥沃，由堤防和水閘系統保護其免受潮汐侵害，但最後還是淹沒了。那是真實故事嗎？嗯，我們知道卡迪根灣（Cardigan Bay）的確有保存下來的森林、墳墓和堤道般的建築——它們有些部分會在低潮和風暴時偶爾裸露出來。

外面還在下著毛毛細雨，但氣溫熱到不用穿外套，因此我們繼續往上坡走，流更多汗，聊著民俗記憶。「你會以為我們會珍惜那些東西，」歐文說，「但我們正在經歷一場文化健忘症的瘟疫。許多擁有逐漸失落的知識的人，不知道他們擁有多珍貴的東西。比如，我知道有這麼一位老農夫，是唯一還在種威爾斯黑麥的人，他可能也是唯一還在採納老辦法綁麥束的人。但當我問他那樣的人有關老做法或故事或農業設備時，他們會很吃驚。『什麼？那個老東西？』我說：『對，**那個**老東西！』他們沒察覺到那是文化黃金。他們寧願和我聊他們全新的卡車。

「我不怪他們。那位黑麥農夫到了一九六八年，生活中才有電，他的祖先在赤貧中長大。但現在有兩類截然不同的人，山谷的原居民興建這些可怕的鵝卵石灰漿房子，想在裡面安裝按摩浴缸，而初來乍到的人則對威爾斯抱有浪漫想法，正在做古屋修復工作。在那方面是有文化摸索，但就像我的家人，這些人通常說英文。我們的村莊就是個典型例子。當我們搬來這裡時，大概有一半居民說威爾斯語。現在大概是百分之三十。他們說語言有個關鍵門檻，一旦使用者掉到百分之四十以下，它就會失去功能。另一方面，百分之七十是語言仍舊活躍的關鍵門檻。」

歐文停了下來，以查看手機裡的地圖。我記得有人悲觀地預測，威爾斯語和蘇格蘭蓋爾語兩者都在一九八〇年代逐漸死去，但我也知道，我比較年輕的威爾斯朋友全都在學校裡學習他們的母語。所以，我問歐文，威爾斯語怎麼還算正在走向流失呢？

「威爾斯語現在沒處於以前那種直線下墜的困境，從二〇二二年開始，全威爾斯境內會恢復雙語教學。將二十一世紀生活翻譯成威爾斯語很容易，我們以為這樣做我們就是在維持威爾斯特性，但那是個幻覺。語言需要文化支撐。移民和擁有第二個家都是這面向的一部分。威爾斯人很寬厚——他們聽到英

文時會換說英文，所以搬到這裡來還是很容易適應，有人聽不到威爾斯語，也不瞭解它**需要**被說。我每天都使用它，但你得做有意識的努力。那和民俗歌謠是一樣的，許多仍然與現在息息相關。」

「怎麼說？」

「它們是熟悉的故事——有關人們、地方，也有關鳥兒和動物。黑鳥、杜鵑鳥、家燕都是其中的重要特色，就像在英格蘭民俗歌謠裡那樣。那是情詩。」他乾脆地說。「寫家燕回返是在想念某人。那份渴望和團聚後的鬆口大氣。但因為大自然在這些歌謠裡如此顯著，它們也變成記錄野生動物衰亡的一種重要方式。舉杜鵑鳥、歐斑鳩、夜鶯和雲雀為例——人們以前傳唱含有這些物種的當地歌謠，但現在在歌中提到的許多地方，我們已經不再聽到鳥兒鳴叫了。我覺得語言流失和物種流失是相關的。它們是相同問題的一部分，你知道……」

「全球化。」我們同時說出這三個字。

「沒錯。我們被這個進步敘事給誘惑，它很無情。歌謠和故事提醒我們從過去到現在一直都很重要的東西。比如，西威爾斯的河口曾經在每年此時滿是鮭魚。漁網撈捕的新方法是在十二世紀由諾曼僧侶引進。這些手法持續被使用超過八百年——其中大部分時間證實這手法能永續經營，魚多到盜捕是種生活方式。但現在幾乎沒留下什麼。最近幾年，傳統漁網捕撈變成觀光景觀——觀光重點——泰菲河上的最後幾位捕撈漁夫現在規定要野放他們的漁獲，如此這些魚才能游回上游去產卵。」

這似乎是在做戲，抓魚然後又放牠們走。「是啊，」歐文說，「但要文化永續的話，我們需要知道這份稀少並不正常。那是防止溫水煮青蛙，不然我們就會被欺瞞，以為我們這個時代的生態還算正常。」

我記得是一個有關魚的故事將我帶來此地。圭昂．巴赫和塔利埃辛的故事是所有威爾斯神話中最廣

為人知的故事之一。口述傳統有其源頭，這就意味著故事有許多版本。用墨水寫下的故事就像固定在標本紙上的蝴蝶——牠們仍舊美麗、引人注目，色彩繽紛，並且在你試圖靠近時，不太可能掙脫你的控制。但牠們也喪失了某些東西。塔利埃辛的故事被寫在泥金裝飾手抄本上，現存下來的版本稱為《塔利埃辛之書》（*Book of Taliesin*），由不知名的手在據說事件發生大概八世紀後寫成。然後，在吟遊詩人活著的年代整整一千年後，艾利斯．古魯菲德（Elis Gruffydd）[7]寫下了另一種版本《漢納斯．塔利埃辛》（*Hanes Taliesin*）。但到那時，故事已經有許多版本，就像亞瑟王和被祝福的布蘭（Bran the Blessed）[8]一樣，它與這些故事交織，變成一個描述變形和妙不可言的角色的敘事。如果我們在歷史中尋找啟示，這些故事提供的光亮是蠟燭火焰——黯淡、搖曳不定，很難讀懂，但本身卻令人難以抗拒。如同考古學家和古生物學家，神話學家可以擁有一些跳躍的想像力。但在這麼做時，他們不自覺地又再度改變事物的形式。

在說故事前，歐文說，瞭解誰是塔利埃辛很重要。「他常被叫做塔利埃辛，是吟遊詩人的首領，而老式吟遊詩人不僅是詩人和表演者。他們也是相當重要的人物：顧問、有影響力的人、英雄。圭昂．巴赫的故事解釋了塔利埃辛如何得到他的智慧。」歐文口述的版本，也就是我現在在此用自己的話說的版本，遵循他的朋友葛威林．莫魯斯—拜德（Gwilym Morus-Baird）的詮釋；葛威林是凱爾特神話學學者，堅決認為故事發生地點是在圭內德（Gwynedd）[9]——位於林泰吉（Llyn Tegid）靠近巴拉之處——和我們正在健行的山谷之間。雨勢稍歇，我們攀爬陡峭山坡，在被地衣覆蓋的小橡樹和果實纍纍的冬青之間行走。懸在莓果上的水滴閃爍著微光，我近看時，可以看到在每個水滴裡，山谷都是顛倒的。

女巫賽琳德溫（Ceridwen）是泰吉德．佛爾（Tegid Foel）（泰吉德湖[10]名字的由來）的妻子，有兩個小孩。一位長相標緻的女兒，克雷薇（Creirwy），和一個長相非常難看的兒子，莫佛蘭（Morfran）。但賽琳德溫知道長相不是一切，決定確保莫佛蘭會有其他優勢。她在魔法大鍋裡準備了一種魔藥，會給喝下去的人聰穎、知識和遠見。魔藥得沸騰和攪拌一年又一天，之後，頭三滴會讓她兒子變得無所不知。她致力於收集必要的草藥，將看顧藥鍋的任務分配給另一個男孩，圭昂．巴赫。圭昂是個好男孩。他勤勞地做他的工作，保持魔藥翻滾沸騰，在一年又一天後，他仍舊在看管和攪拌，等他的女主人回來。但沸騰的液體會揮發，圭昂攪拌時，魔藥潑濺到他手上，滴了三滴，將他燙傷。他在想都沒想下，就用舌頭舔掉滾燙的液體，試圖平緩燙傷。他就這樣舔完了。因此在賽琳德溫接近時，圭昂充滿著原本應該要給莫佛蘭的智慧和聰穎。他立刻知道，他在瞬間看見過去、現在和未來。剎那後，賽琳德溫也明白了。圭昂逃跑，賽琳德溫在狂暴的憤怒中追捕他。但圭昂不再是普通男孩。他用新魔法將自己變成野兔，這樣就能跑快一點。賽琳德溫變成灰狗。圭昂蜿蜒前進，短跑疾走衝刺，但賽琳德溫緊追不捨。她近到他可以感覺到她的呼吸熱氣。他跳入河中，在跳到一半時第二次變形，變成一條魚。

我們停下腳步。我們已經靠近山丘頂端，北方可見史諾多尼亞（Snowdonia）[11]開展的柔和景觀。我瞥瞥手機上的應用程式，它示意我們有點偏離路徑。但我猜那就是歐文的用意，所以我沒提這件事。

圭昂在河裡，一條宛如思緒般快速的銀魚。賽琳德溫也變形，成為輕盈的水獺，仍舊無情追捕。他們往前往下衝刺，甚至比急流還快。如果你在現場觀看，或許會瞥見圭昂脅腹閃爍的銀光，或賽琳德溫

游過後留下的小泡沫發出的氣泡。但在河流的湧浪和微光中，你可能看不見他們本身。她再度逼近。如此接近，他可以感受到她凶猛的頭部往前衝時推動的壓力。

我們找到一條健行步道，走過它以接近農田。狗起身迎接我們。牠狂吠如急流，尾巴不是搖擺，而是鞭打，將身體挺得盡可能地大。我們繼續走，穩定地走，輕聲細語，偶爾對牠說一或兩個字（牠似乎聽得懂一點威爾斯語，但完全聽不懂英文）。牠緊跟在我們後方，讓人不安，宛如豺狼般凶猛，惡狠狠地汪汪猛吠。我毫不懷疑，如果我們開始跑，或試圖走其他方向，我們中至少有一人會被咬。我不敢回頭看牠——眼神交會似乎是個壞主意。「我們要離開了，我們要離開了。」我盡可能地冷靜重複，腳步沒有停下來。我們走過大門後，狂吠才止歇。

圭昂．巴赫沒有時間喘氣。他在慌亂中跳離水面，現在變成一隻鳥。彷彿他沒辦法醒轉的夢魘，賽琳德溫以老鷹之姿再次緊追在後。他沒把握自己能飛得比她快，所以他降落到地面，將自己變得盡可能地小。他現在是個玉米粒，生命的小核心。但賽琳德溫一眼就看穿他的偽裝，現在他沒辦法逃走了。她變成母雞，把他整個吞下。這是圭昂．巴赫的結局。

但是，但是……賽琳德溫自己的魔藥法力現在在她體內發酵。她懷孕了，知道這孩子是圭昂。她決心在他出生時毀滅他。但另一個變形正在發生。那個擁有圭昂靈魂和魔法智慧的寶寶由賽琳德溫親自滋養，儘管她滿腔怒火。他誕生時變成塔利埃辛，賽琳德溫見到如此美麗的孩子，無法痛下毒手。因此，她將他再次丟入水中，但這次是放在小圓舟裡。他漂流入海，在潮汐轉換時被沖上岸，活得好好的，又

非常健康，身陷魚陷阱中，在戴菲河河口。

「那就在這裡的北方。」歐文說。在我們之下，克雷特瓦河現在像尺般直線從山丘底奔流至戴菲河口。但歐文告訴我，那片平坦的海岸平原曾一度是彎曲的濕地，毫無疑問滿是魚類，僅在大概一百五十年前乾涸。

> 塔利埃辛被一位王子發現，他名為艾芬・艾普・葛威德諾（Elffin ap Gwyddno），是坎特雷葛威洛德的葛威德諾・嘎朗希爾（Gwyddno Garanhir）國王的兒子。嬰兒馬上開始講話和對艾芬唱歌。他的口才和詩令人無法抗拒——一首詩接著一首詩從他口中流出，讓王子滿懷希望和承諾，因此收養了這個魔法孩子。塔利埃辛長大後成為了說故事的人和其中的主角，在這麼做後，他彷彿仍舊活著。

我們抵達步道的最高處和此行的主要目的地，一個大型灰色石頭座落在草原斜坡那最輕緩的駝峰上。石頭是平的，在石棺墳墓上以某種角度被支撐挺起，墳墓旁排列著小石頭。在手機地圖上，這地點以歌德字體為古老紀念碑命名，叫 *Bedd Taliesin*——即塔利埃辛之墓。

不提故事中所有的狂野古怪之處，塔利埃辛似乎是六世紀中至晚期的真實歷史人物。另一位詩人阿內林（Aneirin）曾提過他，他也列名在一本九世紀不列顛歷史書《不列顛人的歷史》（*Historium Brittonum*）[12]的大詩人列傳中。我後來發現，他的旅行繼續深入現今的威爾斯，直到 Hen Ogledd 這個已知地區，即古北境（Old North）[13]，涵蓋大部分後來變成北英格蘭和蘇格蘭邊境之地。塔利埃辛和雷

葛德（Rheged）[14]的伊里恩（Urien）國王的宮廷特別有關連，他的王國跨越現在的坎布里亞和北約克郡的部分地區，但兩個男人的歷史細節重疊，與神話和詩歌緊密交織，那些詩似乎是塔利埃辛親自寫成並加以表演的。凱爾特身分認同歷經數波征服之後已經被全數從北英格蘭抹除，威爾斯則持續是文化和地形高地。它不僅是威爾斯故事的庇護所，也保存了不列顛的故事。

塔利埃辛本身和他詩中角色交織的故事，更進一步摻雜入亞瑟王和被祝福的布蘭的故事元素，舉如，伊里恩娶了亞瑟王的姊妹摩根勒菲（Morgan la Fey）。塔利埃辛也效力於他們的兒子奧瓦因．馬布．伊里恩（Owain mab Urien），後者也以圓桌武士騎士伊凡（Ywain）而名揚天下。有些續篇給奧瓦因一個兒子，名為肯提葛恩（Kentigern），也叫做蒙戈（Mungo），即格拉斯哥的創建者和保護神。所有這些故事經過變形和交織，形成一種神話，其源頭難以追溯，就像河流的源頭。每個故事宛如水般將故事線載得離自身更遠。

所以我沒有問歐文，他認為塔利埃辛這故事的真實性有幾分。或者，真實人物塔利埃辛的凡人遺骸是否真的曾安眠於此。這墳墓顯然建於六世紀以前（我後來發現是青銅時代），我確定歐文知道這點。所以我問他是否還有其他地方宣稱是吟遊詩人的最後安葬之地——其他叫做塔利埃辛之墓的地方。

「沒有，就這裡。而這片地貌的其他地方和地名都與故事吻合。」他粗略概述葛威林．莫魯斯—拜德的著作，解釋說我們剛走的路徑是古老步道的一部分，稱為*Sarn Ddu*，有「黑路」的意思。這很可能是條出殯路徑，銜接幾座墳墓和墳塚，以及人們居住和耕作的平原上某些地方，時間可能甚至早於海平面在八千年前升起以前。低矮濕地和氾濫平原成為良好的狩獵地和多產農田，迎合日常生活的許多需要。於山頂此處埋葬他們的死者極為費事，因此此事一定是被視為很重要。從此處黑路延續，連接到其

他地方，它們的地名都讓人想起圭昂／塔利埃辛從林恩泰吉經過戴菲河，出海後又回來的旅行。故事背景穩坐在這片地貌中，彷彿是衍生自此，而在千年前講述故事的人們會看著這座令人印象深刻的墳墓並產生聯想，這完全合理可信。

我問歐文，他認為這故事其實是在講什麼。「我猜追捕和變形是啟蒙——圭昂．巴赫在這場朝聖之旅中學會為了變成塔利埃辛所需要知道的事。但它也強調河流作為生氣盎然的泛靈世界其命脈的重要性，在此，歷史人物塔利埃辛曾是要角。生命圍繞著河流打轉。」

「但這解釋很牽強吧，不是嗎？」我說。

歐文哈哈大笑。「完全是胡說八道！」

在這些島嶼的古老故事中，鮭魚是反覆出現的主題。在愛爾蘭神話中，芬頓．麥克．波奇拉（Fintan mac Bóchra），或「智者芬頓」（Fintan the Wise），藉由變形成鮭魚，住在水裡一年而逃過聖經式的大洪水。他隨後繼續活了五千五百年，直到芬．麥庫爾（Fionn Mac Cumhaill，或稱芬．麥克庫爾〔Finn McCool〕）[15]的時代，並與其分享魚的古老智慧。就像塔利埃辛，芬是意外得到智慧，在他的故事中，他是在煮魔法鮭魚時喝下牠的一滴油。那條魚先前吃了九粒掉進智慧泉裡的榛果。因此，年輕的芬得到魔法洞見和費南（Fianna）的領導權，費南是指漫遊在中世紀愛爾蘭那些無土地戰士的不同幫夥。值此之際，一位虛構隱士圖安（Tuan）也在大洪水中倖存，在數世紀間歷經許多次動物輪迴，最後一次他變

成鮭魚，結果被一位凡人女子吃掉。他最後重生成為男人，即卡瑞爾之子圖安（Tuan mac Cairill）。

我們不難看出為何鮭魚在神話中扮演要角。牠們的生命故事和最古老且最普遍的故事格式——單一神話（monomyth），或說「英雄旅程」（hero's journey）——密切吻合。牠們旅行、克服逆境、成長、改變，而後返鄉。牠們從未忘記家鄉。牠們是希賴斯的具體象徵。

我們拍了自拍——我想將我們身後那片迷霧瀰漫、遙遠的戴菲山谷納入鏡頭，但發現如果要的話，那些用黑色塑膠袋裝的青貯飼料就不可能不入鏡，那些塑膠包裝可一點也不魔幻，而且修不掉。我們無法選擇自己所要身處的年代。

我們下山時又迷路了，發現自己往上坡走上了農田小徑，我重新打開手機應用程式，試圖理解歐文的建議，他說我們可以在這裡接上河流。我們下坡進入一片草地和林地，有條小泉水橫貫。我想我們應該能循著水泉抵達河流，但歐文的手機不這麼說。我突然察覺，他不是聽從英國地形測量局或衛星地圖的指示，而是一張上面有鬆散指令的草圖。將他的草圖和我的應用程式組合起來後，我們找到一條穿越幾個陡峭牧草地的路徑，回到半小時前我們經過的農田。只是這次，為了回到大路上，我們得穿越一座混凝土院落，而在那之前，我們得先爬過鐵絲網，再從兩公尺高的煤渣空心磚牆跳下。歐文先跳，然後舉起一隻手扶我下來。我想都沒想，就抓住他的手往下跳躍。儘管下著霪霪細雨，他的手卻溫暖乾燥，而那份刺激感持續不去，宛如他將熱蠟轉倒在我皮膚上。我剎那間想念起在新冠疫情時代中已經錯過和即將錯過的所有握手、擁抱、推擠肩膀和親吻臉頰，不禁為此時此地的這份身體接觸感到一股劇痛，那是再多的溫暖字眼和微笑、手肘相碰或 *namastes* 手勢[16]也無法取代的親密。

我們談到因疫情引發的排外情緒、威爾斯山谷遭到淹沒以供應英格蘭水，還有「勿忘特勒韋林」，

我曾看見那個塗鴉畫在麥奇勒斯學校的牆壁上。歐文確信，失去坎培塞林這種事不會再次重演。「現在的威脅不同──它已經從那種地理、資源搶奪的殖民主義轉變成更陰險的事物。那是一種穩定的侵蝕現象，而非大毀滅浪潮，也比較難以辨識。問題是，我對開放邊界完全沒有異議。正直的人為了完全可以理解的理由，並且帶著善意來到此地。威爾斯的生育率逐年降低，所以沒有外來移民，人口會萎縮和老化，我們會有更少人繳稅，得養更多更多老人──那會是個問題。但如果文化浪潮只是單向，然後那些人就會在不知不覺中，變成侵蝕這份珍貴傳承的邪惡勢力的一部分。我想，這份傳承不僅對威爾斯，對不列顛和全世界都很重要。」

我被這類國族精神給觸動，如果它真算是國族精神的話。那不是憤怒或充滿戒心。那是心胸開闊、開放，但脆弱且易受傷的。它以生物多樣性和文化編織起地貌和人類的生活，相互銜接而非在自憐中孤立。

在道別之前，我們坐在克雷特河長滿苔蘚的河堤上一會兒，共享一瓶咖啡。這裡的河水似乎急著趕路，試圖將海平面沖得更高，比淹沒坎特雷葛威洛德的還高。我們再次發現，我們身處在一個循環的圓周點上，而那個循環跳脫了我們的理解。

譯注

1 位於威爾斯東部的波伊斯郡。
2 位於威爾斯中部的港口城市。

3 位於威爾斯中部。
4 馬修・法蘭西斯（1965-），當代英國重要詩人。
5 五世紀的德韋達王國興起於威爾斯西南部。
6 位於英格蘭西南部，達特穆爾邊緣。
7 艾利斯・古魯菲德（1490-1552），威爾斯編年史作家和翻譯家。
8 威爾斯神話中的英國巨人和國王。
9 威爾斯西北部的郡。
10 即巴拉湖，為熱門旅遊景點。
11 位於英國威爾斯西北部的國家公園。
12 成書於西元八三〇年左右的歷史著作，描述英格蘭和威爾斯的歷史，但資料來源缺乏可靠性。
13 英國北部在羅馬帝國殞落後仍說英文之處，包括現今的北英格蘭和南蘇格蘭。
14 後羅馬時代和中世紀早期的古北境王國之一。
15 為愛爾蘭神話和蘇格蘭民間傳說英雄。
16 梵語，其意為「用我內在的光，向你內在的光致敬」。經常在瑜珈課的開始或結束時被唸出，通常搭配雙手合掌放在胸前，微微點頭。

第十五章
光和水
Light and water

詞源學家在許多種語言中追蹤了形容顏色的詞語來源，並斷定這些詞的出現在語言的演化中遵循了某種一致的次序——黑和白先出現，然後是紅，可能是因為它與食物和大叫出其區別的危險有所關連。再來是黃色和綠色。藍色似乎在主要色調中一貫在最後才出現。許多古老的語言和某些現代語言並沒有特地將藍色與綠色區隔開來：在古愛爾語中，*glas* 涵蓋我們現在會稱之為綠、灰和藍的色調。而在日文中，青和青い作為名詞和形容詞，都是指藍色和綠色。政治家和四任英國首相威廉．格萊斯頓（William Ewart Gladstone）也是位古典學者，他指出，荷馬的作品裡沒有藍色這個詞語，並用詩人將海描述成「酒黑色」（wine-dark）作為論證據點，推論古希臘人對顏色的感知就是和我們不同。事實上，希臘人對各種特定藍色色調的描述字眼可不只一個——很像在俄羅斯語裡，淡藍和深藍被視為不同顏色。有趣的是，俄羅斯母語者比說英文的人能更快在色票上分辨各種各樣的藍色。另一方面，納米比亞北部和安哥拉南部的辛巴人（the Himba）的語言中，真的沒有藍這個字眼，而且他們「看到」夜晚和水是

黑色或暗色，天空則是白色。根據倫敦大學金史密斯學院的認知神經心理學家朱爾斯．達維多夫（Jules Davidoff）的研究，辛巴人很容易就辨識出綠色的各種色調，而對歐洲人來說那些與其他顏色混在一起、難以分辨，但辛巴人就分別不出天藍和海綠色了。所有這些都指出，儘管擁有相同的視覺生理機能，人類能以不同方式看見顏色，而這些似乎都和語言有關。彷彿沒有名字的話，藍色的概念就不會存在。確實，在生命的其他領域裡也是如此。我們在知道對方名字的情況下，比較容易記得對方。身為自然學家的經驗告訴我，名字對於在意識中建立對某個物種的認識大有幫助。命名不僅僅是為了方便或分類，儘管它的確是為兩者服務。那還是個變戲法和製造意義的行為，令人驚異地接近娥蘇拉．勒瑰恩（Ursula Le Guin）[1]在《地海》（*Earthsea*）系列裡所描述的魔法——在書中，法師若能知道真實名字，就擁有能駕馭該人或生物的力量。名字賜予我們識別的力量。

即使對辛巴人意識中的缺乏藍色一詞提出令人信服的解釋，我還是無法想像人的本能會不認識藍色。那是日和夜的唯一色彩。空氣和距離的色彩。我的美術老師有一次告訴我——將地貌裡的每座山丘畫得藍一點，它們看起來就會比較遠。藍色是水量、水密度和年齡的顏色。新雪是白色，但它會燒結成藍色——就像羅伯特．麥克法倫在《大地之下》描述冰河和冰蕊時所寫的：「冰有記憶，而這記憶是藍色。」

從演化上來看，我們在感知光譜中的藍—綠—黃這部分所需的時間，比其他顏色要長得多。這份能力最初在古老單細胞藻類裡逐步演變；藻類需要接收陽光，但又要避免中午烈陽的紫外線傷害。現代浮游生物仍舊在水柱中上下垂直移動以捕捉早晨和傍晚光線（紅和藍光波長在光合作用中特別重要），但需避免黑暗及午日烈陽中的高紫外線波。紅光波長無法穿透超過大概五公尺的水。這解釋了為何許多深

海動物是紅色的原因。在深海，紅色代表隱形。在動物演化中，對紅色的敏感度似乎是我們出現在陸地上很久之後才出現的，而人類特有的紅幻視（red vision）——實際上在哺乳動物中極為罕見——是在我們吃果實的靈長類祖先於某個時刻發展出來的。但我們不像鳥類和蜜蜂一樣能看見紫外線，也不像蛇和蚊子一樣能感知到紅外線。鮭魚可以看見兩者，但是是在牠們生命的不同階段。

藍色的特質是瑞士博學家奧拉斯—貝內迪克特·德·索敘爾（Horace-Bénédict de Saussure）[2]特別迷戀的概念。索敘爾是位測量師和冒險家，一種熱情促成另一種熱情。在霞慕尼登山家傑克·巴爾馬（Jacques Balmat）和米歇爾—加布里埃爾·帕卡爾[3]（Michel-Gabriel Paccard）於一七八六年成為第一批成功攻頂白朗峰的人後，索敘爾雇用他們導引他到山巔。他的小組所帶的最簡單和最巧妙的記錄器材是「天空藍度計」（cyanometer）——一種單薄、手工製的五十三張色票紙，每個都染上不同色調的普魯士藍，等級從白到黑。索敘爾想用它測試他的理論，那就是天空的藍和大氣中的粒子（主要是塵土和水滴）密度有反向關係。在低海拔，飽含濕氣的天空是淡藍色，而深藍表示乾燥的大氣狀況。但索敘爾也知道海拔對天空顏色造成的效果——隨海拔增高，藍色也變深。在白朗峰頂端，索敘爾記錄下他所曾見過最深藍的蒼穹，等同於他的天空藍度計的三十九度。這個觀察和索敘爾對其為何發生的大略正確假設，早於約翰·丁達爾（John Tyndall）[4]和瑞利男爵（Lord Rayleigh）[5]對大氣散射效應的正式解釋和量化，他們的論文通常被引用來回答天空為何是藍色的問題。索敘爾是第一位試圖測量一個熟悉現象的人，這曾導致當地迷信，認為高度越高，天空最後會轉成黑色，然後任何爬到那麼高的人都會冒著摔下來掉入空無的風險。那想法其實沒有那麼蠢。我曾在一個清澈的冬夜走在達比森林裡，離我們住的地方不遠。我俯瞰路徑另一邊的空無，感覺到一股令人震驚的強烈暈眩，幾乎讓我摔倒在地面上。一個水

池如此完美地反映天空因而且似乎看不見底——一個漆黑的夢幻之地，類似索敘爾三十九度山巔藍的顏色。

藍色也許是大氣的顏色，它也是大部分的我們在幾乎毫不思索下聯想到水的顏色。但那不是水的真實色彩。水或許比較接近*glas*和青い——它是海寶藍，不怎麼藍，不怎麼綠。這些中間色一直是我的最愛會是種巧合嗎？我總是穿這些顏色，將它們畫在家具和牆壁上？海寶藍色在河流中相對少見，因為除了它本身外，H_2O給予我們反射光和透射光，在其中，我們不僅能看見水，也能看見它的內容物和脈絡。我們看見溶質和懸浮液、穹蒼和河床、雜草和岩石。我們看見日昇和日落、月亮和星星、魚和樹木，還有在那的所有顏色。

十四世紀高夫地圖上以晦暗的綠標示出河流和海洋。那和現代地圖明顯相反，在現代地圖中，它們總是被描繪為亮藍，較接近英國河流的現實，其大部分是綠、金、橄欖和青銅色，有時是琥珀或紫色，還有千種飲料棕的色調。偶爾，有時在白堊地，但通常是在山區，溪流清澈到水可以呈現自身原色，最是超凡卓越。那是明晰的色彩。你似乎能在無意間浸泡自己，且不瞭解為何能突然看得如此清楚，直到整個人淹沒於水中。

大衛．米勒（David Miller）比大部分人更瞭解光線對水的效果。我們首次碰面是在鳥展（Birdfair），那是賞鳥和觀賞拉特蘭湖（Rutland Water）[6]湖岸自然風光的年度慶典，有時以「野生動物格拉斯頓伯里」（Wildlife Glastonbury）為人所知。那些展示藝術作品的大帳篷總是引誘我入內參觀，我會在攤販間做系統性的瀏覽，欣賞一個又一個令人嘆為觀止的展示品，留戀不已。但這次我連第一排的一半都沒有走完，因為我在其他訪客頭頂上瞥見湖面上的閃爍光芒。它如此光輝萬丈和引人注目，我立即放棄瀏

覽展品，直線衝向它。攤商是戴著眼鏡的削瘦男人，有整齊的灰髮和淡褐色肌膚，也是畫這些畫的藝術家。那些是海鳥和魚的繪畫，全以驚人的寫實主義手法繪製，但我無法抗拒的是那片水。大衛解釋，除了畫家外，他還身兼釣客和潛水夫。展示中的大部分繪畫是畫海，但他告訴我他潛水進入的那些威爾斯河流，他在河裡拍攝海鱒和鮭魚，提議有天要展示給我看。

在西貝克溪浮潛給我一絲直覺，認為大衛在水下那裡可能看見了什麼，而我與歐文的步行之旅令我渴望與鮭魚共游，所以我發給他一則短訊，問他我是否能去。純粹憑藉好運，他說河流情況剛好完美。

我們在靠近卡馬森（Carmarthen）[7]的酒館停車場碰面，那裡離他最喜歡的河流之一科夕河（Afon Cothi）只有一小段車程。大衛像小孩般興奮。由於能像這樣親近海洋和河流，他在二十年前從奧爾德姆（Oldham）[8]搬到南威爾斯，但他仍舊有淡淡的蘭卡斯特口音。我們攀爬下陡峭的河堤，用橡樹和山毛櫸裸露的根部作為手抓和踏腳點時，他告訴我，自從去年開始他就沒在這裡潛水，而時機很關鍵。

「我和漁場有默契——只要是在垂釣魚季節前，他們不在乎我來——所以在季節開始前，我會有個短暫期間，可以過來看看那些大傢伙。然後說到光線——峽谷如此陡峭，河水只會捕捉到太陽幾個小時，我得在中午左右潛水。當然啦，每一件事都絕對仰賴天氣——水位影響遷徙，而我需要太陽，那是說，如果我想拍到任何值得畫的東西的話。」

我們最後上到一個岩石累累的河堤。河流景觀壯麗——在綠和金色天篷下，我們上下方各有道急

流，中間的水池接近難以捉摸的海寶藍色。

「我幾乎不敢帶人們來此，」他說，「怕他們會只看看就說『是啊，還可以』。」

我仔細觀看。將河流那如玉蟲織的綠金水面映入眼簾，以及舞動的瀑布，反射在懸垂於頭頂的樹木上的光閃爍不定。「是啊。我不能想像你為何帶我來這裡，大衛。這太可怕了。」

他咧嘴而笑。「我總是把它想成被時間遺忘的土地。」他說。「有時候，在我潛水一會兒後，我感覺如果我從河流裡出來時，突然碰到蹲伏在堤岸上的石器時代獵人——就像採石場裡的洞穴人——的話，我一點也不會驚訝。這條河流和這些魚對他們來說是非常重要的食物來源。我覺得他們仍舊在此地徘徊不去。像時間的存在。」

大衛大部分的畫都賣給釣客——毫無疑問，魚是商業明星。但我告訴他，吸引我從鳥展帳篷去他那的是水。「我想試著畫看看沒有魚的大幅畫，」他說，「純粹捕捉這地方的氛圍。岩石、水和光線。」

我們花了一會兒才套上裝備。大衛使用整套水肺潛水器具，得用力拖重甸甸的氧氣瓶和許多攝影裝備到下坡河流處。他穿著六毫米厚的防寒衣。我穿著薄薄兩毫米厚的潛水衣、面鏡和呼吸管，我原本想把蛙鞋帶來，但最後仍忘在家中車庫裡。我借了一條配重帶和一些潛水鉛塊以抵銷潛水衣的浮力。我看得出來大衛有點擔心，但我向他保證，我游泳時通常不穿額外的隔離衣物。如果我失溫，我絕對不會留在河裡。他向我粗略描述了水下的地形，並向我保證，無論如何我都能一路爬出來。我們同意一個計畫，他潛水，我則在他上方游泳，他會帶我瀏覽急流間那二十五公尺長的水池。它看起來很深——但水流不會快到我無法逆游。

「你會看見我的泡泡，還有我照相時的閃光。」

他進入河中，消失在水面的倒影之下。我小心翼翼降低身體，檢查潛水鉛塊的重量對不對——我可不想像石頭一樣砰咚沉下去。但一切完美。我調整面鏡和呼吸管，往下觀望。

我下方有個幽暗的綠色中央廣場，大衛在此徘徊——他稍微動動大蛙鞋，就很容易可以固定位置。河水清澈，帶著淡淡的金綠。水道兩壁像雕塑般被磨得平滑。我們開始探索。岩石的顏色多變——呈現石板灰綠和鏽色，有時是栗色。在礫石和鵝卵石幾千年來不斷砰砰翻滾繞圈下，磨出杓狀和環狀碗；在某些凹坑裡，岩石的斑紋讓人聯想到淡菜的年輪。

在較大的碗和裂縫裡，以及沿著峽谷底部，有圓潤的鵝卵石，彷彿被河流的手指精心分類和清數過般分布四處。幾乎沒有精緻的沉積層，但讓我非常驚訝的是，在每個地方都有橡子。好幾萬個，呈現綠色、金色和棕色。有些靜靜依偎在大石頭旁，有些快樂地從茶碟翻滾進木槽，整齊地排列等待著，然後滾下滑道，囤積在盤子和凹洞裡，宛如派對裡的橄欖，或放在神廟前一碗碗的食物。森林獻給河流的還願供品。

河水瞬間發出短暫微光——那是大衛的相機閃光燈。我看見他在稍微下游處的河床上，頭在懸垂樹枝下，躬身下潛看他發現了什麼。那是條雌鱒，藏身在岩壁裡。牠已經失去在海裡所需的銀色色澤，現在則穿著失去光澤的一磅硬幣那種骯髒的金色。牠魚鱗的排列方式給人一種完美嵌合、精緻手工製的鎖子甲印象——像托爾金的矮人所穿的祕銀。牠脅腹上有幾個黑點。等到牠準備好產卵時，牠會變得更接近棕色，斑點更多。牠的臉龐生硬，嘴巴稍微向下彎，大大的眼睛有金色邊緣，活像青蛙眼。牠的胸鰭開展，在河床平滑的岩石上休憩；魚尾下有個窪地，裡面有一把橡子，讓牠彷若是在孵蛋。我想在面鏡裡狂喊——這一切有某種如此甜美但本質上又憂鬱的氛圍。死亡和豐饒、河流和森林、岩石和水、光線

和黑暗。古老夥伴，一起構成眼前空間。

我讓大衛忙他的攝影，自己游過各種若隱若現、難以置信的奇特形狀。雉堞牆和溝壑、砲眼和拱門。在河流中央的一根柱子上，有個讓水神端坐的寶座。然後我繞過平滑岩石構成的扶壁，轉瞬間，就像開關打開或天窗敞開，好幾束光線照亮我正在游過的雄偉空間。如果亨利．摩爾（Henry Moore）[9]仿效高第來設計一座主教堂，它看起來就會像這樣。雄偉、引人注目、看不見任何垂直或水平之物。薄薄的水面漣漪宛如讓陽光射入的透鏡，在河床上遍灑成網狀斑駁圖案——亮金色的搖擺漁網。

大概四十分鐘後，我們浮出水面談天。大衛說他要再稍微往下游潛過去一點——穿著潛水裝備的他無法逆著急流而上，氧氣瓶和鉛塊也太重，無法游太遠。但從河堤上，我幾乎可以看見下面的水池。我問他，他是否介意我自己去下游和他會合。他現在對我的安全有點放心，便同意了。因此，我有一小段時間能獨自擁有這個地方。

我想在那片水下世界裡狂舞，只要我的呼吸能撐夠久的話。落葉已經這麼做了。橡樹、山毛櫸和榛樹，金色、赤紅色和綠色，彷彿在蕭蕭強風的秋季森林裡猛烈旋轉——但是是以慢動作。我能伸出手去抓住它們，或在它們翻滾時繞著外面游，活像基努．李維（Keanu Reeves）和凱莉安．摩絲（Carrie-Anne Moss）在《駭客任務》裡閃躲子彈。就像在蒼蠅眼中，世間一切有如慢動作。我可以在一小時內看見永恆。

水池底端有滿滿的大圓石，之後是從一系列河床滑道形成的一道急流。水在此地較淺，因此以簡單數學推算，水流會快得多。我可以站在裡面，水到膝蓋深度，但那只會得到舊有的景觀，實際上還得冒著腳丫被沖走的危險，並沒有更安全。我再度採取鱷魚的姿勢，面朝下游，將雙臂擋在頭前減緩下降的

速度。河流在此很是忙碌，我從這個位置可以看出過去這幾千年來的活動。岩石承載著河流跨步的痕跡，在它的腹部和足背上進行往復運動。我沿著一條河流的印痕化石移動，它恆久以來創造出彼此併躺的水和土地。那些形狀很熟悉。河床或許是雕塑第一隻水獺或鰻魚的模具，而精靈跳入蜿蜒彎曲的暗影中，使含水肌肉生氣勃勃起來。

急流變得陡峭，發出嗖嗖聲，我更難控制速度。我強烈意識到頭部沒有任何保護：在划獨木舟的這些年間，不戴頭盔划下河流是不可思議之事。接著，水流將我吐進一個冒著白亮泡泡的水池。我的眼角餘光瞥見某樣大的東西。它的速度如此之快，我不確定那片灰藍色飛艇似的殘像有多少是真實的，有多少則是我想像力的延伸。它滑出我的視野，我無法再找到它。後來大衛說：「你有看見牠嗎？大鮭魚！」

我不知道。也許有吧。我沒辦法確定。

一段時間過後，我們走到河流上游，找到一個可以架設爐子的地方，我們煮咖啡配三明治。大衛告訴我海鱒的事。牠們和褐鱒是同個物種，但舉止行為比較像鮭魚：在河流產卵，而生命大半時間都在海裡，牠們在那像鮭魚一樣，變成銀色。顏色的改變全是為了偽裝——單調的色調搭配反蔭蔽（countershading，沿著身軀頂端是暗色，下方較淡，抵銷從上方被點亮的效果）是河流裡的最佳偽裝術，斑點則是靈巧複製了礫石河床的樣貌。但在海裡時，就像大部分棲息在被陽光點亮的上方海域的魚知道的，最有效的偽裝是四處彈射光線：藉由反映周遭的藍色來融入背景。魚鱗的閃閃發光由幾層鳥嘌呤構成——以寫在DNA和RNA核酸的遺傳密碼中的四種基礎之一較為知名。但在魚類，它有另一個特殊目的，平鋪排列成平坦、多層次的薄板，形成水晶形式，反映可見光線的所有波長。鳥嘌呤可以被拆解，在魚於淡水和鹹水間來往時重新組合。

不像大部分的鮭魚，海鱒是倖存者，許多海鱒年復一年進行同樣的產卵遷徙。如同鮭魚，牠們來到上游時便停止進食。那對我來說似乎是最好——這條河流特別美麗，但似乎並不具生物生產性——沒有沉積層，因此沒有雜草；岩石遭到沖刷，河水的清澈表示甚至幾乎沒有藻類。沒有多少可以建立食物鏈的東西，確實不足以供養像鮭魚或鱒魚這般大型的肉食性魚類。

「沒錯。」大衛說。「所以牠們游去海洋成長。但此地其他大魚種的稀少也意味著這裡對牠們的幼魚而言相對安全。那很聰明，你不覺得嗎？牠們很了不起。當你看見牠們，想像牠們去過什麼地方，看過什麼東西，從什麼樣的事件倖存下來，有多少次逃過被吃的命運——你就會了悟每隻都是奇蹟。怎麼會有人在看到牠們時只想到烤魚，我實在無法理解。」

我們談論能在平常日和今年此時於此地悠遊的特權，就好像小孩逃學，在天氣和河流水位如此良好的時候。

「我總是追求完美的攝影，但試圖捕捉當下時刻具有某種攻擊性。創造力就是如此飢渴。」大衛說。「有時只要在那隨意拍，不必太費力追求好照片。那是河水最讓人感覺能贖罪的時候。我會憂慮，擔心東擔心西，但我離開河流時總是心情更好——精力充沛、心情更為平靜，覺得和這世界更有連結。這樣說很奇怪，但水**哺育**我。」

他啜飲咖啡，看著潺潺流過的河水。「我有時覺得，我們活得如同身體的行動和感覺的影子。那讓我們忘記我們屬於戶外。如果失去歸屬感，我們就失去對地方的神聖感。但它到處都是，不是嗎？那股神聖、魔法，隨你愛怎麼稱呼它。你就是得對它保持清醒的意識。我在河流裡時，感覺就是這樣。我醒著。」

是的。我們曾去過一塊神聖之地。莊嚴神聖地照得通亮，裝飾著供品。但，除非我算進那個一閃而逝的藍色影子——我不願意這麼做——我沒有看見鮭魚。十月的腳步將近，我需要前往北方。

譯注

1 娥蘇拉·勒瑰恩（1929-2018），美國奇幻與青少年兒童文學作家。《地海》為她創作的奇幻小說系列。
2 奧拉斯—貝內迪克特·德·索敘爾（1740-1799），瑞士地質學家，被視為登山運動的創始人。
3 一七八六年八月八日，巴爾馬和帕卡爾登上白朗峰，是早期登山史上的重大成就。
4 約翰·丁達爾（1820-1893），愛爾蘭物理學家。
5 瑞利男爵（1842-1919），英國物理學家，曾獲一九〇四年諾貝爾物理學獎。
6 位於拉特蘭郡，為一水庫，也是英格蘭最大湖泊。
7 位於英國威爾斯，為卡馬森郡的行政中心。
8 位於英格蘭的大曼徹斯特地區。
9 亨利·摩爾（1898-1986），英國雕塑家，以大型雕塑聞名。

【小記】詛咒 Damnation

我們在拉達克划獨木舟的最後一天，沒有裝備支援服務或當地嚮導的知識協助。我們當天的嚮導是達茲．克拉森（Daz Clarkson），非常老練精幹的探險划槳手，但他的據點在尼泊爾，所以我們是靠著聽來的傳聞在印度河這一大段水域裡泛舟。印度河是世界地理和文化大動脈之一，它沒有讓我們失望。它的水量超過藏斯卡河的兩倍，提供一整天的大浪翻滾、不停布滿孔洞的猛撞和搗碎般的翻滾流。泛舟之旅快要結束時，我們繞過長長的河彎，但完全出乎我們意料之外的是，在我們眼前出現一座巨大水壩——或該說是一座正興建了約三分之二的水壩，整條河的水量像漏斗般被緊緊擠往左邊。

達茲去探查情況，然後打手勢給我們，要我們爬出獨木舟，到巨大鑿出的岩石上，那是水壩的地基。我簡直不可置信。在我們大舉出發划槳的情況下，怎麼沒有人提到，我們要划的那個河段正有個巨大基礎建設工程正在進行？我們沒有選擇餘地，只得爬上河堤和水壩間的邊角，裡面被塞滿更多巨石以保護結構。那可不容易，在舉高、推動和拖行船隻時得狼狽爬行和力保平衡。我們在往上爬了四分之三的路後，累得頭昏眼花，開始碰上糞便。不同乾燥和腐敗程度的人類糞

便。糞便藏在每個裂縫裡。有些則像水獺般洋洋得意地灑放在巨石頂端。有那麼多路可以走，我們卻選了直接穿越建築工人「解放區」的那條路。在十分鐘的爬行，拖著船經過糞便後，我們抵達水壩頂端，進入建築工地。我們羞怯地對困惑的水壩工人微笑。他們穿著短袖襯衫，戴著安全帽。我們在缺口處處的幾道安全柵欄裡穿梭，經過挖土機和貨櫃，直到水壩下游，那裡的河堤比較沒那麼陡峭。我原本要對準河邊一顆圓滾滾的棕色岩石走去，但在下游時突然改變心意，因為岩石旁就是一隻馬其驚人的腫脹殘骸——馬頭伸出來，牙齒外露。

「嗯，那真有意思。」達茲以其典型的輕描淡寫評論道。

水力發電似乎提供許多解決之道。那是生產動力的最古老方式之一，它比較乾淨，比起牽扯到燃燒是更永續的手法，而一旦基礎建設完成，會有較低的碳足跡。但說到規模就問題重重了。大型水壩改變地貌，淹沒居家和棲地，毀壞河流。在大壩上游，河流消失，注入水庫，變成溫室氣體的主要來源，尤其是甲烷，那是生物分解的產物。在下游，水文系統遭到劇烈改變，河流和其氾濫平原極度缺乏淤泥——那是沉積層的精細微粒，為生態過程提供自然基質。不消說，水壩本身就是阻礙了移動——是水、能量、沉積層和生命的障礙。

同時，像這樣的大型結構端坐在印度河上時，更巨大的建物仍舊在世界上某些最大的河流上興建，而某些則已經遭到拆除，以使被水壩窒息和餓死的河流重新恢復生機。我想到小孩近乎被迫在小溪或海灘興建的那些水壩，在那，涓涓細流的水注入海洋。

這讓我納悶，這些新水壩中的任何一座是否能挺立得長久到抵銷興建它們所帶來的真實代價。不管我們興建了什麼，那都只會是過往雲煙。它或許能持續運作並長久到足以提供都市發展

動力，或驅動工業或科技革命。當然，它或許也可以永遠運作下去，直到驅使本地的物種滅絕。

但在河流的生命中，這些都短暫即逝。

第十六章

溯河而上

Anadrome

在我從威爾斯之旅回來一個月後，我仍舊夢到鮭魚。旅行者、變形者、穿越邊界者。我讀過，即使是在胚胎時期，牠們都能像羅盤針般標定方向。

我抵達伯列馬（Braemar）[1]時，夕陽餘暉映照，透過十月末的白楊、山毛櫸和樺樹秋葉將整個地方染得火紅。我在飯店登記入住，利用最後的暮光伸展一下腿部，並靠在橋的欄杆上觀賞下方的科盧尼河（Clunie Water）[2]奔流而過，去和迪河會合。水位很高，剛好就是魚類所需，但卻讓我沮喪——我不能在像這樣的河流裡游泳。

大西洋鮭隸屬於一個遍布全球、物種間關係緊密的群體，溯河性洄游是其生命歷程的一部分：牠們的生命初始於淡水，幾乎全在海洋待上一段時間。超過三百年來，我們經過實證已知，個別魚兒會返回出生的河流。艾薩克．華爾頓是十七世紀釣魚暢銷書《釣魚大全》（*The Compleat Angler*）的作者，曾在書中寫到早期的標記實驗：「用絲帶或某些已知的線」標記在春季朝下游游去的魚兒，這樣牠們回返時

就可資辨識。一九〇五年，在泰河（Tay）[3]的開創性實驗明白顯示這方法適用於所有洄游的魚類，而任何發現自己跑錯河流或支流的魚兒都會試圖糾正自己，即使這意味著牠們得繞既長又遠的路。

最初從外海回返時，雌雄鮭魚都肥滋滋，身軀是銀色——這是牠們進食最多肉和營養的時候。但在進入河流前，牠們必須躲過海豚、逆戟鯨、海豹，然後是水獺，以及熊（牠們仍舊存在）的交叉攻擊。這也是牠們往往在沿岸水域、河口和低地河流被漁網捕獲的時候。但在此時，鮭魚已經停止進食——那股將牠們的注意力從遠海轉為家鄉的賀爾蒙浪潮，似乎也會使牠們停止進食。

返回淡水則引發更進一步的改變。牠們身體的色澤從銀色轉為石板色，開始從低地河流向上游，變得對引導牠們回到家鄉的暗示越來越敏感。雄魚長出斑駁的粉紅和橘色繁殖色彩（breeding colour），下頜長出鉤狀延伸，稱做下顎（kype）。捕捉牠們變成一種運動，而非圖個溫飽——魚兒藉由新陳代謝自己的肌肉而存活下來，魚肉因此變得不好吃。飛蠅釣讓釣魚變得困難：老式設備和禮數使得釣魚效率低下，而對釣客而言，這類釣法特別要求注意細節，繁瑣到近乎執念。因為魚對進食沒有興趣，難以受到誘惑上鉤。牠們花很長一段時間躺在水池裡，了無生氣，保存體力，還有——誰知道呢？或許是和未來妥協。牠們最不想的就是追捕獵物。

有時牠們在匯流點徘徊，等著確定的時機，但在年尾時牠們會進入旅行的最後階段，而對大部分的魚而言，則是生命盡頭。地勢較高的支流往往被大型落差阻斷，魚兒需要大雨或洪水來幫助牠們攀爬。秋雨提供這類條件，通常能在短短幾小時內將較高集水區的水位提高。魚兒則據此做出回應。

雌魚決定產卵地點，通常在雄魚前抵達。雌魚準備好時，會在礫石堆裡創造出拉長的窪地，稱做產卵區（redd）。打造的方式是側躺後用力甩動尾巴，這樣甚至連大鵝卵石都可以被掀飛。雄魚為交配競

爭，成功的求偶者會在雌魚身後排成直線，在雌魚排出魚卵時釋放一道精子激流加以覆蓋，魚卵數目則從幾百到幾千顆不等。魚卵落入產卵區，從上游來的水所鬆動的更多礫石會將它覆蓋住。這份工作通常在十一月中旬完成，大部分的產卵者會在隨後幾天或幾週內死亡，絕對早於牠們的後代於春天時孵化以前。

精疲力竭的魚叫做產後鮭魚（kelt）。牠們相當少數，而且其中大部分是雌魚。牠們會存活下來，返回大海再回來。但對大部分的魚而言，這個循環在初始時就告結束，於鵝卵石和礫石鋪底的水池，被清澈、富氧的湍急水流沖走。作為死魚和瀕臨死亡的成魚，作為魚卵，作為仔魚（alevin）和亞成魚（juveniles，或幼魚〔parr〕），這些世代成為水流的招牌氣味，引導著未來的產卵者返鄉。十到二十公分長的幼魚（通常兩或三歲）長成銀魚（齡魚），牠們的斑紋會在銀色鳥嘌呤鋪在魚鱗下，準備出海時消失。

翌晨，我開車經過迪賽德（Deeside）。馬路沙沙作響，堆積在路旁看起來像舊雪的東西其實是泡沫，反射著微微光線，這是排水溝裡的湍湍急流。

我和愛德溫．瑟德（Edwin Third）在塔納爾河谷地產投資公司的停車場碰面，他是迪河漁場執行委員會（Dee Fisheries Board）的河流營運經理。他說話柔和，有彼得潘似的眼睛，以及稍微歪斜的微笑，每次笑起來都牽動到魚尾紋——我對那感到開心，畢竟我們一天的大多數時間都戴著口罩。我坐在他的四輪驅動車裡時得保持社交距離，坐在駕駛座對角的後座，打開窗戶通風。我們現在正活在這種奇怪的

生活方式裡。

我們的第一站是塔納爾河（Tanar）[4]流經卡利多尼安古松林（Caledonian pine forest）的殘餘之處。愛德溫說，那裡的漁場仍舊有松雞。

「我曾被一隻追過。那真的很嚇人。」他哈哈大笑。他知道某些鮭魚用來休息的水池；我們在兩週前規劃這趟短期旅行時，他認為那裡或許是讓我試圖和牠們共游的好地點。我來前已經知道此事不可行，但愛德溫想讓我看另一樣東西。我們駛近河流流入森林處——河流在此湧出水道，在松樹和山桑子間氾濫。我們涉過回水地區到主要水道的邊緣。愛德溫指著上游，那裡有數十株松樹殘骸亂七八糟地躺在河流的微彎處，在那，一個從更高處留下的洪水沖刷著殘株。那看起來像是巨大的挑木棒遊戲[5]。

「我在職涯早期花好幾年整理那類混亂。但現在……」他微笑起來，就像洛奇有時向我展示他用樂高做的新作品時會有的笑容。「……我們就讓它順其自然。」

我大笑。「哎呀。地產公司老闆怎麼想？」

「他認為那看起來一團亂，的確是。但他不怎麼反對，只要不會有東西威脅到橋就好。」

愛德溫告訴我，木頭殘骸很重要。但為了瞭解原因，我們得再坐一趟車。

我們返回迪河上游，沿著幾英里長、兩旁種有樹木的壯麗公路行駛，經過巨大的山毛櫸和白楊，它們爆發繽紛色彩，然後轉彎沿著另一道支流蓋恩河（Gairn）而去。我們短暫停在底部附近，觀看一道淺淺的寬闊河流，河水則染著可樂的顏色。在對面河堤，有幾英畝地被欄杆圍起，種著圍有塑膠護欄的樹木——松樹、樺樹、柳樹、花楸樹，就在河水邊緣。愛德溫打開一個檔案，讓我看放大到Ａ４紙張大小的照片，那是以前的景觀——只有石南花和綿羊啃食過的短草。我試圖讓口氣聽起來充滿熱忱。因

為如果我講真心話的話，會讓人大失所望，所以我不想說老實話。

接著我們往上游駛去，進入我這段漫長時間以來所見過最大片且最蕭瑟的土地。

「他們叫它曼巴（Mamba）。」愛德溫宣稱，指指整條地平線。「好幾英里的笨蛋（Miles And Miles of Bugger All）。」

那景象令人震驚。我是說，我知道松雞獵場長什麼樣子。我住得離北約克獵場很近。但這裡的空曠完全是另一種規模。愛德溫匆匆提過某些砍伐森林的統計數字。歐洲的平均森林覆蓋面積是百分之三十五。整個英國則有百分之十二。在迪河集水區是百分之八，在蓋恩河谷則是百分之二。

「看到在底端的那些樹沒？那大概就是整個河谷所有的樹。」

我逐漸明白為何他展示給我看的那塊小地區種植很重要了。在上面這裡只有石南花、普通早熟禾、松雞、綿羊——愛德溫解釋綿羊不是養來吃或取毛用的。「牠們是養來吃草的。牠們會吃草，降低上頭的蜱蟲對松雞的威脅。」在開幾英里路後，我們停在一個能俯瞰蓋恩河的地點。河谷底部平坦——在其生命歷程的某個時刻，河流一定曾經蔓延覆蓋整座河谷。現在的河道非常整齊劃一、淺淺的，幾乎沒有特色，而且相當裸露。但在河裡，每隔幾百公尺就有數十株死樹。大樹。愛德溫開始告訴我，他的小組如何到那裡砍樹、運輸和挖掘——但我得請他停止，請他倒帶一下，我想我誤會意思了。他似乎是在說，他們花很多錢從其他地方進口死樹，在河床裡挖壕溝，將樹幹嵌在裡面。

「對。沒錯。他們得挖掘，在上游進行根盤作業，將樹幹用一個角度深埋進下面，這樣它們就不會有被沖走的機會，也不會傷害到下游。」他拿出另一張照片，上面是有履帶的橘紅色挖土機，正把一棵樹晃進某個位置。

「但……這聽起來……很瘋狂。」

「是的，的確是。但我們走近看一下，你就會懂。」

我們往下走到河流水平面，再度停下來，在靠近河流於平坦的小島分流處，兩側都安置了一株死樹。我的確看見了。我看到下游的根盤在水流中間延伸或許五或六公尺，那裡有一塊流動平順的水域。一個渦流。因為水流的突然減緩，在渦流中產生精緻卵石的沉積層。「那裡有樹蔭，」愛德溫說，「一個庇護所——一個休憩的地點。」

我懂了。只要稍微多點水，就可以在這條河上划槳，但我不會真的想這麼做。那不會很耗費技巧，但沒有停下來的地方。沒有夠彎的彎道來創造不同水流，沒有渦流。那就像機場的電動步道。愛德溫的漁場小組對河流的干預，其所製造出來的力量顯然帶來立即效果，並顯示為何河流需要死樹。他們所費的力氣並不多，但在這麼做後，這條骨骼外露的河流的無情水流輸送便會得到改善，進口死樹則創造出某種結構的開端。身為獨木舟玩家，我可以稍微以魚的方式思考。這些渦流會創造出如此多重的改變。

我們繼續開車到另一個地方，在此，兩棟看起來沒完工的古怪建築空洞地凝視著河流和獵場。那裡有座狩獵小屋和獨間小房，我從遠處觀看，搞不懂為何它們看起來和這片地貌如此格格不入。它們是石砌小屋，而且也不新。然後我恍然大悟，那是因為此地毫無遮掩，而且完全缺乏植被。沒有任何樹，沒有任何灌木。沒有長春藤或其他攀緣植物。甚至沒有蕁麻花圃。這一切都導致建築物看起來就像憑空掉落在那裡。從我的角度看來，整個景觀令人吃驚地蒼涼。

愛德溫似乎讀懂我的心思。

「此地有個想法深植人心，認為這類空曠多少是自然的。」他說。「直到最近，種樹的點子都是種

詛咒。或毋寧說——」他糾正自己，「人們不相信樹真的能在此地成長，儘管河谷裡有明顯的古老松樹根。確實，有些松樹根已經有數千年歷史。但這個曼巴式的地貌深深嵌在鮮活的記憶裡，而那種生活經驗很難被打破。」

他拿出另一張Ａ４紙，這張是迪河集水區的地圖，河流以藍、綠和黃色標示。

「這張地圖是基於氣候模式畫出來的，包括預估的河水溫度和生態資料。」他說。「上頭評比了蘇格蘭所有的河流，裁定其所需採取行動的先後順序，來改善河流韌性，以應對氣候改變。」

接著，他給我看相同地圖的另一種版本，放大顯示蘇格蘭的整個北方。有一大叢黃色、琥珀色和紅色斑點越過北方高地。「藍和綠色代表相對次要，黃色比較緊急，橘色和紅色則是這個，你懂吧。迪河的這些黃色支流都是我們的產卵區和繁殖場。」

水溫對魚影響巨大。實驗顯示，鮭魚和鱒魚魚卵的最佳存活溫度是在攝氏八度的水中孵化，超過十度其存活率就會急速下降，超過十二度則幾乎完全死去。再者，在存活範圍的極限內孵化的仔魚比那些在最佳溫度（在攝氏十二度孵化的鱒魚比那些在八至十度孵化的重量不到一半）的要小上許多。作為幼魚，牠們能忍受較廣範圍的水溫，但會影響成長。年輕的鮭魚在攝氏四到二十一度間進食，但在比這範圍較冷或較熱的溫度內，幾乎不會成長。暴露在超過攝氏二十五度的溫度中超過幾天可能致命。在超過攝氏三十度時，由於水攜帶如此少量的氧氣，幾分鐘內就可能導致死亡。愛德溫的小組監控產卵區和繁殖場的河流溫度，並且已經曾在夏季的蓋恩河記錄到超過攝氏二十七點五度的高溫。如果那變成常規現象，就會讓這裡的產卵區和繁殖場不適合魚生存。

「問題是，蓋恩河『只是』第四優先的河流——如果我們現在就已經達到那種水溫，想像一下我們

在不久的將來會面對什麼。」愛德溫說。「這地圖正在改變一切。那對鮭魚漁場來說很可怕，如果我們什麼也不做，那就是未來的災難示意圖。但當你說樹蔭能降低幾度水溫時，他們突然就聽得進去了。看看下面那裡。」

我循著他的視線看過去。靠近河流下方有一連串以圍籬圈起來的小塊土地。上游有更多，在我目光所能及有數十處。每個大概是三公尺乘三公尺大，欄杆裡面是小樹。

「好在我們得到允許能嘗試看看。那就是種樹，但是是以一種超級有所控制的手法。樺樹、柳樹和花楸樹，只能種在圍欄裡，每棵樹在勞力和成本上都花費超過三百英鎊。這不是座森林——它沒有野化。這真的是在最昂貴的狀況下，我們所能採取的最有效步驟，但我們已經抵達傳統漁場所能承受的極限——即使我們已經試圖經營人脈和關係長達好幾年。那也是最低程度的改變，但起碼我們是有在做些改善——創造出一種種子銀行，因此，我們希望，很快地就能有東西拓展開來。」

在順著下游走時，我們又再次停頓片刻，俯瞰河谷底部特別平坦和寬廣的部分。「看看那個。你能想像那裡長滿樹，而河水穿梭其間嗎？」

我能。

「你能想像……」他幾乎是在喃喃低語。「……河狸？」

我真的能。我很喜歡這個男人。他是那種不僅願意造橋，還願意成為橋梁的人。他感受敏銳、主動、樂於合作，熱衷於指出他只是小組中的一員。但我很容易便能看出他為何受到信任。他勸誘這些漁場進行的復原運動，就是在給傳統一個可行和可以存活的未來。狂放不羈的荒野——如果你想那樣稱呼它（他自己並不這麼稱呼）——只是個附帶後果。

我們的最後一站是巴爾莫勒爾（Balmoral），女王位於高地的隱居處。愛德溫有通行碼，我們於是開車駛過大門，經過條紋圖案的草坪和有許多山牆和砲塔的城堡（比你預期的要小，但完美地像某種電腦合成影像），穿越皇家領地進入巴洛奇布伊森林（Ballochbuie Forest）。愛德溫告訴我，當維多利亞女王來此地時，這裡並不屬於城堡的一部分。但維多利亞察覺到它作為原始卡利多尼安森林幾處殘餘部分之一的價值——即使在那些時日都很罕見——因此買下它。

它是多麼美妙的森林啊。巨大的松樹濕淋淋地披著地衣，越橘叢比我還高。穿過瀑布之後，就是我們此行來看的河流嘎伯河（Garbh Allt）。它呈現藍道西爾（Landseer）[6]筆下的輝煌景致，但當我們往下游走去它與迪河匯流處時，碰上了一台工作中的挖土機正在拆毀河堤。在愛德溫的指示下，漢斯（也在蓋恩河埋樹）在創造讓河流通過時水位高漲的水道。它已經在發揮效用了——新水道裡的水從石質土被截斷，噴灑過草兒後奔流，在其他地方匯聚成水池。愛德溫再次顯得像小孩般興奮——如同在海灘上打造水道和水壩的男孩，用水沖破它們，然後看潮水往哪流去。

他解釋說，嘎伯河的最後一段曾在歷史上遭到整治——添加防洪河堤以防止它氾濫入森林。但這個運河工程反而將礫石沖走，而在河水氾濫時，多餘的淤泥會被沖刷進迪河。由地產投資公司和皇室家族同意而經過小心設計的新計畫會給河流更多空間，讓水流慢下來，如此一來，礫石河床能在水道中安頓下來，多餘的淤泥被從上方高水位沖刷下來後會流進森林裡。

「現在看起來有點一團亂，」他說，「但有時你就得勇敢嘗試，製造某些動盪以達成長期改善。等

我們做完這個物理復原後，我們會讓自然插手，完成工作——那會意味著排除鹿一會兒，但這全都會再生，創造出一片林地，水則像手指般穿梭其間。它到時會多麼美麗啊！如果我們能還讓鮭魚成功在此產卵，那可是了不起的成就。」過了幾週後，他確實以電子郵件告訴我，鮭魚真的在嘎伯河的這段，和貝地溪（Beltie Burn）[7]的另一個復育區產卵。在貝地溪的案例中，於恢復彎道後復育的十五處鮭魚和海鱒產卵區也許是一八六〇年運河工程後的首見。

我們往南走去嘎伯河和迪河匯流之處，然後走上華美的白色步行橋。愛德溫談著信任。

「漢斯忙於進行的工作花費數日。設計好的計畫要耗費數月。然而基礎工作——信任和動力的建立——那是幾年、甚至幾十年的努力。但總得有人做。河流和森林、魚和樹是相互依賴的。要地產公司認可鮭魚為其中關鍵並不是問題，但魚需要森林來提供河流結構和活力——提供庇護所和樹蔭，當然，還要在養分循環中扮演牠們的角色，這會回報給新一代的魚兒。那是非常美麗的循環，可惜被破壞得很厲害。但我們能復原那份核心互動。我們能復育樹林。」

——

那是帶給我許多啟發的一天——愛德溫是個很棒的導遊，也在許多嘗試上頻頻得到成果。但他卻堅持說，如果沒有迪河漁場執行委員會小組其餘成員的努力，就不會有這一些進展。他在這點上，重新點燃我對個人帶來改變力量的信心。但我還沒瞧見任何魚。那天傍晚，我察找了當肯・弗格森（Duncan Ferguson）的電話號碼。他是斯佩河漁場執行委員會（Spey Fishery Board）的營運經理，漁場在伯列馬

另一邊的凱恩戈姆高原（Cairngorm plateau）[8]。某種直覺告訴我，當肯比愛德溫保守。但我還是打了電話。他的嗓門很大，語調凶猛，愛德溫就溫柔多了。那簡直是熊的聲音。我告訴他，我沒看到任何一隻鮭魚。我聽起來好像在抱怨。

「那並不讓人驚訝。」

「我不覺得我這週末會有機會和牠們在河裡共游。」我可以想像熊在翻白眼。

「你可以把潛水衣留在袋子裡。你最好只是喝點威士忌。」

「是啊。除了酒吧因為新冠疫情而關閉外。」

「啊，也是，那你最好去超市看看。」

我認為那會是個很棒的點子，但現在我卻說：「我察看過地圖，納悶在哪裡會有機會看到鮭魚從河堤那游過來。」我覆述了愛德溫告訴我的事，魚大部分會趁氾濫漲落期間跳躍，並問當肯能不能推薦我在斯佩塞（Speyside）[9]的哪裡可以觀賞到。

他提到兩個我可能可以碰運氣的地方，如果水位對的話。他要求我不要在書中寫出是哪裡，然後猶豫一會兒後又說：「聽好，我明早會為你去檢查水位。明早起床第一件事就是打給我，免得你翻過山丘白跑一趟。」

事實上，我根本不需要打電話。當肯隔天一早在我刷牙時傳來簡訊。**斯佩河上游的水位降低很多。我想你有百分之五十的機會**。這大概是我所能得到的近乎確認的簡訊。

我開車「繞著山丘」。那大約有八十英里遠，直線距離可能只有三十多英里，所以我很感謝當肯會擔心我浪費時間。我經過格倫施（Glenshee）[10]滑雪中心時，雨變成雨雪，車子開始乒乓作響，彷彿收

到結冰警告。大約六隻滿臉憂鬱的松雞弓背彎腰，聚集在停車場礫石的水坑間。馬路前面有個淡色的東西，在風中頻起波紋。那是雪兔被壓扁的屍體，後腿以殘暴可怕的角度張開，一隻眼睛從頭顱裡鼓出來。

比起昨天，樹林較沒那麼色彩繽紛——部分是因為雲層很厚，但也因為雨將葉子打落，使它們密實地覆蓋在馬路邊緣。就在皮特洛赫里（Pitlochry）[11]前，一隻濕透、呆頭晃腦的紅松鼠跳過馬路，活像磨損的繩子猛烈揮動一下，或某種大型動物的尾巴甩動。

我在皮特洛赫里停下來喝咖啡，雨像小解般灑在幾位穿著防水衣的顧客身上，我很是沮喪。我今天看過的任何一條河的水位都不可能下降，我無法想像我能得償宿願。但在我接上A9號公路時，一片淡藍色天空剎時出現，雲朵像被掀開蓋子般消散，留下幾縷漂浮擱淺在森林斜坡。轉瞬間，能見度從幾公尺增加到幾英里，我感覺腦袋裡的壓力改變，彷彿一扇窗戶被砰地打開。

當肯的指示小心精確。在哪停車，走哪道大門，哪條路徑，最後還說：「如果你不怕高，你可以爬到突崖上往下瞥一眼——」然後猶豫地打住，熊的咆哮軟化了一點。「要小心樹根，你可不想絆跤。」

停車場成了一片大水坑。但在走路不到兩分鐘後，我經過一道大門，另一場魔法轉換發生了。我身處一片頗有克林姆[12]風格的林地，金黃色的地上鋪滿樺樹和白楊的落葉，亮晃晃地帶著閃閃光線和灩灩流水。還留在樹上的葉子——大概有一半——在空氣中瑟瑟發抖，造成閃著微光的燦金濛霧效果。路徑穿梭在樹間，石南花和苔蘚修剪整齊，讓我聯想到京都御所那座人造、童話般完美的花園林地。只是這裡是完全由大自然雕塑而成。或說超自然。樺樹說道：

我們為你將這條路徑鍍上一層金，帶著從陽光、水和空氣製造的葉子。跟著銀色樹幹間的路徑蜿蜒

前進，然後陡峭下降。

苔蘚說道：

我們用自身的綠意為岩石鋪上襯墊，但不會太厚——你要小心踏腳之處。

河流在橋下迤邐流過狹窄扭曲的隘路，橋的高度則暗示有時在下方洶湧的水量多寡。橋下有個水池，黑色水面因上升流流水而溫和地振動，泡沫層從中蜿蜒流過。一株巨大的落葉松有著下垂的黃銅色長髮，就像輝煌時日的重金屬樂手洛．史都華（Rod Stewart），在水中留下蹤跡。表面水流毫不出色、行色匆匆，但很深，下面的暗流可能舉足輕重。河流在水池尾端變得亮滑，注入甚至更狹窄的水道，宛如被嘟嘟啜飲的黑糖漿。流水運載著秋葉加速穿越不到一公尺長的Z型隘口，儘管我恐怕得被狼群追逐時才會被迫跳過那裡，因為它直接通往瀑布。

我找到當肯形容的突崖，此處細長的歐洲赤松赤裸的節瘤攀得緊緊，根部則向四面八方爬過地面。較大的樹有著強壯的根，像蛇般延伸，遠離親樹。我跟著一棵爬上十五公尺的懸崖，驚訝地發現那棵樹有多小——我想到許多我看過的人造松林，有的倒塌時根盤直徑還不到兩公尺寬。成長的優先順序在此不同，或許這裡的某些巨大樹根是從不再挺立的樹長出來的。土壤幾乎不存在——只有零星灑下的松針散落進裂縫裡。光彩奪目的粉紅色花崗石，其接縫穿越暗灰和棕色岩石。

我推測我能想辦法從另一邊更靠近主要懸崖，再穿越返回木製階梯下降處，因此我謹慎地在山桑子

和蕨類間挑路行走。山雀繞著松樹和樺樹乒乓作響，牠們呼哧喘鳴後發出啾啾啼叫，音調高昂，蓋過水聲。超過吃水線一公尺上方的岩石塗抹上灰色地衣，在較低處則是白色殼狀地衣、塔苔和石松，以及黃金色白楊落葉的蝶古巴特。靠近邊緣處，它們因雨和朦朧霧氣而變得滑溜。

河流說道：

你記得，不是嗎？可不是由你來決定你為何在這，或會是什麼？如果你現在決定等待的話，我會向你展現某樣東西。如果你一定要的話，那之後你就能決定，那是否是你來此追求的事物。但在決定的過程中，你要瞭解，你可能也會錯失很多。

我在瀑布底端旁的濕岩石坐下，盡可能大膽地靠近流水。魚兒說道：

你還不知道，但我們在這，河流翻騰奔湧，在你晃蕩的腳丫上吐水。它將我們藏在白色泡沫、白噪音、白色雷鳴裡。我們的鼻子在碰觸它的巨浪後收攏，聞到家鄉的強烈氣味和味道。我們將身軀貼近它的升起落下，扭曲旋轉，感覺它的接縫，認知它的拒絕並品嚐它提供的接納。我們搜尋可能性，就僅是如此。那可是很困難。緊握空無，但那只是稍微分心。我們的財富是肌肉，我們躍升時精疲力竭。但那是家鄉的召喚。那是愛。我們跳得越高，那份真理就變得更清楚。我們知道我們要去哪。而你，在你的古老大腦中，也知道嗎？

在靠近瀑布的水面，有個軀體宛如飛彈般騰起。那恰恰就是我希望看到的，但訝異感還是瞬間奪走我的呼吸。鼻口像箭頭般尖銳，身軀深沉，尾巴寬厚。我的腦海閃過拋射物飛掠過去的印象，某種拋丟而非跳躍的東西。牠完全不是銀色，而是暗灰。二十秒過去了，然後是另一隻，肥胖的腹部周遭因有一抹胭脂而呈現較棕的色澤，是雄魚。它跳高一公尺半，然後摔回，再度躍起，這次更靠近我——至少我認為那是同一條魚。牠正從更遠處騰起。我納悶牠那適應水的雙眼，在每次跳躍時會看見什麼——足夠評估挑戰嗎？瞭解牠將需要更大幅度的跳躍嗎？這些是勘查挑戰的試跑嗎？或牠只是為了測讀壓力、水速和角度？鮭魚大多在闃暗中奔跑，牠們不需要看見東西。

更多魚來了。我估計，牠們的大小從五十公分到兩倍大不等。我不曉得那表示有多重。最大的一隻是黑灰色雌魚，做了一連串跳躍——第一次比較像快速上下晃動——躍出水面觀察，只有頭部和上半身，落下後再從更遠處躍起。牠第二次掉回去時，我看見牠的背部有較大的背鰭，前方稍微翹起，發出尖銳的聲音，我很驚訝魚身如此堅實的魚能這般輕易彎曲，牠轉了整個身軀的半圈。

我開始在腦海中勾勒出落差的隱藏結構圖，魚兒們在教導我。看起來像瀑布簾幕的只是——我看不見簾幕後面——我察覺是一條又一條魚掉落在那片簾幕之後，那裡一定有門檻、裂縫、滑道、階梯、庇護所、水舌等一系列如蛇梯棋的結構。從河的右邊，流水滑入，以某個角度越過瀑布，形成一個摺痕浪。幾條魚的目標似乎就是這個。水流從左邊墜入起泡的大鍋，裡面有的空氣和水一樣多——沒有什麼可以讓魚占優勢之處。中央有個橫掃過來的黑水舌浪，一定有可以拍擊的東西——但它移動得如此之快，難以想像魚能克服它。但我是以划槳手的思考方式在想，而非鮭魚。鮭魚的游泳速度比我跑步的速度還快，而且鮭魚能用整個軀體來推動水流。

有個引述據說是來自愛因斯坦，通常用來嘲笑：「瘋狂是再度嘗試相同事情，但期待不同的結果。」但在這些魚的例子裡，沒有期待，只有動機。牠們沒有失敗的概念，只有繼續奮進的意志。而有時，情況真的會有所改變。河流漲跌的方式超越牠們的控制，但似乎並不超越牠們的理解。雨水會使魚兒達成無懈可擊的落差翻越。今天則是那種日子。

大概半小時後，我可能看了二十條魚，然後，突然間，以我無法分辨的理由，來了更多魚。有些幾乎垂直跳出水面，其他則似乎從一公尺左右外起步跑跳，我納悶個體是否會在跳躍的風格裡展現一致，而哪種技巧能帶來最佳表現。

有一隻魚在河遠處跳躍，然後側身掉落回去。即使流水咆哮，肌肉摔在岩石上的砰砰重擊聲仍舊可聞，我不禁畏縮一下。淤傷和刮傷幾乎無可避免。這些傷口是皮膚霉菌的感染渠道。鮭魚往往在仍舊活著時就開始腐爛，皮和肉都脫落成稀爛且變色的帶狀物。

每次嘗試、砰砰作響的跳躍都拉扯我的橫膈膜——我無法不為魚兒的每次努力歡呼。大部分時候，我只能看到牠們不到一秒，但偶爾，會有一隻魚努力懸在半空中，以不可能的姿勢用力且疼痛地拍擊久久，彷彿懸掛在釣魚線下來回擺動。好像沒有人告訴牠們，牠們辦不到，所以牠們辦到了。這些魚不懂「不可能」是什麼意思。

靠近橋的一個告示牌解釋，現在在斯佩河上被捕的鮭魚，百分之九十八都會被放生。蘇格蘭自然遺產署（NatureScot）使用最後的歐盟基金買下網捕權，這樣就無人可以使用它。就像在威爾斯，文化被迫與自然相互衝突——兩者都面臨滅絕的威脅。今年，這些奔跑的鮭魚會成功。但牠們洄游時跳入的水流正變得更溫暖。皮膚霉菌和其他病理狀況會變得更糟，孵化率乃至仔魚和幼魚的成長和存活會下降，

甚至面臨強烈熱浪殺害成魚的危險。拯救牠們意味著改變整個地貌，而我們在和時間賽跑。但解決之道是自然運作數百萬年的方式。那就是樹木。

譯注

1 位於蘇格蘭亞伯丁郡。
2 位於蘇格蘭，為迪河的支流。
3 為蘇格蘭最長河流，英國第七長河，全長一九三公里。
4 位於蘇格蘭亞伯丁郡。
5 pick-up sticks，一種從散落的木棒堆上，從頂部到底部按順序拿起木棒的益智遊戲。
6 藍道西爾（1802-1873），英國畫家和雕塑家，以動物繪畫而著名。
7 位於蘇格蘭亞伯丁郡。
8 位於蘇格蘭東部。
9 蘇格蘭最著名的威士忌產區。
10 位於伯列馬。
11 蘇格蘭柏斯和金羅斯市議會區（Perth and Kinross）的城鎮，為蘇格蘭最有活力的城鎮之一。
12 古斯塔夫·克林姆（Gustav Klimt，1862-1918），奧地利象徵主義畫家。作品中經常出現大量的金色及鮮豔重彩，並以女性為主要作畫題材。繪有名畫《吻》（*Der Kuss*）。

第十七章

河林鎮
Riverwoods

我在一座精緻的白色農舍的車道上停好了車，一隻拉布拉多犬出來歡迎我，一頭亂髮活像毛茸茸的煤渣砌塊。牠的名字是芬（Fin），而牠的主人是野生動物攝影師彼得・凱恩斯（Peter Cairns），我曾和他數度共事，但我們從未碰過面。他們分別以自己的方式告訴我，那是芬的散步時間，所以我們一頭栽進亮晃晃的濛濛細雨中，那種濕透的爛漫陽光是蘇格蘭高地的特產。

彼得最近這二十七年來，都住在費希氾濫平原（Feshie floodplain）[1]的邊緣此處。我們走過挺立的樺樹和草地，夏季的痕跡仍舊徘徊於開著精緻花兒的草叢間，草則被雨打得低下了頭，但卻未因此挫敗——這時，他告訴我，這景觀在這些年間已有所改變。彼得和攝影夥伴馬克・漢柏林（Mark Hamblin）是野化慈善基金會「蘇格蘭：大局」（SCOTLAND: the Big Picture）的重要成員。「我們從未想要發起慈善基金會，」他說，「剛開始，我們只是想拍個長片，敘述廣泛的野化，但我們很快就察覺到兩件事：第一，在一個長片裡要公平對待這議題的所有層面是不可能的事；第二，這是種冒險，我

們是在和已經信道的人傳教，卻倒盡我們想改變的人的胃口。」

野化（rewilding）——透過完全補足生態組成因子，而將土地復育為未開墾和憑自己意志成長的狀態——有某種程度的惡名，特別是在蘇格蘭，因為它讓人回想到高地清洗（Highland clearances）——十八和十九世紀大量驅逐佃農的事件。人們，尤其是那些在政府裡的人，害怕任何遭致人口減少的可疑行動，而野化往往代表一種關乎專制獨裁、「狼進人出」的敘事。彼得是這麼說的。

「那呈現深度的重重問題。但野生鮭魚非常不同。我們需要一個交織著農夫、當地嚮導、土地管理人員、守門人的故事線，並設法融入野化的哲學和原則……但卻不要提到這個詞。這些魚提供了一個契機。鮭魚不會帶來政治敏感度，文化上價值連城，有自己令人驚異的敘事。但更重要的是，牠們的故事是有關管理整個集水區狀態的過程和循環的故事。」

鮭魚住在樹林裡的點子已經變成生態迷因。故事的背景通常設在北美洲，關鍵要素是大型掠食者的角色，尤其是熊——牠們大啖洄游的鮭魚，將吃過的殘骸隨地亂丟，接著去做我們知道熊在森林裡必須做的事，因此對營養循環做出重大貢獻。海洋的營養財富由魚帶來森林，之後，森林幫助滋養更多魚兒。彼得和馬克製作的長片著重在強調這個生態交流。當彼得告訴我片子的名字是《河林鎮》（*Riverwoods*）時，我頓時感覺有股電流通過全身。

一棵樹是一條河，而一條河是一棵樹。

這句話說的，是一件說顯而易見的事。但我們在不列顛沒有熊，任何應該再引入牠們的建議不可能平息對野化的辯論。「當然，」我說，「你沒辦法讓任何已經反對狼和猞猁的人接受那個點子吧？」

彼得微笑。「那片子會短暫播放熊在阿拉斯加森林裡吃鮭魚，但我們並不會明說**熊就是蘇格蘭需要**

的。」在半開玩笑背後，他是認真的。「我們走的是險棋。將所有訊息串連起來，但不給人傳教或下命令的感覺，而且對不同觀點保持同理並加以傾聽。我們特別關注與樹木的互動，一旦我們開始和愛德溫這類人合作，我們便察覺，或許你在蓋恩河看到的最有用方法——那些關在小籠子裡的樹，還有種在河流裡的死木——不在於我們能朝復育進步多少，而是漁場和地產投資公司願意插手到什麼程度。他們的介入是作為榜樣，讓其他人感到放心、獲得資訊和有所鼓舞。大家已經普遍明白，這些小小的改變並沒那麼糟，雖然那些樹被小小的圍籬圈起來是有點蠢。」

從表面上看來，這個小心翼翼的手法似乎奏效。除了在迪河和特威德河（Tweed）被廣為宣傳的大型計畫，幾個小型活動也在舉行。彼得說，就地產擁有權和意圖而言，我們可以說正在進行世代交替，更年輕的一代熱衷於創造衝擊。

「擁有大塊土地，在某些案例中就是指整個河流集水區，意味著要協商的政治少掉許多——對某些人來說，這表示可以隨心所欲影響改變。他們可能不用野化這個詞，或者不喜歡他們以為該詞所指涉的意思，但他們對自然恢復（nature recovery）有興趣，並熱衷於經濟上的效應。他們看得出來，他們父母和祖父母的做法不會永遠都適用。」

我們繞過氾濫平原，穿越樺樹和赤楊林。我們在轉彎時盡收費希河的美景，岩石河道穿梭交織，太陽重新露臉，草叢和燈心草上的雨珠閃耀地像百萬顆顫抖的鑽石。即使在二十七年後，彼得仍舊為眼前景致深受感動。他凝視遠方，水珠在他的頭髮和眼睫毛上閃閃發光。我感覺得到他很疲憊——那種工作優先的熱情所帶來的疲憊——但他適時適所。這個山谷、彩虹和寶石般的萬丈光芒、舞動的樺樹和焦躁不安的河流。我幾乎可以碰觸到此地的能量。

我問我可以去哪邊看看正在發生的改變。他大笑。「就在這裡！你去瞧瞧費希河谷。」

——

四萬兩千英畝的費希河谷自二〇〇六年以來便是丹麥百萬富翁安德斯和安娜．霍奇．波佛森（Anders and Anne Holch Povlsen）的財產，他們現在還擁有在蘇格蘭高地那邊一塊十八萬英畝的地，使他們成為蘇格蘭最大的私有地主。河谷那塊地產由野地（Wildland）經營，此公司建立的明確目的就是要大規模管理生態復育。作為野地所有投資標的中持有最久的地產，費希河谷是嘗試大膽手法的試驗場，特別是森林再造。

我在路徑起始處停車時，已經快要下午四點了——我只有兩小時的天光可用，因此我迅速收拾行李，趁還有手機訊號時打電話回家，然後開始步行。

到了四點四十分，太陽已經在我右手邊那片長滿森林的鯨背丘西沉，而凱恩戈姆山脈（Cairngorm massif）[2]的西部先驅，即凱巴摩（Càrn Bàn Mòr）和米爾達哈格（Meall Dabhag），其光禿禿的一側則仍舊沐浴在金色餘暉中。大門邊的告示牌歡迎我來到費希河谷地，請我關上門以防綿羊——不是跑出，而是跑進。它也警告那座在老地圖上標示的、連結卡納區因（Carnachuin）的橋，多年前已經在一場大雨中被沖刷殆盡。

我幾乎是馬上碰上要跨越的河流叉道。在看到橋已被沖刷走的警告後，立即碰上這個情景並沒讓我措手不及。要穿越河流，你不能指望在此尋得幫助，在這裡，水流主導一切，而你要盡你所能地和河流

談判。水流淹沒我的靴子，我懊惱地想，我的腳丫可能直到明晚都會是濕漉漉的。

在接近前方的路徑上，我可以看到一根狀若短枴杖的東西，頂端有測量員貼的亮紅色膠帶，在徐徐微風中飄動。我幾乎走到它就在我眼前時才恍然了悟，那不是枴杖，而是一棵小樹。一棵年輕的花楸樹就挺立在黑色泥炭水池旁，猩紅色的葉片燦然明亮，似乎在狂喊。我突然想到的確是有可以狂喊的原因。**我在這裡**！它說。**我沒被咬掉**！現在，我注意到這一小棵樹了，我開始也看到其他的，大部分是松樹和樺樹，有些有七英尺高，有些則只有幾吋。我越仔細看，就看到越多，而在走了幾分鐘後，我發現它們**到處都是**。

我看到的少數幾個人全都要往另一個方向走：一對騎越野單車的夫婦和三位開心的修女，她們的白頭巾在低矮的太陽光下閃著微光。那是半小時以前，我繼續走著，感覺到飽漲的寂寞，但絕非孤獨。事實剛好相反。我有回到家的深沉感受。我覺得受到歡迎。

我在橋上徘徊，現在那是費希河最後（或第一）條橋，不是因為我想過橋，而是因為上游的景觀很美。河流似乎是這巨大、豐饒的空間中焦躁不安的居民，有帶著家具移動、撞倒牆壁的傾向。每個地方都有最近由水翻修過的痕跡：礫石河堤和島嶼、圓石花園和山崩。它展現一種意志堅定之物的活潑、混亂，以及原始意義中的野性。

路徑在年輕的樹木間蜿蜒了一段距離，我很驚訝看見一塊狀若暫時設置於此的鍍膜紙板標誌，上頭寫著：**前方有陡峭懸崖**。它似乎是種奇怪的警告，考量到這地方的自然狀態，遊客當然預料會遇上陡峭懸崖。但我繞過彎道，走下幾道岩石階梯後，路徑就消失了。所謂「陡峭懸崖」，事實上是十公尺高的懸崖，其最近才裸露出來的冰河沉積層，由河流像用爪子般撩過基部的古老淤泥、礫石和圓石的聖誕布

丁混合物組合而成。**陡峭懸崖！鬼扯！**我對這類誇大其詞咯咯發笑，然後發現了一條顯然被其他遊客用來往下爬的路。但我馬上就碰上另一道障礙：一條汩汩噴湧的小溪——我的地圖指認其為嘎拉奇河（Allt Garbhlach），在河谷側邊奔流過裂縫，冰川沉積堆則由各種沖刷圓石組成，圓石則是黑、白、粉紅和灰色所呈現的雙色條紋和糖果色調。沒有橋，至少沒有人造橋，但一棵巨大的多樹幹松樹坍塌下來橫亙在急流上，提供過河的方式。生前慷慨，死後也慷慨。我沿著樹枝緩慢且小心地攀爬。樹皮裡有數千——不，數十萬個洞，昆蟲從那冒出頭來，啄木鳥在此探索挖掘過。那感覺像是種不勞而獲的親密感，彷彿擅自闖入樹木私密的身體結構。我發現自己在向這位被連根拔起的女族長道歉，一等我安全通過，我便輕拍樹幹。

「謝謝妳，松樹奶奶。」

我艱難地攀登另一道侵蝕嚴重的河堤，進入一塊松樹更為年輕的區域，從它們的整齊程度判斷，這裡是個種植園——穿過及膝的山桑子和苔蘚的鮮綠色地毯，死松針在路徑上發出紅褐色的光芒。在遠離嘎拉奇河像撥浪鼓般連續砰砰捶打圓石的湍流後，樹林間很是安靜，但水也奔流過此地——只剩柔和的涓涓細流，從幾道曲折、水晶般清澈的水道傳來呵癢的聲音。水道迤邐過苔蘚，每個都只隔幾吋遠，宛如踩著碎步的嬰兒。這裡也有石南花，花朵仍舊掛著微微蒼白但粉紅色的胭紅。樹木在足踝處有長滿地衣的崎嶇樹皮，在頭部高度以上則呈現從灰到淡紫、由深至淺的色彩，然後在更高處，華麗斑斕的片狀紅發出紅色亮光。這裡也有小棵新樹，大部分是花楸樹，可能是從鳥糞裡的種子長出來的。它們閃爍著金色、檸檬黃和鮮紅色，活像燃燒正旺的蠟燭。

我在路徑上轉彎朝河流走去，撥開四輪驅動車車道上叢生的雜草後一路前行，穿越長滿荚的金雀花

灌木叢，抵達一大片點綴著粉末藍的藍盆花和毛莨的綠茵草地。前方，河流旁的小丘上有一株巨大松樹。那是個景色迷人的地點，我立刻決定在此止步。

我草草踐踏長長的草叢後便豎起帳篷。釘子輕易地陷入草兒那片纖維狀的草席。實在是有點太過容易了，我早該知道會出問題。

我在松樹下吃著脫水義大利燉飯，配上半包嗆辣芥末豆，然後灌下幾口河水——那水冷到讓我的喉嚨痛了起來。松樹有直徑三公尺的樹幹，小小的後代就聚集在周遭。對面堤岸上有另一棵類似大小但已然死去的松樹，被河流丟棄在那，懸在急流水位數公尺高處——成為必定曾經發生過的大洪水的紀念物。

等我吃完飯，河流已轉成黑和銀色，半弦月升起，土星和木星就在附近。雲朵開始在南方地平線上堆積，宛如一坨坨馬鈴薯泥。月亮躲起來一陣子，而後又破雲而出，明亮耀眼，在雲朵掩映下，照亮一整片發光的鄉間。我想，在未來喧鬧騷亂的日子裡，我一定會記得這個迷人的地方默默存在著：它有閃耀的河流、死後復甦又生性慷慨的樹，以及靛青色星光點點的穹蒼。

我開始睡覺沒多久，風勢便轉強，呼呼陣風帶來桶子般倒下的雨。它想將帳篷從地面扯開。它用爪子撩撥篷布夾，有時從下方用力揮擊，盲目但兇狠，就像貓試圖從地洞中鉤出老鼠。它拉開帳篷的拉鍊兩次，我被濕尼龍布的抽鞭拍擊驚醒。我草率又懶惰地在草叢地面紮營意味著釘子會鬆動，我得爬起來三次以拯救營繩。這類夜晚你很難確定你到底有沒有睡到覺。

曙光露出怨恨的灰色光芒。強風止歇，但雨勢沒有稍緩。我將門夾開，坐在睡袋裡，套著羽絨外套，觀看雨和河流。我泡了四小杯即溶咖啡一杯杯喝下；我的氣爐可以在幾秒鐘內煮沸一百五十毫升的水，

既然我不趕時間，比起泡一大杯，然後在你喝完前冷掉，弄出四小杯來喝反而更好一些。我珍惜每口滾燙的咖啡。我很少有只是坐著，什麼都不做的機會。但我已經在這個小帳篷裡整整十二個小時，開始深切悔恨沒有帶本書來。我因此開始研究地圖，想像我在這趟旅程中沒有時間去走的路徑。

最後，我放棄等雨勢緩和下來。我花兩分鐘就拆下濕透的帳篷，將它打包好。我在穩定的滂沱大雨中出發，在奮力向前走過一小排小松樹後，出乎意料地，眼前景象剎那轉變成純粹的壯麗。眼前的樹全是歐洲赤松，絲毫不像在英格蘭居住的人所想像的那種細長形狀的樹種，而是巨大、向外延伸的野獸，有時呈現柳樹和橡樹兩者的姿態美學。它們大部分有明顯的成長方向——往南傾身，但也往河流。能發現大數量的這類樹木很令人開心——它們添加嚴肅莊重的氛圍，平衡此地新樹的爆炸精力。許多這類不朽龐大的物種之所以能在一世紀多以前逃過被砍伐的命運，是因為它們的軀幹太過彎曲，沒有成為木材的價值。這點值得深思。在此，如同那片橫越蘇格蘭、曾經是主要樹種的卡利多尼安古松林的小型殘餘，一個獨特的棲息地在最後的可能時刻得到拯救。

樹木下方有短草皮，整齊而長滿苔蘚，散布著紅色松針。鳥毛蕨恣意爆發——這是種古老的林地指標，只偏好生長在潮濕的酸性土地上，其狹窄的常綠樹葉、黑綠色不孕葉形成的蔓延花環，以及淡色、細長肥沃葉的直立中央花冠，可供過路人辨識。它是歐洲馬鹿會吃的許多種植物之一，所以我懷疑這裡的豐饒是否是嶄新現象。環顧四周有許多死木處在不同程度的腐朽階段，大部分長著厚厚的苔蘚和地衣，倒下的樹幹和樹枝則更為腐爛，但卻有好幾排山桑子發芽抽條，宛如過大的種植袋。

更遠處有過往居住地或工業的跡象。靠近河流有一對長方形地坑，某些古老的五加侖罐以前可能裝過燃油或瀝青，但現在鏽到如此脆弱，我能用手指將金屬皮剝下來。它們可能有一百歲，而這個人類廢

棄物令人驚嘆之處就在於其分解和返回地球的方式——塑膠永遠無法如此。我對老式垃圾油然生出一股懷舊之情。靠近地坑處，沿著最淡的路徑是一個長方形基座——小房子或茅屋的地基，覆蓋在苔蘚濃密的毯子下。即目所及，樹木都很年輕——只有幾十歲，但有位老祖母，它一定曾經矗立在建築物旁。洗手檯仍舊在此——巨大、方形且雙槽的洗手檯，以預鑄混凝土製成，現在有一棵小松樹和黃花柳在裡面和邊緣生長。石蕊有著古怪的氣笛狀結果杯，就像蘇斯博士（Dr Seuss）[3]繪製的插圖。

我在附近發現一個像裝置藝術的物品。那是一個歐洲馬鹿的 2D 平面圖，從一吋厚的板金剪製而成。它的頭部與我的等高，眼睛是黃銅色。它覆蓋在班斑剝落、好幾層凝結成塊的紅色漆下，全身都是馬蜂窩，因為被射擊過數百次。在另一側，它被支撐和固定，豎立起來只是為了被擊倒。

它看起來相當警覺，它應該如此，因為這片河谷的驚人再生就是仰賴對牠這個物種無情且選擇性的捕殺。二〇〇四年，據估費希河谷每平方公里有多至九十五隻歐洲馬鹿。啃食和放牧的密集不僅阻止樹木再生的可能性，也威脅古老森林珍貴殘餘部分的生存；碰上下雨時，流水會奔流下荒蕪赤裸的山坡，進入河流的速度如此之快，水流會把產卵區的礫石沖走。森林委員會下令選擇性捕殺，部分由直昇機執行，是因為雪下得太大——而這手法惹怒極重視傳統的獵鹿團體。

河谷現在在波佛森夫婦手中，由野地經營管理，選擇性捕殺的強度不減反增。現在，每隻馬鹿都是目標。其他地方以柵欄隔開鹿群來保護森林，但要圍起這等規模和地形的土地，費用會是天文數字，並需要長期執行的維護和勘查方案。而這會在地貌中創造出移動障礙，包括人類，蘇格蘭已將負責任的漫遊自由制定成合法之舉，而英格蘭漫遊者只能對此懷抱夢想與豔羨。再者，選擇性捕殺並不企圖完全消滅歐洲馬鹿，只是嚴格限制牠們的數目。捕殺少數的確能幫助再生的森林發展各式各樣的結構。與此同

時，獵殺政策意味著河谷保有其獵鹿者——波佛森的手法特色便在於環保復育不應該以犧牲傳統生活方式為代價。歐洲馬鹿仍舊能自由從鄰近地區進入河谷，一旦森林復育成功，牠們的數目可能會被允許再度增加。即便如此，這個被打成馬蜂窩的馬鹿立牌是我在費希河谷唯一可能看到的鹿。

我又回到河邊，一條爛泥巴路突然到了盡頭，引我進入水中——前面的路被河流的一時興起所抹滅。但還有另一條路徑，讓我及時抵達一片林間空地，一輛小貨車停在備貨充足的木造商店旁，裊裊煙柱從一座整潔的石砌小屋的煙囪冒出。那是大名鼎鼎的魯夫愛特生山屋（Ruigh Aiteachain bothy）。

我從窗戶瞥見一個有著地中海禿頭的白髮人，等我走到門前時，門被砰地打開。一位男子穿著整齊的綠色工作服，底下是格子襯衫，從細框眼鏡後對我發出燦爛微笑。「歡迎！」

我表達對山屋正營業中的訝異，他看起來不可置信。「但我們一年到頭都有營業啊。」

「但是，這個……疫情？」我在離家前瀏覽過山間山屋協會的官網，它說直到進一步通知前，所有山屋都關門大吉。

那男人又微笑起來。「嗯，我們喜歡說，在費希河谷，我們有不同的做事方法。讓我問你一個問題：你需要遮風避雨的地方嗎？」

我低頭望望自己。我濕透了，好像我曾跑去游泳。他把門打開得更多一點。

「我沒事，」我說，「但如果是昨晚，那就更好了。」

「喔！你在戶外？」他驚呼。「那你可能需要咖啡。或許也來點蛋糕？」

我發現我沒辦法拒絕。

兩分鐘後，我在一間廚房兼做客廳的舒適空間裡的長椅上安頓好。那地方如此溫暖，我得迅速脫掉

三層濕透的衣服，免得過熱昏倒。我將防水衣鋪在另一張長椅上，幾分鐘內就乾了，然後將靴子放在發著光的木爐旁，爐裡一大壺水正煮到快沸騰。室內還有其他四人，兩對夫妻坐得離彼此很遠，但他們放鬆的神態是我幾個月以來在公共場所都沒有看過的。沒有人戴口罩。

邀請我進屋的男人叫林賽，他從二月起就在山屋了。「開始封城時，人們叫我們回家待著，」他說。「所以我照辦了。」

「你住在這裡？」

「喔，我在格拉斯哥有個讓稅務員寄信的地址。」我有個感覺，這是他常用的回答，但他顯然喜歡這樣。

「你是個管理員？」

「不，我只是喜歡這裡。我來這裡六十年了。我三十多年前退休，在那之後，我一年大概來這裡待上十一個月。」

「今年情況如何？」

「封城的頭三個星期裡，我完全是一個人。我們從三月開始已經接待了三百五十位過夜的客人。正常情況下，一個星期應該有一百五十位客人。但除了頭幾個星期外，人們不斷過來住。像這樣的地方符合某些需求，你知道的。」

「我敢賭你這六十年來在此地看過某些變化。」

他的眼睛亮了起來。「最近十五年棒透了。」

「每個人都這樣覺得嗎？」我問。「我是指，不是每個人都能輕易接受所有的改變。」

「這個嘛，的確不是。是有一些抗拒。獵場看守沒丟工作，但人們要他們停止做所有有利於馬鹿的事，並開始射殺牠們。這些是技巧精湛的聰明人，但要求他們完全改變心態是有點過分。但我想，現在每個在這裡工作的人都看得出效果——自然復育的成效令人咋舌。他們種的兩百萬棵樹長得很好。」

我對此很吃驚——我沒看到任何像最近剛種的樹木。林賽解釋，很多新種的樹是在種植園的後方，所以當砍伐或更可能是要把它們變得稀疏的時刻來臨時，視覺衝擊就不會那麼強烈。「但你的確有看見它們。」他又說。「你可能只是沒有察覺而已。你瞧，因為沒有鹿，就意味著沒有那些塑膠樹欄杆。新種的樹比較沒那麼顯眼。」

「那麝香鼠呢？」某位住客問道——我猜他是生態學家。

「麝香鼠？太棒了！」林賽咧嘴而笑。

「是的，但我的意思是，牠們不是會剝樹皮，害死樹苗嗎？」

「嗯，那或許有可能。但兩百萬棵樹很多很多。夠讓一些麝香鼠過活的，可以容忍一些損失。」

生態學家和我啜飲著咖啡，消化這句話。

「是有很多反對的聲音，」林賽繼續說道，「那是非常不同的做事方式，很多人說這樣做毫無意義，有些樹可能永遠不會長大，尤其是較高大的樹種。但你看到成果了。」

山屋最近經過翻修，林賽很熱心，帶我到處參觀。樓上有兩間充滿松木和樹脂氣味的房間，還有一間地上鋪了幾個睡墊。樓下則有兩間房——一間我們在用，另一間大小差不多，兩間都沿著牆壁置放長凳。外面有座倉庫，兩個蹲式馬桶，附有桶子沖水。那是我所曾見過最乾淨、整齊和舒適的山屋。我看過的大部分山屋，設備方面都很簡陋，有些根本就是茅房。這裡感覺起來像你能把家人帶來的地方。我

這樣說。「當然，」林賽露出燦爛微笑，「人們的確這麼做。我們還是會碰到成群的青少年，期待這裡是個低俗骯髒的飲酒窟——有些山屋是像那樣，你知道吧，但當他們抵達，發現外面的曬衣繩上掛著嬰兒衣服和尿布時，他們就會看看彼此，交頭接耳一番，然後離開。」

我決定之後還要回來住。但今天已經過了一半，我想在徒步回去前，看更多的河谷美景。我問我該在哪洗咖啡杯，但林賽回答：「喔，就放著吧。瑪麗待會會來打掃，她棒透了。」

我試圖消化這地方竟然請了個管家的事實，但我們繼續聊下一個話題，接著就到了我該離開的時候了。我精神恢復不少，林賽還保證，如果我需要的話，我回來時會有茶和更多蛋糕。我繼續走上河谷，涉水而過定期奔流的河道和咯咯作響的小溪。眼前有杜松和樺樹樹叢，赤楊和棉毛柳的濃密生長地，而長尾山雀的嗶吱吱、嗶吱吱吱叫聲為此地帶來生氣。走遠一點後，我碰上一對紅腹灰雀在路徑兩旁不斷來回、嗶嗚嗶嗚地答唱著，當時我就站在牠們中間。但此地的大人物是松樹。花椰菜式的頭冠泰坦，將手臂伸到最寬，進而讓光合作用的效率達到最高。在經過一處這類巨樹時，我聽到另一種較不熟悉的叫聲——匹欽、匹欽——宛如硬幣掉入撲滿的聲音。是冠山雀！我翻出望遠鏡，使用娜恩·雪柏德的技巧，靠坐在樹幹旁，等著牠們忘記我的存在。只花了一、兩分鐘，兩顆毛茸茸的小炸彈就在樹枝上一閃而過，戴著鬆軟的頭巾帽，有著針般的鳥嘴，以連續的猛衝、窺探、探索等動作，不斷重複移動。

我不確定是鳥類的信任天性、雲朵的散開，還是山屋的溫暖好客，但我感覺到一種歡騰的歸屬感。我從昨天以來已經習慣新環境，尤其是在越過流水時，我突然變得能熟練地在岩石間跳躍，而不用蹣跚停下步伐。

晌午，太陽早早破雲而出，山丘對著陽光弓起背，彷彿伸展的貓。當我將視線轉回走過的河谷時，

這整個地方跳躍著色彩：松樹葉和樹皮的藍綠與黃褐淡紫、黃樺的氣泡酒噴泉、金雀花的新綠和其光滑的黑色莢、花楸樹葉的猩粉紅和薔薇果的火紅色。長在高處、位於更暴露位置的樺樹，開始展示它們赤裸的美麗——紫色的細毛因距離顯得模糊。胖野菇是棕色、黃色和血紅色。圓石則呈現黑、白和糖果粉紅。河流則有所有的顏色，還與天空藍和泥炭棕相互揉合。下一場雨降落時活像清澈穹蒼中的濕漉漉閃光，彩虹從水自河谷一側倒出的馬尾雲中升起。我歡欣敞開雙臂。這是個完美的仙境。

最後，我走的路沒有樹了。河流更為陡峭狹窄，我來到一個水流湧過隘口、奔過基石的地方——一條如轟然雷鳴般吶喊的水流，那種能奪去你思緒的奔流。我躺在一塊石板上，頭懸著，納悶我能否看到更多鮭魚，並在心中盤算如果要划槳，我會挑選的路線。不是說我會，但老習慣很難戒掉。

我的時間只夠我走這麼遠，但就在開始循路回頭時，我想到一個好點子。我可以待到明天才離開。我在阿維莫爾（Aviemore）訂了一間房，但如果手機能收到一點訊號，大可以取消。我循舊路回到山屋，茶壺還在燒，我問今晚能不能續住，結果受到如同老朋友般的歡迎。

我在早上遇見的德國夫婦仍在這——原來賽琳娜和羅伯是常客，與林賽的關係輕鬆自然，幾乎像是家人。他們住在蘇格蘭八年，職業是旅行團導遊——今年他們取消一切安排，盡量花時間待在費希河谷。他們今天出門採集蘑菇，正將它們鋪在長椅上晾乾，整個房間因此有股涼爽、辛辣的氣味。

暮色降臨，林賽開始在幾個大錫盒裡翻尋儲備食材；到了五點時，我們已經在吃飯。我分到魚湯配我的速食麵，還有一杯葡萄酒，賽琳娜則在煎鬆餅。我沒有什麼可以分享的，除了半包有點受潮的芥末豆——他們勉強吃了幾顆，我懷疑此舉只是為了讓我感覺自在。

山屋以燭光點亮，奇怪地舒適。林賽溫柔地過度寵溺每個人。在杯子裡倒滿葡萄酒，然後是波特酒，

迅速撤走空盤子，趁我們聊天時清洗和晾乾，並拒絕任何幫忙。**瑪麗稍後會來打掃**。我後知後覺地注意到，當然沒有瑪麗這個人。

我記起他今早說過他已經退休三十年了，還問他退休前從事什麼行業。「我是位工程師。我的整個職涯都在鑽油井，那時往下鑽六百英尺是個挑戰。現在他們鑽一萬兩千英尺的水和三萬英尺進入岩層。連我都看得出來那是個危險的終局。」

「所以，所有這些……你現在做的給予和照顧是——」我小心地打斷自己。在他仁慈待我後，這問題似乎很無禮。但他看穿我的心思。

「——補償？或許是的。」

我們談論松貂、金鷹、水獺和麝香鼠，還有他們在獵殺歐洲馬鹿、取走最好的肉，然後把殘骸留在附近後，一隻獾花了整整三小時大快朵頤。「牠吃得撐到幾乎走不動。」賽琳娜縱聲大笑。他們告訴我，黑琴雞正在拓展進新的棲息地。現在這裡有十三座求偶場——比以前小，但散布的範圍比以前廣。

林賽喜歡談論鮭魚。他告訴我有位叫珍．格蘭特（Jane Grant）的研究者花了三年監控河谷裡超過一百四十處產卵區。她習慣在水池裡游泳，喜歡魚兒碰撞的感覺。

「我教她怎麼把鮭魚弄得服服貼貼——你知道的，就是搔牠們癢——當然，只是好玩。如果你在這一帶盜捕，你會失去你的工作、車子和房子。」

我問他對捕魚有何想法。「我們當然用漁網捕撈得太多。我認識一年靠捕網十二週來養家活口的人。那種撈捕不可能是對的。但飛繩釣就不同了。那是在禮讚魚兒，而且牠們會被放生。」

賽琳娜玩著蠟燭，焚化一隻死蒼蠅。

他們告訴我，這裡總是有忙不完的工作。修理步道和小溪與河流帶來的各種惡作劇，以及維護山屋。他們計劃在山屋周遭栽種蘋果、櫻桃和李樹。「我們已經種了黑醋栗和鵝莓。」

我納悶這些事如何得到資助，他們回答時再度展現困惑。「我們不需要資助。我們說做就做。」

「這裡是費希河谷……」賽琳娜說。「我們有不同的做事方法。」

才晚上八點，我就覺得我們好像已經聊到深夜。或許感覺到前晚無眠的我睡意漸深，其他人都說他們準備上床了。他們上床後，我將剩餘的濕衣服掛起來，安坐在一張長椅上。在燭光中，山屋彷彿處於童話故事裡。剛剛在賽琳娜手中的蒼蠅殘骸正在燈蕊處燃燒，火焰熊熊地像安妮·迪勒（Annie Dillard）[4]那篇出色的散文〈飛蛾之死〉（The Death of a Moth）裡的飛蛾。我墜入深沉、精疲力竭的睡夢中。

我被一個轟然雷鳴聲驚醒。我以前曾經歷過幾次夜間地震，所以這次甚至在還沒醒轉前，人就已經站了起來。那時我才想起自己現在在哪，心臟不禁怦怦快跳，相信地震發生了。我找到手電筒，將光束射過房間——越過牆壁上的大幅雄鹿畫、方格餐布、蠟燭提燈、在煙囪管道旁的凹室掛著的靜靜不動的乾淨平底鍋。沒有東西在動，萬籟俱寂。我聽不見風聲或河流聲，但我確定剛才曾聽到的聲音又在我腦海裡重新播放，由隆隆碰撞聲搗毀。我想它來自河谷的更高處。如果那不是地震，就是岩石掉落，我理性分析著。一個巨大岩石從一道陡峭溝壑滾落。手機顯示現在是凌晨三點五十分。又是同樣的時間，又是差十分鐘就四點了。樓上沒有走動的聲音，幾分鐘後我坐下來，然後爬回睡袋，漂浮進惶惶不安的淺眠狀態，頻頻打盹，聽到一次次轟然的撞擊聲，納悶在外面的黑暗裡，世界正在形成什麼新形狀。

其他人在七點出現，我驚訝地發現，沒有人聽見任何聲音。我不可能是在做夢。我試了幾種描繪那

聲音的方式：像同時打雷和閃電；像地震；像採石場的爆炸。他們表情茫然，直到我說：「像某人將一百噸的岩石從山上推下來。」林賽哈哈大笑。

「啊，我敢賭就是那樣。那一定是戴夫，地產管理人。承包商要來在上面開一條新路。他大概想早點開工，將石頭運去給他們。」

「在凌晨三點四十分？」哪種瘋子會在大半夜裡自己去移動山脈，我忖度。

「嗯，他通常在五點開始作業，他可能忘記時間已經調回去了。他可能想趁冬天來臨前，盡可能將事情辦好。」林賽說。

「這裡是費希河谷……」賽琳娜微笑著說。

是的。他們有不同的做事方法。

———

我在當天稍後走出門時，天際掛有一道彩虹。當然有啦。彩虹跨越整座河谷，宛如宏偉壯麗的門拱。此地是環境保存和環境保守主義的反證。這裡代表的是改變，此地在改變中，但是是以自然錯綜不一的步伐前進，有些時候快速，有些時候則緩慢。此處達到一種動態平衡，透過像信念這種東西達成。有點像划獨木舟——你得稍微順水漂流，才能感覺到水流的存在。轉彎時傾身。擁抱混亂。不要與它奮戰，騎乘它。利用渦流休息或預測下一步。在正確的時刻推一把。而且永遠、永遠不要放棄。

譯注

1 位於蘇格蘭東北部。

2 為蘇格蘭東部山脈。

3 蘇斯博士為筆名，原名希奧多·蘇斯·蓋索（Theodor Seuss Geisel，1904-1991），為美國名作家，以兒童繪本最知名。

4 安妮·迪勒（1945-），美國作家，創作涵蓋詩、散文與小說，曾以《汀克溪畔的朝聖者》（*Pilgrim at Tinker Creek*）獲普立茲非小說類獎。

【小記】

溢流 Flowover

排水系統 Drain

人工創造和維護的管道，以從濕地排除水分。也稱做水溝、壕溝、林斯、主管道、溝渠、排水管。

就像為了河狸，我們已經著手改善水流數千年。不僅在不列顛，也遍及全世界。自古蘇美人從底格里斯河仁慈、營養豐富的氾濫河水中得到啟發，開始在美索不達米亞南部（現今伊拉克北部），於大約西元前七千年創造灌溉渠道以來，我們為了自己的利益，一直在尋找改善、控制、遏制和疏導河流的方式，既是為了農耕，也是為了水力——關乎能源、政治和經濟。但在不列顛，我們大部分的改善所達成的效果，和河狸辛勞工作的成果正好相反，最終導致氾濫土地大片地區的枯竭和生物豐富性的削減。

東約克郡霍爾德內斯（Holderness）的疏排始於梅奧修道院（Meaux Abbey），那裡的僧侶在

剛開始時，抱持著周遭濕林地、沼澤、濕地和氾濫低窪地也許可以改造成其他東西的點子。變成某種更具生產力和更溫馴的土地，較不具敵意和野性。僧侶的手法開始散播開來，那地區的濕地大片地區發展成得以自足的農場。我和強．特雷爾參觀了其中一座。

從每個層面來說，那農場都是環境監管的模範——到處是鳥類，有機栽培，注重永續和生物多樣性；那裡甚至有個小型教育中心。但強告訴我，排水系統仍舊每年清除掉植被；而由於害怕放棄對排水系統的嚴格控制，這個管理方式不會改變，甚至不會因為想要幫助麝香鼠而改變。氾濫被視為詛咒，排水系統勝過一切。在任何農業區，情況幾乎都是一樣的。在「蘇格蘭：大局」的部落格裡，山丘農夫和環保人士派崔克．羅利（Patrick Laurie）記起與一位農夫的對話，後者聲稱「排水和清除是農業的某些基本基礎，他甚至暗暗指出，因為我沒在自己農田上做類似作業，我算不上是個合格的農夫」。我知道羅利不是唯一因為考慮到未來、而經歷同儕批評的農夫。我這麼指出時，強點了點頭。「但那種心態將會改變。我想，在他們內心深處，甚至連最頑固的人都知道他們的時間所剩無幾。我們都是。水會高漲，水會贏。」

我們抵達農田的一角，他指出兩條溝渠交會的地方。乍看之下平淡無奇，因此我花了點時間才瞭解強是想要我看什麼。我仔細觀看後，發覺這不是個交叉口或匯流，而是某種水的天橋。這就叫做「溢流」（flowover）。不知怎地，這兩條溝渠在不同水位上匯流，從而使其中一條與另一條交叉，形成某種迷你水道。這暗示了涵蓋霍爾德內斯大部分區域的溪流和水道系統的複雜性，它就像個巨大的艾雪拼圖（Escher puzzle）。類似系統也存在於英格蘭東部沼澤地區和薩默塞特低地的新生地等大片地區。

強解釋，密集排水往往是高處水道造成的結果——奔流高過土地的水流部分因乾涸而縮小，但這也是數世紀的耕作、收穫、地表徑流和強風侵蝕的結果。而在某些像這樣的地方，結果就是出現了處在稍微不同高度的水道系統。

「現在試著想像這個系統，被地心引力牽制奔流，延伸超過數百立方公里。」他介紹我一本書，我在其中會找到赫爾山谷的某些排水系統的原理圖。「它們會把你搞得頭昏腦脹。」他保證。我找到那本書，書名是《溪流、河堤、排水系統和智者》（*Becks, Banks, Drains and Brains*），由一個當地的文史團體出版，裡面有強所描述的圖表。它們看起來像地下鐵地圖——有著不太可能自然產生的角度和交叉。為了讓水流交會，水道必須於大片地區建造，流過小坡度，並需要持續和瑣碎的努力來維護。而幾乎所有涉入其中的人都變得有點疑神疑鬼這點，或許並不令人驚訝。如果我們說土地擁有自己的意志，這些地方就是渴望變得濕答答。

第十八章

水與觀點的流動

Confluence and influence

牠精力旺盛地飛到房間的一個角落，然後，在那等了片刻後，飛越到另一個。除了飛到第三個和第四個角落外，牠還剩什麼選擇？這是牠僅能做之事，儘管丘陵廣闊、穹蒼無垠、房舍的遙遠炊煙，以及在外海的蒸汽船時不時的嘟嘟浪漫聲響。

——維吉尼亞．吳爾芙（Virginia Woolf），〈飛蛾之死〉（The Death of the Moth）

東薩塞克斯的羅德梅爾（Rodmell）是個大部分由燧石和磚頭砌起來的村莊，但在右方最底部的最後一棟房子卻裝上擋雨板，比大部分的房舍都要大。僧侶之屋（Monk's House）是維吉尼亞和李奧納多．吳爾芙住了二十年以上的住家。一九四一年的一個早春，維吉尼亞最後一次從這個房子啟程。她走著走著，穿越布魯克斯（Brooks）——烏茲河的一片平坦寬闊新生地——當抵達河流時，她在外套口袋裡裝

滿石頭，做了她在寫給李奧納多的一封信中所描述的「似乎是最棒的事」。

那是三月二十八日。現在是八十年後的四月下旬，我在英國國民信託組織的小停車場裡停好車，面對一片長滿朱草和野芝麻盛開的路肩，峨參則默默冒出芽胞。我不禁天真地納悶，如果吳爾芙那時多撐了幾個星期，可能會發生什麼事。不知春天能否解救她，即使戰爭拖延著看不見盡頭。因為，現在，鳥兒啾啾高唱，爛漫太陽射透擋風玻璃溫暖著我，這個隱居地點似乎顯得如此甜美。她走時花朵尚未盛開。或許她看到紫羅蘭快開花了，決定在它們召喚其他春花大軍誘騙她從河邊折返前採取行動。或許那不會有所不同。她的遺體長達三個星期沒有尋獲，但仍舊在附近——也許潮汐帶著她前前後後漂流過她所愛的地貌，在這期間，它變得綠油油、繁花盛開，飽漲著鳥兒啾啾和昆蟲的唧唧低語。

故居因疫情關閉，我只能越過籬笆窺探。房舍很美麗，但不走甜膩風，有著灰色鵝卵石山牆和波浪狀的屋檐。房子的後面和上方有個寬敞的溫室，陡峭傾斜的屋頂有一扇天窗和一個小陽臺，木製欄杆被太陽曬得略白。故居看起來很舒適、令人放鬆。

但那些窗戶引發我的注意。它們讓我想到吳爾芙的散文〈飛蛾之死〉——在她去世後一年出版。我忖度，她是從哪扇窗戶，觀看一隻在日間活動的瀕死灰蛾一次又一次地飛越房間，在生命的最後幾分鐘內，著魔於玻璃外世界那股漠不關心的偉大力量？

一個臨時設置的標誌對故居的關閉表達歉意，並懇求尊重租客的隱私。我從未想到故居仍舊還有住人，我滿是罪惡感地將拿來當潛望鏡刺探的手機收進口袋。

有條沒鋪路面的小徑通往河流。我還沒離開村莊，風勢便轉強了——強烈冷凜的疾風迅速從貝丁漢山丘（Beddingham Hill）[1]滾下。風彷彿是條界線，我穿越後進入一個整體來說更嚴厲的現實。我經過

幾座破舊的馬廄和雞舍，原野四邊是長滿蘆葦的溝渠。農耕機械生鏽的框架和外殼平躺，宛如展覽品般散落在悲傷絕望的雕塑小道上，一群烏鴉莊重地在它們之間迂迴前進，彷若跟團參觀。在電子柵欄後，馬兒低頭吃著非常稀疏的短草，好像要一口吞下都難以辦到。蘆葦和從溝渠清出的淤泥靜躺成堆，徹底乾燥。空蕩蕩的塑膠飼料管和放鹽的桶子在疾風中到處滾動，有些看起來已經滾動數年之久。

「我害怕我又會再次發瘋。」吳爾芙寫道。我想像她走著路——外套緊裹著她，又或許在令人苦惱的強風中敞開和啪啪拍打——我感覺自己也有點瘋狂。但那是暴躁導致的瘋狂，而非沮喪。帶著一股「這跟我想的不一樣」的氣憤。我在小徑上轉彎，呼呼狂風撲面而來。

抵達防洪堤時，我爬上堤岸，初見這裡的河流景致。我對此地的想像大錯特錯。如果你有看過妮可·基嫚（Nicole Kidman）在電影《時時刻刻》（*The Hours*）中，以極其美妙的姿態沉入閃著粼粼漣漪的綠色河水的話，省省吧——在此地，你沒有辦法躺得像奧菲利亞般優美，同時腦中響起浪漫的旋律。河流既不綠，也沒長滿蘆葦。沒有樹，沒有花。看不到結構，沒有淺灘或波浪輕輕拍擊。河道很寬，整體經過整治；河流成為一隻被監禁的野獸，在堤岸間蹲身快速淙淙奔跑，而河堤由採來的灰石塊築成，每個石塊只有一條小麵包大小。低矮的灰石累累，處於毀壞狀態，我可以看到在吃水線以下，綠色腸滸苔的長髮。從游泳或划獨木舟的角度看來，水流快得可怕——現在一定是在退潮。沒有渦流，沒有地方能停下來和休息。我本能地尋找安全出口路徑。一道順紋劈栗木籬傾塌入河水中，這種木籬似乎是薩塞克斯鄉間的地方特色。一旦掉入河中，抓住這類木籬可能是唯一逃離水流的機會，但在潮汐狂奔若此的情況下，會變成絕望危急之舉。

全國各地都有像這樣的河流，被截彎取直、簡化、用牆和河堤圍住，都是要確保水會繼續盡可能且

有效率地往前流動。你通常可以看出橫越氾濫平原的河流是否被整治過，因為自然水流有彎曲的傾向。宛如那隻對窗外的光線不可自拔的飛蛾，遭到疏浚的河流其行徑被簡化，變得墨守成規，被賦予了一種制式的刻板印象。它無法見風轉舵，它無法對土地說話。它只是在壓力下前進，低下頭屈服，只對地心引力做出反應——而以我眼前這條河來說，則是月亮的潮汐引力。

河水的顏色比卡其綠再深一點。波紋和反射光線的漣漪，在水面上如同蟒蛇鱗片般交叉，造成影線。微微閃爍光芒，但沒有絲毫歡愉。在這河道裡，河流沒有可以戲耍的東西，無法狂歡作樂，無法推推擠擠。強風不時在水面上壓出平坦的腳印，隨著水流，腳印變長，彎曲成問號。

防洪堤旁的路徑寬廣好走，是那種能引發談話欲望的小徑，因為走在上面幾乎不必花什麼心思。沒有需要跨過或繞道的障礙。沒有需要注意的坡度。一對男女輕快地走過，衣領翻起。「嗯，那是七年之癢，不是嗎？」男人說。「那是人們朝不同方向成長所需花費的時間。」

一對小白鷺啪啪飛掠過我。在南亦斯橋（Southease Bridge），我碰到一群年輕人，穿著休閒，散發不落俗套的派頭——一位戴著白色巴拿馬帽，一位戴著保暖帽，女孩們則穿著緊身牛仔褲，褲腳高高摺起。「是啊，他全身納粹打扮，油膩膩、往後梳的頭髮，小八字鬍，皮外套……」

「不會吧！」

「真的，他真的那樣穿了。」

橋是個淡綠色鐵製結構，但橋墩是木頭，用來讓定期撞上它的漂浮物偏轉方向。我猜，這座橋曾一度可以轉開讓下方的船通過，但在八〇年代被鎖死固定起來。一株濃密的山楂在強風中提供些許遮蔽，我坐在它下方的長凳，吃起我打包好帶出門的午餐。幾輛腳踏車隆隆騎過橋，我聽到年輕、厚實飽滿的

聲音隨著春陽的放鬆和另一場封城的結束而宏亮響起。

「今天是美好的一天！」

「特別有意義！」

他們將我從低迷的心情中搖醒。我想，**今天是個好日子**。這裡沒有一絲吳爾芙的影子，為什麼該有呢？然後我眼角餘光瞥見有東西飛過肩膀。一隻在日間活動的飛蛾輕輕掠過，身體呈現灰色和報春花的黃。牠和丘陵之間只有寬闊的天穹，別無其他。

劍橋是個不適合讓人開著車到處晃晃的城市。在轉錯一個彎後，我發現自己在劍橋生物醫學園區中閃閃發光的鋼鐵、平板玻璃和彎曲的混凝土之間迷了路。醫學園區繼續繞著阿登布魯克醫院（Addenbrooke's Hospital）和帕普沃斯皇家醫院（Royal Papworth Hospital）延伸。我停下車，研究手機上的地圖，瞥見一個熟悉的地名。九泉林（Nine Wells Wood）[2]是羅伯特・麥克法倫的《大地之下》最後一章書寫的地點。我有一些空閒時間，也還記得羅伯特描述的春天。我無法抗拒前去散步的衝動。我繞著白堊農地的步道開到一個路邊停車場，再徒步出發。我繞著一片如此龐大空曠的田野，這使我的胃都緊縮起來。最近才耕犁過的土壤像骨粉般乾燥。我對這場小小探險的熱忱瞬間消退，試圖專心聆聽如雨般遍灑而下的雲雀歌聲——想像牠們的心臟如同嬌小的蒸氣龐克引擎，嘗試生產創造靈魂所需的足夠力氣，為下方的沙漠帶來生氣。田野底端，是個更堅實的樹籬——真的很棒的那種，有高高的梣樹、山

楂、榛樹、山毛櫸和山茱萸，全都換上清新的新春葉片。一陣溫暖的地中海氣味飄盪過來，指引我找到一片金錢薄荷，其中擠滿勤奮的蜜蜂和蜂虻。當我從牠們身上抬頭張望，眼神一下抓住一個頭顱中的硬皮眼窩，幾乎沒有肌肉。鳥的殘骸懸掛在大約我頭部高度的樹枝間。那棵樹是山茱萸，學名是歐洲紅端木（Cornus sanguinea），因為樹枝的顏色血紅，而其直挺挺的生長方式，讓它很適合拿來製作箭矢。樹枝的顏色和鳥兒殘骸的姿勢創造出某種儀式感——這是一場天葬。氣管裸露而出，帶著環形脊，看起來活像某些早期電子設備的零件。牠是如何跑來這裡的呢？從鳥啄尖到小腳爪的骨骼狀若完整。身體的羽毛已經隨著肌肉掉落，但翅膀和尾巴保存得尚可，可以辨識出牠是隻斑尾林鴿。上頭沒有可讓猛禽棲息、然後把牠丟下之處。牠是遭射擊而死的嗎？或是遊隼從天空襲擊牠，抓住後不小心掉落，結果黏在樹枝上？是否是在城市四周築巢的遊隼？空蕩蕩的頭顱不會告訴我任何祕密。

樹籬另一邊，有一道白堊步道，兩旁排著更多爬滿長春藤的梣樹，也有黑刺李、山茱萸、田木威、歐洲莢蒾和綿毛莢蒾，全都盛開著花朵。我離某個聲景越來越近，聽起來越來越熟悉，包括籬雀令人興奮但雜亂無章的吶喊，黑頭鶯形式自由的小短笛演奏。我走到新生森林時大吃一驚，地圖上沒有標出此處。此地植物濃密，物種不可思議地豐富。我繼續走著，困惑於此地同時的沙漠和綠洲感，生命和死亡公開爭奪我的注意力。

在九泉林的入口處，這感覺變得更為強烈。有個告示板寫到，此地曾一度是具特殊科學價值的地點，但在一九七六年，因為乾旱而失去其無脊椎動物動物群、一種罕見的石蛾，以及兩種扁蟲後，被取消認可。這地點的範圍甚至比我預期得還小，只有三英畝，沒比橄欖球場大多少。但是，跨過門檻後，你會發現一個不僅感覺起來內部更大，但還更古老、更深邃的地方。

水泉有陡峭的堤岸，這個地形暗示水低於其應該有的水位——在這個無法置信的乾燥四月，這並不令人吃驚。大部分的堤岸為苔蘚、長春藤和阿爾泰鐵角蕨所覆蓋，但在地質裸露之處，有幾處滑溜溜的接入點：鵝卵石和圓石嵌入白堊黏土——有些如此緊密黏結，或許是人造牆壁。水如水晶般清澈，如此沉靜凝滯，乍看之下，你會以為毫無水流。水如此靜止，有個藍色平滑橡膠狗玩具球在水底，上頭覆蓋了一層精細的沉澱物，它的顏色和葉片垃圾靜躺而形成的濃厚水底可謂毫不違和。

根據告示板，這些葉片多半是從數十年前栽種的山毛櫸掉落的，帶來很多問題，造成水質酸化。水道在遠離源頭後變窄，水流遂變得更明顯，在雜草間蜿蜒，或跟隨著樹枝，產生指紋般的螺紋，水面則輕起皺紋。犬薔薇的莖挺立而出，一對綠頭鴨在伊樂藻的長型裂葉間翻尋。林間鳥兒活動勢頭正盛：我可以聽到歐金翅雀發出威波和克利克的叫聲，嘰喳柳鶯不斷反覆啾鳴，以及一頭黑鳥翻尋清脆的山毛櫸樹葉時，發出鬼鬼祟祟的窸窣聲——簸動後停頓，拋丟後再停頓——牠似乎脾氣暴躁地快速移動，但這可能也反映了牠需要在吵雜翻尋間，傾聽危險是否逼近。

從十七世紀早期到現在，這兩百五十年來，這些水泉是劍橋市乾淨用水的主要來源。森林角落有座紀念碑，紀念溝渠的建造，後者以一連串水閘、排水溝和小河疏導水流，進入市場、地下室、學院庭院和老醫院。但從含水層的過度抽水使水流逐漸變小，現在這些大部分都封閉了。

我在森林的南方邊緣發現一處較大的泉源。它是嚴肅的灰色湧流——不是湍湍急流或汩汩淌流——水的湧出如此輕微，水流幾乎難以察覺。但在我坐著觀察了一會兒後，我開始注意到灰色淤泥間的顫抖和猛衝動作。那裡有活躍的生命，儘管我正在看的是水的淙淙亂攪，而不是動物的騷動。幾分鐘後，我注意到閃光和火花，由於緊盯了一陣子，眼睛經過訓練，我察覺這些都在池床上一秒鐘內發生數次。我

花了一會兒才弄懂，這些是非常小的物體敲擊水的結果——或許是塵土的微粒。衝擊在表面張力導致瞬間凹洞，使陽光瞬間聚焦、形成強烈的爛灼閃光。但一切發生得如此迅速，等我能好好盯著看時，已經瞬間即逝，徒留下小小的、緩慢擴散的灩灩漣漪。

確切而言，這塊小飛地並不讓人毛骨聳然，但卻神祕無比。僅在數百公尺外，就有生物醫學園區閃閃發光的建築、尖端科學和停機坪、一座新的天橋、轟隆隆駛過的火車，以及大草原似的一大片光禿田野，感覺似乎不可思議。這股魔幻感有部分是來自樹木的尺寸——一些大型冬青、赤楊、櫻樹、梣樹和高聳的山毛櫸——但最主要還是水，蟄伏在黑暗中如此久，然後其湧出的方式，與光線的耍弄嬉戲，反之亦然：行星的本質和恆星發亮的歌曲，以古怪、安靜的之姿融合。這感覺起來像個自然航點、轉換站，但也是交融的地方——從無限制之域而來的水流交融。一個大過我心靈所能把持的圓圈，其圓周上的一個點，但我有時幾乎能感受到其完整性。

幾株山毛櫸上面有樹木雕。我極度渴望留下我自己的印記，但這是我的初次探訪，而且短暫，我尚未贏得任何強加於其上的權利。因此，我選擇站在池水邊緣，太陽在我身後，我的影子在水中緩緩搖擺。水流載著我的敬意離開遠去，前往它的下一個目的地。

在格蘭卻斯特（Grantchester），我把車停在與魯伯特・布魯克（Rupert Brooke）[3]同名的酒吧附近，他是個毫無老態、不可思議的美男子。我推開 噹作響的金屬大門，進入草地。一群暗紅色閹牛有些站

著，有些躺著，長長的睫毛對著我眨動，製造牛隻特有的緩緩聲音：哞哞作響和輕柔的打嗝。椋鳥從牛群中呼呼飛起，牠們原先在那裡襲擊牛糞裡的昆蟲。

維吉尼亞・吳爾芙是格蘭卻斯特的一部分，在布魯姆斯伯里（Bloomsbury）也不遑多讓。在烏茲河的淒涼陰冷後，我希望想像她快樂，就是這樣，如此而已，真的。她和布魯克在此地的格蘭達河（後來變成劍橋的康河）游泳，後者在《格蘭卻斯特老牧師》（*The Old Vicarage, Grantchester*）中嚮往地寫著此地的環境，當時他在柏林，患著思鄉病。

水呈現田鳧背部的那種綠色，微妙地帶著點油藍。那不太迷人——有種棕色皮狀的髒東西掉了下來，類似我在德溫河看過的熟悉事物，其來源可能是暴雨排水管或下水道，但除此之外，水算清澈，足以讓我看到幾公尺下的河床。

在對面河堤的柳樹林裡，一隻水蒲葦鶯狂叫得好像頭要掉了。牠的頭部有著大膽的紋路，宛如那些都市小酷孩偏好的精緻髮型，就是那種剪得很短、有著紋理剪裁的寸頭。鳥的歌格外大聲且生硬粗暴，在口哨和笛聲之間是卡搭、咚咚攪動和嗡嗡響的饒舌曲。歌手憤怒地從樹枝頂端移動到底部，常常降落在灰色、光禿禿、掛在水裡的交纏樹枝之間——樹太常沉在水裡以致於長不出樹葉。它們看起來像紅樹林。鳥兒將窄喙浸入水中，我納悶是否是因為如此引吭高歌，讓牠喉嚨乾痛。啜飲幾口涼水冷卻一下，然後又放聲高啼。或者，牠或許不是在喝水，而是在進食——各種昆蟲的水生幼蟲會依附在那些樹枝上。一隻黑水雞緩步接近，遭到嬌小的林鶯長篇大論地責備，只好噗噗爾波地叫，以聽起來像是指責的聲音邊叫邊撤退。這裡也有黑頭鶯餘音遼繞的長笛歌曲——現在，這才配稱得上顫聲囀鳴。要不是水蒲葦鶯的胡言亂語，此地真會引得人想打瞌睡。

河堤的草皮被放牧的牛群啃得整齊。牛群喝過水的地方看起來像某些河流大巨獸留下的咬痕。這些港灣很淺，又溫暖，滿是小魚，牠們聚集在爛泥底部的蹄印裡覓食藻類。在觀看幾分鐘後，由於我移動得太過突然，小魚群遂爆炸開來，宛如水下煙火，然後再度合併成一道氣旋。這些緩坡提供了游泳的路徑，但我怕我膝蓋以下都會沉到爛泥裡，到時就得哀求格蘭卻斯特這裡穿著格外得體的蹓狗人出手相救。所以我繼續往前走。

片刻後，我聽到口哨聲。不是心不在焉或不成曲調的噪音，也不是那種你會用來喚狗的口哨，而是真正的旋律。

有個紮著馬尾的男人趴在河堤上，頭部和雙肩伸出於水面上，吹著口哨，曲調快速旋轉，頗有〈藍色多瑙河〉的調調。我停下腳步，希望他沒注意到我，因為我想偷聽久一點。一對綠頭鴨領著一艦隊的小鴨，呱呱接近他身下，想在那打轉——有某種無聲的交換進行著。他站起來離開時，我想問他，鳥兒告訴了他什麼，牠們過得如何，還有河流那邊有什麼新聞，因為他似乎一定會知道。但我猶豫片刻，結果我的問話吐出來時卻平淡無奇。「鴨子們喜歡你的口哨聲。」

「鴨子們只是認為我意味著食物。」儘管他往下游走時，鴨子們跟著他，但我拒絕相信能為鳥兒吹奏私密音樂的男人會相信這種事，哪怕只是一瞬間。

我經過數株白柳，新黃綠葉的重新生長宛如頭飾般爆炸開來。在這段河流某處，有株中空的柳樹樹幹，曾有段時間安放著一顆紅陶頭顱：那是詩人雪維亞．普拉絲（Sylvia Plath）[4]不太高明又令人不安的頭像，由一位學生兼朋友捏製而成。她和泰德．休斯（Ted Hughes）[5]——兩人的婚姻是一場災難——都寫到她掙扎著想找出某個處置它的合宜方式，以及最後他們是如何來到這裡，將其託付給柳樹。

我想起西約克郡卡德代爾（Calderdale）的蟾蜍。我想到普拉絲時，總會聯想到牠——那是因為有一天，當我走去靠近赫布登橋的赫普頓斯托爾（Heptonstall）拜訪她的墳墓時，碰到一位叫尼克的男人，他告訴我一個故事。沿著赫布登溪（Hebden Beck）上游走，我們開始聊起卡德河，以及近年來摧毀這地區兩次的洪災。他說，第一次時，他被迫放棄車子，走幾小時的路回家。他在夜幕低垂後抵達，精疲力竭且全身濕透，他注意到一隻蟾蜍在家門口階梯加入他。他這才發覺，他把自家鑰匙留在車裡，於是敲門等待。蟾蜍也等著，門砰地打開，溫暖的光線氾濫而出、淹沒了夜晚，牠搶在他前面爬進屋內。

然後，我想到另一位當代詩人，波莉·阿克汀（Polly Aktin），我沒在社群媒體以外的場合碰過她，但我希望能有這類機會——或許在一座湖中，她因遺傳疾病而有些身體疼痛和疲憊，如果在那會稍有舒緩。我想著她在她的詩〈池塘生活〉（Pond Life）中寫的青蛙——牠們遷徙穿越她的房子，就像在我家有時也是一樣：「我數著青蛙，以將自己帶到睡眠或哺乳類動物生活的極限。」我認為，如果我們是從我們家族樹的樹枝頂端望出去，那些分類學限制才會存在。循著樹枝往下，再往上，從我到——比如說吧，波莉，或到普拉絲和那位雕塑她頭像的無名學生，是個逐步演變形成的完美過程；到吳爾芙夫婦、到布魯克，或到任何來此地游泳的人；到對鴨子吹口哨的男人，和事實上，到鴨子，或兩棲類動物，或任何在水中游泳、啜飲或追蹤樹枝或葉子的生物，或誰的細胞滿溢著支撐過往百萬種生物的同樣古老事物。從這棵奇怪、美麗的樹，從樹枝到樹枝而開始的任何旅行，都不會有錯失的連結，只是一條關係不會斷裂的線，而一條河流則流過牠們全體。

泰德·休斯的詩〈陶器頭部〉（The Earthenware Head）在普拉絲自殺很久之後寫成，暗示她在丟

棄雕像後改變主意，曾回河流去找卻從沒找著。他想像那頭像在河流中不死不滅。或許它仍舊在那。

我碰到的最大棵柳樹有個完全中空的樹幹。它有點像崗亭，或實際上說來，考量到它就端坐在水的邊緣，可以說是個更衣室。面對河流的開口，有個與手等高的大樹瘤，木頭經過不斷被撫觸而變得平滑，樹根形成橫檔，我想我可以在這裡下水和上岸。內部牆壁燒焦，有著光滑的黑色並呈現魚鱗狀，覆蓋著蜘蛛網和蛞蝓那乾燥、發著微光的黏液足跡。我自己的呼吸在那裡聽起來如雷貫耳。它既私密又公開，有著肉體和基本事物的惡臭。彷彿我的思緒在體外形成個泡沫，我聽到一個聲音——年紀較長的男性的咯咯笑聲。「哇。樹木能說的故事可多著呢。」

那對男女繼續往其他地方去了。我在柳樹洞內換穿泳衣，爬下樹根進入水中。水深而長滿雜草，河床如絲般柔軟。綠頭鴨返回，大膽要求點心，我換氣，用雙手揮個弓形波將牠們噓走。雄鴨華麗高貴。肥胖、閃耀著光澤、完美整潔，牠的羽毛微微閃爍著新搪瓷的光芒：墨藍、賽車綠，而牠的胸部閃閃發光，飽漲得像擦得光亮的核桃樹瘤材。只有牠橘紅色的腳掌顯得突兀——與牠其餘部分相較，它們顯得可笑。但它們迅速推動牠，在牠邁開步伐時，牠噴出一道糞便，分解成牛奶般的雲朵，以及快速下沉的暗色子彈。我確定，水裡有比鴨糞更糟糕的東西。首先是，棕色浮渣糞便所掉落的更多大薄片。但幸運的是，水流挾帶表面漂浮物，將其沖落到水道的一側，很容易避開。水很冷冽，所以我用力逆流游了五分鐘，感覺雜草輕刷我的腿。但在逆流下，進展很小，我沒多久就跑到樹旁，將身體拖上樹根。

幾個月後，擁有格蘭卻斯特草地的國王學院不明智地試圖禁止人們在那游泳和划槳——另一次本能反應，由於公眾在後封城時期對綠地藍天的需求激增。兩萬人簽署請願書，學院在幾週內撤回原先決定。與此同時，康河定期遭到農業和排汙系統的汙染，九泉泉水奔流水量變小。這些不是公眾創造的問題：誰會真的認為用光水或毒害河流是個好點子？當局提議，泵取其他地方已經疲態畢露的含水層的水來增加泉水水量，在理應是原始的潔淨地下水裡重新加入處理過的汙水。在事態惡化到如此程度之下，游泳禁令無法成為在任何程度上有意義地保護河流。能幫得上忙的行動包括減少漏水、使用處理過的灰水而非達到黃金標準的白堊河水來灌溉作物，以及我們都應該降低使用好水的次數。在越來越缺水的未來，大眾教育將成為關鍵，而最好的起始點會是鼓勵人們更瞭解他們的當地河流，而不是禁止他們接近。任何造成公眾對自然的疏離和無知的行為，都具有潛在的災難性。如果外面的世界遭到汙染或毒害，一隻盡其短短畢生之力、在窗戶旁發出微光的飛蛾，怎麼會知道或在乎呢？

譯注

1 位於東薩克塞斯。
2 位於威爾斯蒙茅斯郡（Monmouth）。
3 魯伯特·布魯克（1887-1915），英國詩人，以英俊外表與戰時詩作聞名。
4 雪維亞·普拉絲（1932-1963），美國詩人和小說家，以半自傳性質的長篇小說《瓶中美人》（*The Bell Jar*）、詩集《精靈》（*Ariel*）及《巨神像》（*The Colossus*）享譽文學界，並於一九八二年榮獲普立茲獎。。

5 泰德・休斯（1930-1998），英國詩人和兒童文學作家。休斯與普拉絲的婚姻轟動了當時的文學界，在普拉絲自殺後，以悲劇收場。為了向孩子解釋母親的死，他在一九八四年完成童書《鐵巨人》（*The Iron Man*）；並於同年榮獲英國桂冠詩人的頭銜。

【小記】得到解放的河流 A river released

彎道 Meander

河流中彎曲移動的水道，其形式和位置會透過侵蝕的動態過程而改變，彎道外的快速水流和內部的慢速流水造成的沉積則形成侵蝕。

運河開鑿 Canalisation

指以重整堤岸和水道來促成人工截彎取直、引導或限制河流的過程，這通常是氾濫管理、灌溉或排水計畫的一部分。有時又稱之為河道疏浚。

河流奔流在輕緩坡度時，它們喜歡漫步。由於如此這般，你看到任何直直奔流過超過其長度十倍以上的廣闊平原的河流，必然是經過人工的截彎取直——通常這是為農耕或發展創造空間，或為了加快水流速度。一條截彎取直或歷經運河開鑿的河流，也是一條被縮短了的河流，因此，

除非水道同時變得更寬或更深，流水就只有少少的空間，因而流得更快，變得更有可能帶來氾濫。因此，經開鑿的河流往往被加高的堤岸或防洪堤加以限制。這個處理方式傾向於增加下游氾濫的風險。這就是在坎布里亞史溫代爾（Swindale）的小湖地山谷（Lakeland valley）發生的事，儘管規模相對來說較小，其部分地區現在由英國皇家鳥類保護協會管理，成為自然保護區兼休閒農場。我和生態學家李・斯科菲爾德（Lee Schofield）在二〇二〇年到此參訪，他負責導覽。

當李到了史溫代爾，他說，溪流直得像尺，深度一致，其水流速度則對下游的定期氾濫作出貢獻。鮭魚又得以重見，但河流缺乏適當的產卵區。「我不評判做這件事的人——此地的生活一定是不可思議地辛苦，農耕的收入僅夠支出，以前他們努力嘗試栽種和養育任何所需。他們做了他們認為合理的事，他們無法承受氾濫毀壞乾草牧地。」

但在二〇一五／一六年的冬季氾濫之後，集水區的蓄水量降低，比如像在史溫代爾發生的那樣，看起來似乎就沒那麼合理了。其背後邏輯是，或許此地的氾濫應該被視為值得投資的生態系統服務。解決之道很激烈——部分山谷的完全整頓——但在面對那張五億英鎊的帳單，以解決戴斯蒙德風暴所導致的傷害時，所謂的自然氾濫管理計畫看起來似乎變得很划算。計畫很簡單——透過地球物理學證據來尋找溪流或許曾一度流過的路徑，然後挖掘重新蜿蜒的新河道。儘管如此，挖掘者在低處碰上一個難題：在那裡，原本帶來保證的礫石沉積顯示，先前的河床已經於此消失。

「我們搞錯了。我們現在強迫河流採納新的河道，並在過程中製造了大量爛泥。」李說。「但在那個階段，我們沒有多少選擇。我們讓河道在那個地方變得較寬廣，試圖減緩水流，降低沖刷

效應，但那是我們所能做的所有補救了。」

魚兒從老舊直線河道移往他處，然後水壩建成，強迫水流進入新的蜿蜒水道。「那發生在一個星期五，之後那個週末下了一場夏季暴雨，導致整個河谷氾濫。我陷入驚慌，」李告訴我，「在氾濫的洪水下，看不見河道，而我確定，我們挖出來又堆積起來的土壤，將會被沖刷到下游。我在星期一回到此地時，做好充足的心理準備，預料會看到災難場景。但當我抵達時，我簡直不敢置信。水不僅在新河道裡奔流，還很清澈。甚至連這個可怕的泥沼河段都有了新的礫石河床，閃閃發光——礫石就是被洪水新近運來的。新的障礙和淺灘形成，將全新的河道改變成某種自然河流。我們原本以為會在數年內完成的事，在一個週末內就發生了。你知道還有什麼嗎？鮭魚在幾個月內就在此產卵。」

那離既成事實很遠，但問題就在此。現在，溪流可以自由且隨心所欲地改變，而儘管經過五年後，李對新近動態水流導致的季節性（甚至每日的）變化的驚奇，是有感染力的。我們涉水經過濕地——新近崩塌的河堤，以及活躍的侵蝕和沉積地區。物換星移，這條河流會像蛇般翻騰蠕動，越過現在開滿濃密花朵的平原；他指出有堆心薊、金蓮花、地榆、拳參、矢車菊、山蘿蔔、山米草、根爪蘭、剪秋螺、黃色鼻花——百花齊放，歡欣鼓舞，色彩繽紛，昆蟲唧唧嗡嗚。

第十九章

糞溪

The Mucky Beck

一座小峽谷舒適地依偎在本寧山東部，布滿水泉——它將注入超過數十條往下坡奔流的溪流。在河谷底端，那裡曾有由最大的水流形成、最寬且最容易穿越的淺灘；在中世紀早期，此地就有聚落發展。這個位於「寬廣淺灘」（broad ford）的聚落城鎮後來變成布拉福（Bradford）[1]，是加工毛料的絕佳地點，周遭有良好的放牧場，溪流的水流能提供磨坊動力並載走廢棄物。一五三〇年，當局建造新河道或「人工渠道」以沿著河流彎道載水，大大增加它能提供動力的磨坊數，工業則得以在此地區逐步發展。這情況維持了幾乎五百年——溪流重複被改道並加以限制、疏浚、開鑿運河、加裝涵洞、監控、加蓋水壩。人們後來對水更是濫用。清理毛料，這為人所知的縮絨商業活動有個骯髒的處理過程——沒洗過的羊毛其超過重量一半以上含有爛泥、塵土、糞便和羊毛脂（覆蓋綿羊毛的油脂）。這些是自然物質，但在清理過程中，它們會在水中腐敗，吞噬氧氣，產生硫化氫，而當家庭手工業逐漸讓步給工廠規模作業時，一度閃耀發光、滿是鱒魚的河流慢慢變得只適合細菌居住。

低收入磨坊工人的湧入，使得布拉福的人口在十九世紀暴增，許多磨坊工人居住在難以想像的骯髒環境中。從越來越多樣的工業汙水到人類排泄物，每種髒物都傾倒入當時已知名的「糞溪」（Mucky Beck）。但骯髒物在此地最是有利可圖。到了一八六〇年代，布拉福號稱是全球最富裕的城市，但幾乎確定也是汙染最嚴重的城市。一八四三年，來此視察的公共衛生官員報告稱，這裡是他所見過最骯髒的城鎮。如果你運氣好到能擁有銀製懷錶盒，它會在你的口袋裡變髒、變黑，那是說，倘若你在煤黑色河水上盤旋的硫化氫煙霧中待太久的話。

布拉福的第一條下水道建造於一八六二年。安裝沖水馬桶使得某些人過得更衛生，但過去從未裝水管的廁所收集而來、用於施肥的排泄物，現在則被直接沖進河道。十年之內，就有超過一百英里的下水道每日將兩百萬加侖的排泄物排進溪流裡。當局定期迫使溪流改道來改善運河的遲緩水流，導致問題更加惡化。停滯不前的狀態導致低水位，水則可用火柴點燃，火焰可達六英尺高。

一八七三年，弗里辛霍爾（Frizinghall）建造了汙水處理廠，但就像布拉福的典型做法，這不是公共或環境衛生計畫，而是個要錢就別怕髒的商業事業——商人從汙水抽取羊毛脂來製作肥皂。這個生意在一或兩年內告終，但後來，布拉福公司（Bradford Corporation）在艾舍特（Esholt）興建的處理工廠的確從羊毛脂獲利，並集中處理半固態廢棄物，稱做汙泥餅，將之當成肥料賣出。排出的液態廢水在幾乎未加處理的情況下，流回溪水之中。與此同時，當地礦業工作意味著幾條溪流支流常因赭石而染紅。有些至今仍舊如此。

在工業革命期間，當越來越受汙染的水變成破壞要素，顯而易見的解決方式就是將它圍起來、加蓋封閉。城市溪流和人工渠道這些地點變成優質土地，大量磨坊建築和峽谷般的街道是其特色，幾乎看不

到河道存在的跡象，除了水流在暴雨過後沖出涵洞——由於沒有氾濫平原作為緩衝，每逢大雨便定期成災，直到一九九〇年代早期地下氾濫分洪渠興建完成為止。這持續將高流量的水改道幾乎一英里，繞過最糟糕的窄點。

布拉福自從工業繁榮期後便走向衰退，但建築用地對私人擁有者來說仍舊有很高的價值，因此不會考慮要恢復綠地或水道空間。甚至在公有地方面也是問題重重，土地遭磨坊、製革廠、染廠和化學工廠等無照工廠排放的工業廢水汙染，有些是來自當地，更多則是來自進口的回填或單純傾倒。

我與「布拉福溪流之友」組織（Friends of Bradford Becks）來了一場春天之旅，由布拉福市議會的安德魯・邁漢（Andrew Mindham）、艾爾河流信託基金會（Aire Rivers Trust）的尼克・邁爾森（Nick Milsom），以及擁有「汙染獵人」這個光榮頭銜的羅伯・赫拉威爾（Rob Hellawell）做嚮導。我們走過繁忙的街道，經過輪胎店、外帶店和超級市場，在鐵道橋下碰上溪流。那裡有個畫得很精緻的塗鴉，是一隻加勒白眼蝶飛舞在一堆胡亂丟棄的能量飲料罐和漢堡盒之上。

上游是個荒廢的區域，儘管如此，河堤油綠，兩排種了樹——櫻樹、歐洲七葉樹、冬青、橡樹、樺樹和山楂，較大的樹的樹幹則爬滿長春藤。我看見灰鶺鴒的蹤跡——安德魯告訴我，他在此也見過河烏、蒼鷺和翠鳥。多虧下游幾個防洪堤的整修，這裡也有魚。最近的方格電魚法（electrofishing）調查發現有鱒魚、念魚、桃花魚和一條鰻魚。在往稍微下游處，安德魯讓我們這團人看，河堤修復工程幫助

更多植物在河水邊緣立足。

就在布里蓋德橋（Briggate Baidge）下，河流繞過河彎，由長滿苔蘚的圓石造成的水流有點湍急。太陽在河水上閃爍生輝，懸掛於水面上的柳樹正要長出新葉，河堤鋪滿厚厚的燈心草、勿忘我、峨參和蠟燭花。對面的高河岸上是新的住宅開發案，後院花園直接通往河流。房舍有木造圍籬，但我可以想像在這些木板裡的大門，以及一群群的小孩拿著網子或玩具船奔下河流。青少年玩水、閒逛，在踏腳石上跳躍；年紀大一點的則無所事事、縱聲大笑和相互炫耀。

但在真實世界裡，上游幾公尺處的建築看起來像混凝土碉堡，窄窄的水平長洞口則是窗戶。這就是合流式下水道溢流（combined sewer overflow，簡稱CSO）。它旁邊是另一個有著人孔蓋的混凝土板。蓋子扣上。從合流式下水道溢流和人孔蓋往下噴向河堤的，是兩道發臭的殘骸碎片，活像嘔吐物——女性生理用品、濕紙巾、保險套、衛生紙堆。我們說不出口的沖水馬桶汙物形成的嘉年華。那是我們寧願不處理的東西，因為我們無法忍受自己身體的排放物。

容我在此大膽寫出，如我們所知，人生是**潮濕的**（moist）。《紐約客》做的一份調查顯示，這是英文中最被人痛恨的字眼之一。後續研究則表示，這份厭惡不像有些受訪者所聲稱那樣，和該詞的發音並無關連，而是與體液有關。儘管是我們的潮濕本身允許我們運作，但我們就是無法忍受那些油滑、黏稠的基本體液。因為骯髒意味著賺錢機會，我們的厭惡遭到整個執著於個人衛生的工業加以剝削、利用和放大。上千個廣告低聲細語：**看看這個修飾過的臉蛋多純淨。你瞧，這個一塵不染的身體、這個初生的孩童、這個沒有氣味的身體、這個比白色還白的內衣！想像這個安全和一擦就十分衛生的人生！而且最好的是，可以沖掉！所有你可憎的體液、不能接受的潮濕，就像那樣全部瞬間消失！**

從屋齡來看，我們的房子建於攝政時期，但建築風格則否，而且沒有疏水總管。當我們搬進來時，我們得適應化糞池和靠不住的老式水管這個令人頭痛的新奇事物。一張不留意就丟棄的濕紙巾或衛生棉，就足以讓樓下的馬桶回堵，或讓排泄物冒著泡泡流進後院。這類事物很快就能改變你對什麼東西能被馬桶沖掉的看法，但大部分的房舍不必處理這類事物。按下把手——就沖走了。即便實際上並不是真的如此。後果仍舊存在，但它們在別的地方發生：女性生理用品和保險套在渦流裡旋轉，在樹枝上結綵，濕紙巾則在如泰晤士河那樣的大河裡，形成巨大的超細纖維礁。

英國有兩種主要下水道。現代「分離」系統將（來自馬桶的）汙水和（洗澡和洗衣機的）灰水排進一套水管做處理，而後排入河流或海洋；地表水（從溝渠和排水系統來的雨水）則進入不同的系統，直接排放入最近的河道。在較老舊的「合流」系統，就像大部分位於布拉福地下的那種，一種水管接收所有汙水：馬桶汙水、灰水和地表水。因為降雨不定，地表水水量隨時間大幅度改變，暴雨能導致汙水處理廠產生阻塞。將更多土地拿來興建建築會增加徑流，為停車或容易維護而以瀝青或塑膠草皮鋪蓋的花園和設施則意味著，我們得處理更多的地表水。為了避免未經處理的汙水流上街道或房舍的危險，在極端情況下，汙水處理公司擁有特別准許，可以將未經處理的混合排放物，包括雨水、徑流、洗澡水、廚房汙水、洗衣水、馬桶沖水和商業汙水直接轉而排放進河流。這些緊急排水就是合流式下水道溢流，而全國有幾萬處。羅伯·赫拉威爾認為，布拉福溪流上就有五十或六十處，但沒有人知道確切數字，因為許多都很老舊，甚至連自來水公司都宣稱，他們不知道城市下排水系統的整體結構圖。

確切是什麼構成所謂極端情況，准許合流式下水道溢流排放汙水，並沒有被寫進法律裡。在私營系統中，排放未經處理的汙水比處理汙水還要便宜，這點無可否認，也帶來問題。在全國許多地方，排放也許持續幾週不停——不管是雨天或晴天。自來水公司必須呈報這些排放，而環境署發表的數字聲稱，在二〇二〇年，從合流式下水道溢流所排放、未經處理的汙水，流入英格蘭河流和海洋的有四十萬三千一百七十一次，那是總計三百一十萬小時、自由流動的骯髒廢水。現實可能更糟，因為並非所有合流式下水道溢流都遭到監控，而社運人士攝影和拍照的某些排汙口，並未出現在官方報告裡。二〇二一年，官方數字是三十七萬兩千五百三十三次排放，超過兩百七十萬小時。我們顯然不可能在一夕之間修補三十年來基礎建設投資過低的問題（我在二〇二一年寫電子郵件給我的國會議員時，他以此制式回答代替有用評論）。自來水公司停止排放不必要汙水所帶來的經濟獎勵，應該可以透過建立受人敬重、擁有實權和資金雄厚的監管單位來發放，而我們目前沒有這類單位的事實完全是種政治選擇。

從合流式下水道溢流處稍微往下游走，會看到汙物殘骸在赤楊、梧桐樹和梣樹懸掛於河面上的樹枝上結綵——「布拉福花朵」，羅伯幾乎是帶著愛意這樣稱呼它。排放流經的所有植被都有暗藍灰色、纖維般的結皮，春天空氣裡散發著未經處理的汙水的氣味。這個畸形裝飾所在的高度，清楚顯示溪流流速有多快——它的平均水流是每秒零點六立方公尺，在高峰期則高過百倍。羅伯說，他曾在數分鐘內看到它暴漲半公尺高。

「它變成黑色，帶來塑膠垃圾、碎石、殘骸、磨坊碎屑、小孩玩具——但它在相對快時則又轉為清澈，然後你看見例行家庭排水那洩露祕密的色調。」他指著水。

「看見那個藍色了嗎？那是兩個不該在此的事物造成的結果：清潔劑的螢光劑——洗衣粉和之類的

東西——還有氨基酸色氨酸，分解糞便的產品。兩個都會發出螢光藍，你在大太陽下可以清楚看見它們。」他繼續描述一項測試，人們主動提供的「水質監測器」被拿來幫助偵測家庭用水的廢棄物——他們將衛生棉條浸滿水，然後在紫外線下檢查。

——

那天稍晚，我去拜訪大衛・勒納（David Lerner）教授，他的外號是巴尼（Barney），以前任教於謝菲爾德大學，並且是布拉福溪流之友背後的推動力。他解釋，我們對古老的合流式下水道系統幾乎束手無策，它是老舊城鎮和城市基礎建設的一部分，若想改善，花費會相當龐大且會造成巨大破壞——但新建築就另當別論了。從一九五〇年代開始，我們就在建造家庭下水道的分離系統。這很合理，因為它能降低整體得被處理的水量，並減少暴雨衝擊帶來的壓力。但令人想不通的是，要使不同水流通過的水管外觀一模一樣，而且往往並排在相同的溝渠裡。所以，只要有人決定搬動洗衣機、擴建或建造有浴室的臥室，就有出問題的機會。「建築工人往下挖，找到一個水管，為了省時省事，就不分青紅皂白地把它連接起來，家庭汙水就突然這樣接上雨水系統。」巴尼說。「一旦出現像那樣的錯誤連接，那幾乎無法追蹤源頭，但這本來是可以輕易避免的事。儘管過去七十年來，建屋熱潮持續，政府卻沒想到鼓勵使用不同顏色的水管，讓建築工人和水管工能輕易分辨不同的水管，也沒想到透過教育推廣，來確保水管工人和建築工人瞭解誤接的後果。」

面對如此的立法和法規失敗，草根社區社運人士如布拉福溪流之友正在做環境署辦不到的事。有

些人用縮時攝影機來監控合流式下水道溢流。在瓦爾夫河，馬克・巴羅（Mark Barrow）是位熱愛魚類的水下攝影師，他花在拍攝下水道的時間和拍魚相差無幾。也是在瓦爾夫河，伊爾克利河流清理團體（Ilkley Clean River Group，簡稱ＩＣＲＧ）和他們的合夥人開始測試汙水處理廠下游的水，檢查有無和下水道相關的病原。根據英國標準，每毫升的水包含的大腸桿菌菌落總數應該少於一千，方可視為可供安全洗浴。這聽起來已經很多，河流愛好者還發現，在二〇一九年的伊爾克利的高水位時期，標準抵達每毫升的菌落總數達四萬八千，這聽起來可大為不妙。甚至在低流量，在沒有排放未經處理的汙水的可能藉口時，數值有時仍舊超過每毫升三萬五千的菌落總數。在一項對自來水公司施加更多法定壓力以求它們遵守紀律的里程碑行動中，伊爾克利清理河流團體志工確保了瓦爾夫河段達到了沐浴水的水質——那是第一條在全國如此被認可的河流。其他團體則採取另一種策略，探索和在某些案例裡積極提倡將法人地位的概念應用到英國河流上，包括泰晤士河、弗羅姆河（Frome）[2]、康河和芬德洪河（Findhorn）[3]。法律裡已經公認非人類個體可被受予人格權——數十年來，公司已經可以如此聲稱。人格權則會帶來已經延伸到印度、加拿大和紐西蘭河流的權利。說到底，這至少是一種存在的權利。

這將是個令人為難的請求。二〇二一年十月，當新環境法案在議會通過時，保守黨政府建議國會議員拒絕要求自來水公司除了在確實的極端情況下，停止摻雜自然水道的修正案。法案的字眼從「停止」未經處理的汙水外流這項勃勃野心，變成完全不受限定的「降低它們的衝擊」，壓力因而大為減弱。因此，這些關乎降低的要求在任何方面便變得不具意義。幾個月後，在二〇二二年三月，政府尋求透過宣布所謂的新暴風溢流排放減少計畫，來安撫大眾的憤怒。政府說，這計畫將迫使自來水公司在二〇四〇年時減少百分之四十的下水道溢流。根據這個願景，從現在起十八年後，當我七十歲時，我們仍舊可以

看到營利公司每年花一百六十萬小時，將骯髒廢水自由且特意地排放入我們的自然水道，而且沒有人會因此惹上麻煩。當然我很憤怒，而我並不是唯一一個有這種感覺的人。

不像某些私人公司的執行長，我們大部分人不會特意破壞河流，但我們可以做一些事來減緩問題。除了人類排泄物和衛生紙以外，沒有任何東西非得要用馬桶沖走——其他東西都能用紙包起來，以衛生的手法丟棄。流入系統的水和化學廢棄物的數量，更是超過嚴格必要的數量太多。可能的話，選購低水量馬桶，不必每次上廁所都沖掉那少量尿液，就會造成大大不同。我們不必那麼常洗衣服和床單（日間穿著的大部分衣物可以連續穿幾天，牛仔褲更是數月才需要洗），藉此大量降低灰水排放。如果你想要幫上忙，你可以淋浴，而不要泡澡，並與家人共享洗浴水；抗拒天天用ＳＰＡ等級的蓮蓬頭，不以豪華奢侈的方式沖澡。你也可以更換洗衣粉，或改用洗衣膠囊，以防止有害物質進入河流。可能的話，將灰水和雨水用來澆花，而不是直截了當將它們送入排水系統。試看看把灰水收集起來，用來沖馬桶。有時在戶外小解（一點尿液有利於堆肥）。不要在非必要範圍內，在戶外加裝露臺或鋪地，以減少徑流。而且看在老天份上，草坪應該是草，而不是合成草皮，後者除了會掉下塑膠微粒和排除所有生物多樣性外，還無法吸水。這些做起來都不困難。

不幸的是，不僅是城市和城鎮的家庭和工業排水，工廠和採礦廢水最後也流入河流。鄉村地區對土地動脈有自己的攻擊手法。

約克郡德溫河全線幾乎都流經農地。每年幾千噸的淤泥被疏通出低矮、可航行的河段，這些全都來自田野——我們的食物應該在這些土壤裡成長。學者常常反覆警告，目前英國的土壤流失速度會使得可耕地土壤在一世紀內耗盡，當人們正在爭辯這些計算數目時，每逢此地的暴雨日，我便相信這個說法。馬路、溝渠和溪流覆蓋上厚重的爛泥，河流像濃湯般渾濁。玉米作物似乎特別糟糕，馬鈴薯是最糟的——要收成，就必須要將之大力拔出土壤，比其他根莖類作物都要更深度地鬆動土壤。如果接續下來幾週遭逢暴雨，土壤遭沖刷的可能性非常大。當然，農夫的利益是在極力保存土壤，但在此地周遭的馬鈴薯種植傾向於以公司企業運行——田地由承包商租賃，一次為期僅一季或兩季；他們收穫一次後就繼續轉移前往他處。有人告訴我，最糟糕的罪犯是那些供應烤薯條的商人——這類公司原本能透過堅持更好的做法並支付之，帶來龐大改變。

畜牧業產生大量排泄物。這些富氮汙水有其價值，部分能拿來當肥料，但工業規模的經營所製造的大量排泄物本身，使得安全儲藏和丟棄成為極大挑戰。如果髒物在錯誤時間擴散，比如在暴雨前，營養素最後不會在土壤裡，而是在徑流和河流裡。當水含有過多營養素時（這稱之為營養過剩），它會變成不透明的綠色，那是藻華和細菌數量爆發導致的結果。這些是自然有機體，但當它們出現不自然的高密度時，就變得問題重重，因為它們壽命很短，而它們死時，腐敗的過程會導致缺氧——這對更複雜的生命形式和族群而言，會讓水變得無法居住。

威河是英國第四長河，長久以來被視為生態、美學和文化方面規劃得最好的河流。就像約克郡德溫河，它擁有多如繁星的保護認可：具特殊科學價值地點、特別保育區、環境敏感地和傑出自然風景區。儘管如此，在令人吃驚的短短數年間，它變成全國汙染得最嚴重的河流之一。在夏季，河水因藻華而變成亮綠色，礫石和鵝卵石有層厚厚爛泥，水聞起來和嚐起來都有阿摩尼亞的味道，魚類大量死亡幾乎已成常規。大部分的汙染來自農業——乳牛場和密閉式肉雞舍糞漿是罪魁禍首，單單在威爾斯中央波伊斯（Powys）郡，就有超過一百一十座。這些加上威河英格蘭河堤邊的赫里福德郡（Herefordshire）的類似養雞場，成為多至兩千萬隻家禽的「家」，在隨便哪一天，都產生驚人數量的糞便。多少雞隻糞便和其他農田漿液可以如何和何時能擴散，這方面是有法規可循。違犯這些法規的農夫也可能違逆各種補貼支付的條件。但就像下水道，不足的監控和執法意味著法規一貫遭到蔑視，違犯幾乎總是不帶來後果。農場檢查非常少見（根據環境署本身在二〇一八至二〇一九年度的前疫情數字，平均是每兩百六十三年一次），因此至少在經濟上，值得冒風險，為不去投資排泄物的妥善儲存或丟棄，來省下大筆錢。

以如此手段養育家禽，是牠們在價格上相較便宜的主因。一隻在英國超市賣三英鎊的全雞的真正價值難以估算，但它包括一條瀕死的河流。自二〇二二年起，新密閉式肉雞舍的執照仍在波伊斯發行，而較小的養雞場（那些少於四萬隻家禽的）無須申請環保許可，因此以它們造成的生態衝擊而言，其營運幾乎不受法規限制。

在積極執行水產業、農業或其他任何產業的國家法規之外，另類選擇是仰賴大眾舉報的系統，而為

了使其奏效，我們需要熟知什麼東西在何時出錯並有足夠動機採取行動的大眾。願意和能夠如此做的人的數量正在增加，但舉報之後，疲弱的環境署鮮少能採取行動，而起訴又僅限於那些過於重大和公開、無法被忽視的違法行徑。當一位赫里福德郡的農夫在二〇二〇年十二月，自作主張砍樹、疏通和整修盧格河（另一條得到具特殊科學價值地點和特別保育區認可的河流）沿岸一點五公里的河堤時，照片在社群媒體上暴紅。那位農夫原本信心滿滿，聲稱他的行動是保護他的土地和當地房舍免於受到氾濫之苦。據報，他大言不慚地說，如果當局試圖起訴他，他會「將當局撕成兩半」。英格蘭自然署（Natural England）和環境署聯手起訴他；最終，他的確在二〇二二年五月出庭時，對七項未授權行動和環境傷害罪俯首認罪。不管此特定案例的結果如何，都沒有贏家。在改變如此快速的世界中，甚至連專家都難以追上其速度，農夫、河流管理人員和環保人士得積極地為英國社會中最頑固的一種分界——即「城鎮」和「郡」——搭橋，比起過去，此事變得更加重要。目前，我們的土地和水管理及保護系統的失敗是系統性和地方性的，而且極度令人沮喪。在此書出版時，沒有一條英格蘭河流符合環境署設立的良好化學和生態情況標準，而這是我們所有人都要面對的問題。

——

但是不知怎地，有時候在某些地方，情況正在好轉。我們在布拉福溪的徒步之旅最終將我們帶至河谷路——沿著陡峭森林山坡，那兒躺著寬寬一片割過的草坪。在橡樹和梧桐樹構成的天篷下，是盛開的歐洲山梨和山楂的下層植被；一隻黑頭鶯引吭高歌，嗚囀如湍湍急流。巨大又起皺紋的黑色岩石，從峨

參構成的閃爍地霧中拔地而起。我沒預料到景觀會如此可愛，剎那後才察覺四下不見溪流。溪流在大約一百年前被蓋起來，或許是準備將它分流到希普利（Shipley）東部，但後來一直沒建設，溪流遂毫無意義地在地下奔流大約八十英里。它隱沒的涵洞外圍有帶刺柵欄，三十年前才遭封閉。在巴尼的幫助下，市議會制定的計畫在於創造一條寬敞的新河道，蜿蜒通過一塊濕地棲息地，那裡的山谷經過整頓，但看起來渾然天成，然後再將河流導引入山谷，並拆除涵洞。安德魯和巴尼都將此描述成環保計畫，帶來讓大眾得以通行與休憩的紅利，但這些事很難找到資金，所以他們得耐心十足、靈活思考和抓緊機會。在新的氾濫預測下，涵洞在理論上對馬路和當地居家及生意會構成危險，這因此提供正當理由，而馬路的拓寬計畫同時提供機會和大筆金錢。其餘的錢，會來自歐盟勉強通過的款項，在英國脫歐的最後一刻。這個昂貴的作業只是開端。一旦河流開放給大眾接觸，惡劣的化學情況會更昭然若揭，而小組希望這會推動大眾對制定更佳法規的支持。更多愛只會是好事。

嚴格來說，將像這樣的復原水道計畫公諸於世，會變成都市計畫內所包含的部分。在謝菲爾德這個擁有七座山丘與許多河流的城市，自然景觀全遭工業剝削利用。由於地勢陡峭，透過磨坊發電所能產生的能量，非常適合於供應城市中的巨大鋼鐵廠。在十九和二十世紀的大部分時候，全體都遭到嚴重汙染。到了一九七〇年代早期，特別是頓河，它的汙染程度直追工業革命時的布拉福溪——黑色的水有容易著火的類似傾向。自那之後，就化學和水域結構而言，情況有所改善。舉如，波特溪（Porter Brook）曾一度至少在二十處蓋有水壩，在市中心加蓋密集涵洞，但這個基礎建設的某些部分現在遭到徹底轉變——復原水道計畫開始打開涵洞，提供溪流公園裡的可浸區，後者在水流正常清況下，能提供城市居民非常需要的綠地。同時，里福林河（Rivelin）流經郊區的一長段，現在成為擁有繁茂樹林、燈

心草和蕨類覆蓋河堤的線型綠洲，包裹在苔蘚中的石塊幾乎和自然岩石難以分辨，石塊的放置則產生急流。這些是划槳和野餐、公共藝術展覽和咖啡館設立的誘人地點。里福林河谷自然步道由社區維護，不見垃圾和狗糞此點真的很不簡單。河流感覺被愛。河流被愛，而它也回報許多愛。每座城市都該擁有自己的河流。每座城市也都能擁有自己的河流。

我與布拉福溪流之友的旅程結束於通往城市和其之下的磚堤水道開始之處——安德魯說，這是任何美好事物的最佳結局。在那之後，河水變暗，幾公里的溪流完全轉入地下，流經街道和建築之下。在某些地下室，你能聽見它在牆壁間汩汩淌流，宛如被困但躁動不安的精靈。令人驚異的是，冒險進入這些迷宮般網絡的城市探險家回報，那裡有鱒魚——魚沒辦法通過全程，但牠們不斷努力。或許驅策牠們前進的，是我們正逐漸遺忘的事物。那並非牠們獨有的記憶，關乎閃閃發光的流水、富氧的淺灘和水池、乾淨無比的礫石。應許之地。

譯注

1 位於英格蘭西約克郡。

2 位於薩默塞特郡。

3 為蘇格蘭最長河流之一，全長一百公里。

【小記】

威洛淺灘 Withow Gap

淺灘 Mere
水或濕地的淺處，通常來自冰河。

從史基普淺灘（Skipsea）[1]過來的懸崖道路上，在碰上一塊混凝土障礙物後，路突然來到了盡頭——那塊障礙物的放置，是為了阻止車輛驟然暴跌下英格蘭的邊緣。在破碎瀝青的突崖後是三公尺高的懸崖，下方則是窄窄的一條海灘，然後是北海——在冬季的濛濛細雨下，今天的它顯得蠢蠢欲動，因已經吞噬的土地而越發腫脹，使它染上彷若擱置一天之久的奶茶特有的半灰色調。

如果你假設史基普淺灘現在和過去都曾有沿岸聚落，人們會覺得你傻得情有可原。事實上，它距離海洋有一公里，而在它被命名的那個年代，它被視為較內陸的地區。名字中的 sea，就像荷蘭文和德文中的 *See*，並不指涉鹽海，而是湖——在這個案例中，則是指無數曾一度存在、

橫越東約克郡地區，現在稱之為霍爾德內斯的一片淺灘（meres）。在與mer、mare和marine[2]分享鹹味詞源之外，這些淺灘也與橫越比利時和荷蘭低地國的小型內陸水域擁有共通的地理源頭。它們在緩慢流動的冰河大塊冰創造出來的低窪地區裡形成，時間為一萬兩千到一萬三千年前之間，並是低矮地貌的獨有特徵，曾一度將英國與歐洲大陸連接起來。這塊土地是以多格爾沙洲（Dogger Bank）之名命名，現在完全沉在水裡，而沙洲是其最高點，也是最後被淹沒的地方。

在這些一度難以勝數的水池裡，只有一處仍舊是位於霍爾德內斯那邊的開放水域，那就在霍恩淺灘（Hornsea），在離此地南方五英里處。其他則遭沉澱物或泥炭填滿，轉化成蘆原、沼澤、林地、草地或荒地，或遭特意排乾或填土以供居住或發展農業。

我從懸崖邊緣探頭窺探。山坡陡峭，但不至於垂直；而且，這裡有一條有著橘色和藍色斑點的繩索沿著崖壁懸掛而下，每隔一定距離就會有個結，藉此增加抓力。懸崖的表面看起來凹凸不平，許多鼓起之處可提供立足點。我知道沿著海灘到我的目的地只有幾百公尺遠。我忖度走哪條路才比較不會暴露在強風中，最後半跳躍半踩下突崖。

我馬上就察覺自己做了錯誤決定。突崖並不堅固，軟得像粥，我的右腿沉到足踝處。我迅速調整跨度，對準下方那個看起來堅實一點的地方。這次我的腿整個沉至小腿，並失去平衡，一邊臀部滑進軟軟的山坡。我立即用一隻手抓住繩子，然後是另一隻手。爛泥黏湖湖地流進外套口袋。我的腳丫滑動，只得在不穩的表面下探尋更堅固的立足點，將自己拽上回懸崖，爬上稀稀落落的草地，全身髒兮兮，但學到教訓。

我知道這些懸崖遭到侵蝕——霍爾德內斯有全歐洲倒退得最快的海岸線。但我以為每次大潮

都會將表面擦平，殘餘的則會產生更戲劇性的坍方。液化的程度令人震驚：彷彿土地根本沒力氣抵抗。我察覺，此處不僅因海浪和潮汐造成傷害，還有雨。一滴雨也許是最小的水流，但藉由滲入爛泥、陶土和其他冰磧物顆粒之間，每滴雨都幫助鬆動土地本身的結構。海洋只是收拾殘局。

我放棄通過海灘，而是沿著原野邊緣前進。遠方是一排不拘一格的破爛小屋、旅行拖車和住房拖車。一棟小屋緊緊包裹在塑膠網裡，或許是要阻止小屋任何一部分都不被吹走。當我經過時，一隻紅隼從網子的洞裡倏地出現，向前俯衝，以緩慢和划船般的動作進入疾風中。我跟隨牠的飛行路線，最後經過最後一棟小屋，地面陡地下降成一條小河道。那不只是用來排水。水流進水管裡，出現在懸崖表面，那裡滑溜溜的——但感謝老天，這次很穩固——一個個立足點帶我來到海灘。我走了幾公尺後進入海水涉水而過，水深及膝；我試圖以此洗掉身上最糟糕的爛泥。等雙手因冷冽而刺痛時，我調頭回到懸崖，用眼睛探勘我來此的原因。懸崖表面有個暗色條紋，五十公尺長，中間往內陷約兩公尺或更深。在每一端，條紋都逐漸向上變窄，因此整個特徵狀若一道寬廣的微笑。從遠處看，相較於其下方層次由白堊點綴的陶土和其上方頂端的多根土壤，這個條紋的質地似乎更為精緻。我正在看著威洛淺灘（Withow Mere）的殘留，小小的水流曾一度滿漲著水，湍湍從塑膠水管中不斷流出。淺灘在十七世紀被史基普淺灘的農夫排乾，藉此為開墾創造更多土地。那些現在被雨和潮汐奪回的土地。想像這塊陰暗和遭埋葬之地曾經有水奔流竄出、在我頭上盤旋，很是不可思議。但還有更多驚奇來臨。遍布這塊土地北端，每個角度都有一些木塊。在它為侵蝕而遭到暴露前，原本就存在於此地的厭氧和弱酸性則意味著，三千年前傾塌的樹木仍靜躺在此。我沿著懸崖表面找尋路徑，無法抗拒輪流撫摸木材的衝動。它們的尺寸從小樹枝到直

徑三十五公分的樹幹不等，木材如海綿般浸得濕透。我用力按壓時，水和空氣在纖維間冒泡而出。

保留程度令人驚異。樹幹和樹枝的年輪顯而易見，可看出小樹枝在樹林仍活著時從樹上掉下來所留下的疤痕已經痊癒。外層樹皮表面是黑巧克力色，暴露在新鮮斷裂內部的則是日曬皮革的深棕色。有些被乾淨利落地折斷，其他則分解成大塊大塊，幾個逐漸變窄，宛如粗鉛筆。絕對沒錯，那些是割剪的新月形溝痕，重疊在如小小的手指甲寬的圓鑿印上？

最近幾年，我在英國幾個地方都曾看過相同記號，也看過鋒利的工具，以及揮舞工具的壯碩工人。如果你還有任何懷疑，更多證據則來自一大團保留下來的毛髮，由一位眼尖的本地人席拉・卡德曼（Sheila Cadman）在二〇一七年從這個懸崖拉出，後來經過專家辨識，一致贊同其屬於歐亞河狸。

這些木材遭砍伐後被拖進水裡，固定妥當後，浸泡會保持木頭新鮮。每塊都添加了各類殘骸的大量堆積，這會保證淺灘的水深到夠讓河狸往下潛到水下洞穴居所的入口；牠們在洞穴裡安全地養育幼狸，免於受到狼、猞猁和熊的戕害。牠們隨後都在英倫三島被獵殺至滅絕——毫無疑問，有些是慘遭我的祖先毒手——但牠們的鬼魂在此幽幽蕩蕩，成為一種看不見的生態，感覺如此靠近，我似乎都能碰觸到牠們所曾碰觸之物。

我撿起幾塊沖刷而出、靜躺在懸崖腳下的木頭，剎時注意到其他在那的殘骸——石材、飽經風雨的混凝土塊，以及幾十塊狀若紅陶土製成的小硬麵包：那是紅磚塊，遭到潮汐的磨光修圓和拋接。我撿起一塊，納悶它曾是什麼建築的一部分。它或許曾屬於在那工作和居住的人們，他們日日夜夜，可能一輩子都待在那。他們是否曾經瞥見這些熟悉的牆未來會被降級為海浪磨蝕的殘

骸？或是，它最後會安憩於年代古老許多的囓齒動物的居所旁，而這類建築在他們的年代裡已經遭到遺忘？這是時間線混雜跳動之處，比我所能見的、更大的循環在此相交，而環繞我自己人生那些外牆與立面，感覺起來薄得不能再薄。

譯注

1 位於英格蘭約克郡東區北海沿岸。

2 三個字都意味著「海洋」。

第二十章
不尋常的河狸
Rodents of unusual size

在夜幕遮掩下，就在近處，一棵樹正被砍倒。樵夫偷偷摸摸地工作，用鋒利的刀刃砍擊木頭，夜復一夜地在這個小康瓦耳山谷這樣做，留下洩露祕密的樹幹和木屑堆。白天，破壞的程度令人吃驚。過去這幾年來，這開始在全不列顛發生。樹木坍塌，林地無法辨識，大片浸水的地面變得更加難以航行。

我正要當場抓到一位罪犯，追循一個既陌生又熟悉的聲音：低音調而渾圓的顫動之快速爆裂。十一月的某個夜晚，我們在家裡時曾聽過類似的聲音，那時小家鼠在屋簷和屋頂找到鑽進去的路，試圖拆解整棟房子。但這個更大聲。

咯咯咯咯咯。

我以前從未聽過河狸的啃咬聲，但這絕對錯不了。我在黑暗中咧嘴而笑。這聲音來自鬼祟的爆裂，我察覺，動物可能利用空檔時間傾聽。啃咬到一半時，繞著牠自己頭顱迴響的聲量一定讓牠聽不見其他聲音，所以我算著爆裂的時間，慢慢接近牠。**咯咯咯咯咯**。三步，然後等待靜默。**咯咯咯咯咯**。再兩次。

我想我接近牠了。可能就在眼前的緊密赤楊樹林中。我等待著，在長長、機靈的沉默中屏住呼吸。

克波洛許！

我嚇了一大跳。那個潑濺似乎很大力且非常靠近，動物一定曾蹲伏在河堤旁，離我的靴子不到一公尺遠。

我幾乎從肺部爆出忍俊不住的大笑；為了努力保持安靜，我不斷抽搐。當我足夠鎮定下來，能拿穩借來的紅光手電筒時，我掃視河水，就在那，與河堤平行滑行的是一個低矮傴僂的形體，一座移動中的島嶼。

牠看起來龐大，但我察覺牠看起來會大隻，是因為牠離我不可思議地近。奇怪的光和不熟悉的環境在玩弄我的距離感，一旦我調整過來，鎮定下來後，我腦中的思緒便像教堂管風琴般轟然響起：**一隻英國河狸——我等待遇見這類生物如此之久，牠們似乎開始變成某種神話——正游泳經過我，在不到兩公尺遠處**。

這些長久缺席的本土種會在英國再度出現，背後完全是一個人超乎尋常的努力。無所不在的德瑞克·高（Derek Gow）是半個蘇格蘭人、半個威嚇者，而就像他人常觀察到的，德瑞克還真的長得有點像河狸。我在過去二十年來常碰到他：閱讀、傾聽和報告他在保育和畜牧業上的各種冒險，包括圈養繁殖，有時候還包括從麝香鼠到斑貓到白鸛的再引入。但他最被人銘記的可能是河狸——尤其是因為他堅決不放棄這個自己已經花了太久的時間去做的工作。

一九九二年，歐盟棲息地和物種指令（Eu Habitats and Species Directive）責成其會員國考慮重新引入絕種的本土物種。歐亞河狸——一種大型草食類囓齒動物被人類獵捕到瀕危——是個明顯、且在許多方面都相對是無可爭議的復育首選候選人。事實上，再引入的工作早於一九二〇年代就在瑞典展開，而在二〇〇〇年代早期，又有二十二個歐盟國家加入。德瑞克期待英國也會有再引入計畫，在一九九〇年代中期安排波蘭河狸的進口，並在二〇〇一年放歸一小群河狸進入肯特郡漢芬（Ham Fen）自然保護區的半野生地帶。但政治拖延和阻礙使更進一步的行動在接著數年後停擺。等到蘇格蘭政府於二〇〇八年，由阿蓋爾（Argyll）[1]的肯納代爾森林（Knapdale Forest）最後允許實驗時，河狸已經在泰河自由自在地活了數年。至於牠們來此是出自意外，或是純粹的迫於挫折，則沒有人肯說實話。

官方蘇格蘭河狸實驗（Scottish Beaver Trial）和蘇格蘭野生動物信託組織（Scottish Wildlife Trust）、蘇格蘭林業委員會（Forestry Commission）、蘇格蘭皇家動物學會（Royal Zoological Society of Scotland）是夥伴關係；其中，皇家動物學會則是由另一位頑固的河狸提倡者羅辛・坎貝爾—帕爾默（Roisin Campbell-Palmer）領導，供應由德瑞克進口的河狸。一旦河狸野放自由生活，動物和棲息地都會受到一小批生態學家的密切監控。實驗在二〇一七年判定成功，更多河狸獲得野放。二〇一八年，河狸重新復列在英國本土物種的官方列表上，接著，幾乎是馬上，蘇格蘭自然遺產署這個負責蘇格蘭自然傳承的公共機構，准許在河狸數目穩定增加的泰河上，針對河狸展開族群制控。同時，一個熟悉的兩難問題在德文郡浮現。二〇一三年，在水獺河（River Otter）發現野生河狸蹤跡，那是在德文郡野生動物信託組織（Devon Wildlife Trust）開始進行圈養實驗後不久。

本地人喜愛水獺河裡的野生河狸[2]，在英國環境、食品與鄉村事務部建議，作為非官方引入的牠們

得被獵捕、甚至宰殺時，大聲抗議了起來。協議在二〇一五年達成，野生動物被納入更廣泛的實驗，而在實驗後，證明牠們是「對的」物種（歐亞河狸，而非加拿大河狸），並且沒有感染，包括多包條蟲和牛結核病，後者被視為河狸不可面對的風險，儘管早已存在於家庭寵物、牲畜和其他野生動物身上。除了生態和水文研究外，這個未經規劃的實驗允許研究者執行詳細的成本效益分析，主題是河狸對集水區所造成的衝擊，以及此類事務在公眾意見中的社會研究。

這些各式各樣的實驗產出了大量的資料。在圈養區域，研究人員嚴格監控並記錄了從水流流速到水品質（包括氮、磷和沉澱物的數量）的所有事項，以及在引進河狸前後的生物多樣性趨勢。等到我於二〇一四年拜訪德文郡圈養實驗地時，一對河狸已經引入三年，而小林地已經轉變為一片有機的雜亂景象，水池、水壩和運河相連——有些帶來突兀的水平變化，有些則微妙到能騙過眼睛。要看出為何人們剛開始會反對的理由並不難，因為如果你習慣整潔，習慣有秩序的垂直線和水平線，河狸造成的地貌則會帶來挑戰，甚至是混亂。但和計畫人員馬克・艾略特（Mark Elliot）共同探索幾個小時後，我以嶄新觀點看待一切。馬克引導我走過的大部分地貌，實際上是長滿苔蘚的掉落木材形成的矩陣，中間有滑溜凶險、扭傷膝蓋的縫隙，這會令任何試著太快移動的人變得謙卑。他解釋水池在下雨時如何暫時儲水，再慢慢透過漏水的水壩釋放，因此使得暴雨後的尖峰流量曲線變得平坦。在河流於下游的可控制暴漲，和攻破河堤並導致嚴重氾濫之間，僅僅幾個小時的延遲會造成大大的不同。水池也帶來安頓盆地的作用，在其中能保持住微粒，甚至溶解能被水固定和移除的物質。在流出實驗地的水中，汙染物的數量也大大低於流入的水。與此同時，馬克也說，在實驗前和實驗過程中展開的仔細的生物學測量也顯示，該地在豐饒度和多樣性兩方面都出現了驚人的上漲。樹木被砍伐後，陽光能抵達林地地面，這能促進矮生

開花植物生長，因此有助於昆蟲生存，進而是以牠們為食的鳥類和蝙蝠。這類地區的豐富死木使各種鑽木無脊椎動物能大快果頤，也對像啄木鳥這樣的食蟲動物有益。兩棲類動物數目暴增。許多河狸實驗也記錄到魚類族群的激增，包括那些有商業和休閒價值的物種。

河狸的存在帶來一系列有利生態的事，這是牠們被視為關鍵物種的原因。如果幾英畝的小塊地區都能有如此成就，更大規模的地貌的潛力就足以使水文學者和生態學家歡欣鼓舞，甚至連經濟學家都會對讓自然自由發展這類效益低廉的事手足舞蹈。政府估計，二〇一五／一六年的冬季氾濫對英國經濟的損害達十六億英鎊，而每年的小型氾濫都會對本地經濟造成重大損失——更別提戶主和業主的健康福祉和心理健康。人類建造的防洪機制或許可以降低危險，但卻所費不貲，而河狸則便宜到令人驚異。

但不是每個人都被說服，有些人對這點子公開抱持敵意。農夫通常半信半疑，尤其是在低矮地區，當地的排水系統幾世紀以來一貫是土地管理的關鍵。釣客社群作為整體發出的雜音遠非歡迎。確實，河狸築的水壩會對魚兒造成難題，尤其是遷徙物種。釣客信託組織記錄到，在英國的河流上共有超過兩萬六千座人造防洪堤，在許多魚群數量明顯下降的情況下，他們急於看到防洪堤減少，因此反對任何新的安置，不管是人造或出於河狸之手。但河狸築的水壩有很多孔洞，甚至連建的最高的那種，也只算是某種暫時的障礙，那是說，如果是在河流自然流動的情況之下——水的波動意味著魚兒只需等待適當時機。我看過小鱒魚在小落差處等待水流漲高，也看過牠們蠕動穿越木頭殘骸的堆積物。鰻魚在

此方面也毫無問題。再者，棲息地和水質的改善，對魚兒當然也能帶來其他益處。在水獺河集水區，河狸築的水壩所創造出來的蓄水量，讓這裡的魚類數量比類似但沒有河狸的集水區還要多上更多。由南安普敦大學的研究者所主導的另一項研究則顯示，在重新引入河狸的蘇格蘭河流中，褐鱒的數量不僅更多，軀體還更大。這項研究是由蘇格蘭自然遺產署和兩個主要的親釣客組織，即獵物和野生動物保育信託組織（Game and Wildlife Conservation Trust），以及鮭魚和鱒魚保育組織（Salmon and Trout Conservation），共同出資的事實，也許會幫助改變釣客社群中那些對河狸抱持懷疑態度的人，使河狸變得更加受歡迎。

一般的說法是，不列顛的河狸於十六世紀晚期絕種，儘管直至一七八〇年代都有零星報告說牠們仍舊存在，特別是在約克郡的瓦爾夫河集水區。約克郡於二〇一九年春天獲得其第一批新河狸，我很興奮能在現場作為觀察員。當時，一隻美麗的雌河狸懷著身孕、非常暴躁，還有一隻小而平靜的雄河狸被野放到克洛頓森林（Cropton Forest）的圈養區，那是在北約克沼澤國家公園的邊緣地帶。牠們的新家是位於小溪的一處水池，溪流水則流入塞文河、萊河，然後是德溫河。兩隻都是從泰河的族群裡捕捉而來，因為牠們出現在私人土地上，並不受歡迎，最後由羅辛・坎貝爾—帕爾默負責開車運來南方。打開板條箱的時刻來臨時，雄河狸慢吞吞地出現，在燦爛太陽光下漫步緩行片刻，然後才滑進河裡，來回巡游，接著浮出水面、靠在原木旁梳理自己，平靜而漠不關心地看著我們。然而，雌河狸本身就是野性的代名

詞。牠發出嘶嘶聲響，低聲咆哮，憤怒異常，從板條箱裡飛奔而出，直接噗通鑽進水裡。牠一股腦兒就游到水池遠處，那天我們就沒再看到牠的身影。我很感激能有機會慢慢觀賞雄河狸——一隻河狸，在約克郡耶！——我的心為那隻即將成為母親的雌河狸興奮不已，並為牠對人類沸騰的鄙視頗有同感。河狸不是熊，也不是狼或猞猁，但依然，其個性和潛力都不容小覷。

那個小家庭成長茁壯，我常想到牠們，想到牠們在我的河上游自顧自地做自己。而我有天在我地盤上撞見牠們後代的可能性，和我和牠們之間的唯一障礙，只有牢固的柵欄。就像幾乎所有的英國河狸，牠們仍舊是被圈養——再引入但並未獲自由身。我納悶還要多久柵欄才會拆除，它們當然也應該迅速被拆除，而讓一對好奇心滿滿的幼河狸，奮力游過幾公里遠的蜿蜒河道到我家門前探勘，則不知還要多少時日。

那兩隻從蘇格蘭抵達約克郡的河狸，是我在英國看到的第一對，但那天是野放日——人潮洶湧，旅行安排繁雜，媒體抓緊照相機會——完全不像自然巧遇。然而，現在，在潮濕的康瓦耳，在這個春天晚上，只有我們兩個，儘管我們被柵欄圈起來，但誰是闖入者這點則毫無疑問。我不確定河狸有無看見我，或看見我手電筒發出的某些紅光。牠更有可能是聞到我的存在。無論如何，我的存在持續使牠發怒。那條槳狀尾巴啪地再度拍擊水面。隨後，那隻動物沉入水裡。

我蹲在河堤等待，幾分鐘後，河狸又滑進視線——這次有點遠。動作的平滑度幾乎達到超自然的境

界。沒有咻咻快速移動，沒有某種步態運動的起和落，沒有麝香鼠咯咯作響的趕忙，或甚至一條在游泳的魚啵地輕彈和緊繃。就一個平坦如水的滑行。牠再次潛水，動作像以前一樣突兀，但這次沒濺起水花，安安靜靜：一個完美上過油的輪子的滾動。

在牠下一次經過我附近時，手電筒燈光捕捉到一隻小眼睛——我這才了悟，河狸也在觀察我，也在等待。牠在河堤有事待辦，但那個惱人的人類在那徘徊不去。牠再度滑出我的視線時，我盡可能安靜地起身，向前走。那並不容易。這片五英畝的林地剩下濃密的植被可供應吃草的河狸，一旦河狸吃過後，又繁茂地長出新植被。林地裡散落著砍倒的樹，但首先，地上濕漉漉的——那是一片吸著靴子、浸濕褲子、讓腳指發出撲哧撲哧聲的沼澤。在白天就很難在此到處移動了，到了晚上更是如此。

就像德文郡的圈養地，這片林地感覺原始，但其實很新。我聯想到威洛淺灘那被木頭嗆阻的剩餘部分，還有樹的殘骸被如此小心翼翼地引介給那些蘇格蘭鮭魚河流。溢滿木材的河道景觀幾世紀以來都是種詛咒。但那是改變的底線——當人們對整潔有其執著，希望避免冒險，再加上關鍵物種的缺席，都讓這個想法油然而生。生態學家也將河狸描述為生態系統工程師——這點子較容易銷售給緊張的地主，總比說牠們是混亂製造者好。幾乎每片經過河狸改變過的地貌，都對外行人帶來挑戰。這池塘周遭，如同我拜訪過的每個再引入河狸的地區，使我們扭曲的美學苦惱萬分，因為我們覺得地貌看起來就該像某種樣子。如同我們對人體的美感意識被窄化成一套數學比率和基本膚色，我們對土地的理想期待也遭到簡化，其中不存在任何混亂、骯髒和腐敗。但複雜才能使生態穩定發展並運作良好。我們需要擁抱混亂。不拒絕，不選擇，不輕蔑。

我在水池其不規則邊緣遠處找到觀察地點。那裡有個長凳，我坐下來，瞪著明淨的水，尋找漣漪。

在池塘的另一邊，有個東西在手電筒紅色燈光下黯淡發光，像是一條長長的原木微微翹起，尾端固定著開始旋轉。我一手抓住手電筒，一手抓住望遠鏡，我可以看見另一隻河狸蹲在河堤上的駝背身影，用靈巧的手爪控制樹枝的一端，另一端則靠水支撐。

這個康瓦耳實驗發生在林地山谷農場（Woodland Velley Farm），那是七十公頃的丘狀地形綠地，大門緊緊的方式各有不同，有機牧草餵養的肉牛牛群由壯碩和愛笑的克里斯．瓊斯（Chris Jones）負責養育。克里斯有種哈比人的氣質，但在他陪伴你一天後，你很快就會發現他比較像甘道夫，而非巴金斯——博學多聞又非常風趣，是那種比起大部分人，更能從一天二十四小時得到多兩倍價值的人。

農場現在有提供住宿，也有活動會場和讀書中心。附屬建築堆滿教育材料、婚禮道具和農家庭院用具——一團亂七八糟，我懷疑只有克里斯能在裡面找到任何東西。從那些東西中，我發現一隻遠從巴伐利亞來的河狸玩偶，它在那也許曾有個德國名字，但抵達康瓦耳後便被暱稱為「崔佛」。崔佛有橘色門牙和橘色玻璃小眼珠，第一眼望過去時，它被日光曬白的紅金色毛髮看起來乾燥粗硬。但靠近看時，毛髮閃閃發光，撫摸起來柔滑萬分，讓人愛不釋手。我的手指陷入相當深和柔軟的絨毛裡。河狸毛皮的大部分毛髮是下層絨毛：短且精細，每平方公分可以濃密到兩萬根，糾纏成為捕捉住暖空氣的毛氈，並能防止水接觸皮膚。較長的保護毛長得穿過下層絨毛，每平方公分就有數百根，由於肛門腺的油的定期塗抹，光滑防水。河狸會透過毛皮梳理肛門腺，那是牠勤奮梳理自己的例行公事的一部分。難怪這毛皮如此珍貴，但商業獵捕在一九〇〇年代早期將歐亞河狸族群從一億隻驟減到只剩一千隻，這是人類的恥辱：百分之九十九點九九的滅絕。

河狸不只因毛皮而遭到獵殺，還有牠的肉和河狸香（castoreum）——那是一種油膩的香氣，由尾巴下一對梨狀腺囊產生的分泌物，通常含有高濃度的水楊酸，來源是河狸愛吃的柳樹莖和樹葉。水楊酸是阿斯匹靈的前身，河狸香幾世紀以來都是藥物，歷史可能長達幾千年。它對香水工業也彌足珍貴。在約克郡執行再引入計畫的那天，我和森林委員會的當地計畫人員凱絲．巴許福斯（Cath Bashforth）一起搭車去野放地點時，問起河狸香的事。她說，我們座位間的置物箱裡有個塑膠瓶，裡面有一點。

「你可以聞一聞，但看在老天份上，可別灑在這裡。」她將車速減慢變成爬行，避免晃動，而在我小心打開蓋子時，她皺起鼻子。那香氣讓我想到很舊的家具，有點霉臭。聞起來也沒特別不舒服——但我很少對氣味反感，甚至對惡名昭彰的狐臭味免疫，所以，或許我也捕捉不太到河狸那容易揮發的香氣。

我抵達後不久，克里斯帶我去參觀林地山谷農場，我們背對著冷冽的強風，兩隻小馬全身裹上凝結的爛泥，在我們周遭跳躍嬉戲。一隻叫湯尼的白色獵犬，尾巴毛茸茸的，繞著小馬飛快地跑來跑去。克里斯大手一揮，幫我指出一條小河道，即難基利溪（Nankilly Water）在農場上游幾百公尺遠的起源之處，並解釋說，它在維多利亞時代被開鑿，當時的地主為排水系統計畫得到免息貸款。溪流在農場後加入特

雷西利安河（Tresillian River）[3]，最後注入大約四英里遠的法爾河口（Fal）。幾年前，特雷西利安河淹沒了林地山谷下游的小村拉多克（Ladock）。自從德瑞克．高在二〇〇一年將河狸引進肯特郡後，克里斯就一直在讀有關河狸的書，他欣賞牠們帶來的生物多樣性；然而，最終是洪災提供最關鍵的動機。「洪災真的使我們專注起來。難基利溪很小但水位上下變化很快，雨水導致的洪災會再發生。我們得做點什麼才行。」

與物種消失所發生的改變相較——種植樹苗，森林、荒地和草地的演替，以及農地的發展——河狸復育所帶來的衝擊驚人地快速。通常在牠們抵達新棲息地一或兩天內，整頓就會開始，此地便是明證。三年後，克里斯的林地完全變了樣，就像德文郡的圈養地，它現在看起來一團混亂。但在這片混亂中，是一系列精準建造的河狸水壩——看到這，你很難不相信河狸具有精明的智慧。我這麼說了，克里斯咧嘴而笑。「你不是唯一那樣想的人！我前天才幫幾位工程師導覽——他們曾為其他計畫建造和設計會漏水的水壩，當我讓他們看河狸水壩時，他們幾乎哭了出來！」

我納悶，這是純粹本能，或者河狸真的很聰明？

「牠們確實很聰明——我會說可以和老鼠相提並論——有能力做實驗，並在苦苦思索後弄清細節。牠們的工程不是那種需要推理或計畫的，但牠們似乎有辦法迅速找出選項，做出決定，並彈性改變行徑以達成特定目標。」

「是什麼給牠們動機？」我問道。「如果不是透過瞭解後果，牠們為何、又如何該那樣建造？」克里斯靠在他的手杖上，思索了一會兒。

「牠們似乎對流水懷有憤恨。牠們好像有修補每個漏水之處、止住每個細流的衝動，而且是用任何

可用的材料——木頭、爛泥、樹葉。牠們不需要瞭解牠們在做的事——要緊的是，從演化上來說，搭建水壩能打造出一個牠們和後代更容易繁榮發展的棲息地。」他又說，帶點開玩笑性質：「實際上，我認為河狸將水看成金錢——水壩是牠們的銀行帳戶，而就像好約克郡人，牠們不喜歡漏財。」

在嘎吱嘎吱作響的土地上艱困走過，皚皚月光照過的溪流奔流過樹林間的草，我得讓自己走出那種你或許期待會在動物園中看到的圈養地：柵欄深深嵌入地下，並且往內捲，如此一來，任何試圖鑽洞的動物就會遇上大口徑的鍍鋅網。籬笆有些部分通電，包括在籬笆底部；上一次我們來訪時，洛奇的足踝就被電到。他已經習慣這類電擊，我們的鄰居就使用通電柵欄來圈養他的寵物綿羊——不過是像抽筋般那樣癢癢的。但這裡的電流卻讓他的心都痛起來，並且跑到我緊緊的懷抱裡啜泣。即便這些動物做了那麼多的好事，我們對待牠們的方式仍舊像牠們會帶來高度威脅似的。

在吃晚餐和品餟當地美酒時，我們談論起洪災。我告訴克里斯，最近在約克郡和赫布登布里奇等靠近我家的淹水事件，還有在里茲（Leeds）和謝菲爾德，以及皮克林、漢姆斯利（Helmsley）[4]和莫爾頓。我還說到塔德卡斯特橋，還有為何在約克郡仍舊只有一處河狸圈養地。他嘆口氣。「現在這些實驗只是重複，而且完全沒有必要。他們現在所做的，只是讓研究者有事情忙，並安撫一些愚昧的地主。我們需要政府出面清楚表態，說清楚需要做什麼——那就是拆除那些該死的柵欄，並讓河狸成為每個地方的動物群的一分子，然後政策制定者就該跟進。直到那之前，像那樣的災難只會來得越來越頻繁，越來越快，

持續毀壞生計，讓財產無法投保，可能還要賠上人命。」

翌晚，我們開車往西南方去，盡可能地走遠，目的地是莫爾瓦（Morvah）[5]小村，我們在那與農夫麗莎和皮爾斯・蓋伊（Lisa and Piers Guy）碰面。我們農場的其中一塊地上散步，他們在最近幾年種植和播種野花，允許一點泉水奔流過私有土地的一道長廊，重新讓土地恢復到自然狀態。他們似乎熱衷於餵養昆蟲和鳥類，也供應德克斯特有機牛肉給市場。

對麗莎而言，這天晚上是個重要的夜晚。在此地耕作二十五年後，這家子在當地社區和地貌上都投資不斐，而他們也是和集水區野化計畫合作的數個土地管理人之一，那計畫叫做「從懸崖到肉」（Cliff to Carn）。就麗莎所見，合理的下一步是河狸，而此地至少有可能成為第一批官方批准不用柵欄的再引入棲息地之一。從集水區的源頭到海只有三英里遠，到處都是高地，使它難以讓動物擴散開來──儘管數量會很快成長超過可用土地，但創造出來的過剩族群，則可以拿來供應其他再引入計畫。

麗莎邀請克里斯來和鄰居懇談，希望為她的計畫贏得支持。這場懇談會在穀倉裡舉行，那個穀倉經過時髦的翻修，現在可作為婚禮場地。克里斯詳細講述計畫可能帶來的好處和挑戰。他自己是位農夫，給了我所不曾聽過的不同理由：他跳過他在其他時候熱情夸夸而談的願景。他就是在此地推銷這點子的不二人選──沒有兜圈子，沒有畫大餅，就只是提供實際和毫無保留的細節。之後是發問時間。

「如果牠們變成問題來源，該怎麼控制牠們呢？」一位女人問。「你只野放了牠們這麼一段時間，

你無法確切知道長遠的後果。」

「這個嘛，是的，我們知道。」克里斯平靜地說。「後果是，牠們會砍倒樹。牠們會導致小型淹水。牠們可能會阻塞涵洞，牠們可能會襲擊作物。牠們可能會在堤岸裡鑽洞。而在全國有些地方，任何這類後果都可能帶來災難——比方，芬河的懸河（perched rivers）問題。但在此地，所有那類挑戰都能解決。樹木和涵洞可受保護。我們可以使用欺騙河狸的水流設備，在必要時排乾河狸水壩的水。再者，如果需要的話，有用陷阱獵捕和射殺的選擇。我們不能感情用事。」

他在回應有關土地上未來會有多少河狸，以及如果數量太多時會發生什麼事的問題上，驚人地實際。

「等每個康瓦耳學童上學時都穿著河狸背心時，那也許我們就可以說夠了。」群眾發出漣漪般的笑聲，但他不是在開玩笑。「聽好，首先，牠們不太可能增加得太快，因為牠們會被狐狸獵殺，被車撞死，淹死在地洞裡。再加上牠們很有地域性，所以有多少隻能留在同一地區有其天然限制。但如果牠們真的長得到處都是，那到了某個時刻，牠們便會成為資源。」

時髦皮毛的想法令我作嘔。但我想起崔佛腹部的光澤毛髮，可以想像用它做出來的外套。在最寒冷的天氣裡帶來溫暖，實穿一輩子，沒有塑膠超細纖維和毒性染料，本地製造而非剝削血汗勞工。我發現自己忖度，或許某天我自己終究會穿這種衣服。

「那牛結核病怎麼辦？」另一位女人問道。「牠們會攜帶那種病菌嗎？」

克里斯搖搖頭，開始回答，但問話者像連珠砲般發言，說話比他大聲，提及在最近的群體牛結核病大爆發中，由康瓦耳野生動物信託組織（Cornwall Wildlife Trust）主導的獾疫苗接種計畫。後來在和麗

莎的談話中，那位女性似乎讓步。

「嗯，我想，我們會看結果如何。但不要狼，麗莎。我不接受狼。」

這類恐慌是野化的極端支持者和同樣極端的反對者的共同責任。極端支持者堅持，為了復育我們後冰河動物相中所有失去的動物，做什麼都值得。而極端反對者則不會錯過任何危言聳聽的機會。但野化無須變得絕對。那是生態復育光譜上一連串的選擇，包括棲息地創造、物種再引入、更靈活的管理和再生農業，這些都會為自然過程的發生創造空間，而我們則不可能過於誇大社區參與和決策的重要性。在那點上，麗莎似乎傳達得很好。

考慮到所有生態和水文證據，以及大部分正面的公眾意見，人們大多認為不列顛有了河狸後會變得更好。但河流奔流很長，將許多不同社群交織在一起，往往也包含不同地主擁有的土地間的界線。所以必須得有多方合作、溝通和同意。即使在現在，計畫都會被少數人組成的遊說團體加以反對，這些團體包括大地主和釣客組織，他們發揮重大影響力，並享有特權。根據德瑞克·高的說法，這些反對意見奠基在一個假設上，認為河狸被野放到任何地方都會是個糟糕的開始，導致無可接受的失控。但當我們採納社會科學的方法，去評價水獺河（這條河是目前唯一一條能讓釣客接觸到自由生活的河狸及牠們產生的效應、因而得到實際經驗的河流）的休閒釣客和漁場管理者的意見時，結果顯示差別細微的各類意見：有些人表示歡迎，但也有同樣數目的人覺得憂慮；比較多人贊成野放，但其前提是萬一河狸變成問題，應該得馬上採取應急措施來加以管理。但就此問題本身而言，大部分人贊成河狸復育。

但這份多樣性沒有反應在像釣客信託這類組織的立場上。那和亞倫告訴我的觀點驚人類似；他說，釣客對獨木舟玩家、立槳玩家和泳客能在野地上暢行無阻的態度不一，能理解農業或地產管理和地貌復

育間的衝突，尤其少數擁有重大影響力的人持續煽動「我們和他們」這種對立敘事。我越來越將他們看成吵雜不休的鬼魂的老警衛，依靠位高權重的朋友藉勢藉端，決心不肯經由妥協達成解決之道。我也認為，在英格蘭高地的婚禮穀倉的這個小聚會，或許能顯示解決之道如何能以其他方式達成。不是透過局外人或政策制定者。也不是透過工會或管理機構或受託人董事會，而是靠個別的個人：那些緊張兮兮、步履蹣跚、荒謬可笑、執著不放、憤怒異常和慷慨的人們。他們展現耐心、正直誠信、謙卑和韌性，領導著整個社區小心翼翼地跟著他們往前邁步。

譯注

1 位於蘇格蘭西部。
2 河狸出現在我們以另一種大型半水生河流哺乳類動物命名的河流上，雖然適當，但也很令人困惑，誹謗之人往往搞混這兩種物種，錯誤地假設河狸會吃魚——原注。
3 為康瓦耳法爾河流的支流。
4 位於英格蘭北約克郡。
5 位於英國康瓦耳西部。

【小記】窄橋 The narrow bridge

氾濫平原 Floodplain

沿著河流的低矮土地，在水災時遭洪水自然淹沒。氾濫平原兼具肥沃和平坦這兩個特徵——對農業和發展兩者而言皆是誘人前景，對水質和水文造成影響。

英格斯 Ings

北歐文中指稱英格蘭北方（尤其是約克郡和亨伯賽德〔Humberside〕[1]）的氾濫平原、浸水草地和濕地地區的詞語。

我不相信我們是蓄意要破壞那個地方。改變是逐步造成、逐漸加深的。挖掘溝渠以灌溉作物，或排掉一小塊地的水來栽種，以餵飽社區。小堰能創造水源，賦予小村莊磨坊動力。地下水道則提供攸關生死和健康的衛生。接著再多一點，而後突然變得更多。早期採取的步驟都很小，感覺

起來可能只是基本的進步，對環境無害，就算有人想到的話。河流會解決一切。但最後，隨著時間流逝，決策開始不是由人們制定，而是由體制。而對那些從體制中獲益最多的人而言，口渴和饑餓等天性，以及基本舒適需求，被其他渴望取代；權力和利益，或者同時代表兩者的奢侈享受。應體制要求，我們在整個河谷建造水壩，淹沒住家、腹地和生態系統，淹沒一些河流，排掉其他河流的水，默默葬送更多河流。我們對河流排放毒素，將淤泥、肥料和農藥漏進河水裡，以塑膠窒息它們。我們拒絕讓人們在河流上有通行權，他們無法凝視清澈流動的河水，無法在其中洗澡、旅行，甚至極端到我們之間有數百萬人，不再知道自己人生中缺乏什麼。

食品生產中所隱含的氣候和生物多樣性危機，讓我良心不安。我的飲食中現在很少有肉類。我嘗試避免購買那些引發政治聯想，以及在有許多變項需要衡量的情況下，並未強調細微差別的公司品牌——要衡量的，包括健康、食物里程、永續性、動物福祉、農藥和抗生素的使用、政治、人權、包裝方式、過敏原，更別提價格，以及全家人的偏好、厭惡和耐受問題。對肉類說「今天不要」這句話意味著，我可以毫不費力地拒絕便宜、集約飼養或進口產品長達幾個月、有時甚至數年，但我也可以以此話，避免得罪那些為我費事料理的人們。我可以吃即將被丟棄的食物，也可以端出感覺吉慶的大餐來招待眾人。在實務上，這意味著我幾乎總是吃素，但偶爾也能享受一盤淡菜或以選擇性宰殺的野味。

食物政治讓我在社群媒體上陷入激辯，尤其是和農夫。在他們當中，思慮最周到且最有見地的是羅伯．羅斯（Rob Rose），他認為他的德克斯特牛肉（Dexter Beef）是環境保護的衍生物。他的農田位於下德溫河的氾濫平原，因此在共同關懷環境之餘，我們也因河流而被連繫起來。

羅伯說，少肉主義對肉的態度所產生的問題在於，立意良善的人們也許決定一週吃一天或更多天素，但是，如果他們購買和消耗的動物產品仍舊是集約飼養或進口的，大公司很容易就能透過更激烈的方式，販賣更多、更糟和更便宜的產品給其他人，來維持市場分額——以健康、動物福祉和地球為代價。每年一月的素食節（Veganuary）舉辦的時間點總使他沮喪，因為乳牛身上沒有關閉的開關。如果幾千加侖的牛奶被農夫倒進排水溝而無法賣掉，那無法幫助農業變得永續。他說，除非你能按下開關，讓當地、有機和再生供應商暫時不供應我們消耗的食物，不然光是減少吃肉和乳類製品，並不會帶來任何幫助——而那些供應商是維持幾千家像他那樣的小本生意人所構成，人數雖不多，但也足夠。直到那之前，他經營的方法是如此利潤微薄，難怪很少人願意嘗試。

這些事實使得我承諾，下次我吃肉時，我會吃羅絲伍德農場（Rosewood Farm）的牛肉。我確守承諾，在聖誕節時訂購一大塊烤肉，並說會親自去取貨。

開車過去時，我發現我很緊張，因為我不確定羅伯信不信任我，但我希望如此。他羞怯地歡迎我，立刻帶我去看他的肉牛和褐牛牧群。牛群溫和地沿著牛舍敞開的一邊推擠、吐著氣，發出好像在聊天的奇怪哞哞聲。德克斯特牛的體型很小——頭部只到我的腹部，從漂亮的長睫毛底下凝視人——但羅伯馬上打消掉我以為牠們很溫馴的印象。「別相信外表。」他說。「一旦被激怒，牠們輕易就能殺死一隻狗，甚至是人。牠們是本國品種，但保留強烈的野性本能，即使不靠我們照顧也能生存。」在隔壁的牛舍裡，威士忌是一隻八歲大的國產公牛，頂著一頭美少年般的捲髮，脖子很長，幾乎和胸部一樣厚，鼻孔掀動，翻著白眼，彷彿要強調羅伯說的沒錯。羅伯在讀過麥

可・F・推斯特（Michael F. Twist）的書後選擇德克斯特牛；推斯特在一九二〇年代養過一隻當童年寵物，那隻牛是從火車接走後，放在車子後車廂裡載運回家的。小體型讓牠們對土地的消耗較少。「牠們比大品種便宜這點很有幫助，在我們創業時也很重要。但最後還是肉質決定一切。牠們嚐起來非常可口。」

牠們也耐寒又吃苦耐勞。羅伯的牧群在冬日時居於室內，不是因為牠們不耐寒或不耐潮濕，而是因為現在牧草地需要轉做他用。羅伯給我如何去那的指示，所以我可以自己過去瞧瞧。那是個短程車程，我停在靠近德溫河有七百年歷史的渡口附近。目前的橋建造於一七九八年，原本有三道拱門，一個在主要河道上，小的則在兩側以容納高水量。但這些拱門顯然不夠寬敞，現在在西側河堤有加蓋的七道磚造拱門。今天河流猛漲，奔流過每一道拱門。站在靠近如此大量、流速如此快的水之上，稍微令人忐忑不安。

橋的寬度只夠一輛車經過，一對龐大、醜陋異常的藍色防撞護欄安置在橋上以保護老舊石頭欄杆。我不禁想到，如果此地是約克郡谷地、北約克沼澤國家公園或約克市，而不是南約克郡煤田的邊緣，整頓翻修或許會更合乎邏輯一點。

在橋上游處，長滿草的河堤頂端離水平面只有幾公分。在主要河道，渾濁的灰棕色水流軋軋奔流過，比我跑得還快。越過河堤，一個大眾步道標誌直接指向一座青灰色的大湖；它屬於德溫英格斯（Derwent Ings）這個長形氾濫平原的一部分，目前在水下至少一公尺。這裡也是羅伯的牧草地，夏天它先是乾草草地，然後是牧場，到冬天則變成水世界。就我視線所及，在銀色表面上、周遭和上方全是密密麻麻的鳥類。大群紅頭潛鴨和葡萄胸鴨，穿梭在小群海鷗和鸕鶿之間。

幾十隻天鵝在半淹水的山楂間悠悠滑水而過，牠們身後則是長滿草的山坡，擠滿數百隻鳳頭麥雞——牠們和背景融合得如此渾然天成，即便透過望遠鏡觀看，也只有在牠們有所動作時才可得見。更遠處，我可以看見幾群歐洲金斑鴴閃爍的米黃和白色。人們很輕易就可看出，為何這些充滿水的牧場會變成廣泛氾濫平原的部分，而那片氾濫平原已被認可為下德溫河河谷國家自然保護區、一處具特殊科學價值地點，以及在《拉姆薩公約》下的一處國際重要濕地。也很容易可以看出，為何羅伯將他的契作看成一種時間分享，河流則是老大。他踩在傳統和顛覆之間的線上，那條線感覺起來……是流動的。

我轉身看向反方向的南方和下游。在我靠在醜陋的藍色防撞護欄上時，強風以濛濛細雨猛刮我的臉頰。此地的天際線被德拉克斯發電站的冷卻塔搶盡風光，那是一九六〇年代在約克郡的這地區建造的三座之一。德拉克斯、埃格伯勒和費利布里奇（Ferrybridge）從五十英里遠的高地就可望見，在有些天裡，約克山谷天空中的所有灰暗，似乎都是它們無情排放廢氣的結果。單單德拉克斯就供應全英國百分之六的電力，在二〇〇七年是英國二氧化碳排放的最大源頭。但時代在改變。費利布里奇在二〇一六年關閉，埃格伯勒則是在二〇一八年，它們的冷卻塔遭到拆除。德拉克斯燃燒了最後的煤，現在大部分靠從美國運來的木質顆粒燃料發電，而且一次就運五萬噸過來。政府也對設備中的新燃氣輪機開了綠燈。我們對燃燒的衝動看起來實在很難被熄滅。

但從我目前的站立位置，只要轉轉眼球，越過飽漲河流另一側的森林四處張望，視線所及即是三座巨型風力發電機的旋轉葉片。更多鳳頭麥雞出現在我頭頂上；整群六十到七十隻以密集隊形遨翔而過，然後爆炸般分散開來，彷若每隻鳥都突然極想來場自由花式表演。牠們倏地轉向，

急急翻滾，越過天際後分散開來，宛如速記的最短符號。

這些年真的是我們生活的銜接年。流水上漲，渡口狹窄且危險，我很害怕。但我們別無選擇，我們就是得嘗試。

譯注

1 位於英格蘭北部，瀕臨亨伯河口和北海。

第二十一章
心臟地帶
Heartland

這天是仲夏日。洛奇和我早早離家，希望在九點前抵達約克郡谷地。因為疫情的關係，我們原本想趁夏至到蘇格蘭旅行的計畫遭到取消，使得想在這個吉日來到此地幾乎已經變成一種執念。但現在，我不確定這是不是個好主意。這個小朝聖之旅已經在我心中醞釀多年，但我起初是計畫單獨來此，並想在此徘徊到盡興為止。我想找到某種羅傑．迪金留下的傳承，這舉動對我變得別具象徵——偏離正軌、心有旁騖和掙脫束縛的自由。這將是個非正統的短途旅行，走過實際上非常陡峭的地面，尋找我知道其他人沒能找到之處。作家兼部落客喬．米奈恩（Joe Minihane）嘗試了兩次，才重新追溯出迪金在此展開的那野心勃勃的流浪之旅。帶著小孩做此嘗試可能並不聰明，但洛伊的後封城行程表排定他今日得工作，在無法拖延之下，我沒有選擇餘地，只能把它變成兩個人的探險，媽媽和兒子。你從來不會知道這類事情的結果會是如何——小孩對什麼叫好玩有自己的想法，而如果他們不快樂，旁人也難以如意。

但那天從一開始就像是個魔幻之日。離開家仍舊是件新鮮事。我們沒有要離開我們居住的郡，但北

約克郡很大。今天它則感覺起來廣袤無比。我們繞過約克市——然後是哈羅蓋特（Harrogate），開車穿越佩特利橋和格拉辛頓，從基姆西（Kilnsey）那外觀驚奇的懸崖底下駛過，最後開上坡進入利頓代爾（Littondale）。洛伊和我在更遠一點的哈爾頓吉爾（Halton Gill）[1]的史格菲爾河（Skirfare）堤岸結婚——我們的婚禮照片全是在那幾乎乾燥的河床裡拍的，而我們摯愛的人則擠在橋上。洛奇聽我說著他誕生以前的故事。那些記憶在我的腦海中仍舊如新，但我記得，我自己父母告訴我我出生前的故事時，感覺就像古老的傳說。所以我告訴他關於他誕生以前的歷史，並在事實允許的範圍內，盡可能添加誇張色彩。

我們在阿恩克利夫（Arncliffe）[2]的獵鷹飯店（Falcon Hotel）前停車，並且就在村莊外面找到溪流。我將男孩放在繁花盛開的河堤上，告訴他有關羅傑·迪金和其書的另一個故事。我從背包裡拿出一本破爛的《水之道》，並對他朗讀第十九章〈與水中仙女的相遇〉，裡面訴說羅傑如何從植物學家理查·馬比（Richard Mabey）那聽說一個特別地方——馬比警告，我們也許要用到繩降。我大聲朗讀關於阿恩克利夫的褐雨燕、馬勒姆陡峭的「殘酷之路」的篇章，以及在尤科嘎史加（Yew Cogar Scar）生長的神祕垂直森林；還有黑兔子，最後是水如此清澈的水池，你可以看見深邃的池底，如此冷冽，會刺痛你的皮膚。這裡仍舊可能是仙子和精靈的故鄉，人們永遠不該嘗試親吻他們。

洛奇馬上集中在實際事物上。

「我會需要潛水衣和繩子。」

「我的背包裡有你的潛水衣。我們沒有繩子，但我想我會找到另一條路，這樣我們就不用繩降。」

我給他看地圖；我在上面畫出水池的大概位置，以及我預想要到尤科嘎史加底部所該走的路徑。「然後，我們會沿著河流一直走，直到我們找到水池。這樣我們絕對不會錯過它——只要它還在那的話——

我們得記得河流會改變。」

我們走下坡到溪流，山谷在眼前於兩側靠攏，變得太陡峭。我們小心選著路，討論該選哪條路徑。我們要翻過幾座乾砌石牆，還有幾座懸崖——有些我們能藉由穿越河水來避開。其他的我們則小心翼翼地攀爬。在我們必須攀登時，洛奇先走，敏捷而帶著自信。他讓我覺得自己……不是老邁，而是很小心，因為我臀部的其中一邊還會疼痛。攀登路線變得陡峭時，他會在每個動作前凝視檢查，回頭叫喊，並做最好的選擇。

「這個看起來ＯＫ，我可以跳下這裡」或「這個看起來太困難，我要回頭」，然後是「媽咪，把你的背包遞給我，它太重了——你得小心維持平衡。」這是第一次，我似乎和我的兒子平等地走在一起，而我似乎瞬間瞥見了我希望在未來有一天能認識的男人。

幾朵清晨的雲朵散開，璀璨陽光似乎席捲了我們所有的感官。長長的草兒啪答拍打雙腿。我們的鼻子充滿水和太陽曬過的岩石氣味，以及踩踏到的百里香所發出的悶燒味。雲雀和麻鷸傾吐出流暢的音符，彷彿試圖以音樂填滿溪流。

我們討論著花朵、鳥兒和《當個創世神》（Minecraft）遊戲。在下一個渡口，他衡量選項。踏腳石全是天然渾成——間距不等，有些長滿苔蘚，有些因水流過而變得滑溜。他在其中一塊上面搖搖晃晃，滑了一跤，一腳踩進水裡，但總算保持平衡。這原本或許會成為這趟旅程開始出錯的地方，短途旅行會一下子變成滿是哄騙和抱怨的漫長試煉。但他大笑。「喔，好吧。我的襪子這下濕透了，所以如果這種事再發生也沒有差了。」

當它在眼前展開時，你不可能認不出那就是尤科嘎史加。它是座長長的峭壁，樹木扎根在古老石頭

形成的岩床間，勉強靠著打濕裂縫的涓涓流水努力存活。那裡也有幾株扭曲且矮小的梣樹攀著壁面，但紫杉稱霸。那裡不可能會有太多土壤——事實上，那裡幾乎什麼都沒有。我短暫納悶水泉是否會藏在峭壁裡面，但峭壁面向北方，因此絕大部分掩映在深邃的陰影裡——即使是在現在，近夏至日的正午也是如此。更可能的是，這個地形剛好能讓樹木生長。水泉也許會讓環境變得太容易生存——誘使樹木致命地成長太快。實際上，它們的存在不是以尺寸來衡量。它們放棄成長，偏好一種樹木的禁欲主義，變成天然盆栽。大部分有著嬌小樹幹，不到五或六英尺高。它們的木頭密度一定格外地高——我納悶，它們的年輪甚至數得清嗎？那些長在峭壁頂端的經過強風雕塑，而懸掛在下方的則有懸桁形狀，從懸崖探出，然後陡然向上轉九十度，與峭壁岩石表面維持平行。它看起來像某個畫在東方卷軸裡的風景。

由於缺乏明顯易懂的解釋，此地的名字有某種淡淡的魅力。「尤」（yew，紫杉）夠直接了當，但「科嘎」（cogar）？那是什麼？網路上只能找到一點點關於如何攀爬它的資訊。英國登山協會（British Mountaineering Council）的網站上寫到它時說：「樹蔭掩蓋的捲曲陡峭，人們起初會攀登那裡是為了實際需求，想撿拾在那裡的紫杉木作為和蘇格蘭人打仗的武器材料。」這解釋感覺荒誕不經，雖然迷人，但頗為敷衍。從歷史中尋找線索也沒有什麼幫助。這地區的人們長期以來和北方鄰居爭吵不休。但是，考量到名字的怪異和此地過往的紛擾，詞源資訊的缺乏頗讓人驚訝。我感覺有些凱爾特字眼可能可以解釋，包括威爾斯語的 *cogan* 和 *cwgan*——兩者都指涉「碗狀物」，可能被用來描述地貌特徵，而愛爾蘭文的 *cogair* 或 *cocur*，則是「竊竊私語」或「祕密討論」的意思。山谷曾經是廣大的凱爾特古北境地區的一部分，而我知道，峭壁上方有個史前聚落遺跡——現在殘存圓形和正方形的崩塌石牆。那名字可能是坎布里亞語嗎？一個和古威爾斯語有關的布立吞語版本？峭壁在這三千年來可能少有變化，而作為一個

幾乎沒有經濟或戰略價值的地點，很可能逃過被隨後的入侵者重新命名的命運。我擔心自己只是亂猜，但又很好奇，所以曾經到處問人。山谷歷史學家湯姆・羅德（Tom Lord）同意那名字可能在前撒克遜時期便有，並透露在噴泉修道院的特許狀登記簿裡，有一塊靠近阿恩克利夫的土地為修道院所持有，被稱之為 Yuden 或 Yueden。同時，語言學家和山谷本地人凱斯特・克雷格（Kester Clegg）指出，其他留存至今日的凱爾特地名還有朋根特峰（Pen-y-Ghent）和彭希爾（Pen Hill）。的確，約克郡本身能聲稱和布里吞語有淵源。在羅馬征服前，約克聚落以 *Eburakon* 知名，那是「紫杉之地」的意思。地名後來拉丁化為 *Eboracum*，後來再英語化為 *Eoforwic*，在丹麥區（Danelaw）則變成 *Jorvik*。諾曼人稱它為 *Everwic* 和 *Eborienc*，但古北歐語版本流傳較久，Jorvik 逐漸壓縮成 York，儘管是靠印刷機的發明才讓這個拼法標準化。人們可以爭論，約克郡的真正象徵不是白玫瑰，而是紫杉。這個巨大但被陰影神祕地籠罩的峭壁，有著裸露在外的石床和小心成長的古老樹木，在許多方面來說，都感覺像個心臟地帶。

「尤科嘎。尤尤尤——科嘎。」

我發現自己在不斷地重複唸出它的名字，感覺我的雙唇抿緊和伸展，臉頰變空，下巴搖晃，舌頭像水壩突起，釋放出一絲空氣。這個會帶來遐想的地名，其發音比英格蘭古老許多。想握住史前手斧，你必須將它安置在掌中，用手指抓住它，如果它形狀不對，你馬上會知道。在一個地點說出它的古老名字，就是以類似方法讓你自己適應那個環繞著它的概念。為了說出這個概念，你必須形塑雙唇、舌頭、臉頰和聲門。不管它們是否像安放在掌中的手斧或嘴裡的名字，概念帶有姿勢的意涵，能熬過時間歲月的摧殘。

我們所說的語言有許多分支，但追尋它們往後走夠遠後，分支就開始合流，變成樹上的樹枝，導向

分享的樹幹和根部系統。

> 一棵樹是一條河流，而一條河流是一棵樹。

河流名字通常很古老，往往相互分享。比如，尤其在不列顛，就有好幾條德溫河、頓河、泰晤士河、雅芳河、烏茲克河／艾斯克河，以及迪河。在英格蘭，有三條河流都叫烏茲河——薩克塞斯的烏茲河、東安格里亞的大烏茲河，以及約克郡的烏茲河，流入這些河流的北約克郡的考賽溪（Cowside Beck）最後會流過史格菲爾河和瓦爾夫河。法國的烏薩河（Oussa）[3]據稱是聖母瑪莉亞於小城露德（Lourdes）展現奇蹟的地點。此地名的詞源很古老，早於羅馬，因此有點隱晦不明，但「烏茲」和「水」兩字都有在抿緊嘴唇後發出的 ooo 音，似乎不是巧合。Oooa 這個音和發出它時的表情，幾千年來都是此地和歐洲全境對水的概念的一部分。英文的 Water、蘇格蘭蓋爾語的 *Uisge*、威爾斯語的 *Dŵr*，以及拉丁、義大利、西班牙和葡萄牙語的 *Aqua*、*Acqua*、*Agua*。波蘭語的 *Woda*、巴斯克語的 *Ur*、法文的 *Eau*。堰（weir）、潮濕（wet）和井（well）也是，也存在於我們賦予最強酒種的名字：whisky（威士忌）和 vodka（伏特加）都有關於水的字眼。就像薩曼莎．沃爾頓（Samantha Walton）在《每個人都需要美麗》（*Everybody Needs Beauty*）中所指出的，甚至連「健康」（wellness）這個概念都來自 *wiellan*，和水泉的豐饒一起升起：說「我們很好」，是在表達像或跟水一樣的健康狀態。當你開始尋找有多少河流的名字可能一度單純意味著「水」時，結果會令你吃驚：Wear、-went、Ure 和 Ouse。我們已經忘記 *oooa* 這個聲音的意義，我們將水自河流分開——用水管和瓶子束縛它，噴灑和沖刷它。

尤科嘎史加的廣大在我們聽到聲音和瞧見幾位攀岩者在底部濃密樹蔭處休憩時，變得更加明顯。洛奇興致勃勃地看著，但在大約十五分鐘後，發現他們似乎只是站著擺弄繩索並比比上方，他覺得索然無趣，於是我們繼續上路。

我繼續評論花朵——至少是那些我認得的。我使用的是俗名：蕨麻、蓬子菜、匍筋骨草、繁縷、斗蓬草、婆婆納。我不是植物學家，理查．馬比現在會是個方便的旅伴，儘管和真正的植物愛好者同行的話，前進的速度會很慢。和植物學家同行就像帶個蹣跚學步的嬰兒，他們每走幾步就會停下來觀看事物。我看見的下一個植物，是在河流邊的一群鮮豔炫目的黃色花冠：猴面花。它會叫這個名字是因為，你應該能在花冠的紅點圖案中，看見猴子的臉。它並非本土花種，是個外來入侵種，但到目前為止，在此地，它似乎沒造成太大傷害。事實上，這花已經成為世上研究最詳盡的野生植物之一，這要感謝它的繁殖力和容易栽種，以及其多變性。它是遺傳學、突變、演化，以及所謂自然圖靈（Turing）模式（從豹紋到恆星聚集成銀河的方式等不一而足）密集研究的主題。

在山谷兩側有山楂小樹和橡樹，取代點綴山坡的那些稀疏且扭曲的古樹。看到地貌上存在著經深思熟慮而栽種下的樹木令人欣慰，這地方的樹被遺忘了好幾世代。

山谷變得陡峭；我們現在在攀爬，經過從陡峭崖側像瀑布般落下的支流——那些支流在某些地方幾乎是垂直落下。羅傑是從那條路下來的。溪流變得窄到只剩一半寬，發展出落差結構，快速奔流且翻滾過岩架，隨著每個步伐變得更美麗。兩側都有石灰裸岩，在它的岩床則是爬滿苔蘚的巨大圓石。我們也開始看見在每個小瀑布周遭，碳酸鈣的沉積物裹住岩石，比我家裡附近泉水周遭的還要厚重，顏色是焦糖色，而非米白色。這是石筍（tufa），一種自水沉澱而出的石灰岩，有著大量厚重的溶解碳酸鈣。比

起中性或鹼性水，稍帶酸性的水能運載更多碳酸鈣——但當地下水冒出進入空氣後所發生的其中一件事就是，溶解的二氧化碳（弱酸的結果）被釋放。酸鹼值增加，因此降低水運載碳酸鈣的能力。水和空氣攪動混合後，被追趕過瀑布，會釋放更多二氧化碳，因此就造成更多石筍，而沉積物傾向於累積在泉水和瀑布周遭。

水池變得較深。洛奇感覺到我們已經快要抵達目的地了，於是向前攀爬。

我驚動了近六隻掃煙囪蛾——蛾身為煤灰色，翅膀頂端染白——牠們藏身在一叢旋果紋子草之間。然後我停下腳步，試圖看清一隻黑頭鶲——我可以聽到牠在我們上方某處山側發出輕脆聲響。從下個裸岩上方，一聲喊叫傳來。

「我找到了！有個洞穴！」

就在那裡。水池比我們預期的小，比書中描述的還不圓，但除此之外毫無疑問——那股夢幻感絕對沒錯。一道瀑布不斷汩汩注水而入；在其下游邊緣，有個寬闊的石筍階梯，一棵小梣樹從小洞中冒出頭。苔蘚、百里香和岩薔薇裝飾著岩石邊緣，堤岸有著短短、甜美的草皮，翠綠色的小蚱蜢忙進忙出。一小叢成熟的梣樹就在近處，但只是半懸掛在水上。就只有幾棵樹。有兩種鶺鴒——灰鶺鴒和白鶺鴒——輕掠過水面，在瀑布上蹦蹦跳躍。

「我們來看看水有多冷……」他跪下，將手臂伸入。「喔！**冷斃了！**」

我們下水游泳——水十分冷冽，但沒有我預期得刺痛。穿著潛水衣的男孩比只穿著泳衣的我在水裡撐得更久。他用力逆流而上，然後任憑水流唰唰將他沖回過整個水池。我們探索上方的水池，那裡水比較淺，由平滑的溜槽連接。

他留在水裡直到嘴唇變紫，出水時打著哆嗦，但我們悠閒地吃著三明治和水煮蛋，觀賞鶺鴒直到他的氣色有所恢復。

我們繼續走上坡時，飄了幾分鐘霪霪細雨，然後我們經過一座農場，看見西方毛腳燕衝刺穿過牲畜群，接著走上考賽德陡峭的山側。在那，蚱蜢、蛾、甲蟲和蒼蠅跳躍並掠過黃色的三色堇和蓬子菜、粉報春、葡筋骨草和百里香之間。老舊牛糞堆看起來像巨大且燒焦的烤麵餅，孵出來的昆蟲在上面鑽出出口，加上長長鳥喙不斷刺探，弄得如此千瘡百孔——這是好徵兆，證明它們不含伊維菌素。

我們在頂端附近休憩，俯瞰下方如玩具般的農田。空氣變得悶熱。我躺回草皮上——在細雨過後，它幾乎沒濕。昆蟲哼鳴，雲雀高歌。

有東西搔我鼻子癢，於是我醒過來——洛奇拿著一枝毛莨。

「媽咪，我想我們該走了。」我有那種在陽光下睡覺的醉醺醺感。我睡多久了？他說至少半個小時。了悟到他在我睡覺時守護著我讓我喉嚨一哽。

他很快就走在前頭，往回叫喊：「媽咪，那是什麼？」我發現他跳過一連串形狀奇怪的岩石，好像刻意排成一排。

「那叫做石灰岩鋪石（limestone pavement）。這才是剛開始。那邊會有更多，你瞧。」

他奔跑過去，爬上一排大石頭，就在靠近山坡斷裂處，視線掃射前方地面。「哇。」

「很酷吧？」

「是有人蓋的嗎？」

我試圖解釋沒有，那些大石頭是天然渾成——風吹雨打後的結果。那只是水和植物一次又一次地冷

凍和溶解、扎根和腐敗。那些大岩石叫做石灰巖溝（clint）——它們之間的縫隙稱作溶蝕裂隙（gryke）。後者受到庇護，免受霜害、風的乾燥效果，以及太陽直曬，但潮濕的水分形成涓涓細流流過，長滿愛潮濕的精緻老鸛草、阿爾泰鐵角蕨、漢葒魚腥草，甚至還有小樹。如果你俯臥下來，在溫暖的日子裡將臉靠向溶蝕裂隙，你可以吸入溫室的悶熱芳香。

「那邊有更多——更多更多。」

的確是——從此地綿延至馬勒姆、甚至更遠處，更多則出現在英格爾伯勒山（Ingelborough）和威恩賽德山（Whernside）[4]兩側。要是你放大山谷的衛星照片，就會看見一種像乾燥肌膚的精緻皺紋和交叉排線的圖案。石灰岩鋪石是種地形的裸露版本，稱之為阿爾瓦（alvar）——指罕少或沒有土壤的石灰岩地區。石灰岩相對常見，大略構成地球所有沉積岩的五分之一。但我們現在站著的這種鋪石是英國和愛爾蘭特有，在全球很稀少，因為製造它們需要一整套特殊條件。就像白堊，許多石灰岩是衍生自海洋生物殘骸的碳酸鈣。它稍微能溶於水，而裸露的石灰岩地貌（又稱喀斯特〔karst〕地形）多半被洞穴和坑洞弄得千瘡百孔，它們沿著在不同時間鋪成的岩層——即層平面——脆弱處形成。層平面的空隙間有水道。水凝結成冰，融化後又流動，使岩石受到物理侵蝕和化學侵蝕，裂縫因此變得更大——最後大到足以讓植物在裡面扎根。植物以添加根部鑽進裂縫的物理壓力和腐敗的弱酸性兩者，加快這個過程。在此，於邊緣地帶，石灰巖溝如此飽受侵蝕，不再看起來像大塊石頭。它們全是曲線：關節和疙瘩、中空和邊緣溝槽。

「你以前見過它——在馬勒姆小海灣和英格爾伯勒。你不記得了嗎？」他不記得。我都忘了，兩年對他而言就像永恆——他眼見和質問世界的方式瞬息萬變。兩年前，他只會將不平凡的地貌照單全收。

現在，他認識到那是罕見之物。

「這個就像鯨魚的骨骼。」他沿著一排排得如同脊椎的大塊石頭狂奔。我想，或許它曾經是。不是化石——但這個岩石在古老海洋下製造而成，它年代太為久遠，不可能是像鯨魚這種哺乳類動物的脊椎，不過卻有可能是某種生物的一部分。

我試圖說清我對那過程的模糊瞭解——為我自己好，也為他好。「你不是有看見水池周遭的石筍嗎？那就像家裡附近水泉裡的方解石。那些石頭裡的裂縫和洞可能就是它的來源。曾一度在裂縫裡溶解的岩石，現在可能再度沉積在下坡那邊，或更遠處，要看水將它帶到哪去。」

「它看起來就像廢墟。」他說著，邊攀爬邊跳躍。

「我知道你的意思。但它不是。那只是行星重新整理和更新自身的方式之一。這是為什麼我們這個睿智的老地球仍舊感覺年輕和美麗的原因。」

試圖釐清某事，並讓它在心智中沉澱下來此點，令人驚嘆。他是接受大過於驚訝，而我卻經歷那種瞭解的奔流衝動，感覺為之暈眩。那活動讓我離開自己的身軀片刻——離開這個心智、這個站在突崖上的身體——離開得夠遠，因此有那麼剎那間，我彷彿緊抓到全局。這個古怪的資訊不僅是表面資訊。我們正站在它的數百萬立方公尺之上——這結構同時是骨骼和外殼，既是管道也是障礙，而它所有的潛力受制於流水的影響。下方有溪流和河流。早些時候我們走過的細雨——在我們上方新鮮地凝結在空氣中——有些已經下降到地面，處於在變成其他東西的過程之中。滲透、沖洗、過濾、溶解、沉積、冷凍或蒸發。它沒有目的地，只有它通過的空間和形式，偶爾變成生物或礦物質夥伴，但在此過程中的任何部分都被排除在外長達數小時或數十億年，直到水嗖嗖地將它們再次帶回舞臺中央。進入重新創造的過

程。萬事皆老舊。全都在一個無止境的侵蝕、修補和湊合的過程中不斷回收。

之後，我又回到自己身軀內，看著這個在我體內得到生命的男孩，他的分子從我的分子組合而成，但這些分子實際上來自岩石和水和陽光和空氣。我突然欲語無言。

譯注

1 位於利頓代爾的村莊。
2 位於利頓代爾的村莊。
3 位於法國西南部。
4 英格爾伯勒山和威恩賽德山都為約克郡谷地的高山，前者為第二高峰。

第二十二章

進入吉爾地獄（並從另一邊出來）

A descent into Hell Gill (and out the other side)

但，喔！那個深幽浪漫的裂痕，傾斜下翠綠山丘，
橫穿過雪松的覆蓋！

——山繆・泰勒・柯立芝，《忽必烈汗》

羅傑・迪金在約克郡的驚險漫長旅程中，還去了一處我決心要探訪的地方。那地方列在我的表上已經太久——太久了，或許是因為它在我的想像中變得不同凡響。羅傑第一次聽說這個地方時，是在巴尼咖啡館，那是在北約克郡的英格爾頓（Ingleton），洞穴探險愛好者喜歡逗留的著名小窩。我自己也做過一點洞穴探險——足以知道地下有可見的奇幻之境，但也知道數小時像香腸肉一般被擠著的感覺不合我意。我不在意黝黯，也沒有幽閉恐懼症，但我沒有可以擠在窄小空間的纖細軀體，也不喜歡那種純粹

的不舒適感。但我要去的這個地方不是洞穴——不完全是。那是個空間之間的空間，由流水雕塑而成。迪金曾去過那，但也就到那為止。他只穿著緊身泳褲和潛水靴，抵達一個讓他害怕到選擇回頭的地方，就我所知，他從未再有另一次機會。

我在奧娜上次生日時，送了她一本《水之道》，動機就是想誘騙她同遊此地。奧娜稍微比我年輕，是位更風趣的朋友，體型也更為健美。我們曾一起划獨木舟過河幾十次，也曾一起跑越野馬拉松，甚至大半夜裡在紐西蘭海岸觀賞發著磷光的海浪滔滔拍岸。她的酒量勝我一籌，而且隔天就能爬起來跑馬拉松。如同凱特，她在洛奇誕生時也來醫院，儘管就在那些日子裡，她因癌症失去母親。她在洛奇犯小錯時，極為溺寵洛奇，卻屢屢嚴厲警告她自己犯下同樣過錯的兩個兒子。奧娜是個非常棒的女人。她在凱特人生最後一趟獨木舟之旅時也和她同行。我無法幫她承擔她的罪惡感，這份無奈一直啃噬著我的心。

事實就是如此——因極限運動而失去朋友很糟糕，而部分的折磨就在於，沒有參與其中的人往往沒看見意外的本質。在凱特死後，我剛好碰上去家庭醫生那邊定期檢查的日子，凱特有時會在這位醫生的診所照護老年病患。醫生在發現我是凱特的朋友後，發出空洞的大笑說：「嗯，她老是試圖害死自己。」我憋著不敢說任何話。在走出診所前，我跑去廁所對著馬桶乾嘔。

就統計數字來說，不論是獨木舟，還是凱特也同樣熱衷的航海，並非特別危險的運動。我的家庭醫生顯然是個狂熱的女騎手，診間一面牆壁上貼滿馬兒照片。平均來說，騎馬比划輕艇或獨木舟大概致命上四倍，也徹底打敗休閒攀岩和水肺潛水。在保健刊物《子彈帶》（*Bandolier*）所編纂的風險名次表中，有最高死亡風險的運動是高空彈跳（不令人意外）、游泳、跑步和騎自行車。騎馬排名第十，划獨木舟則是第十五。極限運動之所以被視為是有風險的，是因為意外多半發生在日常生活之外，也因此被視

為有大肆報導的價值。當然，幾乎大部分的參與者擁有風險意識，並經過精良訓練。在理論上，全然新手買船直接跳入激流中的可能性是有，但這種情況很少發生。對任何初次想駕馭稍微湍急的河流的人而言，危險如此明顯，在未經指導的狀況下這麼做，需要真正的輕率魯莽。不管你是在哪裡學會划槳，安全和危險管理都是學習過程的一部分。尊重流水左右每個決定。當進行極限運動發生意外時，它們幾乎總是單純的意外。但即若如此，它們會逼迫人們思考不想面對的問題。冒險家越是熱衷，他們就越容易改變思路：黑色幽默、接受宿命論，以及極端地以目標為導向。我發現這些全都令人煩惱和擔憂。在我心中，這些都是讓事情延遲發生，這些最終都會在某個時刻導致後創傷崩潰。如果這類複雜的傷痛在它們發生時無法被消化或接納，它們會在稍後反咬人一口，而倖存者的創傷後壓力症候群會讓悲劇惡化。

———

對我們今天碰到的陌生人而言，奧娜和我看起來活像一對臉部肌肉抽搐的中年母親，為展開山地健行（fellwalking）而穿著古怪。但我們比迪金展開吉爾地獄（Hell Gill）之旅時還年輕，在激流環境中更為經驗老道，裝備更好，有加強臀部和膝蓋的潛水上衣和緊身褲，以及裝著食物、水、一些攀岩貼布和攀岩鎖扣的浮水袋。我們都不覺得需要追求和迪金有完全相同的體驗，要僅穿著長褲垂降。我們也擁有更豐富的資訊——羅傑得根據在巴尼喝茶時聽到的模糊指示和警告來活動。現在，如果我們選擇的話，我們可以在網路上讀到十幾種不同描述，或甚至聘請一位導遊帶我們前來此地。但我選擇細讀地圖、觀察天氣預報，並且不斷察看河水水位。昨晚，我家那邊下了大雨，但在山谷西部這邊顯然沒雨，而在柯

克比史蒂芬鎮（Kirkby Stephen）[1]的伊甸河（River Eden）測量到的最高數字已經好幾天沒有變化了。我們準備上路。即使如此，知道這地方足以讓精力飽滿、奮戰不懈的迪金回頭，仍舊使人懼怕。我禁止奧娜讀羅傑的作品以外的任何書，但她承認她稍微有點畏怯。

我們開車駛上溫斯利代爾（Wensleydale），這地方罕見地是以小村命名，而不是以流經它的河流。這條河是烏爾河（以前叫約爾河〔Yore〕），我們循著它駛到霍伊斯（Hawes），然後到嘎代爾赫德（Garsdale Head）村莊，再往北進入寬廣的馬勒斯唐（Mallerstang）山谷——在其之上，於一片濕透的沼澤上，則靜躺著本寧分水嶺。在此，從一朵雲降下的雨水若非加入烏爾河，流經約克郡烏茲河和亨伯河注入北海，要不就是被疾風吹偏幾公尺後，落入伊甸河的源頭，開始往愛爾蘭海之旅。我們今天的目的地是伊甸河頂端。那名字源自布立吞語的 *Ituna*，意味著「奔流的水」，而非讓人想起伊甸園——儘管幾個河段的確如天堂般美麗。它流經阿普比—威斯摩蘭（Appleby-in-Westmoreland）後緩步下降。在年度馬展時，依照傳統，動物會在長途旅行後被帶至河流中洗浴，以展現最佳賣相。山姆．李在旅行社群中長年收集民謠的經驗曾帶他至那；他告訴我，那景觀令人驚嘆，「但我看到那麼多水裡的洗髮精泡泡時，我的確畏縮了一下——我很想到處分發環保無害的宜珂（Ecover）洗髮精！」

馬勒斯唐也位於坎布里亞和北約克郡的邊界上，或對講究傳統的人來說，是坎布里亞和里奇蒙希爾（Richmondshire）邊界。這三個郡都在艾斯吉爾（Aisgill）[2]的路上豎立歡迎標語，但標語之間有個縫隙，不過幾步路的三不管地帶。在這個縫隙中有個小徑，通往一個裂縫，那是真正的界線。在此，指示牌和地方當局官僚束手無策，因為土地的拼圖在此不太相互吻合。在表面上，這是這邊，那是那邊，中間則是哪邊都不是的空間。在底部，你可以站著，一腳踩在約克郡，另一腳踩在坎布里亞，一隻手則抵在由

強風塑造的邊緣上。這個被水侵蝕的裂縫有四百公尺長，二十公尺深，但在某些地方不足一公尺寬，它就是吉爾地獄（Hell Gill）。

我們開車駛過吉爾河上的老石橋，欄杆太高，讓我們沒辦法看清楚下方的風景。接著，我們繼續上坡經過一片小林地，在那之後我們發現溪流，淺淺的水，金光遍灑，水面瀲灩，默默滑過灰色和淡陶紅岩床。兩側河堤的裸露草皮點綴著洋委陵菜和百里香，以及參差不齊的山柳菊如檸檬雪酪般的臉。

在走過這些的過程中，溪流開始安靜地順流而下，一步步低調轉離。我們在東方洋鬍子草裡把握最後小解的機會後，循著它，一個岩檻接著一個岩檻地踩下來。水池和高低落差，杯狀湖和瀑布。剛開始的水池渾圓淺薄，滿溢著香檳色的水。但當落差高度增加時，水池變深，裡面的水變黑，變成紅茶的顏色。

我們現在在岩壁之間，跟著每個岩檻，岩壁變得越來越高，越來越近。岩壁的岩石並不平滑，卻有著奇異的波紋——可能是那種化學「肺泡」侵蝕，在其他地方可能造成深坑或蜂窩；但在此，由於高流量的水流定期摩擦，坑洞被磨平成為扇貝狀洞孔。碟形坑直徑從一拇指寬到一茶盤寬都有，但那些在特定表面上擠在一起的尺寸較一致，給人一種工藝匠正在勤奮工作的感覺。在某些地方，較隱蔽、朝外的下游表面呈現濃密的格子圖案，但較裸露的岩面則因受到更大的侵蝕力，變得較為平滑。它們讓我聯想到約克郡家具製作家羅伯特．「鼠人」．湯普森（Robert 'Mouseman' Thompson）以精美手斧砍製而成的桌面，以及科夕河峽谷地面上斑斕光線的網狀花樣。

溪流的河床變得更為平滑了，中間河道平滑得近乎完美，而其沖刷表面有著化石：許多小硬幣尺寸的圓盤和橢圓形物，古老海百合的莖和梗——那是海星和海膽的親戚，兩者仍舊活在全世界的海洋裡，

以 sea lilies 和 feather stars 之名為人所知。潮濕和乾燥的溪床間，有明顯的顏色差異：水流過岩石之處染著海藻的綠色，而乾燥表面則是淺灰、偏土紅色。這個差異顯示，溪流在一段時間以來持續水流低迷。

這裡的地勢變得更為陡峭，落差讓我們不再能踩踏而下，而必須攀爬或滑行而過。在落差之間，溪水沿著綠色河床向前流動，宛如孔雀石色的蛇。我記起娜恩．雪柏德對從地球洞裡冒出的水的描述：「如同古老的蛇」。更下方處，這道水流變成伊甸河，所以或許那隻長滿鱗片的騙子應該有找到路上來此地，這比喻很恰當。或許因為我當時滿腦子想著聖經花園和其身體彎曲的惡作劇製造者，猛然抬頭一看時，卻看見一排外陰。它們不是嬌小或微妙隱晦的外陰，而是在岩壁上讓人解除戒心的巨大唇部開口，深得能讓你伸一隻手臂進去，高度超過一公尺。我一旦開始注意到它們，便看到更多，一路延伸到峽谷下方。我聯想到有人告訴過我，在澳洲有些女性的神聖場所，那些地方充滿女性力量，訪客不得進入。它們往往被尊奉為神祇的誕生地。我在忖度時，我再度思考起此地的名字。迪金建議，「地獄」在這個案例中不是直接指涉那個火紅燃燒的坑，或甚至任何感知得到的不愉快，儘管它無疑對閒散的懶惰好奇者有種威懾力量。在古北歐語中，Hel（海拉）是死者的地下家園，但它的名字意味著「隱藏」（hidden），可能是這個特徵賦予這神祕裂縫其名。但迪金沒提到的是，在北歐語中，Hel 也是陰沉且可怕的女巨人，統治同樣陰鬱的地獄。她是北歐神話中邪神洛基（Loki）和女巨人安格爾波達（Angrboda）的女兒，因此是巨狼芬利爾（Fenrir）和世界巨蛇約爾蒙干德（Jörmungandr）的姊妹。這個傳奇描述整個家庭都是壞蛋。由於意涵如此之糟，在二〇一七年，冰島命名委員會的裁決明確地把 Hel 從公民可給小孩取的、文化上可接受的名字列表中排除，其理由是，它可能對擁有這名字的人帶來尷尬處境或造成傷害。或許，我其實也不想要此地成為海拉之地。

但既定想法很難改變。海拉之境的入口在《散文埃達》（*Prose Edda*，是十三世紀的文本，大部分現代對北歐神話的瞭解都基於此）中，被描述為「絆腳石」。這裡有很多被水侵蝕的大石頭的確會讓你絆跤，而我們越往下走，碰到的石頭就越來越大。我們走到一處有打結的繩子吊掛在小樹基部的地方；小樹扎根在裂縫裡，而繩子是用來幫助往下爬——或更可能的是，幫助任何極度想返回上方的人。有點令人沮喪的是，那棵樹完全死透。我沒去抓繩子，而是放慢速度。越過這個落差後，岩壁彼此靠得更近——在某些地方，我們伸手就可以同時碰到兩側。岩石有點懸掛頭上，飽脹突出，宛如肥胖的大腿。有些裂縫中整片都是蜘蛛網——有些就掛在離水面不到一英尺處。我假設，蜘蛛能迅速感知到溪水暴漲時造成的振動，可以立刻往上疾走至安全處。

儘管六月下旬的豔陽高照，我們身處峽谷的深邃陰影中。天穹是條高高位於頭頂上的縫隙，從這片璀璨中，小小的白色碎片陡然一陣亂舞。它們像五彩碎紙一般向下灑遍我們全身，我察覺到它們是小花楸樹的花瓣，那些花楸樹沿著岩壁上部，從裂縫中掙扎冒出。花楸樹有個強大、帶來保護的女性神話色彩，常常被栽種在建築物入口，以保護所有住在裡面的人。不管這裡是不是海拉之地，我們都安全無比。

當岩壁逼近，落差變大，水池也變得更深、更冷冽。我很高興有潛水衣保護。我不禁說起穿著它，我有多舒適。奧娜是鐵人三項運動員，幾乎不曾裸身進入水域，這時抬高一邊眉毛。

「你知道的，我很確定這就是潛水衣被發明的原因？」

長滿苔蘚的岩架上有酢漿草，我告訴奧娜我們可以吃它。

「噢，那可好，我們可以在此存活得稍微久一點。」她面無表情地回敬。

在較高的岩脊上，有蕨類和漢荭魚腥草，更遠處，則是花朵盛開的茂密熊蔥，這裡的開花期比家那

頭晚上一個月。

我們抵達最大的絆腳石，「無退路之處」（point of no return）。迪金就是在這裡調頭回返，很容易看得出來原因何在。從邊緣有個近乎垂直的滑槽，水往下奔流幾公尺後，進入一個四或五公尺長的橢圓形水池，而在邊緣另一邊遠處，水在那滑出視線之外，儘管我們可以看到峽谷岩壁繼續往前延伸，兩側都有連串形狀優美的突出扶壁。我們頭上的岩壁釘著一條固定的繩子——你可以為安全夾住它，或如果你選擇爬出時就可利用它，但不靠它的話，回去的路是個可怕的挑戰。

我們跳入水中——奧娜先跳，在水池裡悠游，窺探遠處，她回眸嫣然一笑，滿是歡愉。我將背包夾在一起，將它們放低，好讓她拉著它們過來。輪到我了。我滑行過部分滑槽下去，然後半跳半滑，捏住鼻子。

短暫且瞬間的浸沒，體感上卻感覺過了很久。我往深處沉下，但沒深到碰觸到底部。在下方，充滿氣的水是棕色的，等我返回光線照射處時，則變成綠金。水也很冰冷。穿著泳衣卡在這裡可很不妙。

我抵達水池的下游邊緣，凝視形狀宛若彎曲馬蹄鐵的水壩牆。水傾倒入馬蹄鐵的最低點，進入另一個小杯，從那又再度噴灑進入較大的水池。我爬出後，將臀部棲靠在岩壁上。那聲音真是驚天動地。背景有持續不斷的白噪音奔流水聲，但在其中不規律地發出某種如雷鳴般的巨大聲響——我搞不懂它是從哪裡傳來的。奧娜哈哈大笑，並對我大叫，結果她重複喊了數次，我才聽懂。

「你的屁股堵住整條伊甸河啦！」

的確如此。我的身體擋住馬蹄鐵底部時，堵住整條流水。我改變位置後，得到釋放的水流猛撞入下面的杯狀池——斷續的雷鳴聲就是這在岩壁間迴盪的聲音，因此聽起來好像是從四面八方傳了過來。奧

娜也想這樣試試看，所以我們交換位置。她調了調動作，挪挪臀部，棲坐在邊緣五秒鐘，然後整個人站起來，河水便從她雙腿間噴湧而出，宛如海量的羊水。我們狂喊、咯咯尖笑，活像一對醜陋的老女巫。

下一個水池有個遮蓋部分的屋頂，看起來像是由兩根雕刻石柱支撐。它們向外和向下如世界之樹（Yggdrasil）[3]的根部開展，使石柱排列呈現樹木狀。我們在根部後方游泳，經過屋頂到直接光線從來照射不到的峽谷幽微處——水在那變成暗色。如果這是地獄，或海拉，那麼此地都不是我們原先所想像的地方。

這地方並不像地獄。反正今天不是。它是羊膜。

我們踩踏流水幾分鐘，漂浮並聽著地球循環的悸動和轟轟奔流。但水越來越冷，我們無法久待。我們振臂游了幾下，就回到剛剛那沒有屋頂的淺灘。從那，坡度開始和緩，我們大部分是在走路，而非攀爬、滑行或涉水。峽谷谷地散布著圓石——有些在我們踩過時搖晃不定。我試圖想像恆古以來將它們帶來此地的流水。它們在高水位裡翻滾時的巨大噪音一定令人驚嘆不已，而事實顯然是如此。峽谷下半部的幾公尺岩壁沒有長苔蘚，岩壁遭到定期、或者近期才遭到沖刷，而那些急流的力量則難以想像。

岩壁開展，我們現在可以看見前方和上方的耀眼明亮，步道變得有階梯狀，爬滿植被。漢葒魚腥草和婆婆納在岩架上風姿綽約，美麗盛開。在它們上方的河堤兩側則排列著花楸樹，掉落的繽紛花瓣圍著小石頭和鵝卵石在淺水裡形成閃亮光環。此地有灰鶺鴒，一隻河烏在爛漫陽光下，於石頭上輕快地跳上跳下。

流水找到它流動的路徑，並帶著我們前進。

譯注

1 位於坎布里亞郡。

2 位於坎布里亞郡的馬勒斯唐教區最南端。

3 北歐神話中的「宇宙樹」，其巨木的樹幹構成整個世界。據說其粗大的根深入兀兒德之泉（諸神開會之處）、巨人居所和霧之國。有條邪龍會不斷啃咬樹根，咬斷之時，諸神的黃昏就會降臨。

尾聲

在吉爾地獄之旅的三天後，我檢視我在峽谷裡拍的一些影片，看見某樣我們在那時沒注意到的東西。手持拍攝的鏡頭搖晃得很厲害，解析度又低——我使用相機是記錄該注意的事物，而非要拍攝高品質電影。在我記錄的一段十四秒短片中，我用它來提醒自己花楸樹花瓣的美景和蜘蛛網——此時，鏡頭短暫順著河流而下追拍。在那，就在岩壁上，有個苗條年輕女性的淡灰色形體。她穿著泡泡袖洋裝，剪裁在腰部處收緊，下面是蓬蓬裙。她的雙手交叉於腰部。她有個突出挺直的鼻子，小小的下巴，厚重瀏海下的眼窩十分深邃。她有一頭秀麗長髮，或者她可能戴著面紗。所有細節如此清晰，奪走我的呼吸。我將它秀給洛伊看，他指出，那個女人正站在一隻綠色巨龍的鼻口旁邊，而那條巨龍皺著眉眼、嘴巴下垂。我想，這就是證據——你不用太仔細找，就可以在岩石上看見臉。我們的心智已經具備了辨識重要圖案的能力，因此我們老是能看見熟悉的事物。但我仍舊納悶，她是誰，以及她是否依然在那？

我們來自流水，水流過我們軀體。它承載著我們身上的化學特性和我們的故事。它對我們展現的，遠遠超過它自己：包含所有的顏色，以及一片虛無。我們一輩子都大半是水，但水在變成其他事物前，只短暫是我們。或許我們在水裡也曾留下某些剪影。那痕跡可能會像什麼？一個化學指紋？一個聲音？一道閃爍微光？在潮濕岩壁上一抹陰暗隱晦的輪廓？或者，也許是在表面流水的一個輕微酒窩，彷彿有

人輕輕觸碰流水，而它記住那個瞬間。

作者注記和致謝

水獺對我而言是有象徵意義的動物，自從二〇一七年，羅伯特・麥克法倫和潔琪・莫理斯出版《失落的咒語》（*The Lost Words*）後，那句「現在像隻水獺般進入水中，而非蹣跚跌撞地掉入」，就在我需要變得有點勇敢的時候，成為激勵心靈的咒語。我弄丟手機和我們在克倫溪瞥見水獺的那一天，也是我和布魯姆斯伯里出版社（Bloomsbury）為這本書簽下合約的日子。那是個吉兆。我感謝布魯姆斯伯里的團隊同仁，尤其是看出本書潛力的吉姆・馬汀（Jim Martin）；令人讚嘆又冷靜沉著的茱莉・貝利（Julie Bailey）接手後開始滋養此書（和我）；珍妮・坎貝爾（Jenny Campbell）擁有聖人般的耐心；也感謝麗茲・彼得斯（Liz Peters）慷慨且思慮周詳地審稿。

此書的前身是一本不同凡響的選集《女人論自然》（*Women On Nature*）裡的一篇散文，由凱薩琳・諾伯里（Katharine Norbury.）策劃和編輯。那篇散文後來變成本書的前言，標示著我從書寫非人類的大自然，到描述真實人們的巨大轉變。凱薩琳全力鼓勵和支持我，我非常感謝。我也必須感謝那篇散文的另外兩位初期讀者，德瑞克・尼曼（Derek Niemann）和派崔克・林伯（Patrick Limb），他們都給了我很大的鼓勵。

許多人幫助我找到和完善這如溪流般一連串的文字和概念。我在此書中提到了一些人，其他人的

貢獻方式則各有不同，難以列舉（我試過，但頁數不夠）。他們包括：波莉・阿克汀（Polly Atkin）、馬克・巴羅（Mark Barrow）、凱絲・巴許福斯（Cath Bashforth）、珍娜特・巴地（Janet Batty）、威爾・波伊・瓦利斯（Will Boyd Wallis）、芭芭拉・布蕾（Barbara Bray）、克斯提・布雷克—霍斯沃斯（Kirsty Breaks-Holdsworth）、林賽・布萊斯（Lindsay Bryce）、奈傑爾・邦斯（Nigel Bunce）、彼得・凱恩斯（Peter Cairns）、羅辛・坎貝爾—帕爾默（Roisin Campbell-Palmer）、伊萊莎和馬汀・凱斯（Eliza and Martin Carthy）、達倫・克拉克森（Darren Clarkson）、凱斯特・克雷格（Kester Clegg）、俄倫德・克勞斯頓（Erlend Clouston）、愛德蒙和安娜・考林斯（Edmund and Anne Collins）、大衛・克拉文（David Craven）、麗玆・朵荷蒂（Liz Doherty）、班・俄德利（Ben Eardley）、馬修・埃德格沃特（Matthew Edgeworth）、馬克・艾略特（Mark Elliot）、保羅・法利（Paul Farley）、當肯・弗格森（Duncan Ferguson）、強尼・福林（Johnny Flynn）、馬修・法蘭西斯（Matthew Francis）、梅爾・法克斯（Mel Fox）、愛麗森・富爾（Alison Fure）、愛蘭・嘉瑟寇爾（Elaine Gathercole）、約翰・根特（John Gent）、德瑞克・高（Derek Gow）、馬爾坎・格林（Malcolm Green）、麗莎和皮爾斯・蓋伊（Lisa and Piers Guy）、洛伊・哈平（Roy Halpin）、傑瑞米・哈特（Jeremy Harte）、尼克・海耶斯（Nick Hayes）、瓦爾・哈瑟（Val Hazel）、羅伯特・赫拉威爾（Robert Hellawell）、克里斯・瓊斯（Chris Jones）、史帝夫・奈特利（Steve Knightley）、布萊恩・拉威爾（Brian Lavelle）、大衛・巴尼・勒納（David Barney Learner）、吉姆・列利（Jim Leary）、山姆・李（Sam Lee）、保羅・利斯特（Paul Lister）、吉姆・拉克耶（Jim Lockyer）、湯姆・羅德（Tom Lord）、柯蒂・麥克法倫（Kitty Macfarlane）、羅伯特・麥克法倫（Robert Macfarlane）、大衛・曼（Dave Mann）、林恩・馬泰爾（Lynn Martell）、莫・麥克

列德（Mo McLeod）、凱婷・梅莉（Kate Merry）、大衛・米勒（David Miller）、尼克・邁爾森（Nick Milsom）、安德魯・邁漢（Andrew Mindham）、癸林・莫魯斯—拜爾德（Gwylim Morus-Baird）、派崔克・摩瑟利（Patrick Moseley）、亞倫・穆林格（Alan Mullinger）、可可・奈爾（Coco Neal）、莫文・紐曼（Mervyn Newman）、艾略特・紐頓（Elliot Newton）、泰利・歐康納（Terry O'Connor）、愛麗絲・奧斯瓦爾德（Alice Oswald）、愛麗斯特・奧斯瓦爾德（Alistair Oswald）、克利斯・帕克（Chris Park）、傑克・波克斯（Jack Perks）、馬汀・菲利普（Martin Phillips）、保羅・波樂斯蘭（Paul Powlesland）、羅伯・羅斯（Rob Rose）、愛列克斯・史威特（Alex Swift）、李・斯科菲爾德（Lee Schofield）、班・席爾（Ben Seal）、史帝夫・賽洛卡（Steve Serowka）、卡洛林・沙爾（Caroline Shah）、費格爾・夏基（Feargal Sharkey）、莫林・雪德瑞克（Merlin Sheldrake）、歐文・施爾（Owen Shiers）、蓋・施盧索勒（Guy Shrubsole）、薇洛妮卡・斯特朗（Veronica Strang）、弗雷德・史崔克蘭（Fred Strickland）、愛德溫・瑟德（Edwin Third）、偉恩・湯姆斯（Wynne Thomas）、約翰・提爾（John Till）、強・特雷爾（Jon Traill）、薩曼莎・沃爾頓（Samantha Walton）、芭芭拉・韋伯（Barbara Webb）、諾曼・威斯特（Norman West）、費希河谷的賽琳娜（Selina）和羅伯（Rob）。我還要感謝地產公司、執行人和RS・湯姆斯（RS Thomas）、娜恩・雪柏德（Nan Shepherd）和羅傑・迪金（Roger Deakin）的出版商。謝謝你們准許我在此書引用他們的話，而對那些我沒辦法接觸到、故沒拿到准許的人，我希望我的詮釋是公平的。此書中的兩篇故事（我到老莫爾登和布斯科特的拜訪）曾以更短的形式在《衛報》上刊登、我的郡日誌裡發表過。任何我不小心忽略提及的貢獻者，請原諒我的大意。

我很幸運地能在社群媒體和真實生活中，都擁有一些令人讚嘆的朋友——藝術家和社運人士，他

們大多數可能都不知道他們的藝術、行動和團結，在過去數年來的意義多麼重大——特別公開向以下的人致敬：傑米・諾明頓（Jamie Normington）、尼克拉・卻斯特（Nicola Chester）、尼克・阿卻森（Nick Acheson）、梅莉莎・哈里森（Melissa Harrison）、尼克・威爾森（Nic Wilson）、羅伯・考文（Rob Cowen）、史蒂芬・莫斯（Stephen Moss）、克里斯・帕克漢（Chris Packham）、梅根・麥克卡賓（Megan McCubbin）、班・霍爾（Ben Hoare）、喬治・蒙比歐特（George Monbiot）、哈利・威尼（Harry Whinney）、凱斯帕・韓德森（Caspar Henderson）、休・瓦威克（Hugh Warwick）、達拉・麥克阿奴堤（Dara McAnulty）、派崔克・巴克漢（Patrick Barkham）、麥特・高（Matt Gaw）、娜塔莎・卡修（Natasha Carthew）、吉妮・巴特森（Ginny Battson）、潔琪・莫理斯（Jackie Morris）、尼可拉・大衛斯（Nicola Davies）、譚雅・沙德利克（Tanya Shadrick）和蘇菲・帕威勒（Sophie Pavelle）。你們週復一週地給我靈感。在此特別提及在我蒼穹中的兩顆特別星星——羅伯特・麥克法倫賜予我書寫文類的創作方向；以及山姆・李，他點亮我回到一個我可以全心深愛的英格蘭（以及英國人本性）的路。

我要對在自然新網絡（New Networks for Nature，這組織為我改變如此之多）的整個親愛的團隊說，謝謝你們，你們是很棒的人類。我也要對漫遊的權利（Right To Roamers）的夥伴說……我們放手一搏吧。請讀者諸君追蹤 @Network4Nature 和 @RightToRoam。

特別感謝我最愛的、畫筆揮灑自如的河流海盜，尼克・海耶斯，他本能地瞭解此書中心思想，並以封面設計作如此榮耀的詮釋。

二〇〇〇到二〇一〇年的約克獨木舟俱樂部不僅是個俱樂部。它還提供陪伴、教練、指導、救援和最棒的時光。感謝下列各位的家庭和會員：海倫・K（Helen K）、PK、克蕾兒（Clare）、伊昂（Ian）、

奧娜（Orna）、林頓·J（Lyndon J）、路易斯（Lewis）、莎拉（Sarah）、強（Jon）、喬·K（Jo k）、印地（Indy）、得利勒（Driller）、凱蒂（Cat）、薩拉（Sara）、羅柏（Rob）、貝格（Badger）、珍（Jen）、薇琪（Vicky）、愛麗絲（Alice）、莎莉（Sally）、尼克（Nick）、費歐娜（Fiona）、TB、提姆（Tim）、凱西（Cathy）、蘇（Sue）、西莫（Simmo）、林頓·S（Lydon S）、岡尼（Gunny）、傑克（Jack）、瑞秋（Rachel）、貝夫（Bev）、妮基（Nikki）、比爾（Bill）、桑尼（Sanne）、露絲（Ruth）、尼格（Nige）、彼特·T（Pete T）、保羅·B（Paul B）、喬·B（Joe B）、麥克（Mike）、貝奇（Becky）、克里斯欽（Christian）、斯圖（Stu）、吉兒（Jill）、愛德（Ade）、喬·C（Jo C）、彼特·M（Peter M）、克里斯（Chris）、露絲（Ruth）、克雷格·S（Craig S）、葛拉蒂絲（Gladys）、西恩（Sean）、山姆（Sam）、卡爾（Karl）、愛蜜莉（Emily）、丹（Dan）、尚恩（Shaun）、彼特·W（Pete W）、亞當（Adam）、卡林娜（Karine）、傑、海倫·S（Helen S）、傑希（Jess）、克雷格·G（Craig G）、史帝夫（Stevie）、HTB、東尼（Tony）、威德（Weed）、愛爾斯（Els）和泰德（Ted）。你們當中有許多人讓我不至於小題大作，有時反之亦然，但在克洛河的那段救命繩子，特別感謝丹·托沃德（Dan Toward）。至於安·萊波（Anne Raper）——我們既然還在此，傑森也就多多少少是。我想對那些在那個可怕的日子，和凱特在一起的人們說，你們已經盡力了，我獻上我的愛和敬意。我們都以為是我們在選擇河流，但或許河流也在選擇我們。

我最惦記的，並致上愛與感謝，保羅（Paul）、貝傑（Badger）、珍（Jen）、奧娜（Orna）、伊昂（Ian）、麥特（Matt）、露西（Lucy）、羅賓（Robin）和海倫（Helen），感謝你們衷心的友誼，我在外徘徊時幫忙照顧我的孩子，有人還提供住處。我愛你們所有人。

我要對我母親莎莉（Sally）致上深沉的謝意，你是我在日後長大後每天都回味無比的夢幻童年組的另一半成員。我還要感謝丹尼斯（Dennis）勇敢成為繼父，心胸如此寬大和慷慨。還有我摯愛的妹妹妮可（Nic），在我忙於社交應酬、應付世間煩憂或太久沒打電話時，總有溫柔無限的智慧和仁慈。

致我最親愛和最棒的男人，洛伊（Roy）和洛奇（Lochy），他們在沒有犯錯的情況下，得個別忍受作為作家的妻子和母親。謝謝你們容忍我有時形體上的缺席和心不在焉，並成為我第一個且最忠誠的讀者。我很幸運。

最後，我的愛、感謝和對展現自然力量的家庭之最深沉欣賞，要獻給凱薩琳（凱特）·史坦斯比（Catherine "Kate" Stainsby）——尤其是保羅（Paul）、漢娜（Hannah）、黛安娜（Diane）、亞倫（Alan）、羅伯（Rob）、強納森（Jonathan）和麥特（Matt）。她仍舊透過你們閃爍著生命之水。

Shepherd, N. 1977. *The Living Mountain*. Aberdeen University Press, Aberdeen.

一些值得你關注的組織，整理如下：

BeaverTrust.org
Bradford-Beck.org
BritishCanoeing.org.uk
CitizenZoo.org
Friends of Bradford's Becks IlkleyCleanRiver.uk
FriendsoftheDales.org.uk
NewNetworksForNature.org.uk
OutdoorSwimmingSociety.com
RightToRoam.org.uk
ScotlandBigPicture.com
TheRiversTrust.org
WildlifeTrusts.org

第二十二章　進入吉爾地獄（並從另一邊出來）

Bandolier. *Risk of dying and sporting activities*. http://www.bandolier.org.uk/booth/Risk/sports.html

Deakin, R. 1999. *Waterlog: A Swimmer's Journey Through Britain*. Chatto and Windus, London.

另外，還有一些書籍毫無疑問貫穿在我的思考之中，在我寫作這本書時提供了樂趣與靈感——對讀者而言，或許也是如此：

Aalto, K. 2020. *Writing Wild: Women Poets, Ramblers and Mavericks who Shape how we see the Natural World*. Timber Press, Portland.

Gaw, M. 2018. *The Pull of the River: A Journey Into the Wild and Watery Heart of Britain*. Elliot and Thompson Ltd, London.

Gooley, T. 2016. *How to Read Water*. Sceptre, London.

Henderson, C. 2017. *A New Map of Wonders: A Journey in Search of Modern Marvels*. Granta, London.

Jeffs, A. 2021. *Storyland: A New Mythology of Britain*. Riverrun, London.

Laing, O. 2011. *To the River*. Canongate, Edinburgh.

Macfarlane, R. 2012. *The Old Ways: A Journey on Foot*. Hamish Hamilton, London.

Macfarlane, R. 2007. *The Wild Places*. Granta, London.

Norbury, K. 2015. *The Fish Ladder: A Journey Upstream*. Bloomsbury, London.

Norbury, K. (Ed.) 2021. *Women On Nature*. Unbound, London.

【小記】得到解放的河流

Schofield, L. 2022. *Wild Fell: Fighting for Nature on a Lake District Hill Farm*. Penguin, London.

第十九章 糞溪

Iklley Clean River Group. *Public Information on Swimming in Ilkley.* https://www.ilkleycleanriver.uk/water-quality-information-1

Laville, S. 2022. *River sewage discharged into English rivers 375,000 times by water firms.* The Guardian, London. https://www.theguardian.com/environment/2022/mar/31/sewage-released-into-english-rivers-for-27m-hours-last-year-by-water-firms

第二十章 不尋常的河狸

Brazier, R. E., Elliot, M., Andison, E., Auster, R. E., Bridgewater, S., Burgess, P., Chant, J., Graham, H., Knott, E., Puttock, A. A. K., Sansum, P., Vowles, A. 2020. *River Otter Beaver Trial: Science and Evidence Report.*

Gow, D. 2021. *Bringing Back the Beaver*. Chelsea Green Publishing, Vermont.

第二十一章 心臟地帶

Deakin, R. 1999. *Waterlog: A Swimmer's Journey Through Britain*. Chatto and Windus, London.

Minihane, J. 2018. *Floating: A Return to Waterlog.* Prelude.

Walton, S. 2021. *Everybody Needs Beauty: In Search of the Nature Cure*. Bloomsbury, London.

第十五章　光和水

Oswald, A. 2020. *Interview with Water.* The 2020 Oxford Poetry Lecture. https://podcasts.ox.ac.uk/interview-water

第十六章　溯河而上

Walton, I. 1653. *The Compleat Angler*. Richard Marriot, London.

Youngson, A. and Hay, D. 1996. *The Lives of Salmon: An Illustrated Account of the Life-history of Atlantic Salmon.* Swan Hill Press.

Dillard, A. 1976. 'The Death of a Moth'. *Harper's Magazine*. May, 1976.

第十七章　河林鎮

【小記】溢流

River Hull Drainage Heritage Group. 2014. *Becks Banks, Drains and Brains: The Drainage History of the River Hull Valley.* East Riding of Yorkshire Council.

第十八章　水與觀點的流動

Atkin, P. 2021. 'Pond Life' in *Much With Body*. Seren, Bridgend.

Hughes, T. 1998. 'The Earthenware Head' in *Birthday Letters: Poems*. Farrar, Straus and Giroux, London.

Macfarlane, R. 2019 *Underland: A Deep Time Journey*. Hamish Hamilton, London.

Plath, S. 1981. 'The Lady and the Earthenware Head' in *Collected Poems*. Faber and Faber, London.

Woolf, V. 1942. *The Death of the Moth and Other Essays*. Harcourt Inc., San Diego.

【小記】在奈恩河的夏季

Watkins-Pitchford, D. 1981. *The Quiet Fields*. Michael Joseph, London.

Watkins-Pitchford, D. 1967. *A Summer on the Nene.* Kaye & Ward.

第十一章　白堊河之夢

【小記】蒼鷺

Farley, P. 2011. 'The Heron' in *The Poetry of Birds* (edited by Simon Armitage and Tim Dee). Penguin, London.

第十二章　水所覆蓋的土地

Carstairs, I. 2007. *The Yorkshire River Derwent: Moments in Time*. Halsgrove, Wellington.

Jones, P. 2000. *Navigation on the Yorkshire Derwent*. Oakwood Press.

【小記】漲潮

Editor of the York Press. 2016. *An open letter to Humphrey Smith*. York Press. https://www.yorkpress.co.uk/news/14200874.an-open-letter-to-humphrey-smith/

第十三章　銜尾蛇

【小記】柳樹裡的鬼魂

Deakin, R. 1999. *Waterlog: A Swimmer's Journey Through Britain*. Chatto and Windus, London.

第十四章　銀魚

Francis, M. 2018. *The Mabinogi*. Faber and Faber, London.

第八章 溪流旁斜倚的柳樹

Jefferies, R. 1883. 'A London trout' in *Nature Near London*. Chatto and Windus, London.

Millais, J. G. 1899. *The Life and Letters of Sir John Millais, Vol 1*. Methuen, London.

Mueller, L. 1996. 'Moon Fishing' in *Alive Together: New and Selected Poems*. LSU Press, Baton Rouge.

Webb, B. C. L. 1997. *Millais and the Hogsmill River*.

第九章 達特的哭喊

Doyle, A. C. 1901. *The Hound of the Baskervilles*. *The Strand* magazine.

Oswald, A. 2002. *Dart*. Faber and Faber, London.

【小記】水流

Csikszentmihalyi, M. 2004. *Flow: the secret to happiness* (An introduction to Flow Theory). www.ted.com/talks/mihaly_csikszentmihalyi_flow_the_secret_to_ happiness

第十章 闖入者威廉

Hayes, N. 2020. *The Book of Trespass*: *Crossing the Lines that Divide Us*. Bloomsbury, London.

Hayes, N. 2022. *The Trespassers Companion*. Bloomsbury, London.

Ogden, J. 1974. *Yorkshire's River Derwent*. Terence Dalton Limited, Lavenham.

Shrubsole, G. 2019. *Who Owns England?: How We Lost Our Green and Pleasant Land and How to Take It Back*. William Collins, London.

第三章　橡樹河

Bradley, T. 1988. *Yorkshire Rivers No. 6: The Derwent*. Old Hall Press, reprinted from a series in *The Yorkshire Weekly Post* 1891.

Ogden, J. 1974. *Yorkshire's River Derwent*. Terence Dalton Limited, Lavenham.

第四章　趁我們還行時盡情飛翔

Pryor, F. 2001. *Seahenge: a quest for life and death in Bronze Age Britain*. Harper Collins, London.

第六章　水的意義

Edgeworth, M. 2011. *Fluid Pasts: Archaeology of Flow*. Bloomsbury Academic, London. Heglar, M. 2019. *But the Greatest of These is Love*. https://medium.com/@maryheglar/but-the-greatest-of-these-is-love-4b7aad06e18c

Leary, J. 2015. *The Remembered Land: Surviving Sea-level Rise After the Last Ice Age*. Bloomsbury, London.

Macfarlane, R. 2019 *Underland: A Deep Time Journey*. Hamish Hamilton, London.Strang, V. 2004. *The Meaning of Water*. Routledge, Oxfordshire.

【小記】水獺

Hughes, T. 1983. 'Visitation' in *River*. Faber and Faber, London.

第七章　鐘仔泉與吉普賽河

Adams, R. 1971. *Watership Down*. Rex Collings.

Grahame, K. 1908. *The Wind in the Willows*. Methuen, London.

延伸閱讀

第一章　新鮮但如此老邁

Deakin, R. 2007. *Wildwood: A Journey Through Trees*. Hamish Hamilton, London.

【小記】雪丘

Martell, L. 2019. Interview between Lynn Martell and Bob Sandford. https://culturallymodified.org/bob-sandfords-decades-long-fight-for-fresh-water-video/

第二章　湍湍急流

Baker, W. T. 1969. *They took the Lifeboat up the Mountainside: The Lynmouth Flood Disaster.*

BBC Radio 4. 2001. *The Day They Made It Rain*, broadcast 30th August 2001.

Cloud Seeding and Project Cumulus Paper. https://www.whatdotheyknow.com/request/89323/response/218495/attach/4/CloudSeeding.pdf?cookie_passthrough=1

Harper, C. 1908. *The North Devon Coast.* Chapman and Hall, London.

Prosser, T. 2001. *The Lynmouth Flood Disaster*. Lyndale Photographic, Lynmouth.

Wordsworth, W. 1815. 'To M. H.' in *Poems Vol II.*

〔Identity〕004

擁抱流水

一段透過河流療傷的感官之旅

作者　愛咪—珍・畢爾（Amy-Jane Beer）
譯者　廖素珊
主編　洪源鴻
責任編輯　柯雅云
行銷企劃總監　蔡慧華
行銷企劃專員　張意婷
封面設計　陳恩安
版面構成　宸遠彩藝

社長　郭重興
發行人　曾大福
出版發行　二十張出版—遠足文化事業股份有限公司
地址　新北市新店區民權路108之2號9樓
電話　02・2218・1417
傳真　02・2218・8057
客服專線　0800・221029
信箱　akker2022@gmail.com
Facebook　facebook.com/akker.fans
法律顧問　華洋法律事務所—蘇文生律師
印刷　前進彩藝有限公司
裝訂　祥譽裝訂有限公司
出版　二〇二三年六月—初版一刷
定價　五二〇元

ISBN — 9786269736515（平裝）、9786269736522（ePub）、9786269736539（PDF）

This translation of *The Flow: Rivers, Water and Wildness* is published by *Akker Publishing, an imprint of Walkers Cultural Enterprise Ltd.* by arrangement with Bloomsbury Publishing Plc. through Andrew Nurnberg Associates International Ltd.

擁抱流水：一段透過河流療傷的感官之旅／愛咪一珍・畢爾（Amy-Jane Beer）著
廖素珊 譯 — 初版 — 新北市：二十張出版 — 遠足文化事業股份有限公司發行
2023.06 432 面 16 × 23 公分．
譯自：The Flow: Rivers, Water and Wildness
ISBN：978・626・97365・1・5（平裝）
1. 畢爾（Beer, Amy-Jane） 2. 回憶錄 3. 英國
782.886　　111003615

擁抱流水

一段透過河流療傷的感官之旅

THE FLOW

RIVERS, WATER AND WILDNESS

AMY-JANE BEER

愛咪-珍・畢爾——著

廖素珊——譯

看待台灣文學史的另一個方法

——《同志文學史：台灣的發明》序

陳芳明

一

文學史，在一定的意義上，也是一種文學批評史。從來沒有一種歷史，都是以單一的價值在發展。依照傅柯（Michel Foucault）的觀念，沒有一種歷史是連續不斷的。也沒有一種歷史，只能容納一種觀點。他認為所有的歷史都是複數的，各種不同的價值觀念，都同時在進行。因為不是連續的，在時間發展過程中，往往充滿了縫隙與裂痕。身為歷史學訓練出來的學生，我曾經也以單一的觀念在回望歷史。尤其是接受中國歷史的教育，總是以為中國歷史最悠久，而且連綿不斷。這種錯誤的觀念，曾經主導著我的前半生。新歷史主義的觀念浮現之後，才漸漸發現自己曾經接受過嚴重的誤導。

中國歷史是男性史，是異性戀史，是漢人史。凡是沒有寫進歷史紀錄的性別、族群、階級，從此就從歷史地平線消失。這種史觀非常粗暴，尤其是以儒家的立場來寫歷史，更是粗暴。由於史家都是男性，都是異性戀者，都擁有當權派的地位，他們習慣於偏向自己所堅持的理念。這種史家，擅長以二分法的方式，來區別這個世界。而且也擅長以審判的語氣，來看待他們眼中的異類。凡屬邊疆民族，便被劃入野蠻的領域。凡屬女性，就輕易被貶低身分。更可怕的是，傳統史家總是堅持萬世一系的觀念，他們堅持著長子繼承制的閉鎖態度。一個父權的、統治者的、貴族的中心史觀，便如此建構起來，而且牢不可破。如今我們已經發現，所謂主流歷史都是發明出來的。主流史觀一旦誕生，其他支流的脈絡必然遭到湮滅。這說明了為什麼，我們後代在看待歷史時，都只發現一條歷史主軸，其他都消失不見。

不見，其實就是偏見。我們只看到傾斜的、歪了一邊的歷史。在戒嚴時期，歷史教育可以說非常成功，都只容許看到中國、男性、漢人、異性戀史。新歷史主義特別強調，人類歷史的發展並非只依賴一條主軸，而是以多軸的線索持續延伸。從來沒有一種歷史是連續不斷的，而是充滿了太多的缺口、縫隙、斷裂，並且是以多軸的形式持續發展。歷史學家慢慢發現，在縫隙與斷裂之處，就是可以填補不同的歷史記憶進去。由於歷史是多軸的，就不可能有所謂的主流或支流之分，而是同時並排進行。所謂歷史主軸，其實是一種二分法、兩元論的觀念。把男女分別放在主客的位置，也同樣把黑白膚色區隔開來。從世界史的角度來看，白人歷史總是優先於有色人種。從中國史來看，漢族總是優先於邊疆民族。白人的重要性，或漢人的重要性，便是不斷把不同人種遮蔽起來，而彰顯了白人或漢人的優越位置。這種偏頗的歷史觀，無法讓後人看到過去的全貌。從而也使歷史舞台上的主要人種，壟斷了文化解釋權。

如果我們接受歷史多軸的觀念，則曾經受到遮蔽的種族、性別、階級，又可以重新登上歷史舞台。從這個角度來看，紀大偉所寫的同志文學史，應該可以視為台灣學界值得大書特書的事件。把這本書的出版，視為一個事件，並不過於誇張。長期以來，我們一直抱持著偏見來看待同志族群，也一直以扭曲的態度來解釋同志文學。紀大偉有意撥開歷史迷霧，讓被遮蔽的同志文學撥雲見日。身為《台灣新文學史》的作者，我無法掩飾內心的喜悅。縱然在自己所書寫的文學史也討論了同志文學，卻只能以極小的篇幅讓台灣同志文學被看見，無法讓讀者發現同志文學的全貌。一部台灣文學史，必須由集體的力量來共同撰寫，才有可能讓受到蒙蔽的文學書寫展現真貌。

我也深深相信，在未來新的文學史一定會誕生。不僅是同志文學史，還包括女性文學史、原住民文學史，都有可能問世。身為異性戀的文學史家，我無法深入同志文學的世界。同樣的，身為男性文學史家，我也不能窺見女性文學的全貌。身為漢人文學史家，我也必須承認，對於原住民文學傳承的真相，我還停留在皮毛之見。如果要建構一部完整的台灣文學史，就有必要讓女性、原住民、同志的文學史家共同合作來撰寫。當代台灣文學史可能時間稍短，但是內容卻相當龐大而豐富，絕對不是依賴一個人的力量就可容納全部。這也是為什麼看到紀大偉所寫的《同志文學史》完成時，我不只是喜悅而已，也已經預見了一個更開闊的史觀就要誕生。

二

在這本書裡，紀大偉企圖突破線性的史觀，借用新歷史主義，來重建台灣同志文學史的發展軌跡。具體而言，他並不依賴連續不斷的時間感，而是利用歷史發展過程中所顯露出來的縫隙、斷裂、空白，填補了同志文學的記憶。他所遵循的是複數歷史觀，讓同志文學與一般的文學類別並列。借用所謂並置（juxtaposition）的觀念，使多軸的歷史發展平行陳列出來。這種並置的發展論，既可與所謂的主流歷史軸線相互參照，也容許了同志文學的獨立發展。這使得整本書更為豐富而精采，尤其他透過細讀（close reading）的方式，讓同志作品再次浮出歷史地表。他的挖掘與鉤沉終於讓讀者看見了從前所未見的史事。

對於異性戀讀者而言，許多文本往往輕易瀏覽過去就好。但是，紀大偉則重新詳細穿越許多被忽略的文本與作品，發現字裡行間所暗藏的同志傾向。在同志文學的文本正式誕生之前，前輩作家早就有過閱讀同志文學的經驗。這是非常了不起的解釋，他把同志文學史往前延伸到一九五〇年代，並特別指出，更早的前行代作家已經有過閱讀同志文學的經驗。紀大偉雖然是在寫文學史，卻為讀者提供了一個閱讀範式。在文本底層，其實是潛藏許多未能定義的流動情感。

紀大偉的史觀應該可以成立，也就是把「閱讀史」納入文學史的一環。眾所周知的台灣文學史家葉石濤，他早年從事文學創作時，也曾經耽溺在法國作家紀德（André Gide）的唯美文學裡。紀德的詩與小說，也曾經是西川滿的模仿對象。如果沿著這一條軸線去挖掘，當可發現台灣社會的同志文本閱讀，應該還更深遠。身為西川滿學徒的葉石濤，早年所寫的唯美小說，乾淨而透明，幾乎直追紀德的耽美。作品閱讀史，在不知不覺之間，為文學發展埋下一定程度的暗示。這也是為什麼紀大偉在第二章第一節揭示「先有讀者，才有作者」。這是相當睿智的解釋，也是使同志文學史的源流找到線索。

性別差異往往也會導出閱讀差異，這正是文學史精采之處。對於同志文本或酷兒文本，紀大偉在閱讀之際，總是採取游移、流動、跨界的態度。以白先勇的《孽子》為例，就可分辨出《台灣新文學史》的解讀，與他的解讀非常不一樣。身為異性戀的作者如我，把小說中父子決裂的那一幕，認為是對儒家傳統的背叛。在書中特別強調，「這個場景是台灣文學的一個經典：那位憤怒的父親，可能是傳統歷史的最後投影；那位被驅逐出走的兒子，則正要開啟一個長路漫漫的新時代。兩條取向完全不同的歷史長河，從此就要改流。」換言之，我的閱讀是把小說文本置放在儒家傳統的歷史脈絡裡，仍然沒有擺脫大敘述的史觀。紀大偉的解讀，則是把離家出走的阿青，視為一種「罷家」的行動者。這兩種不同的解讀，正好彰顯阿青的被動轉換為主動。離開了父權的家庭，阿青便獲得了喘息甚至新生的機會。這種文本閱讀的差異性，正好可以證明一部同志文學史的建構有其必要。等於把同志小說的文本，從傳統文學史觀拯救出來。同時，也讓同志文學獲得獨立自主的空間。

捧讀這本書之際，或許讀者對於紀大偉所建構的歷史分期會有意見。因為他劃分的方式，仍然是以一九六〇、一九七〇、一九八〇年代的模式來劃分，似乎太過於異性戀男性的觀點，也太過於強調歷史的線性發展。但是，如果考察戰後的台灣歷史，就可以發現台灣的政治經濟結構每十年就發生一次變化。例如一九六〇年代台灣社會首次開放外國資本家投資，一九七〇年代加工出口區開始普遍成立，一九八〇年代新竹工業園區正式完成。整個社會的發展，都受到不同程度的資本主義衝擊。在這種經濟發展的浪潮下，文學生產在一定程度上也受到強烈影響。具體而言，同志文學可能也與其他文類的發展，都同樣被編入資本主義的共構。整個大環境的變化，自然而然就反映在文學生產裡。

這本書的重要意義，在於標誌著台灣同志運動的漫長道路，也在於彰顯台灣社會風氣如何從封閉走向開放。任何一部小說或散文，都可視為一個時代的墊腳石。面對一個非常不寬容的社會，同志文學的書寫正好代表了一股不滅的意志，不僅在文學上開花結果，也在文化上開枝散葉。確切而言，同志文學史的出現，意味著戰後台灣歷史從來都是以多軸的形式在發展。

台灣民主運動走到這麼遙遠，也等同了同志運動所開創的格局。當整個社會陷入「婚姻平權法」的爭議之際，這本書的誕生，等於提出了相當雄辯的歷史證詞。在爭議的硝煙高漲之際，紀大偉引導我們重新去回顧文學史是如何發展的。其中的起伏跌宕，都在他的歷史敘述中歷歷可見。身為他的文學同伴，身為他的教學同事，我以嚴肅但揉雜著喜悅的心情，向街頭對抗的人們呼籲，請大家靜下心來，好好捧讀這部《台灣同志文學史》。

二〇一六年十二月一日，國立政治大學台灣文學研究所

陳芳明，國立政治大學台灣文學研究所講座教授，著有《台灣新文學史》等。

自序

我首先感謝國立政治大學台灣文學研究所（政大台文所）創所所長陳芳明教授。近十年來，他惠賜我各種機會，我才得以在政大內外享受從事教學、研究，以及寫書的幸福。政大台文所現任所長范銘如教授堅持學術品質，督促我發揮治學潛能。政大台文所諸位專任教授、兼任教授、客座教授都好學博學，直接或間接教給我泅泳學海的道理。政大台文所的吳慧玲小姐總是細心打點好後勤，讓我得以專心工作。政大台文所的歷屆博士生、碩士生讓我一次又一次體驗教學相長的樂趣：我的多種寫作靈感都來自跟研究生的互動。如果我不是在政大台文所這個大家庭接受淬煉，那麼我就不可能寫出《同志文學史：台灣的發明》這部二十八萬字的專書。

我感謝聯經出版公司發行人林載爵先生多年來給予我豪氣而溫柔的鼓舞。聯經出版公司總編輯胡金倫先生是《同志文學史》的第一線催生者暨接生者，為了拙作跟我並肩作戰，案牘勞形。我感謝聯經出版公司沙淑芬小姐的協助。聯經學術叢書編輯委員決議通過《同志文學史》書稿的學術審查。編輯委員會的決議建立在三位匿名審查者的審查意見上面。我感謝這三位匿名學者專家以及編委會惠賜細密嚴謹的意見。

《同志文學史》的前身是《台灣同志簡史》（台南，國立台灣文學館，二〇一二）。《台灣同志簡史》經過台大外文系劉亮雅教授審查通過之後才出版。我感謝劉教授惠賜精闢的審查意見，也感謝國立台灣文學館的編輯團隊在拙作上面投注心力。這兩部書的血緣相通，但是各異其趣：《台灣同志簡史》的字數大約十萬字，而《同志文學史》的字數有二十八萬字；《台灣同志簡史》的內容一部分來自我在網路媒體發表的讀書筆記，而《同志文學史》的部分篇章改寫自多篇經過匿名審查通過的「THCI CORE」學術期刊論文。跟《台灣同志簡史》相比，《同志文學史》不但字數多出近兩倍、經歷繁雜學術品管程序，還向多位國內外學者提出質問。簡而言之，《台灣同志簡史》只停留在收集資料的層次，但是《同志文學史》進入表達學術異見的階段。但我也要承認，如果沒有先寫出《台灣同志簡史》，我就不會寫出《同志文學史》；同樣，如果沒有先在網路媒體發表零星的讀書筆記，我也寫不出《台灣同志簡史》。我感謝網路媒體編輯林泰瑋先生和郭上嘉先生。

《同志文學史》內含八章。其中有一小部分篇幅（大約四章，字數大約十萬字）曾經發表在「THCI CORE」學術刊物，但是大部分的篇幅（大約四章，字數為二十八萬字扣除十萬字之後的十八萬字）首次在《同志文學史》亮相。就算是曾經發表過的部分篇幅，我也在多位匿名學者的建議下經過大幅度的改寫、擴寫，已經脫胎換骨。《同志文學史》的實際寫作時期長達四年。我先是在沒有獲得研究補助的情況下寫了兩年，後來兩年才幸獲「科技部專題研究計畫（學術性專書寫作計畫）」補助。補助計畫名稱為「台灣同志文學史論」，編號為「103-2410-H-004 -155 -MY2」，補助時間「從2014/08/01到2016/07/31」。在沒有獲得補助的前兩年，我的研究助理是政大台文所徐誌遠同學。在獲得科技部補助的後兩年，研究助理是政大台文所黃雨婕同學。我感謝這兩位靈巧助理。

除此之外，我有幸認識一批青年學者，跟他們討論過《同志文學史》的草稿。中央研究院博士後研究員陳佩甄博士、美國加州大學聖地牙哥分校博士生黃柏堯先生、台灣清華大學中文所博士生蔡孟哲先生、台大社會研究所碩士蘇致亨先生、台大外文研究所碩士生陳定良先生都跟我分享精采見解，讓我深感後生可畏。基本書坊的邵祺邁惠我良多。《同志文學史》的校對工作落在聯經胡金倫先生、台大陳定良同學，政大台文所黃雨婕同學，以及政大台文所林新惠同學頭上。我謝謝他們為這部書費神。

在寫書過程中，我有幸參與幾個學術團隊，從同人身上獲益良多。陳芳明教授主持的「頂尖大學研究團隊」（國立政治大學文學院「頂尖大學計畫：現代中國的形塑——文學與藝術的現代轉化與跨界」）提供我多種宣讀論文、發表論文的管道。台灣「文化研究學會」在香港中文大學黃宗儀教授、真理大學殷寶寧教授、淡江大學涂銘宏教授等人主持期間，提供我跨領域、跨學門的思考刺激。台大婦女研究室《女學學誌》編輯委員會在台大政治系教授黃長玲、台大社會系教授吳嘉苓主持期間，拓展我思考性別議題的深度與廣度。我感謝上述團隊同人以及主持人。此外，我也要感謝老朋友政大柯裕棻教授時時提醒我珍重身體。

在政大台文所任教之前，我並沒有想過要寫《同志文學史》。不過，如果我沒有經歷過美國博士班和台灣碩士班的訓練，我不可能有能力寫出這部書。在美國加州大學洛杉磯分校（UCLA）比較文學博士班留學期間，我幸獲史書美教授、Ted Huters 教授、Russell Leong（梁志英）教授、Andrew Hewitt 教授等人的教誨。他們大刀闊斧改變我思考文學與世界的方式。取得博士學位多年之後，我才越來越能理解指導教授史書美給我的嚴格訓練。我在留美期間曾經旅居美國東北角新英格蘭數年，旅居期間承蒙哈佛大學王德威教授照顧。在赴美留學之前，我在台大外文研究所念碩士。為我撰寫留學推薦信的三位台大外文研究所恩師，正是啟迪我進入學界、文壇的恩人：指導教授張小虹讓我相信頑石如我也可以點頭；劉亮雅教授示範了英文系研究與台灣研究的接軌；英年早逝的吳潛誠（吳全成）告訴我進入文學學門的訣竅。回顧我的碩博士班生涯，我深感幸運。

再一次，我感謝但唐謨的陪伴。

二〇一六年中秋節，台北木柵

目次

第一章

緒論

——台灣的發明[1]

一、本土文學的「同志現代性」

《同志文學史》全書主張就寫在書名：同志文學史是台灣的發明。雖然宰制台灣的三大強國——中國、日本、美國——都曾經產出豐富的同志文學作品，但這三個強國並沒有提供「現成可用」的同志文學「史」範本（model）給台灣仿效。時期綿長、作品繁盛、作者眾多的「同志文學史」是無心插柳的台灣土產，見證了一種「立基於同志文學」的現代性（modernity）。

我「暫時」將「同志文學」定義為「讓讀者感受到同性戀的文學」，並且將「同志文學史」定義為「立足於同志文學的公眾歷史」。我強調「暫時」定義，是因為定義總是隨著時空變化而變遷：我相信定義的工作不可能「一勞永逸」，而必須「多勞不逸」。在本書敘述歷史的過程中，我將持續微調多種字詞的定義。

這部《同志文學史》只談台灣不談中國。讀者可能好奇：難道中國沒有同志文學史嗎？新加坡南洋理工大學許維賢教授的研究正好可以代替我解答這個問題。許維賢在中國境內長期考察「同志書寫」[2]，出版《從豔史到性史：同志書寫與近當代中國的男性建構》[3]。許維賢的書名點出，中國的同志書寫遭受現代性衝擊，出現斷層：舊中國的男色文學被歸為「豔史」，新中國的同志書寫則受到「性史」管轄[4]。許維賢指出，在現代式性史稱霸的時期，中華人民共和國一直要到一九九〇年代才開始出現公開發表的「男同性愛書寫」，但這些遲到的作家卻被中國主流文壇一直嚴重忽視至今[5]。許維賢觀察的中共同志文學，跟我研究的台灣同志文學，享有截然不同的命運。稍後我將解釋，至少享有一甲子歷史的「同志文學」可以上溯到六〇年代，「同志文學『史』」更可以上溯到五〇年代。不像在中國，同志文學在台灣並沒有被文壇長期忽視；例如，白先勇《孽子》[6]出版之際已經廣受文壇正視。《同志文學史》專心聚焦在現代性促生的台灣文學，並不談許維賢已經奮力試圖爬梳的中共同志書寫。中共建國以來的同志文學並沒有展現出讓台灣得以仿效的繁榮歷史。

這部《同志文學史》的工作並非空前。在一九九〇年代，「開心陽光出版社」（第一家專門出

1 這一章的部分內容來自〈如何做同志文學史：從一九六〇年代台灣文本起頭〉，《台灣文學學報》二三期（二〇一三年十二月），頁六三—一〇〇。感謝《台灣文學學報》兩位匿名審稿人惠賜寶貴意見。這一章初稿曾經宣讀於「翻譯東亞」研討會（二〇一六年一月八日，國立政治大學文學院「頂尖大學計畫：現代中國的形塑——文學與藝術的現代轉化與跨界研究團隊」，計畫主持人：陳芳明）。感謝評論人曾秀萍教授的指教。

2 在許維賢的專書中，「同志書寫」包括「同志文學」也包括「同志電影」。《從豔史到性史：同志書寫與近當代中國的男性建構》（桃園：國立中央大學出版中心，二〇一五），頁三一。

3 許維賢專書並不談「女同性愛文本」。同前注。頁八〇。

4 詳見紀大偉，〈斷裂與連續：評許維賢的《從豔史到性史》〉，《女學學誌：婦女與性別研究》三七期（二〇一五年十二月），頁一三五—四四。

5 同前注，頁五四。此書也談論中共建國之後、一九九〇年之前男同性愛文本，但是這些較早文本大致屬於沒有公開發表的私密文本（例如日記書信）。同前注，頁八〇。許維賢抗議中國主流文壇嚴重忽視同志書寫時，他應該是指「公開發表」的九〇年代以降文本被忽視，而不是指「未」公開發表的（九〇年代之前）文本被忽視。

6 《孽子》（一九八三）（台北：遠景，一九八七）。

版同志主題書籍的台灣出版社）已經構思同志文學「史」的框架[7]；在二〇〇五年，同志研究學者朱偉誠已經在他編選的《臺灣同志小說選》中，在導讀〈另類經典——臺灣同志文學（小說）史論〉為同志小說勾勒「簡史」[8]。這兩者都屬於「編選同志文學」的浪潮：從《紫水晶：當代小說中的同性戀》的編者郭玉文以降[9]，許多編者急於跟讀者公眾證明同志文學享有琳琅滿目的歷史，便紛紛推出同志文學選集[10]。各種文選藉著展示同志文學的大觀園，向公眾證明了同志文學的歷史，才讓這部《同志文學史》有了得以立足的沃土。

《同志文學史》也是一份「現代性」的報告。我所說的「同志現代性」（tongzhi modernity）是逆境求生的生命力，不斷和既定狀態（status quo，既有的國家、家庭、經濟處境等等）挑釁、纏鬥、協商，或是捉迷藏。我在這裡說的逆境主要來自於異性戀體制，既定狀態同樣也是被

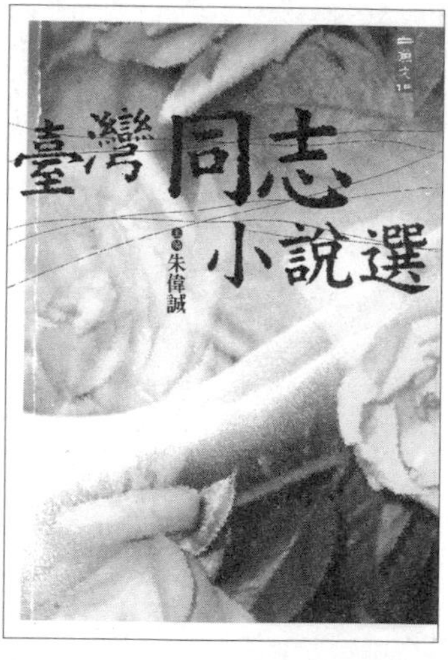

朱偉誠主編，《臺灣同志小說選》（台北：二魚文化，2005）

郭玉文編，《紫水晶：當代小說中的同性戀》（台北：尚書，1991）

7 我認為該出版社構思「史」的工作，體現於兩本小說選集：《眾裡尋他：開心陽光當代華文同志小說選（一）》（台北：開心陽光，一九九六）、《難得有情：開心陽光當代華文同志小說選（二）》（台北：開心陽光，一九九七）。這兩本小說集都有意展示「一字排開」、「洋洋大觀」的同志小說歷史。

8 朱偉誠，〈另類經典——臺灣同志文學（小說）史論〉，收入朱偉誠主編，《臺灣同志小說選》（台北：二魚文化，二〇〇五），頁九—三五。

9 郭玉文編，《紫水晶：當代小說中的同性戀》（台北：尚書，一九九一）。

10 這波浪潮的組成分子包括《紫水晶：當代小說中的同性戀》（一九九一）、《眾裡尋他：開心陽光當代華文同志小說選（一）》（楊宗潤編，一九九六）、《難得有情：開心陽光當代華文同志小說選（二）》（楊宗潤編，一九九七）、《酷兒狂歡節：台灣當代QUEER文學讀本》（並非全部收入小說，也收入了劇本、散文、詩其他文類，紀大偉編，一九九七）、《臺灣同志小說選》（朱偉誠編，二〇〇五）、《同類：青春女．同志小說選》（張曼娟編，二〇〇六）、《同輩：青春男．同志小說選》（張曼娟編，二〇〇六）、《中國同話》（收入故事都是中國傳說的同志觀點改寫版，基本書坊編，二〇一一）等等。在上述幾種同志文學選集中，最資深卻也最命運曲折的一種應該是尚書文化出版社推出的《紫水晶》。這本集子的編者是曾經在自由時報副刊任職的作家郭玉文，但集子的主要推手應該是當時年少輕狂的鬼才作家林燿德（林燿德是尚書的總編輯）。尚書出版了台灣最早以AIDS為主題的長篇小說：曾在自由時報副刊任職的小說家楊麗玲所寫的《愛染》（一九九一）。《紫水晶》收入八位作者的八篇小說：司馬素顏的〈岸邊石〉（司馬後來以真名「許佑生」聞名文壇）、江中星的〈流星曲〉、西沙的〈化妝的男孩〉、梁寒衣的〈唇〉、葉姿麟的〈廢墟〉、黃啟泰的〈黑狗奇遇記〉、藍玉湖的〈薔薇刑〉、顧肇森的〈張偉〉。書中插圖都取自外國著名藝術家的作品，如男同志畫家、攝影家大衛哈克尼（David Hockney）的畫。這些插圖都沒有註明授權，一方面曝露了當年出版社並不重視圖像版權的事實，另一方面也暗示當年台灣人需要藉著國外的圖像才能想像同性戀（台灣本地的同性戀，在當時彷彿是無法想像的）。因為出版社不夠重視版權，作者之一抗議《紫水晶》收入沒有被授權作品，所以《紫水晶》不得上市。但是已經印好的《紫水晶》並未被銷毀，反而在地下管道流傳。

異性戀體制架構。至於我說的生命力，則被具體可見的文學（以及其他種種民眾行動）所體現。現代性的場域就是種種權力（powers）的競技場：簡而言之，逆境帶來由上而下的壓迫（強迫公眾吞下既定狀態），生命力則是由下而上的抵抗（拒絕無條件接受既定狀態）。至於逆境與生命力之間的複雜關係，我會在本書中慢慢細說。《同志文學史》研究的「同志現代性」，對應的現象就是「同志文學」。既然現代性的具體化現象都要奠基在物質基礎上，我所討論的同志現代性也在兩層的物質基礎立足：首先，同志現代性立足於文學；其次，這一種文學立足於現代中文報紙。除了報紙之外，各種書刊印刷品誠然也是國內文學的舞台，但這些印刷品的作者、編輯、出版人最初也幾乎都在報紙發跡。我在這裡提及的「文學」、「現代中文報紙」以及「現代中文」都是曾經耗費大量人力物力的物質基礎；如果在其他不重用文學的國度，如果在其他太貧窮（或是太富裕）的年代，人們未必願意硬著頭皮投資文學生產、報社創建，以及（統治者選定的）國語教育。例如，在二十一世紀，台灣不可能由奢入儉，像昔日一樣押寶在難以賺錢的文學和報紙。「同志現代性」這個詞的「同志」要怎麼定義，就根據「同志文學」的「同志」怎麼定義而定。「同志」該怎麼定義，取決於「文學」這個基礎在歷史洪流中的流變，也要取決於「現代中文報紙」這種「現代裝置」在歷史浪潮中的興衰。文學和報紙都是歷史中的變數而不是常數（試想，解嚴前的文學與報紙和二十一世紀的文學與報紙在美學、政治立場方方面面都截然不同），所以立足在文學和報紙上面的同志現代性也就持續變化，沒有定性。

同志現代性這種新鮮奇觀布滿三種角力的痕跡：角力發生在「本土 vs 國外」之間、「壓制 vs 興盛」之間、「主流 vs 非主流」之間。我對於現代性的理解，受惠於哈佛大學教授王德威的專書《被壓抑的現代性：晚清小說新論》（*Fin-de-siècle Splendor: Repressed Modernities of Late Qing Fiction, 1849-1911*）。《被壓抑的現代性》為晚清小說仗義執言（也就是為曾經被邊緣化的晚清小說翻案），而《同志文學史》也企圖進行類似的翻案工作（也就是把歷史外頭的同志文學請入歷史之中）。王德威指出「被壓抑的現代性」有三個面向：一，在「舊」（中國）與「新」（西方）角力的陰影下，「文學傳統內生生不息的創造力」。二，「後晚清時期」（也就是「五四時期」）對於晚清文學、晚清文學史的「檢查及壓抑」。三，晚清時期與後晚清時期「種種不入（主）流的文藝實驗」[11]。讀了《被壓抑的現代性》，我才拿捏到「同志現代性」的三個可能面向：一，「外國與本土的辯證」：呈現同志的本土文學領域遭受外國（尤其美國）符碼（signifiers）刺激，但是本土的力量也迅速改寫了外國符碼；二，「壓制與突圍的辯證」：戒嚴時期的國家機器壓制了多種言論自由，缺乏言論管道的公眾只能轉而訴諸看似較有言論自由的印刷品——印刷品順勢成為同志文學（以及其他非主流文學）得以「突圍」的舞台；三，「主流跟非主流的辯證」：這種辯證關係發生在同志文學的外部（在一般文學與同志文學之間），也發生在同志文學的內部（在「素質整齊」的純文學與「水準不齊」的俗文學之間）。這三個面向（也是三種辯證）的交集，就在於現代性的核心精神：即，挑戰既有秩序、求新求變的精神。

王德威說的「被壓抑的現代性」並不是指「晚清文學」本身，而是指晚清時期、後晚清時期

11 王德威著，宋偉杰譯，〈導論：沒有晚清，何來五四？〉，《被壓抑的現代性：晚清小說新論》（台北：麥田，二〇〇三），頁二五—二六。

（五四時期），以及跟後來的時期對於晚清文學的「回顧」。這種回顧行為就是《同志文學史》一再啟用的「後見之明」（hindsight）。這種回顧、後見之明，剛好應合了同志歷史研究者黑普林（David Halperin）的《如何做同性戀歷史》（*How to Do the History of Homosexuality*）這本書。該書強調同志的歷史並不是「理所當然地早就存在歷史中」、並不是「只是被動等著被人發掘全貌」；他認為，同志的歷史是「被做出來的」、被一代又一代的讀者和評論者以後見之明所「發明」並「補綴」而成[12]。雖然黑普林在談「同志史」而不是「同志文學史」，他的說法還是影響我醞釀出「同志文學史是台灣的發明」的主張：同志文學史就是在台灣「做出來的」。

我所談的發明，並不是一般口語中讓人引以為傲的「器物」，例如所謂的中國四大發明、中學生出國參加發明比賽的得獎作品。此外，「川味牛肉麵是台灣的發明（而不是四川的傳統）」、「中國餐廳在美國提供的幸運籤餅是美國的發明（而不是中國的傳統）」這一類挑戰常識的說法也饒富趣味，但這些發明畢竟還是器物。我談的發明不是「器物」，而是被視為「傳統」的「慣例」。

我對「傳統就是發明」這種弔詭說法的理解，來自史學名家霍布斯邦（Eric Hobsbawm）。他在〈傳統的發明〉（The Invention of Tradition）這篇文章指出，許多被譽為歷史悠久的傳統都是隨著現代化進程出現的發明物[13]。美國學者德賽（Gaurav Desai）在〈發明的發明〉（The Invention of Invention）這篇標題戲謔的文章指出，西方學界在一九八〇年代起，開始出現「將傳統視為發明」的風氣：多虧質疑傳統聞名的尼采（Friedrich Wilhelm Nietzsche）、提出「東方主義」（Orientalism）的薩依德（Edward Said）、提倡解構的德希達（Jacques Derrida）等等「學界前輩」帶來思考刺激，八〇年代的「學界晚輩」思考「觀念」、「傳統」的「被發明」、「被建構」[14]。德賽發現，「非洲怎麼被發明」、「記憶怎麼被發明」、「原始社會，怎麼被發明」、「異性戀怎麼被發明」等等研究課題湧現，「東方主義」、「想像的共同體」看起來「沒有」凸顯發明的標題其實也都在研討各種傳統怎麼被發明[15]。以上種種課題顯示，許多被視為理所當然的歷史常數，如「非洲」和「記憶」，都是被發明出來的「慣例」、「慣用概念」。

剛才提及兩種發明：「口語中的發明」vs.「霍布斯邦所說的發明」，也就是「被歌頌的器物」vs.「被質疑的慣例」。這兩種發明的差別，主要在於各自發揮的「造神」vs.「除魅」效果。一旦民眾發現日常生活中的傳統其實是發明出來的慣例，就可能開始懷疑各種歷史常識是否可信，因而主動、被動捲入「除魅」的行動。例如，被執政者發明的「吳鳳」神話就是被除去的魅。然而，中國四大發明、學生發明家出國比賽這類「強調器物的情報」並不會鼓勵民眾「除魅」，反而可能將民眾送入「造神」的隊伍：古文明的發明讓身為炎黃子孫的民眾驕傲，參加發明比賽的資優生被公眾

---

12 David Halperin, *How to Do the History of Homosexuality* (Chicago and London: The University of Chicago Press, 2002), pp. 1-23.

13 "The Invention of Tradition," in *The Invention of Tradition*, ed. Eric Hobsbawm and Terence Ranger (Cambridge: Cambridge University Press, 1983), pp. 1-14.

14 Gaurav Desai, "The Invention of Invention," *Cultural Critique* 24 (Spring 1993): 119-42.

15 "The Invention of Invention," p. 120。我推測他是說這些書的研究主題畢竟也是傳統怎麼被發明。《東方主義》（*Orientalism*）的主題顯然就是東方主義如何在西方被發明。安德森（Benedict Anderson）的《想像的共同體：民族主義的起源與散布》（*Imagined Communities: Reflections on the Origin and Spread of Nationalism*）則一再強調民族主義是在「被殖民過的」南美洲（而不是在「殖民別人的」歐洲）被發明。

當作「台灣之光」。

但是我也要趕緊釐清，霍布斯邦指出的「發明／傳統」跟這部《同志文學史》的「發明／傳統」並不一樣。霍布斯邦指出的「發明／傳統」是由掌權者「由上而下」（由官方到民間）頒布給公眾的，而《同志文學史》指出的「發明／傳統」則是由公眾「由下而上」（由民間到官方）挑戰執政者的。霍布斯邦所說的「作為慣例的發明」可以左右歷史的詮釋，更可以擺布民眾的命運，經常被掌權者拿去濫用。但是，水可覆舟亦可載舟，《同志文學史》所指認的發明也可能被公眾搶過去制衡、抵抗掌權者。

雖然「同志文學史是台灣的發明」，但是我也要趕緊撲滅「台灣之光傲視全球」的錯覺。雖然我聚焦於「同志現代性」、「台灣」、「文學」這三者發生交集的結果（這個結果即「同志文學史」），但是這三者也常常沒有交集。下列三種可能性都已經成為受到國內外學界矚目的事實，不容否定：

一，「同志現代性」可能與「文學」在一起，卻和「台灣」分開。也就是說，其他國家也可能享有立基於文學的同志現代性——台灣並沒有壟斷同志文學史這個發明。其他國家也可能自行打造它們的同志文學史；例如，馬來西亞華人作家許通元早就編選了《有志一同：馬華同志小說》，並在附錄

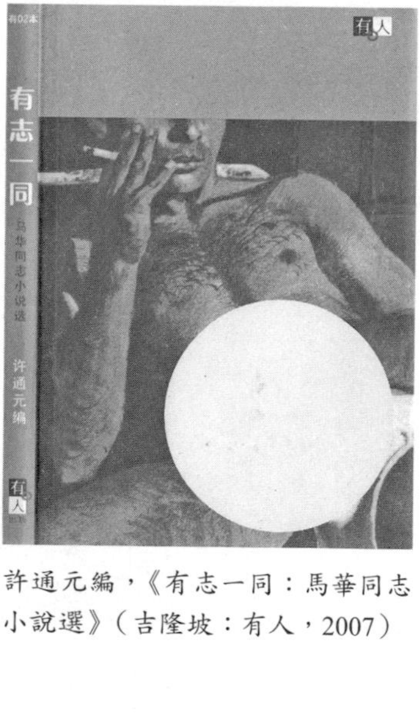

許通元編，《有志一同：馬華同志小說選》（吉隆坡：有人，2007）

的〈假設這是馬華同志小說史〉一文召喚「馬華同志文學史」[16]。

二，「同志現代性」可能與「台灣」在一起，卻和「文學」分開。在二十一世紀台灣，同志現代性早在文學以外的領域發光發熱：例如社會運動、夜生活、網路社群等等。同志文學的盛世畢竟只屬於某些特定的歷史時刻——這是一種歷史主義的看法（即，重視「歷史化」的看法）。既然同志文學的盛世只屬於某些時代，我就不可能樂觀聲稱「同志文學前景看好」——這種樂觀的誇言犯了「去歷史化」的謬誤。

三，「同志現代性」可能和「台灣」分開，也和「文學」分開。例如，泰國的同志文化享譽全球，但是泰國耀眼的同志現代性顯然在於讓人瞠目的夜生活[17]，卻不在於文學。綜觀國際學界出版

16 許通元回顧從一九六〇年代末期至二十一世紀初期的馬華同志小說，提及多位作者和多種作品。雖然被點名的馬華作家作品數量比台灣同志文學的作家作品數量略少，但是許通元展現的馬華同志文學規模也堪稱可觀。這篇文章標題的〈假如這是〉四字其實是謙詞——我認為「假如」兩字可以刪除。許通元，〈假設這是馬華同志小說史〉，收入許通元編，《有志一同：馬華同志小說選》（吉隆坡：有人，二〇〇七），頁二〇九—四七。

17 香港大學出版社出版了一系列聚焦於亞洲同志的專書，統稱為「Queer Asia」（酷兒亞洲）書系。書系包括著名泰國專家Peter A. Jackson的*Queer Bangkok: 21st Century Markets, Media, and Rights* (2011)。這本研究泰國同志的專書看重市場、媒體、電腦網路、人權。同一作者先前編的泰國同志文集則將重點放在夜生活（Peter A. Jackson, Gerard Sullivan ed. *Lady Boys, Tom Boys, Rent Boys: Male and Female Homosexualities in Contemporary Thailand* [London: Routledge, 1999]）。對國際學界來說，泰國的同志文學似乎還沒有形成話題。

品，我發現日本享有同志通俗文化史[18]、美國享有同志運動史[19]，而中國正在發展同志地下社團史[20]。其他國家的同志現代性大可不必被文學定義、大可不必被文學庇護。

接下來，我先談「作為公眾歷史的同志文學史」，再來談「讓讀者感受到同性戀的同志文學」。

二、作為「公眾歷史」的同志文學史

王德威在《被壓抑的現代性》指出，晚清小說是「當時最重要的公眾想像領域」[21]。王德威看重「文學」跟「公眾」的緣分。他珍視的這番緣分，提醒我重視公眾在文學研究中的角色。《同志文學史：台灣的發明》的撰寫動機，是要見證同志文學的「公眾歷史」（public history）[22]。我將「同志文學『史』」定義為一種「公眾歷史」：在國際學界，公眾歷史是指非主流的「在野」歷史，站在主流「在朝」歷史的對立面。也就是說，公眾歷史是「由下而上」發揮的抵抗力，主流歷史是「由上而下」施展的壓力。

歷史學者梅克斯・貝吉（Max Page）在《基進歷史評論》（*Radical Historical Review*）表示，「不論古今的政權都曉得精心製造一個社群或是一個國家的歷史，以便鞏固控制（按，控制「公眾」），並且摒除另類故事得以保存的心理空間、具體空間。」[23]官方歷史（連同官方認證的歷史課本、國文教材等等）捍衛執政者的利益，而公眾歷史則要為被宰制的公眾爭一口氣。各國的（非官方的）公眾歷史經常採取民眾口述史的形式呈現[24]。但是，同性戀課題未必可以被口述歷史呈現——台灣在戒嚴時期，社會風氣保守肅殺，當時只有少數同志人口願意出面提供口述歷史。可能正是因為同志「口述歷史」難以取得，想要認識戒嚴時期台灣同志人口的國內外研究者經常採取同志口述歷史的「替代品」：同志文學。一直到了世紀末，社會風氣改變，越來越多的同志人口願意「現

18 例如，麥克樂蘭（Mark McLelland）在《從太平洋戰爭到網路時代的酷兒日本》（*Queer Japan from the Pacific War to the Internet Age* [Lanham: Rowman & Littlefield, 2005]）指出兩點值得注意。一，在日本，充滿同性戀祕辛的獵奇雜誌早在一九五〇年代就已經盛行——在美國，類似的雜誌要到六〇年代才出現（頁六九）。這種同志現代性的據點在於通俗雜誌而不在於文學。這一種同志現代性並沒在（歷經長期報禁的）台灣出現。二，「gay boy」風潮（在日本則用片假名顯示）在戰後的五〇年代末期開始出現，延續至七〇年代末。這裡的「gay boy」以陰柔外表（而非陽剛外表）著稱，在夜生活、風俗業盛行（頁一〇一、一〇四）。戰後日本忙著經營獵奇雜誌、同志夜生活的時候，同時期台灣只有文學這個領域可以讓人發揮。另外，日本同志史研究者福臘格菲爾德（Gregory M. Pflugfelder）的重量級著作《慾望的種種地圖繪製法：日本論述中的男男情慾，一六〇〇—一九五〇》（*Cartographies of Desire: Male–Male Sexuality in Japanese Discourse, 1600–1950*）凸顯了幾百年的「通俗文化」、「法律論述」、「醫學論述」，卻沒有特別顧及「文學」——看起來，文學在日本同志現代性裡頭的分量並沒有特別受到矚目。

19 立基於美國的同志運動歷史書籍汗牛充棟。我在此遂不羅列。

20 例如，香港大學出版社「Queer Asia」書系的金曄路（Lucetta Yip Lo Kam）著，廖愛晚譯，《上海拉拉：中國都市女同志社群與政治》（*Shanghai Lalas: Female Tongzhi Communities and Politics in Urban China*）（二〇一四）。

21 王德威，〈導論：沒有晚清，何來五四？〉，頁一六。

22 「公眾歷史」又可以翻譯成「公共歷史」、「大眾歷史」、「大眾史學」等等。

23 Max Page, "Radical Public History in the City," *Radical Historical Review* 79 (2001): 114-116, p. 115.

24 見Jo Blatti, "Public History and Oral History," *The Journal of American History* 77.2 (Sep 1990): 615-25。

身」說法，採取同志「口述歷史」形式（而不用文學替代「口述歷史」）的公眾歷史才變得可行。

我對「公眾歷史」的理解，部分來自剛才提及的著名學術刊物《基進歷史評論》。這份刊物看重公眾歷史，設置「公眾歷史」（Public History）這個單元，其中不乏聚焦同志的庶民歷史。剛才提及的貝吉在這份刊物表示，「公眾歷史畢竟應該是基進的工作。公眾歷史的核心精神就是要把歷史帶給廣大民眾，就是要刺激公民不再輕易相信他們所知的過去，而且就是要為被遺忘的故事創造可以述說故事的空間。」[25]貝吉指出，這種基進的公眾歷史跟主流歷史唱反調。這種對於公眾歷史的信念，鼓舞我將同志文學史帶給各界讀者，讓讀者重新認識瀕臨遺忘的本土同志文學。

國內學界矚目的日本學者小熊英二也出版了一本公眾歷史：《活著回來的男人：一個普通日本兵的二戰及戰後生命史》[26]。小熊英二藉著「口述歷史」的方法（口述者為他父親），爬梳他父親的個人生命史；該書從小見大，展現父親眼中的戰後日本社會史。我的《同志文學史》則是藉著爬梳文學，由小見大，呈現立足於文學領域的「戰後台灣文化史」。《活著回來的男人》和《同志文學史》都敘說了被主流歷史排擠的公眾歷史：《活著回來的男人》面對一再企圖否認戰爭責任的戰後日本政權，《同志文學史》則面對一再忽視、藐視同性戀人事物的異性戀霸權社會。

《活著回來的男人》奠基於「口述歷史」；《同志文學史》的基礎則是「文本分析」。但是這兩者並非僅僅進行「口述歷史」、「文本分析」的基本工作而已，反而力求在這些基礎工作上，回頭張望並且批判時代。換句話說，我在《同志文學史》的工作除了分析文本（以「文本」為研究對象），更分析時代（以「時代」為研究對象）。**《同志文學史》絕不是「同志經典文本」的「文本分析」點名簿而已，而是以文學為基地的「文化史」。**為了網羅昔日社會的多元面貌，這部書不可能只聚焦在「精華」（例如，所謂的文學代表作、大師名作），反而還要積極網羅「雜質」（例如，通俗文學、庸俗文本，以及種種不算是文學的剪報資料等等）。

「同志文學史」跟「公眾歷史」的緣分難分難解。正是因為早就有（不成文、未定案的）公眾歷史在民間「口耳相傳」，讓我受惠，我才得以寫出這部書、才得以讓文學的公眾歷史暫時成文、暫時定案。我要藉著這個機會回答許多師友問我的問題：「怎麼知道、怎麼找到、怎麼選取討論對象（討論的同志文學作品）？」我的種種「知道」（知道哪個文本跟同志有關、知道去哪裡找這種文本），就是建立在民間傳言上面；這些民間傳言就是沒有寫在白紙黑字上、還未定案的公眾歷史。早在社會還將同性戀當作毒蛇猛獸的時代，民間口耳相傳的公眾歷史早就已經四處流竄，偷偷告訴民眾：「聽說某公園有同性戀出沒」、「聽說某歌星是同性戀」、「聽說某首詩影射同性戀」。

膾炙人口的「女同志小說」〈童女之舞〉就是經歷「口耳相傳」的範例。小說家曹麗娟的這篇作品在一九九一年獲獎之後，並沒有立即結集出

曹麗娟，《童女之舞》（台北：大田，1998）

25 Max Page, "Radical Public History in the City," p. 115.

26 小熊英二著，黃耀進譯，《活著回來的男人：一個普通日本兵的二戰及戰後生命史》（台北：聯經，二〇一五）。

版[27]，也就很難藉著書本的形態在公眾流傳。在電腦網路還不興盛的時代，還沒有曹麗娟小說集可買的讀者只能仰賴「傳閱」剪報和影印本才能夠看到這篇口碑之作[28]。將這篇小說拍攝成電視劇《童女之舞》的導演曹瑞原最初也只看到這篇小說的模糊剪報影印本（而不是清晰易讀的報紙正本）[29]。這篇小說以影印本格式被傳閱的素樸過程，也是一段二十一世紀網路世代難以想像的公眾歷史。

我承認「口耳相傳」的歷史內容是可能訛誤的。例如，我發現「白先勇是最早的同志文學作家」、「《孽子》是最早的同志文學作品」這兩種常識有違史實[30]——原來，早在《孽子》之前，就有女作家所寫的同性戀主題小說、早就有女同性戀主題的長篇小說面世。不過，我並不會因為這些訛誤而全面推翻口耳相傳的價值，反而積極探究種種訛誤背後的種種預設立場。例如，「《孽子》是最早的同志文學作品」這個誤解，在一方面高舉了什麼價值（對於「第一」、「最早」的崇拜）？同時在另一方面卻又貶低了什麼價值呢（「女作家寫的」，就算再早面世，也不算數；「女同性戀主題」，就算再早出現，也不算數）？口耳相傳的訛誤剛好帶來多種議論的契機。

三、取決於讀者——而不只取決於作者

在上個世紀（二十世紀）啟蒙的讀者常問我「酷兒文學」算不算是「同志文學」，而在這個世紀（二十一世紀）啟蒙的讀者則愛問我「ＢＬ文學」算不算是「同志文學」[31]。

這些問題都值得問，但我也同時察覺這些問題共享的傾向：太在乎「文類」（genre）。這些問

題就像「小說可不可以寫得像詩」、「散文可不可以寫得像劇本」、「散文詩是否歸在散文類」這些疑問，只押寶在文類上面。這些問答往往採取「是非題」的面貌出現。有些讀者得到「是非題式」答案後（「某書不算同志小說」、「某書算是同志劇本」），似乎就心滿意足、可以滿載而歸。

但文學討論絕對不該局限在「是非題的層次」。

我所談的「同志文學」不只是一種「文類」（genre），而更是一種「領域」（field）。這裡的「領域」就是美國德州大學教授張誦聖長期推廣的「場域」[32]。「同志文學」的研究者跟「原住民文學」、「馬來西亞文學」、「以色列文學」的研究者一樣：都不可能只讀「文學作品」，反而都要讀

27　曹麗娟的短篇小說集《童女之舞》直至一九九八年才出版。

28　某些年度的聯合報文學獎得獎作品結集成冊出版。例如，《小說潮：聯合報第十三屆小說獎暨附設新詩獎、報導文學獎得獎作品集》（瘂弦編〔台北：聯經，一九九二〕）收入〈童女之舞〉全文，頁七—三七。在曹麗娟出書之前，仰慕〈童女之舞〉的讀者可以選擇看剪報，或是看厚厚一冊《小說潮：聯合報第十三屆小說獎暨附設新詩獎、報導文學獎得獎作品集》。重量輕盈的剪報影印本可能享有較高的傳閱率。

29　關於曹瑞原看剪報的經驗，詳見：http://see.pts.org.tw/~prgweb5/life_drama/arch/lqe.htm

30　直至二〇一五年，同志研究學者劉奕德（Petrus Liu）仍然宣稱《孽子》被「公認」為第一部用中文寫成的「現代同志小說」（modern queer novel）。見Petrus Liu, *Queer Marxism in Two Chinas* (Durham: Duke University Press, 2015), p. 89。

31　BL指「Boys Love」；「少年愛」。

32　張誦聖提出的場域觀則受到法國社會學家布赫迪厄（Pierre Bourdieu）影響。詳見張誦聖，〈「文學體制」、「場域觀」、「文學生態」——台灣文學史書寫的幾個新觀念架構〉，《現代主義．當代台灣：文學典範的軌跡》（台北：聯經，二〇一五），頁二八三—九八。

「不算文學作品」的周邊資訊：作品的學院內外評論、各種舊報紙（包括報上的分類廣告）、書市情報、文壇祕辛、文學獎恩怨等等。例如，此書在討論一九七〇年代的時候，引用了夏志清、李敖、葉石濤、呂秀蓮等等知名人士的評議文章。在文化界鮮少公開談論同性戀人事物的七〇年代，這些名流竟然有膽識、有見識，大方談論同性戀。他們的評議文章不算「同志文學作品」，卻都值得納入「同志文學領域」：他們為同性戀留下的各色意見，都是幫助今日讀者認識「昔日同性戀如何被公眾理解」的可貴史料。我將同志文學定義為「讓『讀者』感受到同性戀的文學」，一方面是制衡「由『作者』決定同性戀內容的文學」這個太偏袒作者的立場，另一方面也是要承認讀者並沒有在文學領域缺席。方才提及的夏志清、李敖、葉石濤、呂秀蓮等等名家，都是在文學感受到同性戀的「讀」者。

國內外學人早就紛紛指出，同性戀像鬼[33]。的確，造訪鬼屋的人就算是沒有撞見鬼，也會毛骨悚然感受到鬼來過；同樣，走進夜店的人就算沒有看到同志顧客，也會感受到夜店的同志「妖氣」。也就是說，就算沒有「看到」，也可以「感受到」。我剛才提出的「讓『讀者』感受到同性戀的文學」這個定義，也可以解讀為「讓讀者『感受到』同性戀的文學」：就算讀者「看不到」作品中的同性戀人事物，讀者還是可能「猜到」、「聽說」、「聯想到」同性戀。如果有人堅持要在文學作品中看到「可以被辨識驗證的具體同性戀者」，恐怕就低估了作者、讀者和文學作品的想像力。

讓讀者「感受到」卻「看不到」同志的文本，並不少見。例如，鬼才作家七等生就寫過這種文本。幾乎沒有人將七等生與同性戀聯想在一起，但七等生的中篇小說《跳出學園的圍牆》（即《削瘦的靈魂》）卻提供了一個「看不到」卻「感受到」同志的例子[34]。小說中主人翁「我」是個大學男生，在學校住宿，經常目睹體育系男生在宿舍公共浴室內展現健美裸體[35]。這些裸體剪影並沒有讓「我」想入非非，只讓「我」想到男人之間的競爭：美男裸體對「我」來說，只是「四肢發達頭腦簡單」的低等動物[36]。這個對年輕裸男看似沒有興趣的「我」，卻對年近四十歲的教務主任閔真老師產生好奇[37]。「我」快被退學之際，被迫拜訪閔真主任。在「我」眼中，閔真老師看起來憂鬱白皙、像馬龍．白蘭度（Marlon Brando）[38]、留著「比一般男人較長而好看的頭髮」[39]。閔真老師一直說「我」好瘦、有點像「蒙哥茂來克里夫

七等生，《跳出學園的圍牆》（台北：遠景，1986，3版）

33 見Terry Castle, *The Apparitional Lesbian* (New York: Columbia University Press, 1995, Revised Edition)；劉亮雅，〈鬼魅書寫：台灣女同性戀小說中的創傷與怪胎展演〉，《中外文學》三三卷一期（二〇〇四年六月），頁一六五—八三。
34 七等生，《削瘦的靈魂》（台北：遠行，一九七六）。第三版改名為《跳出學園的圍牆》（台北：遠景，一九八六）。
35 《跳出學園的圍牆》，頁一三六—三七。
36 同前注。
37 訪問教務主任的情節在這篇小說第六小節，《跳出學園的圍牆》，頁五一—六七。
38 同前注，頁五一。
39 同前注，頁五二。

特」（Montgomery Clift）[40]。「我」和閔真老師都異常關心彼此的長相。兩人相談甚歡，但是「我」卻越來越心慌：「我看閔真先生那對專門對待異性的眼睛，會不會把你當成獵物，像蘇格拉底那群窩囊的希臘知識份子，所以我決定告辭了。」[41]這一篇小說都沒有讓讀者「看到」具體的同性戀人士物，卻讓讀者「感受到」主人翁「心裡有鬼」——這裡的心鬼就是「擔心同性戀情事發生」。

這部書「選取分析文本」的原則，取決於我對於歷史的理解——歷史充滿「眾聲喧嘩」。王德威在一九八八年出版評論集《眾聲喧嘩：三〇與八〇年代的中國小說》之後，「眾聲喧嘩」一詞從學院之內流行到民間。王德威自承，「眾聲喧嘩」的概念來自俄國學者巴赫汀（M. M. Bahktin）的"heteroglossia"，「譯法」則來自洛夫的詩作〈眾荷喧嘩〉；他指出，眾聲喧嘩是用來描述「文化環境」（而不是一個文本的內部世界），點出「此岸與彼岸、通俗與高蹈、邊緣與中心的互動往還」[42]。也就是說，王德威在描述一種文本與文本、文本與人、人與人的「互相激盪」——這種「雜質、異類互相激盪的狀態」只可能發生在我所稱的「領域」裡，而不可能發生在要求規格整齊劃一的「文類」機制裡[43]。國內文壇偏好的規格化「文類」機制不歡迎魚目混珠，但是「領域」爭取雜質加入。正是因為看重眾聲喧嘩，我並不將所有的力氣用來「瞄準」一個又一個符合規範的文學作品，反而盡量「網羅」乍看之下沒有關聯的種種人事物。

這部書選取討論對象的「積極策略」是「求多不求精」，而不是「求精不求多」：書中每一章大致對應了每個年代（每個十年，例如一九六〇年代），每一章都避免聚焦在那個年代極少數、極菁英的兩、三種文本，反而盡可能納入同一個年代內十種以上的文本。每一章同時處理夠多夠雜的文本，才能呈現每一個年代的眾聲喧嘩風貌。我樂見「雞兔同籠」：在一九五〇年代，《聯合報》

的同志凶殺案新聞（不算文學）和《聯合報》的外國女同志情色小說（算是文學）共存；在六〇年代，「對同志表示友善的文本」（例如郭良蕙的長篇小說《青草青青》）和「對同志表示敵意的文本」（例如姜貴的長篇小說《重陽》）共存；在七〇年代，「純文學」（例如郭良蕙的長篇小說《兩種之外的》）與「通俗文學」（例如玄小佛的長篇小說《圓之外》）共存。女性文學研究者林芳玫在名著《解讀瓊瑤愛情王國》指出，玄小佛在七〇年代是瓊瑤之後「最重要的言情小說家」，但作品都只在租書店體系流通而完全不被文壇重視，直至九〇年代作品才進入一般書店[44]。正因為玄小佛作品「出身寒微」（進得了租書店卻進不了書店），她的作品反而特別值得納入這部書的陣營——

40 同前注，頁五五。

41 同前注，頁六五。「蘇格拉底」、「柏拉圖」等等希臘哲學家的名號，在台灣文學是約定俗成的隱語：暗指「同性戀者」。

42 王德威，〈序〉，《眾聲喧嘩之後：點評當代中文小說》（台北：麥田，二〇〇一），頁一九。

43 我需要釐清「文類」跟「眾聲喧嘩」之間的關係：只談「在單一文本之內」情境的時候，「文類」跟「眾聲喧嘩」可以和平共存；但是在論及「在多種文本之間」生態的時候，「文類」就跟「眾聲喧嘩」的精神發生嚴重衝突。我承認，許多「文類」鼓勵旗下的文本「在單一文本之內」呈現「眾聲喧嘩」的盛景：例如，屬於小說文類的《紅樓夢》「在單一文本之內」同時呈現雅士與俗人、善人與惡棍，洋洋大觀花花世界，因而廣受好評。但是，當「文類」成為整合多種文本的管理機制時，它就可以「在多種文本之間」仲裁「納入」和「排除」：仲裁哪些文本符合規定可以納入文類、哪些文本不符規定所以要逐出文類。例如，在「散文文類」旗下，「在多種文本之間」，太像小說與太像詩的文本都可能被逐出文類。我所質疑的「文類」就是「在多種文本之間」斤斤計較規格的管理機制。

44 林芳玫，《解讀瓊瑤愛情王國》（台北：時報文化，一九九四），頁一四二。

她的作品讓我得以凸顯這部書珍惜的「雞兔同籠」狀況，讓我得以證明「同志文學脈絡」和「同志文學領域」有多麼豐富駁雜。

不過我在珍視「共存」之餘，也密切注意「共存卻殊異」的事實：我採取「雞兔同籠」的策略，但是我也重視共存文本之間不可小看的差異。雖然我強調玄小佛小說《圓之外》和郭良蕙小說《兩種以外的》是共存的（兩者在相似的一九七〇年代末期時間點出現），但是兩位作者的作品截然不同。玄小佛是通俗羅曼史小說快筆，郭良蕙則是早在五〇年代就受到文壇矚目的長篇小說名家。玄小佛的《圓之外》只簡單勾勒女同性戀生活圈，並沒有邀請讀者去看見角色的內心世界；郭良蕙同時期的《兩種之外的》則巧妙部署了眾多中年女子的七情六慾，努力讓讀者看見角色的內心戲。

在剛才提及的積極策略之餘，這部書也採取了「消極策略」：對不同時期採取「差別待遇」。戒嚴時期的同志相關文本稀少，所以這部書盡量加以網羅；解嚴之後的相關文本激增，所以這部書並無意加以逐一點名。在處理戒嚴時期的時候，我深恐「掛一漏萬」；在面對解嚴後時期的時候，我就擱置「一網打盡」的野心，改而選擇「焦點」、避免「失焦」。例如，在討論世紀末的時候，我「聚焦」於貼近該章焦點（即，「翻譯」）的文本，並且割捨落在該章「焦點之外」的眾多作品。

四、扼殺「雙性戀」與「異性戀」的「是非題」

許多讀者受制於分秒必爭的價值觀，一遇到文學（包括同志文學），就想要求快：他們往往訴諸「是非題式」問答，愛問「這本書算是同志文學嗎？」這種問題。對於期待速食答案的讀者來說，我剛才提出的同志文學定義（「讓讀者感受到同性戀的文學」）顯然是緩不濟急的。訴諸「是非題式問答」的心態有幾個問題。首先，這種求快的心態根本牴觸了文學（包括同志文學）的本色：許多文學作品需要讀者緩慢閱讀。其次，這種想要「快速找出同志」的心態，難免顧此失彼，嚴重忽略同志文學中的「雙性戀」與「異性戀」。

偏偏某些「是非題式定義」早就行遍天下。我試舉常見的其中三者為例。一，有人說「同志文學的作者必須是同性戀者」；二，有人說「同志文學必須展現同性之間的愛或性」；三，有人說「同志文學的主人翁必須是同性戀、必須以同性戀為主線」——按照這種說法，如果作品中的同性戀淪為配角，或同性戀情節淪為故事支線，那麼這樣的作品就不被視為同志文學。

針對這三者，有三點回應。一，強調同志文學作者本人必須是同性戀者的這種定義，嚴重忽視不同歷史時期的生存條件：在二十世紀（尤其在戒嚴時期），大部分的同性戀者（包含同性戀人口之中的作者們）明哲保身，不願意暴露同性戀身分，免得遭受種種霸凌。如果二十一世紀的研究者期待二十世紀作者承認同性戀身分，這種期待不但無效，而且不義：無效，是因為這種期待只能讓研究者看到白先勇等等極少數特例；不義，是因為這種期待根本沒有體恤二十世紀同性戀者大多無法公開身分的困境。

二，強調同志文學必須展現愛或性的這一種流行定義，預設讀者可以「明察秋毫」、看穿文學，彷彿把同志文學作品當作顯微鏡下的細胞標本。但是這種「科學的」信念牴觸了「文學的」本色：文學跟其他藝術品一樣，經常拒絕被看透。可能受制於社會風氣（不讓保守人士輕易發現作品中的情慾），也可能是要炫耀藝術家的文學技法（要讓讀者抽絲剝繭之後才看得到愛與性），許多文學佳品偏偏把性和愛寫得模糊、抽象、難以辨識。就連描繪異性戀的作品都經常故意低調處理男歡女愛的畫面，那麼呈現同性戀的作品憑什麼要明目張膽祭出性和愛？同志文學並不是動物園。

三，強調文本「主」人翁必須是同性戀者、文本「主」線必須凸顯同性戀的這一種通俗定義，會將許多公認的代表作摒除在同志文學領域之外。

試舉三例。(1)凌煙描繪歌仔戲班在南台灣走唱的長篇小說《失聲畫眉》是刻畫低層社會女同性戀的代表作[45]。但是這部小說中的女同性戀者都只是次要角色，戲分遠遜於敘事者兼主人翁——她是參與戲班的敘事者，沒有跟任何男女發生情慾糾葛。戲班子裡頭的女同性戀故事頂多跟異性戀男女故事平起平坐，並沒有成為全書獨當一面的主要情節。所以，這部小說有沒有資格列入同志文學呢？(2)陳雪是今日最受矚目的同志文學作家之一。可是陳雪多部作品的主人翁都是雙性戀女子：主人翁跟男性談戀愛、發生性關係的頻率與篇幅，往往勝過於和女性。正如陳雪的《愛情酒店》敘事者兼主人翁說，「我是個愛男人也愛女人的人啊！心裡滿滿的愛無處可去，隨時盛開的身體對著混亂複雜的情慾顯得那麼『難以歸類』」[46]——這家愛情酒店就是個「難以歸類」的雙性戀情慾空間。所謂「純粹的」（即「不難歸類的」）女同性戀（沒有男性介入的、沒有雙性戀者參與的女同性戀）在陳雪作品中所占比例有限。所以，陳雪作品有沒有資格留在同志文學的國度？(3)在先前提及的曹麗娟小說〈童女之舞〉中，要角是兩名女性。女主人翁有男友、跟男友結婚生育；女主人翁最在意的帥氣女同學，曾經跟男人發生關係，懷了孕。這篇小說的兩名要角都不是純粹的女同性戀者。那麼，這篇小說也該逐出女同志文學的領域嗎？

這三種「是非題式定義」都將「剔除雜質」、「剷除異己」作為目的（end），將「認定資格」

作為手段（means）。「作者是不是同性戀」、「作品有沒有展現同性之間的戀、同性之間的性」、「作品有沒有將同性戀放在首要地位」都只是手段；種種手段所要達成的目的，就是要藉著把「資格不符」的作品從「同志文學」的國度剔除，好讓同志文學國度的成員保持整齊劃一的狀態。這個目的值得商榷：為什麼要期待成員「整齊畫一」而非「百花齊放」的文學世界？

上述「是非題式定義」效果之一，就是逼迫讀者忽略雙性戀和異性戀在同志文學扮演的角色。不論在日常生活還是在文學世界，同志世界一直被異性戀者和雙性戀者滲透——同時，異性戀的世界和雙性戀的世界也一直被同志滲透。很少有人問起同志文學與異性戀的關係，或許是因為人們覺得同志文學與異性戀相剋、不可能共存。但本書在討論一九七〇年代文學中的女同性戀時，將會強調當時文學中的女同性戀必須與異性戀合作共存，才能夠為女同性戀關係提供物質基礎。例如，白先勇的〈孤戀花〉顯示女同性戀必須與異性戀合作賺錢，才能夠有錢維持女同性戀的生活。至於同志文學與雙性戀的關係，倒是一直有人追問。我的答案是，雙性戀文學當然存在（陳雪的作品、〈童女之舞〉都是範例），但是坊間流行的「是非題式定義」讓讀者看不見（也不想看見）文學中的雙性戀。

上述的「是非題式定義」應該被「歷史化」：只有在同志文學作品豐多的時期（即，在解嚴之後），讀者才可能享有「挑食」（篩選什麼樣的文本才有資格列入「同志文學」）的奢侈；在同志文

---

45 凌煙，《失聲畫眉》（台北：自立晚報社文化出版部，一九九〇）。

46 陳雪，《愛情酒店》（台北：麥田，二〇〇二），頁八三。雙引號為本人所加。

學作品稀少的時期（即，在戒嚴時期），讀者沒有「挑食」的特權。在處理這部文學史的戒嚴時期時，我巴不得全盤納入每一筆得來不易的舊文獻，根本不可能計較戒嚴時期「作者是不是同性戀」、「作品有沒有展現同性之戀、同性之愛」、「作品有沒有將同性戀放在首要地位」這些考量。「是非題式定義」越是理直氣壯，就暴露出越嚴重的遲鈍——對於歷史變遷、對於文學微妙手法的遲鈍。

五、定義，特徵

同志文學「暫時」可以定義為「讓讀者感受到同性戀的文學」。這個定義還可以被幾種問題追問：例如，「暫時的定義之後，然後呢？」「同志是什麼？」「文學是什麼？」以及，「同『性』戀」的「性」是什麼？

各界經常好奇「『同志』文學」的「同志」是什麼，卻很少追問「同志『文學』」的「文學」是什麼。似乎同志才是值得被一再探問的「變數」，而文學則是眾人早就篤定掌握的「常數」。同時，各界在注意從「同『性』戀」到「同志」的轉變時，也不多問「性」是什麼，彷彿各界對於「性」已有共識。

我也要藉這個機會釐清「定義」跟「特徵」。人們經常將「特徵」和「定義」混為一談。許多人一看到留長髮穿女裝的陌生人就以為對方是女人，未料對方其實是男人——留長髮、穿女裝是女人的尋常「特徵」，「特徵」近似「刻板印象」（stereotype），但是並不等於「定義」女人的決定性條件。許多人一遇到喉嚨痛就以為罹患感冒，但是喉嚨痛只是感冒的常見特徵卻不是感冒的定義。許多人認為描繪兩名美男子在一起的「ＢＬ文學」就是「同志文學」，並且認為「同志文學」就應該像「ＢＬ文學」一樣陳列兩名美男子的浪漫互動；不過，這類對於「ＢＬ文學」和「同志文學」的理解比較傾向於類似刻板印象的特徵，而未必傾向定義。

為了細緻深入討論種種定義，我接下來將定義分成兩組討論：第一組，先把「同志」和「文學」拆開來看。我要談⑴性是什麼，⑵文學是什麼，以及⑶同志是什麼。接下來第二組則把「同志」和「文學」合起來看。我要談⑷同志文學的歷史條件是什麼？⑸「同志文學」跟「同性戀文學」有何不同？⑹「同志文學」跟「同志文學史」的關係是什麼？⑺「酷兒」是什麼？「酷兒文學」是什麼？

我也要指出定義跟特徵的競爭：這兩者競爭何者才具有裁決意義的權柄。我不否認，就算特徵近似刻板印象，畢竟也有功效：凸顯某些特徵（或是某些刻板印象）的人事物（例如「ＢＬ文學」）畢竟特別吸引公眾注意，可以誘發讀者想要閱讀的胃口。但我也要指出特徵經常造成的閱讀偏見：許多讀者認定同志文學「應該」展示某些特定特徵（例如，「應該」要展現同性之間的性與愛），否則就不算是同志文學。這種對於種種「應該」的執著，是將「特徵」和「定義」混為一談的結果；我會試圖解開兩者混為一談的種種死結。

這些延伸思考是要回應剛才的問題：「在暫時的定義之後，又將如何？」這些延伸思考是要持續履行這部書的承諾：定義的工作必須多勞不逸，而不能一勞永逸。

（一）性是什麼？

在性別研究、同志研究等等領域，「sexuality」是一個焦點英文字，卻難以中譯。遇到這個英文字的時候，我的立場是：(a)盡量避免給這個英文字搭配一個（單個）「固定不變」的中文翻譯；(b)如果真的非要給這個英文字一個（單個）翻譯，那麼我會選用「性機制」這個譯法。也就是說，我不採用「性意識」、「性向」等等常見的「sexuality」譯法。

從美國進口的「sex」、「gender」、「sexuality」三個一組的詞彙早就進入台灣，廣泛通行。一般而言，「sex」區分男人／女人之別、「gender」區分陽剛氣質／陰柔氣質之別、「sexuality」區分異性戀／同性戀之別。這三個詞雖然經常合作，但命運絕非一致：有些詞可以對應固定的中譯，有些沒有。「sex」、「gender」經常對應固定的中譯：各為「生理性別」、「社會性別」。但是「sexuality」並不安分，並不會被哪個中譯詞套牢。有人說「sexuality」意謂「性傾向」、「性偏好」，可是傅柯（Michel Foucault）的名著*History of Sexuality*曾經被譯為《性史》或《性意識史》，卻不是《性傾向史》或《性偏好史》。同志理論研究者朱偉誠認為「sexuality」這個詞很「棘手難譯」，便權宜譯為「性相」[47]。後來許多人跟著採用「性相」一詞，但其他譯法仍然偶爾浮現，如中央大學性／別研究室學者黃道明將之譯為「性心理」[48]。

在「同志婚姻、多元成家」引起各界辯論的二〇一〇年代，我體悟「sexuality」這個字在英文裡本來就有多種不能化約的意義：它本來就不只是「一個字」（好似「一個人」），而是「一個多元家庭」（裡頭有好幾個各自不同的人）。想要給「sexuality」配對一個「一夫一妻式」的「一對一」

中譯詞，就等於簡化它；就算是給「sexuality」送入「一夫多妻式」關係，讓它以「一對多」的方式配對多種中譯詞，仍然是誤解它。我現在認為，把「sexuality」推到英譯中的鏡子前，鏡子應該顯現一個多元家庭（在英文那邊）面對另一個多元家庭（在中文這一邊）的對看情境。既然「sexuality」在英文裡就有多種字義，它（以一個多元家庭之姿）進入中文當然也就有多種分身：可能指「性傾向」（如，甲男和乙男的sex相同但sexuality不同）、可能指「性心理」、可能指「性相」等等。既然朱偉誠認為這個詞棘手難譯，那麼我乾脆拒絕選擇單一的「固定中譯」來對應的「sexuality」，反而承認這個字偏偏坐立不安、難以被某個中文詞語套牢。

不同的語境讓「sexuality」對應不同的中譯，不過傅柯的書在不同的語境中還是要保持同一個中文書名。我將傅柯談「sexuality」的名著翻譯為《性機制史》，因為傅柯書中討論的「sexuality」類似影響台灣民眾深遠的「聯考『機制』」。台灣人談到「聯考」，絕對不只是在談聯考那幾張考卷本身而已，也絕對不是在談每年舉行聯考的幾天而已；「sexuality」很類似，不只是在談性行為、性偏好、性愛對象而已。聯考的幾張考卷和幾個日子可以影響各年級學生、他們的父母與家族、約

47 朱偉誠，〈台灣同志運動的後殖民思考：論『現身』問題〉，《台灣社會研究季刊》三〇期（一九九八年六月），頁三五—六二。特別是頁五五，註14。

48 黃道明在《酷兒政治與台灣現代「性」》（香港：香港大學出版社；桃園：國立中央大學出版中心；台北：遠流，二〇一二）中，一方面採用朱偉誠將「sexuality」譯為「性相」的做法（頁四九，註12），另一方面也將「sexuality」譯為「性心理」（頁四九）。

會方式、校園的軍事化管理、補習業的經濟、社會階級的劃分、「明星學校情結」等等。昔日不少中產階級台灣人移民國外的主要藉口之一，是為了不讓孩子被聯考荼毒。西方人很難用幾條簡單的定義向台灣人介紹什麼是「sexuality」，同樣台灣人也很難用三言兩語向西方人介紹什麼是「聯考」。傅柯說，在一七八〇年之前，只有進行同性性行為的人，同性戀者身分還沒有出現；台灣人也可以說，在聯考制度成形之前，台灣只有參加考試的人（而且人數不多），「考試機器」這種身分、「補習班」這種產業還沒有到處都是。

我將「性」理解為參與成員複雜的「機制」，而不只是「性行為」的收納盒。對於「性」的理解幫助我思考「文學」。我認為「文學」是龍蛇雜處的動態領域，而絕不只是「作品」的靜態倉庫。

（二）文學是什麼

文學不只是「作者勞動的產物」，也是「讀者勞動的收成」。我強調讀者的責任，一方面是為了讓作者「卸責」，另一方面是為了要讓讀者認清楚自己也參與了勞動。

我讓作者卸責，是為了制衡台灣的習慣。在台灣，文學作者往往被讀者期待提供「標準答案」。在文學意義的生產場域中，作者寫完書本之後仍然要勞動（例如，在演講、座談、訪問之類的場合，提供標準答案給讀者），但是讀者卻看似「以逸待勞」（也就是說，讀者不必自己找答案，只要跟作者求索答案即可）。這種以逸待勞的行徑看起來偷懶，卻反而更累：讀者以為自己要努力跟作者索取答案，才算是善盡閱讀文學的責任。這種累死作者同時也累死讀者的風氣，恐怕是「考試領導教學」陋規的產物：讀者將文學作品當成考卷，將作者當成出題老師，並且將自己當成考生。但是文學不等於考試。為了平衡過度依賴作者的傾向，我建議讀者自行摸索文學作品：讀者不必太關心作者「想要創作什麼」，反而可以捫心自問「想要閱讀什麼」。

作者卸責之後，讀者要扛起怎樣的責任？我建議，文學的讀者可以比較看看：在其他藝術領域，觀賞者想要看見什麼、感受什麼。

以攝影的領域為例。假設一名攝影愛好者走進主題為「婚姻」的攝影展，她期待看見什麼樣的照片呢？她會不會只想要看見凸顯結婚新人臉部特寫的「婚紗照」（化過濃妝、特別加強打光、制式沙龍風格、穿西裝禮服）呢？她會不會認為唯有婚姻新人「置中」（按，置於畫面正中央）的婚紗照片才算是好的攝影作品？文藝青年們愛好「lomo 相機」和「instagram」手機軟體，偏愛「模糊、失焦」影像，不再獨尊「清楚、對準」的畫面。那麼，走進攝影展的看展人會不會駁斥「模糊、失焦」畫面呢？

如果攝影愛好者可以開放心胸，廣納多元的美學形式，那麼文學愛好者能不能同樣改造自己呢？為什麼文學愛好者要求看見同志角色鮮明、同志主題明確的同志文學？為什麼讀者期待同志文學祭出婚紗照一般的平庸美學？為什麼讀者不能接受「模糊、失焦」的實驗性文學？

在寫作者、攝影師進行勞動之餘，文學愛好者、照片愛好者也大可以改造自己，一起投入意義的生產。

（三）同志是什麼

一九九〇年代起，聽起來比較正派的「同志」一詞開始快速取代了聽起來和「污名」、「悲情」

夾纏不清的「同性戀」一詞。那麼，「同性戀」究竟是什麼？就連酷兒理論大師謝姬維克（Eve Kosofsky Sedgwick）也認為同性戀很難定義。

在藉著研討謝姬維克來細談同性戀定義之前，我要先承認讀者公眾是多元的：有些讀者需要知道「定義」，但是許多讀者只需要知道「方便快速辨認同性戀」的「特徵」。為了指認「同性戀」這個詞的多義性，也為了承認「讀者」這種文學場域參與者的貢獻，我在深入討論同性戀專家謝姬維克之前，先來看看很少讓人聯想到同性戀的詩人楊牧。

楊牧於一九八五年寫過一篇散文，題目為〈同性戀〉[49]。這篇短文開宗明義表示同性戀很神祕。這種說法是指同性戀「需要被理解」：「神祕」指「需要被理解」。散文寥寥幾頁，劃分出兩種同性戀世界：散文敘事者欣賞同性戀者的「悲劇愛情」（也就是愛），卻厭惡同性戀者的「毛手毛腳」（也就是性）。散文敘事者自承，幾十年前大學時代深受小說《魂斷威尼斯》（*Death in Venice*）「強烈震撼」，從此念念不忘。敘事者從《魂斷威尼斯》推論「同性戀者是絕對的美的追求者」——看起來，這個推論像是楊牧給予同性戀的「定義」。

但楊牧給予的「定義」其實算是用來方便辨認同性戀的「特徵」：這種被誤以為定義的特徵，近乎刻板印象，只能辨認某些剛好追求絕對美的同性戀者，卻對許多並不追求絕對美的同性戀者束手無策。世人經常認為同志「耽美」、「悲情」，認為「BL文學」與「同志文學」雷同，也都是「淒美」這個刻板印象一般的「特徵」被誤認為「定義」的結果。

就連白先勇和他的名著《孽子》也都凸顯同志的特徵，並且淡化同志的定義。各界自從國外評論家於一九九五年盛讚《孽子》「研悲情為金粉」之後[50]，「悲情金粉」這幾個字就成為國內用來褒揚《孽子》的慣用語。這個論點模糊不清的讚詞每被機械化地引用一次，悲情就再一次被行禮如儀地認為是《孽子》以及同志的特徵。在一再強調悲情的言論中，《孽子》裡頭的性與愛也就被一再淡化了。許多讀者大眾認定同志文學的專長就是展現悲情、特別讓人感動——這種看法恐怕也是刻板印象造成的結果。種種強調悲情卻避談性或愛的言論習慣，其實也獲得白先勇自己呼應。在《孽子》出版滿三十週年的時候，樂於出面詮釋自己作品的白先勇表示，「《孽子》寫完以後，我發覺這部小說的主題，其實寫的是『家』……但不同於一般家庭，家中成員父子兄弟的關係並非基於血緣，而是憑藉同性之間的情誼，互相取暖，相濡以沫。……這是一闋大悲咒，為這群孽子的苦難劫運默默唸誦。」[51]根據白先勇於二〇一四年提出來的詮釋，《孽子》這部充滿同性戀者的巨著呈現了「家」、「大悲咒」、「苦難劫運」，卻似乎沒有呈現「性」和「愛」。

楊牧和國內外許多評論家（包含置身二十一世紀的白先勇）避談同性戀的「性」。換句話說，他們給同性戀「去性化」——儘管同性戀的定義沒辦法脫離（廣義的）性，可是多位文學名家指陳的同性戀特徵卻越來越和性無關。不但如此，這些名家也讓同性戀和「愛」脫鉤：同性戀的愛只是手段（means），藉著愛這個跳板，跳到「悲」或「美」這種目的（end）。

楊牧等人看到的「同性戀特徵」「背對」性與愛，並「轉向」淒美。然而謝姬維克陳列的（多

49 楊牧，〈同性戀〉，《飛過火山》（台北：洪範，一九八七），頁一〇七—一一〇。

50 留學法國的學者尹玲介紹了「研悲情為金粉」一說的緣由。http://www.fengtipoeticclub.com/hkl/hkl—s001.html.

51 白先勇，〈孽子三十〉，《聯合文學》三〇卷三期（二〇一四年一月），頁四〇—四一。

元的）「同性戀定義」卻是「直面」性與愛，而且沒有訴諸「悲情」、「絕美」之類的情緒化用詞。在一九九〇年，她在酷兒研究經典《衣櫃認識論》（*Epistemology of the Closet*）[52]指出，現代人對於同性戀的定義極度「不均勻」。我則覺得，同性戀定義的「不均勻」，就好比組裝牛排的狀態：組裝牛排由不同肉塊勉強拼湊成形的牛排，而非一體成形、裡外一致。謝姬維克指出：許多人一方面抱持「殊群化的」（minoritizing；原詞有「少數族群」的意思）觀點、將同性戀視為一小群人才擁有的身分認同（按照這種想法，異性戀不是同性戀）；另一方面，人們卻又相信「常群化的」（universalizing；原詞有「普及」的意思）觀點、將同性戀視為衝破身分認同藩籬的慾望（按照這種想法，異性戀也可能有同性戀慾望）。人們的這兩種觀念互相矛盾，卻同樣決定了各界對同性戀的理解。

《衣櫃認識論》畫出一張被各界廣泛引用的四格圖表，排列出「多種互相矛盾的情慾模式」；這張圖表顯示了多種情慾模式，各自為政卻又都可以被視為同性戀的組成分子。

這個四格圖表本身早就經常被國內外學者複製，所以我在此不再重複利用四格圖表本身。我改而將謝姬維克的圖表拆解，用文字（而不是圖表）詳細說明她的看法。謝姬維克展列了四組人：第一組是殊群化的人，例如「有同性戀身分認同的人」。第二組是常群化的人，例如「雞姦者」（就算具有異性戀認同的人，也可能像同性戀一樣參與雞姦）、「女同性戀共同體」的參與者（在女同性戀共同體之中，每個女人都是女同性戀，只不過各自的同性戀程度不同）。第一組人強調「分」，第二組則重視「合」：前者只包括所謂純度百分之百的同性戀者，而將「不純」的人分開、剔除在外；後者則包括了純度百分之百的同性戀者「以及」純度不一的人，例如偶爾從事雞姦的異性戀男性、幾乎不從事女同志行為卻也被納入女同性戀共同體的女人。

謝姬維克的分組方式，影響我對同志文學「含金量多寡」的思索。我並非只關注殊群的、「倡分」的文本——正如同性戀的世界並非只有純度百分之百的同性戀者，同志文學研究的領域也不該只准純度百分之百的同志文本進場。試想，再現雙性戀的文本，究竟該被排除在同志文學史之外，還是該收納在同志文學史之內？同時，我也在乎常群的、「倡合」的文本：這些「不純然同性戀」的文本可能再現異性戀男性參與同性之間的性、可能再現無涉同性情慾卻認同女同性戀理想國的異性戀女性、可能再現雙性戀。這些「不純」文本未必被貼上同志文學的標籤，卻影響公眾對於同性戀的認知。

但剛才兩組還遺漏了不少同性戀領域的參與者。從古至今，人們一想到同性戀，就很容易先想到跨性別的人（如國內外同志大遊行的眾人目光焦點：扮裝妖姬）；但跨性別的人卻不屬於倡分的純同性戀者，也不屬於倡合的不純同性戀俱樂部。原來，倡分、倡合兩個類別，看似對立，卻一致倚重了「性偏好層面」，並輕忽了「性別層面」。謝姬維克圖表所列的第三組、第四組人也就特別值得留意了：第三組是要求男女分界的人（在乎男女性別之分，而不強調同性戀異性戀之分），「男生一國、女生一國」，如「男性解放」的參與者（面對女權興起而出現的崇尚陽剛氣質團體，成員都是男性，包含男同性戀者）。

第四組則是男跨女和女跨男的人，不分而合，「男生參女生國、女生參男生國」，除了跨性別

---

52 Eve Kosofsky Sedgwick, *Epistemology of the Closet* (Berkeley: University of California Press, 1990).

者之外，還包含了「仰慕、認同女明星的男同性戀者」和「結盟合作的女同性戀者和男同性戀者」。

第三、第四組對同志文學史研究者也有重大意義。長久以來國內外研究者常關注「同性情感」（以愛為主，未必含性）、「同性慾望」（含性）等等觀念，但這些觀念都看重「性偏好」（sexuality），卻不看重「性別」（gender）之別。這種對於性偏好的偏心，難免讓研究者用放大鏡檢查文本中有沒有同性之間的愛或性，因而忽視了愛與性之外的人事物。台灣文學其實不乏「未必重視愛或性」的第三組、第四組：軍中同袍情感、高中學姐學妹戀，都屬於男生一國、女生一國的第三組。流行歌手張清芳的歌曲〈Men's Talk〉曾經在一九九〇年代走紅台灣的同志夜店。歌詞就表達了異性戀女子不了解為什麼男朋友總是跟男性好友在一起。

愛人　不能是朋友嗎　你怎麼都不回答　你的心事為什麼只能告訴他
後來　我才知道　有些話你只對朋友說
你們叫它做　淡水河邊的MEN'S TALK

這種哥兒們黏在一起的情形，究竟是異性戀男性本色，還是男同性戀生態呢？

跨越性別的第四組則包括國內外迷戀天后演唱會的男人（這裡的天后包括國外的瑪丹娜等人，國內的張惠妹、蔡依林等人），以及愛看扮裝妖姬的男人——這些狂愛「真女人」（如張惠妹本人）和「假女人」（如「打扮」成張惠妹的男人）的男人，一般認為都是男同志，而不是異性戀男人。這個現象挑戰了「異性戀男人只愛看女人，同性戀男人只愛看男人」的僵固信念。女同志除了愛看女人，也愛看男人。她們不見得愛看「真男人」，但是在東亞脈絡中她們愛看女人扮演的「假男人」：凌波主演男主人翁的黃梅調電影《梁山伯與祝英台》（一九六三），還有以女扮男表演出名的日本寶塚劇團，都吸引了無數跨越世代、跨越國界的女性戲迷。

在討論過「性」、「文學」、「同志」的定義之後，接下來我將「同志」和「文學」組合成「同志文學」，處理第二組的定義。

（四）同志文學的歷史條件是什麼？

我先前「暫時」將「同志文學」定義為「讓讀者感受到同性戀的文學」，後來又增修為「讓讀者感受到同性戀的文類與領域」。現在我還要多勞不逸地，加入「歷史條件」的考量，將定義補充為「在現代中文印刷品這個平台讓讀者感受到同性戀的文類與領域」。也就是說，如果台灣沒有「現代中文印刷品」這個平台（這個平台也就是「歷史條件」、「物質條件」），那麼同志文學就沒有得以生根開花的土壤。例如，在一九六〇年代，本土的同志文學開始在文學雜誌、副刊出現，一方面是因為當時台灣社會已經有本錢經營文學市場（文學發表空間，如報紙，是大量財力人力堆砌出來的成果），另外一方面也因為越來越多公眾（其中有些人成為作者、更多人成為讀者）受過現代中文的識字教育（各個環節的教育都要花錢）、能夠進行現代文學的生產、消費、議論。

「現代中文印刷品」這個平台一方面看起來寬闊納入了某些文學，卻也同時排除了另一些文學。至少有三種文學跟這個平台格格不入：一，日本時期台灣境內文本（用日文而非中文）；二，原住民文學（原住民作者未必想被漢人本位主義的現代中文收編）；三，「網路文學」（電腦網路平台上的文字符號表演，媒介是網路媒體而不是印刷品的紙本媒體）。我將會討論將「日本時期台灣境內文本」、「原住民文學」納入本書框架討論的「可能性」與「不可能性」。我不會細談網路文學，不是因為網路文學不值得重視，反而是因為它（連同各種網路議題）已經是國內外熱門課題。為了照顧比較被冷落的課題，本書在有限篇幅內只談已經有點落寞的紙本媒體，而不談聲勢如日中天的網路媒體。

（五）「同志文學」跟「同性戀文學」有何不同？

本書採用「同志文學」一詞，並不採用「同性戀文學」，主要不是因為「觀感差別」（「同志文學」一詞看起來順眼，「同性戀文學」看起來刺眼），而是因為「功能差別」：「收納」歷史之效。

如果同志文學只被當成文類，那麼它跟同性戀文學這種文類的確差不多：這兩者的「內容物」是大同小異的。可是我主張同志文學也是一種領域，然而同性戀文學並沒有被當作一種領域來看。同志文學可以是「內容物」（文類），也已經被當成收納內容物的「容器」（領域）；當各地學者表示他們「研究『花蓮文學』」、「主修『日本文學』」、「專攻『印度文學』」的時候，這些文學也都是容器，而不只是內容物。可是，「同性戀文學」只被當成內容物，並沒有被當作容器來用。

誠然，早在新詞「同志」在一九九〇年代出現之前，讓讀者感受到同性戀人事物的藝文作品早就出現了。但這批藝文作品缺乏整合，形同一盤散沙。不過，從一九九〇年代起，具有整合功能的分類概念紛紛出現，例如「同志文學」、「同志電影」、「同志運動」。這些概念具有「整合」功能，主要是因為它像是收納盒子一樣，可以讓人將過去、當下、未來收納起來：藉著這個收納工具，讀者除了確認當下（一九九〇年代的同志文學），也追封過往（回頭將六〇年代白先勇等等先驅所寫的作品納入），並且期許未來（相信同志文學的版圖在九〇年代之後還會繼續擴張）。

那麼，為什麼「同志」相關的詞彙具有收納功能，而「同性戀」沒有？說起來，還是跟我剛才擱置的「觀感問題」有關。「同性戀」一詞看起來刺眼、「同志」一詞看起來順眼的原因多種，比較少被提及的原因（但也因而被我重視的原因）在於「同性戀」一詞走紅於美國領導的「冷戰時期」而「同志」一詞來自於強調「跟宿敵和解」的「後冷戰時期」。在冷戰時期，國家（含美國、台灣）將同性戀視為國家之敵；在後冷戰時期，國家（尤其英美等等西方國家）漸漸將同志視為國家的人權吉祥物。中文「同志」一詞就體現了後冷戰情緒：出自中共脈絡的「同志」一詞不再是港台民眾的敵人[53]，而大可以是港台民眾的自己人。就是要在「開始接觸同性戀（而不再迴避同性戀）」、「開始接觸中共（而不再迴避中共）」的冷戰之後時期，「同志」這個指稱同性戀的詞彙才可能在港台流通。

而在同性戀被視為公敵的冷戰年代，同性戀人事物各自鳥獸散、各自孤立，**同性戀者巴不得「忘記」夾纏污名的記憶，怎敢奢求「記得」同性戀的歷史？**在同性戀改稱同志的後冷戰時期，同志開始慢慢體悟應該認識自己、應該回顧自己的過往，才開始理直氣壯爭取「記得」的權利，才開始拒絕「忘記」。當同志從自我憎惡轉向自我探索，同志才會開始爬梳歷史。

53 中共和國民黨都常用「同志」一詞，但一九九〇年代港台人士挪用的「同志」主要來自於中共脈絡而不是來自於國民黨脈絡。

一九九〇年代起，民間、文壇、學界在為同性戀相關文學「算帳」的時候，紛紛將過去、當下、未來的帳算在「同志文學」這個戶頭下，而不是記在「同性戀文學」這個戶頭。這個盤整文學帳目的歷程將「同志文學」創造成為一個具有「歷史向度」的整合詞彙，但是「同性戀文學」卻沒有被賦予同樣的歷史向度。因為同志文學讓人聯想到連綿的歷史，「同性戀文學」卻無法提供同樣的歷史向度，所以本書選用「同志文學」而不是「同性戀文學」一詞。也就是說，「同志文學」的定義還可以增補這一點：「讓不同歷史座標的文本得以容身的容器」。

（六）「同志文學」跟「同志文學史」的關係是什麼？

「同志文學史」除了包含「同志文學」，也包含「歷史」：同志文學的參與者（不管是作者還是讀者）經常——有意或無意地——察覺到自己在歷史座標中的位置。先前提及，在世紀末前後出現的《紫水晶》等等同志文學選集都——有意或無意地——藉著展示玲琅滿目的同志文學清單，證明同志歷史的存在。文學的編者、讀者、作者並不是在一個沒有歷史的真空狀態中太空漫步。

曾經影響台灣文壇的詩人艾略特（T. S. Eliot）早就指出，「文學」趨近文學史，而不是遠離文學史。他在一九一九年發表的著名文章〈傳統與特立獨行才子〉（Tradition and the Individual Talent）[54]指出，每個作者在進行創作的時候，一方面從舊有的文學傳統擷取了舊的養分，另一方面又為文學傳統提供了新的能量。借用網路時代「雲端科技」的語言來說，文學傳統位於雲端，每一個寫手在寫作的時候一方面從雲端「下載」既有的智慧，另一方面同時把新寫出來的成果「上傳」雲端、隨時更新雲端的體質。在同志文學史中，白先勇作品被公認為重要里程碑。在白先勇之後的同志文學寫作者都——有意或無意地——打量他們的作品與白先勇作品的相對距離：他們一方面呼應白先勇作品，另一方面重新詮釋白先勇作品——也就是同時念舊、求新。就算刻意不要理會白先勇作品的一個個新生代「特立獨行才子」（艾略特語）也還是對白先勇作品耿耿於懷，沒有逃離雲端的範疇。正因為位於雲端的傳統揮之不去，我才說「同志文學」和「同志文學史」這兩者形影不離、才說同志文學傾向歷史。

（七）「酷兒」是什麼？「酷兒文學」是什麼？

「酷兒」和「同志」都是在後冷戰時期才出現的新詞。本書在討論世紀末的時候會更詳細爬梳「酷兒」一詞。在這裡，我先簡潔釐清「同志」和「酷兒」的分工合作狀況。

同志和酷兒，與其說是兩種不同人種，不如說是兩種不同態度：面對「人道主義」（humanism）的態度。在討論世紀末的一章，我將會解釋為什麼看似理直氣壯的人道主義竟然在世紀末遭受挑戰。「同志」一詞傾向信任人道主義，因而追求體制內的平等，提倡「異性戀，同性戀，大家都一樣，都是人」；「酷兒」一詞傾向質疑人道主義，因而留意體制內外都有的縫隙，提倡「就算大家都是同性戀，也還是個個都不一樣。」

我並不建議採用「兩種不同人種」的分類法，因為這種分類法往往導向「是非題式問答」，例

54 T. S. Eliot. "Tradition and the Individual Talent,"(1919) in *Modernism: An Anthology*, ed. Lawrence Rainey (Malden, MA.: Blackwell, 2005), pp. 152-55.

如「這個人是不是酷兒作家？」「作品裡這個角色是不是酷兒？」這些問題。我建議採用「兩種不同態度」的分類法，因為不同的態度可以在同一個人（同一個角色、同一個作品亦然）共存：同一個人可以在某些情境傾向同志（例如，強調同性戀和異性戀是相同的），並且在另外某些情境傾向酷兒（例如，強調同性戀對異性戀帶來的挑戰）。

有些人認為，既然「酷兒」一般被認為比「同志」冷僻古怪，所以「酷兒文學」就被認為比「同志文學」更加賣弄「非主流情慾」（非主流的內容，例如「性虐待」）的「非主流表現」（非主流的形式，例如後現代小說技法）。這種推論還是建立在「兩種不同人種」的分類法，不但還是訴諸「是非題式問答」，而且依賴了「特徵」而不是「定義」：「身為酷兒的人，看起來，比身為同志的人古怪」、「酷兒文學，看起來，比同志文學炫示了更多情慾」這兩種看法都只觸及特徵（酷兒「看起來」應該有的樣子、酷兒文學「看起來」應該有的樣子）。難道看起來不夠怪的人就必然不符合酷兒的定義嗎？難道沒有炫耀情慾奇觀的文本就必然不符合酷兒文學的定義嗎？定義和特徵，畢竟是兩碼子事。

我延續剛才「兩種不同態度」的分類，指出「同志文學」傾向支持人道主義（例如，簡稱同志跟異性戀一樣也是人），而「酷兒文學」卻傾向挑戰人道主義（例如，偏偏主張同志「人間失格」[55]）。這兩種態度也可能在同一種文學文本中並存，畢竟同一個文本對於同性戀人事物的態度是可能隨時流變轉換的。

自從「同志」和「酷兒」兩詞崛起以來，「同志文學」（以及「同志電影」、「同志運動」等等）的「收納歷史能力」遠遠超過「酷兒文學」（以及「酷兒電影」等等）。我將這部書稱為「同志文學史」而不是「酷兒文學史」，理由類似我不將這部書稱為「同性戀文學史」：**「同志」、「酷兒」、「同性戀」這三者的收納能耐各自不同。**「同性戀」來自企圖「忘記」污名傷痛的戒嚴時代，「同志」出自於重建「記憶」的世紀末，所以「同志文學史」的收納能力比「同性戀文學史」來得強。同時，「同志」傾向「求同」（聲稱「大家同樣都是人」）的人道主義，「酷兒」傾向「求異」（質疑「大家同樣都是人」）的反人道主義立場，所以「同志文學史」可以收納「酷兒」（把「酷兒」當作自己人）。不合群的「酷兒」不大可能出面打造「糾集自己人」的「酷兒文學史」，更不可能以「酷兒文學史」之名收納「同志」（不可能將「同志」當作自己人）。

簡而言之，對「同志」立場的人來說，「求同」為大，所以「酷兒」可以納入「同志」的陣營；對「酷兒」立場的人來說，「求異」為大，所以「酷兒」不可以納入「同志」的領域，同樣「同志」也不可以納入「酷兒」的領域。

六、研究方法：歷史怎麼做

上一個小節處理「文學」、「同志」的定義，但沒有細談「歷史」是什麼。接下來這一節要談歷史「怎麼做」，也就是撰寫歷史的方法。

我只談同志文學史這個框架中的歷史（一如這部書談的文學是同志文學史這個架構中的文

55「人間失格」一語借自日本作家太宰治的書名，意指「不符合做人的資格」。

學），而不談泛指古往今來的各種歷史（一如這部書談的文學並非各種文學）。我同時參考了下列幾種研究方法：⑴弱勢歷史；⑵同志時間觀；⑶同志歷史撰寫方法；⑷同志主體論。

（一）弱勢歷史：文化詮釋權 vs. 種族記憶

歷史不是鐵板一塊；切割歷史的方法有千百種。例如，重視權力角力的人也可以按照權力多寡，將歷史切割為兩大塊：一塊是當權者的主流歷史，另一塊是弱勢的邊緣歷史。

加拿大著名學者琳達・哈虔（Linda Hutcheon）在〈介入式的文學史：懷舊的，烏托邦的，還是實際的？〉（Interventionist Literary Histories: Nostalgic, Utopian, or Pragmatic?）[56]這篇文章討論弱勢文學史寫作方法，將弱小民族、女性、同性戀都視為弱勢。她主張，弱勢的文學史是力求「介入」的（interventionist），而不是只求「保存」的（conservationist）：也就是說，介入、挑戰主流文學史稱霸的局面，而不僅僅只是報導、旁觀強者欺壓弱者的畫面，不僅僅只在進行類似靜態博物館的保存工作。她所說的主流文學史就是民族國家文學史（例如，美國文學史），但她認為弱勢文學史（例如黑人文學史、女性文學史）也在明明知曉國家文學史諸多缺點的狀況下，靈活機動地將國家文學史當成撰寫弱勢歷史的範本。

《同志文學史》同樣也是一部介入主流的公眾歷史。此書關注的弱勢，除了與異性戀「體制」格格不入的同性戀人事物，還包括面對種種帝國（日、美、中）的台灣，以及在二十一世紀影音媒體陰影之下倖存的文學。

《同志文學史》的撰寫目的參考了哈虔，也參酌了哈虔的反對者。哈虔討論文學史的這篇文章遭受「新歷史主義」（new historicism）大將史蒂芬・葛林布雷特（Stephen Greenblatt）猛烈批判。哈虔凸顯的關鍵詞是「文化詮釋權」（cultural authority）：文化詮釋權被視為弱勢文學史的貢獻。而葛林布雷特的文章〈種族記憶與文學史〉（Racial Memory and Literary History）[57]凸顯另一個關鍵詞「種族記憶」（racial memory）：種族記憶被視為弱勢文學史造就的禍害。

對於中文讀者來說，這兩個關鍵詞的評價很容易讓人誤解：文化詮釋權既然是「權」，聽起來很霸道，怎麼會被哈虔稱頌？種族記憶，聽起來是弱小族群的傳家之寶，像是瀕臨絕種的小動物，怎麼會被葛林布雷特斥責？

「文化詮釋權」與「種族記憶」這兩個詞要放在上下文脈絡來理解：哈虔承認，弱勢難免要效法現代國家，才能夠有效建立給自己人「培力」的文化詮釋權；而葛林布雷特擔心，弱勢一旦以現代國家作為榜樣，就會學到具有壓迫性的種族記憶。這兩個詞都建立在「弱勢群體對於現代國家的模仿」上面。文化詮釋權在哈虔文章中，可以為一群人（不論是一個民族還是一批同性戀者）帶來「自我培力」（self-empowerment）的機會。而我要補充，在強勢和弱勢對峙的局勢中，文化詮釋權可以做什麼：文化詮釋權帶來面對強權、挑戰體制的堅韌力量。文化詮釋權讓一群人共同感受自己人共享的起源、進化、願景。我用「台灣人意識」為例：台灣人的文化詮釋權描繪了台灣人意識的

56 Linda Hutcheon, "Interventionist Literary Histories: Nostalgic, Utopian, or Pragmatic?" *Modern Language Quarterly* 59.4 (1998): 401-17.

57 Stephen Greenblatt, "Racial Memory and Literary History," *PMLA* 116.1 (Jan. 2001): 48-63.

起源、台灣人意識從稚嫩到成熟的進化、值得共同邁向的美好願景（「獨立建國」是其中特別搶眼的願景）。上一段說的「有用的過去、美好的未來」就是要在這種文化詮釋權的光輝之下才顯得有用、美好。哈虔刻意祭出雙重標準：講究「起源」、「進化」、「願景」的國家文學史（例如，美國文學史）已經失去教化民眾的說服力，但是效法美國文學史所寫成黑人文學史或同志文學史卻仍然享有鼓舞弱勢的正當性。

葛林布雷特卻認為，弱勢文學史所預設的種族記憶傾向，講究純正血統、排斥異己。他反對弱勢文學史仿效國家文學史的主要原因有三。一，話術，是神話：這類文學史訴諸的「起源」、「發展」、「願景」信念全都是當代人發明的，卻往往被標榜是純天然的，因此造成民眾迷信；二，「過度用力各掃門前雪」（這是用我自己的口語詮釋）：他感嘆，每個弱勢族群都很用力地進行自戀，例如，（在美國教育界）拉丁裔學生特別投入拉丁裔文學，同志身分的學生特別投入同志文學，學生都只願被自己的身分認同牽著走（而不關心其他人的身分認同）；三，反對雙重標準：既然國家文學史的操作方法已經沒有正當性，就不應該容許雙重標準、鼓勵弱勢去模仿操作國家文學史的方法。

葛林布雷特為文學史關心者提出兩個建議：一，必須承認不同的身分認同是同時存在的；二，必須承認歷史的斷裂。按照我的詮釋，前一點提醒同性戀學生並非只有同性戀身分（可能還同時具有台灣人身分、原住民身分、工人階級身分等等）、並不可能只對同性戀身分這個單一身分認同效忠。後一點提醒讀者，同志文學史不可能毫無斷層、天衣無縫、一氣呵成地寫成。

總之，哈虔鼓勵弱勢放膽去寫文學史，不要怕手髒；葛林布雷特奉勸弱勢堅持潔癖，不要重複國家文學史的舊路。《同志文學史》的確也要追求哈虔所說的文化詮釋權，藉此為同志、同志文學、同志歷史培養追求尊嚴的力量。同時，我也承認，葛林布雷特提醒的多元身分認同以及歷史斷層，是我在撰史過程中牢記在心的——倒不是因為我被葛林布雷特提醒，而是因為同志論述本來一直就對這兩點很敏感。我在本書中從來就不僅僅只關注「同性戀身分認同」而已，反而持續留意同性戀身分與異性戀身分、階級身分、族群身分的重疊。

我倒是要批評葛林布雷特將同性戀和種族混為一談。他一直批判種族記憶，偶爾順便教訓同性戀者。但他的批判對象明明就只是種族歧視。雖然國內外都流行「同志族群」這種說法（彷彿同志也是一個種族），但是同性戀從來不是血緣代代相傳的種族。將同性戀與各種大小的種族混為一談，就犯了「去歷史化」的重大錯誤：從現代性稱霸以來，各種民族的振興、自治、獨立建國，都奠基在異性戀「體制」這個歷史條件上面。從古到今，人們鮮少檢討異性戀體制，反而放任異性戀體制孳生「女人國宰制男人」、「同性戀者團結起來統治地球」、「全世界都變成同性戀」等等瘋狂妄想。這類狂想並沒有建立在歷史基礎上，往往只是「仇視女性主義」（misogyny）和「恐懼同志主義」（homophobia）的「去歷史化」產品。從現代性稱霸以來，就連占世界人口一半的女人都不可能獨立建國、很難在民主國家攻占過半的國會席次，那麼同性戀者怎麼可能發動政變？同性戀者從來沒有足以建國（或足以自治）的歷史條件：沒有國土、沒有水電資源、沒有武力、沒有異性戀體制撐腰。各種國家持續對同性戀進行的人權侵犯才是口述歷史永遠抄錄不完的實況。至於同性戀學生「太」投注於同志文學，是弱勢「贖回」（reclaim）弱勢文化傳統的行動，就像客家學生熱心學唱客家歌曲一樣，值得鼓勵而不值得焦慮。這樣的同志學生在下課之後，還是被迫回到異性戀體制主宰的社會，而且說不定就是一個同性戀霸凌頻繁發生的暴力社會（例如今日美國）。有史以來文學經常成為讓弱勢保護自己的庇護所，而投身同志文學只是追求基本尊嚴的素樸方式。

（二）同志時間觀：抗拒標準，質疑願景

剛才哈虔推崇的弱勢文學史觀傾向展望美好的未來。這種對於未來的憧憬就是同志研究界在二十一世紀密集自我反省的重要課題。我在本書採用弱勢文學史觀思路的時候，也參考了同志研究界對於「未來」的批評。

英語世界的同志研究已經對進化、願景等等信念提出質疑。這一派學者討論的課題稱為「同志時間觀」（queer temporalities）[58]；這裡的時間觀其實也可以理解為更口語化的「時間表」，而且是複數的時間表。重視同志多元時間表的學者批判主流社會強迫每個人接受的正常時間表。用小熊英二在《如何改變社會》的說法，這種所謂正常的時間表就是「均質化的生命週期」[59]。按照主流社會的價值觀（按照小熊英二的說法，則是「工業化社會」的價值觀）[60]，每個人都應該依循均質化的生命週期安排人生：例如，「大學之前不交男女朋友，大學階段才開始接觸異性，大學畢業後一邊就業一邊尋找婚配對象，然後成家立業，養兒育女」。但是這種看似正規的時間表忽略了絕大多數民眾的籌碼和需求：很多人因為階級限制而念不起大學；越來越多人無法在畢業之後找到工作；有些人不管年紀多大都不想進入婚姻。這種「預設人人都是異性戀」的時間表根本不符合許多人（包含異性戀者和同性戀者）的需求。「同志的種種時間表」這個課題就是要想像有別於異性戀主流的時間表，而且是複數而非單數的時間表：在同志人權意識興起之前的年代，有些同志早在學生時

代就忙著找異性結婚以便掩飾自己的同志身分；在同志婚姻獲得越來越多民眾支持的年代，有些同志在畢業後一邊就業一邊尋找同志婚姻的對象；有些同志看清了職場的無情剝削，提早退休，改而投身社運團體。

學術刊物《男同／女同／酷兒：同志研究學報》（*GLQ: A Journal of Lesbian and Gay Studies*）的「同志的種種時間表」專號（Queer Temporalities: A special issue）收入〈將同志的種種時間表加以理論化〉（Theorizing Queer Temporalities）[61]這份座談記錄，參與者包括許多重量級的酷兒理論學者，例如批判「美好未來」意識形態的艾靉蔓（Lee Edelman）。艾靉蔓批評，歷史已經被窄化，僅僅被理解為進步史觀進程，一段又一段的時間都不得不融入歷史長流——而不符合歷史進程的多種歧異時間單位則在這個過程中被抹煞了[62]。而「同志的種種時間表」專號特約主編福麗曼（Elizabeth Freeman）在她自己的專書《時間結：酷兒時間，酷兒歷史》（*Time Binds: Queer*

---

58 我曾經將這個英文詞彙中譯為「酷兒時間性」。但我發覺這個譯法恐怕讓讀者以為「時間性」是個非常「形而上」而且遠離日常生活的概念，所以我改用比較生活化的譯法：「同志的種種時間表」。

59 小熊英二著，陳威志譯，《如何改變社會：反抗運動的實踐與改造》（台北：時報文化，二〇一五），頁五八。

60 同前注。

61 Carolyn Dinshaw, Lee Edelman, Roderick A. Ferguson, Carla Freccero, Elizabeth Freeman, Judith Halberstam, Annamarie Jagose, Christopher Nealon and Nguyen Tan Hoang, "Theorizing Queer Temporalities: A Roundtable Discussion," *GLQ: A Journal of Lesbian and Gay Studies*, "Queer Temporalities: A special issue" (2007): 177-95.

62 "Theorizing Queer Temporalities: A Roundtable Discussion," pp. 180-81.

Temporalities, Queer Histories）[63]也表示，主流社會把多種時間簡化整併為一條歷史長流（例如將文學角色的個人式小我妄想，解讀為獻給國家大我歷史的祭品），所以她改而研究不參與歷史長河的多種時間（如狂想、潛意識、來生等等）[64]。

這種「抗拒標準制式時間表、質疑美好願景」的態度，也影響本書處理時間的方式。在解釋章節安排的時候，我會說明我怎樣整合「順時間順序」和「逆時間順序」這兩種安排方式。

（三）同志歷史撰寫方法

同志文學史是一種台灣土產。日本、美國、中國等文學大國並沒有提供現成的同志文學史模板讓台灣拷貝。但我在撰稿過程中還是參考了國內外多種不同領域學者的研究成果。其中，黑普林的《如何做同性戀歷史》（但重點仍然不是「文學史」而是「歷史」）堪稱模範。接下來我要陳述三點：1.我讚許《如何做同性戀歷史》的哪些地方；2.我質疑該書哪些地方；3.該書還可以補充什麼。

1. 我讚許黑普林在「歷史主義」和「時代錯亂」之間取得平衡。

黑普林的《如何做同性戀歷史》在歷史的「延續」（continuity）和「斷裂」（rupture）之間尋找平衡點：「延續派」相信「同性戀從古到今都一直存在」，而「斷裂派」則認為「同性戀是現代以降的概念、在現代之前並不存在」[65]。受傅柯名言「雞姦者屬於以前／同性戀要到現代才有」影響[66]，學界已經大致認定古代雞姦者和現代同性戀者之間沒有延續、只有斷裂。傅柯的《性機制史》

選擇一八七〇年這一年當作分界線：在一八七〇年之前，世人從事同性性交的行為，但是並沒有同性戀身分認同；在一八七〇年之後，世人才開始了解同性戀者這種身分認同[67]。不過我要補充，這個分界年分並非放諸四海皆準。美國台裔學者桑梓蘭（Deborah Sang）在《浮現中的女同性戀：現代中國的女同性愛欲》（*The Emerging Lesbian: Female Same-Sex Desire in Modern China*）[68]指出，日本在二十世紀初就受到西方「性學」影響而用漢字製造出「同性愛」一詞，後來中國知識分子將「同性愛」這個來自日本的外來語改造為中文的「同性戀愛」、「同性戀」等詞[69]。也就是說，當歐洲知識分子於一八七〇年開始認識同性戀者與所謂「一般人」的差異之後，日本知識分子從西方得知這個差別（日本人比西方人晚了一步認識「同性戀」），而中國知識分子、日本知識分子之後獲悉這個差別（中國人還比日本人晚了一步）。然而，就算閱讀中文的知識分子早在二十世紀初期就開始接觸「同性戀」這個新觀念，廣大的中文使用者（包含大量文盲）恐怕還要許久之後才慢慢

63 Elizabeth Freeman, *Time Binds: Queer Temporalities, Queer Histories* (Durham: Duke University Press, 2010).
64 *Time Binds*, p. xi.
65 *How to Do the History of Homosexuality*, pp. 1-23.
66 這句話出自於傅柯的《性機制史》。Michel Foucault, *The History of Sexuality: Vol. 1. An Introduction*. Trans. Robert Hurley (New York: Vintage, 1978, 1990)。
67 *The History of Sexuality*, p. 43.
68 Deborah Sang, *The Emerging Lesbian: Female Same-Sex Desire in Modern China* (Chicago: University of Chicago Press, 2003).
69 *The Emerging Lesbian*, p. 109.

地、逐漸地、片段地接觸「同性戀」一詞、才開始用這個詞判定誰是同性戀者。傅柯選擇一八七〇年這一年當作分界線的做法，與東亞的關係很有限。

斷裂派被視為歷史主義者（historicist），延續派則被視為「無歷史的」（ahistorical）、犯了「時代錯亂」（anachronism，指，將現代的概念投射到古代，是誤解歷史的錯亂行為）。用簡明口語來說，我將「歷史主義者」稱為「講究歷史考究的人」、「無歷史主義者／反歷史主義者」則是「不講究歷史考究的人」。放在台灣脈絡來看，如果不加猶疑地認為一九九〇年代的台灣同志與一九六〇年代的台北新公園「青春鳥」是同一種「同性戀」、以為「同性戀」在幾十年內都沒經歷過變化，那麼這種心態就是不講究歷史考究的，會遭受講究歷史考究的人的挑戰。

在美國學界，講究歷史考究的「歷史主義者」占了上風，而不講究歷史考究的「無歷史主義者」屈於劣勢。美國學界的立場，和中國同性戀史出版品的立場，形成對比：後者過於天真地相信歷史的延續。二十年來，香港、中國出版了數種中國同性戀史，大而化之地從上古一口氣數到二十世紀，津津樂道「漢朝皇帝不乏同性戀者」等等說法，還經常將結語放在白先勇的《孽子》，彷彿中國的同性戀「恆常不變地」穿越時光隧道，並且託孤似地，跨海交棒給白先勇。著名的中文例子包括香港作家小明雄的《中國同性愛史錄》，厚達五百多頁，全書最後討論的文本就是白先勇作品[70]。著名的英文例子包括在台任教學者韓獻博（Bret Hinsch）的《斷袖的激情：中國男同性戀傳統》（*Passions of the Cut Sleeve: The Male Homosexual Tradition in China*）[71]，最終章也提及白先勇作品。多種中國同性戀史傾向延續派，我則選擇「延續」和「斷裂」之間拿捏平衡。

黑普林的《如何做同性戀歷史》出版的時候，在美國史學界斷裂派聲勢遠勝延續派。黑普林的書屬於斷裂派，但並不全盤否認延續派的效應。也就是說，在講究歷史考究之餘，不否定當代人「不講究歷史考證地」思慕古老舊時光的慾望。我沿用黑普林的取捨：一方面不輕易地將古代雞姦者等同於現在的同性戀者、不將同性戀當作從古至今都從未變質的活化石；另一方面，也不斷然否認思慕古老舊時光的情感。來自中國的某些古老典故，如「斷袖」、「餘桃」、「龍陽」、「後庭花」等等，仍然持續在台灣流通。雖然「斷袖」的歷史情境並不可能在今日台灣複製，但如果今日有人眷戀被浪漫化的「斷袖」、「餘桃」傳說，也無可厚非[72]。

同時我也要藉著這個機會強調，台灣作者和讀者對於中國傳統「斷袖」、「餘桃」的留戀，就如同美國人對於古希臘羅馬的「引用」（指，引經據典的引用）。美國的政府機關建築、大學建築曾經頻繁引用希臘神殿風格，美國各地的同志舞廳經常借用古希臘羅馬神名、人名當作招牌——例如「阿多尼斯」（Adonis）、「丘比特」（Cupid）、「嘉尼梅德」（Ganymede）等等都是常見的店名。

70　小明雄，《中國同性愛史錄》（香港：粉紅三角，一九八四、一九九七），頁四三三—三五。頁四三七之後（談論白先勇作品之後）的內容已經不屬於該書「內文」，而屬於「附錄」。

71　Bret Hinsch, *Passions of the Cut Sleeve: The Male Homosexual Tradition in China* (Berkeley: University of California Press, 1992).

72　一九五九年《聯合報》刊出一則新聞：「輪上醜劇　老船員竟獸性大發　強拉雇工斷袖分桃」。停在高雄港的利比亞籍商船上，外國籍老船員強制一個中國籍男性清掃工（按，台灣男人）發生性行為。這則新聞啟用的「斷袖」、「分桃」兩詞被用來指涉一九五〇年代的跨國男男強暴案，和「中華古風」差之千里（《聯合報》，一九五九年五月二十二日，四版）。

多虧歐美文化的全球化影響，這些古希臘羅馬的店名也被泰國等等國家的同志場所廣泛引用。美國、泰國這些引用的行為並不意味美國、泰國跟古希臘羅馬一脈相傳，不意味美國和泰國要「回歸希臘羅馬」。同樣，台灣報刊和文學引用「斷袖」、「餘桃」等等典故，也不意味這些報刊和文學文本繼承了古中國的薪火，不等於具有「復興中華文化」的企圖。

正是因為黑普林並不全然切斷古往今來的延續，《如何做同性戀歷史》才在書名標舉「同性戀」（homosexuality）一詞——「homosexuality」這個詞一直至一八六九年才在德語系國家「被發明」[73]——作為回顧歷史的策略性工具詞。黑普林認為，現代人所稱的同性戀，在歷史長河中四分五裂成多種模式；不過，這些曾經四分五裂的「擬同性戀」、「前同性戀」各色狀態，卻都殊途同歸，統整沉澱，積累成為當今同性戀的一部分[74]。舉例來說，身處於二〇一〇年代的讀者在閱讀清代小說《品花寶鑑》的時候，畢竟是站在二〇一〇年代的時間座標上、採用二〇一〇年的後見之明，並不可能站在清代的時間座標上、直接襲用清代人的眼與心。讀者一方面要承認，《品花寶鑑》裡頭的相公並不等於二〇一〇年代的同性戀者（具有同性戀身分認同的人）；可是，在另一方面，也不能否認《品花寶鑑》裡頭的相公「真的就像」同性戀者。只有承認好色的古人「不是」但是「很像」同性戀者，作者和讀者才可以維持「延續」和「斷裂」之間的平衡：也就是歷史主義和跨歷史主義之間的平衡點。剛才提及的桑梓蘭專書《浮現中的女同性戀》就在英文書名維持了這種平衡：主標題的「女同性戀」（lesbian，英美現代文化啟用的詞），就是歷史主義的、只有現代性發生之後才存在的；副標題「女同性戀愛欲」（female same-sex desire，直接翻譯應該是「女性的同性慾望」），就是跨歷史主義的、在古今歷史座標上都可以發現的。在《同志文學史》一書裡，我承襲

《如何做同性戀歷史》和《浮現中的女同性戀》的「集大成」策略，採用一九九〇年代才在台灣通行的「同志」一詞，回過頭來統稱一九六〇至一九九〇年代之間文學所再現的同性戀人事物。

這種多元傳統匯集為一的狀態，也就是來自多種時間座標的「發明」匯集在一起的狀態（正如本書最前面提及，傳統就是被發明出來的東西），在台灣也似曾相識。王德威的〈後遺民寫作〉指出前人的多元國族認同的傳統最終都成為（質地並不均勻的）台灣認同的組成成分。他說，（「漢族的遺民」）賴和、（「亞細亞的孤兒」）吳濁流、（皇民的）周金波、（反日、反資的）楊逵，「全都可以列入開國史話的陣容。這些作家原來的意識形態、創作路線有別，卻被認為殊途同歸。」[75]而《如何做同性戀歷史》則指出，古人的多元情慾模式最終都將會積澱在一起，共同成為現代同性戀的組成成分。

《如何做同性戀歷史》這本書壓軸的一章是〈如何做男同性戀歷史〉（黑普林壓軸的這一章題目跟書名不同，似乎重男輕女）。這一章表示，古代歐洲文獻展示了男性（雖未明說，但應是白種男性）的分歧樣貌，後來則殊途同歸，成為質地不均勻的同性戀。古代分歧樣貌歸納為四種「模式」：「（男性的）女性化」、「雞姦」（sodomy，在此應廣義解讀為同性或異性之間不以生殖為目標

73 黑普林指出，在一八六九年首創「homosexuality」這個詞的人用化名「卡爾・馬力亞・柯特奔尼」（Karl Maria Kertbeny）寫作。*How to Do the History of Homosexuality*, p. 130。

74 同前注。

75 王德威，〈後遺民寫作〉，《後遺民寫作》（台北：麥田，二〇〇七），頁八。

的性行為，而不是狹義的肛門性交）[76]、「要好朋友」、「性倒錯」。在此「女性化」和「性倒錯」類似，都可算是今日所稱的「跨性別」（transgender）；但在《如何做同性戀歷史》中，女性化的男人只是在言行儀態上陰柔、仍可能與女性發生關係；性倒錯的男人則是男扮女裝者或男變女的變性人、主要性對象為男人。這四種模式慢慢交錯、變質、積澱，共同成為現代所認識的同性戀。

值得注意的是，在同性戀這個現代詞語通行的當代，只從事雞姦或只從事「『雞姦』加『要好朋友』」的人是仍然存在的——借用王德威談論「遺民」的說法，這些饒有古風、不夠現代化的同性戀者，就是「性別、情慾遺民」，就是與當下時間脫節的性別主體、情慾主體[77]。

2. 我質疑西方學者視為理所當然的「無」與「有」

黑普林書中出現明顯刺眼的「無」與「有」：他的看法「無」女性；他的時間觀「有」空間的靠山。

他的「無」與「有」對照了我關心的「有」和「無」：我的研究「有」女性；而且，我「沒有」將大江大海的空間視為理所當然。

黑普林的《如何做同性戀歷史》在某些章節提及女同性戀，但在壓軸的一章〈如何做男同性戀歷史〉只有男沒有女。黑普林這麼做的主要原因，是他所聚焦的上千年歐洲史展示了豐富的男男情慾，偏偏同一版圖中的女女情慾史料有限[78]。相比之下，一九六〇、七〇年代台灣，文壇不但已有不少活躍的女作家，而且女作家所寫的同性關係（作家為女，但文本不一定以女女情慾為主；如郭良蕙寫少男迷戀少男）以及作家所寫的女女關係（作家不一定為女，但文本以女女情慾為主；如白先勇寫〈孤戀花〉）都流傳到今日。

黑普林在地理上的「有」對西方學界來說可能理所當然，但對台灣研究者來說卻不然。《如何做同性戀歷史》全書從美國立足點出發、聚焦在歐洲、上溯古希臘——彷彿古希臘、歐陸、美國這三者無縫接軌。美國儼然是古希臘的繼承者。對美國學者來說，就時間而論古希臘一如囊中物，就空間而論世界各大洲都可暢行無阻；但對台灣文學的研究者來說，就時間而論頂多上溯「晚明」[79]而非千年之前，就空間而論要在東亞各國之間保持微妙距離。美國學界享有豪放遊走時間軸和空間軸的「大國想像」，但台灣研究界（以及其他無數小國的學界）並沒有這種大國豪情。《同志文學史》偏偏承認台灣的小，樂於聚焦在台灣有限空間內的在地化細節。

謝姬維克的《衣櫃認識論》指出，同性戀概念，是由彼此矛盾的各路人馬共同建構而成的：一、在性偏好層面強調殊群化的人；二、在性偏好重視常群化的人；三、提倡男生一國、女生一國

76 將「雞姦」解讀為廣義的多種另類性行為，而非限於男男肛交，是傅柯的看法。詳見朱偉誠的解說。黑普林所稱的雞姦，是按照傅柯的看法而定義。朱偉誠，〈台灣同志運動的後殖民思考：論「現身」問題〉，收入朱偉誠編，《批判的性政治：台社性／別與同志讀本》（台北：台灣社會研究雜誌社，二〇〇八），頁二〇八—二〇九。

77 王德威，〈後遺民寫作〉，頁六。

78 *How to Do the History of Homosexuality*, pp. 104-10.

79 台灣原住民早就有口傳文學（原住民神話）。而寫作者身分和寫作年代可考的（漢人的）「中文文學」一般認為從晚明來台遺民沈光文（一六一二—一六八八）等人開始算。王德威，〈第二章：遺民與移民〉，收入王德威編選．導讀，《臺灣：從文學看歷史》（台北：麥田，二〇〇五），頁二四。

的人；四、男生參加女生國、女生參加男生國的人。在黑普林指出的四類「擬同性戀」、「前同性戀」中，「（男性的）女性化」和「性倒錯」對應了謝姬維克的第四組（男生參女生國、女生參男生國的人），「雞姦」對應第二組（在性偏好重視常群化的人），而「要好朋友」對應第三組（提倡男生一國女生一國的人）。

妙的是，在黑普林的分類中，竟沒有任何一類可以對應謝姬維克的第一組（具有同性戀認同的人、百分之百純同性戀）——看起來（歐洲）歷史上只有各種「不純」的（男）同性戀，百分之百同性戀在古時候竟然並不存在。

黑普林的「缺漏」（指，他沒有提及謝姬維克的第一組：同性戀者）其實不難解釋：黑普林的書探究現代性之前的歐洲，也就是一八七〇年之前的（在「同性戀」一詞被「發明」之前的）世界，而那個時代還沒有出現一八七〇年後才被發明的同性戀身分。

3. 我補充「心內彈琵琶」

黑普林提出的四種模式並沒有捕捉同性戀的全貌。黑普林的四種模式都只顧及「外」顯的特徵，卻遺漏了文學作品常見的「內」斂「心動」：例如，單戀、暗戀、偷窺等等愛在心裡口難開的電流。

而我強調，要分析文學文本，就必須考慮第五種模式：心動。

台語歌〈望春風〉唱得好[80]：

果然標緻面肉白，
啥家人子弟？
想欲問伊驚歹勢，
心內彈琵琶。

歌唱者看到俊美男孩，想要上門搭訕，但是怕羞，就只好在「心內彈琵琶」——內心躁動無法兌換成為可以讓人目擊的言行。

「心內彈琵琶」的狀態可以用來區分「非文學」資料跟「文學」作品，也可以用來區分黑普林的「同志史」和我的「同志『文學』史」。「心動」模式在非文學資料隱沒，在文學世界裡卻很醒目；黑普林的同志史沒有必要留意文獻有沒有寫出心動，但是「文學」史必須留意文本中種種微妙的內心漣漪。例如，影響國內作家深遠的《魂斷威尼斯》就是心內彈琵琶的例子[81]：作品中愛慕少男的中年男子並非女性化、並非雞姦者、並非性倒錯者、並未跟少男成為朋友，甚至從未跟少年說話。心動而不行動的人頂多利用眼神進行眉目傳情。只用眼神而不用言行的心動者，只有內斂的心、沒有外顯的動作，所以不會被捕、不會被告上法庭、不會上社會新聞。這些內斂的人物並不會

80 李臨秋作詞，鄧雨賢作曲，〈望春風〉（一九三三）。

81 夏志清強調《魂斷威尼斯》對白先勇的影響。夏志清，〈白先勇早期的短篇小說——《寂寞的十七歲》代序〉，收入白先勇，《寂寞的十七歲》（台北：遠景，一九七六），頁一——二一。

因為冒犯主流社會而留名史上，但可以在文學找到舞台。

（四）同志主體論

讀者難免會想要在同志文學、同志歷史中看見「同性戀主體」。如果同志文學和同志歷史沒讓人看見主體，讀者恐怕會覺得納悶、失望、空虛。時至二〇一〇年代，「主體」以及「主體性」成為台灣民間熱門關鍵詞，「捍衛台灣主體性」、「呼喚女性主體意識」之類的說法走遍全國。今日讀者也就難免希望在文學中看到「同性戀主體」。

但我要質疑這種「想要看見主體」的慾望。這種「眼見」（看到同性戀主體）「為信」（才相信同性戀人事物存在）的習慣，正是人類學家猶杭倪斯・法邊（Johannes Fabian）所批判的「視覺至上主義」（visualism）：處於優勢的第一世界人類學家一看到弱勢民眾的生活細節，便將之大作文章（如「某地原住民生活形態宛如原始人」、「中國古代女性竟然樂於纏足，可見遠遠落後文明世界女性」之類的說法），強化我者（奇觀收集者、觀看者）和他者（奇觀提供者、被看者）的強弱對比[82]。讀者樂於採取精神科醫生、刑警、法醫等等視覺至上主義的攻勢，強迫被觀察者採取守勢。觀察者正氣凜然地掃瞄同性之間有沒有留下愛或性的痕跡，以「可見證據」之有無判定同性戀是否在場。雖然「視覺文本」（即「visual texts」，例如電影、電視劇、網路劇、動畫、漫畫、時裝秀、奧運實況轉播、行車記錄器畫面等等）和「文學文本」（即「texts」）都需要動用「視力」，但是視覺文本往往迎合視覺至上主義，文學文本卻不必滿足視覺至上主義的目光。被視覺至上主義收服的視覺文本閱聽人喜歡看到「真、實、有」的主體（包含同志主體），但文學裡的主體（包含同志主體）卻經常「假、虛、無」。視覺文本卻必須讓閱聽人「看見」悅人耳目的同志主體，甚至動員偶像明星飾演俊美的同志主體，務必激發閱聽人「捕捉畫面」的慾望：讓閱聽人在網路下載明星飾演同志的劇照、用文字或是圖像描摹明星扮演同志的風采。我要在此趁機回答兩個常見問題：「ＢＬ（Boy Love）文學可以算是同志文學嗎？」「ＢＬ文學跟同志文學有何異同？」首先，我樂見納入：只要ＢＬ文學讓讀者「感受到」同性戀人事物，就可以列入同志文學的領域。其次，我也強調同中有異。同志文學不必迎合視覺至上主義，但是ＢＬ文學不可能拒絕視覺至上主義的誘惑——有哪一個ＢＬ文學創作者拒絕寫出「過目難忘」的可愛角色呢？

為了制衡各界虔信「真、實、有」的視覺至上主義習慣，我接下來就偏偏多談文學主體的「假、虛、無」。我從眾多的主體論之中，挑出三種來談。第一種來自歷史學者，肯定「假主體」（也就是，類似同性戀主體但未必真的是同性戀的人事物）；第二種來自文學研究學者，指認「虛主體」（也就是，主體的「效果」，而非主體本身）；第三種來自於我自己寫作本書過程中的心得，珍視「無主體」（也就是，在文學作品中「缺席」的同性戀主體）。

首先，看歷史學者的「假主體」主體論。中古時期歷史專家、資深女同志學者朱笛絲・貢奈特（Judith M. Bennett）強力推薦「宛如女同志」（lesbian-like）這個分類，用這個分類來收納歷史上難以分類的種種女人：例如，在中古時期英國有許多女人看起來不像是標準的異性戀女子，卻又算不

82 Johannes Fabian, *Time and the Other: How Anthropology Makes Its Object* (New York: Columbia University Press, 1983), pp. 106-109.

上是「女同性戀者」（畢竟同性戀這個身分是十九世紀的產物），那麼這些女人就可以被認為「宛如女同志」。賁奈特認為不是女同性戀的女人，大可以是身分未定的「宛如女同志」之人，而不該被方便列入主流陣營（異性戀陣營）[83]。她抗拒「非黑即白」、「非同即異」的二元論，爭取在兩極之間——或兩極之外——保留第三種主體位置。

「宛如女同志」這種做法抵抗了「四捨五入」、「無條件捨去法」的傾向[84]。這種做法質疑：為什麼某個歷史人物「不是純同性戀」的時候，這個人物就會被理所當然歸入「異性戀」呢？這種拒絕「四捨五入」、「無條件捨去法」的態度，對台灣民眾來說並不陌生。在觀察台灣民眾的政治立場時，有些專家為了方便，就採用「非黑即白」、「非藍即綠」的簡化邏輯。當他們發現某群民眾「不挺藍」（不支持國民黨）的時候，就先入為主認定他們「必然挺綠」（必然支持民進黨）。「不挺綠」的民眾也會被這批專家認定「必然挺藍」。但是熟悉台灣政治生態的人都知道這種「四捨五入」的算法非常粗暴。許多民眾很曖昧，並不是「非藍即綠」的。他們可能支持「第三勢力」（國民黨、民進黨之外的黨）、可能支持小黨（有別於「大黨」民進黨、國民黨）、也可能頻繁改變政治立場。

台灣民眾不乏政治層面的「中間選民」。本土文獻也陳列了不少情慾層面的「中間選民」：她們不像異性戀，卻又不盡然是同性戀。她們的「中間」性格、第三方主體位置應該被肯認。評論者不應該用非黑即白的邏輯將她們併入主流人口。

然後，接下來看文學研究者的「虛主體」主體論。

後殖民理論名家史碧娃克（Gayatri Chakravorty Spivak）在《在其他世界》（*In Other Worlds:*

Essays in Cultural Politics）中，從「後結構主義」的立場出發，討論「是社會創造主體，還是主體創造社會」的問題（用口語說，就是「雞生蛋還是蛋生雞」的問題）。她認為，社會的結構創造了人的主體（而不是由人這種「主體」創造了社會這種「結構」）；由意識形態、歷史、語言等等組成的社會結構創造出來的主體（subject），讓每個人覺得自己獨當一面、能夠自主自決，但其實這種自我感覺良好的感覺只不過是一種主體的效果（subject-effect）[85]。

有人將「subject-effect」譯為「主體效應」，似乎暗示主體會產生效應：主體是因、效應是果。但我認為主體是「被產生的」效果：主體是果本身，而不是因。所以我採用「主體效果」這個譯法。在英文的文學研究界，「主體效果」這個詞早就是基本概念。黑普林在《如何做同性戀史》也啟用這個概念，指出「今日所謂的『同性戀』是歷史重疊積澱過程的效果（effect）」[86]。同志研究學者羅希（Valerie Rohy）在《時空錯亂及其「他者」：性偏好、種族、時間性》（*Anachronism and*

---

83 Judith M. Bennett, "'Lesbian–Like' and the Social History of Lesbianisms," *Journal of the History of Sexuality* 9.1/2 (Spring 2000): 1-24.

84 「四捨五入」和「無條件捨去法」都是小學數學的基本詞語。我用「四捨五入」一詞來指「一看到難以判定是不是同性戀者的人，就認定她是異性戀者」的傾向。我用「無條件捨去法」來指「一看到難以判定『是不是』同性戀的人，就判定她『不是』同性戀者」的傾向。這些傾向看似講究學術的嚴謹中立，事實上卻都有意無意偏袒了、遵奉了異性戀中心主義，並非真正中立。

85 Gayatri Chakravorty Spivak, *In Other Worlds: Essays in Cultural Politics* (New York: Routledge, 1987), p. 281.

86 *How to Do the History of Homosexuality*, p. 109.

Its Others: Sexuality, Race, Temporality）指出，某些古舊文本（如愛倫坡小說）中的女女關係，其實只展現了「女同志的效果」（lesbian effect），但是今日讀者看了卻覺得看見女同志主體[87]。

「效果」造就現代文明。如果讀者排斥現代文明普遍部署的各種效果，可能就難以在現實世界存活。發燒的人吃退燒藥，馬上退燒，是因為成藥發揮藥「效」，而不是因為疾病真的消失。觀眾選擇去大型電影院看3D立體音響電影，卻不要在手機螢幕上看，是因為在電影院才能看出3D特「效」。使用鈔票的人也必須相信假象：一張百元美金鈔票本身只是一張紙，但是世人卻甘願相信它具有兌換市價一百美金食物的「效」力。如果有人執著於鈔票的真相（只是紙）不願意接受鈔票的假象，那麼這種人就無法使用錢幣維生，無法在今日消費社會倖存。

日本哲學家柄谷行人以社會運動的論述著稱，不過他的早期代表作《日本文學的起源》談論文學。柄谷在該書提出多種推翻文學常識的說法，指出，「內面」（按，「內心世界」）和「自白」與其說是古早存在的天然物，還不如說是現代性催生的人造品[88]。日本文學中的現代人擁有可以袒露出來的「內心世界」，可以提供讓讀者看透的「告白」，但是這些機制在現代化之前並不存在於日本文學中。剛好，我發現同志文學的讀者往往樂見文學角色自我揭露內心世界、看重文學角色的告白，並且將這些端出內心、告白的角色當作真實可信的「同性戀主體」，將這些真實主體出沒的作品當作可以信任的同志文學。回想柄谷行人揭示的發明、機制，以及史碧娃克提出的主體效果，我建議讀者不必太天真相信自己果真看到文學中的主體。同志文學名作《鱷魚手記》、《荒人手記》，以及更早的《孽子》，以及更早的三島由紀夫成名作《假面的告白》，剛好幾乎都是由「同性戀一般」角色的告白、內心獨白組成，讓讀者相信這些作品都呈現了同志主體。其實，這些主體就像讀者認識的「我自己」一樣，都是符碼編織出來的主體效果，無法被證明是真還是假。

現實世界和同志文學剛好同樣特別在乎「我自己」這個主體。世人無法掌握這種主體「本身」，只能抓著它的「效果」。讀者可以試著自問：真的知道「我是誰」嗎？如果讀者連自己的「主體」都無法掌握，為什麼有信心找到文本裡的同性戀主體呢？如果要認識「我是誰」，不可能光靠捫心「自問」。「我」要諮詢親友、中醫西醫、求助紫微斗數和塔羅牌、親近宗教、要跟人約會談戀愛，才能夠蒐集夠多的「我」的拼圖碎片，拼湊出「我是誰」的面貌。這些拼圖碎片的來源，就是史碧娃克指稱的，由意識形態、歷史、語言等等組成的社會結構。

世紀末以來，某些文學作品改變策略：偏偏要將文本內的同性戀昭告天下。自白體、日記體，以及「羅生門式」敘事，都是告白的變奏。某些文本貪圖方便，將各種媒體（新聞媒體、網路媒體）視為揭露告白、強迫告白的工具，在文本安插「本報訊：某官員捲入同性戀醜聞」、「本新聞台快報：某星流出斷背照片」之類立即奏效的訊息，形同讓涉事人掏心掏肺供出「我，就是同性戀者」之類的告白。時至二十一世紀，自白體、日記體、羅生門式手法、「本報訊」插曲等等急欲表白的手法都已經流於浮濫，形同廉價傾銷的商品。

最後，我從爬梳歷來文本的經驗領悟到「無主體」的事實：許多應該列入同志文學領域的文本

---

87 Valerie Rohy, *Anachronism and Its Others: Sexuality, Race, Temporality* (New York: State University of New York Press, 2010) pp. 123-25, 133-39.

88 柄谷行人著，趙京華譯，《日本現代文學的起源》（北京：生活・讀書・新知三聯，二〇〇三），頁三五—六八。

根本沒有寫出同性戀主體（也就是說，都寫出了「無主體」）。例如，剛才提及的七等生小說《跳出學園的圍牆》裡頭並沒有同性戀主體存在，但是該小說主人翁心裡有鬼（擔憂同性戀的性騷擾即將發生）。又例如，在本書將要討論的王禎和名著《玫瑰玫瑰我愛你》鮮活描敘了花蓮仕紳對於美國同性戀者的想像。這部小說並沒有真的呈現出美國同性戀主體——這些美國人都只留在（並不是同性戀的）花蓮仕紳的對話裡頭[89]，並沒有真的出場。《跳出學園的圍牆》中對於同性戀性騷擾的擔憂，以及《玫瑰玫瑰我愛你》對於美國士兵同性戀的想像，都讓讀者感受到同性戀。偏偏寫出無主體的《跳出學園的圍牆》和《玫瑰玫瑰我愛你》（剛好都是台灣文學的經典之作）可能比寫出「真實存有的同性戀主體」的多種文本更強勢影響歷來讀者對於同性戀的認知。

作家賴香吟的短篇小說〈霧中風景〉也巧妙展現了無主體[90]。少女主人翁在學生時代一方面遭受自己的女教師多次示愛，另一方面卻又投入師丈（女教師的丈夫）的懷抱。這篇小說巧妙展現了女同性戀（主人翁與女教師之間的曖昧）、異性戀（主人翁與師丈之間的曖昧）、雙性戀（女教師、主人翁都可能是雙性戀）三者之間相生又相剋的複雜關係。女主人翁投入師丈懷抱，有可能是因為她要報復（報復女教師的進犯），也有可能是因為她要尋求替代性（vicarious）滿足（既然禮

王禎和，《玫瑰玫瑰我愛你》（台北：遠景，1984）

教不准她跟女教師發生同性戀，那麼就退而求其次，跟毗鄰女教師的師丈發生異性戀）。雖然小說顯然將少女主人翁和女教師寫成類似雙性戀者的角色，但是小說並沒有確切指出哪一個女性角色是同性戀主體。這些角色不但彼此調情，而且也跟「同性戀」這個念頭調情。如果讀者堅持要在同志文學裡頭看到可以驗明正身的同性戀主體，恐怕就要把〈霧中風景〉這篇小說逐出同志文學的討論範圍。

我在同志文學史裡頭發現「**魂斷威尼斯同學會**」已經成立。《魂斷威尼斯》的原著小說和改編電影，堪稱最常被本地文學引用的典故。在「魂斷威尼斯同學會」，至少有七個成員藉著利用《魂斷威尼斯》這個國外經典來闡明國內的同性戀。(1)一九七〇年代，美國著名學者夏志清在討論白先勇作品的文章指出，湯・瑪斯曼（Thomas Mann）的小說《魂斷威尼斯》是白先勇早期短篇小說（〈月夢〉等等）的前輩。(2)一九七二年，詩人楊牧在散文〈一九七二〉中表示，《魂斷威尼斯》「有另外一種亙古的帶著罪底烙印的愛戀」[91]。(3)一九八五年，在另一篇楊牧散文〈同性戀〉中，散文敘事者表示自從在大學時代讀過《魂斷威尼斯》就難以忘懷。他並且從《魂斷威尼斯》推論「同性戀者是絕對的美的追求者」。(4)一九九一年，曹麗娟的短篇小說〈童女之舞〉提及《魂斷威尼斯》，藉著男人愛男孩的故事影射兩名女主人翁的關係。(5)一九九四年，作家朱天文在長篇小說

89 王禎和，《玫瑰玫瑰我愛你》（一九八四）（台北：洪範，二〇〇九），頁一三六、頁一九〇—九一。

90 賴香吟，〈霧中風景〉，《霧中風景》（台北：元尊文化，一九九八），頁四六—六九。

91 楊牧，〈一九七二〉，《年輪》（台北：四季，一九七六），頁一六一。

《荒人手記》第八章寫道，中年主人翁小韶被一個少男搭訕。主人翁把少男叫做「費多」[92]，對方叫主人翁「PAPA」（爸爸）。PAPA去費多家，看費多做一堆無聊事，而他本人聯想起《魂斷威尼斯》：費多是美少年，而他自己是老藝術家。(6)一九九八年，作家吳繼文的長篇小說《天河撩亂》中，小說敘事者提及，小說主人翁於一九七〇年代的電影院第一次看到經典電影《魂斷威尼斯》[93]。敘事者接著交代小說主人翁在某家電影院觀眾席的奇遇：一名陌生男子趁著黑暗，貿然握住主人翁下體，強行為他手淫[94]。(7)在小說家賴香吟編輯的《邱妙津日記》中，一九八九年的一篇日記寫道：自己年紀越大就越放任自己虛偽，正如「《魂斷威尼斯》裡說的『再也沒有比年老更純潔的了』」[95]。此外，但漢章早就在一九七〇年代《中國時報》上頭介紹《魂斷威尼斯》這部電影，或多或少也讓讀者大眾得知這部電影與同性戀的緣分[96]。

這個同學會的存在，正好證明了同性戀「無主體」在同志文學史占有一席之地。在《魂斷威尼斯》那一邊，文本裡頭並沒有同性戀者、沒有同性戀主體（頂多只有我剛才說過的「心內彈琵琶」），卻被公認為同性戀經典。從此可見，一個文本裡頭有沒有同性戀主體，並不能決定這個文本有沒有資格留在同性戀領域。同時，在同學會成員這一邊，六種文本都要借用沒有同性戀主體的《魂斷威尼斯》來說明同性戀給人的「感覺、印象、刻板印象」：同性戀痴心（夏志清說白先勇作品）、同性戀是有罪感的愛（楊牧言）、同性戀絕美（楊牧言）、男人愛男人像是女人愛女人（如〈童女之舞〉所暗示）、同性戀免不了老少對比的難堪（如《荒人手記》所暗示）、同性戀就是毗鄰陌生人的肉慾深淵（如《天河撩亂》所暗示）。這幾種感覺讓讀者感受到同性戀「效果」，卻偏偏都不必動用真實存有的同性戀主體。邱妙津的一九八九年日記倒是同學會裡頭的例外、變數：該日記並不是藉著《魂斷威尼斯》談論同性戀，而是藉著《魂斷威尼斯》感嘆日記作者自己「引誘別人掉到感情的陷阱而造作」（按，從日記上下文可以推知，「別人」是指異性、男人，而不是指同性、女人）[97]。也就是說，邱妙津口記藉著提及《魂斷威尼斯》來表達了異性之間戀情的「假」。

七、章節安排：年代、時期

《同志文學史》引用的本土文獻可以上溯至二十世紀初期，下探至二十一世紀初期。在超過一百年的時光中，「呈現同性戀」的印刷品文本（包括「被視為文學作品」的美文，也包括「不被視為文學作品」的報上社會新聞）幾乎不曾在任何一個年代缺席。呈現同性戀的印刷品享有一百多年的歷史，但是我並沒有從這個百年事實跳到「同志文學享有百年史」這個推論。

直至一九九〇年代，「同志文學」和「同志文學史」的概念才浮現；從一九九〇年代一直到今日，同志文學至今只有二十餘年的歷史。但是這種算法失之嚴苛：難道在「同志文學」這個概念出

92「費多」即Fido Dido，乃一九九〇年代初期的動畫人物。
93 吳繼文，《天河撩亂》（台北：時報文化，一九九八），頁一五九。
94 同前注，頁一五九—六一。
95 邱妙津著，賴香吟編，《邱妙津日記》（上冊）（新北市：INK印刻，二〇〇七），頁五九。
96 但漢章，《電影新潮》（台北：時報，一九七五），頁二三五—三七。
97 邱妙津著，賴香吟編，《邱妙津日記》（上冊），頁五九。

現之前，同志文學在台灣全然缺席嗎？難道一九七〇年代開始連載的白先勇小說《孽子》不算同志文學嗎？我利用一九九〇年代的「後見之明」（也就是說，一九九〇年代才出現的「同志文學史」概念），回頭探索一九五〇年代，將一九五〇年代以降多種讓人感受到同性戀的文本也納入這部文學史的框架。我將同志文學史上溯至一九五〇年代（冷戰的第一個年代），而不是上溯至二十世紀初期（台灣境內開始出現同性戀相關文獻的時期）；我認為，立基於台灣文學的同志現代性始於美國主導的冷戰初期，而不是始於冷戰之前的日本統治台灣時期。冷戰歷史研究者姜笙（David K. Johnson）在《同性戀造成恐慌：聯邦政府同志職員在冷戰遭受迫害》（*The Lavender Scare: the Cold War Persecution of Gays and Lesbians in the Federal Government*）一書指出，冷戰初期美國瘋狂流行「同性戀對不起國家」、「同性戀的心理有病」等等說法；這些對於同性戀的理解／誤解，剛好也都是在戰後台灣徘徊不去的幽靈[98]。

這部書細數一甲子的歷史（六個年代；六個十年），橫跨三個時期。這一甲子包括(1)一九五〇年代；(2)一九六〇年代；(3)一九七〇年代；(4)一九八〇年代；(5)世紀末；(6)二十一世紀初期。我標示「世紀末」而不標示「一九九〇年代」，是因為世紀末氣氛早在一九八〇年代初期文學就已經濃厚浮現。

這部書橫跨的三個時期依序是(1)冷戰之前時期（從二十世紀初期至一九四〇年代，也就是日本統治台灣時期），(2)冷戰時期（從一九五〇年代以降，也就是國民黨統治台灣時期），以及(3)後冷戰時期（從二十世紀的世紀末直至二十一世紀初期）。此書專注處理同志現代性的一甲子，也就是「冷戰時期」和「後冷戰時期」，不過並沒有鑽研「冷戰之前時期／日本時期」。但是這部書仍然承認日本時期研究者的貢獻：他們的研究證明，同性戀相關文獻並沒有在日本時期台灣境內缺席。

我一方面提出「年代的分期」，另一方面又提出「時期的分期」，是因為這兩種分期方式給予讀者互補的不同視野。年代的分期比較「微觀」，時期的分期比較「巨觀」。為了方便讀者閱讀，我以年代為單位區分全書章節，也適時提醒讀者每一個章節對應了什麼樣的冷戰時期。

（一）六個年代

這種「一九五〇年代／一九六〇年代／一九七〇年代／一九八〇年代……」依序排列的寫史方式是文學史常例。我採用這種寫法是為了見賢思齊：葉石濤的《臺灣文學史綱》[99]、國立中興大學台文所邱貴芬教授等人編寫的《臺灣小說史論》[100]、國立政治大學台文所陳芳明教授的《台灣新文學史》等等[101]，都採用按照年代排序的分章方式。

不過，我並不輕易信任「先有因才有果」這種傳統認定的因果關係，反而一再回顧「後見之明」。先前我提過，晚近同志研究界「抗拒標準制式時間表、質疑美好願景」的態度，也影響這部

98 「同性戀對不起國家」、「同性戀的心理有病」等等說法在冷戰初期美國的流行狀況，詳見《同性戀造成恐慌：聯邦政府同志職員在冷戰遭受迫害》多處。此書列舉例子極多，我在此無法逐一指陳。David K. Johnson, *The Lavender Scare: the Cold War Persecution of Gays and Lesbians in the Federal Government* (Chicago: Chicago University Press, 2004).

99 葉石濤，《臺灣文學史綱》（高雄：文學界雜誌社，一九八七）。

100 陳建忠、應鳳凰、邱貴芬、張誦聖、劉亮雅合著，《台灣小說史論》（台北：麥田，二〇〇七）。

101 陳芳明，《台灣新文學史》（台北：聯經，二〇一一）。

《同志文學史》處理時間的方式。一方面，這部書按照「順時間順序」排列章節次序；這麼做，是為了延續葉石濤撰寫《臺灣文學史綱》以及諸多前輩著述台灣歷史的慣例，也為了方便讀者掌握歷史事件的先來後到（例如，我先談發生在冷戰初期的一九五〇年代文學，後來才談發生在「所謂」後冷戰時期的九〇年代文學；我並沒有倒過來先談九〇年代再談五〇年代）。

另一方面，這部書卻也在巨觀與微觀的層面同時進行「逆時間順序」的反省。「微觀」來說，我關注「以文本為單位」的種種「回返」動作：反思、反省、反芻、翻案、驀然回首等等。此書下一章即將指出，多位學者在不同的年代（在一九八〇年代、在二十世紀末、在二十世紀初）一再又一再回頭指認歐陽子六〇年代短篇小說中的同性戀人事物；這些學者的跨世代努力就是「後見之明」的範例。如果少了後見之明，歐陽子六〇年代小說就不會被「追認」為足以跟白先勇早期短篇小說（同樣也成於六〇年代）較勁的逸品。

「巨觀」來說，我看重「以時期為單位」的種種「回返」。我試舉三例。例一，我剛才承認「同志文學史」的觀念始於一九九〇年代，但是我利用「後見之明」將同志文學史回頭上溯至冷戰初期的五〇年代。這就是一種以時期為單位的回返觀察。例二，我在討論世紀末的時候，認為世紀末同志文學盛況並不該僅僅上溯至解除戒嚴的時刻（八〇年代末），而該上溯至愛滋爆發的時間點（八〇年代初）——我覺得沒有必要再一次慶賀「解嚴時刻」怎樣帶給作者們「快樂、解放」（「因而」釋放了作者們的創造力），反而覺得有必要承認「愛滋初期」怎樣帶給作者們「悲痛、壓迫」（「反而」激發作者們利用文字抵抗焦慮）。例三，我在討論二十一世紀初期文學的時候，並不認為所謂「後」冷戰時期的「解放氛圍」必然帶給同志文學美好願景，反而覺得（「後冷戰」之前的）冷戰時期（也就是戒嚴時期）的「壓抑氛圍」反而弔詭地促成同志文學的生成——簡言之，我並不歌頌所謂美好未來，也不貶抑過去時光。

每一章標題表明該章特別關注的議題。例如，〈愛錢來作伙——一九七〇年代女女關係〉將焦點放在經濟力跟女女組合的互動，而第五章〈罷家做人——一九八〇年代〉特別關注一九八〇年代文本開始頻繁描寫的「同性戀者離家出走」現象。我點出每一個年代的「突破」：女女同居的現象散見台灣文學許多不同時期，但是這個現象首見於七〇年代文學；同性戀者離家出走是台灣文學常見的情節，但是這個情節首見於八〇年代文學。每個年代的「突破」並不意謂「壟斷」（並不意謂某年代獨占了某個議題，也不意謂某個議題獨占了某年代）：每個年代同時對應多種議題，而且每個議題對應不同年代。例如，〈愛錢來作伙——一九七〇年代女女關係〉這一章標題指陳「指出金錢促進女女同居」是七〇年代文本的「突破」，但這個標題在標舉這個突破之餘，並無意暗示七〇年代文學不在乎「錢促進女女同居」之外的其他議題，也不意謂其他年代的文學不關心「錢促進女女同居」這個現象；〈罷家做人——一九八〇年代〉這一章標題指出八〇年代文本「展現同性戀者和原生家庭的決裂」是八〇年代文本的「突破」，但這個標題並不會因為強調這個突破而暗示八〇年代台灣文學不關心「家」之外的其他議題，也不意謂其他年代的台灣文學沒寫到家與同性戀之間的矛盾。

目前這一章〈緒論——台灣的發明〉簡單扼要指出：「同志文學史就是台灣的發明」。這個主張並不是要「造神」（將「發明」當作可以換取利潤的器物），而是要「除魅」（承認「台灣文學史」這個傳統的「被建構性」）。這一章強調，「同志文學」不僅僅可以視為一種「文類」，更可以視為「領域」：這個領域需要在重視作者之餘承認讀者的貢獻，需要營造眾聲喧嘩的文本對話環境。同時，這一章也說明「同志文學史」是一種和「主流歷史」互別苗頭的「公眾歷史」。這一章向我所借鏡的研究方法進行回顧、致敬與補充，針對「同志」「文學」「同志文學史」等等關鍵詞進行細密繁複定義，也質疑了便宜行事的「是非題式問答」。

第二章〈白先勇的前輩和同輩——從二十世紀初至一九六〇年代〉指出，白先勇雖然是同志文學史的先驅之一，但先驅畢竟也自有前輩和同輩。早在白先勇之前就有各種前輩投入同性戀的呈現。例如，從二十世紀初年至一九五〇年代，日文、中文報紙頻繁出現同性戀的新聞和文學。其中，五〇年代《聯合報》形同冷戰的延伸戰場，將「美國處罰同性戀的外電報導」與「美國譴責同性戀的文學」並置呈現給本土讀者。早在白先勇發表少作之前，藉著看報得知同性戀的讀者早就存在——他們可能看過日本時期報紙、可能讀過五〇年代的《聯合報》。

第三章〈愛錢來作伙——一九七〇年代女女關係〉指出，女同志文學要等到一九七〇年代才密集出現。雖然早在日本時期、戰後初期的報紙就已經不時披露女同性戀新聞，但是女同志文學風潮要到七〇年代才浮現。這個文學界的風潮呼應了現實生活中女性經濟地位的改變：多虧冷戰全球布局之「福」，台灣變成美國的代工廠，因而在七〇年代體驗「經濟起飛」。本土女性紛紛進入工廠、職場，爭取到較多的經濟自主，可以開始想像女女作伙的生活。在七〇年代下半，玄小佛、郭良蕙都推出呈現女同性戀情侶的長篇小說——比白先勇的長篇小說《孽子》（一九八三）還早出版成書。

第四章〈誰有美國時間——一九七〇年代男同性戀者〉發現「美國」在台灣文學中千呼萬喚始出來：雖然戰後台灣長期受到美國宰制、一九六〇年代文學早就展現了美國式「現代主義」痕跡，但是要等到七〇年代本地文學才開始明確寫出「美國」：將「另類的人」（男同性戀者）和「另類空間」（美國）連結在一起，暗示「另類之人」要在「另類之國」才得以倖存。這一章除了討論「在美國本土內」的文本，也分析了當時文學中三種「在美國本土外」的空間：洋化咖啡店、洋片電影院、美式醫生診所。就算去不了美國本土，台灣的男同性戀角色也可以尋求替代性（vicarious）滿足，在這三種空間遙想美國。

第五章〈罷家做人——一九八〇年代〉主張「同性戀罷家」現象在一九七〇年代末畫下了分界線：分界線之前，文學裡的同志幾乎不與家庭衝突；分界線之後，文學裡的同志和家庭決裂則幾乎成為鐵律。《孽子》具有劃時代意義，並不是因為它是台灣最早出版的同志小說，而是因為它是祭出同志罷家慘況的最早文本之一。《孽子》並非僅僅列舉罷家造成的傷口，還提倡「人道主義」可以治癒傷口。同時期的文學也展現了「家」與「勞動」的關係轉變：「女子代工」、「男子代工」的現象顯示，女人可以「像兒子一樣」藉著離家在外打工爭取女女同性關係，男人則可以「像女兒一樣」滯留在家打工。

第六章〈翻譯愛滋、同志、酷兒——世紀末〉經歷了從「冷戰時期」進入「後冷戰時期」的歷史轉折。先前提過，「同志」這個詞彙的出現就是後冷戰心態的跡象之一。這章強調，「同志文學在二十世紀末蔚然成風」的現象除了可以歸諸於一九八七年的解嚴，還可以更往前推一點（從一九八七年推至一九八〇年代初期），歸諸於「愛滋」字詞與相關脈絡的「翻譯遭遇」。我採用「翻譯遭遇」這個詞來指「翻譯」（例如從「queer」翻譯成「酷兒」的這個事件）和「公眾」（含讀者等等文學場域參與者）互相改寫結果：翻譯改寫了公眾的意涵，公眾受到翻譯刺激之後也回過頭去改寫翻譯。

第七章〈固體或液體的同志現代性——二十一世紀初期〉借用社會學家鮑曼（Zygmunt Bauman）的「液體現代性」（liquid modernity）觀念[102]，解釋同志文學面臨的變局：「去中心」的液體現代性崛起，以既有體制為中心的固體現代性則持續失勢。（液體現代性的）網路媒體稱霸之後，同志現代性不必持續在（固體現代性的）文學押寶，同志文學也無法繼續在萎縮的（固體現代性的）紙本媒體安居。既然未來充滿變數（例如金融、東亞政局、能源、生態等等領域的潛在危機），我也就不敢樂觀保證「同志文學前景看好」。不過，許多作者與讀者仍在逆境力挽狂瀾。跨性別文學、原住民同志文學等等，都在液體現代性浪潮之中開始發光。

此書最末的〈後記——中國在哪裡〉與其是要議論「同志文學」跟「中國文學」的關係，不如說是要指陳一個較少為人談論的事實：同志文學史幾十年來的發展剛好見證了「中國」隨著時代變化的「有／無」。在冷戰時期（尤其在一九六〇、七〇年代），呈現同志的台灣文學只讓讀者看見美國，以及「自居中華正統」的中華民國——讀者卻看不見中國，也同時看不見台灣本身。當時讀者看不到台灣，是因為誤以為台灣就是比中國「更加真實」的中國。在冷戰後期以及後冷戰時期（一九八〇、九〇年代），台灣文學才開始讓讀者重新看見中國，以及重新指認（未必要繼續自居中華正統的）台灣。

（二）三個時期

此書橫跨了三個歷史時期：一，冷戰之前時期（從二十世紀初期至一九四〇年代）；二，冷戰時期（從一九五〇年代以降）；三，後冷戰時期（從二十世紀的世紀末直至二十一世紀初期）。但這三個時期之間並沒有清楚的分界線。例如，「冷戰時期」是否已經在二十世紀末期完全結束，仍然眾說紛紜。在一九八〇年代末期，歐美（西歐和北美）與東歐和解，堪稱進入後冷戰時期；時至二〇一〇年代的東亞，北韓和南韓卻仍然保持對峙、台灣和中國卻仍然「維持現狀不變」——那麼，東亞果真已經脫離冷戰，進入後冷戰時期了嗎？

我一方面同意冷戰還沒有完全終結，但是另一方面也承認後冷戰時期早就已經開始。從一方面來看，充滿「冷戰恐同心態」的時期時至二十一世紀都還沒有結束：許多國家（含今日美國境內許多民眾）仍然認為同性戀是人類文明的公敵。從另一方面來看，進入二十一世紀後，許多國家在「冷戰結束之後的欣快感」中高唱「人權全面解放」的口號、興辦光耀同志人權的同志大遊行（二十一世紀的台灣正是同志大遊行的成功主辦國之一），卻也是不爭的事實。冷戰時期和後冷戰時期是兩份部分交疊的歷史，所以我在第五章〈罷家做人〉討論一九八〇年代（八〇年代可說是冷戰的末期）之後，在第六章〈翻譯愛滋、同志、酷兒〉再一次思辨八〇年代（八〇年代也可以說是後冷戰的初期）。

乍看之下，這三個時期是按照「政權變動」來區分：第一個時期（冷戰之前時期）對應日本統治台灣時期、第二個時期（冷戰時期）對應在美國領導冷戰下的國民黨統治台灣時期。但是我採取的分界線，與其說是「政權的生效日期／截止日期」，不如說是「政權變動所牽動的『心態改

102 Zygmunt Bauman, *Liquid Modernity* (Cambridge, UK: Polity, 2000).

變』」。

在第一個時期，台灣人理解的同性戀，主要來自於日本引介的「同性愛」等等字詞，但美國人還沒有開始主宰台灣公眾對於同性親密的價值判斷。到了第二個時期，美國主導的冷戰文化才開始左右台灣公眾對於同性戀的態度。「同性戀」一詞早在冷戰之前通行美國，但這個詞被冷戰（也就是美國陣營與共產陣營的對決）改寫：一九五〇年，美國進入狂熱反共的「麥卡錫主義」（McCarthism）時期，將同性戀視為共產黨的同路人，將同性戀者看成「國安危機」（security risks）[103]。但是水可覆舟亦可載舟：冷戰文化告誡台灣「同性戀很可怕」；同時弔詭的是，冷戰文化也帶給台灣「同志現代性」的契機。作家鄭美里的《女兒圈》訪談顯示，「跟美軍、洋妞混」的女同性戀者就已經學習用英文將自己稱作「T」[104]。而根據女同志運動者魚玄阿璣和《女兒圈》作者鄭美里觀察，在「美軍時代」（從韓戰促使美軍協防台灣至一九七九年台美斷交），進軍台灣的西洋休閒文化偏偏可以迴避國民黨政府的干涉，意外開創了捧紅男裝女歌手的逸樂夜生活[105]。國內女同性戀的T婆文化要歸功冷戰提供硬體軟體。

在第三個時期（後冷戰時期），受到英美國家「gay」和「queer」運動刺激，「同志」、「酷兒」等等「翻譯遭遇」的成果在台灣出現。這些新詞快速流行，大規模取代了在台流通數十年的舊詞「同性戀」。各界討論同性戀與翻譯之間的關係時，往往將目光對準世紀末這個特別熱中討論同志議題的時期。本書第六章〈翻譯愛滋、同志、酷兒——世紀末〉也就聚焦於「翻譯與公共互相改寫」現象旺盛的這個時期。但我要補充指出，第三個時期正值「後冷戰」：英美國家在第二個時期（冷戰時期）將同性戀者視為國家公敵，在第三個時期（後冷戰時期）卻態度大變，將同性戀者視為國家的人權公仔。「同性戀國家主義」（homonationalism）在這個時期勃興[106]：英美國家藉著高唱同志人權，抨擊所謂同志人權破產的國家，例如俄國、中國、某些伊斯蘭國家——這些國家恰好都曾經是英美國家在冷戰時期的宿敵。按照同性戀國家主義的說法，同性戀者變成方便第一世界國家操用的武器：可以用來光耀自己、可以用來批判敵手。美國酷兒小說家莎拉舒蔓（Sarah Schuman）也曾經來台痛陳「同性戀國家主義」與美國國家暴力的結盟[107]。

我發現，在二十一世紀初，台灣版本的「同性戀國家主義」也出現了。美國和台灣，國力大不相同，利用同性戀國家主義的目的也大不相同：美國對於國際社會的影響力巨大，所以利用同性戀國家主義來「稀釋」帝國暴行；台灣對於國際社會的影響力渺小，所以台灣利用台灣版本的同性戀國家主義來「強化」小國可見度。各界高唱「台灣同志人權堪稱亞洲第一」、「台灣同志遊行堪稱全球規模最大遊行之一」等等口號，都是「同性戀國家主義」派生的說法：同志為台灣這個國族爭光。我並不認為台灣的同性戀國家主義像美國的同性戀國家主義施展同樣規模的暴力，但我同意

103 David K. Johnson, *The Lavender Scare*. pp. 1-2.

104 鄭美里，《女兒圈：台灣女同志的性別、家庭與圈內生活》（台北：女書文化，一九九七），頁一三一。

105 魚玄阿璣、鄭美里，〈幸福正在逼近——建立台灣同性戀社會歷史的初步嘗試〉，收入鄭美里，《女兒圈》，頁二一一。

106 我對「同志國家主義」的理解來自於蒲雅（Jasbir K. Puar）的《恐怖分子的集結：酷兒時代的同志國家主義》（*Terrorist Assemblages: Homonationalism in Queer Times* [Durham: Duke University Press, 2007]）。

107 莎拉舒蔓在台發表的系列演講內容可見中央大學「性／別研究室」網站。https://sex.ncu.edu.tw/activities/2016/0305/index.html.

「『承認』台灣也有同性戀國家主義」是個「倫理」的認知。這個「倫理認知」可以激發各界反省國家機器與台灣同志的「利益交換」。例如，當各界稱讚「台灣以同志人權為榮」的時候，讀者不妨思考：為什麼這種讚詞只凸顯了國家和同志的結盟，卻沒有承認國家與同志之間的衝突？難道身為國家機器一部分的警察，已經與夜生活的同志和解了？身為國家機器的教育機構已經善待同志青少年嗎？同志美化了台灣的人權成績單，可是這份成績單的其他項目呢？（例如外籍和本籍勞動者的人權處境，值得讓台灣驕傲嗎？）

上面三個時期「冷戰之前」、「冷戰時期」、「後冷戰」幾乎也可以改寫為「美國主導台灣之前」、「美國主導台灣時期」、「美國繼續主導台灣」三個時期：剛才上一組時期強調時間幅度（冷戰），現在這一組時期卻凸顯了地緣政治（美國）。同志文學史上，種種文本最常提到的外國就是美國，卻很少提及亞洲國家。日本[108]、新加坡[109]、香港[110]、馬來西亞[111]、韓國[112]、中國等地[113]，在同志文學史偶爾出現，但可見度都很低。

108 例如朱天文長篇小說《荒人手記》書中多處以日本為場景。見朱天文，《荒人手記》（台北：時報文化，一九九四）。

109 例如蘇偉貞長篇小說《沉默之島》書中第七章以新加坡為場景。見蘇偉貞，《沉默之島》（台北：時報文化，一九九四）。

110 例如蘇偉貞長篇小說《沉默之島》書中第一章以香港為場景。

111 例如張貴興長篇小說《我思念的長眠中的南國公主》書中多處以馬來西亞為場景。（台北：麥田，二〇〇一）。

112 可見陳明仁，〈詩人ê戀愛古〉，《台文BONG報》一期（一九九六年十月）；後收入陳明仁（Babujia A. Sidaia），《A-chhûn——Babujia A. Sidaia ê短篇小說集》（台北：台笠，一九九八），頁一五一—六一。小說中，非漢字的「gay」一詞指身分認同，已經漢字化的「異性戀」和「同性愛」兩詞則是指行為（而不是身分認同）。因為這篇文本冷僻、很少被讀者留意，所以我特別在此擇要抄錄。

「我訂1張飛機票，飛去Korea，bet去chhōe hit個Gay」（我訂一張飛機票飛去Korea，要去找那一個Gay）（〈詩人ê戀愛古〉，頁四五）。「我（在韓國）ê朋友是畫家，大部分ê時間追求情愛，-koh i是死忠ê Gay，liàh異性戀做罪惡……He是我頭pái hō Gay chim，無siá反應，感覺mā bē-bái」（我〔在韓國〕的朋友是個畫家，不過大部分的時間都在追求情愛，他是一個死忠的Gay，料想異性戀很罪惡……那是我頭一次給Gay親，無什麼反應，感覺也不錯呢）（〈詩人ê戀愛古〉，頁四六—四七）。「有時也tī月光ê海邊、樹林相攬相chim，i知影我是Gay，無招我做Gay傳統ê Made-love，tī ta-lian ê落葉頂，i用手、用嘴、用kui身軀ê溫柔leh安慰我……再會，我ê愛人，我無法tō悔改認罪接受同性愛ê洗禮」（有時也在月光的海邊、樹林相抱相親，他知道我不是Gay，沒招攬我做Gay傳統的Made-love，在枯萎的落葉上頭，他用手、用嘴，用全身體的溫柔地安慰我。……再會，我的愛人，我沒辦法悔改認罪接收同性愛的洗禮）（〈詩人ê戀愛古〉，頁四七）。

這個台灣男人經歷了三種逾越：一，跨國（從台灣到韓國）；二，從異性戀跨到同性戀；三，這個韓國gay也是gay界奇人，主張異性戀是罪惡、同性戀才是善行。

我感謝陳佩甄提醒我留意陳明仁的這篇小說，出版社編輯林盈志和政大台文所黃雨婕同學協助解讀文本。

113 這部書將在全書後記指認「中國」在同志文學的蹤跡。

第二章

白先勇的「前輩」與「同輩」

——從二十世紀初至一九六〇年代[1]

一、先有讀者，才有作者

一般認為，同志文學可以上溯至一九六〇年代初白先勇的早期小說，例如短篇小說〈月夢〉。同志文學史被想像成一條「直線的」、「線性的」發展史。這條直線，由白先勇等人於一九六〇年代開創、由後繼的寫作者們逐一響應接續形成[2]。

但是這種同志文學「常識」應該被質疑。在一九六〇年代之前，果真沒有同志文學嗎？有些研究者已經各顯神通，找出六〇年代前的史料，檢查國民黨來台初期（即五〇年代）、日本時期（即一九四七年之前的年代）是否也藏匿了珍貴而冷僻的、「可能有同志出沒」的文本。

面對「同志文學的起源」這個問題，我思考這個問題建立在什麼預設立場上。在這個問題中，「文學」是甚麼？文學的「起源」又要根據「誰」的立場來算？文學的起源時間點，是不是只能由「作家」決定，而不能讓「讀者」決定？這部書一開始便強調，同志文學除了包括「作者決定同性戀內容的文學」，更包括了「讀者感受到同性戀的文學」。按照這個定義，**同志文學的起源，不但要算「作者什麼時候開始」呈現同性戀，也要算「讀者什麼時候開始」在文字中感受到同性戀人事物**。

「台灣同志文學肇始自一九六〇年代白先勇等人」這個被視為理所當然的說法，獨尊兩種文學史的參與者：「作者」和「文學」，但嚴重忽略了文學史的另兩種參與者：「讀者」和「非文學」。

且讓我用奇幻小說名作《哈利波特》（*Harry Potter*）系列為例，強調「讀者」和「非文學」的貢獻。《哈利波特》的作者羅琳（J. K. Rolwing）出書之後，固然創造出大批奇幻小說的新讀者；然而，在《哈利波特》面世之前，要不是早就有無數奇幻小說的讀者和潛在讀者存在，那麼《哈利波特》這個系列也不會出現。《哈利波特》這個系列一方面是被「當初還沒有出頭的作者」寫出來的，另一方面也是被「早就存在的讀者」催生出來的。

說完讀者對文學的功勞，接下來我要說非文學對文學發揮的作用。《哈利波特》催生了大量「非文學」（包括新聞報導、書市產業分析、周邊多媒體衍生物等等），但是早就存在的各種「非文學」（各種鄉野奇譚等等）也是讓《哈利波特》得以萌生的土壤。要不是「非文學」早就存在（羅琳必然也從非文學得到養分）早就存在，要不是「讀者」早就存在（羅琳在成名之前也是讀者公眾的一分子），那麼《哈利波特》系列「文學」和「作者」羅琳就不會出現。

早在一九六〇年代白先勇以作者身分發表作品之前，台灣讀者早就接受過兩波翻譯潮流的洗禮。第一波廣義的翻譯對應了冷戰之前時期（從二十世紀初期至一九四〇年代）；第二波對應了冷戰時期（從一九五〇年代以降）。根據研究日本時期的專家群，我側面得知早在二十世紀上半葉台

1 和上一章一樣，這一章的部分內容也來自〈如何做同志文學史：從一九六〇年代台灣文本起頭〉。

2 趙彥寧的〈痛之華——五〇年代國共之間的變態政治／性想像〉是一篇重視一九五〇年代文本的少見文章。此文討論多種文本，其中包括再現同性戀的姜貴長篇小說《重陽》。既然這篇文章的重點在於五〇年代，該文章的讀者可能因而認定《重陽》是五〇年代的文本。不過《重陽》其實出版於一九六一年。詳見〈痛之華——五〇年代國共之間的變態政治／性想像〉，《性／別研究》「酷兒：理論與政治專號」三、四期合刊（一九九八年九月），頁二三五—五九。

灣境內就有呈現同性戀的報紙情報可讀。而根據我自己收集的戰後資料，我發現一九五〇年代的讀者已經可以透過《聯合報》等報紙用現代中文認識同性戀。《哈利波特》的作者在成名前是茫茫公眾中的讀者，我想白先勇亦然：**白先勇在動手寫出同性戀故事之前，很可能早就以讀者身分在報上讀過種種同性戀祕辛**。各界公認白先勇延續「中國」文學傳統、繼承「歐美」現代主義；但是耐人尋味的是，在「台灣」讀高中、讀大學的白先勇，是否也被「台灣」（而不只是歐美、中國）歷年來印刷品所影響、所刺激呢？在一九五七年，少年時代的白先勇用本名在《聯合報》副刊發表了一篇散文，題目為〈小黃兒〉（按，狗名）。少年白先勇在投稿之餘，有沒有當過《聯合報》的讀者？

接下來，我先勾勒遠早於白先勇揚名文壇的兩個時期：一，冷戰之前時期，二，白先勇在成名之前所經歷的冷戰初期（也就是一九五〇年代）。

二、追認冷戰之前的資產

身為戰後文學的研究者，我必須仰賴日本時期學者的研究，才得以管窺冷戰之前的文化生態。日本時期的專家群證明，從二十世紀初至一九四〇年代，同性戀相關文獻並沒有在台灣境內缺席。本書並沒有把日本時期的文獻納入同志文學史版圖，不過我相信日本時期的知識流通畢竟為後來的同志文學默默埋下了種子。

根據青年學者陳佩甄調查，在日本時期的《臺灣日日新報》就已經刊登了多次同性戀相關文字[3]。她指出，光就「非文學」的新聞報導而論，《臺灣日日新報》於一九一〇至一九三〇年間就有十篇提及「同性愛」殉情、有二十六篇提及「同性」殉情的報導[4]。

根據日本人片岡巖於一九二一年發表的《台灣風俗誌》記載，台南法院審理了男男雞姦未遂之後的糾紛。書中日文漢字作「雞姦」[5]。

另外，日本同志史研究者福臘格菲爾德（Gregory M. Pflugfelder）在重量級專書《慾望的種種地圖繪製法：日本論述中的男男性慾望，一六〇〇—一九五〇》（*Cartographies of Desire: Male-Male Sexuality in Japanese Discourse, 1600-1950*）指出，日本刊物《變態性欲》（*Hentai seiyoku*）曾於一九二三年呼籲同性之間婚姻合法化：該刊撰文者先得知日本官員抨擊殖民地台灣原住民之中的同性婚配，才「借（殖民的）力使（同志平權的）力」、向主流社會唱反調[6]。因為特別異國情調之故，原住民同性伴侶被兩個派別的日本人利用了：他們一方面被殖民地官員嫌惡，另一方面又被某些日本民眾推崇。

---

3 陳佩甄，〈現代「性」與帝國「愛」：台韓殖民時期同性愛再現〉，《台灣文學學報》二三期（二〇一三年十二月），頁一〇一—一三六。

4 同前注，頁一一五，註28。

5 事實上並不是因為雞姦這件事本身告上法庭。某甲（二十歲美男子，身為勞工）被好色的某乙（也是勞工，跟某甲一樣都是下層階級的台灣男子，而非上流社會的日本人）看上，擔心被某乙雞姦，於是便先下手為強，夥人挖去某乙的雙眼。某甲被某乙告上法庭，罪名是重傷罪。而某甲自稱是為了避免雞姦而正當自衛——挖去對方的眼，以免對方看到某甲的美。片岡巖，《台灣風俗誌》（台北：臺灣日日新報社，一九二一），頁二二七。

6 同前注，頁二九九—三〇〇。

以上三人提供的例子出自「非文學」的新聞。同時，較早「文學」文本也值得留意。例如，陳佩甄找到幾乎沒有被其他人討論的故事〈同性愛〉：這個故事早在一九三二年的《臺灣警察時報》發表，作者署名「芳久」，身分不明[7]。故事中，警察夜巡公園，被一個皮膚很白的男人搭訕求歡，警員便將這個提議進行同性親熱的男子當作現行犯逮捕。這篇故事顯示好幾種訊息，足以讓人對一九三〇年代台灣刮目相看：「同性愛」一詞在當時已經流通；民眾會去公園（公園是現代化帶給台灣的新空間）尋找同性親熱的邂逅機會；參與這種行為的民眾會被警察逮捕；警察卻也可能偷偷享受同性愛的滋味[8]。這篇三〇年代的短文遙遙預告了八〇年代才要出版的長篇小說《孽子》，不只因為兩者都以公園作為同性戀基地，也因為兩者都描繪樂於跟同性戀打交道的警察。既然警察就是國家機器的延伸，那麼國家機器形同和同性戀發展出打情罵俏的愛恨交織關係。中央大學性／別研究室學者葉德宣早就為文指出[9]，《孽子》中的警察捉拿新公園同性戀少年之後，一方面在這些少年身上施加來自國家機器的壓力，另一方面卻又藉著審訊機會意淫這些少年[10]。

此外，一九四二年日文小說〈花開時節〉剛好體現了本書第一章提及賁奈特的「宛如女同志」概念[11]——儘管早在學界享有盛名的〈花開時節〉並沒有呈現女人一對一的戀情，更沒有展

楊千鶴，《花開時節》（台北：南天，2001）

示女人之間的肉慾之歡[12]。在台籍女作家楊千鶴的〈花開時節〉中，一批女孩在日本時期就讀於女子學校，彼此敬愛。畢業後，女孩們各自忙著完成結婚的義務，但小說主人翁（女孩之一）並不急著結婚，反而質疑男女婚配制度的正當性。

日本時期台灣作家巫永福的一九四一年小說〈慾〉也耐人尋味。題目所指的〈慾〉「顯然」是指物慾：小說中的某些台灣商人已經進入資本主義階段。小說主人翁周姓男子想要利用好朋友王姓男子的財務過失，給自己賺進橫財。但是題目的〈慾〉「隱然」也指周男對於王男的憐惜之情。這種憐惜之情，一方面包括謝姬維克所指的「慾」：「男同性社交慾」（male homosocial desire）——

7 陳佩甄，〈現代「性」與帝國「愛」〉，頁一二二。

8 陳佩甄寫道，「作者讓故事結束在『回家的路上，A（按，該警員）不由得想著：其實男子長得也滿可愛的……』留下無限想像空間。」（頁一二四）

9 葉德宣，〈從家庭授勳到警局問訊——《孽子》中父系國／家的身體規訓地景〉，《中外文學》三〇卷二期（二〇〇一年七月），頁一二四—五四。

10 同前注，頁一三五—四四。

11 楊千鶴，〈花開時節〉（一九四二），林智美譯，《花開時節》（台北：南天，二〇〇一），頁一四二—七二。

12 〈花開時節〉裡頭的女同性戀情愫在學界傳為口碑。例如，朱偉誠在一場研討會發表論文後，台灣文學研究者邱貴芬建議朱偉誠注意〈花開時節〉的女同性戀情懷。朱偉誠，〈國族寓言霸權下的同志國：當代台灣文學中的同性戀與國家〉，《中外文學》三六卷一期（二〇〇七年三月），頁六九，註2。

周男、王男兩個人藉著操控王男的大老婆和小老婆[13]，進而鞏固、促進兩男之間的利益。這種憐惜之情另一方面也包括「宛如同志」（但是跟講求利益交換的男同性社交慾不同）的情感：小說敘事者說，「他（按，周男）還是由衷地愛著王隆生（按，王男）」[14]；敘事者將周男比喻成做了壞事卻想要投入母親懷抱的孩子[15]——這裡的母親是指王男，壞事是指周男暗算王男之舉。謝姬維克所說的男性社交慾是異性戀男人的靠山，但巫永福小說偏偏將男性社交慾和男同性戀這兩種慾望整合在一起[16]。

我認為，正因為〈花開時節〉、〈慾〉有點像同志文學，卻又難以被歸入同志文學，所以這兩篇難以被分類的文本反而特別值得留意。正如此書開頭強調，**同志文學並不只是一種「文類」，更是一種「領域」**；不管〈花開時節〉、〈慾〉是否屬於同志文學這個「文類」，〈花開時節〉、〈慾〉都不該被剔除在同志文學這個「領域」之外。不管作者楊千鶴、巫永福是否有意寫出同性戀，二十一世紀的讀者卻還是可以藉著閱讀楊千鶴作品、巫永福作品想像日本時期宛如女同志的主體、想像與男同性戀關係曖昧的男同性社交慾。這些作品都算是「讓讀者感受到同性戀效果的文學」。

三、一九五〇年代：同志文學史的關鍵十年

同志文學的關心者很少關注一九五〇年代，畢竟描寫同性戀出名的作家（如白先勇）要到六〇年代才發跡。我卻主張**五〇年代正是同志文學史的關鍵十年**：這十年間報紙大量提供的同性戀相關訊息（包含非文學的報導以及外國文學的翻譯），形同勤奮培訓國內讀者用「現代中文」來認識同

性戀。如果五〇年代報紙沒有向社會撒下認識／誤解同性戀的種子，那麼在六〇年代描寫同性戀的作者怎麼會有現成的讀者可以收割？

一九五〇年代出現「劃時代的現象」：從五〇年代開始，國內公眾在報紙這個公共媒介「密集」看到「訓誡同性戀」的現代中文文本。五〇年代之前，台灣境內日文報紙也刊登同性戀相關情報，但沒有「密集」勸人勿犯同性戀。從五〇年代起，多虧報紙廣為宣導，國內讀者得到一波又一波新知識：原來社會上有一種不同於一般人的「同性戀」的人口存在；原來這批神祕人口道德敗壞；原來他們需要被國家社會管訓。

13　這裡的操控包括兩段插曲。一，王男本來要欺瞞自己的大老婆、偏袒自己的小老婆——周男幫忙王男欺瞞大老婆。二，後來，王男因為財務困難改變心意，想要保住大老婆就好，並且遺棄小老婆——周男仍然幫忙王男冷落小老婆。

14　巫永福著，鄭清文譯，〈慾〉，收入施淑編，《日據時代台灣小說選》（台北：麥田，二〇〇七），頁二六三。

15　同前注。

16　本書書稿匿名審查人之一提醒我：巫永福的著名小說〈首與體〉也有「宛如男同志」的成分。感謝審查人的叮嚀，所以在這一節添加針對巫永福作品的討論。但我選擇討論同一作家的另一名作〈慾〉，因為女性文學研究者林芳玫早就已經針對〈首與體〉進行精闢的分析。見林芳玫，〈日治時期小說中的三類愛慾書寫：帝國凝視、自我覺醒、革新意識〉，《中國現代文學》一七期（二〇一〇年六月），頁一二五—五九。我改而分析〈慾〉。〈首與體〉和〈慾〉類似，同樣呈現兩個拜把兄弟的「宛如男同志」情感；但這兩篇文本也不同：〈首與體〉的男男友誼並沒有明顯涉及女人，〈慾〉的男男友誼建立在男人對於女人的操弄之上。這裡指的女人，是指男子之一的大老婆和小老婆。這裡指的男人操弄女人，是指兩男先是合作不讓大老婆得知小老婆的崛起，後來卻又合作鞏固大老婆的勢力並且罷黜小老婆。也就是說〈慾〉剛好展現了「男同性社交慾望」，但〈首與體〉則不然。

文學歷史研究者早就紛紛藉著觀察報紙的興起，來推估讀者公眾的誕生。例如，知名文學史家懿安．瓦特（Ian Watt）在《小說的興起》（*The Rise of the Novel*）這部名著利用十八世紀的報紙發行量，估計當時的「讀者公眾」（reading public）規模[17]。我也藉著觀察一九五〇年代報紙動態，得知當時國內讀報民眾可以經常看到同性戀情報。這番觀察同時帶來可以確定和無法確定的線索。我可以確定，五〇年代報紙一方面仰賴國外（美國為主）提供的同性戀相關情報，另一方面向國內民眾灌輸同性戀相關知識／偽知識。

但是我無法確定當時國內報紙是否可靠：報紙是否忠實翻譯外電、是否誠實報導國內同性戀相關新聞、是否涉及杜撰、誤譯、加油添醋、無中生有等等行徑？這些我都無法查證。不過這些不確定，都不意外：如果二十一世紀的報紙充斥謊言，難道一九五〇年代的報紙會比二十一世紀報紙來得中立可信嗎？正因為報紙內容未必是真相，我並不期待民眾可以藉著讀報變成「正確認識」同性戀的讀者公眾，也不期待文學作者可以把報紙內容當成寫生的可靠模特兒。不過，我不會因為報紙內容可議而否定報紙的價值，反而珍視報紙內容營造出來的妄想氛圍：受到報紙薰陶的民眾（包含文學作者在內），恐怕不會輕易忘記同性戀這批人口的存在，反而可能期待讀到更多同性戀祕辛，甚至進而自己動手編造同性戀的香豔故事。這種遐想同性戀的一九五〇年代氛圍，為一九六〇年代文學進行暖場工作。

我的觀察主要根據《聯合報》。我仰賴一九五〇年代《聯合報》，有兩點說明。（一）為什麼選擇這個年代：我強調五〇年代的報紙，是為了要證明國內民眾在五〇年代就可以「藉著閱讀發行量大的報紙看到同性戀相關情報」，以便挑戰「民眾到了六〇年代才在（發行量小的）文學刊物《現代文學》看到同性戀」這個常識。我並不需要證明民眾在六〇年代是否也需要藉著閱讀報紙來得知同性戀情報，所以我並不查看六〇年代之後的報紙。（二）為什麼選擇這份報紙：《聯合報》在五〇年代的發行量巨大（觸及的讀者特別多）[18]。我只需要檢視五〇年代的《聯合報》（包含其副刊），就可以大略推測當時報紙讀者可以讀到什麼資訊。我不必去檢查其他較小報紙是否也呈現同性戀情報。

《聯合報》第一天報紙第一版（頭版）的第一條新聞（頭條新聞），就是美聯社提供的外電：頭條新聞標題為〈匪共一旦使用大量空軍，聯軍即將轟炸東北〉，內容為美國某一位司令提供的韓戰動態[19]。這則新聞形同預言：引發冷戰的「韓戰」、來自美國的外電，正好都是認識一九五〇年代《聯合報》的關鍵。

一九五〇年代的《聯合報》一提及同性戀就興高采烈。在報紙創立的第一年（一九五一），《聯合報》就開始啟用「同性戀」這三個字：〈美容院血案原因待最後判斷　性變態殺人較可能〉這篇報導指出，「（死者之一）肛門略有放大，但是否由此可以證明，兩個死者生前有『同性戀』

---

17 Ian P. Watt, *The Rise of the Novel: Studies in Defoe, Richardson and Fielding* (1957) (Berkeley: University of California Press, 2001), pp. 35-36.

18 《聯合報》創立於一九五一年、一九五九年的時候已經成為台灣發行量最高的報紙，超越原本的第一大報《中央日報》。黃年等撰，《聯合報六十年：一九五一—二〇一一》（台北：聯合報，二〇一一），頁二四—二五。

19 創刊號日期為一九五一年九月十六日。黃年等撰，《聯合報六十年》，頁二五。

的說法……」[20]。報導最後一段寫出「有兩件有趣的插曲」這幾個字，可見《聯合報》將這篇悲慘的「性變態」命案當作茶餘飯後的趣聞，賣給消費者。

當時同性戀相關資訊在《聯合報》頻繁出現，我推測原因有二：一，當時《聯合報》樂於利用聳動的社會新聞吸引讀者。如陳國祥、祝萍在《台灣報業演進四十年》這本書指出，《聯合報》從創辦初期至一九五八年期間，社會新聞帶有「海派報刊鴛鴦蝴蝶的庸俗腔調」，「也因此受到中低階層讀者的歡迎」[21]。二，當時《聯合報》受到美國報界的骨牌效應影響。既然台灣在一九五〇年代冷戰揭幕之後被收納在美國羽翼之下，那麼台灣報紙（含《聯合報》以及其他報紙）也就難免跟隨美國報紙動態。

基於以上兩種原因，《聯合報》不但勤於報導「同性戀」，也將焦點投向其他社會邊緣人，例如「變性人」。我關注一九五〇年代《聯合報》怎麼呈現同性戀，而加拿大學者姜學豪（Howard Chiang）研究一九五三年這一年《聯合報》怎樣炒作「變性人」題材。根據姜學豪觀察，《聯合報》於一九五三年揭露某位本土「陰陽人」（按，《聯合報》用語）的故事（某位士兵想要從男性轉變為女性）。報紙還說台灣的陰陽人不會讓美國的類似案例「專美於前」（按，《聯合報》用語）——也就是將美國視為台灣效法的對象。一九五三年《聯合報》的「陰陽人」報導很類似該報的「同性戀」報導：同樣利用奇觀化的「他者」招徠讀者；同樣將美國視為模範。《聯合報》於一九五四年啟用「變性人」一詞之後，這個詞就在國內風行[22]。《聯合報》如何用報刊聳動文字，在戰後台灣，打造一個又一個奇觀化的新主體（例如我談的同性戀，姜學豪談的變性人，以及其他種種新的邊緣人主題），是一個值得研究的冷戰「生命政治」（biopolitics）課題。只可惜這部書聚焦於同志文學，無法繼續深談「陰陽人」。

先前提及足以影響台灣報紙的「美國報紙動態」，是指美國報紙突然射向同性戀的關切眼神。先前提及的《同性戀造成恐慌》一書指出，同性戀於一九五〇年代的美國媒體曝光率暴增[23]。書中指出，五〇年的年初，美國華盛頓特區的國務院（Department of State）發生兩波發言風暴之後（先有議員麥卡錫發言，然後有國務院政府官員發言）[24]，報紙馬上搶著報導同性戀[25]。一位美國專欄作家甚至在一九五〇年這一年表示，美國報紙突然密集關心同性戀的現象，堪稱報業的「分水嶺」——這位被引述的作家說，到了一九五〇年，美國社會終於也可以正視同性戀與性變態了[26]。上述

20 本報訊，〈美容院血案原因待最後判斷　性變態殺人較可能〉，《聯合報》，一九五一年十一月十六日，七版。

21 陳國祥、祝萍，《台灣報業演進四十年》（台北：自立晚報，一九八七），頁七六。

22 感謝姜學豪讓我閱讀他尚未出版的英文書稿《閹人之後：現代中國的科學、醫學與變性》（*After Eunuchs: Science, Medicine, and the Transformations of Sex in Modern China*, forthcoming）。這一段提及的變性人資訊都來自於他的書稿。我也要感謝他鼓勵我將《同志文學史》的一九五〇、六〇年代部分章節翻譯成英文、在英文的研討會與論文集發表。

23 《同性戀造成恐慌》，頁五。

24 一般認為麥卡錫本人要求美國政府打壓同性戀。但是《同性戀造成恐慌》釐清，史實並非如此。麥卡錫的確於一九五〇年初抨擊美國國務院大量僱用共產黨員，引起各界譁然。國務院官員回應麥卡錫，否認國務院僱用共產黨員，卻承認國務院內有大批職員是同性戀者。首先要求政府提防同性戀者的人，並不是麥卡錫本人而是美國官員。同前注，頁一。

25 同前注，頁五。

26 同前注，頁六。

的美國報業分水嶺（指突然開始關心同性戀）也跨國導致台灣報業分水嶺——我稍後將會指陳《聯合報》勤於將美國的國務院「醜聞」傳達給國內讀者。

冷戰之前時期（到一九四〇年代截止）的日文報紙和冷戰時期（從五〇年代開始）的中文報紙都呈現了同性戀。這兩個時期之間既有延續也有斷裂。我說有延續，是說日文報紙展現的同性愛慾在五〇年代中文報紙也看得到，彷彿跨越政權的截止日期／使用日期界線，代代相傳。而我說的斷裂，至少包括三種：一，「報人的犧牲」；二，「語言的差異」；三，「規模的對比」。一，媒體人呂東熹在《政媒角力下的台灣報業》指出，許多報紙工作者身為執政者忌憚的知識分子，在白色恐怖時期慘遭迫害甚至殺戮。能夠從日本時期一路倖存熬過五〇年代的報紙工作者人數有限[27]。二，冷戰之前時期報紙主要採用日文、冷戰時期報紙主要採用中文，原本使用日文的報紙工作者與讀者未必能夠在戰後立即投入中文報紙的懷抱。三，我尤其重視五〇年代報紙用「空前規模」告誡社會大眾同性戀「禍國殃民」。跟前兩種斷裂相比，這第三種斷裂更加貼近同性戀資訊的物流。冷戰前的日文報紙讀者「偶爾」在報上讀到同性戀相關情報，五〇年代的中文報紙讀者卻「頻繁」在報上看到同性戀相關報導。剛才提及，陳佩甄發現《臺灣日日新報》於一九一〇至一九三〇年間就有十篇提及「同性愛」殉情、有二十六篇提及「同性」殉情的報導——但是五〇年代的中文報紙卻更加勤快、更加密集、更加恐慌地揭露同性戀生態。

一九五〇年代讀者在《聯合報》讀到的同性戀相關文字可以分成四大類，其中至少有三類是西方（主要是美國）資料的「翻譯」：一，外電報導（來自西方國家）；二，生活常識（將西方對於同性戀的看法譯介給本土讀者）；三，翻譯文學（來自美國、法國）；四，本地新聞。這四類的文字在報上同時並陳，裡應外合（本國裡的本地新聞呼應了國外的新聞和文學）：讀者在閱讀美國逮捕同性戀者的外電時，可能也在隔壁版面看到同性戀者情殺的本地新聞，更可能在副刊看到陳述同性戀祕辛的外國小說。

以上四類的文本數量繁多，只列舉數例說明。

第一類，外電。

來自外國的新聞看起來和同志「文學」沒有直接關係，但是外電傳遞的價值觀（將同志視為惡徒）終究會影響文學。外電明確告知台灣讀者，同性戀是反共大業的罪人。一九五二年，《聯合報》根據合眾社華盛頓外電刊出「美公務員同性戀　百餘人被免職」一文，指出美國國務院「認為這些同性戀愛分子（被革職的一百多名公務員）是安定的危險所在」[28]。一九五三年，《聯合報》根據美聯社華盛頓外電刊出「同性戀愛共黨嫌疑　美國務院百餘職員　因此犯罪打破飯碗」一文[29]。這兩則美國的國務院新聞只是類似外電的冰山一角，但足以證明我先前的推測：美國報業的動態（如，關心國務院的同性戀消息）也會導致台灣的動態。類似的外電於一九五〇、六〇年代的報紙

---

27 詳見此書第二章「黨國體制影響下的台灣報業」之第三節「白色恐怖時期的新聞媒體與記者」。呂東熹，《政媒角力下的台灣報業》（台北：玉山社，二〇一〇）。

28 合眾社華盛頓二十五日電，「美公務員同性戀愛」，《聯合報》，一九五二年三月二十六日，四版。

29 美聯社華盛頓二日電，「同性戀愛共黨嫌疑　美國務院百餘職員　因此犯罪打破飯碗」。《聯合報》，一九五三年七月三日，二版。

持續刊出，提醒本地讀者同性戀怎樣禍害西方國家。既然美國將同性戀視為毒蛇猛獸，那麼受到美國保護的中華民國也就看同性戀不順眼。

第二類，生活常識。

生活常識是指至今各種媒體仍然大量刊載的「保健小常識」、「生活小祕訣」短文。這些短文看起來和同志文學沒有直接關係，但是這些短文對社會公眾（包括未來的文學寫作者）持續灌輸傳統對待同性戀的態度。一九五〇年代報社將號稱來自美國的生活常識，翻譯改寫成為教育讀者大眾的通俗文章。我並不確定這些文章到底是由誰執筆、到底有沒有忠於外文資料，但我確信這些文章以美國科學（醫學、心理學）之名、行端正社會風氣之實。

例如，署名「毅振」者於一九五八年的《聯合報》「副刊萬象版」發表〈關于性荷爾蒙的答案〉（長達一千三百多字）一文[30]，指出「性荷爾蒙能夠治療同性戀嗎？不能。不論男女同性戀的成因是由於心理而非由於生理的。」文中唯一提及的醫學權威是個美國人[31]。這篇文章告訴讀者：同性戀是一種需要被治療的病，要讓「心理」專家去管。這一位「毅振」於一九五九年更發表了〈同性戀的形成與防止〉，一千三百多字的文章密集提及五位英美權威[32]。毅振寫道，據金賽博士的報告說：「男人中有百分之卅七，在其一生之中，是曾犯過一次同性戀的……」金賽勸民眾以平常心看待普遍存在的同性戀，但是毅振曲解金賽的話、說金賽認為同性戀氾濫成災。他在全文結論寫道，「另外對於犯有這種性變態的人，心理治療也很重要」，能讓他們走回「正常的兩性生活裡去。」結論又點名「心理治療」是同性戀的藥方。台灣公眾一看到同性戀就想要向「心理專家」求救，可能就是這類文章潛移默化的效果。

第三類，翻譯小說。

翻譯小說不算本土同志文學。但我認為，許多本土公眾先在一九五〇年代報紙讀過凸顯同性戀的外國文學，後來才在一九六〇年代接觸本土作家的同志文學。

我在一九五〇年代《聯合報》發現兩個例子：（一）美國小說《月誓》（*The Moon Vow*）[33]，（二）諾貝爾文學獎得主安德烈・紀德（André Gide）的作品《遺悲懷》（法國版書名*ET NUNC MANET IN TE*，英文版書名*Madeleine*）。這兩篇作品值得注意，除了因為它們「顯然」都在一九五〇年代向國內讀者介紹同性戀與文學，也因為它們「隱然」都跟冷戰策略部署有關：（一）美國小說《月誓》符合冷戰反共策略。小說敘事的主要行動，就是批判舊中國（也就是美國在冷戰的主要對手），並且教導中

林涵芝（Hazel Lin）著，南方溯譯，《月誓》（*The Moon Vow*）（台北：正文，1959）

30《聯合報・聯合副刊・萬象》，一九五八年十一月十日，七版。
31 文內寫作「美國華盛頓大學醫學院的馬斯達士博士」。
32《聯合報・聯合副刊》，一九五九年一月十日，七版。
33 Hazel Lin, *The Moon Vow* (New York: Pageant Press, 1958).

國人民接受「正常的」、「科學的」兩性教育。（二）紀德的譯者聶華苓跟冷戰緣分深厚。早在聶華苓還在台灣的時候，美國政府的亞洲專家就已經鼓勵安格爾（Paul Engle）（愛荷華寫作班創辦人；聶華苓後來的丈夫）把聶華苓接去美國——這位亞洲專家發現，在台灣教授創意寫作的聶華苓和余光中是美方少數值得合作的對象[34]。

一九五〇年代《聯合報》提及的「同性戀」其實都是「男同性戀」，幾乎沒有「女同性戀」。《月誓》是當時唯一明顯提及女同性戀的例外。從一九五八年開始，《聯合報》「副刊萬象」開始連載《月誓》，作者是「中國女作家林涵芝Hezel Lin」[35]。「這小說用赤色中共匪幫竊據前的北平做背景」，翻譯者署名「南方朔」（又作「南方溯」）[36]。報紙在開始連載之前登出小啟，寫道：「女醫生把一個看來沒有病的姑娘，從極嚴重的無形的病態拯救了出來，這女性感情上的病態，雖然書中女主人是一個極年青（按，「年輕」）的中國新嫁娘，事實上任何一個社會，都有如此病態的新娘子。[37]」此處編輯欲言又止的「無形病態」正是女同性戀——編輯知道女同志祕辛頗有賣相，卻故意賣關子。小說中，女醫生遇到一個拒絕和丈夫圓房的少女，後來找到「罪魁禍首」：某位對女性過於熱情的關小姐。《月誓》在高唱抗日、歌頌中華民國之餘，更頻頻挑逗讀者：趁著女醫師診療少女的時機，小說展示少女的裸體；趁著關小姐色誘女醫師的時候，小說描繪兩名成年女子的臉紅心跳。關小姐多次對女醫生進行性挑逗之後，女醫生怒斥關小姐：「……你對性的問題，有著一種很不正確的看法……你不需要男人，但你需要女人！你不是沒有性慾，而是你性慾的發洩失了常。……為什麼不讓我介紹一位心理病態專家，很快地把你醫好？[38]」報紙再一次向讀者大眾強調了「心理」專家注定要和同性戀者配對。小說內文表示，「關小姐已經顯示出她是一個很不正常的女性。從這一下午她的言行上看來，她很可能是一個迷於同性戀愛的女人。[39]」關小姐後來向女醫生承認，她加入了一個號稱「針線會」的同性戀俱樂部。「……針線會的內情……是同性戀愛的俱樂部」、「我們大家包括那些女佣人相互關切，志同道合相親相愛。社會上一般人自以為他們的生活是正當的，我們幹的勾當是不法的，所以我們就更團結得緊」、「大家公推我做『槍手』，挑逗的工作全由我負責。……呶，我把要說的都說了。人生為的是謀求快樂，我們覺得那樣快樂無比，為什

---

34 Eric Bennet, *Workshops of Empire: Stegner, Engle, and American Creative Writing during the Cold War* (Iowa City: University of Iowa Press, 2015), p. 104。這本書揭露了愛荷華寫作班與美國冷戰政策的密切關係。這本書正是由愛荷華大學出版社出版。聶華苓發表《遺悲懷》中譯本的時候，人還在台灣，尚未赴美。她本來在著名刊物《自由中國》工作，在《自由中國》被迫停刊之後赴美，參與愛荷華寫作班的建制。這本書指出，安格爾故意用抒情的口氣誇大聶華苓對於寫作班這個國際計畫的貢獻。愛荷華寫作班創辦人安格爾（聶華苓後來的丈夫）曾說，他是受到聶華苓的熱情鼓舞，才決定廣邀各國作家一起到愛荷華交朋友（頁一九六，註115）。但這本書發現，早在聶華苓抵美的二十年前，安格爾早就有意將愛荷華打造成國際作家村（頁七二）。

35 按，正確的英文名字應是「Hazel」。

36 目前活躍的知名評論家「南方朔」生於一九四四年（或云一九四六年），一九五八年的時候年紀頂多十四歲。這兩位「南方朔」恐怕不是同一人。

37 「本報訊」，〈月誓（The Moon Vow）林涵芝著小說　在美出版暢銷〉，《聯合報．聯合副刊．萬象》，一九五八年十二月三日，七版。這本書是否真的暢銷，無從查證。這個說法可能是國內報紙捏造的。

38 《聯合報．聯合副刊．萬象》，一九五九年四月二日，七版。

39 同前注。

麼做不得？犯什麼法？[40]」這裡說的「槍手」，為俱樂部會員提供性服務、負責（性）挑逗貴賓——槍手在會員「下體」（小說內文用詞）塞入金屬玩具[41]。女醫生忍不住斥責關小姐，「你犯的罪過是引誘李梅，背棄親夫，變成一個搞同性戀愛的女人。就憑這一點，你就吃很大的官司！[42]」女醫師最後儼如好萊塢動作片的女英雄：她勇敢獨闖女同性戀俱樂部，矯正關小姐的變態心理，並且說服少女妻子與丈夫行房。

《月誓》這本美國小說確實存在，作者「中國女作家林涵芝Hazel Lin」也確有其人，只不過此書此人早就被美國文壇和學界打入冷宮，幾乎無人再談。《月誓》文學價值可議，娛樂價值卻高：這部高唱抗日愛國的小說「寓教於樂」，讓台灣讀者一方面「理解／誤解」同性戀，另一方面又可以「意淫／淫樂」被視為變態的女人們。

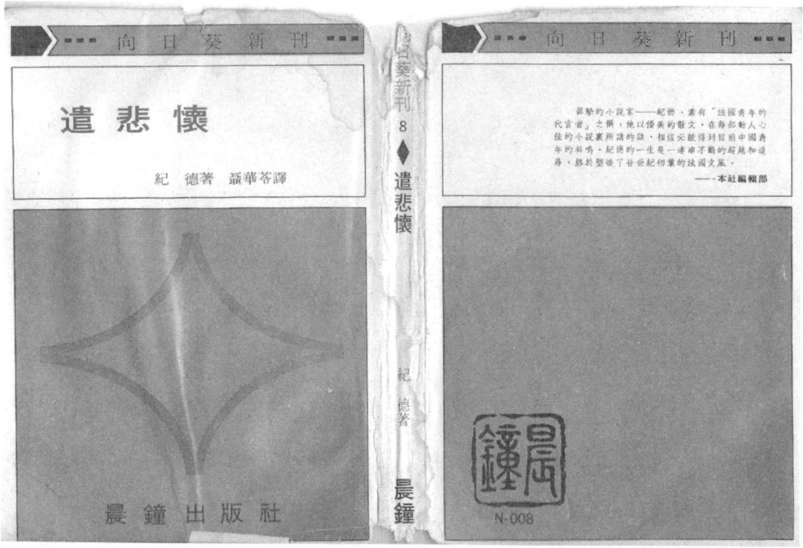

安德烈・紀德（André Gide）著，聶華苓譯，《遺悲懷》（*ET NUNC MANET IN TE*）（台北：晨鐘，1971）

刊登《月誓》的同一個《聯合報》版面也於一九六〇年刊登了諾貝爾文學獎得主安德烈・紀德的作品《遺悲懷》。一九六〇年十月十六日，在《遺悲懷》開始連載的這一天，聶華苓的文章〈紀德與「遺悲懷」〉聲明，紀德「廿四歲，他到非洲去旅行。他就在那兒發現了自己同性愛的毛病。[43]」在一九六〇年十月二十一日，聶華苓的譯文出現「同性戀的毛病」等字，並且提供詳細註解：「（註7）紀德曾經用對話體寫過一本關於同性戀的書『哥麗童』，是客觀地從人性、藝術、科學和歷史的觀點去探討同性戀。[44]」《聯合報》連續三個星期連載聶華苓翻譯的《遺悲懷》。從此之後，「紀德」和「遺悲懷」這兩個文字符號對「台灣」讀者來說堪稱影射同性戀的密碼。著名畫家席德進的學徒莊佳村記得[45]，他在一九六〇年代初期擔任席德進的模特兒時，「有一次他（按，席德進）吻了我。我那時很愛看紀德的《地糧》，覺得紀德寫得很感性，我還不知紀德有『同性戀』的傾向。所以，我想得很單純，我認為他吻我，只是一種友愛的表示罷了。[46]」也就是說，在莊佳

40 同前注。

41 《月誓》中，醫師在一名昏迷中年女子「下體」取出一個個李子一般大小的「金球球」。原來，關小姐提供的性服務，就是把「金球球」置入這名女子私處。《聯合報・聯合副刊・萬象》，一九五九年四月三日，七版。

42 《聯合報・聯合副刊・萬象》，一九五九年四月六日，七版。

43 聶華苓，〈紀德與「遺悲懷」〉，《聯合報・聯合副刊・萬象》，一九六〇年十月十六日，七版。

44 《遺悲懷》，《聯合報・聯合副刊・萬象》，一九六〇年十月二十一日，七版。

45 聯合月刊編輯部，〈訪莊佳村〉，收入席德進，《席德進書簡：致莊佳村》（台北：聯經，一九八二），頁一七五—八二。

46 同前注，頁一八〇。

村的回憶中，席德進的同性戀與紀德寫出來的友愛，形同互相寫下註解。

英年早逝小說家邱妙津的小說《蒙馬特遺書》全書最後提及的書籍正是《遺悲懷》[47]；《蒙馬特遺書》的敘事者說，「紀德在晚年妻子死後寫了《遺悲懷》，懺訴他一生對她的愛與怨。寫這本書的過程裡我反覆地看已經陪伴我五年的《遺悲懷》，唯有這本書所展現的力量，愛與怨的真誠力量，才能鼓勵我寫完全書。[48]」這本《遺悲懷》是紀德的書，也是聶華苓的書：如果《蒙馬特遺書》的敘事者沒有接觸過聶華苓的翻譯本，就不會把紀德的書稱為《遺悲懷》。在西方，《遺悲懷》的法國版書名為《從此她在你心中》（書名為拉丁文；按，「她」指紀德的妻子）、英文書名為《瑪德蓮》（按，紀德妻子的名字），兩者都跟「遺悲懷」這三個字風馬牛不相及。我並且發現，這本書在法語世界、英語世界都很冷門。「遺悲懷」這三個字跟「同性戀」的緣分，也是「台灣的發明」：要不是聶華苓選了這本紀德的書，並且將書名詮釋為中國味十足、古意盎然的「遺悲懷」[49]，那麼台灣的讀者群（包含《蒙馬特遺書》中的敘事者）並不會賞玩這個書名，甚至不會得知這個書名的存在。作為「台灣的發明」的《遺悲懷》在台灣享有的「古雅」聲望，恐怕會讓身在西方的讀者群感到意外。

在《蒙馬特遺書》引用《遺悲懷》的行動中，包含兩種越界動作：一，從《遺悲懷》的「異」性戀哀悼（「雙」性戀丈夫紀德哀悼妻子）越界到《蒙馬特遺書》的女同性戀哀悼（女子哀悼女同性戀關係破裂）；二，從《遺悲懷》哀悼死亡越界到《蒙馬特遺書》感嘆苟活。小說家駱以軍寫出紀念邱妙津的長篇小說，命名為《遺悲懷》，同樣也進行了兩種越界動作：站在異性戀位置哀悼同性戀，站在苟活的位置哀悼死亡[50]。

《月誓》、《遺悲懷》在當時文壇的傳閱率應該很高，不只是因為《聯合報》在一九五九年的時候已經是台灣發行量最高的報紙，更因為當時《聯合報》副刊主編是文壇敬重的林海音。她被尊稱為「林先生」，她家客廳被譽為「半個台灣文壇」[51]。林海音是《聯合報》副刊的第二任主編（任期從一九五三至一九六三年）[52]，其任內副刊刊登了五花八門的內容，包括「西洋文學評介」[53]——例如《月誓》和《遺悲懷》。

四，本土新聞。

這一小節最前面已經提過《聯合報》的兩則一九五一年社會新聞。事實上《聯合報》在整個一

47 《蒙馬特遺書》在提及紀德的《遺悲懷》之後，還提及了兩部電影，但沒有再提及其他書本。

48 邱妙津，《蒙馬特遺書》（一九九六）（台北：聯合文學，二〇〇五），頁一九〇。

49 聶華苓發表在《聯合報》的〈紀德與「遺悲懷」〉一文也收入在《遺悲懷》單行本中。見安德烈．紀德（André Gide）著，聶華苓譯，《遺悲懷》（*ET NUNC MANET IN TE*）（台北：晨鐘，一九七一）。但是書中的〈紀德與「遺悲懷」〉一文比報上〈紀德與「遺悲懷」〉多出最後一段話：聶華苓說明，她的翻譯根據一九五二年的英文翻譯本（而不是根據法文原文）；聶華苓認為紀德這本書的拉丁文書名「*ET NUNC MANET IN TE*」很難翻譯成中文，便請教周棄子該怎麼翻譯；周棄子建議聶華苓借用元稹一首悼亡詩的題目，即「遺悲懷」這「**古雅**」的三字（「**古雅**」一詞為聶華苓自己強調）。頁一九。

50 駱以軍，《遺悲懷》（台北：麥田，二〇〇一）。

51 黃年等撰，《聯合報六十年》，頁二四三。

52 同前注，頁二四二。

53 同前注。

九五〇年代都對同性戀保持高昂興趣。黃道明在《酷兒政治與台灣現代「性」》指出，一九五九年的《聯合報》「讀者投書」感嘆「新公園」成為「同性戀」的「男娼館」、一九七一年的《大眾日報》則更詳細報導新公園的同性戀「組織」。黃道明認為這兩篇報導都可以讓讀者更清楚掌握《孽子》的時空脈絡[54]。既然黃道明細談一九七一年的《大眾日報》而非一九五九年的《聯合報》，那麼接下來我就檢視一九五九年《聯合報》讀者投書。署名「男娼的禍害掙扎中的不幸讀者（台北）」者指出，「新公園已經成了半公開的男娼館，同性愛的泛濫地」、「這裡有成群結黨的可憐少年經常有計劃的勾引外籍有那種變態嗜好的男士」、「請市府趕快為新公園添置路燈，派警員巡邏，根除同性戀，男娼的禍害」[55]。這裡的「外籍變態」可能是指美國人：一九五九年正值越戰（一九五五—一九七五）。也就是說，本地新聞和國際情勢緊密偎依。

一九五〇年代的同性戀相關新聞繁多，黃道明專書不可能逐一提及，我也不能細數。但我要特別在此回顧黃道明專書沒有提及的「黃效先殺人焚屍案」。「黃效先案」吸引我注意的原因有兩點。一，「黃效先案」在五〇年代報紙的可見度極高，強化了同性戀的見報率。早在白先勇《孽子》（從一九七八年開始連載、一九八三年出版）展現男同性戀殺人命案之前（也就是小說中的「龍子殺死阿鳳」的命案），《聯合報》早就於一九五六年，用半年的時間，向廣大讀者群報導涉及男同性戀的「黃效先案」。《孽子》的作者未必從報紙命案報導得到靈感，但是《孽子》的讀者（尤其處在七〇年代末、八〇年代初的讀者）可能在讀小說的時候聯想到命案新聞。

二，報上展現的「黃效先案」透露的冷戰情調。《徵信新聞》（《中國時報》的前身）於一九五六年五月二十三日第四版以幾乎全版的篇幅「圖文並茂」報導黃效先案[56]，蔚為奇觀。我說圖文並茂，是因為版面刊載了兇手（黃效先）的肖像照、兇手的行兇血衣和手槍照片、死者（被黃效先殺死的男子）生活照、死者命案現場照、死者頭蓋骨照片等等，喜孜孜地向讀者展示過多的聳動細節。吸引我的版面資訊除了這些驚悚照片，還有圖片旁邊多則報導標題：除了整個版面最大的標題「犯罪史上添一新頁　同性戀的野火　殺友燒屍根源」之外，「韓國早結孽緣　竟成同性夫妻」、「死者頗有美鈔　知交卻無幾人」、「留聲機與美鈔　結怨進而謀財」也都洩漏另人側目的玄機：原來兇手和死者都跟韓戰有關，竟然都曾經是中華民國國防部派去參加韓戰的翻譯官。從韓戰回台後，雙方都有美金存款，兩人之間還有美金借貸關係。這一整版報紙奇觀的背景就是冷戰。

和同性戀有關的本地新聞大部分都是可以讓報方和讀者在一天內消費完畢的簡短情報，但是「黃效先案」卻形同連載半年的奇情小說。《聯合報》在〈黃效先殺人動機！弱點盡被控制　終至行兇除根〉一文指出，「黃效先殺人的真正動機究竟在那裡？既非謀財，亦非情殺，而是迫於死者楊XX同性戀的威脅，楊藉此弱點，控制了他的名譽，他的行動，甚至他終生的幸福，因為他已準備與一位名門閨秀結婚了。[57]」同性戀已經是必須隱瞞的祕密，一旦被迫揭露就足以引爆殺機。「黃

54　黃道明，《酷兒政治與台灣現代「性」》，頁七八—七九。

55　掙扎中的不幸讀者（台北），〈大家談：新公園變成男娼館　應速裝燈派警巡邏　一個誤入歧途少年的呼籲〉，《聯合報》，一九五九年一月二十二日，五版。

56　感謝陳佩甄提供我這一張舊報紙影印本，並且提醒我留意版面上的「韓國」、「美金」等等冷戰關鍵詞。

57　本報訊，〈黃效先殺人動機！弱點盡被控制　終至行兇除根〉，《聯合報》，一九五六年五月二十三日，三版。我用「XX」取代死者的本名。

效先生性文弱，有女兒態，畏羞，動輒臉紅，認識他的人都不敢相信他會做出這種事來，可見他因陷於楊XX同性戀的陷阱，在心理上、精神上所受的刺激之深。[58]」報導一再消費黃姓男子的女氣。但弔詭的是，消費黃姓男子的報導卻又表露同情黃姓男子的傾向。報導將被害者楊姓男子寫成狡猾的加害者、將加害者黃姓男子寫成無奈的被害者：楊姓男子將同性戀當作把柄，毀滅黃姓男子的人生。按照報導的暗示，被殺固然悲慘，但是同性戀祕密被揭發似乎比被殺更慘。

在這篇報導見報一個多月之後，《聯合報》另一篇報導〈失足僅一次　身體無變態〉指出，被法醫檢查之後，黃姓男子自稱「我完全正常，我並沒有什麼半陰陽變態……我們（按，黃跟死者）只發生一次關係，就只有一次」[59]。當時社會一遇到同性戀就想要（透過法醫）檢查當事人的性器官是否「正常」，彷彿同性戀不是由內心的情慾操弄，而是由外顯的器官樣貌決定。為什麼當時的法律機制竟然要求被告接受體檢（檢查是不是「陰陽人」），也耐人尋味。再過四個月之後，身為「國大代表」的趙班斧，投書到《聯合報》，指出「革命先烈黃百韜將軍的兒子黃效先殺人焚屍一案，報載已由最高法院判處死刑」，呼籲總統特赦黃姓男子，「為先烈遺孤留一線生機」。趙班斧並且引述最高法院的判決書，強調「黃效先並沒有卑鄙下流的同性戀行為」[60]。越是強調某人與同性戀無關，當然就越描越黑。為同性戀命案爭取「廢死」，竟然也符合了一九五〇年代反共愛國的時代主旋律——為革命先烈挽留遺孤，就是愛國。趙班斧強調「如果黃效先因為先人『功在民族』得獲免於一死，對於激發忠貞愛國的風氣，該有多大的積極作用」[61]。

趙班斧的投書於一九五七年十一月刊出；剛才提及的白先勇散文在一個月後（一九五七年十二月）刊出。白先勇或許在《聯合報》讀過黃效先相關報導。

本地讀者接觸現代中文寫成的同性戀相關情報，並不是始於白先勇崛起的一九六〇年代，而是始於白先勇還是學生讀者的五〇年代。先有五〇年代報紙密集教導台灣公眾認識同性戀，公眾才懂得領略六〇年代作者打造的文學世界。

四、白先勇作品內外的眾聲

這一節要挑戰「獨」尊白先勇的一條直線發展史。國內外大致有一個共識：白先勇幾乎就是同志文學的獨一無二起源。無數評論者和讀者都強調白先勇於一九六〇年代的創發、指陳八〇年代《孽子》的承先啟後重要性、展現九〇年代同志文學《荒人手記》（「荒人」和「孽子」兩詞剛好對仗）等等作品對《孽子》的致敬。幾十年來，白先勇吸引、累積了幾乎無人可敵的論述厚度，成為近當代台灣中最常被討論的作家之一。

但是上述的發展史太簡化了。如果其他的大大小小歷史，如文物史、器物史、台灣社會運動史等等，都是多線發展的、各線交錯的，那麼為什麼同志文學史卻偏偏「一脈」單傳？

58 同前注。我用「XX」取代死者的本名。
59 本報訊，〈失足僅一次　身體無變態〉，《聯合報》，一九五六年七月三日，三版。
60 趙班斧，〈大家談　為黃效先免死呼籲〉，《聯合報》，一九五七年十一月四日，三版。
61 同前注。

一九一〇至六〇年代之間的多種非文學和文學文本紛紛「出土」之後，「白先勇等於同志文學的起源」這個共識顯然需要大幅度翻修。「獨」尊白先勇同志史觀，一方面忽略了白先勇的前輩（例如五〇年代報紙渲染的同性戀祕辛），另一方面也小看了白先勇的同輩。

這一章試圖進一步指出：在白先勇身為文壇新秀的一九六〇年代，其他作家也參與了同志文學史的打造。姜貴（比白先勇年長三十歲）的長篇小說《重陽》、歐陽子（比白先勇年輕兩歲）收入《秋葉》中的短篇小說、郭良蕙（比白先勇年長九歲）的長篇小說《青草青青》等等，都與白先勇的少作在很接近的時間點面世。

這些作家、作品和白先勇其人其文享有「共時性」：與其說他們之間存有「先來後到」的承繼關係，不如說他們「不分前後」各說各話。姜貴和郭良蕙算是白先勇的文壇前輩，早於一九六〇年代之前就活躍文壇；歐陽子與白先勇平輩，為現代主義文學的第一波創作者。至於發表〈安德烈·紀德的冬天〉的林懷民（比白先勇年輕十歲），是白先勇的晚輩，並未和白先勇享有共時性，所以我在這一章暫不討論林懷民作品。

白先勇的作品版本繁多。只要版本不同（出版社不同、出版年不同），同一本書名的書就收入不同的內容。接下來我採用台北遠景出版社於一九七六年出版的白先勇小說集《寂寞的十七歲》。這個版本特別豐富，收入美國哥倫比亞大學教授夏志清的序〈白先勇早期的短篇小說——《寂寞的十七歲》代序〉、白先勇同學歐陽子的序、白先勇的早期短篇小說〈月夢〉、早期中篇小說〈玉卿嫂〉等等。這幾篇文本未必可以在其他版本的《寂寞的十七歲》找得到。

在這本集子的序〈白先勇早期的短篇小說〉中[62]，夏志清早就敏銳指認白先勇少作中的同性戀，而且啟用「同性戀」這三個字。我先前指出一九五〇年代的本土報紙已經熱烈啟用「同性戀」這個詞，但是直至一九七〇年代文學界仍然鮮少使用「同性戀」這三個字——夏志清是個例外。夏志清甚至早就發覺〈玉卿嫂〉中小男孩敘事者「容哥」，注視「慶生」（即玉卿嫂的男友）的好奇眼神具有同性戀意味[63]。夏志清的詮釋和我在本書一開頭提出的定義不謀而合：根據本書給予「同志文學」的定義，文學文本中的人物是不是同性戀主體並不重要，讀者（例如夏志清這樣的文學鑑賞家）是否感受到同性戀才重要。與其說看起來像是國小低年級學生的容哥真的是同性戀者（兒童也可以當同性戀者嗎？），不如說容哥讓夏志清感受到「同性戀主體效果」。

但是，或許因為長期住在美國（更何況身置國際郵資昂貴的年代），夏志清可能很少收到寄自台灣的印刷品，例如《聯合報》等等報紙。他可能不知道台灣民眾經常可以在《聯合報》讀到同性戀相關新聞。夏志清很像「外國人」：像外國學者一樣明確指出（當年國內學者恐怕不會這樣明確指出）白先勇作品的角色很像外國文學中的同性戀，也同時像外國人一樣不熟悉國內多樣化的出版動態（例如各大報刊載了什麼樣的同性戀文學和非文學）。夏志清的序文並未提及白先勇和其他台灣作家的「共時性」；也就是說，對夏志清來說，在台灣只有白先勇寫出同性戀。其他同時期的台灣作家有沒有寫出同性戀呢？夏志清可能並不清楚。夏志清卻強調了歐美作家和白先勇的「歷時

62 夏志清的序文在哪一年寫成，在這本小說集中並未明說。但序文中提及一九七一年的出版界動態，而小說集於一九七六年出版，所以夏志清的序文應於一九七一至一九七六年之間寫成。〈白先勇早期的短篇小說〉，頁一—二一。

63 同前注，頁一四—一五。

性」；夏志清點名強調，古希臘文學中的美少年傳統、湯瑪斯．曼的小說《魂斷威尼斯》等等是前輩[64]，影響了身為晚輩的白先勇。

既然白先勇少作中的同性戀已經成為學界常識，這一章便不再逐篇指認白先勇少作中的同性戀蹤跡，改而瞄準夏志清序文並未議及的部分：白先勇和其他台灣作家的「共時性」。同志文學的早期發展不該簡化為白先勇獨開一枝，就連白先勇的一九六〇年代作品也不該簡化為只有一種類型。《寂寞的十七歲》所收序文兩篇，分別出自夏志清和歐陽子，都強調白先勇所寫的小說並非只有一類；夏志清明確指出，白先勇少作分為「含有自傳色彩」和「幻想」（即，不具自傳色彩）這兩類。在一九六〇年這一年，白先勇發表了短篇小說〈月夢〉和中篇小說〈玉卿嫂〉，前者屬於「幻想」而後者屬於「自傳色彩」一類[65]。

我認為這時期的白先勇小說可採另一種二分法：一種在乎時間、只將空間視為空洞的背景；另一種在重視時間之餘也重視空間。前者類似夏志清說的幻想類（沒有具體空間），後者類似自傳色彩類（有具體空間）；〈月夢〉屬於前者，〈玉卿嫂〉屬於後者。在前一類，戲劇化的時間（如，回憶與當下之比、昔我與今我之比、老朽己身與青春對方之比）凸顯出（從內心發散到人身之外的）同性情慾；在後一類，空間造就了同性情慾（從人身之外的空間摻入人心）。

〈月夢〉一般認為是白先勇最早發表的同志文學作品。這篇短篇小說的老醫生主人翁是個心動者。小說中，月色下的老醫生搶救垂死的美少年，美少年讓老人（跨時間地）回想起年輕時曾經鍾愛的同學。當年就是因為他眼見心儀的同學早逝，所以才發願學醫；主人翁類似王德威在《後遺民寫作》指稱的「悼亡者」、被死者遺留人世的「遺民」。小說中有兩種時間，昔日與今日：在昔日，尚未成為醫生的主人翁貼近黑普林所說的「要好朋友—要好同學」（同學為兄弟般的密友）；在今日，老醫生憐愛肖似舊友的美少年。因為美少年「肖似」卻「不是」舊友本人，老醫生一方面藉著貪看美少年聯想到昔日要好朋友（美少年是替身而不是本尊），另一方面也為眼前的美少年本尊（美少年不是替身了）感到心動——老醫生既是要好朋友，也是（黑普林未提及但我補充的）心動者。另值得一提的是，這篇文本中（以及後來許多台灣文本中）的要好朋友與黑普林所說的版本大不相同：黑普林說的要好朋友多半發生在歐洲帝王將相（上流階級者）和他們的密友（未必上流階級者）之間；台灣脈絡中的要好朋友卻往往和要好同學有關，而同學未必權貴（愛人的同學和被愛的同學可能都是平民百姓）。

在〈月夢〉發表不久之後，短篇小說〈青春〉[66]刊出。主人翁為年老男畫家，專愛描畫少男的裸體。文本借用西洋文化的兩種形象來解釋老畫家的慾望對象（彷彿作者不從西方文化借用典故就難以言說本土慾望）：一、「赤裸的 Adonis」（希臘神話中的柔弱美少年，赤裸而不著衣物）[67]；二、「他不喜歡 Gainsborough 的穿著華美衣服的 Blue Boy。他要扯去那層人為的文雅，讓自然的青

64 同前注，頁六。
65 同前注，頁五—六。
66 白先勇，〈青春〉，《寂寞的十七歲》（台北：遠景，一九七六），頁一六九—七四。
67 同前注，頁一七一。

春赤裸裸的暴露出來」[68]。這句話容易被誤解：他不是不喜歡名畫〈Blue Boy〉中的男孩，而是不喜歡男孩穿了衣服——他樂見男孩裸露。

老畫家的慾望在兩方面異於常人：一、就性偏好而言，慾望同性而非異性；二、就世代而言，慾望跨世代（老人慾望年僅十六歲的少年）而非同世代（成年人慾望成年人）。〈月夢〉的主人翁尚可以假借醫生之名、行撫觸垂死少年之實（並撫觸少年死後的屍體），並不至於被人視為變態；〈青春〉的主人翁見了十六歲模特兒的裸體，看見「十六歲少男的陰莖，在陽光下天真的豎著」[69]，便忍不住伸出雙手意圖掐住少年脖子——他是要撫愛對方，還是要殺死對方呢？小說在此提供的訊息曖昧不明。結果，少年反擊並脫逃了——少年的反應形同控訴老畫家是變態。前一篇的老醫生是失敗者，因為他無力救活垂死的少年；這一篇的老畫家也是失敗者，因為他得罪、嚇跑了少年模特兒，錯失與少年發生雞姦或成為朋友的良機。老畫家因此不是雞姦者也不是要好朋友。他也不是跨越性別的女性化者或性倒錯者：他跨越的疆界不是性別，而是年紀。文本強調他甚至「將一件學生時代紅黑花格的綢襯衫及一條白短褲，緊繃繃的箍到身上去」[70]。——他不是男扮女，而是老扮少。在黑普林的四種模式中，都找不到老畫家立足之地。〈月夢〉和〈青春〉的年老主人翁各可歸入「心動者模式」。

前兩篇小說強調時間（今昔、老少），而〈寂寞的十七歲〉[71]和〈滿天裡亮晶晶的星星〉[72]這兩篇小說則凸顯地理。〈寂寞的十七歲〉的高中生男主人翁在台北新公園被中年男子搭訕並且被吻，才第一次驚覺男性與男性之間也可能親熱（廣義的雞姦）[73]。高中男生符合了黑普林的三種同性情慾：一、他是被趕鴨子上架的「廣義雞姦者」；二、他也是「要好朋友」（他在多方面依賴校內男性班長——同學們已經戲稱他和班長是夫妻了）；三、他也是「女性化的人」（同學們認為他是女方，搭配陽剛的班長）。但這三種模式並不能夠充分描述主人翁；他是一個「不具有定義能力」的男孩（他不懂如何自我定義，沒想過自己的性偏好，並非因為心動才走入新公園這個同性戀空間），卻深入一個「具有定義能力」的同性戀空間（他後知後覺發現：新公園裡面的人，就是可能跟男人親熱的男人）。「因為是同性戀所以才去同性戀空間」和「因為去了同性戀空間才可能被認為是同性戀」是兩回事：前者有自知之明、並非被空間所定義；後者自識不明、被空間所定義——後者與其說是能夠自主行動的主體，**不如說是空間打造的主體效果**。

〈寂寞的十七歲〉的敘事者兼主人翁是新公園的局外人、雖然被吻但仍然不曉新公園生態；在八年後發表的〈滿天裡亮晶晶的星星〉敘事者則是新公園的圈內人、喜聞樂見園中各色同性戀軼聞。從〈滿天裡亮晶晶的星星〉上下文來看，這個敘事者是一個少男；對他來說，新公園是充滿多元慾望敘事的空間：在身為「遺老」、「遺民」、被遺忘的老導演身旁，聽老導演說遺民、移民的

68 同前注。按，Gainsborough（1727-1778）真有其人，〈Blue Boy〉（1770）真有其畫。目前〈Blue Boy〉這幅名畫收藏在美國加州洛杉磯附近的杭廷頓圖書館（The Huntington Library）。
69〈青春〉，頁一七三。
70 同前注，頁一七〇。
71〈寂寞的十七歲〉，《寂寞的十七歲》，頁一七五—二〇六。
72〈滿天裡亮晶晶的星星〉，《臺北人》（台北：晨鐘，一九七三），頁一五九—六六。
73〈寂寞的十七歲〉，頁二〇五。

「故事」（即，跨越古今時間、跨越台灣海峽空間的敘事）；同時，少男敘事者也看到老少配（年長恩客和年輕男娼的組合）、原漢差異等等。雖然如前提及，日治時期的文獻就已經顯示日本人眼中的原住民同性戀，但這篇小說是最早標示原住民男同性戀者的文學文本之一：在少男敘事者眼中，「原始人是個又黑又野的大孩子，渾身的小肌肉塊子，他奔放的飛躍著，那一雙山地人的大眼睛，在他臉上滾動得像兩團黑火」[74]。老導演是時空的遺民（從中國遺留到台灣，從昔日遺留到今日），那麼原住民角色就是另一種遺民：從「原始」的「山地」，「遺在／移到」首善之都公園的「高貴原始人」。從今日角度觀之，這篇「政治不正確」（politically incorrect）的小說寫出歷史博物館似的新公園，公園裡有吃人的恐龍（老導演），也有等著被人吃的活化石（「原始人／山地人」）。

這篇小說像是收納箱收納了幾個小故事。這些小故事收納了多種同性模式：有人屬於雞姦模式（男娼和恩客）、老導演和他提拔的小生屬於要好朋友模式（但貼近黑普林說的歐洲式有階級之分的友誼，而不像台灣式的同學情誼）。不過更多人物——例如小說敘事者本人——與其說被這幾種模式定義，還不如說是被他們所處的空間定義——他們不是「某某者」（「不被」所在的某個圈圈決定身分），而是「混某個圈子的人」（「被」所在的圈圈決定身分）。讀者幾乎可以認定小說的少年敘事者也是同性戀，但他什麼都沒做——他不但不顯露任何符合黑普林四種模式的特徵，也不見他心動。他被視為同性戀者的唯一理由，是他在同性戀空間「安之若素、自得其樂」，並沒有慌張逃離新公園。與上一篇小說中的高中生一樣，**與其認定他是同性戀主體，不如說他是同性戀主體效果**——而且是被新公園這個空間打造出來的效果。

五、《重陽》有資格嗎？

在一九六一年這個時間點上，同志文學的先驅絕不是單數的，而是複數的。一九六一年，五十七歲的文壇老將姜貴出版了含有同性慾望的長篇小說《重陽》[75]。在台灣文學史上，目前可知最早描寫男男情慾的長篇小說是《重陽》，比《孽子》早多了。

夏志清和王德威早就看出《重陽》與同性戀的緣分。我稍後會先引述王德威，然後再看夏志清。《重陽》的書名，一方面可以解讀為政治情境：重陽時節，深秋也，意謂肅殺之氣[76]。小說背景為一九二七年的「寧漢分裂」，當時汪精衛在漢口成立容納共產黨的國民黨政府。姜貴在《重陽》自序寫道，「反共，需要冷

74〈滿天裡亮晶晶的星星〉，頁一六〇。
75 我手上擁有的第一本《重陽》珍本是由基本書坊創辦人邵祺邁在多年前餽贈。在此特別感謝他。
76 姜貴，《重陽》（台北：皇冠，一九七四），頁二七三。

姜貴，《重陽》（台北：作品，1961）

靜，也需要智慧」[77]，強調了這部小說的反共文學定位。另一方面，正如王德威在《小說中國：晚清到當代的中文小說》提醒，「重陽」二字也可以解讀為兩個陽性，即書中兩個存有同性戀關係的男主人翁們：柳少樵和洪桐葉[78]；前者是身為中國共產黨員的惡棍，後者是國民黨員的不肖子弟[79]。此書安排柳少樵勸誘洪桐葉嘗試男同性戀性行為，結果兩人都被人在背後叫做「兔子」——罵人是兔子的人，本身也是雞姦同好[80]。

姜貴，《重陽》（台北：皇冠，1974）

我剛才宣稱：「在台灣文學史上，目前可知最早描寫男男情慾的長篇小說是《重陽》，比《孽子》早多了。」這個說法，與其說我要推翻「白先勇《孽子》是台灣文學史上第一部同志小說」這個常識，不如說我更想要**質疑文學愛好者對於「第一」、「最早」、「起源」等等詞語的執迷**。文學史中的各種「第一」、「起源」，與其說是蓋棺論定的事實，不如說是不同詮釋方式角力之後的結果。我並不在乎究竟是《重陽》還是白先勇小說比較早面世；我在乎的是，《重陽》和白先勇少作享有「共時性」，各行其是，各有千秋。

姜貴和白先勇享有「共時性」。說白先勇影響了姜貴，還是說姜貴影響了白先勇，恐怕都沒有依據。這兩人平行發展，各自承繼了不同流派的中國文學傳統。白先勇的養分一方面來自西方文學潮流[81]，另一方面來自中國古典小說《紅樓夢》等等[82]；姜貴則如夏志清在《重陽》序中讚譽，是

「晚清、五四、三十年代小說傳統的集大成者」[83]——這條中國傳統以晚清、五四救亡圖存的新進文學為主[84]。白先勇的確早在《重陽》出版的前一年就搶先發表了男男慾望的短篇小說〈月夢〉，但《重陽》不大可能在短短一年內受到白先勇少作所影響，也不該被列入白先勇帶頭的同志文學傳統。用《後遺民寫作》的說法，姜貴是中國的遺民（遺留、遺忘、遺棄在國共內戰之後的台灣），白先勇也是中國的遺民（所以白先勇長久以來被各界視為中國精緻文學的承繼者）[85]，但這兩種遺民大不相同：前者將近代中國的苦難置於前景，而後者將情慾人物置於前景、將近代中國苦難置於

77 同前注，頁二七。

78 王德威，〈小說・清黨・大革命——茅盾、姜貴、安德烈・馬婁與一九二七夏季風暴〉，《小說中國：晚清到當代的中文小說》（台北：麥田，一九九三），頁三八。

79 此處的道德評斷，如「惡棍」、「不肖」，並非我本人的意見，而是《重陽》文本中顯而易見的訊息。

80《重陽》，頁五五、五七。

81 詳見夏志清，〈白先勇早期的短篇小說〉。

82 詳見《寂寞的十七歲》作者後記。

83 夏志清，〈姜貴的「重陽」——代序——兼論中國近代小說之傳統〉，收入姜貴，《重陽》（台北：皇冠，一九七四），頁九。

84 王德威，〈蒼苔黃葉地，日暮多旅風——姜貴與《旅風》〉，〈後遺民寫作〉，頁一八五—八八。

85 王德威在〈後遺民寫作〉點名姜貴和白先勇都是「後遺民」，頁一〇。但我認為這兩位只能確定跟「遺」有關，至於他們是「後遺」還是「遺」則仍有商量空間。王德威認為，「後」遺民寫作已經走出宏大敘事，頁一一。但我卻認為姜貴《重陽》就是一種宏大敘事的文本、姜貴也沒有走出宏大敘事。

背景[86]。

夏志清對同性戀這回事如數家珍，在寫給白先勇的代序指出同性戀，在寫給《重陽》的代序亦然。這兩篇代序同樣都在一九七〇年代初寫成（前者在一九七一至一九七六年之間寫成，後者在一九七三年寫成）；但，夏志清的用詞，在有意無意之間，暗示兩書中的同性戀屬於不同的系統。他寫給白先勇的代序用了西式用詞「同性戀」；他寫給《重陽》的代序則不用「同性戀」這個詞，卻說「（柳少樵）好女色也好男色，很早就是桐葉的愛人」[87]。柳少樵和洪桐葉都是《重陽》的男主人翁。有兩點值得留意：一，跟女色對照、平行的男色，是舊中國既有的概念，不等同於西化的「同性戀」。二，「好女色也好男色」的傾向不但類似男同性戀的主體效果，也幾乎就是雙性戀男人的主體效果。《重陽》可說是再現「雙性戀」的先聲。

《重陽》以雞姦諷諭共產黨和國民黨之間的曖昧，藉著同性戀行為被妖魔化的形象，用來妖魔化共產黨以及經不起共黨誘惑的國民黨人[88]。除了國共之間的關係，《重陽》也同樣以「另類的性」諷諭了西方帝國主義者和中國人的主奴關係：在上海碼頭，一名酗酒的英國商人雇用了一個中國男孩作為苦力，入夜便雞姦男孩洩慾[89]；在內陸，一名在中國大發國難財的法國商人之妻（白人女性）偶遇洪桐葉，樂於找洪修趾甲，而洪也沉醉於戀腳癖之中[90]——洪對白人女人腳趾的迷戀，不亞於他對雞姦中國人的性趣。也就是說，最早利用「另類的性」（兩位男主人翁偶爾為之的雞姦、英國商人的雞姦、洪桐葉的戀腳癖）來批判帝國主義的台灣小說，並不是王禎和的《美人圖》[91]、《玫瑰玫瑰我愛你》[92]，而是《重陽》。在《重陽》的情慾地圖中，共產黨和西方帝國主義平行（都偶爾玩雞姦），同性雞姦與異性戀的跨國式戀腳癖是相提並論的。

《重陽》並沒有特別看重同性戀。柳少樵和洪桐葉這兩個男人在書中進行多種冒險，情慾冒險只占各種冒險的一部分；就算只看他們的情慾冒險，這兩位「雙性戀者」的對象以女性為主、以男

86 見《寂寞的十七歲》歐陽子序。

87 《重陽》，頁一七。

88 這種將同性戀與共產黨聯結在一起的思維並非中華民國才有的專利；美國於一九五〇年代的「麥卡錫主義」就是將同性戀與共產黨聯想在一起，導致許多同性戀傾向的文人被反共政權迫害。見朱偉誠，〈台灣同志運動的後殖民思考：論「現身」問題〉，收入朱偉誠編，《批判的性政治：台社性／別與同志讀本》（台北：台灣社會研究雜誌社，二〇〇八），頁一九七。

89 但這兩人的關係並不止於強大白種人和弱小黃種人之間的殖民式雞姦。這個中國苦力後來娶了中國妻，夫妻兩人都遭英國人染指。妻子並為英國人生下中英混血兒。因此英國男人和中國苦力可能都可以算是雙性戀者，而非狹義的同性戀者。《重陽》，頁二二一——二二二。

90 同前注，頁二三六。

91 王禎和的長篇小說《美人圖》描繪台灣人崇尚美國日本的眾生相，同時調侃了討好外國人的台灣人與來自第一世界的遊客。某日本男性看見某台灣男人性感，便向台灣男人買了五根現拔的陰毛。《美人圖》（一九八二）（台北：洪範，一九九六），頁三二一。

92 王禎和的長篇小說《玫瑰玫瑰我愛你》安排花蓮妓女接待（可能會光臨台灣的）越戰美國大兵，一般認為是在諷刺消費台灣的美帝以及對美帝投懷送抱的台灣人。在書中第九章，地方士紳想到美國人之中不乏「『黑摸』（homo）」（原文為中英對照，指「同性戀」），便也想安排花蓮男孩伺候美國大兵。《玫瑰玫瑰我愛你》（一九八四）（台北：洪範，一九九四），頁一三六。

性為輔。雞姦「不是」角色的核心關懷。書中的雞姦只是行為，並不是兩情相悅的結果而是暴力脅迫的下場，並不會讓小說人物心生眷戀，引發的罪惡感有限。小說敘事並沒有對雞姦施加特別多的譴責。洪桐葉在雞姦之後沒多久，就被帶去以俄國妓女出名的娼館嫖妓——俄國人和娼妓在《重陽》遭受的鄙夷，恐怕猶勝雞姦者。

雞姦也「不是」作品的主要關懷。先前論及白先勇小說和《重陽》的「共時性」，不只是要指出一九六〇年代初期想像同性戀的方法並非只有一種，也是要指出當時回應現代性的方式也不是只有一個。帝國主義和現代性互相生成，是否正視帝國主義也就意味著對待現代性的不同態度。在現代主義文學陣營內，台大外文系師生在六〇年代向歐美現代文學效法，卻對現代性扣連的帝國主義不置一詞[93]。而在現代主義陣營之外，《重陽》卻早就直面帝國主義。白先勇將男同性戀放入不在乎「宏大敘事」（grand narrative）的六〇年代現代主義藝術品，《重陽》卻將同性戀和其他情慾行動放入一個不但反共而且也反帝的宏大敘事中——所以同性情慾並非一直是國家大事等宏大敘事的局外人，而可能是宏大敘事的參與者。

《重陽》和同志文學的關係容易受到質疑。疑慮有二：一，同性戀的比重在《重陽》中算是次要的，而不是主要的——那麼，《重陽》符合「同志文學」的資格嗎？二，《重陽》顯然藉著描寫同性戀來抨擊共產黨。那麼，同性戀在《重陽》中是否只是「象徵」，卻跟「同性戀本身」無關？這兩個問題都值得討論。我反而慶幸《重陽》「看起來不夠像想像中的同志文學」，因為《重陽》的「不符期待」這回事，正好可以激發更多思考同志文學的向度。

首先，針對《重陽》「同性戀比例偏低」是否符合「同志文學的資格」的問題，我想要再次強調：**同志文學不只是一種「文類」，也是一種「領域」**。不管《重陽》是否算是同志文學這個文類，它都應該被納入同志文學這個研究領域，不應該被剔除在這個領域之外。很多文學文本只將同性情慾視為旁支而非主幹、醜化而非正面看待同性情慾，或者隱約暗示而不光明正大標舉同性情慾；但是，不管這些文本有沒有符合同志文學的資格，它們都參與了打造同性戀意義，都讓讀者大眾感受到價值不一（有貴有賤）的同性戀人事物。如果撰史者將這些「資格可議」的文本斥絕在同志文學史之外，並且只看符合資格的同志文本，那就形同將「整個宇宙」簡化等同為統一規格的「十二星座」、誤以為沒有列入十二星座的星星在宇宙缺席。

其次，同性戀被許多國內外作家當作邪惡的象徵，是不可否認的事實。朱偉誠就為文批評文學作品把「同性戀」挪用成為象徵的傾向——例如，用「同性戀」來象徵「人性之惡」[94]。朱偉誠明確指出，「敵人就是『同志』」[95]：曾經被視為反共作家的姜貴顯然是為了攻擊共產主義，所以才將

93 張誦聖在《現代主義和鄉土文學的挑戰》觀察，呂正惠發現王文興作品甘願臣服於西方帝國主義（頁一一四），而夏志清指出白先勇等現代主義作者展現截然保守的傾向與反共的立場（頁一〇〇）。呂正惠，〈王文興的悲劇：生錯了地方，還是受錯了教育？〉，《文星》一〇二期（一九八六年十二月），頁一一三—一一七；夏志清，〈白先勇論〉（上），《現代文學》三九期（一九六九年十二月），頁一—一三。張誦聖所指的〈白先勇論〉內容等同夏志清的〈白先勇早期的短篇小說——《寂寞的十七歲》代序〉。

94 朱偉誠，〈國族寓言霸權下的同志國：當代台灣文學中的同性戀與國家〉，《中外文學》三六卷一期（二〇〇七年三月），頁六七—一〇七。

95 同前注，頁六九。

《重陽》中的共產黨員寫成雞姦愛好者；朱偉誠並且補充，風水輪流轉，長期支持共產黨的作家陳映真顯然是為了攻擊資本主義，所以才在一九八〇年代發表的中篇小說〈趙南棟〉將沉迷物慾的某男性角色寫成男女通吃的雙性戀者[96]。朱偉誠認為同性戀在這些文學作品被當作「工具」、「負面寓意的象徵轉喻」，所以不適合被看成「同志文學」[97]。

我則承認，同性戀經常被當作文學中、電影中、日常生活中的道具，被挪用、濫用。但我也要補充，不管《重陽》、〈趙南棟〉等等涉嫌抹黑同性戀的文學作品有沒有資格被看成同志文學，同志文學史都應該重視——而不是忽視——這些「動機不單純」（把同性戀當作譬喻工具）的作品。同志的歷史和同志文學史一樣，都不該報喜不報憂，都不該遺忘同性戀在歷史上被挪用、被誤解、被當作工具操弄的傷痛記憶。歷史應該勇於見證傷痕。

同時，我也要補充：活生生的人被當作道具來使用，被當作象徵來操弄，並不是同性戀獨享的遭遇，而是各種弱勢身分認同的共同災難。身心障礙研究學者米切爾（David Mitchell）與石艿德（Sharon L. Snyder）在《敘事的輔具》（*Narrative Prosthesis*）這部身心障礙研究專著指出，弱勢的身心障礙常被用在敘事中，被「常」規挪用，用來輔助敘事鋪展情節、提供敘事的高潮[98]。身心障礙被當作象徵的做法在台灣也很常見：身心障礙的生命故事往往被解讀為「殘而不廢」、「人定勝天」等等教訓。美國文學、電影、流行文化中的有色人種，從黑人到亞裔，經常都被當作象徵，而不是為他們自己人說話。就連占人口一半的女人在各國電影中也經常被當作象徵，而不是真的指涉女人。弱勢的身分認同往往被當作符號，被簡化、扁平化、卡通化，用來指涉「他者」。關心弱勢如何被呈現的文學研究者本來就應該關切弱勢被當作敘事道具、被當作刻板象徵的無數案例，而不該將這些「負面案例」掃出研究範圍之外。

雖然這一節倚重夏志清的見解，但是我發現夏志清的評論很空疏。夏志清強調白先勇和姜貴遙遙繼承了中國，卻沒有提及他們跟台灣時空的密切關係——也就是說，沒有將他們放進一九六〇年代的台灣時空脈絡中閱讀。夏志清人在美國，恐怕不清楚國內作家在日常生活中遭受什麼樣的印刷品網羅、在讀書市場遇到什麼樣的本地讀者。

白先勇和姜貴「所理解的文學」可能果真來自中國文學，但是國內作家、國內讀者「所理解的同性戀」有可能來自唾手可得的台灣報紙。在密集刊登同性戀祕辛的一九五〇年代，《聯合報》也在一九五七年刊登白先勇談論小狗的散文、一九五九年刊登姜貴的新書書訊[99]。既然都跟《聯合報》有緣，這兩位作家很可能讀到《聯合報》上的同性戀種種祕辛。

這兩位作家的讀者群必然不乏報紙新聞的追隨者：這些讀者未必對同性戀一無所知，而大有可能早在一九五〇年代就從報紙得到同性戀的「知識／偽知識」。

96 同前注，頁七一—七四。

97 同前注，頁六九。

98 引自紀大偉，〈情感的輔具：弱勢，勵志，身心障礙敘事〉，《文化研究》一五期（二〇一二年秋季），頁一四八。

99 【本報訊】（沒有標題）刊出下列訊息：「【幼獅社訊】青年作家姜貴所著「今檮杌傳」一書，是一部長篇小說，長四十萬言……。該書……描述共匪的罪惡暴行。……凡喜愛文藝的與欲深一層瞭解共匪本質的，均可一讀。」詳見《聯合報》，一九五九年七月二十七日，二版。

六、早熟：初中生也堪稱同志主體嗎？

「文學中的同性戀，從什麼時候開始出現？」可能的回答之一是根據文本的「年分」：從一九六〇年代。另一種可能的回答是根據文學角色的「年紀」：在郭良蕙的長篇小說《青草青青》，年方十二歲左右的主人翁已經「近似」一個同性戀主體[100]。前一個重視出版年的回答，將同性戀者視為理所當然的常數，將文本出版時間視為該探究的變數（好像「在哪一年出版」就等於「同性戀主體在哪一年浮現」，至於「主體是什麼」則不被質疑）；後一個看重文學角色年紀的回答，同樣將同性戀主體視為常數，將年紀視為變數（好像「達到法定年紀」才意味「有資格成為同性戀主體」，「主體是什麼」還是不成問題）。

我已經指出，文學中的同性戀主體是文本建構的主體效果。在白先勇和姜貴作品中，眾角色「看起來就是」同性戀主體、偶爾參與雞姦的異性戀主體，或雙性戀主體。我用「看起來就是」一語，是要指出：這些角色的主體效果很強，讓人一看就覺得「是」主體。眾角色不大會讓讀者懷疑他們只是效果而非主體。相比之下，對非常在乎「成年與否」的今日讀者來說，郭良蕙的初中男孩主人翁太年幼，主體效果很弱。同性戀主體和主體效果之間的罅隙在《青草青青》特別顯得刺眼，也因而誘人質疑主體性。

但是夏志清閱讀白先勇的方式，以及賁奈特的「宛如女同志」之說，鼓勵我將《青草青青》納入同志文學的領域。前面提及，容哥這個年幼角色貪看美男子慶生的目光讓夏志清聯想到同性戀；

也就是說，（年紀相當於小學生的）容哥對夏志清展現了同性戀主體效果。同樣，我並不確知《青草青青》中的初中男生們是不是同性戀者，但是這些男孩角色確實可以讓讀者感受到同性戀主體效果。這些角色不一定是同性戀者，也同時未必是異性戀者——他們「宛如男同志」。

緊接著在白先勇和姜貴之後討論郭良蕙，也是看重她和前兩位男性作家的「共時性」。一九六〇年代的男男情慾文本，絕非只出於男性作家之手，女性作家的貢獻也該承認。郭良蕙算是姜貴的晚輩、白先勇的前輩，從一九五四年開始出書。郭良蕙於一九六二年發表長篇小說《心鎖》並引起軒然大波時[101]，已經出版過十幾種小說。十餘年後，一九七八年，郭良蕙出版長篇小說《兩種以外的》，呈現了多種樣貌的女同志，堪稱台灣文學史上最早以同志放在「敘事主線」的長篇小說之一（同志在《重陽》中只放在「敘事副線」之一）——《兩種以外的》比一九八三年出版的

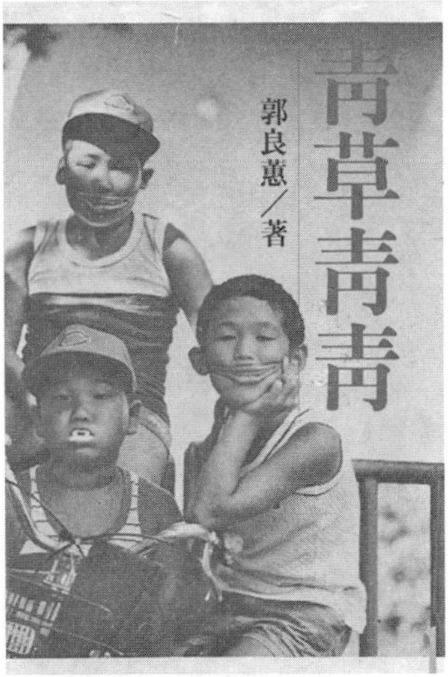

郭良蕙，《青草青青》（台北：時報，1986）

100 台灣學界和坊間流傳的同志文學書單幾乎從未提及《青草青青》。我本來對這本書一無所知。我感謝資深編輯人陳雨航當面提醒我留意這本書中的同性情慾，我才得以跟《青草青青》這本奇書結緣。

101 王鼎鈞，《文學江湖：王鼎鈞回憶錄四部曲之四》（台北：爾雅，二〇〇九），頁二七六—七九。

《孽子》還早面世。

一九六三年出版的長篇小說《青草青青》，幾乎跟《重陽》和白先勇早期小說享有「共時性」。較早出版的《心鎖》和較晚出版的《兩種以外的》已經被廣泛討論，而夾在這兩部長篇中間出版的《青草青青》獲得的注意目光卻不多。一九七八年版《青草青青》的〈新版前言〉中（也就是《兩種以外的》出版的那一年），郭良蕙表示：此書原名《青草青》，改名為《青草青青》是為了「改變它不曾受重視的命運」；雖然此書從未暢銷（她以為是因為「取材不同」），但還是一直被她珍愛[102]。作者所說的「取材不同」，可能是指此書不像《心鎖》和《兩種以外的》一樣呈現異性戀成年男女的性愛奇觀：此書呈現的是「宛如同志」（而非異性戀）初中少年（而非成年人）的心內彈琵琶（而非性愛奇觀）。

《青草青青》的書名對應全書最初和最末的畫面：一批初中男生在師長監督下整理草皮的場景。隱喻似乎是：小男孩的生命力像青草一樣蔓生，卻在威權的成年人要求下被迫馴服修剪生命力。書中的主要角色都是對性啟蒙充滿期待的初中男孩，不過小說主人翁吳明明偏偏不善於面對青春期的身心變化。吳明明十一歲進初中，五官清秀，常被人嘲笑是女孩子，喜歡跟發育良好的同學雷三林往來。時年十六歲卻還在念初中的雷三林，稱許吳明明的臉跟女孩一樣。雷三林說，女孩也像男孩一樣「發洩」；吳明明不懂何謂發洩，雷三林才跟吳明明耳語：自慰是也[103]。吳明明嚇得要逃，但雷三林罵吳明明像女人一樣忸忸怩怩，吳明明只好勉力裝酷——他最恨被人說是女人。一再被女性化的主人翁屬於黑普林的「女性化模式」。

別的學生跟雷三林說，「吳明明，像個兔子。」[104]但雷三林一笑置之；對方又說，「我說他很白，白得像兔子，你不要往壞地方想。」[105]「兔子」一語，正是《重陽》常用詞。（雷、吳兩人惹同學側目、遭說閒話，類似〈寂寞的十七歲〉主人翁和他依賴的班長——這兩人也被同學說閒話、送作堆。）也就是說，吳明明幾乎是古老中國舊模式的投胎轉世，幾乎要被歸入「雞姦模式」。

吳明明並非和男男性事絕緣。吳明明總要一個人獨自使用學校男廁——如同很多娘娘腔學生一樣，吳明明怕被霸凌。雷三林偏要偷看他，還說，「大家都一樣，還怕人看？」[106]兩人打鬧起來，用「葉下偷桃」（應指撫觸男性下體）的招式互攻[107]。雷三林緊抱吳明明，以免被吳明明偷桃；雷三林說：「你又偷我的桃！我今天就叫你吃掉！」吳明明驚叫：「沒有想到桃子竟這樣可怕。」[108]吳明明本來害怕陽剛男孩們（其他男同學）霸凌，這下卻又享受了跟陽剛男孩（雷三林）打情罵俏：他對陽剛男孩又懼又愛。吳、雷兩人的打鬧帶有不能與外人道的樂趣；待其他同學湊巧闖入男廁時，吳、雷兩人慌張了，擔心闖入者「往其他方面」猜疑[109]。此處的「其他方面」應指男男之間的

102 郭良蕙，《青草青青》原作於一九六三年（台北：漢麟，一九七八），此頁原本並無頁碼。
103 郭良蕙，《青草青青》（台北：時報，一九八六），頁一七三。
104 同前注，頁五一。
105 同前注。
106 同前注，頁四六。
107 同前注，頁一四七。
108 同前注。
109 同前注，頁一四八。

狎弄。雷三林和吳明明已自覺：男生和男生的肉體戲耍雖然快活，卻是不可告人的祕密。從吳、雷互動可知，他們兩人已經逼近「雞姦模式」，而且確實屬於「要好朋友—要好同學」。

雷三林想交女友，託吳明明轉交情書給女孩。吳明明不肯。雷三林就說：「你吃她的醋，是不是？其實我對你好，對她也好，根本不衝突。因為你是男的，沈麗雪是女孩子。」[110]從此可知，吳明明對雷三林動心，將女孩視為情敵。吳明明同時也屬於「心動模式」。吳明明是男同性戀的主體效果，而跟男生玩下體又跟女生談戀愛的雷三林則是雙性戀的主體效果。跟《重陽》中的兩個男主人翁一樣，雷三林也宛若台灣文學中的雙性戀前輩。

資深編輯兼散文家王鼎鈞在回憶錄《文學江湖》寫道，郭良蕙在《心鎖》風波之後沉潛，交出「內容很『清潔』」的長篇《青草青青》[111]；然而，《青草青青》恐怕並不像王鼎鈞所解讀的那樣無害（無性）。目前較能找到的《青草青青》是一九八六年的時報出版公司版本；時報推出的「郭良蕙作品集」，第一本就是《青草青青》。在全系列的總序中，一身反骨的郭良蕙強調她各作品的主要關懷：「性，在生命中不斷破壞，卻也是生命的原動力」[112]；這句話強調了性，形同否決了王鼎鈞的放心。王鼎鈞對《青草青青》的顛覆性視而不見，可能是因為《青草青青》在兩方面顛倒了《心鎖》：一方面《青草青青》描繪同性暗戀而非異性戀，另一方面主人翁是被認為無性的初中生而非被認為是性主體的成年人。也就是說，王鼎鈞沒有看見同性戀主體效果（性傾向的主體效果），也沒看見未成年者的主體效果（年紀小的主體效果）。

除了與《心鎖》形成對照，《青草青青》也可以對比白先勇於一九六〇年代的短篇小說：在白先勇當時的小說中，少年們是情慾的客體而非主體，只能被動地等待中老年男子愛慕；白先勇筆下的「青春崇拜」，其實是以青春肉體作為客體（他們是不是同性戀並不重要），以肉體的觀看者（中老年人）作為主體。然而，在《青草青青》中，少年不但可以是情慾的客體（被吳明明愛慕的男同學），也可以是主體（愛慕男同學的吳明明本人，以及被吳明明愛慕、但愛慕女生的男同學）。

郭良蕙對娘娘腔少年的同性慾望毫無道德評斷，與姜貴《重陽》譏諷雞姦的態度相反。郭良蕙寫出娘娘腔少年的孤單無助，和白先勇〈寂寞的十七歲〉展現的態度相似。郭良蕙對於娘娘腔與同性愛的友善態度於一九六〇年代極少見。

郭良蕙在《青草青青》之後，一九六七年推出長篇小說《早熟》[113]。雖然這部小說的主人翁——早熟的中學女生稚白——心繫異性戀愛，但是她也迷戀過男性化的女孩。她想要請人幫她買一輛「機器腳踏車」（按，即國內常見的50cc摩托車），被母親斥責。稚白說，可是她的同學梁華元就有機器腳踏車——從小說上下文來看，機器腳踏車至少象徵了陽剛、成長，以及經濟優勢地位。母親反擊道，「常穿長褲的那個？不男不女的像什麼？我最看不順眼。」[114]接著小說敘事者解釋，「本來稚白避免提梁華元的，不料衝口而出，尤其被媽說中弱點，她有點心虛。」[115]稚白知道梁華元這個同

110 同前注，頁一七五。

111 王鼎鈞，《文學江湖》，頁二七六—七九。引號為王鼎鈞所加。

112 郭良蕙，《青草青青》，頁二。

113 郭良蕙，《早熟》（台北：漢麟，一九七九）。

114 同前注，頁一五。

115 同前注。

學容易引發爭議：「除了媽之外，稚白也聽過別人批評梁華元半男半女，或者是不男不女，又男又女，反正意思都相同。」[116]原來，稚白認識華元之後，就被她舉手投足的男子氣概吸引。華元被同學們取笑為分發到純女生班級的男生，但華生喜歡被這樣看待，反而自稱樂意成為博愛全班女生的賈寶玉。稚白跟瀟灑的華元相處久了，竟然「心理轉變」（按，指動情了）[117]，華元也樂得持續挑逗稚白、讓稚白覺得「燥熱」[118]。夜裡在家睡覺，稚白覺得「有一隻手在撫摸她的胸脯，她知道那是她（按，她自己）的手，卻又不覺得那不是她的」[119]。但是稚白心裡有恨：「她的生活裡只有一個假男人（按，華元），又懵懵懂懂的不瞭解她（按，稚白）的心意。」[120]她和華元後來決裂，久是因為她向華元借騎機器腳踏車，卻摔了車，不但摔壞華元愛車（因而惹怒華元），還摔裂自己的處女膜[121]。借車騎這個橋段，象徵了性的冒險。

郭良蕙，《早熟》（1967）（台北：漢麟，1979）

著名導演宋存壽將《早熟》拍成電影[122]，由明星恬妞飾演早熟少女。電影裡也有一個擁有機器腳踏車的華元，但是電影裡的這個華元並沒有展現讓少女臉紅心跳的魅力。小說原著含有女同性戀插曲，但電影版沒有。

七、為歐陽子翻案

在女性作家中，郭良蕙率先於一九六〇年代寫出同性戀——男的同性戀和女的同性戀。「本省籍」的歐陽子緊跟在後。

省籍在不同時代有不同意義。在二十一世紀台灣，作家的省籍大致已經不會影響在台灣文壇的境遇。然而，在二次大戰戰後，許多本省人忙著割捨日文、改學中文。本省人的中文能力「遠遠落後」外省人。作家的省籍跟她們掌握現代中文書面文字的能力有關；省籍當然決定作家能不能在戰後文壇立足。

這一章剛才深入探討的三位作家都是中國遺留在台灣的外省籍作家，而這一章留在最後分析的歐陽子是本省籍。台灣文學研究者范銘如指出，歐陽子身為白先勇的大學同學、《現代文學》同

116　同前注，頁一六。
117　同前注，頁一七。
118　同前注，頁一八。
119　同前注。
120　同前注。
121　同前注，頁二四—三三。
122　一九七四年上映。宋存壽於一九七三年將瓊瑤小說《窗外》拍成電影，男女主角各是秦漢、林青霞。

人，在現代主義文學的建樹卻長久被低估；范銘如為歐陽子平反，是要證明一個事實：萌芽時期的台灣現代主義文學也有本省的、女性的作家參與，並非只由外省的、男性的作家壟斷[123]。而我則要補充：除了省籍（外省人、本省人之分）、性別（女男之別）之外，性偏好（同性戀、異性戀、雙性戀之別）也值得留意：一九六〇年代的同志文學並非只有男性作家所寫的男男情慾，身為女性作家的歐陽子所再現的女女、男男、雙性戀情慾也該被重視。

歐陽子只出過一冊短篇小說集《秋葉》，其中的同性情慾在三個不同的時間點被評論者慢慢指認出來：白先勇序文處於一九七一年；張誦聖評論處於一九九三年；范銘如的分析處於二十一世紀。這三個時間點可以連連看，成為一個慢慢指認同性戀的過程。從一方面來說，這個過程說出來的故事是，「同性情慾早就一直存在這冊小說集了，只待不同世代的評論者慢慢抽絲剝繭發

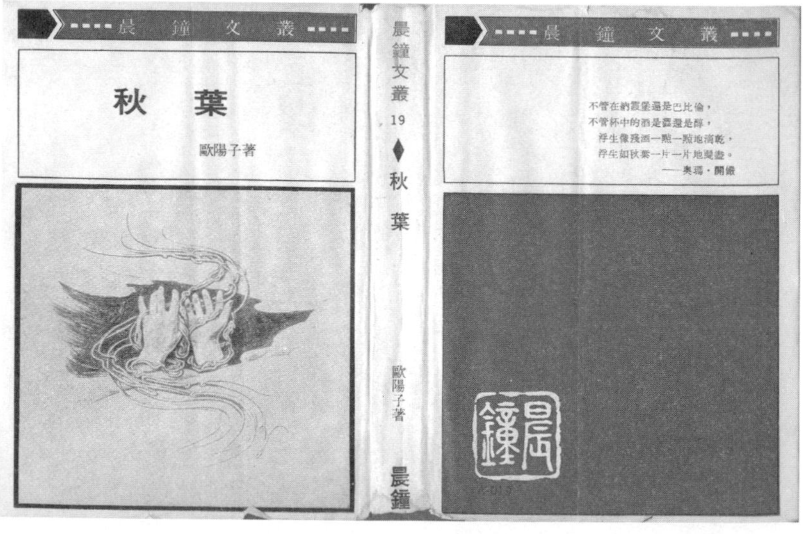

歐陽子，《秋葉》（台北：晨鐘，1971）

現」；從另一方面來說，這個過程也可以說出另一種故事：「同性情慾並非早就存在這冊小說中，而是靠著不同世代的評論者『後知後覺地』逐一創造出來的。」在此我強調第二種詮釋，是要拉回這一章先前的論點：在同性戀定義持續變化的狀況下，晚近的評論者總是利用他們當下的「後見之明」投射到往昔文本，因而照見同性情慾。

先看白先勇寫給《秋葉》的〈序〉。他點名〈最後一節課〉[124]內含師生同性之愛[125]。初三英文老師李浩然偏愛「內向、沉默寡言的男生」[126]，最討厭活潑的女孩——可能因為他本人在年輕時高攀美女同學而被恥笑，創痛多年未解。李老師尤其疼愛喪父的楊同學，幻想自己可以當楊同學的父親。他的目光成天跟隨楊的一舉一動，深知自己對楊抱有「特殊的愛和關懷」，並認為「這種渴慾為可恥的弱點」[127]。他終於在班上出醜（按，笨手笨腳地偏愛楊同學），呼應了他本人在學生時期鬧的笑話（按，他年輕時高攀美女而被笑）。這一篇小說類似白先勇少作，都寫出中老年男子對少年的憐愛。李老師在異性情慾和同性情慾的世界都是失敗者：他「不是」異性戀「也不是」同性戀；同時，他也可以被看做失敗的雙性戀者。他跟白先勇所寫的老人們一樣，眼神曝露了心動的祕

123 范銘如，〈台灣現代主義女性小說〉，《眾裏尋她：台灣女性小說縱論》（台北：麥田，二〇〇八），頁八七—九〇。
124 歐陽子，〈最後一節課〉，《秋葉》（台北：爾雅，一九七一），頁一五一—六四。
125 白先勇，〈序〉，收入歐陽子，《秋葉》，頁四—五。
126 〈最後一節課〉，頁一五二。
127 同前注，頁一五六。

密，不屬於黑普林說的四種模式，而屬於我提出的心動者模式。

白先勇並沒提及《秋葉》另含其他同志小說——不知是知情不報，還是沒看出蹊蹺。張誦聖在《現代主義和鄉土文學的挑戰》（*Modernism and the Nativist Resistance*）犀利剖析《秋葉》，指出歐陽子的〈近黃昏時〉[128]內有「同性戀愛人」[129]。〈近黃昏時〉的要角有三：一個徐娘未老的媽媽，這個媽媽的青年兒子，以及這個兒子的男性好友。媽媽喜歡跟一個接一個的年輕男孩發生性關係，也跟兒子的好友上床，結果兒子就跟自己的朋友（也是媽媽的小情夫）起了流血衝突。白先勇〈序〉說歐陽子的小說中「有母子亂倫之愛，有師生同性之愛」[130]，應各指〈近黃昏時〉（母與子之友上床，不是跟子本人，所以是「擬」亂倫）和〈最後一堂課〉；白先勇似乎認為前一篇「只有」異性戀、後一篇「只有」同性戀（彷彿同性戀和異性戀不能並存似的）。但正如〈最後一堂課〉中老師失敗的同性情慾試探（師與生）是異性情慾試探（師與其同齡女孩）的鏡像，〈近黃昏時〉中的跨世代異性戀（母與子之友）也有同世代同性戀的鏡像（子與子之友）——同性戀與異性戀在歐陽子的小說中並存，而且互相輝映。同性戀和異性戀交錯的空間，正是「雙性戀主體效果」得以閃現之處。這兩篇小說「含有異性戀」、並非「純」同志文學、展現了雙性戀的主體效果，但它們的「不純」狀態反而特別值得納入同志文學領域來思考：原來早於一九六〇年代的本地文本中，同性戀、異性戀和雙性戀就出現共生現象。如果執意解開同、異、雙交纏在一起的麻花，恐怕只會一舉扼殺這三者的生命。

〈近黃昏時〉中，好友表明「我要過正常生活」[131]——這句話一方面可以解讀為「我不該再跟好友的母親做愛」，另一方面也可解讀為「我不該再跟男人做愛」（即，同時停止同性戀、雙性戀的活動）。好友並說，「（我要）找個女孩子結婚……」[132]——這句話也有兩種可能：「找女孩固定下來而不再跟中年女子不倫」，或「找女孩而不再找男孩」（即，同時停止同性戀、雙性戀的活動）。無論如何，兒子對好友說的話強烈暗示兩名青年「曾經有過的」親密關係：「讓我們回到過去的日子……我們天生如此乾脆認了……到我房裡來……」[133]。「過去的日子」，可能是指兒子和好友在母親介入之前的友誼（也就是說，這兩名青年至少屬於「要好朋友模式」）；「我們天生如此」可能是指兩名青年具有某種本質／本性（「同性戀是先天的本質而非後天的社會建構物」這種說法）、「認了」應指向某種早就存在了、卻等待被揭發的祕密（應指「作為祕密的同性戀本質」）。

〈近黃昏時〉想像了三種時間：一、現在式：所謂不正常的異性戀關係（跨世代、婚外情、「擬」亂倫）；二、未來式：所謂正常的異性戀關係（同世代、可婚配的男女交往）；三、過去式：值得紀念的同性友誼（有沒有性關係則不知道）。研究台灣同志藝文的澳洲學者馬嘉蘭（Fran Martin）在《回首看一看：當代華人文化與女性同性情慾的想像》（*Backward Glances: Contemporary Chinese Cultures and the Female Homoerotic Imaginary*）指出：在華語世界的文本中，女女相愛的敘

128 歐陽子，〈近黃昏時〉，《秋葉》，頁一二一—一三六。
129 原文作"homosexual lovers"。Sung-sheng Yvonne Chang, *Modernism and the Nativist Resistance*, p. 46。
130 白先勇，〈序〉，頁五。
131 〈近黃昏時〉，頁一三〇。
132 同前注，頁一三一。
133 同前注，頁一三一—一三二。

事往往藉著「回憶中學時代」來說故事。她提出「紀念模式」[134]來描述成年女性（經常是已婚女性）耽溺於中學舊時光的狀態。這些女性面對了兩種時間：一種是她們所處的「現在式」，跟男性在一起；另一種是她們學生時代的「過去式」，和同性卿卿我我的舊時光[135]。

我認為馬嘉蘭提出的紀念模式也可以運用在女女情慾之外的領域：〈近黃昏時〉的男男友誼也存在紀念中。馬嘉蘭的紀念模式讓人聯想謝姬維克的第三組人（女生一國、男生一國）以及黑普林的「要好朋友—要好同學」模式，但馬嘉蘭比謝姬維克和黑普林這兩位學術前輩更加強調了「驀然回首」的跨時間動作。馬嘉蘭的說法和〈近黃昏時〉，雙雙挑戰了這一章一開頭指出的「常識」：「同志文學史被想像成一條直線的線性發展史」；向前進的線性機制史觀不能夠顧及某些後退的眷戀，直線恐怕免不了要向後扳彎。而王德威在《後遺民寫作》的一段話也可以改寫如下（我只加了「性」這個字），剛好可以解釋這篇小說中（同性戀）兒子夾在（異性戀）母親和（雙性戀）好友之間尷尬的時間座標：「想想張愛玲的名言，『我們回不去了』；站在歷史的『性』廢墟前，現代『性』主體……必須以回顧不可逆返的過去『性』，來成就一己獨立蒼茫的『性』位置……我們都是現代情境裡，時間的『性』遺民。」[136]擬亂倫，是廢墟；男男友誼，是過去的性。

在張誦聖之後，范銘如指出，《秋葉》中〈素珍表姐〉所寫的「姐妹情誼」含有「同性情慾」的可能[137]。我則認為，〈素珍表姐〉有意無意地接續了楊千鶴的〈花開時節〉：雖然歐陽子在當時未必看過楊千鶴作品，也未必受到楊千鶴影響，但是歐陽子和楊千鶴都對「女學生」的情慾發展抱持興趣。這兩人的作品也不約而同展示了賁奈特所說的「宛如女同志」角色。

〈素珍表姐〉[138]的年輕女主人翁敬愛親生表姐素珍，卻由愛生妒恨。表姐高二時和某女同學要好，女同學被戲稱為素珍表姐的「太太」[139]；主人翁心妒如火，不知是想要得到表姐本人，還是想要得到表姐的太太。後來她認定自己「戀愛著」太太。上了大學，主人翁又想搶表姐的男友，等於把高中時代的心路再走一次——大學時代的異性戀是高中時代「同性戀」的鏡像。〈近黃昏時〉畫出一個兩男一女的三角形，〈素珍表姐〉卻畫出兩個三角形：高中時代的三女三角形，以及大學時代的二女一男三角形，兩個三角形互為鏡像。前一個三角形是女同性戀的，後一個三角形則是女同性戀、異性戀、雙性戀的組合。〈素珍表姐〉中兩女又愛又恨的關係，白先勇和張誦聖並未提及，可能也未察覺。

〈素珍表姐〉這篇文本剛好挑戰了黑普林提出的模式。黑普林四種模式，「女性化」、「雞姦」、「要好朋友」、「性倒錯」，都只為男男情慾設計，沒有考慮女女情慾。在「如何做男同性戀歷史」之餘，研究者也需要另外思考「如何做女同性戀歷史」。也就是說，研究者在操用四合一的模式之餘，也該想像二合一的可能：女女情慾和男男情慾如何「共同」形成晚近認知的同性戀。

134 指"memorial mode"。英文中的「回憶」和「紀念」兩字的字義相關、拼字方法相似。

135 Fran Martin, *Backward Glances: Contemporary Chinese Cultures and the Female Homoerotic Imaginary* (Durham: Duke University Press, 2010), p. 15.

136 〈時間與記憶的政治學〉，《後遺民寫作》，頁八。

137 〈台灣現代主義女性小說〉，頁九三。

138 歐陽子，〈素珍表姐〉，《秋葉》（台北：爾雅，一九七一），頁一八三—二〇〇。

139 同前注，頁一九〇。

雖然晚近的社會運動經常企圖拉近女同性戀和男同性戀的距離，女同性戀和男同性戀其實常常互不相干。以日本為例，《慾望的種種地圖繪製法》這本書指出，一直到一九二〇年代、「同性愛」這個新詞在日本通用之後，情慾主題的論述才開始將男男情慾和女女情慾視為平起平坐[140]。也就是說，在「同性愛」這個詞流通之前，男男戀和女女戀是各自為政的。讀者可以回想謝姬維克圖表中的四組人：竟然只有第四組（男生參女生國、女生參男生國）才提出女、男同性戀合作的可能，其他三組卻沒有促成女、男同性戀的交集。一直要到晚近，隨著「同性戀」一詞的字義廣為人知之後，世人才開始認為：男同性戀的鏡像不是只有男異性戀，而也有女同性戀；女同性戀和男同性戀再怎麼不同，也都承受了類似的壓迫：同性戀恐懼（homophobia）。

結語

「現代性」在歷史的長河上面畫出斷層：斷層的這一邊屬於現在式，另一邊屬於過去式。本書提出的「同志現代性」立基於同志文學：同志文學並不是一直在歷史存在的常數，而是遇到歷史斷層才開始浮現的變數。常識認為，白先勇是同志文學第一人，也就是將畫出歷史斷層的工作歸功於白先勇單獨一人。但是這種太簡化的常識並不可信：現代性有賴於（眾聲喧嘩的）「眾生」推動，而不可能由任何單獨一位「個人」點石成金。

這一章指出，除了白先勇之外，白先勇的文壇「前輩」與「平輩」都參與了同志現代性的斷層打造。他的平輩至少包括一直屈居於白先勇巨大身影下的「本省籍」「女性」作者歐陽子。他的前輩則至少分為三批人士：一，在冷戰之前時期（一九五〇年代之前）就已經描寫同性戀的日文作家；二，在冷戰時期（一九五〇年代）炒作同性戀的報紙（以外電、外國小說、生活常識、本地新聞等等格式來展現同性戀）從業人員；三，一九六〇年代出版長篇小說的文壇老將姜貴和郭良蕙。

在這三批人士之中，我特別重視第二批。第二批人士，和他們培養的廣大讀者公眾，共同催生了同志文學的同志現代性。也就是說，我認為**同志現代性的斷層位於一九五〇年代初期**。我並沒有將斷層向前推到冷戰之前的日語時期（楊千鶴、巫永福等人的時代），並不是因為台灣在日語時期缺乏「寫同性戀」的「作者」，而是因為**台灣一直到了冷戰時期才開始出現「讀同性戀」的「讀者公眾」**：剛才提及的第二批人士，受到美國報紙的影響，在大報仲介「認識同性戀」的偏見教育給社會大眾。正是因為頻繁刊登美國冷戰外電的《聯合報》等等現代中文報紙於一九五〇年代播種（向社會大眾播撒「認識同性戀／恐懼同性戀」的種子），白先勇等等作者才得以在六〇年代收割（收割「認得同性戀」的現代中文讀者公眾）。

《聯合報》崛起成為台灣發行量第一大報的一九五〇年代，就是同志文學史的關鍵十年。一九六〇年代之後，接下來我特別安排兩個獨立的篇章處理七〇年代：先用一章討論當時女人與文本，然後再用另一章檢視同樣屬於七〇年代的男人與文本。我分章處理女與男，是因為女同性戀和男同性戀在文學世界中曾經各自發展、曾經缺乏交集。

140 *Cartographies of Desire*, p. 248.

第三章

愛錢來作伙

——一九七〇年代女女關係[1]

一、自由的幻影

「我的《擊壤歌》賣得像印鈔機。」朱天心在散文集《三十三年夢》如此回憶[2]。

說到文學較早呈現的女女情愛，許多國內外讀者會想到朱天心的一九七〇年代作品：當年超級暢銷的長篇散文《擊壤歌》，以及和《擊壤歌》類似時間點面世的短篇小說〈浪淘沙〉。這兩種朱天心少作呈現的女學生和女學生（同性同年紀同學）之間情感尤其讓人津津樂道。不過歷年來的讀者大眾經常顧此失彼：特別緬懷朱天心的少作，卻忽略遺忘了朱天心少作之外的其他作家女同性戀相關作品。在上一章，我強調白先勇作品絕不是唯一的同志文學先鋒：在呈現同性戀的作者中，白先勇有平輩，更有前輩。在這一章，我也指陳朱天心作品並不是呈現女同志的獨一無二先行者：朱天心與平輩作家、前輩作家共享「共時性」，在類似的時間點上各寫各的女女關係。

描寫女女關係的本地作品大致歸屬於兩種模式：「女學生模式」以及「經濟動物模式」。前一種模式的女學生角色不虞經濟重擔而可以享受「緣分」，比較自由；後一種模式的女子必須時時協商、整合、取捨經濟與「緣分」，比較不自由。誠然這兩種模式並非壁壘分明，只是在描述兩種「傾向」（有人比較不在乎經濟，有人卻特別在乎經濟）。畢竟女學生也是經濟動物（人類都是經濟動物），盤算經濟的女人們中也有學生。

我所說的女學生模式作品，散見於朱天心少作，先前提及的楊千鶴〈花開時節〉（冷戰之前時期）、歐陽子〈素珍表姐〉（一九六〇年代），郭良蕙《早熟》（一九六〇年代），以及這一章將要討論的李昂〈回顧〉（一九七〇年代）。楊千鶴作品內的少女面臨畢業後結婚的宿命，但朱天心少作中女校畢業後的願景卻是巾幗英雄豪氣干雲、跟男人良性競爭而非一畢業就男女結合；歐陽子作品中女同學之間充滿人性黑暗面的算計，但朱天心少作中女同學之間只有友愛而無豪奪。相較之下，朱天心少作中的女學生顯得很明亮（開朗瀟灑），其他作者（例如李昂）筆下的女學生顯得很幽暗（陰沉憂鬱）。這種「亮色」與「暗色」的對比，也對應了「天真不諳性事」與「通曉性事」的對比：李昂作品中的憂鬱女孩熱中囤積各式各樣的性（性經驗）知識，〈浪淘沙〉的開朗女孩卻就連看到同學（主人翁女孩所心儀的女同學）生理痛（代表對方有女性的性別，但不意謂對方有性經驗）都會驚慌。

跟「經濟動物模式」的作品相比，甚至跟「女學生模式」的其他作品相較，朱天心少作都顯得更加討喜、更有賣相。為什麼朱天心少作特別受到讀者歡迎？跟朱天心認識幾十年的作家楊照剛好提出一個當頭棒喝的關鍵詞：「自由」。楊照為朱天心的《三十三年夢》寫序，序文題目為〈說

1　這一章部分內容曾經以〈愛錢來作伙：一九七〇年代台灣文學中的「女同性戀」〉為題，發表於《女學學誌》三三期（二〇一三年十二月），頁一—四六。感謝學誌兩位匿名審查人的寶貴意見。這一章的第一個版本曾宣讀於二〇一三年十月十七日台灣大學婦女研究室舉辦的「性別與台灣文學」專題工作坊。感謝台大婦女研究室諸位成員以及特約講評人陳佩甄在工作坊的建議。第二個版本曾宣讀於「近代史觀與公共性研討會」（二〇一三年十二月二十日；主辦單位：國立政治大學文學院「頂尖大學計畫：現代中國的形塑——文學與藝術的現代轉化與跨界研究團隊」，計畫主持人：陳芳明）。感謝講評人楊翠教授的指教。

2　朱天心，《三十三年夢》（新北市：ＩＮＫ印刻，二〇一五），頁二一。

吧，追求「自由」的記憶！〉，強調朱天心幾十年來最讓他動容的信念就是「自由」[3]。

我因而赫然發現「寫出女孩自由的模樣」正是朱天心少作比前輩作品、平輩作品更受讀者歡迎的主因之一[4]。在《擊壤歌》序文中，胡蘭成將朱天心比擬為詩仙李白[5]；胡蘭成的話或許浮誇無度，卻說中朱天心和李白的共同處——朱天心筆下的世界，以及世界認識的李白，都自由得讓俗人無地自容。朱天心少作呈現了一種迷魅的弔詭：在朱天心筆下，女學生顯得「特別自由」，但是她們其實身處於「特別不自由」的時空——在女校校外，學生目睹無窮盡的蔣介石以及軍警意象；在女校校內，學生忍受無數的瑣碎考試。自由的海市蜃樓遮蔽了不自由的政治實景，對於不自由的戒嚴時期讀者大眾可能尤其具有魅力。

自由與否，決定了性魅力高低。在女同性戀讀者傳誦的故事〈浪淘沙〉中，少女主人翁先後迷戀兩位瀟灑的同學：張雁和龍雲。這兩名同學迷人，不只是因為像男生[6]，更是因為看起來都特別自由不羈。主人翁後來對這兩人失望，理由可能是她發現兩者其實也都是女生，理由更可能是她發現這兩者其實都不自由、都需要委曲求全（張雁受制於月經而不能夠像平常一樣活蹦亂跳[7]；龍雲為了討好一批男孩而穿裙子、低聲下氣和男孩跳舞[8]）。這名主人翁到底有沒有「恐同」（恐懼同性戀）之嫌？如果主人翁排斥兩名密友是因為發現她們其實是女性，那麼主人翁或許就恐同了；但是，如果主人翁排斥兩名密友是因為發現她們根本不自由灑脫，那麼主人翁就未必恐同。

但是，女人們在台灣可曾自由瀟灑過？在一九七〇年代政治高壓時期，為什麼女學生偏偏可以在總統府旁邊享受自由[9]？自由（freedom）難道免費（free）嗎？

在討論過一直被各界重視的朱天心少作之後，我接下來要聚焦在「經濟動物模式」的角色，也就是被經濟牽制而必須妥協情愛自由的女人們。綜觀一九七〇年代的文學成果，女學生模式的、看似謳歌自由的作品其實反而是特例，經濟動物模式的、看似感嘆不自由的作品才屬於常態。

二、「工作讓人自由」

本書先前提及，在冷戰之前時期（日本時期），台灣報紙已經出現女女情殺的新聞，只不過還沒有把當事人成為「同性戀」。冷戰開始之後，《聯合報》於一九六一年刊出女人傷害同性情人的新聞[10]，並且指稱當事人是「同性戀」。在〈同性戀不捨　毀容誤嫁期　少女涉嫌傷害起訴〉這篇

3 同前注，頁八。

4 其他的主因包括「朱天心出身文學家庭」（父母、姐妹都是作家）、「朱天心是早慧作家」（在中學時代就在大報副刊發表作品）等等。這些聚焦在作者生平的說法在文壇內外流傳已久，我在此就不多贅述。

5 胡蘭成，〈代序〉，收入朱天心，《擊壤歌》（一九七七）（台北：聯合文學，二〇〇四），頁六—一一。頁六。

6 這篇小說行文故意將張雁和龍雲的代名詞標注為「他」而不是女字旁的「她」。讀者要讀到小說結尾才會發現這兩人其實都是女孩。

7 朱天心，〈浪淘沙〉，《方舟上的日子》（台北：三三，一九九〇），頁一一八。

8 同前注，頁一二三。

9 朱天心筆下的女子中學緊鄰總統府。

10 雖然《聯合報》早從創立的第一年（一九五一）就開始刊登標明「同性戀」字樣的新聞，但是都是指「男同性戀」。一

報導中，鍾女在戲班演戲認識黃女，「感情甚篤，演成同性戀」，從一九五六年相愛至一九六一年（長達五年），在羅東同居。後來鍾女得知黃女要出嫁，便憤而對黃女毀容[11]。這則在標題寫明「同性戀」的報導提及兩個和《同志文學史》相關的訊息：一，戲班子是女同性戀得以結識的場所；這讓我聯想到一九九〇年出版的凌煙小說《失聲畫眉》；二，這兩名女子同居。在一九七〇年代的台灣文學中，女同性戀嚮往同居，男同性戀則不嚮往（那麼男同性戀嚮往什麼？下一章將要細談）。

在冷戰時期台灣境內的印刷品中，展現「女同性戀主體效果」的最早文本之一是一九五〇年代末期的《聯合報》翻譯小說《月誓》。接著隔了多年之後，才有這篇一九六一年的報導出現。要到六〇年代末期，才有歐陽子、郭良蕙用現代中文寫成的女同志情誼面世。

戰後國內女同志文學比男同志文學晚了將近十年才出現。女同志文學遲到，我認為跟台灣社經發展有關。一九七〇年代之前，大部分的女性仍然關在家中、被家長或丈夫監控，也就缺乏「在家外面」發展另類情慾的機會。但是多虧美國冷戰部署之「福」，台灣成為「自由世界」的工廠之一，並進入「經濟起飛」階段——庶民女性開始賺錢，開始有「本錢」可以離家。女人是七〇年代的賺錢工蟻。例如，根據工作傷害受害人協會編寫的《拒絕被遺忘的聲音：RCA工殤口述史》[12]，美國電視第一大廠RCA於一九七〇年在台設廠，曾經吸引無數本地少女離開家庭、農田，投身工廠賺錢（後來才知道健康嚴重受損）。此書一方面將女工定位為工傷受害者，另一方面又展現她們的「能動性」：她們（早在一九七〇年代就）敢罷工、敢爭權，絕非想像中的被動、傳統女性。

一九七〇年代文學顯示當時女人不安於室。同時在七〇年代大放異彩的小說家楊青矗和瓊瑤都描寫了工人階級和中上階級的女人世界；不管口袋深淺，各有求愛花招。在楊青矗的《在室男》、《工廠女兒圈》等等短篇小說集中，少女投入外商、外資介入的工作環境，剝削常見、工傷不少。不過沒有人懷疑台灣經濟不斷向上成長的趨勢，人人捨身逐夢。值得注意的是，工作帶來的經濟能力讓下層階級的女人在情感生活發揮（有限度的）創意，得以（暫時）跳脫男女婚配的正軌，改而不婚、晚婚、愛上不能婚的人。同樣，在七〇年代，在女工生活圈的對立面，夢幻的瓊瑤世界矗立。如台灣文學研究者林芳玫在《解讀瓊瑤愛情王國》表示[13]：「七〇年代是瓊瑤在台灣的極盛期」、「瓊瑤產業」重大影響民眾對於情愛的想像[14]。七〇年代的女性已經展現走出封閉家園空間的勢態，勤於勞動、樂於消費。

一九七〇年代女子賺取的經濟獨立，以及同一年代的通俗愛情小說，都提供在文學想像非傳統女性的養分。在文學想像的非傳統女性中，女同志占有一席之地。既然國內外的男同志文本往往比女同志文本奪得較多目光，這一章特別專注在女同志文學上面：女同志文本從六〇年代末開始浮現，在整個一九七〇年代大放異彩。我發現這些作品凸顯的女性，並非總是一個又一個各自獨立的

直要到一九六一年，《聯合報》才開始刊登「女同性戀」的本地新聞：據我所知，第一則就是這一則報導。我在上一章提及一九五〇年代的《聯合報》連載女同性戀主題外國小說《月誓》，但是《月誓》畢竟是小說而不是新聞報導。

11 本報訊，〈同性戀不捨　毀容誤嫁期　少女涉嫌傷害起訴〉，《聯合報》，一九六一年六月三日，三版。

12 工作傷害受害人協會，《拒絕被遺忘的聲音：RCA工殤口述史》（台北：行人，二〇一三）。

13《解讀瓊瑤愛情王國》，頁二二五—二二六。

14 同前注，頁一一二。

「女同性戀『者』」，而是一組又一組的互為主體的（intersubjective）「女同性戀『關係』」。也因此，這一章標題點出「作伙」（「在一起」）這個詞。

這一章研討的多種文本大多仰賴「愛錢來作伙」的邏輯：兩個女生能夠作伙，是建立在物質（錢，或是其他有形無形的資本）的基礎上；如果拆夥，往往就是因為物質利益不再。也就是說，這些文本大多屬於經濟動物模式，而不是女學生模式。在女學生模式中，楊千鶴小說〈花開時節〉展現了一群彼此友愛的女孩，但其中並沒有一對一的組合，也沒有哪一對女孩需要被經濟力量維繫。在朱天心少作中，一對一的組合在〈浪淘沙〉中屬於主要情節，在《擊壤歌》中屬於次要情節，但這些女女組合都建立在對同學的好感上（覺得對方俊俏、有才華等等，但這種好感不會導致利益交換），而不在經濟的交換上。

在乎經濟的邏輯將女學生模式與經濟動物模式區隔開來。但是這種區隔並非楚河漢界：有些女學生同時也是負擔財務重擔的經濟動物。二十一世紀的李屏瑤小說《向光植物》中[15]，女同志主人翁「我」在高中時期經歷「九二一大地震」[16]，類似朱天心筆下的（北一女）中學生、（台大）大學生，但是從來沒有擺脫經濟動物的命運：「我」總是忙著在性、愛、勞動之間取得平衡。

在乎經濟的邏輯，除了區隔女學生模式和經濟動物模式，也區隔了文學中的男同性戀和女同性戀。當時文學中的男同性戀「者」各自獨立追逐色慾而不特別看重錢，「女同性戀『關係』」（並非各自獨立的「者」）則在乎（撮合雙方的）經濟而非（一人獨享的）肉慾。正因為當時文學中的男同性戀之人往往都是「單打獨鬥」的「個人主義式英雄」但是女同性戀之人比較不傾向成為「孤軍奮戰」的烈士，所以我故意將前者稱為「男同性戀『者』」、將後者稱為「參與女同性戀『關係』

的人」。

本書第一章已經指出，經過美軍文化洗禮的本土女同性戀早在一九六〇年代就將男性化的女同志稱為「T」，將女性化的女同志稱為「婆」。不過，這一章所指的「女同性戀」並不限「T婆關係」。要到七〇年代末，明確描寫T婆的長篇小說才出現。這一章一開始先指出「女學生模式」和「經濟動物模式」的區別，指出「經濟動物模式」的文本需要受到更多重視；然後，以六〇年代末尾的歐陽子、白先勇短篇小說為例，指出經濟的考量決定了女女聚散；接下來，以七〇年代上半期的李昂短篇小說為例，強調「性知識」形同人際關係中的本錢；接著主張七〇年代下半期通俗小說家玄小佛、郭良蕙的長篇小說不但展現了「T婆」的配對，也凸顯了「人我」的差別；最後藉著討論蕭麗紅、朱天心等人的作品，思考怎麼樣的「女同性戀」才「值得」（有價值）被紀念、被納入文學史。

三、強調經濟，「不強調」情慾

本名詹錫奎的政論作家「老包」的長篇小說《再見，黃磚路》展現了美軍駐台時期台北歌手趕

15　李屏瑤，《向光植物》（桃園：逗點文創結社，二〇一六）。

16　同前注，頁七一。

場演唱的生態[17]。這樣的故事舞台恰恰就是美國冷戰布局的產物。小說主人翁是個年輕男歌手，追隨同行前輩小寧的腳步：奇女子小寧是最早成名的台灣歌手[18]，「不帶一絲（女人的）韻味」，「看起來那麼豪邁」，有「很多女孩子跟她的故事」到處流傳，號稱台灣「女貓王」[19]。在鄭美里的《女兒圈》，一位女同性戀受訪者回憶一位穿西裝、打領帶黃姓女歌手從一九六六至一九七六年風靡歌壇的盛況[20]。趙彥寧在「老T搬家」系列論文中[21]，將這個小寧「對號入座」為她從田野得知的「王大頭」：早在一九六〇年代，傳奇人物王大頭就跟一批男性化的女同性戀者成為結拜兄弟。

這一章用引號框住「女同性戀」一詞：一方面使用這個詞、一方面又承認它的不穩定。加框的「女同性戀」一詞並不盡理想，但其他取代詞「女女關係」、「女女情慾」也不見得毫無瑕疵——畢竟完美無缺的替代用詞不可能存在。我寧可承認字詞是不穩定的，並且追問：不同文本中，「形同女同性戀的某種東西」各自被什麼樣的歷史、物質條件所造就。社會學家紀登斯（Anthony Giddens）在談論現代性與個人認同時指出，身分認同並不是固定不變的，而可能在變動的情境中不斷被創造[22]。「女同性戀」亦然，像液體一樣，一放入不同的瓶子就變幻成不同形狀。郭良蕙《兩種以外的》在書末終於啟用「同性戀」、「女同性戀」、「男同性戀」等詞，並且提及「同性戀殺人、女同性戀情殺」登上新聞[23]；不過，早在這部一九七八年的小說面市之前，還沒有被明說出口的、形狀多變的「女同性戀」就已經漫漶整個一九七〇年代。

「愛錢來作伙」這個標題顯示，這一章並非只談女同性戀的「作伙」（在一起的關係），更談女同性戀交纏的「經濟活動」。在「老T搬家」系列論文的第一篇中，趙彥寧指出美國、台灣的同志研究者經常都只在乎研究對象的符號層面（象徵、意識形態等等），卻很少關心研究對象的物質層面[24]；我認為，這種現象一部分要歸因於不同學門的傾向：文學院學者特別看重符號的戲耍，而社會科學學者比較關心物質的基礎。我處在文學院之內，但也重視物質基礎，遂看重錢和作伙的關聯。美國社會學家潔禮澤（Viviana A. Zelizer）的《購買親密關係》（*The Purchase of Intimacy*）是看錢也看情的代表作，鼓勵學界正視而非鄙視（把人當人看的）親密關係和（不把人當人看的）經濟活動之間的共生。眾人都利用經濟活動（含轉移「非金錢」資產的行為）來促成親密關係（含同性

17 我從趙彥寧論文得知《再見，黃磚路》這部小說。見趙彥寧，〈不／可計量的親密關係：老T搬家三探〉，《台灣社會研究季刊》八〇期（二〇一〇年十二月），頁三一—五六。趙彥寧本人表示她從「輔仁大學心理系何東洪教授和助理羅融」得知這部小說，註28。

18 《再見，黃磚路》（一九七七）（台北：東村，二〇一二），頁五〇。

19 同前注，頁八四。

20 《女兒圈》，頁一二八。

21 即：一，〈老T搬家：全球化狀態下的酷兒文化公民身分初探〉，《台灣社會研究季刊》五七期（二〇〇五年三月），頁四一—八五；二，〈往生送死、親屬倫理與同志友誼：老T搬家續探〉，《文化研究》六期（二〇〇八年三月），頁一五三—九四；三，〈不／可計量的親密關係：老T搬家三探〉。

22 Anthony Giddens, *Modernity and Self-identity: Self and Society in the Late Modern Age* (CA: Stanford University Press, 1991), pp. 52-53.

23 郭良蕙，《兩種以外的》（台北：漢麟，一九七八），頁二四九—五一。

24 〈老T搬家〉，第一節各處，以及頁七六至七八的結論。

戀關係）[25]。在本地文學中，錢以「照顧」（提供對方生活費）的形式發功：兩女互相照顧，或是某女一廂情願地照顧另一女，女女作伙的狀態才得以被生產、被再生產。如果某方不能持續提供利益，那麼女女關係就可能瓦解。

「愛錢」跟「作伙」是連動的：金流的渠道百態，作伙的形式也絕不單一。趙彥寧指出，在美軍文化的影響之下，「T」「婆」之稱在一九六〇年代的台北出現，在一九八〇年代女同性戀酒吧興盛之後更加流行[26]。但社會現象是一回事，文學再現是另一回事；當時文學再現的作伙絕對不只有「T婆配對」這一種。七〇年代再現「女同性戀」的作品並沒有提到「T」「婆」二詞，要到七〇年代末期的作品才開始描繪「T婆配對」；但這樣的作品仍然沒有啟用「T」「婆」二詞，而是改用類似詞語，如「湯包」：「Tomboy」的音譯。在六〇年代社會早就有T婆，但同期文學還不明講「T」「婆」兩字。不過那一時期的文學並非沉默。從六〇年代末開始，文學未必明寫「T婆組合」，但的確再現了女女的空間同居、心理歸宿等等。

這一章進行兩種取捨：一、強調女女作伙，而不強調「男同性戀」（這裡用引號框住「男同性戀」，承襲剛才用引號框住「女同性戀」的策略）；二、強調愛錢，而不強調肉慾接觸。這一章不多談解嚴前台灣文學中的男同性戀，也刻意不在同一章的篇幅內討論「女同性戀」和「男同性戀」。我發現，在一九六〇、一九七〇年代的文學中，「女同性戀」和「男同性戀」各有截然不同的運作方式，「女同性戀」絕不是「男同性戀的女性版」。在六〇年代文本中，如本書前一章分析，「男同性戀『者』」經常各自尋求陌生人的慰藉，卻並不需要藉著「雙人關係」來確認自己喜愛同性的傾向。相較之下，「女同性戀『雙方』」需要藉著走入兩人磨合的關係才能夠看見彼此的傾向，而不會透過勾搭全然陌生的女子尋得快慰。

又，這一章強調經濟的配對，也就是要同時「不強調」情慾的配對。同志研究學者雅湄德（Sarah Ahmed）在《酷兒現象學》（*Queer Phenomenology: Orientations, Objects, Others*）中強調，「要看性傾向，並非只看當事人如何選擇對象（按：選擇同性或異性的對象），也要看當事人與世界磨合時所碰到的種種差異——當事人怎樣『面對』世界」[27]。雅湄德這番話，正好可以用來駁斥台灣常見的一種（看似袒護同性戀的）說法：「同性戀只有戀愛的對象跟一般人不同，其他方面都跟一般人一樣。」雅湄德卻說，同性戀在情慾方面、在其他方面，都和一般人（異性戀）不一樣。我同意雅湄德，認為「同性戀」的研究並非只關心情慾（主體跟什麼性別的對象互動），也要關心主體和世界的種種拉扯。

四、歐陽子和白先勇的女女情仇

雖然這一章從一九六〇年代末期的文本下手，但「女同性戀」在七〇年代之前並沒有缺席。例如，前一章已經指出，楊千鶴於四〇年代〈花開時節〉採用女子中學畢業生的觀點質疑男女婚配制

25 Viviana A. Zelizer, *The Purchase of Intimacy* (Princeton, N.J.: Princeton University Press, 2005), pp. 10-20.

26 〈老T搬家〉，註6。

27 Sara Ahmed, *Queer Phenomenology: Orientations, Objects, Others* (Durham: Duke University Press, 2006), p. 68.

度，也讓人感覺到女同性戀的主體效果。

「女同性戀」可能被當成「笑話」。林芳玫指出，早在一九六五年，當紅的文化明星李敖就炮轟瓊瑤第一部小說《窗外》，宣稱《窗外》是「女同性戀小說」（原文如此）：他認為此書與其說寫了男女主人翁之間的戀愛，還不如說寫了女主人翁和女同學間的親密情感[28]。李敖藉著將《窗外》的異性戀比擬為女同性戀，來諷刺瓊瑤。李敖早於一九六五年就「知道」消遣「女同性戀」一詞。消遣同性戀是否等同欺負同性戀，還有待討論。一九七五年，朱天心的少作〈方舟上的日子〉也消遣了同性戀。小說中，急於交女友的少男看著同性友人的健美胸膛，竟然看痴了，伸出手指在對方胸上塗寫。結果對方抗議：「小子，讓人看了還以為咱們在鬧homo呢！」被抗議的少年將自己的突發行為歸咎給「潛意識，佛洛伊德」[29]。

戰前作家楊千鶴和戰後作家瓊瑤都讓人朦朧想像了若有似無的女同性戀。在楊千鶴和瓊瑤之後，一九六〇年代尾聲的歐陽子小說〈素珍表姐〉、白先勇作品〈孤戀花〉、郭良蕙《早熟》則讓人感受到更強烈的女同性戀**主體效果**。〈素珍表姐〉中，主人翁理惠對於她的表姐（素珍）又愛又恨，執意跟表姐搶「女友」、「男友」[30]。〈孤戀花〉中，主人翁是酒店小姐，年老之後成為酒店經理，被男客稱為「總司令」。這些文本提及的種種女性，經濟地位相差懸殊。歐陽子的〈素珍表姐〉中，女孩們上了大學，彷彿當時台灣女性受高等教育已經可以是理直氣壯的人生安排——女孩求學並不會被人阻撓，也不必為了生計而委身在任何金主之下；白先勇的〈孤戀花〉女人們恰恰相反，沒有上學的本錢，必須投入生產（而不像女學生一樣「遊手好閒、不事生產」），並且進入彼此照應的女女同居關係、以利夜夜重新投入皮肉工作。描寫女人同居的〈孤戀花〉凸顯了金錢（含同居花費）對於女女關係的必要，而女生沒有同住的〈素珍表姐〉則隱藏了金錢對於女女關係的影響（沒有同居，也就不必在乎民生支出）。

這兩篇財務狀況迴異的小說倒也有相同之處：兩者的敘事都被「在乎競爭」的意識形態所驅動。一九七〇年代文學再現的經濟體系不只包括各種流動的資本，也包括講究競爭的意識形態。經濟的輸贏和情感的輸贏密切相關：只要比對再現同性情慾的六〇年代文本和七〇年代文本，就可以發現六〇年代的角色很少為了經濟煩惱（那些痴迷美少年的老年男子並不會為了追求美妙的同性肉體而努力賺錢，或充實知識），當時的文本也很少祭出物競天擇、優勝劣敗的意識形態（誰要和誰競爭？競爭項目為何？六〇年代的文本還沒有祭出強調競爭的遊戲規則）。

執著「原始性慾」的一九六〇年代文學和講究「競爭」的七〇年代文學大不相同。〈素珍表姐〉凸「顯」女孩和女孩競爭，〈孤戀花〉「暗」示女人和男人競爭。前者的同性競爭利用「搶女友」、「搶男友」（忽而女女配、忽而女男配）作為手段，後者的女男異性競爭則以呵護女孩（女女配）作為目的。

28 李敖，〈沒有窗，哪有「窗外」〉，《文星》九三期（一九六五年七月），頁四——一五。引自林芳玫，《解讀瓊瑤愛情王國》，頁八二。
29 朱天心，〈方舟上的日子〉，頁二〇。
30 引號表示我存疑。理惠一廂情願地相信她搶了表姐的「女友」、「男友」，但是文本並沒有斷定這兩人是表姐的女友、男友。在這篇曖昧的文本中，表姐的交遊狀況可能純然出自表妹想像。

戰後台灣文學裡女學生之間的曖昧，至少要上溯到〈素珍表姐〉。表姐和理惠形成經濟組合，並不是因為同居，而是因為表妹藉著「跟表姐競爭」來追求慾望滿足。她們雖然不再往來，卻還是被競爭的心態牽連作伙。正如《購買親密關係》指出，親密關係（intimacy）的重點在於「在乎對方」（caring attention），所以親密關係並非只發生在夫妻之間，也會發生在醫生病人之間等等[31]。「在乎對方」未必行善，也可能造惡：如，寫黑函、說別人壞話等等[32]。表姐高中時和女同學麗真要好，戲稱麗真為「太太」；主人翁理惠嫉恨兩女要好，便故意介入她們兩人之間、強要跟麗真為友，還認為她跟「太太」的「私密」友誼[33]，是「哲人怪癖」[34]——我猜想，「哲人怪癖」可能是指「柏拉圖之愛」，而台灣社會長期將「柏拉圖之愛」當作「同性戀」的隱語。藉著跟表姐的「太太」在一起，表妹就好像跟表姐在一起了：「太太」是表姐的財產，也是表姐的分身。

上了大學以後，念英詩（這是累積文化資本的行為）的理惠又搶走表姐的歷史系研究生「男友」：外表、功課（文化資本）均佳的呂男，陪理惠去電影院看希區考克（Alfred Hitchcock）的電影《驚魂記》（*Psycho*）（男女一起累積文化資本）。藉著與表姐的「男友」在一起，表妹就好像和表姐在一起了：「男友」是表姐的財產，也是表姐的分身。怎知表姐的正牌男友其實另有別人：資本更加雄厚的哲學系林助教[35]。表妹雙重挫敗：她沒有取得表姐的財物，也沒有搶占表姐的分身。

先前說過，想像男同性戀「者」，和想像女女「組合」，是兩回事。同樣出自歐陽子之手的〈最後一堂課〉和〈素珍表姐〉正好可以證明這兩種想像的差異。〈最後一堂課〉[36]凸顯了身為性慾主體的男老師：被不主流性慾（成年男子憐愛男童）所定義的他，一方面將性衝動由體內彈射到體外（說錯話洩露他過度關心男學生）、另一方面將性衝動由體內壓抑到體內更深處（他不斷提醒自己控管個人言行）。〈最後一堂課〉凸顯了性慾主體（單一個人），卻「不凸顯」配對（兩個人）：男老師與男學生之間頂多只有師生禮貌互動。這種男男互動和〈素珍表姐〉再現的女女親密形成強烈對比。這個女孩競爭的故事凸顯了三種組合／關係（表姐和表妹、表姐和「太太」、表妹和「太太」）[37]，卻不凸顯性慾：三種女女組合中都沒有性慾的爆發，也沒有性慾的壓抑。重關係而不重性慾的表妹主人翁，與重性慾不重關係的男老師，是完全不同體質的兩種慾望主體。

一九六〇年代末、七〇年代初，再現女女親密關係和再現男同性戀者是兩回事，差別並不只在於性別，也更在「想像主體的方式」。當時的文學中並沒有只在乎性慾而不在乎配對的女同性戀者，同時也沒有只在乎配對卻看淡性慾的男同性戀者。說得更直接明白一點，同志文學的讀者不應

---

31 *The Purchase of Intimacy*, p. 16.

32 Ibid, p. 17.

33 她為了不讓表姐得知橫刀奪愛一事，所以將友誼當作不可公開的祕密。

34 歐陽子，〈素珍表姐〉，頁一九〇。

35 在同一時期的鄭清文小說〈校園裡的椰子樹〉顯示，在大學裡的助教介於教授與學生之間、比學生地位優越、有可能晉升為教員。當時認知的「助教」與二〇一〇年代大學的「助教」不大相同。鄭清文，〈校園裡的椰子樹〉（一九六七），《校園裡的椰子樹》（台北：三民，一九七〇），頁一五七—八二。

36 歐陽子，〈最後一節課〉，頁一五一—六四。

37 這篇小說中除了女女關係也有明顯的男女關係。但男女關係在這個敘事中的功用是次要的，只是用來襯托女女之間的醋意。

該期待六〇年代末、七〇年代初的本土文學展現「可以證明女同性戀存在著、發生了」的情慾描述，因為這種期待謬誤地將女同性戀想像成、化約成「男同性戀的女性版」。這種謬誤的期待可以說是建立在「男同性戀本位主義」上面，忽略了女同性戀自己另有邏輯。「男同性戀本位主義」的思維是這樣的：男的同性戀做了什麼，女的同性戀就該比照辦理；女的同性戀做了什麼，男的同性戀卻沒必要比照辦理。

白先勇的一九六〇年代短篇小說寫了男畫家欣賞裸體少年的勃起、一群男子在新公園欣賞打赤膊的原住民男子跳舞。但是，一九六〇年代末、一九七〇年代初的女同性戀並不會像男同性戀一樣，在文學中做同樣的事。當時文學並不會出現「女畫家欣賞裸體少女」、「一群女子在公開場所欣賞打赤膊的女孩跳舞」。

不強調性慾衝動的〈素珍表姐〉，看起來簡樸（沒有肉慾畫面）；強調性慾衝動（尤其是男人對女人的性慾）的〈孤戀花〉，展示華麗（而絕不簡樸）的夜生活場面。恐怕正因為兩篇色相大為不同，白先勇序沒有提及〈素珍表姐〉的女女關係，而歐陽子卻對〈孤戀花〉的女女關係大作文章。〈孤戀花〉主人翁「總司令」和兩位苦命酒女各自締結的配對，對男性大開門戶——只有不斷和男人進行（異性戀的）性交易，女人才能帶錢回家、維繫（非異性戀的）經濟組合。她們投入異性戀性產業的生產，才能夠進行女女之家的再生產（指「維持、延續」）；同時，女女配對療癒了酒女之後，也就讓她們養足力氣、一再投入異性戀性產業的生產線，或可說是投入「異性戀的再生產」。標舉女女經濟配對的〈孤戀花〉其實描寫了**異性戀性產業和女女經濟配對的分工合作**；若要說這篇小說純粹展現女同性戀（這就忽視了酒女上班時和男客的交易），或說它展現異性戀而非同性戀（這就忽視了酒女下班回家的生活），都簡化這篇小說的繁複訊息。

最早指出白先勇作品展現「同性戀」（而且動用「同性戀」這個具有科學意味、暗示「準確診斷」的詞）的評論家之一，就是歐陽子，比李敖說瓊瑤小說有「女同性戀」略晚一點。歐陽子則在《王謝堂前的燕子：「台北人」的研析與索隱》中指認〈孤戀花〉中有女同性戀[38]。我肯定歐陽子坦然討論女同性戀的開明態度，但也同時質疑她對女同性戀的認知：她想像，女同性戀者用男人對待女人的方式來對待其他女人。但我想要提醒，在同一時期的楊青矗著名小說〈在室男〉中，主人翁酒家女，綽號「大目仔」[39]，積極調戲一個年輕男性工人，綽號「有酒窩的」[40]。我認為，〈孤戀花〉和〈在室男〉在同一個歷史時刻各自想像了底層女性的創意：在一個男女勞動力都脫離原生家庭的年代，賺有小錢的底層女子可以「有創意地」（即，背離傳統模式地）嘗試她想要的親密關係，不論對方是男是女。與其說酒家女們男性化、她們的對象女性化，不如說酒家女們採取主動、她們的對象被動。主動未必就是男性化，被動未必就是女性化。

歐陽子有意無意地預設了立場：這個立場就是先前說過的、法邊所批判的「視覺至上主義」。歐陽子找出三種認定「總司令」就是同性戀者的證據：一、歐陽子認為「總司令」這個名號顯示主

38　歐陽子，《王謝堂前的燕子：「台北人」的研析與索隱》（台北：爾雅，一九七六），頁一五四、一六四—六五、一六七。

39　《拒絕被遺忘的聲音》剛好提及，有位女工的外號也叫「大目仔」，外號來自高凌風於一九七四年發表的第一張唱片《大眼睛》（頁七四—七五）。這張唱片的主打歌就是瓊瑤愛情電影的主題曲，也就是林芳玫所說的瓊瑤產業商品之一。

40　楊青矗，〈在室男〉（一九六九），《在室男》（高雄：文皇社，一九七一），頁一七七—二〇九。

人翁男性化。我卻認為，「總司令」和「總經理」、「董事長」、「老佛爺」（慈禧）等詞語一樣，標識了權力位階，而非性別屬性。「總司令」和酒女們的關係，與其說類同男性和女性的關係，不如說更像女性工頭（處於上位）和女工人（處於下位）的關係。二、歐陽子認為，總司令嘴裡說討厭男人，就等於她喜歡女人。這種詮釋也出於非男即女的非黑即白邏輯，忽略了討厭男人和喜歡女人的這兩端中間存有一大片灰色地帶。三、總司令照料五寶、娟娟的體貼，也被歐陽子視為女同性戀的行為。以上三點顯示，歐陽子將女同性戀者類比為愛好女體的好色男性。歐陽子並沒有信奉我剛才提及的「男同性戀本位主義」，卻信奉了比「男同性戀本位主義」更要老派的「（異性戀）男性本位主義」：（異性戀）男人怎樣展現情慾，女同性戀（被當作模仿異性戀男人的女人）也就要比照辦理。若堅持要在〈孤戀花〉中「去歷史化地」辨識類似男女關係或T婆關係的「女同性戀」，就嚴重縮減了「女同性戀」的多元可能：「女同性戀」不一定套用男性化配對女性化的模式。

〈孤戀花〉中，愛女人的女人不必像男人；事實上，**整篇〈孤戀花〉都在強調男女關係和女女關係是相反的**：男女關係幾乎都在糟蹋女體，而女女關係總是在撫慰、修補、安頓女體；男女關係是不計成本的（彷彿女人不值錢、用過就能丟開），而女女關係則建立在經濟基礎上（女人就是金錢、女人在乎金錢；文本中總司令對於金錢的掛念絕不下於對女體的眷戀）。文本只寫出男女之間（粗暴男客與小酒女之間、獸性父親與親生女兒之間）的性（而且是性暴力），卻沒寫出女女之間的性。既然文本明確寫出男人和女人的對比，那麼細心照顧女人的總司令在文本之中當然不像男人，而是男人的對手：她在呵護女孩、財務管理、生涯規畫等等方面，都與男人們的做法截然不同。

〈素珍表姐〉中姊妹翻臉，〈孤戀花〉中女女同居。但乍看倡分、倡合的文本都一概展現了「競爭邏輯」對於「女同性戀」的貢獻：女女競爭證明女孩很在乎／很親近另一個女孩，而女男競爭（男客搶著虐待小酒女，而老酒女搶著善待小酒女）促成女女作伙。

五、李昂筆下的「性知識」

這一節所討論的「性知識」應該解讀為「性機制的知識」，或稱「對於性機制的認知」：不一定聚焦在性器官、性動作，而可能關注性機制的種種面向。「性機制」一語承襲我在第一章「定義」一節的思考：性的機制就像聯考機制一樣，牽連甚廣，足以左右民眾各個環節的生活點滴。

這一節重點是「非金錢的資本」：知識。在李昂的早期小說〈回顧〉和〈莫春〉中，女性角色不但能上中學、大學，也可能出國見世面（並且讓不能出國的其他女性羨慕）；女性的求知似乎已經稀鬆平常。各種形式主題的知識都成為勸誘女女結緣的文化資本。

知識一方面可以作為賺取資產的手段，另一方面也算是資產本身，是一種「文化資本」——不過，時至新自由主義橫行的今日，這種說法，以及「知識就是金錢」、「情報換得商機」等等口號，其實都很平凡了。但是這一節要談的知識並不是晚近被理所當然拿去換錢的知識／常識。這一節將知識加以「歷史化」：時空不同，知識的價值就不同。趙彥寧的老T搬家系列的第三篇顯示，一九七〇年代是「無聊、缺乏生活樂趣」的，「見過世面」（通常是指參與過情慾空間）的人特別讓人羨慕（第三節）。我因而推測：一九七〇年代樂於求知，一大部分原因是為了解悶（悶，含「性苦悶」）。這邊的「知」並不是書本裡的學問，而是與情慾相關的見聞；誰能夠提供「知」，就有吸引別人的本錢。

先前說過，李敖早就於一九六〇年代就啟用「女同性戀」一詞。他的知識（指他對於「性知識」以及「性機制」的「似懂非懂」）可能來自他讀過的書本。朱光潛著名的《變態心理學》本來早於一九三〇年在中國出版，後來一九六六年由臺灣商務印書館以「朱潛著《變態心理學》」之名、採「人人文庫」普及版的形式重新面世；書中第六章介紹「同性愛」，英文寫為「homosexuality」[41]。對六〇年代以降的愛書人來說，書名獵奇的這本袖珍書在苦悶的年代或許已能解悶、讓人窺探同性戀。

但是性知識並非僅僅來自書本。受到謝姬維克《衣櫃認識論》的影響，我在這一章所關注的「同性戀」，除了包括同性戀的人事物，也包括「對於同性戀的知識」（以下略稱為「同性戀知識」）。性知識除了包括「如何成為同性戀者」、「如何進行同性戀的性行為」之外，更包括在茫茫人海中「辨認」同性戀人事物、「知曉」同性戀人事物如何存活運作。如謝姬維克在《衣櫃認識論》提醒，關於知悉同性戀動態的「知識」與「無知」都有很多種有力的形態[42]。就算是完全沒有同性戀身分、不參與同性戀性行為的男女老少（例如，李敖），也可能擁有某一種同性戀（偽）知識。這種知識的運作，類似慣舊用語中的「曉事」、「通曉人事」（雖然這兩個詞中的「事」應指「對於異性戀的知識」，或略稱「異性戀知識」）。在這一章，性知識還是得以促成女女作伙的一種無形資產。

但性知識並非鐵板一塊。首先，性知識「本身」有異性戀傾向、同性戀傾向之分。其次，更進一步來說，性知識介入「男同性戀傾向」和介入「女同性戀傾向」的程度不同。首先，就性知識的異性戀、同性戀之分來看，在社會獨大的異性戀知識往往被等同於「已經完整、不需補充的性知識」本身，而同性戀知識則如同「性知識」的例外。因此，就算排除同性戀知識的（異性戀本位立場）知識，也被認為是已經完整的性知識；一如「人」通常是指「男人」，而「女人」如同「人」的例外，就算排除女人的一組人馬也被認為人員到齊了。

其次，更進一步來說，文學中的「男同性戀」和「女同性戀」操用知識的手法不同。知識未必讓男愛男的人「傾向」心儀的對象：他們可能在報上得知作者匿名、記者揑造的同性戀知識，卻轉向了別人，另行與來歷不明的男子發生關係。而在李昂的〈回顧〉和〈莫春〉中，知識卻讓女愛女的人「傾向」特定的心儀對象（亦即散發出知識魅力的女子），而不會轉向別人。

這一章聚焦於李昂「少作」中「性的知識」。她於一九六〇年代的成名作〈花季〉[43]就呈現了「少不經事的天真少女」（ingénue）對於性知識又愛又怕、充滿強烈好奇心的矛盾情結。〈花季〉中，少女心懷矛盾地盯上無名中年男子，猜測對方可以帶給她性知識（以及豔遇），又心動又害怕。李昂筆下的少女們，活在趙彥寧所說的「無聊」年代，口是心非，言行不一。她們偏偏要追求她們駭怕的局面、偏偏要懷念她們割捨的髒事。在李昂多篇少作中，主宰敘事進行的本錢是可以讓人解悶的文化資本（含性知識）而不是金錢資本。

---

41 朱潛（朱光潛），《變態心理學》（台北：臺灣商務，一九六六），頁一四三—四四。

42 Eve Kosofsky Sedgwick, *Epistemology of the Closet*, p. 4.

43 李昂，〈花季〉，《花季》（台北：洪範，一九八五），頁一—一一。

李昂短篇小說〈回顧〉和〈莫春〉的主人翁都對同性戀知識、異性戀知識抱持矛盾態度。這兩篇小說並沒有標榜「純粹的」（「沒有被異性戀污染的」）女同性戀，反而展現了女同性戀和異性戀的交纏。如果將這兩篇小說定調為同志文學，或將之改而定義為異性戀文學，都會嚴重削弱這些文本的繁複慾望。

〈回顧〉[44]的主人翁「我」也是個「少不經事的天真少女」。這個十六歲女孩曾經在教會學校念書，同時收集過異性戀、同性戀知識。本書第一章已經強調，小說的第一人稱、日記形式、回顧動作，都營造出自剖的親密感。這種作者和讀者之間的親密並非理所當然，**反是人工操作出來的效果**。同志文學名作《鱷魚手記》、《荒人手記》、《孽子》、《假面的告白》都藉著告白、內心獨白等等形式，讓讀者產生同志主體果然存在的幻覺。我認為，越是表露真誠的文學格式，就越可能發揮了強效的人工假味。我要澄清，這裡的「人工假味」看起來價值是負面的，但是功效卻是正面的：讓讀者覺得親切。

〈回顧〉和《鱷魚手記》都藉著露出性知識來營造讀者和文本主人翁的親密「效果」：讀者好像和文本主人翁一起分享了求知慾。〈回顧〉的小說形式充滿了讓讀者覺得親切的人工假味：主人翁在小說前後都慎重撇清難以言說的慾望，可是這種撇清有誤導之嫌。我並不是說這種人工假味是李昂的敗筆；恰恰相反，小說形式（日記體）的人工味正好巧妙傳達了主人翁的笨拙。主人翁在小說前頭言明，她藉著寫日記取得心理慰藉（她要克制她的憂鬱低迷情緒，而她的憂鬱極可能出於情慾的挫敗），在小說結尾又說她藉著回顧日記而得以全然忘記苦痛（應指和心儀女生分開之後的痛苦）。這種自稱需要治療卻又自稱已經治好的日記寫作者，剛好很像魯迅〈狂人日記〉的主人翁

——〈回顧〉和〈狂人日記〉一樣，主人翁的心病都轉移到日記之內，而身置日記之外的主人翁都是擺脫病症的正常人[45]。〈回顧〉、〈狂人日記〉、《鱷魚手記》這三種文本雖然大不相同，但是都以日記的形式和讀者分享祕密、分享不可告人的知識。

〈回顧〉由三次失戀構成。她本來想要和一個名叫蘇西河的美男子在一起，未料撞見蘇西河跟男孩接吻；她本來也想和一個名叫賀萱的女孩在一起，未料她哥哥和賀萱上床；她後來又想要和「台北來的」轉學生珍在一起，但終究還是離開珍[46]。她期待的異性戀配對「沒想到」敗給了男同性戀（美男子會跟別的美男子在一起——這是她原來不知道的同性戀知識）；女同性戀配對「沒想到」敗給了異性戀（哥哥會跟她搶女人——這也是她原本不知的異性戀知識）。她最大的挫敗是不能和珍在一起。珍正是整篇小說中最具文化資本的人物：珍掌握異性戀知識（珍和男朋友上床過，在主人翁同學中是性經驗的先行者）、在台北見過世面（而主人翁就讀的教會學校所在地，是和台北相反的非都會區）、熟知高尚藝術／西方藝術。這些文化資本的項目互相強化。主人翁隨手亂畫女體素描，竟被珍相中，而且被珍比做「Modigliani」（按，著名畫家，一般譯為「莫迪里安尼」）：「Modigliani」這個在當時台灣還不夠知名的洋人名字，在小說原文中並沒有中譯，在整篇

44　李昂，〈回顧〉，《愛情試驗》（台北：洪範，一九八二），頁一一三〇。

45　〈回顧〉的日記回顧者是寫日記的女孩本人（以及小說讀者）；〈狂人日記〉的日記回顧者不是狂人本人，而是跟狂人無關的讀者（以及小說讀者）。不過這點差異並不會影響我進行的文本比較。

46　在這篇自說自話的日記體小說中，跟珍的親密關係可能純然出自主人翁一廂情願，未必被珍承認。

中文的小說中顯得搶眼、炫耀。文化資本提供雙姝誤會而結緣的契機[47]。

文本中的三次失敗，悲觀一點來看可能意味著同性戀和異性戀的互斥。但樂觀一點來看，這三次也凸顯了同性戀和異性戀的共生，並且還為雙性戀的可能性露出一道曙光。正是因為珍擁有特別豐富的異性戀知識，所以主人翁才特別想要和珍發展女女關係：少了珍的異性戀，主人翁心中的同性戀火種就不會點燃；少了主人翁的同性戀遐想，珍的異性戀火花就會如同煙火一樣消散；少了異性戀和同性戀的糾纏，文本就不能顯示出主人翁「沒有雙性戀主體位置可占用」的窘境。先前討論的〈素珍表姐〉和〈回顧〉一樣也是以女學生作為主人翁，不過她在乎作為經濟法則的競爭邏輯，而不在乎作為經濟資本的性知識。她要藉著搶「太太」、搶男友來跟表姐競爭，卻沒有明顯表示對性事「好奇—矛盾」——畢竟「好奇—矛盾」跟輸贏無關。「好奇—矛盾」是李昂小說的特色，在歐陽子小說中並不明顯；〈回顧〉的主人翁個性退縮，只想成為性知識的旁聽生，不想跟任何人競爭（不跟人橫刀奪愛），不論輸贏。〈素珍表姐〉內的成敗要看有沒有搶到情人（卻不計較知識有無長進），而〈回顧〉內的得失則是要看有沒有長知識（而非真的在乎有沒有搶到情人）。

在〈回顧〉之後發表的〈莫春〉中，主人翁不再是女學生而是女「教師」唐可言——她在（以教育為名義的）感化院工作。唐可言像〈素珍表姐〉的表妹一樣在乎競爭，也像〈回顧〉的女學生一樣在乎性知識。她在全篇敘事的行動就是投入性知識的競爭。

〈回顧〉由三次（三種）失戀組成，而〈莫春〉[48]由三種教學關係組成。教學的內容就是性知識。第一組關係的成員是女與女，唐可言和她的前女友：從國外回來的前女友Ann。在台灣文學中，Ann應該是最早具有本錢出國見世面、用英文名字行走江湖的女同性戀者之一。Ann的國外經驗（被等同先進的知識）對比了唐可言的無知：唐可言想像Ann比她知曉新款式的衛生棉[49]；唐可言猜忌Ann必有豐富的國外同性戀閱歷（國外的理論），只將唐可言當作國內的同性戀樣本（在地的田野）[50]。

小說主幹在於第二組關係，男與女：花花公子李季和唐可言。前一組女同性戀關係在文本中屬於過去，而這一組異性戀關係在文本中屬於現在。這種時序的安排，如同將女女組合當作被拋在腦後的舊病，而男女組合被合理化為當下的常態。男女組合的常態被理所當然化：〈莫春〉曾在文壇飽受批判，不是因為文中（不被評論者們看見的）「女同性戀」，而是（評論者只看見的）未婚男女做愛[51]。男女雙方的做愛過程也是知識角力：唐可言一直心懸知識：男方「知道」她為他獻上初

47「知曉Modigliani」在文中是一項關鍵性的「文化資本」，一方面顯示珍握有國外文化知識，另一方面表示珍「看見了、肯定了」國內平凡主人翁。但這個「看見、肯定」的過程剛好是個誤會：主人翁是因為耽迷女體所以才畫女體素描；但珍卻把主人翁的「女同性戀行徑」（女孩愛看女體並畫女體）「誤讀」為異性戀知識的表現——Modigliani的其人其畫向來是異性戀的經典傳奇（男人愛女人畫女人、異性愛侶以身相殉）。主人翁和珍透過Modigliani這個文化符號相識，是一場異性戀錯看同性戀的誤會。但這種誤會剛好契合了〈回顧〉內異性戀和同性戀的交纏。

48 李昂，〈莫春〉，《人間世》（台北：大漢，一九七七），頁七七—一〇四。

49 Ann是不是真的比較懂衛生棉，文本並沒有寫。文本只寫出唐可言單方面想像Ann在國外必然享有各式各樣的文明知識。詳見〈莫春〉，頁七九。

50 同前注，頁八七。

51《人間世》的〈關於本書與作者〉（等同編者前言）將「人間世」系列小說（含〈莫春〉）目為衝撞社會道德禁忌的性愛

夜嗎？（男方是否知道她是處女，幾乎可以決定她是否吃虧。）她可以從男方「學會」性交技術嗎？（她似乎認為，向男方學到技藝，就不算吃虧。）兩人交歡，像是性愛的校外教學：男方追求「未知」的新鮮感（所以喜歡去各種小旅館開房間），言下之意是他已經擁有夠多「已知」；女方自感知識不足，所以勉力跟男方求學。等到學夠了，女方就要離開男方。唐可言對於她的異性戀老師（李季）和同性戀老師（Ann）同樣抱持了「好奇—矛盾」情結：她一方面為了求知而分別和兩位老師親密，另一方面卻又因為知識饜足而主動疏離兩位老師。

第二組教學關係中，誰賺誰賠很難說。李季和唐可言看起來有貴賤之分，不但出於男女不平等，還出於**同性戀知識和異性戀知識的不平等**。性別和性傾向的這兩種不平等是扣連的。李季只擁有異性戀知識，而唐可言除了學習異性戀知識之外還擁有同性戀知識；在同性戀知識被壓抑的異性戀主流社會，擁有多種知識的唐可言看起來只是性的學徒，而只有單一知識的李季反而儼如智慧的性導師。簡單來說，在性的世界，男人才懂，而女人不懂——但事實上女人懂的性比男人多。

在〈回顧〉中，同性戀知識和異性戀知識是交纏的而非對峙的；這兩種知識可以並存，並沒有哪一方強行壓制另一方。但，這兩種知識在〈莫春〉則明顯對峙，強勢的異性戀知識打壓同性戀知識，連共存的機會都不給。小說中出現兩次知識的交鋒。有一回，唐李二人看了好萊塢電影《酒店》（*Cabaret*）[52]。電影含有敏感的同性戀情節而遭電檢單位修剪，所以擁有異性戀知識卻沒有同性戀知識的李季看不懂；唐低調擁有同性戀知識，便想要教李看懂電影——也就是說，女學生膽敢反過來教男老師了。被「有同性戀知識」的唐指點之後，李嘲諷男同性戀，而唐卻只敢賠笑[53]。李還不放手，想要大談女同性戀（他談女同性戀，動機是出於他對於同性戀的無知，也出於他自我感覺良好的異性戀知識），而知之甚詳的唐卻只能裝傻無話。（同性戀和異性戀的另一次交鋒，將稍後討論。）

第二組關係中，唐可言看似吃虧，卻可能是真正的贏家。她是台灣文學史上的新奇女人：她具有經濟能力（她有職業，屬於白領階級，不必被父家、夫家所養）也有移動能力（她因工作出差；不必住在家，不是賢妻良母也不是待嫁女兒）。也就是說，她有越界（在台北和南部之間移動、在不同的床之間流轉）、逾越（在不同的性伴侶之間徘徊而不被任何家屋鎖住）的能力。

唐可言獻出初夜，要歸功於男女雙方的職業起落：（工作前景看好的）唐可言「（從台北）到南部僻遠小鄉鎮的少年感化院工作」，在出差過夜時和「被工作埋沒的」（前景不看好的）李季上床。女方賺的薪水未必勝過男方，但她的工作成就感勝過他。她越來越常被派去南部感化院工作，所以她一方面有本錢選擇在台北之外與李季過夜（對性說yes），另一方面也有本錢選擇藉著離開台北而不跟李季過夜（對性說no）。正是因為女方這麼不需要在乎現金，所以她才有興致去在乎作為文化資本的性知識；後來也正因為她從男方收集了夠多性知識，所以她可以藉著去南部工作而離開

小說，沒有提及小說中的女男同性戀成分（此文無頁碼）。書末收入陳映湘（筆名）的〈初論李昂〉一文沒有稱讚李昂，反而痛斥「人間世」系列小說，尤其〈莫春〉這篇，沉迷男女的性行為，「不忍卒睹」——但陳映湘完全沒有提到同性戀。詳見《人間世》，頁二三六—三八。

52 英文片名*Cabaret*，一九七二年上映。

53 〈莫春〉，頁八七—八八。

男方。

小說最末尾，花花公子李季向唐可言求婚之舉讀起來很突兀[54]：這兩個色情男女各自風流，為何愛玩的男方竟然想要套牢女方？我認為，有可能正是因為女方有本錢（在職場被重用、學夠了性知識）而男方沒本錢（職場前景未卜、性知識被學光），所以男方要低下頭來、留住善於脫逃的女方。

剛才提及同性戀知識和異性戀知識的另一次交鋒，在第三組關係出現。第三組關係的雙方，女與男，是唐可言和一個「羸弱稍陰沉男孩」[55]。男方是「朋友的朋友，見過幾次，沒什麼印象，甚且常叫不出名字，較李季年輕，而且顯然還未曾有過經驗」——「經驗」在此應指男與女的床上經驗（而同性的性經驗不被算是正規的，不算數）。但缺乏異性戀知識的無名男孩並非毫無知識；一如唐可言所聽說「他如何與另個男孩子有相當曖昧關系，卻又缺乏足夠勇氣」，這男孩應有同性戀的經驗。但擁有同性戀知識的男孩「被無知化」，而且「被病態化」：唐可言的朋友說，「像他們這種人，糾纏不清。……他才真是自虐。」事實上，在獻身給李季之前的唐可言本人，就跟這個無名男孩一樣被無知化、被病態化。未料，唐可言並沒有用過來人的身分來體諒男孩，反而偏偏利用過來人的經驗強行「去除」男孩的「無知」與「病態」：她勾引對方，逼他撫吻她乳房，想要把他「矯正」為正常男人，結果他偏偏無法勃起（事後唐可言得知，這男孩在此經驗後不斷嘔吐，似乎很感噁心）。唐可言這次和男孩的關係，不再是性學徒和性教師，而是性教師和性學徒：唐可言她像被她拋在腦後的李季一樣傲慢，男孩像昔日的唐可言一樣卑微。一邊是曾經同性戀、目前「被異性戀化」的女子，另一邊是目前同性戀、可能「被異性戀化」的男孩——這對男女的肉體接觸，並不能等同一般男女的異性戀關係。

對知識抱持戀物癖的唐可言誤以為可以藉著炫耀「有」（有知識）進而否認「無」（她「沒有」Ann也「沒有」李季了）：在性別上，彷彿只要把男孩擄為戰利品她就克服了男女關係的失落（因而她沒有輸給男性）；在性傾向上，好像只要把同性戀男孩導入異性戀體系她就可以宣布女女關係破產（因而不值得她懷念）。男孩在唐可言百般調戲之後終究不舉——他的不舉，與其說證明了男孩的無用（沒有交易價值），不如說曝露了唐可言（運用知識本錢的）投資失敗。

趁著討論李昂小說的機會，我想要指出「同性戀文學」、「女同志文學」等等分類標籤的局限。這類看起來很方便的標籤預設了「納入」（inclusion）與「排除」（exclusion）的邏輯：彷彿同志文學史只能「納入」以同性戀為主的文學，並且要「排除」「同性戀成分不高」的文本。這種立場相信「均質」（homogeneity）而否定「雜質」（heterogeneity）：純度高的同性戀才算數，跟異性戀揉合在一起就不算同性戀。在這種篤信「純粹」的信念之下，雙性戀不能被允許，跟異性戀共存寄生的同性戀也不能被承認。

但是，唯有珍視異性戀和同性戀的交錯存在，才能夠更敏感地辨認下列文本的欲望軌跡：〈孤戀花〉和〈素珍表姐〉的女女組合（在地理上或在心理上）都奠基在男女情慾上；〈回顧〉和〈莫春〉的女女作伙都取決於「異性戀知識」和「同性戀知識」的角力。

---

54 同前注，頁一〇八。

55 同前注，頁九五—九八。

六、玄小佛和郭良蕙遇到「大家」

一般認為白先勇的《孽子》是台灣文學的第一部同性戀長篇小說，但這個說法大有問題。玄小佛的《圓之外》、郭良蕙的《兩種以外的》都是**以女同性戀為主人翁、為主題的一九七〇年代長篇小說，比一九八〇年代的《孽子》早了好幾年**。如果略而不提「女同性戀長篇小說比男同性戀長篇小說更早面市」的事實，就犯了兩種偏見。一、性別偏見：只看重「男同性戀」卻輕忽「女同性戀」；二、地位偏見：只看重「嚴肅文學」卻輕乎「通俗文學」。

林芳玫調查發現，一九六〇年代「最具聲望的小說作家」是白先勇（同一名單上有歐陽子）[56]，同時期「最多產的小說作家」以郭良蕙居首（同一名單上有瓊瑤）[57]，兩種名單沒有什麼重疊。她認為社會地位和性別因素共同造成的對立已經出現：嚴肅文學的從事者是菁英的、以男性為主的、被褒揚的；通俗文學的從事者是大眾化的、以女性為主的、被社會菁英所鄙夷的[58]。在這種雅俗對立的情勢中，白先勇較晚出版的男同性戀主題小說被視為第一部同志小說、郭良蕙和玄小佛比較早出版的女同性戀主題小說卻不算數。

《圓之外》[59]、《兩種以外的》所想像的女性角色已經忙於事業。女性電影導演、女性白領上班族、女性貿易商，在小說中揮金如土——這些女人不見得真的有錢，但必然要擺闊。她們不見得面臨要和男性婚配的壓力，卻都要應付工商社會的各種帳單。這兩部小說是否忠實呈現一九七〇年代的都會女性遭遇，並不得而知——小說本來就沒有忠實呈現社會的義務。不過，這兩部小說畢竟想像了、慾望了非主流、非婚、中產女性的瀟灑不羈。

接下來我藉著一九七〇年代下半部的《圓之外》、《兩種以外的》，思考T婆的「認識論」。這裡的認識論包括了三種認知：一、「發現」T婆出現了；二、「知道」T婆有分有合；三、「察覺」有一種**被稱做「大家」的東西跟T婆同時生成**。上述這三種認知是同時發生的，彼此之間並沒有先後次序、因果關係。第三種認知需要多說明一下：這裡說的「大家」，就是「『大家』怎麼看待同性戀」中的這個口語化代名詞，亦即「人家」、「人們」或「社會大眾」。借用酷兒理論學者茱蒂．巴特勒（Judith Butler）的〈(跟別人)解說自己〉（"Giving an Account of Oneself"）文章標題[60]，這個認知可說是藉著「(跟大家)解說T婆」來同時理解大家與T婆。巴特勒綜覽了黑格爾等等古今哲學家對於自我（self）和別人（other）關係的看法，指出「自我」和「別人」要同時彼此指認才能存在：我認出有別人認出我，別人認出我認出他們，這樣雙方才會都存在。我沿著這條思路，指

56《解讀瓊瑤愛情王國》，頁四〇。

57 同前注，頁四二。

58 同前注，頁四三—四八。

59 玄小佛，《圓之外》（台北：萬盛，一九八二）。

60 巴特勒的英文標題直譯是「解說自己」，並沒有點出「跟別人進行解說」。但從巴特勒文章的內文來看，自己（self）解說自己，是為了給別人（Other）聽——被寫在標題的「自己」和沒有被寫出來的、隱形的「別人」，是一樣重要的。我為了方便解說，便在「解說自己」前面加上加括號的（跟別人），點出自己和別人的互相倚重。Judith Butler, "Giving an Account of Oneself," *Diacritics* 31.4 (Winter 2001): 22-40。

出「T婆」和「大家」同時造就對方成形。

第一個認知，T婆出現了，是指《圓之外》和《兩種以外的》「鄭重通知」本地讀者：社會上存在愛女人的女人；這些愛女人的女人包括了陽剛角色（將要被稱為「T」）以及陰柔角色（將要被稱為「婆」）。在《圓之外》和《兩種以外的》這兩本小說之前的本土文學則沒有告知讀者T婆的存在；《圓之外》和《兩種以外的》還沒有明寫出「T」「婆」兩字，但已經呈現T婆的形象。兩部小說中的主人翁被認為像男不像女：《圓之外》主人翁于穎在小說多處自稱「像男孩子」、「是男孩子」，偶爾心灰時會自稱「變態」、「不正常」，但沒有用專有名詞來稱自己；《兩種以外的》主人翁米楣君自稱為「湯包」，並將她這種人（「湯包」已經專門用來指涉某一種和平常人不同的人）追求的女人稱為「婆子」。《圓之外》的于穎和《兩種以外的》米楣君都很清楚自己的認同（想要打扮成男人、想要跟男人競爭）與慾望（追求美女，並建立穩定的女女關係）：于穎從十九歲到三十歲陸陸續續和幾個女人交往。三十九歲的米楣君，綽號「米老鼠」（我接下來一律採用「米老鼠」一詞來稱呼這個角色，強調她的處境卑微），專心追求一名年過半百的有夫之婦白楚。白楚的親生兒子已經二十七歲。我在此特別強調歲數，是要註明這些女愛女的角色並不是「被認為」少不經事的學生——通常，一講到文學中的女同性戀，讀者就容易聯想到在校女學生，但這種預設應該被挑戰。《兩種以外的》中，中年女子米老鼠和白楚之間仍有激情性愛。書中兩人做愛數次；有一次，米老鼠說要「做愛！」，並把白楚從客廳抱入臥房[61]。

第二個認知是，T婆不但存在，而且雙方之間「有分有合」。T婆「分合」，一方面是指她們在情感上的分手或結合，另一方面是指她們在社會學意義的「分類」、「合併」。T婆一方面分屬不同類（前者陽剛、後者陰柔），另一方面又合併為同類（都是愛女人的女人，因此都跟「大家」不同）。《圓之外》和《兩種以外的》明確顯示，T婆組合不只是性別氣質的配對（陽剛者配陰柔者），也是經濟能力的配對（出錢者配收錢者）。T必須努力拿錢來供養婆，否則婆會投向別人（更有錢的女人或男人）的懷抱，既有的T婆關係就會瓦解；文學展現的錢、情糾葛，正好呼應趙彥寧老T搬家系列論文的田野觀察。《圓之外》的主人翁于穎只能一次又一次回去跟老爸要錢：她要有錢才能夠再生產T婆組合，不然失去T婆組合的于穎就不足以維持T的身分。《兩種以外的》中，米老鼠憔悴落魄，一方面要照顧臥病十年的老母，一方面還要撒錢討好揮金如土的白楚。而米老鼠四處哭窮哭命苦。書中多次寫到（跟老公疏離的）白楚從米老鼠身上得到性愛的滿足，但白楚還是經常拒絕米老鼠求歡。原來，白楚以性與愛為籌碼，藉此使喚米老鼠進貢更多錢財。

第三個認知是：T婆和大家同時誕生。T婆和大家享有共時性：T婆作伙的私領域之外，另有外面的公領域，也就是「大家」的地盤。「大家」包括⑴比兩人關係外圍一點點的女同性戀族群次文化，也包括⑵更加外圍的台灣社會芸芸眾生。文學裡的主人翁T絕對不是世界上唯一一個女同性戀者，T婆組合也絕不是世界上唯一一對同性戀配對，而是和大家同時存在的。她們與第一種大家（其他女同性戀者）較勁，比賽哪個T賺得多、哪個婆過得幸福。同時，她們跟女同性戀次文化的其他成員一樣，也都被第二種大家（台灣社會的芸芸眾生）牽動：整體社會的景氣起伏決定了T的加薪或失業，而T的經濟能力起伏又決定了T和婆的分分合合。

61《兩種以外的》，頁一九五。

米老鼠曾要求白楚拋棄丈夫並且和米老鼠「公然」結合（而非「私下」同居）。「如果你肯跟死鬼（按：你老公）攤牌，我們光明正大地過日子，一切也都自然化了。」「正常化？怎麼可能？」白楚回。米老鼠道，「當然可能，你沒有聽說過『湯包』的前輩龔五嗎？還有柯明，他們和他們的婆子公開生活在一起，誰也不議論他們」[62]。這段對話顯示幾點值得注意之處：一、**「同志婚姻、同志成家」的想像早於一九七〇年代的文學中就已經浮現**。二、早在米老鼠之前就有老一輩而且「有口碑」（被人看見並被人肯定）的老湯包。三、「誰議論誰」，或「大家會不會議論T婆」，已經是值得頭痛的事。

在歐陽子、白先勇、李昂的較早文本中，封鎖在私領域的女子就算藉著上學、購物、通勤等等日常生活行為**參與「社會」，卻沒有和「大家」享有共時性**。除了〈莫春〉的唐可言，這些女人只在意私領域的身邊人，並沒想過她們和大家的同與異：「別人也像我這樣愛女生嗎？」「大家會因為我愛女生而排斥我嗎？」等等問題，在這些文本都不存在。這些較早的文本依賴第一人稱角度或日記格式，優點是讓讀者覺得親密，缺點是只顯現私己的視野：它們並不會跳出一己之私、顯示各種人之間可能存有的緊張關係、歧視、鄙夷。

「別人會怎樣議論我？」這個問題並非一直是同志文學裡的常數；有些同志文本根本沒有想到「別人」的存在。以歐陽子的〈素珍表姐〉為例：表妹對表姐的執念是她的一廂情願，並沒有被大家／別人知道。〈素珍表姐〉這篇小說中，大家並不存在：並沒有一批早就存在的大家等著看表妹好戲，也沒有一個早就存在的大家俱樂部等著表妹加入。而在〈回顧〉中，大家在遠方。唐可言的私領域和公領域（大家）畢竟還是割離的：她的女同性戀私領域（她跟前女友Ann的事）是個快被她努力忘掉的祕密，與大家無關；她聽聞的男同性戀軼聞似乎飄浮在公與私之間（公：在某類台灣男子那邊發生的情事；私：在朋友這邊被耳語），但她想要親手、親自將這個同性戀軼聞抹滅；她得知的同性戀次文化（前女友Ann在「外國」享有的女同性戀世界、「外國」電影中的男同性戀）只能封存在外國，跟她本人隔絕。

《圓之外》、《兩種以外的》卻和上述文本大異：這兩部小說藉著大量描繪主人翁「以外的其他角色」，也就是「大家」，「體現」（embody）了本來很抽象的「社會」。T、婆、大家之間，彼此辨認、承認，因而T、婆、大家都知道彼此存在，人言可畏的壓力出現了。同性戀、異性戀互相看見（但雙性戀則忽隱忽現）：原來，那一邊是愛女人的女人，而這一邊的大家是異性相吸的「一般正常人」。婆可能忽而跟T合併、站在那一邊（都是女同性戀者），也可能忽而跟T分開、站在這一邊（投奔男人的婆可能被當成一般正常人，而非雙性戀者）。而在辨認彼此之後，藉著品頭論足，T，婆，和大家都在估量彼此的價值：「跟女人相好的女人比較幸福，還是一般正常人？」而這前半部分的問題還可以再細分：「當T還是當婆比較苦？」

正因為這兩部小說很在乎「她們那種女人怎麼過日子」（尤其瞄準T婆組合的T）以及「大家會怎麼看待她們」這兩個區分人我的問題，兩書從小說標題、初版封面到小說內文都一再對著讀者大眾進行「導覽」：解釋愛女人的女人是怎麼回事。這裡預設的讀者雖然處於文本之外，但讀者幾近延伸了文本之內的大家。《圓之外》的初版封面中央畫了一個圓圈，圈內是兩名女子熱情接吻的

62 同前注，頁一八八—八九。

特寫，圈外畫了一個看起來受到挫折的男子：畫面分成兩區，一邊（圈內）是小說要呈現的女女奇觀，另一邊（圈外）是以受挫男人代表的大家。某種女人和大家是區隔開來的，卻又合併成一張需要被解釋的圖片——圈內圈外之間的張力，則留待小說內文中解釋。《兩種以外的》初版封面看起來像是變態心理學課本，由三種元素構成：一，封面正中央有一顆被咬了一口的蘋果（指禁果？），蘋果的缺口處出現青天白日。二，在蘋果的黑暗背景中，右手邊掛了兩個交疊的金星與火星符號（代表女人和男人在一起）。三，黑暗背景的左手邊有一名彷彿微微低頭沉思的女子。我猜測，這名女子咬了禁果，背對（背離？）金星與火星符號，彷彿在黑暗中「面壁思過」。

玄小佛，《圓之外》（1976）（台北：萬盛，1982）

翻開封面，《圓之外》全書第一句話不只解釋了書名，更透露出一種急欲定義、以便（向讀者、向大家）爭取諒解的衝動：「有一種愛：孤獨、艱澀、寂寞。很久很久以來，它被拋擲於圓圈的周徑之外，那——就是第三種愛，一個永墜於悲劇的愛。」這句話中的圓圈應指異性戀體制。結果，小說內文與封面呈現的訊息「互相矛盾」：小說內文說女女在圓之外，封面上的女女卻在圓之內[63]。而一如《圓之外》開頭就點明「第三種愛」，《兩種以外的》開門見山寫道：「上帝造人／共分為男女兩種／而在這兩種以外／卻存在著——？」（原文如此）。《兩種以外的》後來改名為《第三性》，簡直形同《圓之外》的姐妹作。這兩部小說在書名、開頭都展現了極為類似的衝動，而這兩者的相似剛好凸顯出它們與先前討論的文本相異：〈素珍表姐〉、〈孤戀花〉、〈回顧〉、〈莫春〉等等從作品篇名、敘事開頭到敘事結束，都無意向人（文本外的讀者或文本內的別人）介紹某種非主流女人的衝動。

《圓之外》的主人翁，方方面面都是新鮮人。于穎剛考上大學，年方十九，是字義上的新鮮人；她已有女友，並且向父親「出櫃」（coming out），更是譬喻上的「新鮮人」（她年紀小就出櫃，在台灣文學史上，算是很新鮮的人物）。她說，「我沒有女孩樣，這是你對我的印象……我除了性別是女孩，事實上，我就是個男孩子。[64]」她坦誠她喜歡女孩子，並希望她的爸爸「尊重我這種人生態度……尊重這是一種存在，一種並不是邪惡、變態、醜陋的存在。[65]」雖然于穎沒說出

郭良蕙，《兩種以外的》（台北：漢麟，1978）

63 我認為這裡的兩個圓圈不是同一種。當兩名女子被鎖在圓圈之中時，這個圓圈應指她們倆人之間的、不是異性戀體制的小天地；當兩名女子被擋在圓圈之外時，這個圓圈應該是指異性戀體制。

64《圓之外》，頁七七。

65 同前注，頁七八。

「同性戀」這三個字，但她儼然就是以同性戀身分出櫃、並且要求大家（以爸爸為代表）尊重同性戀的第一個台灣文學角色，時間點是一九七六年。小說中的于穎出櫃在台灣同志史上具有多少政治意義還有待評估[66]，但我更在乎于穎觸及的「人我分、合」：她發現人我之分，她的主體性與大家不同；她卻又想要修補人我之間的分裂，所以想跟人（爸爸）解釋她和別人不同的祕密。就算于穎沒有操用「同性戀」這個詞，就算她沒有把心中祕密說出口，她還是醞釀了人我分合。

《兩種以外的》也一再強調人我分合。主人翁米老鼠跟她心儀的白楚之間曾有一段問答。「為什麼叫T.B.，湯包？」早就跟米老鼠認識多時的白楚故意問道。「就是Tom Boy（原文如此）的譯音嘛！像男孩的女孩。」米老鼠答[67]。這段問答看起來只是在提供「湯包」的定義，但這兩句話的作用絕非僅僅如此。這兩句話顯示了先前提及的三個層面：一、這部小說有T婆。二、T婆分合：此處重點為分，一邊是具有「同性戀知識」的T，另一邊是「缺乏同性戀知識」（或，明知故問）的婆。兩邊各屬不同分類。三、「T婆分合」與「人我分合」同在（T和婆解釋湯包為何，也就形同和文本內的大家和文本外的讀者解釋；T是需要被解釋的奇觀化他者，而婆跟大家、讀者一樣，是理所當然一般人，不需要被解釋）。

《兩種以外的》有一段對話看似正經八百介紹T婆祕辛（向大家、讀者介紹；被介紹的T婆一同處於奇觀化他者位置），卻戲弄了這種「揭開神祕面紗」行為本身。有個異性戀女子問米老鼠：你跟女人做愛，怎麼得到快感啊？米老鼠答：當白楚的雙手勾在她的背上時，她就得到無上快感。小說文本馬上顯示異性戀女子心裡頭的自問自答：她想，看奇情片《深喉嚨》才知[68]，原來有人的性感帶在喉嚨內部，要頂到喉嚨才會快樂；**沒想到湯包的性感帶在背部啊！**[69]

這段對話有幾點值得留意。一、小說明目張膽地將當時禁片《深喉嚨》的典故偷渡在小說內文中[70]。二、小說調侃了想要窺奇的大家（包括文本之內發問的異性戀女子，和文本之外的讀者），給出一個戲謔的假答案（女同性戀的快感帶竟然在背上）。三、這段對話具有調侃之效，是因為它逆反了女同性戀和大家的關係：女同性戀本來是被當作奇觀的他者，而大家是等著看好戲的正常人；但這段對話一方面將女同性戀性行為說得平凡（而非講成奇觀），另一方面曝露了正常人的「變態／心術不正」（正常人想要利用實踐視覺至上主義，消費女同性戀的性）。

上述對話是個諧仿（parody）：詼諧模擬了刺探同性戀隱私的典型對話。作者郭良蕙身為諧仿高手，在書中另設一個諧仿的橋段：身為T的米老鼠追求白楚，一如螳螂捕蟬，怎知黃雀在後——她反而被一名雅好少男的已婚老翁看上，因為男性化的米老鼠看起來像是少男。已婚老翁要求米老鼠去飯店發生關係；米老鼠順從，想從老翁身上獲取金錢報償，藉此作為再生產T婆關係的資本。在飯店房間裡，老翁拿出肥皂，想要抹在米老鼠身體（按，肥皂應是用來當作男男行房的潤滑

66 我認為，文學角色在文學中出櫃，與現實人物在現實社會中出櫃，引發的政治效果大為不同。我並無意高估于穎在小說中出櫃的政治意義。

67 《兩種以外的》，頁三九。書中並寫道：「TB（注：湯包英文縮寫）」，頁一六六。

68 原文片名*Deep Throat*，一九七二年上映。

69 《兩種以外的》，頁一一六。

70 電影導演但漢章曾在《中國時報》撰文介紹過《深喉嚨》（見但漢章，《電影新潮》，頁二〇七—二〇九）。但漢章的文章比《兩種以外的》還早面世。當年讀者公眾可能先從但漢章文章得知《深喉嚨》。

劑）[71]。這場建立在金錢交易上的性關係（看起來是男人和男孩之間，其實是老男人和男性化的中年女人之間）諧仿了同樣建立在金錢交易上的女女性關係（米老鼠和白楚之間）。這段插曲正好呼應了上一節的論點：同性戀和異性戀並不是截然分割的，而可能像兩個齒輪互相咬合。

相較《兩種以外的》的情節花樣百出，《圓之外》的內容顯得單調。《圓之外》主要角色有四位：兩個T，兩個婆。兩個T，于穎和一個酒店歌星；兩個婆是于的第一任女友（本是學生時期的同學）和第二任女友（本是夜總會歌星）。于穎初見酒店歌星——除她本人之外的另一個T，驚訝發現對方看似男性卻是女兒身：穿襯衫長褲、留「赫本頭」[72]。除此之外，書中對於當時T婆的描繪很貧乏：于穎看起來類似她的第一任女友，兩人原本是高中同學；于穎也類似她的情敵，另一個T，兩人從外表到慾望對象都一樣；酒店歌星（另一個T）和夜總會歌星（另一個婆）的職業一樣。第一任女友和第二任女友（夜總會歌星）一樣缺乏安全感，隨時都會為了金錢或男人（金錢和男人，是同一硬幣之兩面）而在于穎生命中突然消失。

《圓之外》再現的T婆樣貌是單薄的。《兩種以外的》則描繪出一個豐富的湯包網絡：在台北市內、以仁愛路與中山北路為座標軸（可以從此推知，這兩條路於一九七〇年代台北很出鋒頭）。網絡中的湯包們各有不同的個性與外貌，從商界強人（比男人還要能幹）到全身女性化打扮的湯包（跟女人一樣嬌柔）都有。湯包們稱兄道弟，辦家庭聚會，各帶各的「婆子」出席。在聚會中，湯包和婆子都會踰矩，跟其他湯湯婆婆眉目傳情。這個湯包網絡不只是情感、情慾的社群，也是經濟的市場：湯包們的性魅力和經濟力不能分開，湯包之間稱兄道弟也免不了牽涉金錢借貸。

七、值不值得被紀念的過去

先前三個小節討論了一九六〇年代末小說中女女藉著競爭或合作而表達的「心內彈琵琶」、七〇年代上半期李昂小說中異性戀知識和同性戀知識的較勁、一九七〇年代下半期通俗小說中T婆與「大家」的相互生成。根據這三節的先後順序來看，彷彿越晚面世的文本展現出越進步的情慾。但是我並無意推銷嚴重簡化歷史的進化史觀、並無意歸納出「時代進步——所以經濟發展——所以情慾也就越加多元」這種公式。我反而要制衡這種「相信進步」的敘事，並且反省「被簡化」的歷史「收納」了什麼又「排除」了什麼。

我將馬嘉蘭用詞「紀念模式」（memorial mode）改寫成「值得被紀念的過去」一語。我的潛台詞是，「除了值得被紀念的，另外還有不值得被紀念的過去」。在討論當代女女情感再現的著作《回首看一看》中，馬嘉蘭指出，已婚中年女子可以藉著「紀念模式」這個渠道，來回顧封存在文本中的少女時期同學愛；也就是說，「紀念模式」銜接了「謳歌中學女生姐妹情的敘事」（以敘事為單位），以及「安坐異性戀關係內的中年女人」（以中年女人為單位）。馬嘉蘭討論的核心作家是

71 同前注，頁一八六。

72 剛才提及，《再見，黃磚路》的小說女主人翁Mikko也留了「赫本頭」。《圓之外》的女同性戀者和《再見，黃磚路》的異性戀女子同樣留了「赫本頭」，可見「赫本頭」於一九七〇年代台灣未必意味著「性別脫序」（「女人像男人」或「女人愛女人」）。我推測「赫本頭」可能意味著「道德脫序」（「台灣人跟外國人『學壞』」）。

朱天心，核心文本是朱天心的〈浪淘沙〉與《擊壤歌》。在馬嘉蘭訪談朱天心的過程中，朱天心同意紀念模式這種詮釋，並表示她的多種小說文本，如〈春天蝴蝶之事〉、《古都》都藉著追念少女時光表達女女之愛[73]。

但我要追問的是，看似甜蜜溫暖而又感傷的「紀念模式」，是否歸屬於一個具有收納和排除作用的龐大機制？哪種的美夢是值得被紀念的（因而被機制收納了）？而哪種惡夢則不值得被紀念呢（因而被機制排除了）？這個隱形起來的機制，運作邏輯為何？

我的質問也受到「同志的種種時間」相關討論所激發。酷兒學者問，酷兒的未來在哪裡？是不是人人被迫迎接「光明未來」？我也想跟著問：在懷疑**「光明未來」之餘，是不是也該審視被珍視的「光明過去」**？被拋到腦後、不堪回首的黑暗過去，有沒有被再現的機會？

小說家蕭麗紅的一九七〇年代小說《桂花巷》明明包含女女情慾配對的情節，但是這部小說幾乎沒有被納入同志文學的討論。以鄉土言情著稱的蕭麗紅將《桂花巷》寫成另類的歷史小說，以台灣南方貴婦的一生託寓台灣近代史。小說主人翁寡婦剔紅置身日本時期，住在與外界隔絕的嘉義鄉下深閨。剔紅找了一個女戲子海芙蓉回家玩樂，兩人共用梳妝台和臥床，親如新婚[74]。海芙蓉是「小旦」而非「小生」，年方十六的海芙蓉和年近三十的寡婦剔紅同樣嬌美陰柔：她們並未各自扮女或扮男，沒有進行男女配對的角色扮演，沒有「以女代男」、「陰陽互補」的考量。直到她們的親密關係淪為婢女竊笑交換的談資，剔紅才找藉口將海芙蓉逐出。她找藉口，是要避免說出兩女分離的真正原因：女女關係不可見光。

這段寡婦和女戲子之間的插曲幾乎不被紀念。《桂花巷》改編的同名電影（由當紅女星陸小芬主演）沒有留住這段女女情節[75]。台灣文學研究者邱貴芬和楊翠倒是都留意到《桂花巷》小說中女人和女人的曖昧，不過並沒有加以細談。[76]

《擊壤歌》中的女女關係可以如同美夢一樣值得被記得，那麼為什麼《桂花巷》中的女女插曲卻像噩夢一樣不被紀念？

蕭麗紅，《桂花巷》（台北：聯經，1978）

73 *Backward Glances*, p. 62-63.

74 蕭麗紅，《桂花巷》（一九七八）（台北：聯經，二〇〇二），頁二一〇—二一一。

75 《桂花巷》，陳坤厚導演，吳念真編劇，一九八八。

76 邱貴芬在一篇討論鄉土女性小說的文章中，花了兩頁多的篇幅正視《桂花巷》的重要性，但只以「與慣於女扮男妝的歌仔戲小生產生曖昧的情愫」這半行字，很快速地帶過兩女情節；詳見邱貴芬，〈女性的鄉土想像：台灣當代鄉土女性小說初探〉（一九九七），收入梅家玲編，《性別論述與台灣小說》（台北：麥田，二〇〇〇），頁一二五。楊翠於二〇〇五年的文章細緻描繪《桂花巷》的兩女親密關係，但並沒有稱之為同性戀、同志，也沒有明說這兩人身處「女女」關係；詳見〈文化中國．地理台灣——蕭麗紅一九七〇年代小說中的鄉土語境〉，《台灣文學學報》七期（二〇〇五年十二月），頁二六。但，楊翠於二〇〇八年的文章並非以《桂花巷》為研討對象，卻隨手標明《桂花巷》內含有「同性戀情」，詳見〈現代化之下的褪色鄉土——女作家歌仔戲書寫中的時空語境〉，《東海中文學報》二〇期（二〇〇八年七月），頁二五九。

這一章揭示的「女學生模式」和「經濟動物模式」對比，正好可以用來解釋《擊壤歌》和《桂花巷》遭受的差別待遇：《擊壤歌》的女女關係被記得，《桂花巷》的女女關係幾乎被忘記；前者因為不涉及金錢而「顯得高尚」，後者則因為跟金錢糾纏而「顯得下流」。在《桂花巷》的雙姝之間，成也金錢敗也金錢：女女能夠暫時結合，正是因為剔紅有錢沒處花（她任性雇用海芙蓉的時候，還沒有想過女女雇傭關係有何不妥）；女女配對後來瓦解，也正是因為剔紅擔心她的女女親密關係恐將危害她在家族中的經濟霸權。

面對邊緣歷史容易被剔除的趨勢，我要再一次強調「同志文學」不只是（只有文學作品的）文類更是（各種非文學作品出入的）領域。就是因為看了在文學領域中不可或缺但不會被視為文學作品的前輩研究，我才會知道小說版《桂花巷》內含玄機。同時，就是因為看了比文學原作更具大眾影響力的電影版《桂花巷》，我才驚覺女女情節被電影版遺棄。既然沾染金錢的情慾故事特別容易被誤認下流因而被忽略不計，那麼這種和金錢糾纏的情慾故事也就格外需要搶救。至於仲裁何種情慾高尚（例如和金錢無涉的情）、何種論述下流（例如和金錢連結的性）的龐大論述機制，也應該被揭露、被檢視。

結語

我將同志現代性的斷層定在一九五〇年代。但是，斷層之前（即五〇年代之前）民眾並非全然不知同性戀（他們可能讀到日文的女同性戀新聞），斷層之後（即五〇年代起）民眾對同性戀的認知也並非一步到位（他們反而暫時看不到中文的女同性戀新聞）。

同志現代性「重男輕女」、「先男後女」。女同性戀在日本時期報紙偶爾露臉，在一九五〇年代中文報紙卻幾乎絕跡[77]。五〇年代報紙、六〇年代文學所展現的同性戀幾乎都屬於男性專利。因為冷戰，一九五〇年代台灣報紙跟著美國報紙的腳步，將男同性戀打造成足以禍國的情慾主體，無暇顧及女同性戀。但正也因為冷戰，台灣變成美國的工廠，大批本地女性變成勞動者。賺取（有限）薪資的女性終於可以購取（有限的）情慾自由。一九六〇年代末期，本地文學開始描寫女人和女人的情慾配對。

女女關係的文學大致分為「女學生模式」和「經濟動物模式」。朱天心的《擊壤歌》就是「女學生模式」的代表，展現不為經濟壓力所苦（也不為政治高壓所惱）的「自由」少女。不過更多國內作品屬於「經濟動物模式」：為了情慾，女人必須和經濟壓力協商。一九六〇年代末尾的歐陽子、白先勇短篇小說中，經濟的實力決定女女的聚散。七〇年代上半期的李昂小說中，「性知識」形同人際關係的貨幣。七〇年代下半期，玄小佛、郭良蕙的長篇小說不但展現了「T婆」分工，也凸顯了「人我」之別：T和婆有別，「正常」（一般人）和「異常」（女同性戀主人翁「我」）有別，但人人同樣急著賺錢以便證明自己的交換價值。最後，我比對朱天心與蕭麗紅作品，指出與金錢撇清關係的（因而顯得高潔）女女關係才容易被納入文學史，和金錢糾纏的（因而顯得卑賤）女女關係卻容易被排除在歷史之外。

77《聯合報》連載小說《月誓》算是在一九五〇年代報紙呈現女同性戀的特例。

第四章

誰有美國時間

——一九七〇年代男同性戀「者」[1]

本書將一九七〇年代文學分為兩章處理。上一章討論女同性戀「關係」，這一章檢視男同性戀「者」。上一章說過，當時作品的女性角色傾向組成兩人一組的關係，男性角色則傾向成為單打獨鬥、獨來獨往。我故意強調「男同性戀『者』」的「者」這個字，用來凸顯個人主義的形象。這種男同性戀「者」剛好符合國內外讀者對於小說的想像[2]：讀者愛看個人主義英雄一般的小說主人翁。這種英雄在黑暗中孤軍奮戰，並不在乎有沒有情人在旁陪伴。一九七六年出版的《逃避婚姻的人》、一九七八年開始連載的《孽子》，都標舉了個人主義英雄似的男同性戀主人翁：這兩種文本的男同性戀主人翁都投身於種種理想的追求（追求同性戀者的尊嚴、追求自由等等），卻沒有特別用力追求同性愛侶。常識認為「同性戀的定義，就是同性和同性發生愛或性」，可是這種常識無法用來準確定義《逃避婚姻的人》、《孽子》這兩種文本的主人翁。上述兩種文本的男同性戀主人翁是個人主義「者」，勤於追求抽象的理想，卻疏於追求讓他們愛慾滿足的「另一半」。同時期文學中的女性角色卻沒有這種個人主義英雄的傾向：她們熱血追求「另一半」，而不勤於追求抽象的理想。這些心繫「關係」的女性角色不符合一般讀者對於個人主義英雄的想像，也就容易被讀者公眾遺忘。後來，邱妙津作品在世紀末大放異彩，書中角色讓讀者公眾愛不忍釋，可能就是因為邱妙津筆下角色剛好都是深陷孤獨暗夜的個人主義英雄。

一、外在美國，內在美國，美國時間

小說家朱天心在《三十三年夢》回憶，台灣到了一九七九年才開放民眾出國觀光，「之前的任何國內旅遊都得託旅行社以商務之名申請」[3]。在開放出國的第一年，朱天文就迫不及待趕赴日本探望作家胡蘭成，帶了妹妹朱天心隨行[4]。

大部分台灣民眾到了一九七〇年代還是不能自由出國。或許因為如此，提供讀者公眾「替代性感覺」（看了就可以神遊異國）的書刊盛極一時。善寫異國的作家三毛（一九四三—一九九一）就在這種氛圍中成為一九七〇年代的暢銷作家。

這一章處理一種「時差」：台灣至少在一九五〇年代初期就受到戰後美國強烈制約，但是同志文學要到了七〇年代才將美國人事物設置為文本裡頭的風景。政治、社會的變相，要經過長達二十年的時差，才在文學中顯現。

---

1 這一章的部分內容以「誰有美國時間：男同性戀與一九七〇年代台灣文學史」為題，發表於《台灣文學研究學報》一九期（二〇一四年十月），頁五一—八七。感謝學報兩位匿名審查人的寶貴意見。本文為科技部研究計畫「台灣同志文學史論」（103-2410-H-004-155-MY2）的部分研究成果。

2 詳見Ian Watt的*The Rise of the Novel*第三章，以及劉禾（Lydia Liu）的《跨語際實踐：文學，民族文化與被譯介的現代性（中國，一九〇〇—一九三七）》（*Translingual Practice*）第三章。Ian Watt, *The Rise of the Novel: Studies in Defoe, Richardson, and Fielding* (1957) (Berkeley and Los Angeles: California University Press, 2001); Lydia Liu, *Translingual Practice: Literature, National Culture, and Translated Modernity-China, 1900-1937* (Stanford, Calif.: Stanford University Press, 1995)。

3 朱天心，《三十三年夢》，頁二〇。

4 因為「以漢奸之名查禁著作」這個判決，胡蘭成於一九七六年離開台灣，移居日本。同前注。

誠然，美國對於台灣文壇施展的影響力在冷戰以降的每個年代都看得到，並沒有獨厚一九七〇年代：在七〇年代之前，五〇年代《聯合報》刊登美國小說、六〇年代白先勇歐陽子等人受到美國文學洗禮；七〇年代後，八〇年代的顧肇森小說崇美而王禎和小說批判美國帝國主義、九〇年代的「同志」、「酷兒」等等新詞在台灣文壇流行。我在聚焦七〇年代的這一章談論美國，是因為七〇年代台灣文學開始展現出一種「外交突破」：七〇年代台灣文學開始明顯呈現美國的土地、人民，有些作品把美國人請到台灣來（於是讓台灣人看到美國人民），有些則把台灣人送到美國去（於是讓台灣人看到美國土地）。黃春明的著名小說〈蘋果的滋味〉和〈小寡婦〉把美國人請到台灣來，是七〇年代台灣文壇「外交突破」的搶眼代表——美國人終於被邀請進入台灣文本裡頭。「外交突破」一直到七〇年代台灣文學才鮮明出現，可能是因為國內經濟力提升（因此公眾更有餘力觀察美國），也可能是因為美國勢力介入台灣更深（因此公眾更無法忽視美國勢力）。這一章將要討論的文本則終於開始把台灣人送入「外在的美國」和「內在的美國」。

我先解釋空間（「外在美國」、「內在美國」），再說明時間（標題所示的「美國時間」）。「外在美國」、「內在美國」這兩詞借自文化研究學者吉見俊哉的《親美與反美》。吉見俊哉在書中指出：一直到一九一〇年代之前，日本一直將美國視為隔著太平洋的遙遠國家；二〇年代之後，美國文化開始悍然進入日本，讓日本人覺得美國彷彿就在日本境內[5]。從吉見俊哉的觀察可見，「內在美國」（日本境內的美國文化）對於日本民眾的影響力還要超過「外在美國」（日本境外的美國領土）[6]。

台灣民眾也感受到「內在美國」和「外在美國」的內外夾擊。這一章的四個小節關注兩種美國：第一個小節探討「外在美國」（台灣境外的美國領土），第二個小節檢視「內在美國」（台灣境內的美國文化）的第一種體現——台北市西門町的野人咖啡室，第三小節轉向「內在美國」的第二種體現——座落在台北市南陽街上、位於新公園和台北火車站之間的「新南陽戲院」，第四小節管窺「內在美國」的第三種體現——美式診所。在台灣文學與美國結緣的角色，除了親自來台灣的美國人以及親自去美國的台灣人，更包括沒去「外在美國」但憑空想像美國的台灣民眾：這些在台灣享受、參與、推廣美國文化霸權的人口活在「內在美國」。

這一章標題凸顯的「美國時間」一詞同時著重脫逸常規的時間、空間。首先，這裡的空間「美國」是異於台灣的空間，也就是先前指出的「外在美國」和「內在美國」。其次，這裡的時間「美國時間」採自台灣俗話（「誰有美國時間啦！」之類），將台灣民眾劃分為「一般人」和「無聊怪人」（類似英文的「misfits」）這兩大類。一般人忙著遵循主流社會的時間表，按部就班過日子（工作、結婚、傳宗接代）；只有無聊的、沒正經事可幹的怪人——例如這一章關注的男同性戀者——才可能脫出常軌、不做有價值的事（不工作，不結婚，不生下一代）。雖然美國時間被斥為無聊，但是不少民眾卻心嚮往之：例如，三毛寫撒哈拉沙漠、非洲駱駝的書曾經熱賣——這些書和美國無關，但也兜售內容純屬遊手好閒的「美國時間」。三毛的書不會給社會帶來實質利益，只會鼓勵民眾幻想。

5 吉見俊哉著，邱振瑞譯，李衣雲、李衣晴校譯，《親美與反美：戰後日本的政治無意識》（新北市：群學，二〇一三），頁二一〇—二一一。

6 同前注。

「美國時間」並不是被美國人定義的，而是被台灣人一廂情願發明的。對許多民眾來說，某些時間表（例如，「白天不上班，反而在深夜流連同性戀場所」的這種時間表）是無法理解的、無法企及的，便被拋至九霄雲外。讓國內民眾覺得遙不可及、無所不能的美國，剛好體現了這個九霄雲外的仙境。這種「美國」以及「美國時間」是妄想出來的，脫離美國實際狀況，但在台灣仍然是一種足以成事或敗事的力量。論及美國時間是真還是假，我想借用讀者可能更熟悉的「美國夢」概念來說明：百年來各國人民懷抱美國夢去美國淘金，夢的內容是虛妄的，但是美國夢對人民所造成的利益與傷害卻是真實的（試想，有多少人因為偷渡失敗而傷亡？）。雖然美國時間和美國夢的內容與美國的現實生活並不吻合，但是它們在小國人民身上施加的力量卻絕對真切，而非虛妄。

誰有美國時間？愛幻想的小國人民才有美國時間，美國人反而沒有；有些台灣民眾一邊逃避自己的國家（中華民國在台灣）一邊巴望美國，但是身為大國人民的美國人並不會一邊出走美國並且一邊覬覦美國。

我對於美國時間的想法得自兩種國外研究的啟發。第一種，美國學界針對「同志的種種時間」（queer temporalities）的研究。本書緒論已經談過「同志的種種時間」。第二種國外研究，我在第三章引用過的雅湄德《酷兒現象學》，則提醒我留意空間傾向（例如，要去哪個地方？哪個國家？）和性傾向（例如，要愛哪個性別？要愛什麼部位？）的交纏。小說家邱妙津著名的短篇小說〈柏拉圖之髮〉就提供了「空間傾向」和「性傾向」糾結的例子[7]。苦戀妓女（名叫「寒」）的女主人翁，在小說最後說，「（寒：我就這樣每天重複地跟在你後面，只是遠遠地看著你，像從前接送你。就這樣頭髮又漸漸長長，長到它又快要能勒死你了，這是髮的『傾向性』，正如你必須做妓女，而我是……）[8]」這段話裡頭的傾向，除了頭髮「朝向」寒的方位蔓長（這是空間、方位的傾向）而且要「勒死」寒（想要殺死：這是性／情慾的傾向），也包括主人翁「跟在寒後面」（這是空間、方位的傾向）「偷看」寒（想要偷看：這也是性／情慾的傾向）。如果只留下性的傾向卻剔除空間的傾向，那麼性的動作就顯得單調、失準——就好比一個句子只留下「動詞」卻剔除「副詞」一樣，就像「小狗快樂地跑向前方」這個帶有副詞的句子簡化為「小狗跑」、「我夜以繼日地通宵加班」簡化為「我加班」這類沒有副詞的句子一樣，不知所云。

先前提及的艾賓蔓、福麗曼等等美國酷兒學者和我的主要差別，就在於有沒有關注（國家規模的）空間介入時間的事實。許多美國學者並不討論（或沒意識到）「朝向美國匍匐前進的傾向」——已經身置美國的許多酷兒學者只把美國視為理所當然，並沒有想到「朝向美國的傾向」足以成為值得討論的課題[9]。身在大國的他們並不特別在乎小國（例如台灣）的同性戀有多麼為美國所傾倒。並不是所有的另類時間都是我所指的美國時間，但是台灣文學中許多角色的確是藉著妄想美國而遁入另類時間的世界——對這些角色來說，另類時間就是美國時間。我接下來討論的作品都不約而同展露了空間傾向（如傾向美國）和性傾向的關聯。異於主流的文學角色在性傾向和空間傾向這

7　邱妙津，〈柏拉圖之髮〉（一九九〇），《鬼的狂歡》（台北：聯合文學，一九九一），頁一二七—四八。

8　同前注，頁一四八。

9　受到時事影響（「國家同性戀主義」議題延燒、世界各地「難民」慘況等等），有些美國酷兒學者倒是真的開始議論「朝向美國邁進的傾向」。

兩個層面，都跟常人不同：他們的傾向（想要去哪裡？去過哪裡？來自哪裡？）經常接合（當時被視為高尚、夢幻的）美國或（被視為低級、齷齪的）新公園。美國和新公園天差地遠，卻又很相似：許多文本都把台灣的同性戀丟給美國或新公園，彷彿這兩個地方是和正派台灣人毫無關係的垃圾處理場。

這一章審視一九六〇年代末至七〇年代末之間在台灣發表的短篇小說、長篇小說、散文、劇本。為了有效聚焦，這一章不做兩件事。第一：這一章並不把重點放在六〇年代。六〇年代台灣文學也和美國有關（畢竟六〇年代著稱的「現代主義」是美國的文化產品），但是六〇年代文本大抵沒有明確地將另類的人（同性戀者）與另類空間（美國）鑲嵌在一起。當時文本中的同性戀者並沒有明顯傾向美國。只有林懷民的作品是例外；他於六〇年代末期發表的中篇小說〈安德烈·紀德的冬天〉和〈蟬〉將另類的人（同性戀者）和另類空間（美國）交織在一起。也因此，這一章將林懷民小說納入七〇年代的討論範圍。

第二：這一章不納入女同性戀，刻意只顧及男同性戀。我發現，描寫男同性戀的文本常在有意無意間心繫美國，但呈現女同性戀的同時期文本卻沒有這種跨國的傾向[10]。前者需要藉著美國這個遠方，捨近求遠地，去想像男同性戀的出路，後者卻不需要美國這個跳板而可以很務實地盤算女人如何就近在台灣境內和女人聚在一起。

四個小節標舉出種種空間，乍看之下我的目光從這一章標舉的「時間」（美國時間）轉移到「空間」。不過，這樣的安排與其說是轉移了焦點，不如說是承認時間和空間的交纏：在每一節凸顯的空間範圍內，同性戀人事物都在看似脫序的美國時間之內沉浮、迷途，沒有遵循向前邁進的所謂正常時間表。接下來先談外在的美國，再談內在的美國。

二、外在的美國

美國並非鐵板一塊，文學再現的另類時間也不是只有一種。這一章討論的文學作品中，生、死、病等等事件都體現了另類時間：在人生絕境的復活（生）、在人生高峰的自殺（死）、在醫生眼中的童年（童年就是同性戀「病症」的根源）等等。復活、自殺、童年不能等量齊觀，但它們同樣都跟主流社會時間進程格格不入。我並無意將多種的另類時間簡化為一種容易定義的物件，反而承認形形色色的另類時間難以輕易整合、馴化。

目前這一節並非只是要觀察美國本土，而是要討論文學角色怎樣在美國本土活下去：他們要怎樣調整生活的節拍，才能和美國的主流社會同步。不過他們尚待被矯正的生活步調突然出現一個棘手的變數：同性戀。這一節並非只要尋找「台灣人在美國看到同性戀」的畫面，還要觀察角色看到同性戀之後的反應（例如，看到同性戀之後覺得受到衝擊，然後尋找緩解衝擊之道，以便繼續調整生活節拍）。

10　例外是李昂短篇小說〈莫春〉中的「安」；這個出身台灣的小說女配角曾經在美國享有女同性戀的經驗。詳見本書第三章。

這一節研讀小說家叢甦的短篇小說〈想飛〉（一九七六）[11]、詩人楊牧的散文〈一九七二〉（一九七二），以及白先勇在《現代文學》復刊版（一九七七）連載的《孽子》部分內容。該說明的是，《孽子》並非只有一種，而有多種版本。一九八三年出版的整本長篇小說《孽子》應該是讀者大眾最熟悉的版本，卻不是這一章討論的對象——畢竟它是一九八〇年代的產物。這一章討論《現代文學》連載的《孽子》，內容和一九八三年版並不全然相同。不但《孽子》並非只有一種版本，《現代文學》也不是只有一種、《現代文學》連載的《孽子》內容也有兩種以上的面目。

《現代文學》其實有兩波生命期。第一波生命期的《現代文學》已有精裝版，在各學術圖書館廣泛珍藏，是讀者大眾比較熟悉的。而復活的、第二波生命期的《現代文學》「復刊」並沒有精裝，可能也就沒有被圖書館廣泛收藏。許多

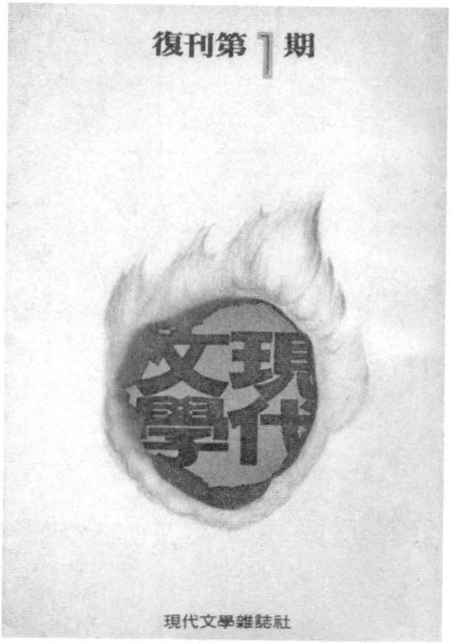

《現代文學》（雙月刊）復刊第1期（1977年7月）

《現代文學》（雙月刊）復刊第2期（1977年10月）

人以為《孽子》是第一波的《現代文學》連載——這是嚴重誤解。直白說，精裝典藏版本的《現代文學》套書裡頭，根本沒有《孽子》。要看到《孽子》的連載狀況，就要改而去找比較冷門（而且書封也比較殘破）的第二波《現代文學》「復刊」版本。「復刊」並沒有逐期刊登《孽子》，也沒有刊完《孽子》的全部內容。其次，我發現《孽子》連載「過程」顯現「重來再一次」的驅力：《現代文學》復刊第一期從《孽子》的開頭開始刊登，妙的是《現代文學》復刊第二期也從《孽子》的開頭開始刊登。而且，這兩期刊出的開頭大異其趣。

《現代文學》（雙月刊）復刊第5期（1978年10月）

這一章在三個不同的小節個別分析《孽子》的多種角色們在美國本土、在野人咖啡廳、在新南陽戲院個別經驗了什麼樣的美國時間。這三個小節都凸顯三種另類：一、另類情慾（讓台灣人側目的同性戀）；二、撞見另類情慾的種族他者（人在美國的台灣人就是白人眼中的他者）；三、和美國主流社會無法協調的另類時間（例如脫逸主流時間觀的雜亂記憶）。這裡所指的美國主流社會是中產階級白人的天堂，種族他者（如黑人）和情慾他者（如同性戀）往往不得其門而入。

11 叢甦，〈想飛〉（一九七六），《想飛》（台北：聯經，一九七七），頁九—一九。

在美國霸權如日中天的時候，叢甦的〈想飛〉偏偏不讚頌美國，反而揭示美國黑暗面。叢甦自承，一九七二年有一位陌生中國人在紐約的摩天大樓跳樓自殺（按，一九七〇年代的「台灣人」通稱為「中國人」），便有感而發寫了小說〈想飛〉[12]，收入短篇小說集《想飛》。小說主人翁，沈聰，在台灣的時候憧憬美國，到了紐約留學之後卻荒廢學業、跟其他中國留學生（台灣留學生）一樣成為被剝削的勞工，淪為社會邊緣人。一日，陌生美國男子看中默默寡歡的沈聰，邀他回家喝茶。沈聰一進美國人的屋子就陷入身心迷亂的幻境：原本寫實的小說筆觸一進入美國人的家就變成「意識流」（stream of consciousness）的囈語。囈語的內容真假難判，但展現沈聰和美國男子發生火辣辣的同性戀性行為[13]。事後，沈聰跳樓自殺身亡。文中的三種另類，是寄居美國的台灣好男兒沈聰（對美國人而言這個亞洲勞工是國族他者）、誘惑台灣青年沈聰的美國男子（疑似同性戀的情慾他者），以及沈聰棄絕主流社會的時間觀之後所進入的另類時間（死亡處於主流社會時間進程外面的一個黑洞）。這裡所說的主流社會時間進程，對沈聰這種從台灣到美國的角色來說，一方面包括台灣對於沈聰未來的期待（即，「沈聰到了美國之後，有朝一日可以出人頭地」的這種想法），另一方面也包括美國對於外國移民開出來的空白支票（即，「任何人到了美國，只要努力上進，有朝一日可以出人頭地」的這種訊息）。

叢甦，《想飛》（台北：聯經，1977）

沈聰看似被迫選擇面對當下（手忙腳亂應付在美國分分秒秒的基本開銷），同時背叛了過去（曾經跟母親、女友在一起的台灣時光）、放棄了未來（不敢奢望榮歸台灣，也看不到在美生活有何前景）。

心理輔導名家彭懷真名噪一時的奇書《同性戀，自殺，精神病》（一九八三），將三種被污名化的人事物綑綁在一起：同性戀被當作導致自殺的精神病。這種意識形態正好透露出台灣主流社會對於自殺和同性戀的詭異依賴態度：正是因為有這幾種人事物被當作污名化的待罪羔羊，才能夠襯托出主流社會的正常乾淨。這種意識形態讓說故事的人覺得好方便：長久以來，在日常生活、文學以及通俗文化中，自殺和同性戀都是好用的（老套的、被濫用的）說故事工具，為故事提供方便的結局。〈想飛〉結尾的同性戀和自殺可以按字面（literally）解釋，也可以隱喻（metaphorically）解讀：讀者可以認定主人翁真正體驗了同性戀、真正自殺了，也可能將主人翁的同性戀和自殺視為歷史被背叛的隱喻。小說標題〈想飛〉兩字可能隱喻了沈聰原本為未來設想的傾向（當年在台灣想要飛向美國的傾向、在美國想要飛逃貧困生活的傾向、在摩天大樓上想要飛奔上天的傾向），而自殺可能隱喻沈聰背對歷史之後的出路：他和台灣脫節，又無法和美國主流同步，進退兩難，乾脆從歷史離席。

〈想飛〉中的同性戀奇遇替換成「遇到搶劫」、「被下迷藥」等等劫數，全篇敘事可能也可以成

12 同前注，頁一九。

13 同前注，頁一七—一八。

立。但同性戀在這篇小說是特別貼切的隱喻：正因為沈聰突然變成同性戀，就更進一步背叛了他既往的個人歷史。他在美國各方面都是他當年在台灣的顛倒（從高材生變成中輟生、從天之驕子變成社會畸零人），同性戀行為形同最後一根稻草：沈聰跟台灣之間的唯一聯絡管道就是被他冷落的女友，女友如同台灣的代理人（proxy）。沈聰的同性戀似乎等於背棄這個足以代理台灣的女朋友，亦即背棄台灣。

〈想飛〉中，美國境內的同性戀把台灣人沈聰帶往死亡；在楊牧的散文〈一九七二〉中[14]，美國境內的同性戀卻讓散文的敘事者看見新生。楊牧是國內外最具聲望的台灣詩人之一，其人其作幾乎不曾讓人聯想到同性戀；但是，〈一九七二〉卻明確寫出同性戀帶來的震撼。〈一九七二〉紀念敘事者從美國東部遷移到美國西部、赴西雅圖華盛頓大學就職的路程。文分四節，看似寫景，卻是寫人：第一、二、四節描寫「在台灣看不到」的北國風景，作為壓軸的第三節卻轉向當年「在台灣也不容易看到」的「同性戀平常人」。

本書之前指出，「同性戀」早於一九五〇年代的《聯合報》就已經頻繁出現，對於台灣讀者來說並不算太陌生。但是報紙上的同性戀不是平常人，而是種種「壞人」（涉及刑案、被警員查緝、被送到精神科醫生治療等等）。楊牧這篇文章的「新」，在於將同性戀寫成讓人可以用同理心對待的平常人。

採用「在台灣看不到」這幾個字，是要強調敘事者在美國大開眼界——大開眼界，是因為敘事者不是美國人，所以對美國人事物嘖嘖稱奇。身為未必能夠融入美國社會的外國人，敘事者一直有意無意藉著說服讀者（同時也是說服他自己），來合理化種種社會邊緣人在美國存在的意義——具有良好學歷的他，和同性戀者一樣，對美國的主流社會來說都算是邊緣人。此文將風雪和同性戀並置，可以解讀為死滅與生機的對比：讀者先讀到讓人喘不過氣的嚴冬，再讀到被敘事者肯認的同性戀，可能就會心生撥雲見日、絕處逢生的感受。〈一九七二〉中，發揮隱喻功能的元素可能是北國天氣（隱喻種種苦難），而不是同性戀（此文之中的同性戀並不被挪用當作死亡、頹廢等等的象徵）。

跟〈想飛〉一樣，收入在楊牧散文集《年輪》裡的〈一九七二〉也找了兩批代表人：讓赴美留學的台灣人代表國族他者，並且讓美國境內的同性戀者代表情慾他者。不過這兩個文本陳列了兩種並不相同的另類時間。〈想飛〉找死路：國族他者兼情慾他者背叛過去，放棄未來；〈一九七二〉則覓生機：文中的國族他者在撥雲見日之後（在第一節、第二節之後）樂見情慾他者，還進而追索他自己本來不知悉的另類歷史（指同性戀者這種情慾他者的歷史）。身為國族他者的敘事者發現：同性戀活在當下、享有過去；只不過這種同性戀歷史並不隸屬於主流社會的歷史，而要有心人用心探索才會發現。在各國仍然普遍敵視同性戀的一九七〇年代，叢甦的〈想飛〉否定同性戀並不奇怪，楊牧的〈一九七二〉肯定同性戀反而

楊牧，《年輪》（台北：四季，1976）

14 楊牧，〈一九七二〉，頁一五二—六四。

讓人側目。〈一九七二〉釋出善意的原因可能有二：一、散文敘事者目擊了美國風起雲湧的民權運動。《年輪》同時收入〈柏克萊〉一文[15]，以美國加州柏克萊大學的理想精神關注各種「以往看不到的」（在台灣沒看過的、在美國史上也堪稱空前的）民權運動參與者，含學生、農民等等[16]。既然《年輪》關注多種民權運動，那麼〈一九七二〉可能也將尊重人權的觀念延伸到同性戀身上。相較之下〈想飛〉看起來沒有人權意識；文中社會底層人民面對困境只能逆來順受，看不到改變的契機。二、散文敘事者也目擊了美國學界菁英。原本對同性戀一無所知的〈一九七二〉敘事者從三個來源認知同性戀，而這些來源幾乎都來自學術圈。〈想飛〉的主人翁留學失敗（所以成為苦力），但〈一九七二〉的敘事者留學成功（所以進入學術圈）。如果〈一九七二〉的敘事者並不是跟體面正派的菁英往來，而是跟〈想飛〉中苟且偷生的畸零人交流，那麼他對同性戀的態度可能會大為不同。

敘事者得知同性戀的第一個來源是古希臘文明以降的西方同性戀藝文史。他抒發思古之幽情之後，才提及與當代人（美國學界同事）互動的經驗——先古，後今。第二個來源，敘事者的某位同事，一位「高度文明化的比較文學者」說：「同性戀也許是自然的；許多人居然到了中年以後才發現，原來他當初對於同性戀愛的鄙夷，乃是他故意壓制他底性向的表徵」[17]。第三個來源是敘事者的另一個學界朋友：「我是男人，但我以為我無法接觸女人。我愛的是男人——我和他們在一起覺得快樂。人們輕視這種心情！[18]」聽過第三個來源之後，敘事者不置可否，馬上轉而描寫雪災。

相較於一九七〇年代初期的文本與文獻，〈一九七二〉對於同性戀的態度友善許多，讓人驚豔。我想追問這種友善心態的歷史性：這種心態是憑空出現的嗎？有何淵源？我猜測，敘事者可能想要合理化他新認識的同性戀，所以忙著為同性戀「認祖歸宗」（即，找出「genealogy」）。找出異類的族譜，就是為異類爭取值得活下去的「正當性」（legitimacy）。

〈一九七二〉在介紹真正的美國同性戀者出場前，先交代了同性戀歷史：「柏拉圖經典裡男性對於男性的沉迷……只是對一種完整的，絕對的『美』的要求」[19]；「『威尼斯之死』裡尚且有另外一種**亙古的**帶著罪底烙印的愛戀」（黑體「亙古的」三字被我強調）[20]；「想到紀德那種人，因性向的趨離，在同性之間尋找精神乃至於肉體的飄搖和淋沐，想到他們說遭受的批判，忽然覺得，所謂『自由』，終於還是有限度的解放」[21]。《威尼斯之死》（*Death in Venice*，即《魂斷威尼斯》，作者為德國作家湯瑪斯・曼〔Thomas Mann〕）這部作品和法國作家紀德這位名人被〈一九七二〉點名，並非偶然：早在一九六〇年，聶華苓就在《聯合報》撰文指出紀德是同性戀；再說，湯瑪斯・曼和

---

15 楊牧，〈柏克萊〉，《年輪》（台北：四季，一九七六），頁三一—一二五。

16 同前注，頁三七—三八。

17 楊牧，〈一九七二〉，頁一五二—六四。頁一六二。

18 同前注，頁一六三。

19 同前注，頁一六一。經典應是指柏拉圖的《饗宴篇》（*The Symposium*）。

20 同前注。敘事者提及的《威尼斯之死》，可能是指湯瑪斯・曼的原著小說，也可能是指威斯康提（Luchino Visconti）導演所改編的同名電影（一九七一）。楊牧〈一九七二〉這篇散文在電影《威尼斯之死》上映不久之後發表。

21 〈一九七二〉，頁一六二。

紀德都是《現代文學》曾經鄭重介紹給台灣讀者的歐洲名家[22]。一九六九年出版的《現代文學》第三十九期，夏志清指出白先勇寫出來的「同性戀」（夏志清用了這三個字）受到《魂斷威尼斯》的影響[23]；一九七〇年的《現代文學》第四十期「紀德專題」明白寫出紀德是同性戀[24]。湯瑪斯・曼和紀德可能是最早讓台灣讀者聯想到同性戀人事物的西方現代名人。值得留意的是，在美國文化霸權的陰影下，《現代文學》的編者和讀者未必直接親炙這兩名歐洲人，卻可能是透過美國仲介才間接認識他們[25]。

〈一九七二〉祭出歷史殘片的拼貼畫，強調同性戀從古到今的反骨精神：重點在於「反骨精神」（為了追求美、愛、解放，寧可犯罪），也在於「從古到今」（彷彿同性戀的歷史是「亙古」的、可回溯到柏拉圖時代的、從未中斷的）。但值得注意的是，這幅拼貼畫（是人工操弄的結果而不是自然造物）只是要為敘事者看見的美國同性戀者捏造一個冠冕堂皇的族譜（genealogy）；古希臘（柏拉圖）和現代德國（湯瑪斯・曼）、法國（紀德）、義大利（威尼斯）之間並沒有可以驗證的承繼關係，和當代美國之間更無血緣關係。與其說敘事者真的發現同性戀者傳承了歷史悠久的「同性戀族譜」，不如說**他希望藉著（歷史真相經不起查證的）「同性戀族譜」來「正當化」同性戀者**。

不論在同志研究還是在台灣文學研究界，白先勇膾炙人口的《孽子》都是最常被討論的文本之一。我在此不擬複述各界熟悉的既有論點，只想先暫時聚焦於《孽子》中的美國時間。《孽子》全書提及美國的篇幅有限，但如果只看《現代文學》復刊第五期連載內容[26]，讀者就會看到聚焦在美國紐約的同性戀夜生活。在這一期中，從美國回到台灣的中年男子龍子「再一次」和小說主人翁少男阿青在床上聊天（這是他們兩人第二次肉體接觸）[27]，把自己的浪遊故事說給阿青聽：龍子在紐約曼見證了男同性戀的慾海沉浮。龍子在國族、情慾和時間等方面都和美國的主流社會不同，即口語所說的「作息不正常」（他使用時間的方式，和美國正常人的時間規畫格格不入）：他不回住處睡覺，卻在「專演黃色電影的通宵戲院」過夜[28]；在耶誕夜他不過平安夜，卻偏偏去過不平安的夜

22《現代文學》早就在第三期（一九六〇）就刊登了五篇與「湯姆斯曼」有關的文章。按，「湯姆斯曼」即「湯瑪斯・曼」。不過這一期並沒有標示「湯姆斯曼專題」這六個字。《現代文學》第四〇期（一九七〇）卻明確標示「紀德專題」這四個字。

23 夏志清〈白先勇論〉（上）多次強調白先勇早期小說如〈青春〉（一九六一）等等都寫出「同性戀」。夏志清並且認為〈青春〉的「題材和主題多少受了托馬斯・曼中篇小說『威尼斯之死』（*Death in Venice*）的影響」（頁五）、宣稱托馬斯・曼本人應該很懂同性戀才可能寫出「威尼斯之死」（頁一二）。按，「托馬斯・曼」即「湯瑪斯・曼」。

24《現代文學》「紀德專題」提及紀德「孌童」（頁六、七）、紀德本人的「同性戀」（看上下文應是「同性戀的經驗」）（頁五五）、「紀德的同性戀意向」（頁一二二）、紀德作品寫出同性戀（頁六一、一〇〇）。早在一九七〇年出刊的刊物一再強調國外名家的同性戀，應該會讓當年某些敏感的讀者留下深刻印象。

25《現代文學》第三期刊登了五篇與「湯姆斯曼」相關的文章，全部都是國外人士所寫（執筆人不含台灣人），其中有四篇出自湯姆斯曼（歐洲人）之手。說起來，這一期大致直接親炙了歐洲作家。但是《現代文學》第四〇期「紀德專題」收入的評論文章有半數以上是美國學者寫的（執筆人不含台灣人）。這一期顯然是透過美國人的觀點來看法國人。

26《孽子》，《現代文學》復刊第五期（一九七八年十月），頁二二五—三〇。

27 我在此特別標示「再一次」這三字；這三字的意義將在稍後的注釋說明。

28《孽子》，《現代文學》復刊第五期，頁二二七—一八。

——在紐約男同性戀三溫暖內參與不分年紀種族的男男雜交派對[29]。龍子在紐約的男同性戀夜生活場所觀察，據我所知，**應該是台灣文學中男同性戀三溫暖（以及類似性愛場所）的首次亮相**。

與〈想飛〉再現的紐約相比，龍子所認識的紐約顯得更加骯髒色情。然而弔詭的是，〈想飛〉的（台灣來的）同性戀者奔向死亡，龍子所見的（美國當地的）同性戀者卻體現**不朽**：在美國的同性戀者（含龍子）一概死不了、救得活。龍子不死：他用假護照，以別人的身分，借屍還魂。龍子可救命：他將貧窮的未成年男孩帶回家過夜，為之療傷，直到男孩完全痊癒[30]。同性戀者們不畏逆境，可以在惡劣情境中展現生命力：在風雨交加夜的紐約公園裡，陌生男子為另一個陌生男子進行口交[31]，就算兩人渾身黏答答，也要追求國慶煙火一樣燦爛而短暫的性高潮。〈一九七二〉和龍子的回憶都強調同性戀的生，但這兩種「生」截然不同：〈一九七二〉發現同性戀的「新生」（同性戀者重新被給予體面的歷史，和人權運動的其他主體一樣被平等對待），後者卻目睹同性戀的「重生」：阿鳳死了，但是龍子還是「一而再、再而三」在美國或在台灣的男孩身上看見阿鳳的眼睛；龍子救活的有色人種少年不告而別了，卻還有一個接一個的可憐少年等著被龍子救。

龍子這個角色熱愛「一而再、再而三」的循環式時間觀。龍子承認，他第一次在新公園初見阿青，就看見對方竟有阿鳳的眼睛，於是他便想要和阿青親熱[32]。也就是說，龍子初見阿青就等於「再一次」見到阿鳳。而這一節床上聊天發生在龍子和阿青的「再一次」接觸，也就是「再一次」又「再一次」見到阿鳳。這兩人下床後，龍子又和阿青說「再給我一個機會吧，讓我照顧你」[33]，也就是說他想要和阿青發生「第三次」、「第四次」，無止無盡。阿龍這種「想要不斷重來」的循環式時間觀也牴觸了主流時間觀：主流社會的時間觀要求人人持續向前看，並不鼓勵任何人一再回頭重來。

〈想飛〉判定同性戀者是下流的，不值得和正常人一樣活下去；〈一九七二〉主張同性戀者是和正常人平等的（而非下流的），值得和正常人一樣存活；龍子的回憶則強調同性戀的確是骯髒的，但偏偏像蟑螂一樣打不死，比正常人更加生生不息。

《孽子》的評論者們經常提及「救贖」[34]。救贖這個動詞的受詞是什麼？可能是要救國、救家、救救孩子等等。這幾種被救贖的受詞已經在國內外學界討論許久，所以我改而討論另一個可能被救贖的對象：「時間」。救贖可以詮釋為「收拾善後」、「解決殘局」等等企圖彌補歷史破洞的努力。〈想飛〉、〈一九七二〉的同性戀都與救贖無關（既然前者的同性戀必死、後者的同性戀必生，也就沒有必要在生死之間救贖什麼），而龍子的回憶則充滿時間的救贖。龍子在紐約的情慾生活看起來凌亂，事實上井然有序分成前後兩部分：在紐約生活的前半期他被別人起死回生（雨中公園、色情戲院被陌生人修補），在紐約後半期他則幫別人起死回生（帶一個又一個受損少年回家修

29 同前注，頁二一八。
30 同前注，頁二一八—一九。
31 同前注，頁二一七。
32 同前注，頁二二二。
33 同前注。
34 關於各家討論《孽子》中的「救贖」說法，詳見曾秀萍的《孤臣・孽子・臺北人：白先勇同志小說論》（台北：爾雅，二〇〇三）。

補）。前後讓人復活的方式一概都是男同性戀色慾：色慾具有療癒力量。在紐約復活過來的龍子擔心面對在台的父親：只要父親在台活著，龍子就不能回台。父親簡直代表死亡，跟追求復活的龍子相剋。

救贖總是遲到的。在事變發生之後，在文章寫完之後，救贖才會啟動。之前提到，〈一九七二〉的敘事者聽到同性戀者現身說法之後，沒有反應，馬上轉而描寫雪災。但等到〈一九七二〉全文結束後，敘事者倒要補充說明了。在《年輪》全書〈後記〉，在四年的「時差」之後（一九七二年的四年後），散文敘事者說「在西雅圖的第一個星期，我終於找到機會和另一個朋友R.M.深談。R.M.是個同性戀者，可是他若不明說，我也不會追問他什麼是同性戀」[35]。敘事者發現對方的「勇氣」、「真實」，心生「同情」、「敬服」。在長達四年的「時差」之後，敘事者才「後知後覺」表明對同性戀友人的敬服。他的善意值得肯定，但善意的遲到卻證明情慾他者（同性戀）和主流社會的時間表不能同步對時：同性戀人事物未必能在第一時間引發別人／正常人反應，而要等到時過境遷之後（等到同性戀帶給所謂正常人的衝擊被平撫之後？）才能被回頭承認、平反、補償。

三、內在的美國之一，野人咖啡室

在解嚴時期，在外國電影未必在台灣充分流通的時候，外國電影偏偏經常被國人當作認識非主流情慾的工具——沒有真正看到這些外國電影的國人可以藉著看電影的「介紹文字」達到畫餅充飢的（vicarious；替代性的）樂趣。這裡的畫餅充飢，是有兩個層次的：第一個層次，是藉著看電影介紹文（而不是電影本身）來想像電影本身；第二個層次，是藉著看電影（就算只是藉著看介紹文來想像自己看了電影）來取得情慾的「知識」，甚至取得情慾的替代性（vicarious）「滿足」。電影導演但漢章寫稿子向國人介紹外國電影的情慾，就發揮了兩個層次的畫餅充飢之效。在前往加州大學洛杉磯分校（UCLA）留學之前，但漢章在名譟一時的藝文刊物《影響》雜誌擔任編輯，在一九七〇年代的《中國時報》發表一系列介紹歐美電影（歐美各半）的文章。這些文章以獵奇口吻關切西方電影展露的肉慾（包括同性戀的情慾），在一九七六年結集為《電影新潮》[36]。但漢章本人承認，在他討論的電影中，當時還在台灣的他其實只看過其中的十之一二[37]。在但漢章之後，李幼新（後來改名為「李幼鸚鵡鵪鶉」）更頻繁發表強調同性戀情慾的外國電影介紹文。李幼新於一九八〇年出版的《威尼斯坎城影展》以介紹歐洲藝術片之名[38]，行推崇非主流情慾之實，讓戒嚴時期的讀者覺得外國（歐美）就是情慾的烏托邦。他於一九九四年推出的《男同性戀電影》雜文集一方面延續了《威尼斯坎城影展》等書遐想情慾的功能[39]，另一方面剛好呼應於九〇年代密集引進台灣的同性戀主題電影。一般認為九〇年代的外國同志電影（播放場域之一就是金馬國際影展）觸發了九〇

35〈後記〉，《年輪》，頁二二〇。

36 但漢章，《電影新潮》（台北：時報文化，一九七六）。

37「任《影響》編輯」、「從一九七三到一九七六年」、「在中國時報連載」、報上專欄名稱為「新電影性電影」（按，「性」指「sex」）等等資訊都來自汪瑩的序。汪瑩，〈序　電影新潮〉，收入但漢章，《電影新潮》，頁一—四。

38 李幼新，《威尼斯坎城影展》（台北：志文，一九八〇）。

39 李幼新，《男同性戀電影》（台北：志文，一九九四）。

年代同志文學和同志意識的勃興；而我要補充，這些九〇年代電影和影展能夠「風行草偃」，一部分要歸功於國人對於外國非主流電影求知若渴的慾望。我認為但漢章與李幼新的長期撰文催生了這種慾望（急欲透過看外國電影了解情慾的慾望）。

畫餅充飢的幻想在這一章接下來三個小節中經常浮現。目前這一節從美國移回台灣。上一節和這一節的主要差異之一在於國度（美國換成台灣），但更準確地說，差異在於「要跟哪一個國度同步」。在上一節討論的文本中，主要角色身為寄居異鄉的國族他者，必須留神是否跟上美國社會的腳步；在這一節的文本中，主要角色身為台灣境內的台灣人，並不迫切需要跟上美國社會，也不特別擔心被台灣社會拋到後面。

在這一節以及其餘各節，各種文本描寫台灣而非美國，所以國族他者不再是台灣

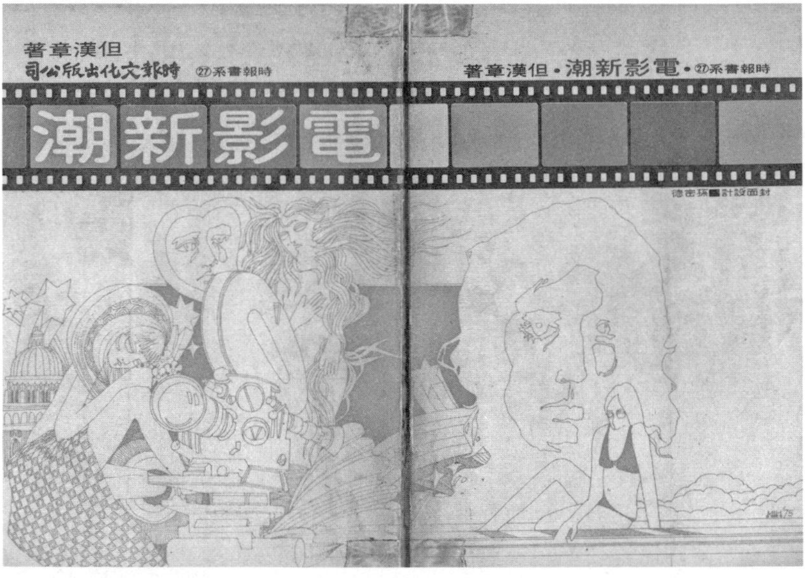

但漢章，《電影新潮》（台北：時報，1975）

人，而是美國的人事物。國族他者、情慾他者、另類時間的組合方式，跟上一節顯示的樣態不同：在下面討論的文本中，台灣人角色在「內在的美國」空間中（例如野人咖啡室），彷彿暫時出脫台灣現實，陷入另類時間的懷抱（埋首於過去、未來，而不面對當下），召喚了記憶所查封的同性戀。

我首先瞄準傳奇色彩濃厚的野人咖啡室以及類似的西式咖啡店。曾任《中國時報》副刊主編的詩人楊澤編過《七〇年代懺情錄》[40]，收入許多文化界名人回想一九七〇年代的散文；其中，藝術評論家蔣勳在〈七〇——〉提及，台北西門町「『野人』咖啡屋」被警方查封了——警方「公布查獲了毒品的交換，以及性的猥

席德進，《席德進書簡：致莊佳村》（初版）（台北：聯合月刊社，1982）

席德進，《席德進書簡：致莊佳村》（再版）（台北：聯經，1983）

40 楊澤編，《七〇年代懺情錄》（台北：時報文化，一九九四）。

褻倒錯的實例，以『違反善良社會風俗』的理由查封了」[41]。

以同性戀作風出名的畫家席德進曾經迷戀他的徒弟莊佳村，在一九六〇年代頻繁寫信給莊。這些熱情的書簡直至一九八二年（也就是席德進本人於一九八一年去世之後）才公開出版為《席德進書簡：致莊佳村》。莊佳村在〈席德進與我——代序〉提及野人：「那時西門町新開了一家『野人』咖啡廳，擔任籌畫的是一位美國人和另一位德國人，想讓喜歡文藝的年輕朋友有個聚集的地方。他們慕名來找席，結果看上我的畫」[42]，導致席、莊兩人分裂。野人這個體現中西文化交會的空間，扭轉了師徒兩人之間的時間：情意停止了，妒意發酵了。

這一節整合討論四種都提到咖啡室的小說：林懷民的中篇〈安德烈·紀德的冬天〉和中篇〈蟬〉、詹錫奎的長篇《再見，黃磚路》以及另一個《孽子》片段（一九七七）。上一節的《孽子》片段來自《現代文學》復刊第五期，執念的地點是紐約；這一節的《孽子》片段來自復刊第一期，焦點場所是野人咖啡。這四種小說沒有特別強調凸顯咖啡室，但都將咖啡室理所當然地、不假思索地當作「中西」文化交會的空間。小說角色未必能去美國，卻藉著光顧野人咖啡室等地就可以獲得「好像去了美國」的「虛擬經驗」——正如當年但漢章還沒有看到美國電影就可以在報紙上大談美國電影。嚴格來說，這裡的「中西」應該是「台美」：當時通稱的中國人其實是台灣人，西方人是美國人。而更加準確地說，這些咖啡室裡頭的台美對話未必發生在台灣人與美國人之間，卻大致發生在「美國文化菜鳥」和「美國文化老鳥」這兩種台灣人之間。這些作品並沒有描繪「正港美國空間」中的「正港美國人」，而是「台灣建構的仿美空間」之中、「賞玩美國文化的台灣人」。

野人咖啡室等地如同「窗口」：透過窗口，小說角色不但可以替代性地（vicariously）貼近國族他者，還可以想像另類時間（這裡的另類時間，包括「我曾經在美國如何如何」的「記憶中美國過去」，以及「我將來要在美國如何如何」的、寄託在美國上面的「未來」）。在野人咖啡室等地渲染的氣氛中，小說角色藉著國族他者和另類時間的浮力，暫時超脫台灣時空（彷彿當時台灣時空不容同性戀發生），因而能夠面對——或是背對——作為情慾他者的同性戀。小說中寫了面對和背對這兩種傾向：因為暫時超脫台灣，有些角色可以看見本來以為台灣沒有的同性戀；弔詭的是，也正因為超脫台灣，有些角色也可以假裝沒看見在台灣存在的同性戀。

這一章討論一九七〇年代卻將林懷民的兩篇六〇年代小說拉進來，是因為林懷民作品頻繁提及美國，很不像其他六〇年代文本，反而類似七〇年代作品：在再現同性戀的本地文學中，美國的形象於六〇年代幾乎缺席，在七〇年代卻很常見。林懷民的短篇小說集《變形虹》收入了〈安德烈·紀德的冬天〉這篇中篇小說[43]。小說中，從歐美載譽歸國的男性舞蹈家秦就很愛打「國際牌」——「因為國外有，所以台灣也要有」的話術。他說，同性戀在國外很平常，藝文名家和歐美大城市都和同性戀有關：王爾德（Oscar Wilde）、阿拉伯·勞倫斯（Lawrence of Arabia）、紀德；在紐約、在蒙馬特、在義大利……[44]。他將國族他者（外國的人）、情慾他者（同性戀）、另類時間（在本國時

41 蔣勳，〈七〇——〉，收入楊澤編，《七〇年代懺情錄》，頁一一〇。
42〈席德進與我——代序〉，收入席德進，《席德進書簡：致莊佳村》（再版）（台北：聯經，一九八三），頁一〇。
43 林懷民，中篇小說〈安德烈·紀德的冬天〉，《變形虹》（台北：水牛，一九六八），頁一二一—九一。
44 同前注，頁一二六。

間框架之外發生過的事）三種他者串聯起來：他說，同性戀「已經」在國外常見；他並且說，也在暗示同性戀也「即將」在國內發生（「因為國外有，所以台灣也要有」：這種話術召喚了「未來」）。同性戀老鳥把國外同性戀軼聞當作教材教給國內年輕男孩，藉此進行說教兼調情。這種老鳥勸誘菜鳥的「國際牌」策略在《席德進書簡》中也昭然若揭。

〈安德烈．紀德的冬天〉頻繁提及「典故」：西方文學藝術的人物和作品。對於不熟悉這些典故的讀者來說，這些典故看起來只是幫忙營造西方文化氣氛的道具；對於知曉這些典故的讀者來說，這些典故形同「圈內黑話」，大多可以用來象徵同性戀的情慾。這種借用西方典故打暗號的做法，故弄玄虛，可以排除看不懂暗號的局外人，並且讓「自己人」共享心照不宣的樂趣。例如，〈安德烈．紀德的冬天〉小說標題將意謂人生困境的冬天與代表同性戀的安德烈．紀德拼貼在一起。〈安德烈．紀德的冬天〉幾乎預告了楊牧在四年後即將發表的〈一九七二〉：〈一九七二〉也並置了冬日雪景與紀德代表的同性戀。

〈安德烈．紀德的冬天〉故事發生在大學男生康齊和三十七歲的秦之間。他們兩人第一次正式交談發生在「專做電影觀眾的生意」的「冷飲店」，兩人都點冰咖啡[45]。他們初次對話形同兩種時空的相遇：一邊是過去式的異國，另一邊是現在式的台灣。舞蹈家回想曾經在「外頭」喝「人家」咖啡的感受（「外頭」指「國外」，「人家」指「外國人」；兩詞在這篇小說多次出現），而大學生熱烈分享「此時此地」欣賞《蝴蝶春夢》（*The Collector*）。《蝴蝶春夢》這部片名也有玄機[46]：英文片名可以直譯為「（蝴蝶的）收集者」；故事中愛好收集蝴蝶的男子也收集活人。秦是國族他者的仲介人，熟悉另類時間：他在「外頭」看過「人家」的種種好處，隨口拈來就是他豐富的過去經歷。喝完咖啡散人後，康齊瞥見秦向一位長髮男孩借火點菸，雖然秦本人明明有打火機：原來康齊目睹了一個中年同性戀者搭訕男生（類似收集蝴蝶的人在捕蝶？）的老套招式[47]。也就是說，「蝴蝶收集者」對康齊來說是空中樓閣的嚴肅教材，對秦來說卻是生活實踐的慾望腳本。

在校研讀《玻璃動物園》（*Glass Menagerie*）的康齊喜歡讀外文書。這裡又是一個典故。《玻璃動物園》的劇作者田納西．威廉斯（Tennessee Williams）是台灣人特別熟悉的美國劇作家之一。他的作品與人生都以男同性戀色彩著稱。白先勇為《田納西．威廉斯懺悔錄》（*Memoirs*）寫了導讀，盛讚威廉斯[48]。

讀外文書這個嗜好，洩露了男孩「管理自我慾望」的原則：他對於外國的興趣只限於單人的、不需跟人互動的藝文欣賞，並不會延伸到雙人的、充滿情感變數的人與人互動。康齊第一次拜訪秦的家，深受秦收集的大量洋文書所吸引，進而問起秦的「國外」生活（他竟然只是想問國外是不是也充滿書香——這是個書呆子才會問的問題）；秦卻聊起「外頭」、「他的流浪」，接著勾引康齊上

45 同前注，頁一五二。我特別注意咖啡，是因為秦在冷飲店裡對咖啡有意見。在當時的台灣，咖啡的品質形同現代化的指標：國外的咖啡好喝，國內的咖啡難喝。

46 原著小說書名 *The Collector*，出版年分是一九六三。同名電影上映於一九六五年。

47 同樣的困惑（少年發現中年男子明明擁有打火機，為何還要跟別人借火呢？）在白先勇的〈寂寞的十七歲〉也出現過。原來這是和陌生人搭訕的老招式。

48 田納西．威廉斯（Tennessee Williams）著，楊月蓀譯，《田納西．威廉斯懺悔錄》（*Memoirs*）（台北：圓神，一九八六）。

床。這次的碰面類似上次喝咖啡：康齊只願意看見藝文書籍所代表的國族他者（卻看不到其他種類的他者），而秦同時體現了三種他者：國族他者（來自歐美）、另類時間（充滿了讓台灣人民瞠目結舌的記憶）、情慾他者（同性戀）。秦勾引康齊上床，剛好喚醒康齊心中的噩夢：五年前，康齊念初中時，去看好萊塢電影《賓漢》（*Ben-hur*）[49]，結果留下不堪回首的、想要消滅的記憶——也就是（不被主流承認的）某一種另類時間。《賓漢》也是讓人聯想男同性戀的典故：這部藉著敘說古羅馬歷史向耶穌基督致敬的電影充滿古羅馬風格的男體意象，曾經讓美國老一輩同志聯想到同性戀，因而津津樂道[50]。

男孩看完《賓漢》，在午夜之後走進新公園，結果遭到陌生成年男子調戲（本土的男性挑逗）[51]。他逃回家睡覺夢到《賓漢》內容，醒來驚覺夢遺。促成夢遺的契機，可能是少年所厭棄的新公園本土餓鬼（展現性慾的同性戀陌生人，經常被寫得像鬼魅），也可能是康齊所夢見的《賓漢》異國男體。在情慾、國族、時間都瀕臨脫軌的情況下，少年只想跟別人一樣留在異性戀正軌上、按部就班跟隨台灣主流社會的時間表，未料碰到了秦，被秦拉離正軌。

夜裡的新公園總是被譬喻成鬼域，充滿想要生吃良家子弟的孤魂野鬼（這裡的孤魂野鬼泛指在黑暗中伸出肉慾魔爪的同性戀者）。這種譬喻新公園的說法已經成為國內文學常規、淪為老生常談（cliché）。沿用這個常規的文本極多，〈安德烈．紀德的冬天〉是其中一個，佛學研究者楊風於一九七二年發表於《笠》詩刊的詩也是其中一例：「於是離魅自樓台水榭中升起／牛鬼蛇神遂化做春雨在我身上灑落／這不過是一個失貞的夜晚」[52]。後來《孽子》同樣沿用這種譬喻。這種將新公園（以及男同性戀三溫暖）譬喻為鬼域的文學慣例，看起來持續醜化了同志的性場所、持續責怪了這些場所的參與者。但我要補充，這種譬喻除了要強調肉慾場所的黑暗恐怖，更要強調良家子弟的光明乾淨：肉慾場所越可怕，就越可以襯托出誤入鬼窟的良家子弟有多麼無邪純良。這種為良家子弟（含自愛的同性戀者）「漂白」的文學慣例除了斥罵同性戀者中的所謂不自愛者，也長期斥責了女人之中的不自愛者。從古到今國內外多種文學作品都習慣將良家子弟遇到的情慾人事物加以妖魔化：在《聊齋》、《西遊記》、《白蛇傳》裡，在現代文本描寫的各種妓女戶裡，良家子弟都覺得自己無辜，都認為自己被女鬼、女妖纏上，都將他們享樂的場所視為妖窟。

有一個問題在〈安德烈．紀德的冬天〉中不斷盤旋：同性戀是國外才有的，還是國內也有的？

小說一方面頻頻將情慾他者歸咎於國族他者（國外才有），另一方面又讓康齊在台灣境內體驗了同性戀（國內也有）。這個問題揮之不去，從小說文本內，延伸到文本外：小說評論者看見文本

---

49 上映年分是一九五九。

50 例如可見魯索（Vito Russo）的同志電影研究名著，《電影中的同志》（*The Celluloid Closet: Homosexuality in the Movies Revised Edition* [New York: Harper & Row, 1987]）。這本書也被改編成同名紀錄片。魯索在書中指出，《賓漢》提供的男體意象中，被奴役的奴隸男體舉足輕重（頁二九、三二八）。康齊這個同性戀男孩也可以算是被（社會壓力等等）奴役的人物。

51 在戒嚴時期，初中學生可以在午夜之後上街遊蕩，並且進入台北新公園探險嗎？這個橋段超現實而不寫實，不是當時台灣俗民生活的忠實反映。不過，我倒不認為這個不寫實的疑點是小說的瑕疵，反而認為這個疑點暴露出康齊這個角色和妄想、夢境糾纏的傾向。

52 楊風，〈祇因——新公園之夜〉（一九七二），《楊風詩集》（高雄：春暉，二〇〇七），頁二二一。

中的同性戀，卻堅持切割同性戀與台灣本土，將同性戀封存國外（國外才有，國內沒有）。我所指的小說評論者就是台灣文學史家第一人葉石濤。葉石濤為林懷民的《變形虹》這冊小說集（這冊小說集收入〈安德烈．紀德的冬天〉）寫序，題目為〈序——兼評「安德烈．紀德的冬天」〉[53]，明白指出「『安德烈．紀德的冬天』描寫的是同性戀的故事」[54]。可見「同性戀」這三個字在台灣文壇至少於一九六〇年代末已經流通。葉石濤在序中說，「如眾所知，同性戀是個古老的問題，從希臘神話納希薩斯的故事以來，我們對此並不陌生。」[55]

葉石濤的序文可能讓二十一世紀的讀者覺得錯亂。錯亂的原因來自兩種「矛盾」。第一個前後矛盾，是葉石濤於一九九〇年代似乎敵視同志文學，但是他的一九六八年序文卻顯示他對同性戀親善。台灣文學史研究者陳芳明曾經當面問過葉石濤對於同志文學的態度，葉石濤自稱對「homo」（葉石濤長年愛用這個用詞）並沒有敵意[56]。我推測，葉石濤於一九六八年看起來對同性戀示好，是因為葉石濤將林懷民當作自己人（新生代本省籍作家）。一九六七年，也就是〈安德烈．紀德的冬天〉完稿的這一年，葉石濤在〈兩年來的省籍作家及其小說〉這篇文章為本省籍作家打氣[57]，其中最年輕的作家就是林懷民[58]。葉石濤寫給小說家鄭清文的書信中，多次提及林懷民：除了殷切提及林的小說創作活動，也抱怨身在美國的林懷民為何不常常寫信給他老人家[59]。從這些文件可窺見葉石濤對林懷民的疼惜。或許葉石濤珍愛「國族自己人」（國族他者的相反），所以就願意容忍自己人書寫情慾他者（同性戀）。

第二個矛盾是，葉石濤的《變形虹》序中的同性戀顯得忽近忽遠。在同一篇序文中，葉石濤一方面宣稱「我們」於一九六〇年代對同性戀並不陌生（同性戀顯得很近），另一方面卻又強調同性戀是異類（同性戀又突然顯得很遠）：「對於這種在我們這古老保守的社會裡（按：指台灣社會），屬於駭人聽聞的素材（按：同性戀），林懷民怎樣去挑戰和表現出來？」[60]原來，葉石濤所稱的「我們」和「同性戀」都不是純種的「我們台灣人」和「台灣同性戀」，而是被國族他者介入的「混血兒」——「閱讀／接收西方藝文的我們台灣人」和「西方藝文展現的同性戀」。「我們對同性戀不陌生」該解讀為：「閱讀／接收西方藝文的我們台灣人，對於西方藝文展現的同性戀不陌生。」也就是說，台灣人總是透過西方的仲介，才得以看見世界。藉著不斷利用作為國族他者的西洋典故，來稱許林懷民的才華，葉石濤才能夠合理化林懷民為什麼寫了作為情慾他者的同性戀、才能夠

53 序可能寫於一九六八年，即《變形虹》的出版年。

54 葉石濤，〈序——兼評「安德烈．紀德的冬天」〉，收入林懷民，《變形虹》，頁五。

55 同前注，頁五。納希薩斯這個名字或譯為納西色斯等等，本為顧影自憐的美少年，墜水之後化為水仙花。時至今日，納希薩斯或水仙花已經成為「自戀者」、「同性戀者」的最老套象徵之一。

56 陳芳明訪問，李文卿整理，〈文學之「葉」，煥發長青——專訪葉石濤〉（二〇〇一），後收入高雄市文化局主編，《葉石濤全集一二，隨筆卷：七》（高雄：高雄市文化局；台南：國立台灣文學館），頁三五一—七四。

57 但葉石濤的這篇文章並沒有提及〈安德烈．紀德的冬天〉，可能因為〈安德烈．紀德的冬天〉在那個時間點還沒有發表。

58 葉石濤，〈兩年來的省籍作家及其小說〉（一九六七），收入高雄市文化局主編，《葉石濤全集一三，評論卷：一》（高雄：高雄市文化局；台南：國立台灣文學館），頁一四五—六五。

59 詳見高雄市文化局主編，《葉石濤全集一二，隨筆卷：七》的「葉石濤致鄭清文書簡」多處。

60 〈序——兼評「安德烈．紀德的冬天」〉，頁六。

將林懷民所寫的情慾他者歸功給國族他者。他一方面聲稱早熟的林懷民可比擬法國美少男詩人藍波（Arthur Rimbaud，今譯「韓波」），另一方面又說藍波是西方同性戀名人[61]。葉所說的「不陌生」的同性戀其實很「異國」：葉石濤提出「納希薩斯」（應指Narcissus）的故事，指稱王爾德、韓波、紀德都是同性戀，並且解說紀德作品中的慾望密碼：《窄門》（*La Porte étroite*）之中的男女心結其實是被偽裝的同性戀；《背德者》（*L'Immoraliste*）講述紀德本人和阿拉伯美少年的戀情。葉石濤序最末將〈安德烈．紀德的冬天〉比擬為波特萊爾（Charles Baudelaire）的《惡之華》（*Les Fleurs du mal*），還說康齊和秦都苦求「那兒（按：哪兒）都可以；只要是世界之外！」（波特萊爾語）[62]。也就是說，同性戀沒辦法留在台灣，而該往「外頭」去：西洋。

葉石濤寫給林懷民的序，看起來在談「外國」，更可以說是在談「外國『文學史』」：哪些外國作家是同性戀、寫了哪些代表作。一如這一章先前指出，只要賦予異類一個族譜（genealogy），異類就開始有了正當性：在楊牧散文中，敘事者為了合理化他所看見的當代美國同性戀者，便追索（或，便捏造）一種從古希臘以降、代代薪傳的同性戀文化史；在林懷民小說中，秦為了合理化他跟康齊的同性戀關係，也不斷祭出西洋「前輩」的軼事來勸說本土「晚輩」；在葉石濤的序文中，葉石濤比楊牧和秦更加興致勃勃講起西洋文學史中的同性戀——但是與其說葉石濤沉迷同性戀軼事，不如說他努力「合理化」林懷民的奇異作品，簡直把國族自己人林懷民嵌在國族他者文學史裡面，也形同將林懷民請出台灣本土的文學史。

野人咖啡在膾炙人口的〈蟬〉正式亮相。上一篇小說的冷飲室是舞蹈家和大學生兩種不同時空交錯的所在；而〈蟬〉中的野人咖啡則跟明星咖啡屋、保齡球場類似，都標榜了同一種時空：就在不遠未來的美國。

在美國霸權主導的冷戰時代，傾向美國的本土年輕人藉著光顧這些場所望梅止渴。角色相互問道，「要不要出去——？」不必點明去哪裡，大家心照不宣，當然是「美國」，就是上一篇小說提及的「外頭」。〈安德烈．紀德的冬天〉將外頭和同性戀緊緊綁在一起，〈蟬〉卻不強調美國和同性戀有何關係。也就是說，「傾向美國」不再等於「和台灣社會脫軌」，反而是留在正軌上行進。也就是說，「來來來，來台大；去去去，去美國」這種說法承載的價值觀並非和台灣主流社會脫軌，反而符合社會期待。

不能和大家同步、不能一起傾向美國的角

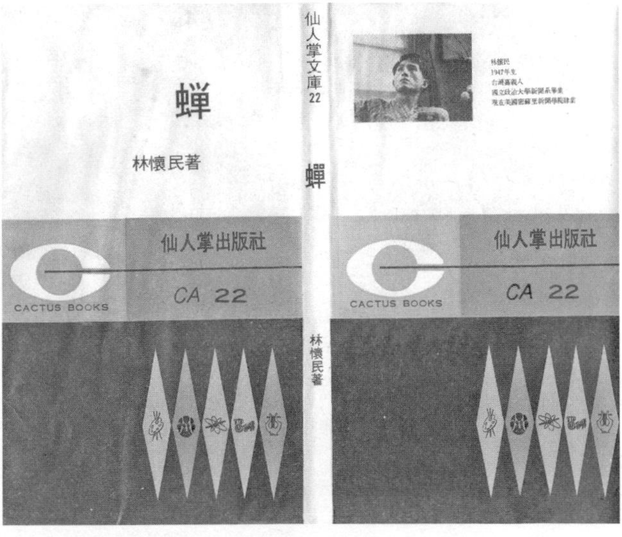

林懷民，《蟬》（台北：仙人掌，1969）

61 法國詩人藍波的男同性戀經驗，對一九六〇年代末期台灣文壇來說並不是祕密了。《現代文學》三九期（一九六九年十二月）刊出程抱一的散文〈和亞丁談藍波〉，文中提及藍波「和詩人維爾侖（Paul Verlaine）的同性愛使後者離棄了自己的妻子」，頁一五四。

62 〈序——兼評「安德烈．紀德的冬天」〉，頁九。

色，則是這篇小說排除的渣滓。〈蟬〉這篇中篇小說分成上下兩部分，各寫出一個不能夠跟著歷史正軌前進的脫軌者：上，同性戀者吳哲；下，自殺身亡的大學男生。這名自殺者生前愛讀的書，是美國文學的身心障礙文學經典名作《心是孤獨的獵手》（*Heart Is a Lonely Hunter*）[63]；這本美國名著以主人翁自殺作結。

對〈蟬〉的男主人翁莊世桓來說，同性戀者與自殺者是「同類的」——都是弱者，都不能勇敢面對生命。「不能勇敢面對生命」就等於不能夠和主流社會同步（沒能夠與別人一樣和異性交往；沒能夠和別人一樣向美國邁進），因而被斥為失敗者。不過這番批判來自莊世桓，而小說並沒有將莊世桓打造成值得讀者信賴的角色。莊世桓這個角色的主要弱點，如小說內文一再提示，就是對於同性戀過於耿耿於懷，杯弓蛇影。如果讀者透過莊世桓的角度來看同性戀，就形同戴上有色眼鏡曲解這篇小說的內容。這篇小說中的主

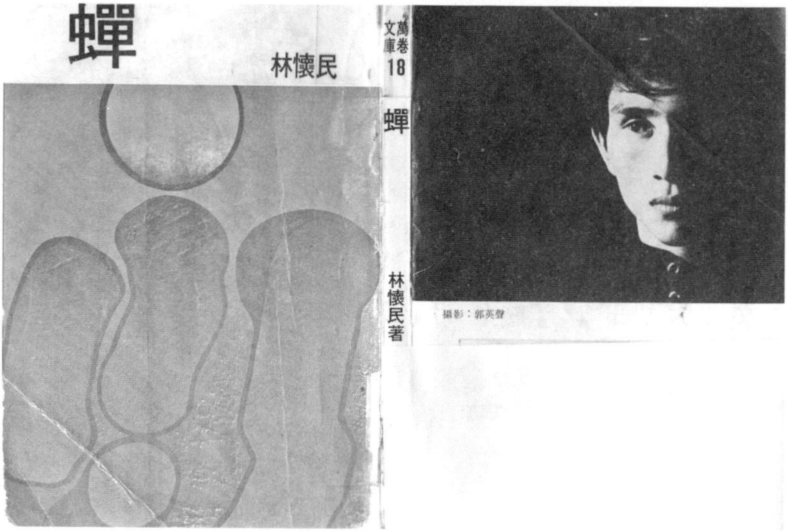

林懷民，《蟬》（台北：大地，1974）

人翁莊排斥同性戀，但這篇小說本身包容同性戀。也就是說，對於同性戀，小說主人翁和小說文本各有不同的立場——這篇小說的讀者應該留意主人翁和文本之間的立場衝突。

〈安德烈・紀德的冬天〉和〈蟬〉的差異之一，是前者高調標榜男同性戀主人翁，而後者低調交代男同性戀配角吳哲。雖然男同性戀在〈蟬〉只像是冰山一角，海面下的冰山體積卻不可低估。大學男生莊世桓為了洗刷掉關於同性室友吳哲的記憶，轉換生活焦點，才努力結識異性陶之青。〈蟬〉的女主人翁陶之青是個早在一九六〇年代就戴上隱形眼鏡的時髦美女，經常出入明星咖啡屋、野人、保齡球場，能言善道，喜歡抬槓。這位陶之青，可以說是冷戰年代時髦少女的模範：例如，朱天心於一九七五年寫就的《方舟上的日子》序文表示，她在高中寫日記、週記的時候，喜歡寫出長篇大論而且夾雜英文，因而讓自己覺得很像林懷民筆下的「陶之青」[64]。朱天心這篇文章同時見證了林懷民作品和陶之青這個角色在當年的魅力。

妙的是，男主人翁莊世桓想盡量忘掉吳哲，女主人翁陶之青卻想盡量了解吳哲：陶之青正是想要考掘吳哲的祕史（吳哲本人的過往、吳哲和莊世桓之間的過往），所以才主動向莊世桓示好。這對男女的交誼，與其說建立在異性相吸的未來之上，不如說建立在缺席同性戀（吳哲）的過往祕史之上。

篇名〈蟬〉可能象徵多種人事物。小說上半部完結前，一夥人從充滿二手菸的野人咖啡出來。

---

63 Carson McCullers, *Heart Is a Lonely Hunter* (Boston: Houghton Mifflin, 1940).

64 朱天心，〈長大——代序〉，《方舟上的日子》，頁七—一二，見頁一一。

陶之青和莊世桓與其他男男女女不同，竟然聽見西門町的蟬叫聲。旁人說西門町不可能有蟬叫聲，但陶之青卻意在弦外地說：「你一輩子也聽不到。因為你還沒認真去聽，就先肯定了西門町沒有蟬。你一輩子也聽不到。」[65]在這篇強調美國文化壓境的小說中，西門町（西化的野人咖啡所在地）的噪音可能象徵西方的聲音，而蟬鳴象徵本土的聲音。但這篇凸顯西方的小說也埋藏了同性戀伏流。陶之青的話也可能這樣解讀：因為你還沒認真去留意同性戀，就先肯定了台灣沒有同性戀，你一輩子也看不到。蟬鳴也可能象徵同性戀。

野人咖啡也在《孽子》出現。在上一節的討論中，從美國回到台灣、跟阿青述說美國經驗的龍子代表了美國文化。不過阿青遇到兩位美國代表人：除了在新公園遇到龍子（根據《現代文學》復刊號第五期的內容），也在野人咖啡遇到趙英（根據《現代文學》復刊號第一期的內容）。新公園這個很土俗的空間，撮合本地人阿青和美國代表人一起沉入黑甜肉慾；野人咖啡這個時髦的空間，則促成本地人看見另一個美國代表人的明亮神采。這兩種經驗讓阿青觀察了兩種美國：龍子回憶中的美國緊緊糾纏同性戀夜生活，趙英身上的種種美國裝飾品（含他學會的美語）卻來自本土的良好家庭。對出身破碎家庭的阿青來說，龍子的美國是噩夢，趙英的美國是美夢；阿青沒興趣追隨前者，卻傾向後者。

上一節指出龍子「重來再一次」的傾向：他相信救贖，一而再、再而三藉著男同性戀色慾來修補受損的他人與自己[66]。這種「重來再一次」的驅力也是《孽子》說故事的特色。**《孽子》竟然從頭說起三次**：《現代文學》復刊第一期[67]、復刊第二期[68]、一九八三年出版的《孽子》全書[69]，都從頭開始講故事，**而且這三次內容都不同**。

一九七七年七月《現代文學》復刊第一期開始刊登《孽子》的開頭（阿青被逐出學校、逐出家庭的著名畫面）[70]；妙的是，也於一九七七年發行的《現代文學》復刊第二期竟然「重來再一次」，從頭刊登《孽子》（阿青被逐出學校、逐出家庭……）[71]。在復刊第一期，阿青遇到的第一個美國代表人是在野人咖啡室的趙英[72]；在復刊第二期，阿青卻是先在新公園認識龍子[73]。這兩種編排次序造成不同效果（目光跟著阿青行進的讀者，會發現阿青眼前有兩條不同的路線可以走，沿路風景不同），也形同造成兩種《孽子》的版本：前者的美國看起來有希望，而後者的美國卻是絕望

65〈蟬〉，《蟬》（台北：大地，一九七二），頁一六一。
66「捲土重來」的傾向似乎是白先勇的偏愛，散見於《孽子》以及白先勇其他作品各處：例如，〈月夢〉的老醫生在年輕男病人身上再一次看見他摯愛的老同學身影，也再一次體驗失敗（在前一次和這一次他都救不了對方）；〈孤戀花〉的酒家經理在中國時曾經疼愛某個小酒女，到了台灣後又邀另一個小酒女同居，並在後者身上再一次看見前者的身影，也再一次體驗毀滅（兩個小酒女的下場都很慘烈）；《孽子》主人翁阿青的弟弟「弟娃」去世之後，一再想要在別的男孩身上看見弟娃的身影。
67《孽子》，《現代文學》復刊第一期（一九七七年七月），頁二五九—八六。
68《孽子》，《現代文學》復刊第二期（一九七七年十月），頁三〇五—三九。
69《孽子》（一九八三）（台北：遠景，一九八七）。
70《孽子》，《現代文學》復刊第一期，頁二六一。
71《孽子》，《現代文學》復刊第二期，頁三〇六。
72《孽子》，《現代文學》復刊第一期，頁二七七。
73《孽子》，《現代文學》復刊第二期，頁三二七。

和希望並陳。

因為各界習慣談論一九八三年出版的《孽子》（章節排序類同《現代文學》復刊第二期），所以我選擇把焦點放在比較冷僻、少被討論的版本：在《現代文學》復刊第一期的版本。在這個比較不為人知的版本中，阿青從黑暗邁向光明：讀者跟著阿青歷經黑暗挫敗（被逐出學校、家庭之後，進入「在我們的王國裡」的第五小節[74]，一路上看見破敗的台北），然後，讀者的目光就跟著阿青走向光明希望（進入第七節「西門町的野人咖啡室」，滿室年輕人的生機[75]）。阿青平常認識的新公園少年都活在貧窮線之下，但十五歲男孩趙英不同。趙英大方自在聊起美國神父教給他的英語歌[76]。從來不曾愛慕新公園少年的阿青似乎為趙英心動了，便在神智不清的情況下[77]，將趙英誤以為是自己的弟弟，伸出雙手「緊緊的箍住了他（按，趙英）身體」，結果嚇跑趙英[78]。阿青極少採取攻勢撲向其他男性身體；他大致採取守勢。他主動摟抱趙英，算是罕見的例外。阿青向趙英下手，固然因為趙英的「類同」（他讓阿青聯想到弟弟），不可否認也因為趙英的「差異」（小說強調趙英很特別，是個崇尚美國的中產階級少年，跟阿青平日來往的社會底層「狐群狗黨」截然不同）。

詹錫奎的長篇小說《再見，黃磚路》也提及野人咖啡和新公園。這部小說描寫（異性戀）男性民歌手如何在美國和本土之間保持平衡：因為冷戰，美軍駐台期間美國流行文化席捲台北，但男歌手希望在唱美國歌討好市場之餘，也能唱本土歌提升民族自信心。不過主人翁還是傾向美國，並且背對本土。他概括接受美國文化促成的台北奇觀：他迷戀吸食迷幻藥的赫本頭女孩[79]；追隨傳有女同性戀緋聞、總是穿男裝亮相的頭牌女歌手[80]；想要和菲律賓人組成的樂團在台北搶地盤。這個美國化的台北雖然光怪陸離，卻充滿日新又新的生機。書中提到的野人咖啡已經被時代淘汰而關

74 《孽子》，《現代文學》復刊第一期，頁二六二。同志文學的讀者大概都知道「在我們的王國裡」所說的「王國」是台北新公園，然而離奇的是，《現代文學》復刊第一期的讀者卻可能不知道這回事。《現代文學》復刊第一期和《孽子》一九八三年版展現了截然不同的孽子王國。《孽子》一九八三年版的讀者在「在我們的王國裡」這個小標題之後，就會讀到第一小節開頭名言：「在我們的王國裡，只有黑夜，沒有白天」（頁三），然後看到台北新公園內搔首弄姿的同性戀者（頁三）。孽子王國就是新公園。可是，在一九七〇年代，《現代文學》復刊第一期的讀者在「在我們的王國裡」這個小標題之後，卻馬上進入第五小節，讀到「我們的家，在龍江街」這句話（頁二六二）。復刊第一期直接跳到第五小節而沒有刊出第一小節到第四小節的內容，也就是說沒有刊出「在我們的王國裡，只有黑夜……」、也沒有讓搔首弄姿的同性戀者登場。復刊第一期的讀者可能會誤以為孽子王國是龍江街的家。復刊第一期沒有刊出第一小節到第四小節的原因不詳，但我猜測：這四節彰顯囂張的非主流情慾，可能讓《現代文學》復刊編輯心有顧忌。不過這四個小節（包含第一小節的「在我們的王國裡，只有黑夜，沒有白天」，頁三〇八）在復刊第二期就刊出了。

75 《孽子》，《現代文學》復刊第一期，頁二七七。

76 同前注，頁二八四。

77 神智不清的狀況，是用白先勇拿手的「意識流」手法顯示。同前注，頁二八五—八六。

78 同前注，頁二八六。

79 「赫本頭」就是奧黛麗．赫本（Audrey Hepburn）在《羅馬假期》（*Roman Holiday*, 1953）中的新髮型。《再見，黃磚路》的男性主人翁初次看到小說女主人翁Mikko時，發現Mikko身為「中國女孩」卻有「標準的美國口音」，並留意她的赫本頭。Mikko的「問題」不是「性別脫序」而在「pills（迷幻藥）失控」（《再見，黃磚路》，頁三九—四〇）。整部《再見，黃磚路》最關注的「社會問題」就是管制藥物，而不是同性戀。《親美與反美》指出的日本經驗值得比對：一九五〇年代，美軍帶給日本民眾毒品（頁一四一）。

80 《再見，黃磚路》，頁八四。本書第三章談過《再見，黃磚路》中的女同性戀。

門[81]，但弔詭的是，野人關門這回事反而可喜可賀：野人之死不等於死滅，反而證明新陳代謝的時代潮流。追隨美國腳步的弄潮兒不必特地再去野人，反而享有比野人更加新潮的多種空間（例如歌手駐唱的新開幕場所）。「洋化的」野人不能倖存並不算壞事，但是「本土的」新公園倖存也不算好事。主人翁偶然路過新公園，隨口詛咒它是個見不得人的罪惡淵藪[82]；他並沒有明說新公園中的罪惡為何，但在台北夜生活打滾多時的他應該知道新公園是男同性戀社交熱點。對主人翁來說，使用迷幻藥的異性戀和傳言風流的女同性戀都緊緊跟隨「美國」腳步，所以都可以坦然接受；而新公園深陷「本土」、無法跟美國同步，讓他加倍嫌惡。

四、內在的美國之二，新南陽戲院

當年的台灣民眾除了看書、清談看不到的電影，也可以透過純好玩的小額消費進入美國時間。光泰的暢銷小說《逃避婚姻的人》提及，空中小姐總愛從國外帶一些小東西，如咖啡粉、貼身衣服等等，放在國內的「委託行」賣[83]，讓本地民眾嘗鮮。國族他者也可能被窄化縮小為這些小玩意。用當前台灣流行語來說，就是「小確幸」。但漢章和光泰在出書之前，都曾在當時熱銷的《中國時報》密集曝光，可能投合了當時想要親近美國的本土讀者群。

這一節瞄準另一個中西文化交會的場所：位於台北新公園附近的新南陽戲院。新南陽和野人咖啡類似，都是展示美國文化的櫥窗：台灣人在野人看美國文化洗禮的本土年輕人，在新南陽看美國進口的電影。在《現代文學》復刊第五期，龍子和阿青講述紐約色情電影院以及其他美國經驗之後，阿青自己聯想到本土的電影院：新南陽。他在新南陽看過亨利方達主演的美國西部片《黑峽雙梟》[84]，片中兩兄弟一前一後陷入流沙殞命[85]。阿青覺得跟龍子同居，就形同跟片中人一樣陷入流沙，於是寧可追求自由的他就離開龍子了[86]。

在同一期《現代文學》中，阿青一想到新南陽就想要離開龍子，一離開龍子後不久又再去新南陽一次[87]：阿青的同輩朋友老鼠在同性戀聚會的「派對」扒竊進口手錶、鋼筆、「美國保險套」等物，所以有錢請阿青去新南陽看電影[88]。

這節插曲有三點值得注意：一、全員同性戀的中產階級「派對」在國內浮現。在《孽子》描寫的年代中，台北的男同性戀者已經有錢、有閒，而且不再各自孤立，反而有膽參加這種人看人派對——在派對中，「我」（泛指任何故事中的主人翁）看見別人也是同性戀者，別人也看見「我」是

81　同前注，頁一一三—一一四。
82　同前注，頁四七。
83　光泰，《逃避婚姻的人》（台北：時報文化，一九七六），頁五八。
84　英文片名不詳。我在資料庫針對「亨利方達」和「流沙」這兩個關鍵詞進行搜尋中文和英文的查詢，可惜沒有查到相關電影。
85　《孽子》，頁二二三。
86　同前注，頁二二三。
87　同前注。
88　同前注，頁二二三—二二六。

同性戀者。在派對中的「我」不會繼續誤以為自己「一個人，沒有同類」。在《孽子》中，這群派對動物是中產階級的，人人攜帶美國進口用品參加聚會，和新公園內窮孩子形成強烈的階級對比。這群人是成群的而不是孤單的，和〈想飛〉、〈蟬〉等等作品描寫的孤單同性戀者形成另一種對比：孤單或成群[89]。值得留意的是，台灣文學在同一時刻再現女、男同性戀者各自舉行的祕密聚會：一九七八年出版的郭良蕙長篇小說《兩種以外的》也描述了中產階級女同性戀者的多種聚會[90]。祕密的派對動物於一九七〇年代文本湧現。

二、對某些社會位階低下的人來說，美國只是瑣碎的噱頭，味同雞肋。對《孽子》中的中年人龍子以及這一章提過的許多角色來說，美國代表龐大的美夢或噩夢，足以改寫一個人的運命。但是對阿青和老鼠這些不回頭的浪子來說，美國只是一個可有可無的招牌，金光閃閃足以唬人，但不至於改變一個小人物的運命。他們想要用「美國貨，一定保險！」這樣的話術跟人推銷偷來的保險套[91]；這種話術一方面顯現了美國這個噱頭的魅力，另一方面也曝顯美國這個噱頭實質價值有限，跟光泰所說的委託行代賣小確幸玩意一樣，不至於牽連歷史或未來。

三、文學中的台灣已經不只重視生產，也喜歡消費。角色可以「殺時間」——時間並非一定要用來賺錢，而可以用來浪費。上一節的野人咖啡室和這一節的新南陽戲院都是窮孩子阿青去得起的場所（儘管要用老鼠的偷竊所得付帳）；這些場所並不提供金錢收益，也不直接提供色慾滿足。相比之下，跟阿青相比，龍子在紐約算是老派的消費者：他並不會無聊地殺時間，而會動機強烈地進行肉體的消費（他去情色場所，用肉慾救贖他垂死的人生）。

在美國文化征服台灣的一九七〇年代，美國人事物的價值倒不是鐵板一塊：對某些台灣人來說可能極為龐大，對另外的台灣人來說卻也可能極為渺小。當時文學中，美國的價值忽高忽低，決定要素之一是文學角色的社經位置。《孽子》中，曾經期待遠大未來的龍子（曾經算是人生贏家）被美國經驗扭轉了生命方向；對未來一向沒有指望的阿青（人生輸家）卻不會期待美國改變他的人生。阿青只會將美國當作晦暗生活中的偶然小確幸。在接下來討論的短篇小說〈新南陽拆了〉中[92]，出身富貴的少年葛葳將未來押在美國上面，家境平凡的青年關大哥則以為美國跟他無關。不夠有錢的角色（不是人生贏家的角色）就不會了解美國和自己有何深切關係[93]。

89 同性戀者是窮人還是屬於中產階級？這是階級的問題，比較容易被評論者注意。至於同性戀者是「個別孤單的」還是「成群結隊的」？這個問題則很少被凸顯出來。然而，「世界上只有我孤伶伶一個人是同性戀」卻是許多國內民眾經歷過的錯誤認知。在〈將同志的種種時間加以埋論化〉座談記錄中，倪倫（Christopher Nealon）指出，（美國的）歷史檔案顯示同性戀的前輩們各自獨來獨往，卻夢想有朝一日可以和許多同性戀者一起共同生活。這個想要形成「群體」的夢，在同志運動之後才得以實現（Carolyn Dinshaw, Lee Edelman, Roderick A. Ferguson, Carla Freccero, Elizabeth Freeman, Judith Halberstam, Annamarie Jagose, Christopher Nealon and Nguyen Tan Hoang, "Theorizing Queer Temporalities," p.179）。台灣的同性戀者在同志運動發生之前，是否做過想要形成同性戀「群體」的夢？或許一九七〇年代的文學作品也可以提供一些線索。

90 上一章〈愛錢來作伙——一九七〇年代女女關係〉提及一九七〇年代女同性戀者的多人聚會。

91 《孽子》，頁二二八。

92 符兆祥，〈新南陽拆了〉，《夜快車》（台北：文豪，一九七六），頁六二—八五。

93 小說中，關姓男子在台北的生活單純，少數娛樂之一就是到「美國新聞處聽聽唱片」（〈新南陽拆了〉，頁七〇）。但是小說中的關男似乎沒有想過他自己和美國文化霸權、冷戰體制有何關係。「美國新聞處」為冷戰時期美國駐台機構。

在《孽子》中，新南陽戲院是可有可無的多種消費場所之一。在作家符兆祥筆下，新南陽戲院卻具有歷史地標的重大意義。符兆祥的短篇小說集《夜快車》收入〈新南陽拆了〉這一篇小說。一如題目所示，小說中的新南陽成為廢墟，充滿記憶的場所毀滅了。〈新南陽拆了〉中，新南陽戲院類似之前的野人咖啡店，都讓台灣人看見美國文化的擬像：角色在新南陽看了好萊塢電影《芳華虛度》（*Back Street*）[94]，將片中美國男星視為品評男性的美學標準。符兆祥和白先勇所寫的新南陽都是讓本地民眾接近美國文化的場所：符兆祥所寫的新南陽是讓同性戀者接近同類人的場所，但是《孽子》中的新南陽看起來並不是同性戀者特別愛好的聚集地。符兆祥所寫的新南陽以男色出名，但是和龍子睡過的紐約色情電影院倒也不一樣：前者或許因為靠近新公園吸引男同性戀觀眾聚集，但觀眾是否在戲院發生肉體關係並不得而知；後者在美國社會則是典型的男同性戀及時行樂場所，觀眾通常摸黑與陌生人發生肉體關係。值得注意的是，這種電影院裡頭的（男）同性戀觀眾多寡：《孽子》裡頭紐約時報廣場（即時代廣場）色情電影院裡觀眾寥寥可數[95]；〈新南陽拆了〉裡頭卻門庭若市：在擠滿人的窄小戲院裡，主人翁只能站著看電影[96]，其他觀眾卻在戲院內來回走動，最後主人翁「推開章魚似的人群」逃出戲院[97]。小說中這種人潮洶湧的同志空間，與其說像是同志愛去的特殊電影院，不如說更像是不斷有人進出走動的同志酒吧。

符兆祥的小說集《夜快車》書前刊了「楊柳青青」所寫的序[98]，書末則有當時文化界新銳（後來的台灣副總統）呂秀蓮所寫的〈評介「夜快車」〉。呂秀蓮曾因為提倡女權而被主流文壇視為眼中釘。例如，朱天心在少作《擊壤歌》聲稱，「現在的女權運動高張」、特別「替呂秀蓮著急」[99]。《擊壤歌》指出，薇薇夫人等人都批判過呂秀蓮其人其文，但是還是爺爺（胡蘭成）最精準：「現在爭著說要擴張女權，青年都變得男女中性化，這乃是生物進化史的倒退」[100]。《擊壤歌》勸勉呂秀蓮：「呂秀蓮要看看《易經》與《禮記》，其中有說男女乃陰陽之理和室家儀範」、「呂秀蓮跟我一樣，也要好好好好的用功一番。」[101]少女朱天心對於呂秀蓮的批判恐怕只是當時呂秀蓮承受壓力的冰山一角。

楊柳青青和呂秀蓮一方面都聲稱小說集收入

符兆祥，《夜快車》（台北：文豪，1976）

94 上映年分是一九六一。
95《孽子》，《現代文學》復刊第五期，頁二一七—二一八。
96〈新南陽拆了〉，頁六三。昔日國內電影院會在觀眾席客滿之後，向想要進場的觀眾販售「站票」（類似火車的「站票」）。
97 同前注，頁六四。
98 楊柳青青，〈楊柳青青序〉，頁一—九。「楊柳青青」可能是「黎中天」這位作家的筆名。詳見王鼎鈞，〈黎中天 一個被遺忘的作家〉，《中國時報．人間副刊》，二〇〇八年十一月二十四日，E4版。
99《擊壤歌》（台北：聯合文學，二〇〇四），頁一三三。
100 同前注，頁一三四。
101 同前注。

作品呈現了性的他者（「同性戀」），另一方面也都召喚了國族他者。楊柳青青認為〈新南陽拆了〉可以和世界短篇小說名著媲美（國族他者在此是指世界名作），並且指出「發生同性戀的行為」的男主人翁後來「恢復正常」、主題極富「教育的啟示性和道德的鼓舞性」。呂秀蓮精確指出收入兩篇「想寫同性戀」的小說：〈新南陽拆了〉和〈找顏色的女人〉（後者沒有被楊柳青青提及）。呂秀蓮稱讚這冊小說集「描寫市井小民」、「不崇洋」（可見得抗拒美國魅力在當時已經算是一種美德）、「關心本省籍的草地郎」，卻也批評這兩篇寫出同性戀的小說受限於社會風氣：「由於流風的不同，〈新南陽拆了〉想寫同性戀卻沒有很明確地勾勒出他們的心態來，〈找顏色的女人〉一文亦有類似的遺憾。」[102]她祭出一種二元對立：某種題材不值得寫，另一種題材才值得寫。「如果我們的風氣不適宜，或者作者本身不方便，我倒認為還是多把關注投給那一群默默的、無爭的、平凡的卻真摯的為數甚夥的市井小民要來得有意義。」[103]

呂秀蓮的批評建立在「土洋對立」（本土人民/國族他者）的基礎上，讓人聯想起為林懷民小說作序的葉石濤：西洋的流風才適合同性戀，本土的風氣則適合市井小民。從葉石濤談林懷民小說、呂秀蓮談符兆祥小說的評論，可以發現兩人立場相似：同樣偏袒台灣本土。但因為林懷民和符兆祥兩人省籍不同，各是本省人和外省人（呂秀蓮特別指出符兆祥是海南島人），所以兩位評論人各有不同態度：葉石濤容許林懷民放手去寫國族他者（似乎因為林懷民已經是正宗本省人了，所以不必特別向台灣讀者證明他有多麼本土），而呂秀蓮則要求符兆祥寫出更多本土（似乎因為符兆祥是外省人，所以他需要更用力向台灣讀者證明他有心效勞本土）。

呂秀蓮的想法將同性戀和市井小民誤解為互相排斥的兩群人，結果就忽視了一個事實：市井小民之中也有同性戀。正因為她誤信這兩群人互斥，所以她一方面稱讚符兆祥已經寫了很多市井小民，另一方面卻又勸他該多寫市井小民而不該寫同性戀——勸人多寫市井小民只是她的藉口，勸人別寫同性戀才是她的希望。

呂秀蓮堅持土洋對立，但〈新南陽拆了〉偏偏顯現土洋融合。小說兩個主要角色就是在新南陽結緣：一個希望交到女友的闞姓青年在新南陽被一個神祕少年葛葳糾纏、引誘。遇見少年之前，被葛葳親暱喚做「闞大哥」的青年先是「誤闖」一個只邀男生不邀女生的派對，覺得無趣之後又「誤闖」新南陽戲院。說是「誤闖」，是因為他不知道這兩個場所都是男同性戀的社交空間。一路「尾隨」（stalking）闞男的葛葳自稱無家可歸，哀求闞男收容，於是兩男在闞的住處同床、貼著身體、百般折騰過了一夜：「意識流」的手法顯示闞男在床上情迷意亂、身不由己、失去分辨真假的能力。闞男的身體和少年的身體貼在一起，可是闞男的嘴裡唸著他心儀女子的名字：同在床上少年的存在感是真的，不在場女子的存在感是假的；可是，床上少年被認為是假女人（不在場女子的替身），幻覺中的心儀女子才是真女子。意識流手法並沒有「明確指認」闞男和少年是否發生了性關係，只「含糊暗示」這兩人可能糊裡糊塗地擦槍走火——可是，無法被確認的性關係，偏偏比可以被定案的性關係呈現出更豐富的想像空間（按，指想像「性」的空間）。事後闞男得知，葛葳其實是深居豪宅、男伴不缺的有錢人家大少爺。闞男在結婚之後偶然走過南陽街，發現新南陽拆了，想

102 呂秀蓮，〈評介「夜快車」〉，收入符兆祥，《夜快車》，頁三〇二。
103 同前注。

起葛葳。打聽之後才知道葛葳終於去了美國。於是闞男輕鬆愉快回到日常正軌，如楊柳青青所說「恢復了正常」[104]。

小說的情節張力主要來自「知情與否」的差別：闞男「不知情」，少年「知情」，而此處的「情」就是同性戀地下文化的情報。「知情與否」可以決定一個人是不是「圈內人」：在啟用「圈內人」、「圈外人」兩詞的這篇小說中，闞男因為似乎「不知情」而介於「圈內人」和「圈外人」之間的模糊地帶，少年則因為「知情」而鐵定算是「圈內人」。因為不知情，闞姓青年誤闖同性戀場所、聽不懂少年說的圈內話、不知道他和少年同床的時候發生了什麼事、不理解為何少年不斷說謊。因為知情，少年懂得在同性戀圈子之內之外隨口說謊的叢林自保法則、問對方有沒有看過《午夜牛郎》（*Midnight Cowboy*）[105]。呂秀蓮批判「〈新南陽拆了〉想寫同性戀卻沒有很明確地勾勒出他們的心態來」[106]，但是呂秀蓮認為的缺點，在我眼中卻正是這篇小說的優點：同性戀的心態沒有被明確勾勒，讓人看不透，正是同性戀在保守社會的求生之道（就像雨林中的弱小動物全身都是保護色）。不知情的闞姓青年身陷五里霧中，看不清別人的心態（也看不清他自己可能也享受同性戀）；知情的少年則不斷放煙霧彈、不讓別人看清他的心。這種知情與不知情的捉迷藏遊戲，正是同性戀文化歷久不衰的妙處。

呂秀蓮慧眼看出《夜快車》收入的〈找顏色的女人〉也寫了同性戀[107]。不過〈新南陽拆了〉和〈找顏色的女人〉截然不同：前者明確刻畫國族他者、情慾他者、另類時間的糾纏，但後者卻聚焦在慾望行為本身而不在乎其他種類的另類：後者沒有提及地點（更別說國度）、時間（更別說歷史），甚至沒有明寫同性戀。但是妙的是，呂秀蓮閱讀〈找顏色的女人〉卻獲得了同性戀「效果」

——正如這部書一開頭定義，「同志文學就是讓讀者感受到同性戀效果的文學」。一九七〇年代再現男同性戀的本土作品中，提及美國的文本很多，而〈找顏色的女人〉這篇小說卻是個看起來和美國無關的例外之一。小說敘事採取資淺男員工的視角，窺看資深男員工怎樣被老闆的千金挑逗：他眷戀的眼神凝視資深男同事洗澡、裸體（全身、正面）、胸肌，幾乎預告了王禎和的《美人圖》、《玫瑰玫瑰我愛你》（兩者都描寫了男人找藉口偷看其他男人的裸體）[108]。這篇小說沒有明說誰是同性戀者，但是同性貪看同性的慾望溢出全文。

104 〈楊柳青青序〉，頁四。

105 〈新南陽拆了〉，頁七一。《午夜牛郎》（一九六九）含有男同性戀的情節。從小說上下文可以推知，「在當年看過或聽過《午夜牛郎》的人」可能等同「知曉男同性戀次文化的人」。「你有沒有看過《午夜牛郎》？」這句話就是一種同性戀圈子的通關密語。在一九七五年之前，但漢章早就在《中國時報》撰文指出《午夜牛郎》的男同性戀伏流。當時讀者公眾可能先從但漢章文章得知《午夜牛郎》（但漢章，《電影新潮》，頁二二六—二二八）。光泰《逃避婚姻的人》在提及同志酒吧裡的男同性戀性工作者時，也提及《午夜牛郎》，以便解說男性性工作者的工作內容（頁三二）。

106 呂秀蓮，〈評介「夜快車」〉，頁三〇二。

107 同前注。

108 在《美人圖》的第一章第二節，小說主人翁，年輕男性上班族小林，一邊吞口水，一邊害羞凝視室友小郭的俊美肉體：貪看對方的俊臉、胸肌、體毛、臀部等處（王禎和，《美人圖》〔一九八二〕〔台北：洪範，一九九六〕，頁一六—三二）。《玫瑰玫瑰我愛你》則用長達十頁以上的篇幅，搬演一位男醫生用極盡挑逗的態度，為一位年輕男子進行全身體檢的過程（頁一一八—一三〇）。

五、內在的美國之三，醫生診所

同性戀者應該看「精神科醫生」或是「心理醫生」？這個坊間常見的疑問與其說將「精神科醫生」、「心理醫生」、「精神分析學者」等等角色混為一談，不如說預設同性戀者是需要看醫生的病人。既然社會大眾——包括寫作者本身——不見得在乎正確區別「精神科醫生」和「心理醫生」，所以在這一節我將這種對付「病人」的角色統稱為「不分科」的「醫生」。

本書第二章提過，一九五〇年代的《聯合報》已經根據美國說法，主張同性戀者應該看醫生。但是，文學中的同性戀者一直到了七〇年代才真的去看醫生、企圖解決被視為疾病的同性戀。為什麼出現長達二十年的時差？我推測，如果五〇年代的國內醫療資源短缺、自認為可以治療同性戀的醫生寡少、國人缺乏（偽）「病識感」（按，不知道自己得了同性戀「這種病」），那麼在五〇年代出現的「同性戀該看醫生」這種說法就不大可能在五〇年代台灣兌現。這種要看醫生的說法可能直至七〇年代，國內經濟改善的年代，才在國內轉化成為一種生命政治的管理手段。

這一節焦點放在「醫生診所」這個空間。醫生診所具有「定義另類」、「規訓另類」的知識權威。黃道明在《酷兒政治與台灣現代「性」》指陳，台灣的「心理衛生」論述「在台灣冷戰時期建立」，形成具有詮釋權的霸權[109]。他認為，一九七六年代出版的《逃避婚姻的人》是「性心理裝置運作下的直接產物」，奠基在美國精神醫學會一九七三年將同性戀去病化之舉[110]。既然黃道明已經詳盡指認醫學、心理學在《逃避婚姻的人》留下的種種指紋，所以我就不再重複進行同樣工作。我轉而思考診所這個空間牽連的「另類時間」。我認為，在整本小說中占據核心位置的篇章「童年」（小說分為三篇，其中第二篇題目為「童年」）可以更準確地解讀為「在診所裡交代給醫生聽的童年敘事」、可以被視為「另類時間」。誠然，童年在日常語言中不被認為是一種另類的時間；但是在這本小說中，童年淪為一個被專家用放大鏡檢查的人生階段，形同病徵的收納盒。在醫生面前，被病理化的童年一方面上通國族他者（即，台灣醫生號稱透過美國心理學界所認識的心理學），一方面下通情慾他者（也就是說故事給醫生聽的同性戀者）。

光泰，《逃避婚姻的人》（台北：時報，1976）

同性戀者要在保守的社會倖存，自然不想被外人看透身分。許多再現同性戀的文學作品一提到同性戀人事物就含糊其詞，讓讀者霧裡看花，或許讓想要窺奇的讀者失望，卻剛好再現了同性戀者低調沉潛、行事神祕的習癖。但是光泰的長篇小說《逃避婚姻的人》全書布局偏偏反其道而行，說

109《酷兒政治與台灣現代「性」》，頁五〇。
110 同前注，頁六二。

起同性戀不但不含糊，反而教讀者認識同性戀：小說主人翁閻安迪形同擔任台北男同性戀文化的導覽解說員，一而再、再而三，耐心跟書中其他女男角色（以及讀者）介紹這個地下文化的方方面面。

「向讀者介紹同性戀生態」似乎成為一九七〇年代末期某些小說家自己扛起來的使命；跟《逃避婚姻的人》差不多時間點出版的長篇小說《圓之外》、《兩種以外的》也經常讓各自的主人翁向一般讀者介紹台北的女同性戀生態[111]。不過，閻安迪向外人進行解說的頻率特別高：一方面，他不厭其煩的解說本身可以推動敘事的進展；另一方面，敘事的推進提供他持續跟不同角色介紹同性戀的機會。根據閻安迪提供的情報，台灣的男同性戀者如果想要追尋樂土，可以選擇移民美國[112]，也可以就近光顧台北市林森北路巷子裡的美式同性戀酒吧尋求一夜情[113]。

在台灣文學中，《逃避婚姻的人》在兩方面算是先驅：一、建議本土的同性戀者出國移民；二、建議同性戀者走入美式酒吧。光泰筆下「快樂移民美國」跟白先勇筆下「龍子狼狽避居美國」的對比，固然值得探究。美式酒吧、野人咖啡、新南陽這三種空間的異同，也是有潛力的研究課題。但這一節並無意繼續留在「外在美國」和美式社交場地的這種「內在美國」，畢竟這一章先前已經討論過這兩種空間（見楊牧散文、林懷民小說等等）。

貫穿全書各處的多種權威發言者聲聲召喚美國心理學，但他們想像的美國未必符合真實的美國。在一九七六年再版的版本中，小說前面刊載了代序，後面刊載了附錄和後記。代序〈一位讀者的來信〉就引述「心理學」，指出：跟主流社會的時間進程脫軌（即「這些人，在心性發展中，一直停留於Homo Stage，而無法進行到Hetero Stage」的說法），就是同性戀的成因[114]。附錄「名醫會診」收入五篇文章來自五位專家：其中有四位有心理學背景；幾乎每個人都引用某些版本的心理學（但不一定明說心理學是外國貨）；有四位都將同性戀歸咎於不正常的童年。收在全書最末的作者後記〈我為什麼寫「逃避婚姻的人」〉也提出佛洛依德（Sigmund Freud）之名，將性別角色和主流社會脫軌的童年視為同性戀成因[115]。也就是說，小說前面的代序，和小說後面的「名醫會診」諸文與作者後記，都是小說中診所的分身：醫生面對情慾他者（同性戀）時，利用國族他者的工具（心理學），將另類時間（如病史一般的童年）判定為同性戀的肇因。妙的是，小說家本人和多位醫生一方面多次強調同性戀已經不是精神病態、應該用平常心看待，另一方面卻又頻頻自打嘴巴、擔心同性戀「不正常」。這本書的矛盾態度（同性戀既正常又不正常）其實是一致的，總之就是要欲言又止地暗示同性戀不能叫人放心、和主流社會的時間表格格不入。

這種病理化的傾向可以解釋為什麼《逃避婚姻的人》有意無意地把（被病理化的）身心障礙也請入場：在全書第一節，快樂移民到舊金山的同性戀朋友和闔安迪說，既然「殘廢的人」、「跛子」、「瞎子」等等「有缺陷的人」「也過得很好」，為什麼「我們」（按：同性戀者）不效法他們？

111 《圓之外》和《兩種以外的》已經在第三章仔細討論。
112 光泰，《逃避婚姻的人》（台北：時報，一九七六），頁一一。
113 同前注，頁一二。
114 〈一位讀者的來信〉，收入光泰，《逃避婚姻的人》，頁四。
115 〈我為什麼寫「逃避婚姻的人」〉，收入光泰，《逃避婚姻的人》，頁二三四—三五。

而閻安迪卻想，「我不是跛子，更不是瞎子」，長得又高又帥[116]。也就是說，身心障礙者被當作「絕對有病的人」，而同性戀者被當作「相對有病的人」，比身心障礙者優越，所以應該惜福。身心障礙者被拿來比作同性戀者的同類，卻又被拿來給同性戀者墊底、可以墊高同性戀者的自我評價。

這種利用身心障礙來想像同性戀者是否有病的態度，也在小說家宋澤萊的長篇小說《紅樓舊事》現形。書中主人翁「我」是大學男生，學校旁邊有「和平東路」和「龍泉街」，所以書名的「紅樓」可能是指台北市的國立師範大學（而不是長年享有男同志巡弋文化著名的台北市西門町「紅樓」戲院）。大學生「我」一方面牽掛人生哲學（何謂生死、自由等等），另一方面著迷情慾探索。這兩方面的執念正好是台灣現代主義文學的特色。「我」深受同性吸引，而理解自己同性戀傾向的方式就是「將自己類比為身心障礙者」：「那位被世界所『看見』的跛足朋友的『跛足』與我『隱藏』之性異常的『性』是一樣子，外貌儘管不同，裡面並無差別，同是環境裡困難的適應者，我們的癥結所在是行動。」[117]

不過，被期待治療同性戀的醫生早就走出診所，在社會各個角落擴張有形無形的勢力。《紅樓舊事》的「我」並不需要去診所看醫生，因為他已經內化了醫生的功能，可以自我診療。他診斷自己有「躁鬱性格」[118]，認為自已有「歧異（原文如此）的性心理」[119]——

宋澤萊，《紅樓舊事》（台北：聯經，1979）

「性心理」就是《酷兒與台灣現代「性」》凸顯的關鍵詞之一[120]。他採用醫生的態度，自我剖析，一五一十交代被當作病史的青春期給讀者檢視：「我」從小就有「戀母恨父情意結」（按，「情意結」就是「情結」）；從小擔心自己不夠男性化，對男性化的其他男子懷抱好奇心；中學時期，旁觀男同學的勃起，自忖「這時我第一次認識所謂男人的必備標誌：勃起」[121]；中學時期學校體檢，醫生要「我」去動手術，病歷上寫了「左陰囊……」（按，指左陰囊看起來不正常），「我」驚慌想像自己要被閹割了、要變得像女人了[122]。這些青春期生命史的點點滴滴，一再強調「我」就是個情慾他者：同性戀是對同性男體好奇的人、是性倒錯的人（女性化的男人）等等。而串起另類時間與情慾他者的邏輯就是本土流傳的通俗心理學——台灣人自以為從美國進口的國族他者。

「內在美國」那一節透露的訊息是，「同性戀通往死」。在正軌和脫軌之間徘徊的「我」則認為同性散發的魅力和「生的世界」相連：上了大學，「我」被名叫「李喬」的大男孩深深吸引。「我」

116 《逃避婚姻的人》，頁一一一。
117 宋澤萊，《紅樓舊事》（台北：聯經，一九七九），頁九四，九七。
118 同前注，頁一二四。
119 同前注，頁六六。
120 《酷兒與台灣現代「性」》中每次提及文學「性心理」，就是指「sexuality」。頁四九。
121 《紅樓舊事》，頁四一。
122 同前注，頁四二。

第一次看到李喬，是在操場：「一位穿著渾身紅色球衣的青年……踢著足球」[123]。「我」自認為常看透「物質」的表面，進而看到「精神」：「緊緊裹著紅衣衫裡面歡騰的東西，柔軟的身子，強壯的臂肌……」[124]。「我」看到了「生命力」，馬上有了「叛亂」的反應[125]。這裡的「叛亂」應指主人翁的勃起；「我」在中學時期就將勃起稱作「某種叛變」[126]。「我」也馬上為「性」辯解（這裡的性，就是剛才的叛亂）：他說它（性／勃起）代表一種內在生命裡湧起的那瞬間的觸覺[127]。相對於「生的世界」，「死的世界」是凡庸眾生的歸屬。主人翁認為，死的世界包括異性戀也包括同性戀：想要當異性戀的「我」試圖找酒家女尋求性啟蒙，跟女孩們交往，但發現「作為『正當人』的困難」[128]——這是對人生的一次幻滅，形同死滅；不想要當同性戀的「我」「曾在校園被性變態的中年男子抱過」[129]——這次不愉快的（同性）性騷擾經驗是另一種死滅。同性慾望在這本小說中有兩種：被自己不喜歡的中年男子糾纏，形同遇到死神；追求自己喜歡的大學男生，形同求生。「我」最後還是回到生活正軌（也就是加入了庸眾），跟俊美的李喬不再聯絡，也就形同跟生命力告別。

這一章強調了國族他者、作為情慾他者的男同性戀、作為另類時間的美國時間之間的接合。這一章並不認為同性戀人事物可以超脫時空座標而存在，反而指陳同性戀人事物就是在種種時空變因產生的效果。

六、「否寫美國」的王禎和劇本

這一章一直到最後面才討論王禎和的劇本《望你早歸》[130]，主要是因為它是一九七〇年代的例外：它沒有展現美國勢力的印痕，與同時期其他文本大不相同。王禎和在《美人圖》、《玫瑰玫瑰我愛你》等書強力抨擊美國以及虛情假意討好美國的台灣人，可推知他對美國帝國主義很敏感，但他偏偏沒有在《望你早歸》留下任何與美國有關的線索——在熱烈關切美國的七〇年代氣氛中，王禎和「否寫美國」之舉似乎出於故意。七〇年代其他同時期作品掛念「中美關係」（這裡的「中」，是台灣）、跨國移民；然而，《望你早歸》在乎本土，在乎「城鄉差距」、島內移民：劇中腳色（除了警察）都是只能說「閩南語」（王禎和用詞）的社會邊緣人，只能在台北橋下的圓環等工作，很難在「國語」稱霸的台北存活[131]。

獨幕劇《望你早歸》的舞台劇本發表於一九七三年的《文季》雜誌。它晚於白先勇的一九六〇年代早期小說，但早於《孽子》的連載。六個腳色之中有一個名叫吉雄的十五、十六歲少年，自稱

123 同前注，頁五二。
124 同前注，頁五三。
125 同前注，頁五四。
126 同前注，頁四四。
127 同前注，頁五四。
128 同前注，頁一〇九。
129 同前注，頁六二。可是小說內文並沒有交代這段性騷擾經驗的前因後果、來龍去脈。
130 王禎和，《望你早歸》，《文季》一期（一九七三年八月），頁一六九—九二。
131 同前注，頁一六九。

曾經被男人強暴過，之後便男扮女裝、在路邊拉客賣淫[132]。這個劇本呈現了（演員口述回憶給觀眾聽的）「男男強暴」、（演員當場演的）「男扮女裝」、（在觀眾面前表演拉客的）「男性雛妓」。白先勇早於六〇年代發表的短篇小說和《孽子》都沒有呈現「男男強暴」、「男扮女裝」。白先勇的短篇小說〈滿天裡亮晶晶的星星〉內只有男男性騷擾沒有男男強暴，只有遠距離的男性雛妓身影但沒有近距離的男性雛妓特寫。要看有男男強暴、男性雛妓特寫，就該看《望你早歸》。

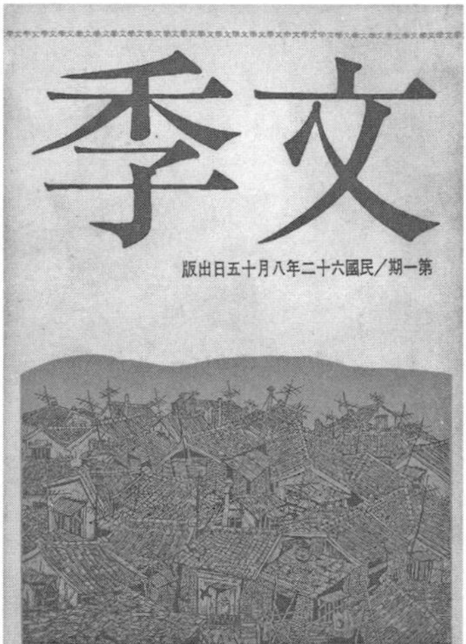

《文季》1期（1973年8月）

《望你早歸》長期被人遺忘，近期卻又被記得，是因為它於一九七七年演出時曾經被查禁，被禁多年之後才在二〇一一年重新搬上舞台。遭禁是因為「望你早歸」這個劇名被讀作政治諷刺（讓執政當局聯想到政權的「歸」），也因為全劇以「閩南語」發音（牴觸執政當局打壓「方言」的政策）[133]。

劇本中，「撿破爛」維生的老人阿立哥收養少年「啞巴」阿貴為子。阿貴走失，阿立報警，卻和警察發生三種衝突：阿立只懂閩南語，但是（明明能懂閩南語的）警察堅持要用國語；警察認定阿貴是啞巴，但是阿立堅持阿貴很正常（他拒絕啞巴這個稱號帶來的污名）；阿立跟阿貴沒有血緣關係，但警察不懂阿立怎麼可能疼愛不是自己親生的孩子。這齣戲預告了「身心障礙」和「多元成家」的課題。

「望你早歸」這個劇名是指阿立哥希望阿貴早日回家。問題是，窮人何以為家？家是什麼？阿立哥認為，家這個場所就是要讓孩子接受良好教育，迴避學壞的亂源；如果孩子跟鄰居學壞，就不惜搬家。早在阿貴走失之前，阿立哥就以一再搬家為苦——他發現跟他同樣是社會底層的鄰居污染了阿貴。這對鄰居是先前提及的少男流鶯吉雄，以及兜售春宮照片的黑狗。阿立曾經在阿貴身上發現「這種脫褲濫，這種妖精打架，這種拉撒照片」[134]、「不怕你將來長不大！」[135]

勤於教育孩子並且搬家的阿立，就像是孟母，或者該說是李漁的「男孟母」。戲劇學者暨劇場編導周慧玲編導的《少年金釵男孟母》就是改編自《男孟母》[136]、將《男孟母》的時空改成台灣歷史背景的戲，可說是《望你早歸》的「遠親」。

雖然說阿立尋子是這齣戲的主線，但副線特別搶戲。阿立將貧窮生活解讀為溫馨倫理劇和悲劇，但壞鄰居吉雄和黑狗卻將貧窮處境解讀為喜劇和鬧劇；前者兩種劇的基調是追求成家（這個家似乎必須和肉慾隔絕）的溫情，後者兩種劇的態度則是成家不得遂改而追求色情（同樣的邏輯：彷

132　同前注，頁一八九。
133　邱祖胤，〈三十四年前禁演．王禎和《望你早歸》再登臺〉，《中國時報》，二〇一一年七月十七日，A10版。
134　王禎和，《望你早歸》，《文季》一期，頁一七六。
135　同前注，頁一七六。
136　周慧玲，《少年金釵男孟母》（台北：大可，二〇一〇）。

佛肉慾和家相剋）的自暴自棄。但是這兩名男子的妖豔「性別越界」[137]，可說是國內文學「敢曝／發妖」（camp）前鋒之一[138]。按照張小虹的定義，「敢曝／發妖」「多指造作不自然的感性表達形式，常與（男）同志或酷兒歷史感性相連接」[139]。一次又一次，黑狗在街頭賣春宮的台詞是：「精采精采X伊娘絕頂精采……你來我往好一場妖精打架」[140]；一次又一次，吉雄在一旁「拿出一條粉紅色絲巾往頭上一罩，嘴裡一根菸，扭腰擺臀，擠眉弄眼，作著種種女人煙視媚行的舉止」[141]。吉雄頭上披著紅絲巾，唱歌拉客，唱出：

梅蘭梅蘭我愛你，
我像蘭花的著人迷，
我像梅花的年年綠
看到梅蘭就想到我……[142]

正是一九七一年由劉家昌作詞作曲、由劉文正和尤雅唱紅的〈梅蘭梅蘭我愛你〉。吉雄多次「嗲聲嗲氣地唱」（如劇本要求）〈梅蘭梅蘭我愛你〉。他每唱一次，就形同對當時首善之都台北進行一次諷刺。就經濟的階級而言，吉雄等人活在一九七〇年代初期的貧窮線下，但是〈梅蘭梅蘭我愛你〉卻在歌頌飯飽之餘的情慾；就語言的階級而言，吉雄等人是被打壓的閩南語使用者，處於國語的霸權陰影下，卻偏偏唱這首國語歌曲來拉（男同性戀的）客。這齣劇暗示〈梅蘭梅蘭我愛你〉這樣的國語愛情歌曲笑貧不笑娼：一方面忽視社會的貧窮常態，另一方面卻又公然拉客賣淫。

結語

這一章借用台灣流行語「美國時間」（指「被揮霍的無聊時間」）來描述一九七〇年代文學中某些脫軌角色的「時間傾向」和「空間傾向」：時間上，這些文學角色傾向沉浸於「美國時間」，不配合異性戀社會意識形態的按部就班時間表；空間上，他們傾向和美國求助。小國同志向美國求助的委曲求全心態，涉及殖民情結，往往被置身大國的同志研究者忘記討論。

台灣早在一九五〇年代就已經被納入美國主導的冷戰地圖，但是再現同志的本地文學一直要到七〇年代才開始描繪足以辨識的美國人事物。借用日本學者吉見俊哉的話來說，美國人事物同時部署在「外在美國」也在「內在美國」：「外在美國」是指號稱同性戀者眾多的美國本土，「內在美

137　葉德宣將「敢曝／發妖」（camp）視為「性別越界」。葉德宣，〈兩種「露營／淫」的方法：〈永遠的尹雪豔〉與《孽子》中的性別越界演出〉，《中外文學》二六卷一二期（一九九八年五月）。頁六七—八九。

138　葉德宣精闢解析了「敢曝／發妖」（camp）。同前注，頁六七—六八。

139　張小虹，〈話《白水》〉，《PAR表演藝術雜誌》二七一期（二〇一五年七月），頁八六—八七，註2。

140　王禎和，《望你早歸》，《文季》一期，頁一七七。

141　同前注，頁一七八。

142　同前注。原版歌詞的「你像」、「想到你」在劇本內被改寫成「我像」、「想到我」。

國」則是被台灣境內同性戀者光顧的咖啡廳、電影院、醫院等等場地所體現。「內在美國」讓國人在國內「體驗」到「替代性的」（vicarious）美式現代性。

傾向美國卻不等於崇拜美國。這一章研討的作品其實並未明顯崇拜美國，只是將美國視為台灣人逃離台灣之後唯一可以落腳的遠方。當時台灣人的跨國能動性（mobility）極低。只有極少數台灣人可以進入「外在美國」，卻經常因為社經地位低落而無法享受美國文明的果實。「內在美國」則開放給國內民眾出入。在內在美國的種種空間中，醫生診所（以及衍生物，《變態心理學》教材）帶給「同性戀涉嫌者」的規訓尤其強烈：雖然國內報紙早在一九五〇年代就已經宣告同性戀者應該看心理醫生，可是七〇年代台灣文學才開始示範「生命政治」的執行——將一個又一個同性戀涉嫌者，強行扭送給美式訓練的「專家」治療。

「優勝劣敗、適者生存」的功利主義在這個年代顯得理直氣壯。有作品評估何謂「不正常」（指同性戀），也有作品比較「兩種不正常」的貴賤——「同性戀」vs（也開始在文壇露臉的）「身心障礙」。有些同性戀角色樂於將身心障礙者踩在腳下，藉此墊高同性戀的自尊。

第五章

罷家做人

——一九八〇年代

一、作為公眾平台的《孽子》

一九八〇年代最負盛名的同志作品是白先勇的《孽子》[1]。這一章除了要指認《孽子》對於同志文學史的貢獻，還要藉著討論《孽子》來強調「罷家」議題的「時代意義」。我主張《孽子》成為同志經典的原因之一，在於它以「劃時代」之姿，凸顯「罷家做人」的「時代現象」：角色要先經歷「罷家」的考驗，才能夠「做人」。這一章討論的其他作品也不約而同在乎「罷家／做人」這組扣連的行動。我將會解釋為什麼用「罷家」取代常用的「離家」等詞，討論「做人」要怎樣「做」，還要說明「劃時代」、「時代現象」所指的「時代」為何。

《孽子》提供「公共平台」，讓國內外讀者在平台上駐足討論台灣文學、同志文學和同性戀。這個平台從《孽子》出版以來，累積了數十年的論述成果，創造了、增厚了《孽子》這部小說的意義。我強調，讀者處於二〇一〇年代所看到的《孽子》光環，並不是光憑作者白先勇一個人打造出來的，而是眾多評論者（包含加入討論的白先勇本人），從一九八〇至二〇一〇年代，共同打造出來的。也因此，我回顧《孽子》的時

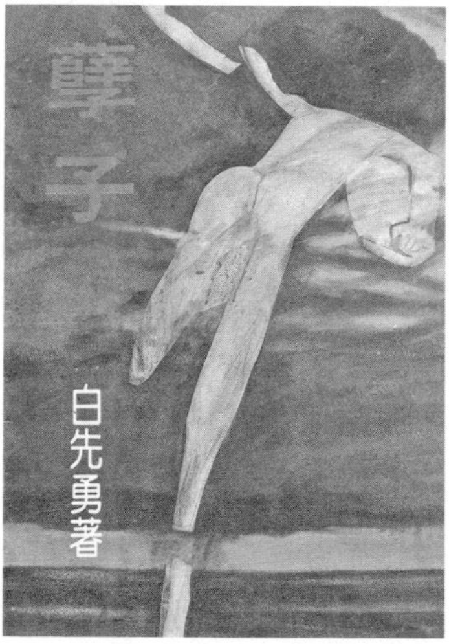

白先勇，《孽子》（台北：遠景，1983）

候，並不只關注白先勇想要表達什麼，而更在乎歷年來評論者將《孽子》詮釋成什麼。

用傅柯在《性機制史》的話來說，這個公共平台足以「讓論述給激發出來」（incitement to discourse）[2]。這裡的「公共平台」，也可以替代為「公共」、「公共性」、「公共場域」。這幾個詞都是譯文，同樣對應「public」這個英文。這一章理解的「公共」（public）來自哈伯瑪斯（Jürgen Habermas）以降的傳統，但我用來專指抽象的言論園地（例如文壇），而不是具體可觸的場所（例如台北新公園）。政治研究學者南西・芙蕾瑟（Nancy Fraser）曾經批判哈伯瑪斯提出的公共是鐵板一塊的（monolithic）、是少數特權分子才得以享受的場域；經過芙蕾瑟批判之後，目前一般認為，公共應該是「多種」民眾都可能進出的言論空間[3]。芙蕾瑟並且指出，公共的樣貌是多元的，而不是單一的。她提出一種對比：「公共性」（publics）vs.「抵抗主流的公共性」（counterpublics）。我將「抵抗主流的公共性」簡稱為「抵抗式公共」，對比主流的「公共」。芙蕾瑟表示，被主流社會排擠的民眾，例如女人、有色人種、工人、同性戀者等等，可以從「另類的公共性」（alternative

1　在聚焦於一九七〇年代的上一章，我討論的《孽子》版本包括於一九七八年開始刊登的《孽子》連載，以及一九八三年出版成冊的《孽子》。在聚焦於一九八〇年代的這一章，我只討論一九八三年出版成冊的《孽子》，不討論一九七八年開始刊登的《孽子》連載。

2　我採用「讓論述給激發出來」這個比較口語好懂的中文翻譯。Michel Foucault, *The History of Sexuality: Vol. 1. An Introduction*, pp. 17-35。

3　Nancy Fraser, "Rethinking the Public Sphere: A Contribution to the Critique of Actually Existing Democracy," *Social Text* 25/26 (1990): 56-80.

publics）得到安慰——她將這種與主流公共性互別苗頭的公共性，稱為「底層人民的、抵抗主流的公共性」（subaltern counterpublics）。同志長久以來戒懼公共（不希望曝光身分，以求自保），但是到了世紀末時期的同志文學這個平台卻可以提供抵抗式公共（提出批判異性戀主流社會的討論）。

芙蕾瑟的說法提醒我，《孽子》提供的公共平台不是一體成型的鐵板一塊，而是多塊拼湊而成的組合式舞台：比較主流的評論者占據了平台之中的其中一塊，看重《孽子》的「共相」；同志研究的學者占據了平台之中的另外一塊，關切《孽子》的「殊相」；學院之外的讀者也占據了其他各種形狀的地盤。地盤之間，有疊合，也有斷層。我所指的「共相」就是西方論述所稱的「普遍性」（universality），「殊相」就是「特殊性」（particularity）；在這一章，「共相」是指「同性戀者與『一般人』共同之處」，「殊相」是指「同性戀者『異於常人』之處」。

同性戀者究竟和所謂「一般人」相同還是相異？這個歷史悠久的問題，與其說有固定的答案，不如說答案隨著「語境」（脈絡、上下文）變化而浮動。以日常會話的常見傾向為例：人們一談到同性戀，就忍不住要說出「兒女因為同性戀而不被父母接受」這種話。從一個角度來看，這種話強調同性戀的「殊相」（即，同性戀異於常人之處）——試想，「一般人」並不會承受「因為是異性戀而不被父母接受」的壓力。可是，從另一個角度來看，這種話卻也同時指出「同性戀者亦為人子也」的道理：既然家家有本難念的經，異性戀和同性戀都因為家庭受苦，那麼一般人也應該可以「將心比心」、「設身處地」體會同性戀者和原生家庭相處的苦處——也就是說，同性戀和一般人享有「共相」。

《孽子》在文學史上發光發熱，不免造成「誤解」：常有國內外讀者「誤解」《孽子》是台灣最早的同志作品。有些人講究一點，並不說《孽子》是台灣「最早的同志文學作品」，改說是台灣「最早的『同志長篇小說』」——不過這種「講究」仍然是「誤解」[4]。我在這裡特別把「誤解」框起來，是因為我認為誤解未必一無是處，反而暴露了民眾的片面理解。

有讀者「誤解」《孽子》最早，除了可能因為《孽子》這個文本的名聲特別響亮、光環蓋住其他作品，更可能因為《孽子》具有「劃時代」的意義。我用「劃時代」一詞，一方面是要指出《孽子》在文學史「畫」出一道斷層，另一方面是要指出「時代」（歷史的座標）：在《孽子》之前，早期文本幾乎未曾提及「同性戀者和家庭發生衝突」；但是從《孽子》開始，文學作品一提到同性戀就不約而同搬出家庭衝突的橋段。據我觀察，在「前《孽子》時期」（也就是在《孽子》出版成書之前，從一九六〇年代初期至七〇年代末期這將近二十年的時光），種種文學作品要不是只呈現同志卻不提及同志的家，要不然就是顯示同志和家庭相安無事的狀況（既然同志和家庭相安無事，家庭也就不至於被凸顯為壓力、衝突的溫床）。

歷史的斷層於一九七〇年代末期出現：祭出「同性戀者和家庭衝突」橋段的先驅之一是玄小佛於一九七六年出版的長篇小說《圓之外》，先驅之二是一九七八年開始連載的《孽子》。《圓之外》小說主人翁是同性戀少女，在父母的家庭之外獨立生活，後來被父親斷絕金援、斷絕親子關係。但是，家庭衝突這橋段在比較早出版的《圓之外》裡只是一段短暫的插曲，在較晚出版的《孽子》裡

4 這部書先前的篇章指出，一九六〇和七〇年代，好幾種呈現同性戀的長篇小說已經面世：例如《重陽》、《青草青青》、《圓之外》、《兩種以外的》。

卻是貫穿全書的主旋律。要談同性戀者和家庭摩擦，各界讀者大多只上溯到《孽子》，不會上溯到《圓之外》。這一章第一段提及的「時代」（時代現象、時代意義等詞）就是「一九七〇年代末期以降」的歷史時期：從這個時代開始，文學熱衷描寫「同性戀者和家庭衝突」橋段。

各種文學作品都有潛力成為公共平台。《孽子》能夠脫穎而出、比其他文學作品更適合成為議論同志的公共平台，我認為是因為《孽子》展現「共相」。《孽子》之前的種種同志文學作品沒有廣受矚目，甚至被許多讀者以為不曾存在過，恐怕就是因為較早的文學作品沒有像《孽子》一樣刻畫容易和讀者公眾產生共鳴的「親子決裂」課題。《孽子》的家庭衝突主旋律是一般人與同性戀者共享的「共相」，容易讓各界心生「同感」、「共鳴」。只要一看到親子決裂之苦，不同性別政治立場的評論者也可以輕鬆援引民間通行的現成道理，包括「養子不教父之過」、「浪子回頭金不換」、儒家倫理、人道主義等等，並輕快參與針對《孽子》的討論。但是，作為公共平台的《孽子》在凸顯「共相」的時候，也同時壓抑了「殊相」（也就是《孽子》沒有和各界「公感」、「共鳴」的部分）。稍後我將指出公共平台壓抑了什麼「殊相」。

二、罷家，做人，告白

「罷家」、「做人」、「告白」這三種行為之間存有合作關係。乍看之下，《孽子》中的同性戀者先是「做人失敗」（同性戀兒子被父親斥為畜牲），然後才要「罷家」——也就是說，先有做人（做人失敗），才有罷家。但是我主張倒過來的先後次序：**不是先有做人才有罷家，而是先有罷家才**

有做人。正如酷兒理論家巴特勒在《權力的精神生活：「成為主體」的理論》（*The Psychic Life of Power: Theories in Subjection*）指出[5]，外來的力量宰制了我們，但是外來的力量在向我們唱反調的時候，偏偏也提供我們得以成為主體、得以繼續成為主體的基礎[6]。巴特勒對於主體的看法正好可以用來描述《孽子》的同性戀角色：這些角色偏偏要先經過罷家的考驗（承受罷家過程的種種暴力），才能夠「好好做人」、好好成為同性戀主體。

這部書第一章就已經指出，讀者公眾經常期待在日常生活裡頭、在文學作品裡頭看到「真、實、有」的主體，卻不珍視文學裡頭的「假、虛、無」的主體。這種堅持「真、實、有」主體的傾向，正好鼓勵讀者公眾熱烈歡迎《孽子》：書中的同性戀角色都熬過親子決裂的考驗，那麼這些角色想必就是「真、實、有」的同性戀主體。不管在本地文學還是在台灣民間，**「和家庭發生衝突」這種橋段儼如同性戀者的試金石**，彷彿可以證明誰才有資格自稱同性戀者（也就是說，彷彿沒有因為同性戀一事而跟家人摩擦過的人，就不算是正牌的同性戀者）。我承認《孽子》提供的「真、實、有」同性戀主體足以說服讀者公眾（於是讀者們一再津津樂道《孽子》的同性戀角色有多麼惟

5 Judith Butler, *The Psychic Life of Power: Theories in Subjection* (Stanford: Stanford University Press, 1997). 我將英文書名中的「subjection」翻譯成「成為主體」而非通常採用的「臣屬」、「隸屬」，是因為巴特勒本人在書中明確指出「subjection」這個詞不但是指「被外來權力臣屬的過程」，更指「成為主體的過程」（頁二）。也就是說，成為主體和被臣屬是一體兩面的事。

6 同前注，頁二。

妙惟肖），但我也要指出《孽子》提供的滿足（也就是讓讀者覺得掌握住「真、實、有」主體的滿足）難免造成讀者公眾的嚴重偏食：讀者公眾恐怕不會走出「舒適圈」（指，可以餵養讀者「真、實、有」主體的文本世界），不會大膽探究和讀者玩躲貓貓遊戲的、埋藏「假、虛、無」主體的其他文學。

文學角色要「好好做人」，就要讓讀者覺得角色是逼真可信的主體，也就是達到這本書一開頭就強調的「主體效果」。而在眾多文學手法中，讓讀者覺得角色散發強大效果的手段之一，就是讓文學角色向讀者「告白」：訴苦、剖心、吐露心聲。正好**《孽子》整本書的內容都是告白**：阿青這個角色以小說主人翁兼小說敘事者的身分進行第一人稱敘事，與讀者告白了二十六萬餘字才作罷。阿青的「大規模告白」也嵌入其他角色的「小規模告白」[7]。阿青和龍子這兩個罷家者都要先掏心掏肺自白，才能夠重新做人。

《孽子》的開頭可以用來佐證法國哲學家阿圖塞（Louis Althusser）的「召喚」（interpellation）理論[8]：人要等到被外力召喚（例如警察在路上叫住民眾），才會成為被使喚的卑微主體。《孽子》一開始，小說第一部分「放逐」的第一小節，只占了全書第一頁。小說主人翁用第一人稱的口吻告訴讀者「父親將我逐出了家門」，並且罵主人翁「畜生！畜生！」這一頁迅雷不及掩耳發送兩個訊息：一，「主人翁罷家，而且不被父親當作人」就是這本書的母題[9]；二，兒子被父親召喚成為一個「宛如畜生的主體」。第一部分第二小節「布告」只占了全書第二頁：在讀者眼前突兀出現的「布告」文本。官腔寫成的布告顯示幾個訊息：一，主人翁李青（綽號阿青）被學校退學的事由（在校與實驗室管理員發生「淫猥行為」）[10]；二，事件的時間座標：民國五十九年（一九七〇年）；《孽子》全書的情節就約莫發生在一九七〇年前後[11]；三，李青因為同性戀行為而被公然羞辱——也就是被校方召喚成為一個「淫猥主體」。

我將《孽子》開頭的「阿青離家」橋段詮釋為「罷家」。我用「罷家」這個新造詞，原因有二。第一個原因，是為了將同性戀角色的離家（不管是主動的「離家出走」還是被動的「被逐出家門」）**類比為「罷工」、「罷課」**。許多讀者認定《孽子》的阿青「被逐出家門」，暗示同性戀面對家庭只能扮演無奈的「被動」角色；也有很多讀者認為阿青「離家出走」，暗示同性戀可以「主動」棄絕父權統治的家。我要在兩種談法（被動、主動）之外，提出「罷家」的概念。罷，就是要質疑「既有狀態」（status quo）。工人罷工並不是要棄絕勞動，而是要藉著暫停勞動來調整勞方資方之間的不平等；學生和教師罷課並不是要斷絕教育，而是要藉著暫停上課來反省師生與體制（例如殖民教育體制，民族國家體制，或資本主義體制等等）之間的權力分配。我認為，罷家未必是要推翻家庭制度，而是要藉著暫停「同志和家」之間的互相耗損，爭取讓同志和家都獲得喘息甚至新生的機會。

7 例如，書中的傳奇人物龍子向阿青吐露十年祕密：龍子於一九六〇年左右手刃同性愛人阿鳳、偷渡到美國紐約避風頭，直至一九七〇年父親去世之後才回到台灣。

8 Louis Althusser, "Ideology and Ideological State Apparatuses," *Lenin and Philosophy, and Other Essays* (London: New Left Books, 1971), pp. 127-88.

9 《孽子》（台北：遠景，一九八三），頁一。

10 同前注，頁二。

11 同前注。

第二個原因，是要鼓勵讀者質疑「家」這個概念本身：「家是常數（是正常的），同性戀是變數（是特殊的）」這種觀念，不但控管了文學中的角色，也制約了文學外面的讀者。我要提醒，「罷家」的「罷」是歷史變數，而「家」也是。「家」也應該被「歷史化」：在不同的時間點，家就有不同的體質。同志文學到了《圓之外》、《孽子》才開始凸顯「同性戀者和家庭衝突」；那麼，《圓之外》、《孽子》之前的同志文學為什麼沒有家庭衝突呢？

我認為，《圓之外》和《孽子》所呈現的「家」，與《圓之外》、《孽子》之前台灣文學所呈現的「家」，恐怕不是同一種。《圓之外》和《孽子》中的家都是「現代核心家庭」，也就是「一個爸爸一個媽媽」為首的小家庭；現代核心家庭的子女，在理論上可以被親生父母「就近」管訓，也就容易「就近」和親生父母發生正面衝突。但是正如馬克思的親密盟友恩格斯（Friedrich Engels）在《家庭、私有制度、國家的起源》（*The Origin of the Family, Private Property, and the State*）強調：不同的歷史時刻對應不同型貌的「家」，例如「一夫多妻」、「一妻多夫」、「多夫多妻」等等；「一夫一妻」家庭並不是打從遠古就存在的，而是晚近才出現的家庭形態[12]。例如，《圓之外》和《孽子》的家，與五四作家巴金的《家》以及清朝《紅樓夢》的家，完全不同：《家》和《紅樓夢》的家都是祖父母為首的大家族，而不是「一個爸爸一個媽媽的核心家庭」。在不同的「家」，少年面對不同的「管教機制」。《家》的主人翁覺慧和《紅樓夢》的賈寶玉並沒有被親生父母直接監督，他們離家也不能算是父子決裂——他們的親生父親天高皇帝遠，並沒有「就近」「獨攬」兒子離家的危機處理。

今日社會所熟悉的核心家庭，有生產日期，恐怕也有使用期限。人類學者黃應貴強調，「現代核心家庭是人類社會發展的歷史產物，而不是普遍存在的真理」[13]。他認為，「台灣，一九六五年開始工業化、都市化以後才建立了現代核心家庭出現的社會經濟條件」[14]。黃應貴認為「多元成家」等等訴求終將會改變目前核心家庭的既有現況[15]；也就說，核心家庭既有的「市場占有率」會受到挑戰。核心家庭是有使用期限的：這個制度並不是在千百年之前就存在了，而且也不會在千百年後的未來存在。

在《圓之外》和《孽子》面世之前，在一九六〇和七〇年代的文本中，現代核心家庭是有可能存在，但恐怕不普遍。我的估算建立在三點觀察上面。（一）先看六〇年代：白先勇的〈寂寞的十七歲〉主人翁來自核心家庭，但是同一作者的同期小說〈月夢〉和〈青春〉完全沒有提及核心家庭。（二）再看呈現女女關係的七〇年代文本：《兩種以外的》提及角色和核心家庭「馬馬虎虎」共存（同志角色與家庭之間並不和樂，但也不至於嚴重摩擦），但是其他代表作偏偏將主要角色植入「異於」核心家庭的單位——〈孤戀花〉描寫女女同居，沒有雙親也沒有子女；〈莫春〉的未婚女主人翁到處自由過夜，看不出被雙親控管；《桂花巷》的寡婦獨掌大宅院，並且獨居。（三）呈

12 恩格斯（Friedrich Engels），〈一八九一年第四版序言〉，收入中共中央馬克思恩格斯列寧斯大林著作編譯局譯，《家庭、私有制和國家的起源》（*The Origin of the Family, Private Property, and the State*）（北京：人民，一九九九），頁六—一九。

13 黃應貴，〈導論〉，收入黃應貴主編，《二十一世紀的家：台灣的家何去何從？》（新北市：群學，二〇一四），頁二。

14 黃應貴，〈「新世紀的社會與文化」系列叢書總序〉，《二十一世紀的家》，頁v。

15 黃應貴，〈導論〉，頁一—二。

現男男情慾的七〇年代文本：除了開始連載的《孽子》之外，許多作品中的主人翁身家不明——大概當時作家並不覺得男同性戀的家庭狀況值得特別拿出來大作文章。

一直要到《圓之外》和《孽子》出現的時候，「親子決裂」橋段才開始在台灣本土文學大張旗鼓。

三、在人道主義的王國裡

「如何做人」這個問題，有多種不同的應對方法。例如，對酷兒學者巴特勒而言，這個問題算是「如何成為主體」的議題。但是在台灣脈絡，這個問題往往被歸為人道主義的課題（而不是成為主體的課題）。

《孽子》第一部分標題是「放逐」，第二部分標題是「在我們的王國裡」。第二部分第一小節的第一句話，是小說敘事者兼主人翁阿青的第一人稱發言：「在我們的王國裡，只有黑夜，沒有白天。」

長久以來，國內外學人熱衷詮釋「『我們的王國』是什麼？」「『在我們的王國裡，只有黑夜，沒有白天』這句話意味了什麼？」等等問題。在此，我建議**「我們的王國」也可以詮釋為「人道主義的王國」**：不但《孽子》裡頭許多角色紛紛實踐人道關懷，《孽子》外頭的國內外讀者歷年來也經常有意無意高唱人道精神。一九八〇年代批判《孽子》的評論者或許覺得書中同性戀面目可憎，但是他們就算很討厭同性戀也無法否定《孽子》流露的「佛心」、「慈悲」；二十一世紀崇敬《孽子》的讀者或許採取懷舊心情看待書中同性戀人事物，可是他們仍然經常操用「大愛」、「大悲咒」、「悲情金粉」這類老生常談的讚詞褒揚《孽子》展現。這類老生常談讚詞都有意無意地推銷了、鞏固了人道主義。

「人道主義」對應英文的「humanism」，也經常被稱為「人本主義」。既然「人道主義」已經是台灣常用譯法，這一章就直接沿用「人道主義」一詞。人道主義在學術界歷史悠久，流派繁多，卻也不斷引發爭議。

國內批判人道主義的學人較少。少數例子之一是攝影研究學者郭力昕。他在〈人道主義攝影的感性化與政治化〉這篇文章中，一方面回顧西方評論者對於人道主義攝影的批判（例如，批判人道主義攝影的「濫情傾向」、人道主義攝影「物化」被拍攝的對象、人道主義攝影「用溫情取代批判」等等），另一方面檢視兩位國內攝影家作品展現的（不反抗主流的）感性和（反抗主流的）政治[16]。雖然郭力昕的文章重點放在攝影而不是文學，但是他的文章仍然有效提醒我留意人道主義、人道關懷的「政治傾向」（或，「去政治的傾向」）：人道主義態度熱衷利用「同情」、「關懷」、「大

16　郭力昕，〈人道主義攝影的感性化與政治化：閱讀一九八〇年代關於蘭嶼的兩部紀實攝影經典〉，《文化研究》六期（二〇〇八年春季號），頁九—四二。文中所指的兩組攝影經典，其一來自於拍攝蘭嶼的漢人攝影師王信，另一出自於同樣拍攝蘭嶼的漢人攝影家關曉榮。郭力昕認為王信的作品偏向感性，不過郭並沒有加以嚴厲批判。郭稱讚關曉榮作品展現的政治性，並且藉此批評西方評論家：西方批評家在忙著批評人道主義的時候，並沒有想到某些人道主義作品（例如關曉榮的作品）也可以發揮政治力量。

愛」等等字眼，遮蔽人與人之間的不平等。

國外批判人道主義的學人眾多。例如，後殖民研究學者姜摩哈梅德（Abdul R. JanMohamed）早在一九八〇年代指出，世界上的弱勢人口，不論活在第三世界還是倖存於第一世界，都夾在兩種壓力之中：一方面要捍衛弱勢人口的「殊相」（弱勢人口有別於主流人口的族群特色），另一方面又被迫拋下「殊相」、改而臣服於「共相」（所謂人道主義的主流文化）[17]。姜摩哈梅德說的人道主義帶來以下的壓力：弱勢人口必須按照西方人道主義的標準重新做人，如此一來「人道主義」才會看見、才會了解這些重新做人的弱勢人口——這是因為，主流人口太自戀了，只看得見和自己同樣的人，對於和自己不同的人視若無睹。[18]

姜摩哈梅德批判的人道主義強調弱勢人口（主要是有色人種）和強勢人口（主要是白人）之間的權力關係，我在台灣關切的人道主義則聚焦在同性戀人事物和所謂「正常人」之間的權力關係。雖然他和我在談不同的文化脈絡，可是我們都在討論結構類似的權力關係：都是強者收編弱者的關係。姜摩哈梅德說，弱者為了討好社會主流，就只好「重新創造自己」（recreate themselves），好讓主流看得順眼——我將「重新創造自己」一語解讀為「重新做人」。在台灣，「重新做人」的意思就通往通俗版本人道主義。「同性戀者洗心革面、重新做人」、「好好做人」、「不要讓為人父母的人難以做人」等等說法，都預設了一種人道主義的夢想：所有的人，不分貴賤，都可以好好做人，達致人人平等的境界。

人道主義熱衷粉飾太平：人與人之間的「同」被誇大了，但是人與人之間的「異」被擱置了。例如，人道主義的評論者會強調同性戀者畢竟和異性戀者「同樣」承受親子失和之苦，卻不會指陳同性戀者的「異樣」。黃道明在《酷兒政治與台灣現代「性」》觀察發現，同志運動在挪用《孽子》的時候，經常有意無意略而不談《孽子》裡同性戀者身為賣身男妓這回事[19]——看起來，如果孽子們「身為性工作者」的實情被承認，孽子們和一般民眾之間的「異」就會顯得刺眼，孽子們也就不容易獲得「同」情。《孽子》提供的公共平台，但是男妓議題（牽連了階級歧視等等）經常上不了這個平台，形同被「私了」了——私了，就是被公共討論的相反。

這一節標題「在人道主義的王國『裡』」其實暗示「在人道主義的王國『外』」也有風情萬種。在下一章討論世紀末的時候，我將在「酷兒」這一節討論「在人道主義的王國『外』」。在《孽子》之後，我要緊接著討論陳映真於一九八七年發表的政治小說〈趙南棟〉。據我所知《孽子》和〈趙南棟〉很少被並置討論——可能因為《孽子》很少被認為是政治小說、政治小說〈趙南棟〉的同性戀成分也不常被指認。事實上，正如我稍後就要指陳，〈趙南棟〉明白展現了「男同性戀疑雲」、「雙性戀女子」、「異性戀男子的同性戀目光」等等慾望的人事物。我發現《孽子》和〈趙南棟〉大有可資比較之處：這兩者共享「時代特色」（「將核心小家庭視為常規體制」的時代），同樣押寶在同性戀的「罷家」之痛，也同樣召喚人道主義來管控這種痛楚。

17 Abdul R. JanMohamed, "Humanism and Minority Literature: Toward a Definition of Counter-Hegemonic Discourse," *Boundary 2* 12-13 (1984): 281-99.

18 Ibid, p. 289.

19 《酷兒政治與台灣現代「性」》，頁一四四，一七八。

四、墮落的核心家庭

耶魯大學新加坡分校（Yale-NUS）教授劉奕德（Petrus Liu）特別推崇小說家陳若曦。他在《兩個中國的酷兒馬克思主義》（*Queer Marxism in Two Chinas*）這本專書指出，陳若曦體現了同志與馬克思主義的結合[20]。但我有不同的評估。一談到馬克思主義的台灣作家，左派學者趙剛等人應該會先想到左派作家陳映真，而不大會想到陳若曦——趙剛甚至將陳映真與魯迅相提並論，顯見對於陳映真的敬重[21]。而劉奕德書中只提過陳映真一次，沒有深談陳映真小說[22]。

早在一九九七年我就寫過拙文〈台灣小說中男同性戀的性與流放〉，指認呈現男同性戀被迫離家的小說多種，其中包括陳映真的名作〈趙南棟〉[23]。拙文指出，「雙性戀者趙南棟」，渾身酒味（按，他是酒家常客）、迷幻藥味（按，他吸食強力膠）、女人味（按，他女人緣極佳）、男人味（按，他和裸體男人同床睡覺）[24]。趙南棟是資本主義底下的輸家，一方面和社會主義的政治犯父母形成強烈對比，另一方面和身為資本主義贏家的親哥哥趙爾平格格不入。

〈趙南棟〉裡頭的「同性戀疑雲」導致趙南

陳映真，《趙南棟及陳映真短文選》（台北：人間，1987）

棟罷家。有一回，和弟弟趙南棟合住的趙爾平意外發現「……弟弟的床上，不論怎樣看，也是兩個死屍一般沉睡著的，赤裸的男體」[25]。我用「同性戀疑雲」一語，是指小說內文只顯示趙南棟和另一名男人共同裸體睡覺，並沒有明確指明這兩人已經發生同性的性行為。但是哥哥趙爾平一口咬定弟弟的「同性戀關係已經發生」。趙爾平對趙南棟痛罵，「混蛋！畜生！你們都滾！」[26]趙南棟被召喚（interpellated）成為卑賤的「畜生主體」，從此罷家不歸，和父兄失聯。平常，趙南棟與多個女友來往，趙爾平都不予置評；這一回，趙南棟只不過捲入「同性戀疑雲」（不等於同性戀行為已經得逞），趙爾平卻大發雷霆[27]。

---

20 劉奕德（Petrus Liu），《兩個中國的酷兒馬克思主義》（*Queer Marxism in Two Chinas* [Durham: Duke University Press, 2015]）的第三章「酷兒中文小說的興起」聚焦在陳若曦這位作家上。其他作家在第三章都只是陪襯。第三章宣稱，在一九八〇年代出版的白先勇小說《孽子》和陳若曦小說《紙婚》是「最早的兩部中文酷兒小說」（頁八九）。劉奕德的宣稱有違史實，因為早在一九六〇、七〇年代台灣已經出現同性戀主題的中文長篇小說、短篇小說。

21 趙剛，〈重建左翼：重建魯迅、重建陳映真〉（二〇〇九），《求索：陳映真的文學之路》（台北：台社、聯經，二〇一一），頁三二一—三六。

22 頁九〇—九一。這兩頁提到陳映真左傾入獄，但沒有細談陳映真的作品內容。

23 陳映真，〈趙南棟〉（一九八七），《鈴璫花》（台北：洪範，二〇〇一），頁九三—二〇二。

24 紀大偉，〈台灣小說中男同性戀的性與流放〉（一九九七），《晚安巴比倫》（台北：聯合文學，二〇一四），頁二四。

25 〈趙南棟〉，頁一五〇。

26 同前注。

27 朱偉誠也討論了這一段同性戀疑雲。朱偉誠，〈國族寓言霸權下的同志國：當代台灣文學中的同性戀與國家〉，《中外文一九九七年的拙文已經蒐集羅列了多種描述男同志罷家的小說，但是並沒有突破蒐集、羅列的層次，沒有更進一步進行理論化的工作。我當時並沒有提出「為什麼我點名的小說剛好都凸顯了同志與家的決裂？」這個問題。將近二十年後，我在這裡重談〈趙南棟〉，就要藉著讓這篇小說「歷史化」，來回答昔日未解的問題。在討論《孽子》之後緊接著討論〈趙南棟〉，我是要指出這兩種很少被共同討論的文本其實很相似：兩者都同樣依賴「罷家」的橋段。也就是說，這兩種文本（以及一九九七年拙文蒐集羅列的多種文本）同樣預設了遭遇「罷家」糾紛的「現代核心家庭」。正是因為現代核心家庭於一九八〇年代的時候成為文學內的必備風景，《孽子》和〈趙南棟〉這一批出自於八〇年代的文本才抓到講故事的施力點。

為了將〈趙南棟〉脈絡化閱讀，接下來我要將〈趙南棟〉和陳映真的同時期小說〈山路〉並列討論[28]。雖然幾乎沒有提到性愛的〈山路〉和頻頻提及放縱性愛的〈趙南棟〉形成強烈對比，但是這兩篇小說卻又異常類似：兩者都奠基在兩種時代的高反差。這兩者「顯然」都在感嘆今非昔比（昔日有理想的社會主義對比今日墮落的資本主義），同時也「隱然」批評小家庭這個新體制的興起。在〈山路〉中，哥哥這一輩獻身於社會主義的革命，堅決「走出」家庭「投入」社會；弟弟這一輩卻只安於資本主義的個人物慾，只知

陳映真，《山路》（台北：遠景，1984）

道守住「小家庭」。代替哥哥照顧弟弟一輩的「大嫂」見證了兩代差距[29]。這個體現人道主義大愛的「大嫂」在臨終的時候，一方面悲嘆弟弟這一輩的小家子氣，另一方面厭惡自己不知不覺成為弟弟打造小家庭的共犯。〈趙南棟〉中，父母輩的角色為社會主義殉身，哥哥趙爾平成為資本主義社會贏家（樂於操弄商場欺詐的跨國公司駐台灣代表）、弟弟趙南棟則成為資本主義社會輸家（捲入同性戀疑雲的墮落美男子）。這篇小說也有一個見證兩代對比的人道主義老婦人：曾是母親獄友的老護士「跨」出她自己的家，「跨刀」為趙家兩代人收拾善後。

左派學者趙剛在《求索：陳映真的文學之路》指出，陳映真的許多小說都寫出「對『家』這個體制的揭露與批評：虛偽、醜惡、不快樂、壓抑、壓迫，且經常更是整個共犯體制的重要構成」[30]。我同意趙剛的見解，但想要幫忙趙剛「歷史化」家：陳映真筆下的家，不是只有一種，反而至少有兩種。陳映真批判的家是新一輩（例如弟弟這一輩、兒子這一輩）角色的「規格化小家庭」，但是陳映真同時欽慕另一種家——老一輩（例如哥哥那一輩、父親那一輩）的「非小家庭」

學》三六卷一期（二〇〇七年三月），頁七二。朱偉誠這篇文章引用了一九九七年的拙文。朱偉誠，〈國族寓言霸權下的同志國〉，頁七四，註8。朱偉誠討論〈趙南棟〉和我在此討論〈趙南棟〉的重點不同：朱偉誠文章看重〈趙南棟〉和姜貴《重陽》的相似（兩者都將同性戀用來象徵邪惡的暴力）（頁七四），但我關注〈趙南棟〉和《孽子》的相似（兩者都敘述同性戀的「罷家做人」）。

28 陳映真，〈山路〉（一九八三），《鈴璫花》（台北：洪範，二〇〇一），頁五一—九一。

29 我為「大嫂」兩字加上引號，是因為這個角色是不是真正的大嫂是小說中的謎題。

30 趙剛，《求索：陳映真的文學之路》，頁一九四。

〈大家庭〉。我發現，〈山路〉和〈趙南棟〉這兩篇小說的今非昔比之嘆，密切對應了家庭形式之變：社會主義抗爭的昔日，關在黑牢的母輩、老護士、其他女性政治犯組成以「南所」（南棟）為單位（而不是以「家戶」為單位）的大家庭[31]，所有女監的成年人共同照顧失去雙親的獄中嬰孩[32]；然而在資本主義勝利的今日，年輕一輩各自組成嚴守家庭界線的小家庭，自掃門前雪。在家庭形式歷經變革的時候，唯有「跨出小家庭」的角色（兩篇小說中的兩位老婦人）才能夠展現人道主義的氣魄，而只懂得為「小家庭」囤積私產的年輕一輩（被逐出家門的趙南棟除外）卻沒有大家風範、讓左翼老人失望透頂。

〈山路〉和〈趙南棟〉的主要差別之一，在於前者並沒有執著指控年輕一輩（弟弟輩）的罪惡，然而後者勤奮舉證年輕一輩（兒子輩）的墮落。〈山路〉裡的弟弟組成小家庭之舉，算是在資本主義社會隨波逐流，倒不算是讓公眾唾棄的惡行；〈趙南棟〉裡的趙爾平、趙南棟兩人卻都特別沉迷聲色，就算在資本主義社會的同輩人眼中也容易被瞧不起。

我在討論《重陽》的時候，曾提及朱偉誠的二〇〇七年文章。朱偉誠認為《重陽》、〈趙南棟〉將同性戀當作「負面寓意的象徵轉喻」[33]，所以不適合被看成「同志文學」[34]。對於朱偉誠的看法，我除了堅持《重陽》、〈趙南棟〉等等所謂「負面化」（醜化）同性戀的文本應該留在同志文學「領域」（至於它們是否屬於同志文學「文類」，我並無意見），還要指出這類文本的貢獻：它們並沒有描繪「只有同性戀」的簡化世界。在它們描繪的世界裡，同性戀、異性戀、雙性戀交錯共存、互相競爭。在朱偉誠認為《重陽》、〈趙南棟〉等等作品「負面化」同性戀的時候，我要補充指出，這些作品其實更勤於「負面化」異性戀——這些文本裡的異性戀情事比同性戀冒險更加頻繁、更加刺激、更加暴力。在同志文學「領域」裡，我不但「被動地承認」負面形象同性戀和正面形象同性戀同時存在，也要「主動地珍惜」同性戀、異性戀、雙性戀彼此相互激盪的眾聲喧嘩。

但我也要補充：越是「負面化」同性戀的作者、作品、文本角色，就越是忙著「心內彈琵琶」。本書第一章提過「心內彈琵琶」，是指外表看起來不在乎但是心裡很在乎同性戀的人性表現。一九九七年的拙作已經指出，〈趙南棟〉呈現趙爾平一直很在乎、太在乎趙南棟從小到大的俊美五官[35]。這篇小說從頭到尾描述趙爾平愛看弟弟的美貌，可能因為文本要為趙爾平撞見弟弟「同性戀疑雲」一事埋下伏筆，卻也很可能因為哥哥藉著貪看弟弟而不禁心內彈琵琶。趙爾平愛看、愛聽非主流的性：早在弟弟同性戀疑雲之前，趙爾平和商場夥伴密室開會的時候，就忍不住盯看同夥人「怒然勃起」的性器官[36]；在弟弟因為同性戀疑雲而罷家之後，趙爾平尋尋覓覓，得知趙南棟在販毒被捕入獄後，曾經和一名雙性戀女子交往——從上下文讀者可以得知，這位雙性戀女子也是個

31「趙南棟」這個名字來自於「南所」：小說中囚禁女性政治犯的一棟「看守所押房」。這個名字就是要用來紀念母親一輩政治犯的苦難場所。〈趙南棟〉，頁一〇〇。
32 同前注，頁一〇六—一〇九。
33 朱偉誠，〈國族寓言霸權下的同志國〉，頁六九。
34 同前注，頁六九。
35 紀大偉，〈台灣小說中男同性戀的性與流放〉，頁二一六。
36〈趙南棟〉，頁一四〇。

罷家者[37]。陳映真用好幾頁的篇幅側寫形象鮮活的雙性戀女子，可惜這個角色似乎不大受到重視[38]。該雙性戀女子的姐姐跟趙爾平說，自己的妹妹是「雙性戀」，結果趙爾平一時之間聽不懂對方在說什麼[39]。隔了幾分鐘之後，這個姐姐又再說一次自己的妹妹「搞雙性戀」、「是雙性戀」，趙爾平又再問一次對方究竟在說什麼[40]。這兩人（各有一個雙性戀妹妹、雙性戀弟弟）的反覆問答（一個人揭示雙性戀，另一個人追問雙性戀是什麼），顯示〈趙南棟〉很在乎「認識雙性戀」這回事。趙爾平終於得知，這個雙性戀女子跟趙南棟是「同一類人」（「同一類人」這個說法暗示趙南棟也是雙性戀者），追求「感官生活」、想要「make love」就去做——趙爾平不禁回想起弟弟房間裡的同性戀疑雲[41]。

〈趙南棟〉裡頭最用力捍衛小家庭的角色，是趙爾平——他畢竟將涉嫌威脅小家庭體制的美男趙南棟逐出家庭。但是弔詭的是，這篇小說裡頭對於同性戀最為耿耿於懷的角色，也是趙爾平這個人——就算他驅逐了同性戀嫌疑者，同性戀的畫面還是在他心頭盤桓不去。我堅持，同志文學領域除了要納入同性戀主體，也不能遺漏趙爾平這種可能不算同性戀主體卻和同性戀人事物特別有緣分的異性戀者。根據小說內文提供的種種證據，看起來未捲入同性戀疑雲的趙爾平，反而比捲入同性戀疑雲的趙南棟更加掛念同性戀。

剛才提及，趙爾平忍不住在飯店套房盯看同夥人「怒然勃起」的性器官。早在一九七九年，陳映真就在〈纍纍〉這篇短篇小說寫過男人盯看其他男人下體——小說標題的「纍纍」兩字就是指男性下體的飽滿貌。[42]小說藉著「魯排長」這個角色目睹、欣賞眾多士兵在洗澡時露出的下體。在魯排長眼中，台灣軍人下體代表生命力：「（洗澡時）魯排長看到一個年輕的士兵，覺得十分的滑稽，因為他有很可觀的男具的緣故……然而那的確是令人納罕的偉觀的。那樣的纍纍然，已經超過了穢下的滑稽……（這些洗澡軍人）活著的確據（按，「確實證據」），莫大於他們那纍纍然的男性的象徵、感覺和存在」（頁五四）。後來，魯排長聯想到戰爭年代中國山村屍體：「就是那些腐朽的死屍，那些纍纍然的男性的標幟，卻都依舊很憤立著」（頁五四）。對魯排長來說，纍纍的下體意象彷彿意味著一種「四海一家」的共同感，可以跨越中國和台灣的分界、跨越生和死的分界。男人凝視男人下體的突兀之舉，在陳映真筆下如同交通紅綠燈。在較早出版的〈纍纍〉中這個凝視行為形同亮起綠燈，帶來「放心」——對於四海一家的敬服（在這篇小說中，每個士兵都離家背井，在部隊共同生活——小說中看不見核心家庭）。然而在較晚出版的〈趙南棟〉中，凝視行為形同紅燈，帶來「驚心」——就是因為趙爾平自己背離了制度化的核心家庭（在自己的家外面花天酒

37　同前注，頁一七〇—一七九。
38　朱偉誠算是例外；他在〈國族寓言霸權下的同志國〉裡頭特別留意這名女子的雙性戀／同性戀，頁七四。朱偉誠看重趙南棟和「非異性戀」女子兩人的相似：這兩名「官能享樂者」（按，陳映真常用語）都被小說寫成「不堪」的表徵。頁七四。但是我在這裡看重趙爾平——這個看似站在這兩名「官能享樂者」對立面的正常男人——也有「心內彈琵琶」衝動。
39　同前注，頁一七六。
40　同前注，頁一七六—一七八。
41　同前注，頁六九—七一。
42　陳映真，〈纍纍〉（一九七九），《上班族的一日》（台北：人間，一九九五），頁四七—五五。

地），所以他才會意外看到紅燈警示般的其他男性勃起；也可以說，就是因為他看見其他男人勃起，才像是看到紅燈一樣被當頭棒喝，警覺自己脫逸了異性戀核心家庭的遊戲規則。趙爾平這個異性戀者比他的雙性戀弟弟趙南棟更「好奇」、更「在乎」、更「愛看」其他同性的性。

五、出國決勝負的「朝聖」

罷家之後，何去何從？有些罷家者流浪到台北新公園，成為社會底層的性工作者，如《孽子》所示；有些罷家者任憑一心向善的人道主義者擺布，如〈趙南棟〉所示；但也有些罷家者離開台灣，踏入美國（或加拿大），成為美國社會尊崇的專業人才。這一節討論西方不敗的少數幸運兒。

用人類學家安德森在《想像的共同體》的話來說，這些幸運兒登上殖民者早就規畫好的路徑，邁向西方進行（廣義的）「朝聖」（pilgrimage）[43]。在被殖民宰制的地方，人才如果想要升學、晉升，就要前往殖民者指定的行政中心（與地緣性是否方便無關）「朝聖」[44]，而不是僅僅前往地緣性方便的鄰近都市[45]。這一節討論的文本紛紛顯示，台灣的人才如果要出人頭地、成為人上人，就要前往殖民者指定的中心「朝聖」才行：也就是冷戰時期的北美洲。朝聖路線與殖民的權力關係形成互相強化的迴圈；殖民的權力關係決定了人才的朝聖路線（在這一節，路線是從台灣到美國），而一再被採用的朝聖路線也一再鞏固了殖民的權力關係（即美國在上、台灣在下的關係）[46]。

本書上一章〈誰有美國時間〉顯示，一九七〇年代台灣文學的男同性戀角色紛紛將美國視為精神寄託之處。這一節標題「出國決勝負的朝聖」就是從〈誰有美國時間〉這一章標題衍生而來，標示出七〇和八〇年代之間的延續：兩個年代的文學都顯示同性戀者心向西方（以美國為主）。不過，我也要藉著小標題「決勝負」三字，指出這兩個年代之間除了延續也有斷裂：「在西方社會出人頭地」這個夢想對相對貧窮的七〇年代大部分台灣文學角色（不管是不是同性戀）來說根本是天方夜譚，但是相對富裕的八〇年代某些台灣文學角色已經可以實現這個夢想。

同性戀者和西方國家之間的距離有多遠，並非固定不變，而是隨著歷史流變持續浮動。一九七〇年代台灣文學中男同性戀角色遙想美國但通常沒有本錢赴美，就算真的入境美國也只能屈居社會底層[47]；七〇年代台灣文學中女同性戀角色追求可以在台灣境內具體實踐的生活，並不像男同性戀那樣妄想外國；八〇年代的台灣文學中同性戀角色，不論男女，卻都可能出國（西方國家），而且積極追求西方定義的個人成就。

---

43 班納迪克・安德森（Benedict Anderson）著，吳叡人譯，《想像的共同體：民族主義的起源與散布（新版）》（*Imagined Communities: Reflections on the Origin and Spread of Nationalism*）（New Edition, 2006）（台北：時報文化，二〇一〇）。

44 《想像的共同體》舉例，在荷屬東印度（即後來的印尼），地方子弟如果要出人頭地，就要前往巴達維亞（即後來的雅加達）進行「朝聖」（頁一二三）。

45 例如，荷屬東印度版圖廣大，有些住民其實比較靠近新加坡，而比較遠離巴達維亞。但是這些住民仍然應該去比較遠的巴達維亞朝聖，而不是去比較近的（英屬）新加坡（頁一二三）。

46 散見《想像的共同體》第七章，〈最後一波〉。

47 例如，叢甦小說〈想飛〉（一九七七）的台灣男子曾經嚮往成為美國留學生，但是到了美國境內之後卻淪為被剝削的低層勞動者。

台籍美國醫生顧肇森的短篇小說集《貓臉的歲月：旅美華人譜》讓一九八〇年代國內讀者管窺華人（含台灣人、中國人等等）的美國生活。收入在《貓臉的歲月》的〈張偉〉篇幅特別短，卻也特別膾炙人口。在〈另類經典：台灣同志文學（小說）史論〉[48]這篇文章中，朱偉誠指出，〈張偉〉這篇小說「在台灣同志圈口耳相傳」，讓同性戀讀者覺得感同身受，堪稱「經典」[49]。

顧肇森，《貓臉的歲月：旅美華人譜》（台北：九歌，1986）

我試圖解釋為什麼〈張偉〉享有口碑。在〈張偉〉中，「像張偉這樣表現傑出的年輕人」（朱偉誠語）從小到大都是台灣教育體制中的佼佼者，各方面都讓父母師長滿意，唯一的缺憾，是沒有女朋友。他在高中時代，就在圖書館意外看過《變態心理學》，猜測自己就是書中某種人[50]。大學時代，他終於造訪台北新公園，發覺公園裡形同「煉獄」、充滿「孤魂孽鬼」，深感自己不屬於這個黑暗世界[51]。

那麼他屬於什麼世界？原來他屬於美國。

在小說同一頁的篇幅內，他離開新公園之後就發奮用功，隨後就不負眾望赴美發展，效率驚人。他在三十歲之前取得名校博士，順利取得美國大學教職，而且交了這輩子第一個男朋友（美國白人），組成「一夫一夫」版本的核心家庭。後來張偉發現男友外遇，憤而跟男友分手。

《孽子》諸子的罷家行動並不光彩；「張偉」裡頭的罷家行動卻很體面。他第一次罷家，是離開父母的家（一個爸爸、一個媽媽的現代核心家庭）前往美國；在「來來來，來台大，去去去，去美國」這句時代流行語的冷戰意識形態護佑之下，離家的他不但不會和父母發生衝突，反而讓父母有面子：他畢竟出國爭光呢。他第二次罷家，是離開他跟男友的家（男配男的現代核心家庭）；這一回他的離家原因仍舊正氣凜然，因為他要處罰膽敢外遇的男友。從張偉享有的道德優越感高度觀之，他離開父母的家絕對不是不孝，他離開伴侶也絕對不是他自己的錯。他罷家兩次，但是這兩次他都做好人，不做壞人。

我認為，〈張偉〉能夠廣泛打動讀者，可能因為它明顯襲用、渲染本地讀者愛好的「張愛玲式文字腔調」（不時感嘆愛慾的美麗與荒蕪），可能因為它鋪陳唯美的同性戀者性啟蒙和愛啟蒙畫面，更可能因為它釋出一種特別討好主流社會的訊息：「同性戀者除了性偏好和一般人不同，其他各方面都和一般人一模一樣，甚至比一般人還要傑出」。張偉釋放出來的訊息，很容易轉化成為一種右翼的政治訴求：**「社會應該接納同性戀者，因為同性戀者和一般人一模一樣，甚至比一般人更優秀、享有更強的消費力。」**

---

48 朱偉誠，〈另類經典〉，頁九—三五。

49 同前注，頁二〇—二一。

50 〈張偉〉，《貓臉的歲月：旅美華人譜》（台北：九歌，一九八六），頁八九。

51 同前注，頁九五—九六。

〈張偉〉不是最早提出同志政治訴求的文本。《孽子》的人道主義訴求，提醒一般讀者同性戀者「亦為人子也」，就是一種看似溫柔緩和的政治主張。〈張偉〉看起來只在乎「個人造化的僥倖」（只關心自己過得好不好），卻沒有意識到「社會結構的改革」（不關心同性戀者等等社會邊緣人共同被主流社會排擠的命運）。但是這篇短篇小說可能比《孽子》更容易打動資本主義社會的讀者：畢竟資本主義社會往往慫恿讀者崇拜張偉這種個人主義的贏家。《孽子》並沒有讓讀者看到贏家，反而展現種種輸家：中下階層的同性戀者，以及女性、男性娼妓。

身為「高人一等」同性戀者的張偉正好投合在不同國家（包含台灣）、不同時代都曾經出現的右派同志運動。右派運動者認為，為了爭取主流社會接受，同性戀者應該主打「形象牌」，展現和一般人一樣正常，甚至比一般人更優秀的光鮮形象（像張偉一樣），同時絕不能讓主流社會看到某些同性戀者的「負面形象」（例如《孽子》諸多角色的不男不女、性交易等等）。但是同志運動內部是有多元立場的：許多運動者並不贊同右派立場，並不願意獨尊社經優越的同性戀模範生，反而更加重視持續處於社經弱勢的眾多同志。

顧肇森後來發表的〈太陽的陰影〉[52]、〈去年的月亮〉[53]，和〈張偉〉相似，都將同性戀者描寫成美國社會的成功人士。但是〈太陽的陰影〉、〈去年的月亮〉更上一層樓，提出更明確的右派政治主張：「只要同性戀成為成功人士，就應該被社會尊敬」。〈太陽的陰影〉的敘事者「我」冷眼旁觀久未謀面的親哥哥。因為哥哥據說在美國參加保釣運動而被列入台灣當局的黑名單，長期不得回台灣，和家人（包含弟弟「我」）分隔多年。「我」突然被哥哥邀去鳳凰城作客，才知道哥哥變成「成功地產商」[54]，是同性戀者，和黑人男友麥可同居，無奈生命垂危。麥可向「我」透露，哥哥得了「後天免疫失調症群」（AIDS）。「我」終於了解，哥哥一直不和台灣家人聯絡，主要因為父親不接受哥哥的同性戀者身分，而不盡然因為哥哥參加過保釣。

於是麥可和「我」展開辨論。台灣文學難得出現這一個黑人角色，可惜他的言行像是腹語術操作的傀儡。這段兩人對話是「恐同」（homophobia，恐懼同性戀者的心態）和「反恐同」的對決，讀起來像是政令宣導課文。麥可看破「我」的三種歧視：種族歧視（歧視黑人）、同性戀歧視、愛滋歧視，並逐一反駁。這三種歧視的確值得合併解析。但是這篇小說可議，因為它祭出一個主打優越感的勸說者：黑人有資格講道理，因為他本人是「成功的地產商」（一起炒房地產的合夥人就是哥哥）、大學的教授[55]。按照「成功地產商」的邏輯，如果社會弱勢者沒有出人頭地，是否就是失去了對抗歧視的正當性？再一次，顧肇森的小說宣揚「個人造化的僥倖」，完全沒意識到「社會結構的改革」。

講理講不過黑人教授／地產商的「我」拂袖而去。值得留意的是，這篇小說的罷家者，並非只有（和台灣原生家庭決裂的）同性戀哥哥，也有異性戀的「我」：哥哥希望弟弟見證他的「同志版本」核心家庭，但是弟弟卻在看到哥哥的另類家庭之後匆匆逃離。不但同性戀者要罷異性戀的家，

52〈太陽的陰影〉（一九九〇），《季節的容顏》（台北：東潤，一九九一），頁五〇—七五。
53〈去年的月亮〉（一九八九），《月升的聲音》（台北：圓神，一九八九），頁一六九—九八。
54〈太陽的陰影〉，頁七〇。
55 同前注。

異性戀者也要罷同志的家——弟弟罷哥哥的家，不只是指身體的離席，也指心態的排斥（排斥同性戀家庭的心態）。〈張偉〉中，張偉和美國白人的同志版本核心家庭以離棄外遇的男友告終；〈太陽的陰影〉中，美國黑人和哥哥卻不離不棄，因而讓「我」吃驚了[56]。哥哥得了愛滋卻沒有被黑人男友離棄，讓弟弟大惑不解。

哥哥病逝之後，「我」突然濫情了，懷念兄弟兩人的童年時光，但是「我」宣稱哥哥死於「癌症」（而不承認哥哥真正死因）[57]。麥可淡定致電給「我」——原來哥哥留了遺產（炒房地產賺來的錢？）給弟弟[58]。「我」的濫情落於俗套，麥可的淡定才耐人尋味：這個同志版本核心家庭留遺產給弟弟，也就是將弟弟視為這個核心家庭的一分子、視為另類家庭的繼承人之一。

〈去年的月亮〉的主人翁「我」是女同性戀者，不過這篇小說並沒有採用「女同性戀」一詞。小說主人翁「我」是比美國男性同事更加成功的亞裔女性建築師，突破國族、性別、膚色的藩籬，非比尋常。她出差住旅館的時候，失聯老友李太太突然找上門來——原來在七年前，李太太本來是「我」的同性伴侶。七年前，李太太離開「我」，選擇嫁給社會地位不高的美國白人，後來夫妻生活陷入貧窮。

〈太陽的陰影〉中，同性戀者藉著強調自己的成功來擊退「我」的歧視；〈去年的月亮〉祭出相反的局勢，身為人妻者藉著展示她平庸的婚姻生活來爭取「我」的赦免（畢竟她在七年前離開「我」而選擇男人）。不管同性戀角色占上風還是占下風，兩篇小說都展示同樣的對比：勇敢進取的同性戀強者（追求不同於社會主流的同性戀生活，以及高人一等的成功，都是美國社會尊崇的勇敢行為）vs. 需要被主流體制保護的異性戀平庸者。兩篇故事的同性戀者都用金錢優勢降服異性戀者：

〈太陽的陰影〉的哥哥給弟弟遺產（似乎是要用錢脈證明血脈），〈去年的月亮〉的「我」想要掏錢救濟李太太（似乎要證明同性戀女強人比異性戀丈夫厲害）[59]。〈去年的月亮〉也是罷家的故事：只有弱者（李太太）才會選擇（異性戀）家庭；強者（女同性戀建築師）卻不需要家，樂於單身。

事實上在〈張偉〉、〈去年的月亮〉等篇小說問世之前，以描寫婚姻困局著稱的小說家蕭颯就已經發表呈現女同性戀的短篇小說〈迷愛〉，收入在《死了一個國中女生之後》這本小說集[60]。顧肇森小說中的女、男同性戀者到美國爭取成功，但是〈迷愛〉中的女同性戀者到美國追求成功的相反：她們奔向毀滅。和〈去年的月亮〉一樣，〈迷愛〉並沒有使用「女同性戀」之類的詞彙，但是明確說出故事中「三個女人鬧戀愛」。小說角色分成兩邊，其中一邊包括敘事者「我」，一個相夫教子的家庭主婦，另一邊就是「我」側面得知的三個女人逸事：譚瑩，從小男性化打扮，曾因為女友芝明追隨新加坡男子而自殺，後來被家人送美國讀書；芝明，周旋在譚瑩和新加坡的男友之間，後來轉赴羅馬的修道院修行；莊太太，有夫之婦，和芝明爭奪譚瑩。這三人在美國發生情殺，至少有兩人殞命。發表在一九八〇年代初的〈迷愛〉和七〇年代描述「女」同性戀的文本大不相同，因

56　同前注，頁七一。
57　同前注，頁七四。
58　同前注。
59　同前注，頁一九六。
60　蕭颯，〈迷愛〉（一九八二），《死了一個國中女生之後》（台北：洪範，一九八四），頁一三七—四三。

為〈迷愛〉的諸多女性角色竟然有本錢談跨國戀愛（跨越亞歐美三洲），但是七〇年代台灣文學文本的女人明明很少有機會出國。〈迷愛〉反而貼近七〇年代描寫「男」同性戀的文本：同樣將美國視為台灣同性戀者嚮往的庇護地。

旁觀三女糾葛的敘事者「我」和敘事者之母都是好事之徒，在旁進行推理：「我」認為，「起碼在國外，她（譚瑩）容易遇著真正懂得她的人」[61]（從上下文可以推知，「真正懂得她的人」應該是指「能夠接受同性戀的人」或「同性戀者」）；「我」的母親則說，「只有美國那種地方，才會出這種怪事」（怪事，是指三個女人的情殺）[62]。

〈迷愛〉也是出國決勝負的朝聖故事。三個戀愛的女人至少有兩個離開了家[63]，然後在美國狹路相逢。這三名女子看似輸家，因為她們看起來並沒有在西方取得事業成功（小說沒有提及她們有無工作、收入），也因為她們身陷情殺。但在小說結尾，敘事者「我」卻感嘆三名女子讓生活正常的「我」自嘆弗如：身為人妻人母的「我」已經對愛情冷感，但三名女子展現「迴腸盪氣，生死相許的愛情」，讓「我」「慚愧、疑惑」[64]。顧肇森筆下的同性戀者值得肯定，是因為成為事業成功者；〈迷愛〉中的三名女子讓已婚婦女慚愧，是因為成為愛情烈士。

白先勇的大學同學陳若曦的長篇小說《紙婚》，和王禎和的長篇小說《玫瑰玫瑰我愛你》，都是最早提及愛滋的台灣文本。更準確地說，這裡的「愛滋」應該是封鎖在美國的案例，與台灣本土無關。《玫瑰玫瑰我愛你》的小說敘事者置身台灣，聽說遙遠的美國發生疫情，而且得知受害人口與男同性戀人口高度重疊[65]；《紙婚》的小說敘事者置身美國，就近觀察美國男同性戀者的病死過程。

曾經親身目擊中國文革的作家陳若曦在小說集《尹縣長》[66]刻畫文革期間的中國民眾。她的長篇小說《紙婚》再一次採用中國人作為主人翁。「出國決勝負的朝聖」也是《紙婚》[67]的敘事初衷：文革結束之後，中國大陸的女子平平決定赴美，認識了美國白種男同性戀者項（按，可能是「Sean」的中譯），便希望藉著和項假結婚，藉此取得綠卡。

平平用恐懼同性戀的獵奇眼光看待同性戀、物化同性戀：她窺伺男同性戀的房間，意外發現並不像期待中的那樣香豔[68]；她評價女同性戀，感嘆能幹的女人竟然不正常[69]；她看同性戀者自組教

61 同前注，頁一四二。
62 同前注，頁一四三。
63 譚瑩被父母送去美國，芝明離開看似男友或丈夫的新加坡男子。但文本並沒有說明莊太太是否和丈夫離異。
64 蕭颯，〈迷愛〉，頁一四三。
65 這種將愛滋與男同性戀者綁在一起的想法是錯謬的，可是一九八〇年代初期愛滋爆發之際這種想法在美國和台灣都極普遍。
66 陳若曦，《尹縣長》（台北：遠景，一九七四）。
67 陳若曦，《紙婚》（台北：自立晚報，一九八六）。
68 平平表示，「他（按，男同性戀者）大概走得匆忙，竟讓房門洞開著。我好奇地進去參觀了一番，結果大失所望。（換新一段）我曾經幻想過他房間的擺飾；牆上掛著裸男的照片，粉紅色的床罩上斜擱著香豔肉感的睡衣……（換新一段）全落了空」（同前注，頁一七）。
69 平平心想，「喬愛思（按，一名女同性戀者）的幹練給我留下深刻印象，也令我甚為惋惜。這麼聰明的女子，怎麼會有不正常的心理呢？誰的責任，社會還是家庭？」（同前注，頁三七）。

會，竟然幸災樂禍地希望這個同性戀教會能夠被愛滋病消滅[70]。平平這個角色的「恐同」傾向絕不可低估。後來，後來項因為感染愛滋生命垂危。已經取得報償（也就是綠卡）的平平並沒有離開項，反而貼身照顧他，因此滿足控制慾[71]。平平罷了兩次家：中國的老家，以及在美國的中國人社群——平平明明成功（取得綠卡）卻又擁抱失敗（自願留守愛滋丈夫），讓中國人社群覺得不可理喻，於是平平和中國人社群雙方互相疏遠。但是，罷家兩次之後的平平卻得以在她的假婚姻中重新定義家的意義。顧肇森的短篇小說積極鼓吹罷家者在美國「爭取成功」的必要性，《紙婚》則剛好展現罷家者在美國「擱置成功」（不要爭取成功）的可行性。

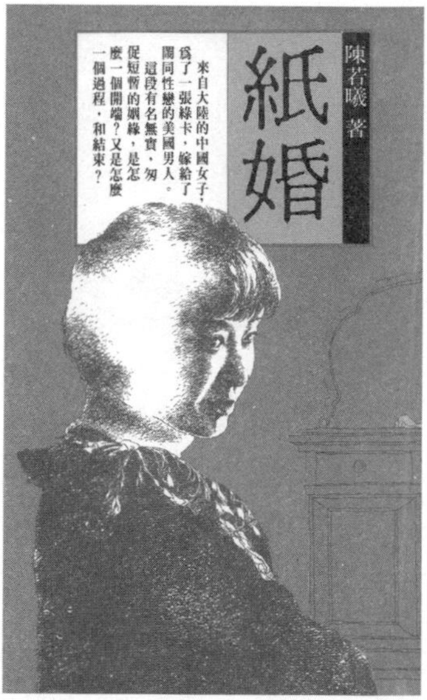

陳若曦，《紙婚》（台北：自立晚報，1976）

《紙婚》評價懸殊：王德威直言《紙婚》不好看；劉亦德（Petrus Liu）則為《紙婚》翻案，指出此書被改編為李安的《囍宴》[72]、此書率先想像中國人和美國同志之間的緣分[73]；青年學者蔡孟哲則認為，《紙婚》的貢獻在於它記錄了愛滋危機初期的社會風貌[74]。王德威覺得《紙婚》不好看，可能因為這本書的價值另在別處[75]，也可能因為這本書掉到廣受好評的「尋根文學」傳統之外。「文革之後、六四之前」（一九七六——一九八九）的中國文壇以尋根文學出名，尋根文學成員例如《棋王》[76]的鍾阿城、《小鮑莊》[77]的王安憶等人享譽至今；中國人在國內忙著尋根好戲的時候，《紙婚》的平平放棄祖國移民美國，正好落在好戲之外。我認為《紙婚》女主人翁被設定為中國人而不是台灣人，與其說是為了讓中國民眾和美國同性戀文化結緣（這是劉奕德的解讀），還不

---

70 平平發現同性戀教會「在美國有信徒三萬……除了『神愛世人』的教義外，它最大特色是宣揚『性自由』，教導『性安全』（按，應指『安全性行為』），供應保險套等」（同前注，頁二〇六）。平平厭惡這個教會，心想，「我但願愛滋病的恐怖，能使這個教整個地銷聲匿跡才好」（同前注，頁二〇七）。

71 平平的控制欲在項出院回家之後透露出來。「第一次能全面照顧他，甚至左右他的舉止，不禁令人暗自慶幸，簡直自豪」（同前注，頁一九三）。

72 劉奕德聲稱《紙婚》被改編成為李安的《囍宴》（頁二九一），但是沒有提出《紙婚》和《囍宴》直接相關的根據。這個說法的附註（註2）並沒有提及任何文獻（頁三一六），參閱 Petrus Liu, "Why Does Queer Theory Need China?" *Positions: East Asia Cultures Critique* 18 (2010): 291-320。劉奕德聲稱《紙婚》對應《囍宴》的說法「缺乏脈絡化」。在電影界的脈絡中，搬弄「為了取得綠卡而假結婚」橋段的好萊塢電影甚多，而這些電影都可能影響《囍宴》。在文學界的脈絡中，呈現「男同性戀者傾向美國」的台灣文學於一九七〇年代湧現，八〇年代的《紙婚》比這股湧現晚得多。以博學出名的李安固然可能參考了八〇年代出版的《紙婚》，卻也可能同時參考了七〇年代描繪「男同性戀者傾向美國」的多種文本。

73 同前注。

74 蔡孟哲，〈愛滋、同性戀與婚家想像〉，《女學學誌》三三期（二〇一三年十二月），頁四七—七八。

75 蔡孟哲觀察，《紙婚》的價值在於「紀錄被邊緣化的愛滋歷史」。我同意蔡孟哲的看法，但我也認為這種功能性的價值（紀錄歷史）畢竟和小說好看與否無關。

76 鍾阿城，《棋王》（北京：作家，一九八五）。

77 王安憶，《小鮑莊》（上海：上海文藝，二〇〇二）。

如說是要讓這個形同外籍看護的中國人當作台灣人的替身，代替台灣人去美國境內進行第一手的愛滋觀察。

曾主掌《聯合文學》雜誌的學者型作家馬森推出長篇小說《夜遊》[78]。這部書角色眾多，情節豐腴，但容易讓人聯想角色寡少、情節單調的《紙婚》：一，這兩部小說都和白先勇有緣：《紙婚》作者陳若曦是白先勇的大學同學；白先勇為《夜遊》寫序，強調此書呈現「雙性戀」[79]。二，兩者也都利用東方女性，在北美洲「旁觀」西方的非主流男性：《紙婚》中，中國大陸女子旁觀項的垂死過程；《夜遊》中，台灣女子佩琳旁觀加拿大俊美白種男子麥珂的情慾沉浮。

《紙婚》和《夜遊》的兩個女主人翁都是罷家者：平平不要中國的老家，也不要美國的中國移民社群；佩琳的處境比平平優渥許多，第一次罷家是為了仰慕西方而離開台灣（離開老家，以及台灣男友），第二次罷家是離開講究禮教的英國人丈夫，轉而嚮往抗拒禮教的溫哥華夜生活：女同性戀者和男同性戀者的夜店生態、裸體主義者、性愛分離的態度。這些景觀對一九八〇年代的台灣讀者來說都算寰宇搜奇。這兩書的男主人翁剛好都是主流社會定義的失敗者：《紙婚》的項是被親友孤立的愛滋感染者，《夜遊》的麥珂被裁員，之後只追求情慾，卻無視世俗成功。雖然平平和佩琳是為了成功而來到西方，但是她們卻藉著觀察、愛憐西方社會的失敗者，抗拒只在乎成功的資本主義競爭邏輯。白先勇在《夜遊》序中認定（被動被擺布的）麥珂是雙性戀者[80]，但我卻覺得樂於和不同男女身心互動的（主動追求探險的）佩琳才更有變成雙性戀者的潛力。

女同志運動參與者魚玄阿璣和鄭美里合寫了一篇試圖勾勒「台灣同性戀社會史」的文章，〈幸福正在逼近——建立台灣同性戀社會歷史的初步嘗試〉[81]。這篇一九九〇年代發表的文章強調《席德進書簡》對於「台灣同志史」深具重要性，但感嘆席德進經常被同志研究者忽略[82]。她們的文章促使我在《同志文學史》細看《席德進書簡》。

《席德進書簡》於一九八二年出版，剛好和這一節提及的文本在類似時間點面世。《席德進書簡》如同埋在地下二十年的「時間膠囊」（time capsule），面對了兩波讀者：第一波的讀者是在一九六〇年代讀信的莊佳村（曾經是席的學徒）；第二波的讀者是一九八二年以降的讀者大眾。席德進比莊佳村年長十八歲，一九六二年初見青春壯碩的莊佳村[83]：當時席三十八歲，莊二十歲。席德進發現莊佳村的眼睛「有點台灣高山人的野性」[84]，熱情邀莊佳村擔任模特兒，畫出席最有名的肖像畫：「紅衫」（通稱「紅衣少年」）[85]。「紅衣少年」應該是最容易讓人聯想男同性戀的台灣名

---

78 馬森，《夜遊》（台北：爾雅，一九八四）。

79 同前注，頁五—六。

80 書中並沒有提及麥珂和任何女人發生超乎友誼的關係。他始終眷戀某些特定的男性朋友。相比之下，女主人翁卻同時和白種女人、男人互動密切，

81 魚玄阿璣、鄭美里，〈幸福正在逼近——建立台灣同性戀社會歷史的初步嘗試〉（一九九七），收入鄭美里，《女兒圈》，頁二〇九—二一一。

82 同前注，頁二一二。

83 莊佳村，〈席德進和我——代序〉，頁一一—一四。

84 同前注，頁三。

85 席德進，《席德進書簡：致莊佳村》，彩頁，無頁碼。

畫。在席德進於一九八二年去世之後，莊佳村才將《席德進書簡》出版。一九六四年寫的信再次強調莊佳村的「種族」：「你的樣子很棒！有點野像，似高山族人。據說一種人到了另一種族人生活的地方，住上幾代就會變種……我想你像高山族，可以這樣解釋的。」[86]

席德進應該是台灣最早的「同性戀名人」──（被）公開同性戀身分的名人。莊佳村在《席德進書簡》的代序中寫到，書簡首次在報紙披露時，就被編輯加上「席德進致『戀人』信簡」為副題[87]，可見得當年媒體就已經知曉席德進的同性戀情慾並且有意加以炒作。《席德進書簡》的附錄也很值得玩味，收入文章之一出自黃榮村，時任台大心理系教授。他的〈席德進致莊佳村書簡心理分析〉[88]，引用佛洛依德，讓人聯想起光泰《逃避婚姻的人》附錄的幾位心理專家諸文──在一九七〇、八〇年代，呈現同性戀的文學作品似乎一定要在書中收入心理專家的剖析才能見光。附錄收入文章之二出自以畫荷花出名的畫家張杰。他在〈我所了解的席德進〉回憶：席德進曾自稱去過龍山寺萬華市場「裡面」，得過「無心柳」（按，似指花柳病）；張杰自稱對同性戀場所見怪不怪，因為他自己就去過台北市的「馬德里」、「七七」等地（按，似指幾種男同志酒吧），覺得平常；張杰曾在朋友聚會中，慫恿席德進多談同性戀，但席德進不從[89]。或許有人覺得最早公開同性戀身分的名人是白先勇，不過白先勇要到了一九八八年才在七月號的香港版《Playboy》公開同性戀身分[90]。席德進可能比白先勇還早公開身分。

雖然這個如同「時間膠囊」的文本寫於一九六〇年代，但是它也和八〇年代的文本一樣，展露同性戀者「藉著出國、好好做人」的心態。席德進寫給莊佳村的信件充滿說教，除了因為席已經是著名畫家，也因為席享有大多數台灣人無法體驗的歐美「進步國家」見聞。莊佳村透露，席德進曾要求和莊佳村上床而莊佳村不從[91]。在被公開的信件中，這段求歡插曲並沒有出現，不過席德進在國外的同性戀奇遇不時躍然紙上。席德進自況在歐美的情慾斬獲，有可能是要挑逗莊佳村，也可能是要借用西方經驗證明同性戀的可行性。例如席曾在一封一九六三年的信中寫道，「有晚，我遇見一位法國軍人，二十歲，很美，到我這兒，我為他畫了一張像，他是里昂人，我們玩到午夜，他才回營。當然，以後也不會再見到他了，外國人不像中國人，可以保持著往來，這種偶然相遇的朋友，只有一次！」[92]席德進在這裡區分了兩種朋友：外國朋友（例如法國士兵）可以和席德進上床，但不能保持聯絡；「中國」朋友（例如莊佳村）可以保持互動，只可惜不跟席德進睡覺。

86　同前注，頁五七。
87　莊佳村，〈席德進和我——代序〉，頁一四。
88　黃榮村，〈席德進致莊佳村書簡心理分析〉，收入席德進，《席德進書簡：致莊佳村》，頁一六三—七四。
89　張杰，〈我所了解的席德進〉，收入席德進，《席德進書簡：致莊佳村》，頁一八三—八八。
90　林寒玉、邵祺邁整理，〈台灣同志文學及電影大事紀〉，《聯合文學》二七卷一〇期（二〇一一年八月），頁六四—七〇。頁六五。
91　莊佳村，〈席德進和我——代序〉，頁九。
92　席德進，《席德進書簡：致莊佳村》，頁四〇。

六、女子代工

上一節「出國決勝負的朝聖」延續本書上一章〈誰有美國時間〉，同樣聚焦於同志文學裡心繫美國等國的男人；這一節「女子代工」則延伸本書〈愛錢來作伙〉這一章，同樣爬梳同志文學裡想要獨立門戶的女人。不過，一九八〇年代同志文學的女性角色數量變少許多。七〇年代同志文學的男性角色和女性角色數量旗鼓相當，足以讓我寫出兩篇男女有別的文章；然而，八〇年代同志文學中女性角色數量遠遠少於男性角色，我只好將女性角色、男性角色合併在同一章討論。

再現女性的一九八〇年代同志文學其實是「兩棲類」。如果讀者將這批文本歸入同志文學，再現女性的文本的確比凸顯男性的文本來得少。但是，讀者也可以將這批文本歸入當時陣容堅強的「女性文學」。在八〇年代台灣文壇，議論性別的佼佼者，並不是男同志文學，而是女性文學——例如李昂、蕭颯等人批判一男一女婚戀配對（婚姻、戀愛）的小說。女性文學的代表性作家，例如李昂、蕭颯、蕭麗紅、朱天心等人，都寫過女女相愛的文本。女性文學中的女人和同志文學中的女人，是互相牽連的，有時候根本是同一批人，無法切割開來。

在上一節，出國決勝負的朝聖是手段，罷家是目的；在這一節，罷家是目的，手段則是「女子代工」。我把傳統的「家庭代工」改編成為「女子代工」，既延伸也扭轉了傳統定義的家庭代工：家庭代工是指老弱婦孺帶回家進行的手工加工，貼補家用，往往被貶低為「玩票」、「非正式」的勞動。「女子代工」這一節討論的女性角色，一方面也從事（曾經）不受正視的勞動，同時在另一方面，也和「傳統家庭代工」造反。

先看不受正視的勞動。凌煙長篇小說《失聲畫眉》中，女人參加沒落的歌仔戲班在南台灣流浪演出；邱妙津短篇小說〈柏拉圖之髮〉中，女人炮製討好市場但沒有藝術價值的愛情小說；黃樱的短篇小說〈賣家〉中[93]，離婚女子炒作房地產。她離婚，因為丈夫和男人發生外遇；用二十一世紀中國流行的語彙來說，這名女子幾乎就是「同妻」：被嫁給男同性戀的妻子[94]。接下來，看我所稱的「女子代工」怎麼樣和「傳統家庭代工」造反：傳統家庭代工是延續既有家庭體制（男主外、女主內；男人工作是正式的、女人工作只是玩票），女子代工卻要在既有家庭體制的外面「扮家家酒」。她們創造「替代性家庭」，或簡稱為「代家」：像「代糖」一樣，不是真的糖，但是有時候比真糖更好用。傳統家庭代工是為了生產可以換錢的產品，並且用換來的錢強化既有家庭；女子家庭代工的**產品卻是足以取代既有家庭秩序的「代家」**，至於代家能換多少錢並非絕對重要。

在《失聲畫眉》、〈柏拉圖之髮〉、〈賣家〉中，戲班裡頭的同居、小說家找性工作者同居，以及營造正常家庭的氣味，就是家家酒的行為。〈賣家〉的離婚女子能夠在短時間內賣出七戶舊房子，祕訣正是「戲仿」（parody）正常家庭：把產品包裝成「正常家庭剛剛住過的房子」，讓買家看

93　我注意到黃樱，是因為陳雨航將〈賣家〉這篇作品選入爾雅出版社的《七十八年短篇小說選》，還寫了評介、附上作者小傳。見陳雨航編，《七十八年短篇小說選》（台北：爾雅，一九九〇），頁一—二九。

94　在台灣，「同妻」現象較少為人討論，也不常出現在文學作品中。在中國，「同妻」卻早已是熱門的社會課題。例如，可見金曄路著，廖愛晚譯，《上海拉拉：中國都市女同志社群與政治》（香港：香港大學出版社，二〇一四），頁九二。

了就想買。

先來看黃櫻的短篇小說〈賣家〉。我將異性戀同妻的故事歸入凸顯女人這一節，不把她的故事等同於「男同性戀者的故事」、歸入凸顯男人為主的其他小節。這樣安排一方面是要承認「同志文學的女人」和「女性文學的女人」的「合」，另一方面也要正視「異性戀女人」和「男同志」的「分」：前一種合，重視性別（gender），承認不同的女人（異性戀女人和同性戀女人）仍然扛著共同命運，一如我先前解釋；後一種分，著重性愛偏好帶來的衝突，也就是「同妻」和男同性戀之間的張力。如果把同妻小說歸入男同性戀為主的章節，恐怕就會埋沒同妻的主體性、只讓同妻當個小配角。

這一節的邊界不是滴水不漏的，而是可以穿透的：異性戀女子為主的〈賣家〉被納入這一節，同性戀女子為主的〈迷愛〉、〈去年的月亮〉反而歸屬其他小節。〈迷愛〉並沒有提及女同性戀角色是否參與任何勞動；〈去年的月亮〉中被剝削的勞動者是嫁給男人的女人，而不是女同性戀建築大師。這一節重視勞動，所以收納與男同性戀算帳的某些異性戀女人，並且排除看似沒有經濟包袱的某些同性戀女人。

〈賣家〉述說一對母子投身「賣家」的過程：賣家是名詞，等同「賣方」（跟「買方」相對），指這對母子；但也是動詞，指「把住得好好的家，賣給別人」。母子相依為命，因為父母離婚——兒子曾經目擊父親和另一個男人在父母的床上「打架」（應指做愛）。國立台灣大學教授梅家玲於二〇〇四年直指〈賣家〉的同性戀外遇導致母子賣家，陳雨航主編的《七十八年短篇小說選》收入〈賣家〉，卻完全沒有提及同性戀[95]。陳雨航在這本選集中，只說〈賣家〉是「關切社會現象的小說」、小說結尾的母親告白讓人不寒而慄、小說中的「家」徹底崩潰。

小說中的爸爸和媽媽是對立的：爸爸是外遇的犯罪者，媽媽是受害者。女人在二手家具販賣場，一看到兜售二手床的男子就覺得噁心，可能因為聯想到（兒子目擊的）前夫和男人同床的模樣。不過，雖然爸爸和媽媽是對立的，爸爸和媽媽偏偏也是類似的：他們都是罷家者，同樣處於正常核心家庭的對立面。他們也都因為脫離核心家庭而得到人生轉機：爸爸得以摸索正常家庭之外的同性戀生活方式（準備為愛而出國，成為移民勞動者）；女人和兒子合作的勞動內容，就是一搭一唱、戲仿甜蜜的家庭，誘發買家的買氣。

梅家玲和陳雨航都認為〈賣家〉呈現「家的崩潰」，但是我認為這篇小說反而弔詭展現「家的生機」。有生機的家，可指單親家庭：一個爸爸一個媽媽的核心家庭瓦解了，母子維持的單親家庭卻經得起磨難；有生機的家，也指誘惑買家的商品：多虧一九八〇年代台灣經濟暢旺，母子至少演出七次溫馨家庭通俗劇，因而成功賣出七戶房子。〈賣家〉除了展現家的崩潰，也反諷地宣示「代家」上市。

邱妙津的〈柏拉圖之髮〉應該歸入一九八〇年代台灣同志文學。一般認為邱妙津屬於一九九〇年代（也就是同志文學開始被廣泛討論的年代）的代表性作家，但是我要強調她早在八〇年代末期（也就是在同志文學被熱烈議論「之前」）就已經寫出代表作。與其說邱妙津屬於九〇年代同志文學

95　陳雨航不大可能沒看見〈賣家〉中的同性戀，因為他是罕見的敏銳讀者、經常看出文學中的同性戀玄機，參見二〇〇二年版本《心鎖》編者引言，頁八。陳雨航沒有明說〈賣家〉有同性戀，可能是要向讀者賣關子。

浪潮的成員，不如說她是這股浪潮的先驅者之一。

與其說邱妙津在寫作生涯初期就已經寫出同性戀，不如說她早就發展出一種有潛力再現「不穩定主體」的寫作「方法」：「一分為二、二合為一」。「不穩定主體」並不是一個特別術語。有些人、有些主體是不穩定的，可能是因為忽強忽弱，可能是因為忽而「泛藍」忽而「泛綠」，可能忽男忽女。邱妙津筆下的不穩定主體，則是忽而「一分為二」忽而「二合為一」。邱妙津作品則似乎傾向迴避「渾然一體、一體成型」的主體，反而偏好化整為零（把主體切成碎片），不然就是反過來化零為整（將碎片拼合成主體）。她早期代表作短篇小說〈囚徒〉、中篇小說〈寂寞的群眾〉都只寫出異性戀男女配對、沒有同性戀身影，與宣洩女同性戀悲情的〈柏拉圖之髮〉截然不同。然而，幾乎在同一個時間點發表的這三篇文本卻也相似：〈囚徒〉、〈寂寞的群眾〉、〈柏拉圖之髮〉三篇的核心角色都是一組組對立、互補的人物（男女配或女女配），一個扮白臉一個扮黑臉——但這些看似二元的黑白配對，都像是同一個角色分裂出來的兩個分身。〈寂寞的群眾〉祭出對立的男女配，也安排了對立的兩條故事線：一邊寫一九八九年六四前的天安門社運，另一邊寫類似歷史時刻發生的台北無殼蝸牛運動[96]。〈寂寞的群眾〉的兩條故事線體現了「一分為二、二合為一」，預告了邱妙津名作《鱷魚手記》的小說架構：《鱷魚手記》由兩條平行故事線組成，個別標榜女同性戀大學生「拉子」和卡通玩偶狀的鱷魚——這兩個角色互為表裡，而且她們的兩個世界一體兩面。

〈柏拉圖之髮〉標題耐人尋味：「柏拉圖」和「髮」意謂什麼？我先來研判小說內文偏偏沒有提及的柏拉圖：一方面柏拉圖可以讓人聯想「柏拉圖之愛」，一般被讀為「精神之愛」或（誤）讀為「同性戀」；另一方面，柏拉圖更可以讓人聯想到真與假的對立。在《理想國》（*The Republic*）

中，柏拉圖認為假象（根據意念做出來的人造事物）是劣等的，但是俗人廣泛接受；真相（也就是意念）是高貴的，卻只有智者懂得珍視。在〈柏拉圖之髮〉中，「男」作家「按照公式」寫的廉價愛情小說、性工作女子「按照行規」操弄男方感情的話術、「男」女雙方「按照男女配對模式」進行扮家家酒似的同居，其實都是柏拉圖所稱的假象。小說中男女雙方距離越是努力以假換真，就越是遠離真相。

小說中，三十六歲的小說敘事者「我」為了寫出很「真」的愛情小說，便決定去「買」男女戀愛經驗。「我」戲仿嫖客，找了一名阻街女郎回家，要求女郎和「我」合演一場男女同居的戲。二十三歲的阻街女郎寒同意了。標題點出來的頭髮一方面標誌男女性別（gender）——女方要求男方剪短頭髮，看起來才像男人；另一方面象徵被壓抑（所以會反彈）的性慾（sexuality）——寒每次離開同居的頂樓加蓋公寓、出門接男客的時候，「我」的頭髮就會激動直豎。寒擔心「我」不夠像男人，而「我」則為「假同居女友」的性交易行為吃醋。原來，「我」其實是為了寫作需求而戲仿男人的女人，「我」和寒進行戲仿男女同居的女女同居，也就是一種女子代工的「代家」。「我」一直感嘆不能夠和寒真槍實彈做愛，原來是因為兩人都是女人。這種「女同性戀感嘆自己不是男人」的心態，在邱妙津的代表作《鱷魚手記》裡頭仍然鮮明可見：一九九四年出版的《鱷魚手記》中，敘事者宣稱，「從前，我相信每個男人一生中在深處都會有一個關於女人的『原型』，他最愛的就

96 很多國內外讀者誤以為邱妙津在小說寫過「台灣野百合學運」、「中國五四運動」等等運動。事實上不然。邱妙津在小說只寫過一九八九年天安門運動以及台北無殼蝸牛運動。

是那個像他『原型』的女人。雖然我是個女人，但是我深處的『原型』也是關於女人。[97]」

同居關係帶給「男」女兩方的衝擊不一。「我」感受比較劇烈的衝擊：她從一個曾經交男友的異性戀女子，變成一個慾望女人的女子，可以說是後知後覺的雙性戀女人。而寒安之若素，因為她早在同居之前就是雙性戀：她接男客，也跟妓女同業上床[98]。可能正是因為性工作者寒有恃無恐，她進行兩種罷家：第一種，她早在少女時代就以性工作為樂，被父親斷絕親子關係；第二種，她在女女同居期間仍然外出接男客，讓「我」持續心生被拋棄在家的恐懼。

傳統戲曲的戲班，也可以是「代家」。《同志文學史》第三章開頭就引述了《聯合報》最早的女同性戀報導：一九六一年，鍾女「因在戲班演戲」認識黃女，「感情甚篤，演成同性戀」，從一九五六年相愛至一九六一年（長達五年），在羅東同居。這則新聞可能只是無數類似真人故事的冰山一角。這則新聞讓人容易聯想起凌煙於一九九〇年獲獎的長篇小說《失聲畫眉》，以及後來根據《失聲畫眉》改編的爭議電影[99]。當時文學獎的評審們——小說家季季、戲劇家姚一葦、小說家李喬、學者施淑女（施淑）、小說家葉石濤——全都注意到《失》中的女同性戀，而且大多給予肯定。季季表示，《失聲畫眉》呈現了「民國七十五年左右，『大家樂』賭風襲捲台灣中下層

凌煙，《失聲畫眉》（台北：自立晚報，1983）

社會最烈的時候」[100]；「我看過的小說中，（《失聲畫眉》是）描寫女同性戀者寫得最好的」[101]。姚一葦說，「這（《失聲畫眉》）可以說是個畸形的世界，其中又以對女同性戀的描述稱得上是一絕。在我讀過的作品中，尚未看到任何作者寫女同性戀寫到這種層面，不管國內或國外的作品，這個層面是其他作者所沒有觸及過的。」[102]

但這部小說內容不是純屬女同性戀的烏托邦：書中異性戀女人和同性戀女人平分秋色。常有人認為，同志文學作品的主要角色應該是同志、敘事主線也應該是同志相關情節，但是《失聲畫眉》剛好可以用來挑戰這類僵化的文學意見。這本書最搶眼的角色應該是女扮男裝的女同性戀者「豆油

97　邱妙津，《鱷魚手記》（台北：時報文化，一九九四），頁一〇。

98　這個細節點出一個容易被忽略的社會現實：妓女的性伴侶也可能是別的妓女。也就是說，服務男性的妓女可能是雙性戀者、女同性戀者。

99　一九九二年，江浪（鄭勝夫）將《失》改編導演為電影《失聲畫眉》，由陸一蟬等人演出。但這部電影於二〇一二年——下片二十年之後——重登新聞版面。LS TIME電影台於二〇一二年二月二十五日播出電影《失聲畫眉》，片中出現女子間親吻舌吻特寫、同性戀暗示，被NCC（國家通訊傳播委員會）認定違反「節目分級辦法」。同志社團的嚴正抗議，認為NCC歧視同志。NCC回覆，表示並無歧視同志之意，純是因為電視台違反節目分級的標準而開罰。長久以來，在國內國外，官方（含軍警、學校）歧視或打壓同志的方式往往不是直接用「處罰同性戀之名」對同性戀開鍘，而總是有辦法迂迴地、利用看起來「完全不歧視，甚至不提及同性戀」的法規來找同志麻煩。

100　凌煙，《失聲畫眉》（台北：自立晚報，一九八三），頁二五八。

101　同前注，頁二五九。

102　同前注，頁二六一—六二。

哥」，但是她不是整本書的主人翁——主人翁其實是小說敘事者慕雲，一個看來和情慾無涉的罷家女孩（她為了跟隨戲班，不惜離家出走、氣壞父母）。此書的敘事主線就是慕雲痛惜「畫眉失聲」（象徵歌仔戲沒戲可唱、沒落了），而不是和異性戀情節旗鼓相當的同性戀情節。然而妙的是，這部小說帶給許多讀者的最強烈印象並不是來自於歌仔戲沒落的主線，而是來自於女同性戀的支線。這部小說將同性戀列為故事支線而不是主線，根本無損於這部小說處於同志文學這個「領域」的地位。

這部小說描寫多組女人（異性戀、同性戀都有）為首的「代家」：她們大多脫離了、迴避了一男一女配對的核心家庭，反而住在戲仿正常家庭的另類家庭。她們在歌仔戲班的勞動收入，可以用來維持「寄生」（沒有貶意）戲班的愛巢；她們在愛巢之內的愛慾得失，也回過來反饋戲班這個「宿主」。不過，這種「愛巢和戲班互相培力」的經濟體（economy），都被當年的評論者簡化為「情境式同性戀」。「情境式同性戀」這個說法除了顯然小看同性戀，也暴露出見樹不見林的遺憾：一，戲班這個情境，除了容納評論者特別在意的同性戀愛巢，也收留了評論者小看的異性戀愛巢；二，「情境式同性戀」一說暗示情境（戲班）是因、生產出同性戀這個果，忽略了另一種因果關係的存在——同性戀愛巢也可以是因、足以「再生產」（維持）戲班這個果。

施淑說，「這作品有其可貴處，如季季所提的歌仔戲團中的同性戀問題，那種由於演戲而產生的假鳳虛鸞的情境，歌仔戲團被摒除於台灣正統文化之外，使她們在情感生活上不得不走上那種道路」[103]；李喬說，「女同性戀的層面，非常自然……這篇同性戀並非源於遺傳因素，也不失源於成長史的性倒錯，而是扭曲畸型的大環境所塑造出來的。」[104]這兩位評審一方面讚賞《失聲畫眉》描繪同性戀的技藝，另一方面又為被描繪的同性戀本身感到遺憾。他們認為，歌仔戲和女同性戀有因果關係：歌仔戲團在台灣被邊緣化是因，假鳳虛凰是果。妙的是，這種因果關係說法，將女同性戀視為本土文化既有成分——女同性戀發生，不能說是都市污染鄉村的結果，也不能推諉給外國。

長期關心同志小說（如，林懷民小說）的葉石濤則指出，「在這麼一個舊式封建社會中（指歌仔戲班），除了它本身有的問題之外，還發生了新社會引進的墮落問題，如為錢脫衣、賣命及同性戀等等。封建的舊道德和新倫常之間所引發的矛盾……」[105]葉石濤對於同性戀的態度與另外四位評審不同；他認為同性戀是「新社會、新倫常」帶來的，言下之意是，要不然台灣舊社會才不會有同性戀。他這種說法其實並沒有偏離他早年閱讀林懷民的態度：他一直認為，同性戀是西方社會帶來的，對於台灣來說是新鮮事。葉石濤的說法卻經不起考驗——《失》並沒有描寫新社會或新倫常；脫衣舞和同性戀都是舊社會早就包涵的成分，不能推託給舊社會之外的世界。但我倒不是在計較葉石濤發言的對錯，而是要點出葉石濤對於舊社會的**選擇性記憶**：葉石濤選擇記憶的舊日台灣是沒有色情的、沒有同性戀的，也就是說，**被淨化過的**。

《失聲畫眉》從一九九〇年面世一直到今日所引發的各種議論，不外乎是台灣本土的純良文化怎麼會與妖冶的女同性戀情慾並存。按照一種常見的詮釋，《失聲畫眉》中歌仔戲班女子參與了

103 同前注，頁二六一。

104 同前注，頁二六六。

105 同前注，頁二六四。引文中的「矛盾」應指前述的同性戀等等現象。

「情境式同性戀」。也就是說，如果這些女子並不是在歌仔戲班這樣形同封閉的環境中討生活，她們就不會參與同性戀活動了。類似的說法也常在許多教育界專家口中聽到：女校之中的女同性戀是情境式的，言下之意她們並不是真的同性戀，只要脫離女校就可以和男性正常交往了。

在此，我並不是要「挑戰」這個邏輯——長久以來不少人已經對這個邏輯提出精闢的挑戰——而是要「延伸」這個邏輯。在〈《失聲畫眉》中的女同性戀立場與台灣本土立場〉（Lesbianism and Taiwanese Localism in *The Silent Thrush*）這篇文章中[106]，中央研究院人類學者司黛蕊（Teri Silvio）表示，「歌仔戲班導致情境式女同性戀」的說法，不但在一方面意謂本土傳統的歌仔戲讓女人變成同性戀，在另一方面也暗示同性戀女子造就了歌仔戲，也因而造就了福佬文化[107]。換句話說，女同性戀證明了歌仔戲的力量，而歌仔戲向來被認為可以代表福佬文化的力量，所以女同志也是台灣本土文化中不可忽視的要素。

也就是說，「情境式同性戀」的說法一方面可以藉著將女同性戀歸咎於情境（女校、戲班等等）以便打發同性戀，在另一方面卻也可以藉著肯定情境和同性戀之間的交纏。前一種態度是要想要輕忽同性戀的（而且辯稱情境是惡的），後一種則是重視同性戀的（並且肯定情境是善的）。所以我們也可以說，女同性戀是女校的特色之一，而女校是台灣（和許多國家）的教育傳統之一，所以女同性戀在國家教育中也是不可忽視的歷史資產。

同時，我也想指出：情境並非只會造就單一的情慾；就算是同一個情境，也會造就出多元的情慾。回歸《失聲畫眉》的小說，不但女同性戀可以說是情境的造物（而女同性戀的存在證明了情境造就情慾的能力），多種異性戀關係也是情境的造物[108]。人們愛說同性戀是情境的產物而不常說異性戀也是情境所造成，言下之意是，同性戀是迫於環境而不得不然，彷佛忘了世間無數異性戀也是環境左右的結果。

七、男子代工

本節「男子代工」的標題故意模擬上一節「女子代工」。但是「女子代工」這個概念本身已經是一種模擬：女人模仿男人工作，但不被視為正規勞動，只被看成「代」工。「男子代工」則是將模擬男人的女人也當作模範：男人模仿在模仿男人的女人賺外快，只被看成邊做邊玩的代工。我所說的女子代工和男子代工，各自挑戰了「男主外女主內」的既有常規：女子代工現象證明了女子可以（被迫）享有行動力（mobility）出門，男子代工現象洩漏男子也可能困守家中——有些女性也有出門工作的競爭力，甚至在家外面打造「代家」，而某些男性未必有這種競爭力，只能留在家裡，也就沒有打造「代家」的需求。

106 Teri Silvio, “Lesbianism and Taiwanese Localism in The Silent Thrush,” in *AsiaPacifiQueer: Rethinking Genders and Sexualities*, ed. Fran Martin, Peter Jackson, Mark McLelland and Audrey Yue (Urbana: University of Illinois Press, 2008), pp. 217-34. 這篇文章的討論對象是小說的電影版，但是部分看法也適用於原著小說。

107 同前注，頁二三一。

108 許多異性戀者在校園生活找到男女朋友、在社團活動找到未來的另一半。這裡的校園生活和社團活動當然也是（暫時性的、不會天長地久的）「情境」。

這一章一開頭強調「因為罷家，所以做人」的方程式。上一節的女性角色因為不見容於主流家庭的同性戀而與家庭決裂（罷家）；這一節的男性角色未必參與同性戀，也就沒有必要罷家，卻都讓人聯想到同性戀：所謂「沒出息的男人」（沒有出門打拚的男人）容易被懷疑失去男子氣概、被認為可以被調戲。上一節的女性因為罷家，所以各自做人（成為可以獨立自主的性主體），但是這一節的男性因為沒有罷家，所以都沒有成功做人（只成為任憑擺布的、可以用過即丟的雛形性主體）。

這一節討論的劉春城長篇小說《不結仔》和王禎和兩部長篇小說《美人圖》、《玫瑰玫瑰我愛你》都描繪了被男人調戲的男人，因而容易讓人聯想到男同性戀的慾望。《不結仔》展現「在家代工」的主人翁：他是沒有「進入主流經濟體系」的非正規勞動者，趁等著當兵的空檔，在家幫忙雜工殺時間。主人翁綽號「不結仔」，按照上下文來看，應指「彆扭的人」。彆扭的他偏偏要面對青春期男孩和男孩之間的意淫[109]。

前文化部長龍應台曾經稱許《不結仔》，「非常純樸的一本小說，在純樸中有一份忠實於鄉土的真實，一點都不做作，很好。」[110]龍應台的讚詞其實啟用了一種套套邏輯（tautology）：「純樸」就是「鄉土」，就是「真實」，就是「自然」，而鄉土就是純樸。龍應台說此書純樸，但是書評家傅百齡卻擔心這本書不純樸。傅百齡在〈一個中國處男的故事——試探《不結仔》的中國性倫理〉這篇文章擔心這本書讓人聯想色情[111]。傅百齡的文章的主標題和副標題都強調了性與中國；可是，《不結仔》沒讓讀者看到中國或中國人，卻讓讀者看到性。傅百齡表示，「它（《不結仔》）不是一篇輕薄的色情故事……（它）藉著少年性事作文化倫理性的探討……」[112]也就是說，傅百齡驚覺書中有少年的性，卻又連忙說少年的性不是色情，還辯稱少年的性可以讓人認識文化與倫理。他敏銳整理出書中四大特色：一，不結仔很想有性經驗，但不敢親自嘗試；二，不結仔覺得自己的性器官比別的男生小因而自卑；三，不結仔「疑似同性戀」；四，不結仔似有戀母情結。

傅百齡與上一章提及的呂秀蓮類似，都是「感受到同性戀效果」的讀者。傅指稱此書疑有同性戀，但又隨即澄清說書中其實沒有。傅百齡的自問自答看似徒勞，卻展現了一種常見的詮釋焦慮：文本好像埋藏了「祕密的知識」（這個祕密往往是「性的祕密」，通常是禁忌的性，例如被當作祕辛的男同性戀），但詮釋者一方面無法證實這個祕密是否存在，另一方面又不吐不快。用我在這一章開頭的說法來說，讀者不見得可以證明某個文本裡面是不是真的有同性戀者，但是可以承認是否感受到文本產生的同性戀「主體效果」。傅百齡對小說中同性戀疑神疑鬼，顯示出一九八〇年代當時的評論者已經知曉同性戀的存在，甚至還自認為懂得辨認真假同性戀，彷彿懂得驅魔的法術。

109 劉春城，《不結仔》（台北：圓神，一九八七）。

110 龍的推薦語會出現在這裡，可能因為她當時正是圓神出版社捧紅的作家——同樣是圓神出版社出版的《不結仔》書末顯示，《野火集》已經賣了九十一版。另一方面，龍於一九八〇年代也以文學評論著稱，她的《龍應台評小說》也曾經是暢銷書。龍當年也寫了《孽子》和馬森《夜遊》（書中男主人翁是雙性戀白人）的評論；但與其說龍特別留意男同志文學，不如說她走紅的時候正好是男同志文學及文化摩拳擦掌、蓄勢待發的年代。

111 此文原載《新書月刊》（當年龍應台常在此刊發表書評），後收入《不結仔》書末。

112 傅百齡，〈一個中國處男的故事——試探《不結仔》的中國性倫理〉，《新書月刊》六期（一九八四年三月），頁八六—九〇。

傅百齡提及，不結仔很想要有性經驗、不結仔覺得自己的性器官比別的男生小因而自卑。這兩點特色並不能和男同性戀的意淫撇清關係，雖然傅百齡很希望讀者不要聯想同性戀。此書的長處就在於描繪男孩對其他男孩的心癢：不結仔羨慕其他男孩有了性經驗，但讀者分不出來不結仔究竟在意淫其他男孩享用的女孩，還是在意淫其他男孩本身；不結仔想要偷看別的男孩的性器官，也同時羞澀地希望別人看到自己的性器官；男孩們平時都嚷著要互看性器官以便證明大家是好兄弟，而不結仔對於這種同儕之情又愛又怕。雖然《不結仔》的敘事終究安排每個在離家時刻男孩都各自配對了女人，因而阻止男同性戀繼續待在家鄉發展，但這本小說的敘事重點顯然不是離家之後男對女的慾望，而是未離家男孩對家鄉男孩的心癢。

上一章指出，美國的文化霸權席捲一九七〇年代台灣文學中的男同性戀，但是王禎和劇本《望你早歸》寫了男同性戀卻偏偏毫不提及美國人事物。到了八〇年代，王禎和卻換了態度，將同性戀和第一世界國家結合在一起。他的長篇小說《美人圖》和《玫瑰玫瑰我愛你》藉著刻畫看起來「可恥」的肉慾（和同性戀慾望），諷刺兩種現象：一，美國和日本對台灣進行的「新殖民」——新殖民主義不像傳統殖民行為一樣公然占領台灣的土地，而是幽微攻占台灣人的口袋和心；二，台灣人因應新殖民的崇洋媚外心態。善於巴結美國人或日本人的台灣人物往往擅長打扮，穿著曝露，喜歡打情罵俏，情慾生活忙碌——也就是說，看起來「可恥」。

一九八一年連載於《中國時報》的長篇小說《美人圖》描繪兩名離開鄉下老家到台北謀生的年輕男子：小林和小郭，兩人都與男同性戀存有若即若離的關係。後來，王禎和於一九八三年寫完的長篇小說《玫瑰玫瑰我愛你》呈現一批住在花蓮（而不是台北）的仕紳。這批仕紳幻想，攻打越南的美軍一旦路過花蓮，就會想要嫖妓。有一位仕紳一想到美軍登陸花蓮，便「看到一個異象」[113]：五十名吧女「穿著色澤奇麗原始味濃的山地服飾」[114]，一方面賺美金，一方面又為國爭光。這些仕紳還想到，美軍也需要消費討好男同性戀士兵的男妓，便想要動用花蓮子弟兼差下海。這兩部小說的對比之一在於城鄉差距：《美人圖》的鄉下男孩到了台北（離開家鄉工作），《玫瑰玫瑰我愛你》的鄉下男孩留在鄉下（留在家鄉工作）。既然這一小節的重點在於「沒有離家去正式工作的男人」，我就先討論男孩困守家鄉的《玫瑰玫瑰我愛你》，然後在這一小節最末再談男孩到台北討生活的《美人圖》。

《玫瑰玫瑰我愛你》的仕紳想到應該向美國大兵提供男妓，是從花蓮名流鄆醫生言行得到靈感。有婦之夫鄆醫生將花蓮當純樸少男病人（就是龍應台筆下的「純樸」）視為可以任憑玩弄、唾手可得的玩具。《玫瑰玫瑰我愛你》展現的醫生挑逗少男畫面以極近距離的特寫鏡頭呈現，逼讀者身歷其境：醫生用貪婪的目光為一位年輕男子進行全身體檢，用言語挑逗對方、要求對方脫衣（對方脫衣服的過程像是脫衣舞舞者一樣拖延、挑逗）、要求對方自慰（以便檢查精液是否健康），害得對方興奮勃起。這部小說用了超過十頁的篇幅展現醫生挑逗病人的體檢過程[115]。《美人圖》收入的林清玄文章宣稱同性戀是病態，而《玫瑰玫瑰我愛你》附錄的蕭錦綿文章指出書中人物鄆醫師

113《玫瑰玫瑰我愛你》，頁二四八。也就是說，吧女出場迎接美國人的盛況並沒有真的發生，而只留在這位仕紳的想像裡。
114 同前注，頁二四八。
115《玫瑰玫瑰我愛你》，頁一一八—三〇。

「斷袖之癖，寡人有疾，正是『醫師有病』的寫照」[116]。蕭錦綿一方面指認出書中的同性戀，另一方面馬上判定同性戀是病。在這種「一『指認』出同性戀，就『斷定』同性戀有病」的大環境中，同性戀不被指認反而是小確幸：不被看見，就不會被斷定有病。

這個鄆醫生的言行帶給仕紳代表董老師當頭棒喝：有些男人其實喜歡純樸男孩。董老師看美國雜誌得知，「美國成年男子人口中HOMO CASE估計約有四分之一。」[117]他推算，「來花渡假的三百名美國大兵，至少，at least有七十五名是黑摸（HOMO）。」[118]而黑摸可以換算成金錢：「若是把著七十五名黑摸（也是幾年以後，玻璃、玻璃圈一號零號……才叫開來）列入營業對象」，營業金額必然大增[119]。

董老師要求妓女戶老闆「阿尼基」除了供應女體[120]，也要供應男體給美軍。阿尼基初聽董說，美國四分之一的男人是「腳仔仙」[121]，「玩腳倉的」[122]，大吃一驚。但更讓阿尼基吃驚的是，他的競爭對手，另一家妓女戶的老闆黑面李（從上下文得知，李是中年人），主動要求親自下海賣。董老師勸退黑面李，推說來台的美軍都是二十歲的少年家，黑面李年紀太老不適合。黑面李馬上回道：「我把我的三個外甥都找來。他們才十八、九歲，都練過舉重，身體都十分魁梧，應該有夠資格接待美國腳仔仙！」[123]董老師說，那叫外甥來和妓女一起學英語吧，以便和美國人應對；黑面李說，不用，外甥都高中畢業英語也通，「到時候找他們來獻腳倉就是啦！」[124]董老師又說，那你要教外甥如何待客喔；黑面李說，我會教他們多用肥皂，就不怕痛啦[125]。郭良蕙的《兩種以外的》小說也提過肥皂在男人床上的妙用。黑面李揭竿而起之後，另一家妓女戶老闆紅毛大姐也要捐出兩個姪兒的腳倉。阿尼基不能輸人，便答允自己的大學生兒子也要「來幹」，而且要叫兒子要好的同學「也找來一起幹」[126]。阿尼基的理由是：一，男生只是玩玩，不會像女生一樣留下痕跡；二，男孩們可以藉機會練習說美國話；三，可以賺美金；四，省錢——訓練、保養妓女很花錢，而男學生下海兼差卻不需成本[127]。小說中的地方仕紳精打細算，認為服務美軍的妓女必須「全職」上班，妓男卻只要自家子弟「兼職」就好。這些被認為打零工的男妓，唾手可得，不被視為正式的勞動者（因而不會被珍惜），也就是我在這一節所關注的「代工男子」。

雖然《玫瑰玫瑰我愛你》描寫男男的情節少於男女的情節，但書中男人意淫男人（以及女人意

116 蕭錦綿，〈滑稽多刺的玫瑰——細讀王禎和新作《玫瑰玫瑰我愛你》〉，收入王禎和，《玫瑰玫瑰我愛你》，頁二七一。
117 《玫瑰玫瑰我愛你》，頁一三六。
118 同前注，頁一三六。小說原文顯示小寫英文和大寫英文。這部小說的特色之一就是使用中文和英文夾雜的語言；更準確地說，是不標準中文和不標準英文夾雜的語言。
119 同前注。
120 按，「阿尼基」為日文「大哥」一詞的發音。即假名的「あにき」、「アニキ」。
121 「腳仔仙」在福佬話指「男同性戀者」。
122 「腳倉」在福佬話指「屁股」。
123 《玫瑰玫瑰我愛你》，頁一九一—九二。
124 同前注，頁一九二。
125 同前注。
126 同前注。
127 同前注。

淫男人）的力道比男人意淫女人還來得強勁——如，惲醫師大叔調戲少男病人的情境，遠比書中男女調情畫面來得火辣。《玫瑰玫瑰我愛你》將異性戀視為主菜、將同性戀視為配菜。儘管如此，不論《玫瑰玫瑰我愛你》是否歸入嚴格定義的同志文學文類，它必然是同志文學這個研究領域的重要風景。

剛才討論過的《失聲畫眉》固然聚焦於打造「代家」的女子（含同性戀女子也包含異性戀女子），但小說裡也有代工男子跑龍套。這個住在女人「代家」裡的男子也讓人聯想男同性戀「主體效果」。也就是說，《失聲畫眉》以女同性戀情節出名，但絕不是僅僅呈現女同志的文本——這個文本之內也有異性戀情節，也有讓人感受到男同性戀的橋段。

名叫「大箍仔」（在福佬話指「胖子」）是戲班的男演員之一。在台上扮演奸臣的大箍仔在戲班的地位比眾女角低落許多；他看起來未經性事的模樣也惹來男性同儕訕笑。有一回戲班到了新竹鄉下，「店仔」（雜貨店）和戲班紮營處間有點遠，但大箍仔卻樂於幫大家跑腿到店仔買「舒跑」和「蠶豆酥」[128]。戲班眾人訝異大箍仔怎麼這樣好心，才發現大箍仔和店仔頭家很投契[129]。

在戲班內沒人緣的大箍仔，卻被這個四十歲的親切老闆當作熱心助人的茶友。老闆說大箍仔「忠厚老實」（或龍應台所稱的「純樸」）——這話傳回戲班，班內眾人就開玩笑，將這評語延伸閱讀為大箍仔的性：男子們笑他應是「老童子雞」（按，處男）、不懂「想查某」（按，不懂得慾望女體）、可能連「自摸」（按，自慰）都不會[130]。原來，班內眾人不知如何解讀這個「男男」忘年之交（按，老闆和大箍仔兩人相差二十歲左右），卻馬上將之篡改為大箍仔在「男女」性事的無知。「同性友誼的出現」被解讀為「異性性事的消失」。

大箍仔喜歡被老闆當成朋友，兩人友誼「是很難得的一種感情」[131]。無奈，戲班就要「過位」到台南（從新竹移到台南表演），大箍仔只好離情依依，想去老闆家正式告別。未料老闆親自來戲台，送紅包和禮物給大箍仔。「大箍仔高興得不知該怎麼辦才好」[132]，而老闆「原來也是性情中人」[133]、送禮（錶）是為了「當做是我們有緣熟識的紀念」[134]。大箍仔沒有罷家（這裡的家是指戲班的「代家」）的本錢，遇到搬家的時候就只好割捨私情。

這一節討論過的《不結仔》、《玫瑰玫瑰我愛你》和《失聲畫眉》都描繪了沒辦法自己搬出老家、只能住在家裡或「代家」裡的年輕男子。他們被認為是少不經事、不務正業的經濟弱者，也是可以被輕易擺布的慾望客體。我接下來要談王禎和的另一本長篇小說《美人圖》：小說主人翁小林離開老家到台北上班，和先前討論過的「在家代工男子」截然不同。但我發現，《美人圖》的小林竟然詭異地類似邱妙津〈柏拉圖之髮〉裡的「我」：這兩位主人翁都離開原來的「老家」，並享有

128 這兩種商品顯然流行於一九八〇年代。
129《玫瑰玫瑰我愛你》，頁一〇八。
130 同前注，頁一一二—一一三。
131 同前注，頁一二〇。
132 同前注，頁一二七。
133 同前注。
134 同前注。

一個「逼近同性戀卻不得讓同性戀真正發生」的「代家」[135]。

《美人圖》的小林在航空公司工作，看到許多想要變成美國人的「高級華人」。書名「美人圖」反諷的「美人」：想要拿綠卡移民美國的假美國人。《美人圖》的小林幾乎脫胎自王禎和的較早短篇小說〈小林來台北〉[136]：〈小林來台北〉中的小林也在旅行業工作，很厭惡公司中愛用洋名的台灣人，例如包括嘴裡叼著「看起來和勃起的陰莖大致相似的雪茄」[137]的一名男子。崇洋者被諷刺比擬為男同性戀者。

邱妙津〈柏拉圖之髮〉裡的主人翁「我」與寒（流鶯）為了「我的工作」（寫書）而同居，組成「代家」。「我」既期待又擔心寒會和「我」在家裡（在「代家」裡）發生情慾關係，只能無奈放任寒離家，用美色去和男客賺錢。《美人圖》也描述了一個類似的「代家」：主人翁小林和旅行社導遊小郭在台北共租一個房間。小林對於渾身散發性魅力的小郭充滿興趣，但是只能夠放任小郭在「代家」外面用美色去和有錢男人賺錢。彷彿忍耐飢餓卻不能吃東西的人，小林必須冷靜不碰小郭的身體，因為小郭的身體是要拿出門賣給別人的，而且小郭賣身的收入還會帶回家交給小林用，好讓小林回去鄉下「老家」。對小林來說，和小郭在一起的「代家」是刺激的（因為充滿小郭的肉體誘惑），卻也是用過就丟的；和爸媽在一起的「老家」是無聊的，卻也是踏實的。我之前提過，一九七〇年代呈現女同性戀的文本中，與其說那些情慾女子是各自獨立完整的同性戀「者」，不如說她們參與了同性戀「關係」。我發現《美人圖》的小林就像七〇年代台灣文學中的女人：與其說他是自我完滿的同性戀「者」，不如說他和小郭參與了同性戀「關係」。

外表俊美喜愛打扮的小郭也是「男性代工者」：他表面上擁有一個正當工作（導遊），但是他私底下也利用身體本錢賺外快。日本觀光客和小郭在廁所並肩站著小便之後，興致勃勃地跟他拔了五根陰毛，小郭便趁機出價，一根毛要價「一千台灣多魯」[138]。旅行社的台灣上司覺得就像是美國特別多的「雞匹婆」（同性戀者）[139]：上司花兩萬五千元（以當時幣值計算）邀小郭上床，發生「第三類接觸」（小郭藉此稱呼「男男肛交」）[140]，結果搞得小郭「痔瘡都出血了」[141]。心靈散文名家林清玄嚴正表示[142]，《美人圖》展現「甚至同性戀，幾乎全是一些病態的地方」[143]。

《美人圖》一邊挖苦台北城裡的情慾，一邊呵護鄉村的純樸，建立城市低賤鄉村聖潔的高下之

---

135 雖然《美人圖》讓我聯想到〈柏拉圖之髮〉，但事實上出版於一九八一年的《美人圖》比發表於一九九〇年寫完的〈柏拉圖之髮〉還早面世。

136 王禎和，〈小林來台北〉（一九七三），《嫁粧一牛車》（台北：洪範，一九九九），頁二一九—四八。

137 同前注，頁二二九。

138 王禎和，《美人圖》，頁三二，即「一千台幣」。

139 同前注，頁六九。「Gay people」（同志族群）也被小說敘事者故意譯成「雞匹婆」，讓人聯想資深本土演員「阿匹婆」。這一頁連續使用「美國」（用了二次）、「美國人」（一次）等詞，強調同性戀是美國特產。

140 同前注，頁七二。

141 同前注，頁七一。

142 林清玄，〈戲肉與戲骨頭——訪王禎和談他的小說《美人圖》〉（一九八一），收入王禎和，《美人圖》，頁一九九—二〇二。

143 同前注，二〇一。值得留意的是，林清玄卻同時稱讚書中兩名來自鄉下的青年角色：小林和小郭（頁二〇〇）。林清玄似乎沒有注意到他自相矛盾，他所稱讚的小林和小郭在書中熱烈旁觀了、參與了林清玄自己痛恨的同性戀情慾流動。

別。不過，小郭和小林的「分工」（小郭在城裡賺外快，小林拿小郭賺的錢回到鄉下「老家」）卻打破了這個高下之別。「恪守傳統價值」的小林沒有資格鄙夷「擁抱靈肉市場」的小郭。家裡缺錢的小林可以透過小郭省錢：小郭大方邀請沒錢的小林當室友，共享沒隔間的公寓，還不要小林分攤房租呢。小林還想要向小郭借錢：他一聽到小郭賣陰毛和賣屁股賺到外快，就想要借來買票坐車「回家」。和消費小郭肉體的有錢男人們一樣，小林也是小郭男體的消費者。

不過小林還是和花錢的金主們不同：他不必花錢，就可以就近欣賞室友小郭的肉體美。小林對於小郭的依賴，是經濟的，也是慾望的。小林喜歡仔細凝視小郭的身體：「他上身著件水藍的紗質襯衫，內裡沒穿汗衫或背心什麼的。襯衫的鈕扣又當胸敞開了三四顆，長有一片黑毛地膺膛便裸出來讓人瀏覽。」[144]小郭聽說「亞美利加」（美國）的人流行裸睡，他也跟隨潮流[145]。「在小林剛搬來的第一晚，他就在小林跟前脫得一縷不剩地躺到床上……。見小林面露尷尬，便雙手摀住了他暴升起來底♂。」[146]小林也有生理反應：小郭勸小林也全裸睡覺，小林照做之後徹夜勃起無法入睡[147]。同住久了，兩人沒有（或，「不敢」）發生同性性行為，不過小郭在家全裸的習慣一直讓小林害羞，小林也百看不厭。在小林眼中，「小郭確是長得亂帥的，乍看還真有點像歌星劉文正。……的確，小郭的確長得亂帥的；身體也亂魁的，胸脯厚實得似練過舉重，胸上黑毛一路烏亮地蜿蜒迆邐下去，越過扁平緊俏底腹腰，直入下身——一條沖天一飛的青龍。」[148]這段話顯示小林太過亢奮，語無倫次。

《美人圖》曾經改編為電影[149]。從當時流行的娛樂刊物可以窺知，電影《美人圖》的噱頭就是小郭（演員林瑞陽飾演）的男性肉體。《美人圖》裡的男男關係太逼真，結果被現實生活中的讀者提告。根據一九八一年的《中國時報》報導，原告某位郭姓男子告小說家誹謗，因為他認為《美人圖》中的小郭就在影射他本人，小說中小林小郭的互動也像他自己和某位林姓友人的關係。原告也認為《神仙老虎狗》、《小人物狂想曲》等等電視節目影射他[150]。新版《美人圖》將《中國時報》刊載的郭男新聞收在全書最末的附錄[151]，舊版《美人圖》則將郭男新聞置於小說第一頁：郭男新聞一來像是全書的免費廣告，二來也像是王禎和作品文本內化的一部分。

看似妄想症發作的讀者值得被「歷史化」思考：一九八〇年代初，媒體保守貧乏，民眾只有三台電視可看，只有三大張報紙可讀。那年頭關心同性戀的民眾一方面可能覺得媒體展現的世界完全

144 同前注，頁一一九。

145 同前注，頁二一一。

146 同前注。

147 同前注。

148 同前注，頁二一五。

149 見《民生報．影劇新聞版》，一九八五年五月四日，11版，指出，「本週上檔國片……勞動節檔的『打鬼救夫』和『美人圖』較具票房威力。……●美人圖　改編自王禎和小說。以楊慶煌飾演航空公司小弟為主題，苦學向上的楊慶煌，為代乃兄籌措兩萬元聘金，備受上司及同事嫌棄，而他的勤勉憨厚，與圍繞在他四周貪財、貪色、追求虛名的人，恰成鮮明對比。」主人翁小林的角色由楊慶煌飾演。

150 「附錄」，收入王禎和，《美人圖》，頁二〇八。

151 同前注，頁二〇七—二〇八。

和他們無關（當年的同志容易幻想「自己是社會中唯一一個同性戀」），但另一方面也可能走入另一個極端，成天懷疑媒體的任何訊息都跟他們有關（幻想「全世界都在偷窺我」）。深陷妄想的讀者可能以為：「身為台灣唯一的同性戀者，我必然是被小說家偷窺了，要不然小說家怎麼可能寫得出來這種同性戀情節？」與其說妄想的讀者有病，不如說知識封閉時代的社會結構逼人發病。

結語

「成年禮」（通過儀式，"rite of passage"）的敘事散見於各國民間故事：勇者要先經歷怪獸的考驗，才得以「升等」成為英雄。這種成年禮敘事也於一九八〇年代台灣文學出現：疑似同性戀的人要先經歷「罷家」的考驗，才得以升等「做人」，成為爭取各界惠賜「人道關懷」的同性戀者。八〇年代出版的《孽子》具有「劃時代」意義，並不是因為它是「最早的同志文學作品」（史料證明《孽子》不是最早），而是因為它是最早搬演同性戀「罷家做人」成年禮敘事的作品之一。《孽子》受到重視，不但因為「天賜良機」（剛好碰上現代核心家庭體制被膨脹成為霸權的時代），也因為「人道主義」（「求同除異」的人道主義合理化《孽子》裡的同性戀地下世界）。同性戀成為「老吾老以及人之老、幼吾幼以及人之幼」口號的憐憫對象。陳映真於一九八〇年代發表的〈趙南棟〉，則痛陳核心家庭這個機制的墮落：在家族被核心家庭機制取代的工商業社會，雙性戀肉慾被陳映真寫成人性墮落的象徵。

從《孽子》之後，文學裡同志角色面臨的主要考驗，與其說是慾海沉浮，不如說是親子決裂。

有些享有文化資本的文學角色藉著離開台灣、定居北美洲：他們一方面藉著移居北美洲而理直氣壯罷了台灣的家，另一方面藉著立足北美洲證明他們很會「做人」（成為資本主義社會的贏家）——他們將上一章提及的「美國時間」加以「利潤最大化」（profit maximization）。更多文學角色卻只能在不正規的「地下經濟」（另類經濟）討生活，進行「女子代工」和「男子代工」，結果捲入異性戀核心家庭之外的情慾。邱妙津、凌煙等人小說中，女人建立「代家」（替代式家庭），在「家工廠」（工作場所就是家，家就是工作場所）裡頭經營女女愛情。劉春城、王禎和等人小說中，待在「家工廠」的男人不被視為「正常的、有出息的男子漢」，是資本主義社會輸家，彷彿沒有成功通過成年禮，形同任憑他人擺布的廉價慾望客體。

第六章

翻譯愛滋，同志，酷兒

——世紀末[1]

一、從「解嚴」還是從「愛滋」開始算起？

「九〇年代是台灣同志文學的黃金時期。」

「解嚴之後，同志文學興盛。」

這兩種「把解嚴視為同志文學轉捩點」的說法很流行，但是已經淪為老生常談。我認為這種說法顧此失彼：只顧著讚頌早就一再被謳歌的解嚴，卻同時忽略愛滋在解嚴「之前」帶來的衝擊。

為了強調愛滋在同志文學史扮演了關鍵性角色，這一章並不採用「一九九〇年」或「解嚴」作為研究範圍的時間分界線，而要從愛滋開始出現的一九八〇年代初期開始算。把世紀末同志文學的燦爛成績上溯到「解嚴」這個「快樂」的時間點，只是為解嚴這個被神聖化的時刻錦上添花。這種錦上添花之舉終究導向**「因為解嚴很好，所以同志文學很盛」這種讓人感覺良好的推論**。然而，如果把世紀末的同志文學上溯到「愛滋出現」這個「悲傷」時間點，讀者才會發現一直讓同志如鯁在喉的愛滋污名。這種回顧傷悲的讀法可以導向「偏偏因為愛滋帶來悲傷，所以同志文學『反而』很盛」這個說法。在愛滋污名仍然揮之不去的二十一世紀初期，（愛滋帶來的）悲傷促成（文學領域的）興盛的弔詭緣分仍然值得被記得。

研究者從愛滋開始思考，才能夠更充分回應兩個常見的問題：

「同志是什麼？和同性戀有什麼不同？」

「酷兒與同志有什麼不同？」

這兩個問題一再「凸顯」同志和酷兒，卻也同時一再「不凸顯」另一個「藏鏡人」一般的關鍵詞：愛滋。我認為，如果沒有將愛滋與同志、酷兒一併討論，就等於忽視同志和酷兒得以立基的歷史基礎。正是因為愛滋帶給同性戀人口重大痛苦，所以有些人偏偏主張同性戀的光明與快樂、有些人則選擇承認同性戀本來就有黑暗、頹廢、羞恥的面向——前一批人喜歡「同志」這個詞，後一批人採用「酷兒」這個詞。要解釋同志與酷兒於一九九〇年代崛起，就要從八〇年代的愛滋尋找線索。借用王德威於《被壓抑的現代性》提出的著名警語「沒有晚清，何來五四」，我也要贖回被否認的因果關係[2]，進而主張「沒有八〇年代出現的愛滋論述，何來九〇年代的同志論述、酷兒論述」。

在「將解嚴作為同志文學轉捩點」和「將愛滋作為同志文學轉捩點」這兩種歷史觀點中，我不

1　這一章部分內容曾經以〈翻譯公共性：愛滋、同志、酷兒〉為題，發表於《台灣文學學報》二六期（二〇一五年六月），頁七五—一一二。感謝學報兩位匿名審查人的寶貴意見。初稿曾經宣讀於「跨界東亞：現代性及其轉化研討會」（二〇一四年十二月十九日；主辦單位：國立政治大學文學院「頂尖大學計畫：現代中國的形塑——文學與藝術的現代轉化與跨界研究團隊」，計畫主持人：陳芳明）。感謝講評人廖瑩芝教授的指教。本文是科技部專題研究計畫（學術性專書寫作計畫）「台灣同志文學史論」（103-2410-H-004-155-MY2）的部分研究成果。

2　「正義的五四『取代了』頹廢的晚清」這種流行甚久的說法否定了晚清和五四的前因後果關係。王德威企圖推翻這種說法，改而主張「五四『繼承了』晚清」。王德威的警語讓我聯想：愛滋類似被忽視的（被污名化的）晚清、同志暨酷兒類似被供奉的（被神聖化的）五四。參見王德威，〈導論　沒有晚清，何來五四？〉，《被壓抑的現代性》，頁一五—三四。

選錦上添花的前者，反而選了記取傷痛的後者。我的考量之一，如前所述，是要重視「愛滋」的「果」：傷痛帶來教訓，「愛滋」促成「同志」和「酷兒」等等新詞生成。我的考量之二，則是要重視「愛滋」的「因」：不是要談愛滋「這種疾病」的起因為何（來自於猴子？病毒？昆蟲？等等），而是要談愛滋「這個文化符號」為何在世紀末台灣引爆民眾的歇斯底里。種種資料顯示，台灣首次出現的愛滋恐慌，要歸因於美國媒體（大幅報導美國明星等人感染愛滋）造成的跨國式骨牌效應。這種骨牌效應可說是歷史重演：我在討論一九五〇年代《聯合報》時指出，當時國內中文報紙首次出現密集的同性戀獵奇報導，也可以歸因於美國報紙（密集報導美國國務院獵捕同志事件）造成的跨國式骨牌效應。「將（本國）解嚴作為同志文學轉捩點」和「將（國外）愛滋作為同志文學轉捩點」這兩種歷史觀點的差別，除了在於「慶賀」（慶賀解嚴）和「哀悼」（哀悼愛滋）的對比，還在於「國內變革」（聚焦於解嚴，就難免限縮焦點於國內）和「國際變局」（聚焦於愛滋，卻必定要觀察國際動態）的對照。

「速度」和「強度」的重要性不可低估。這一章強調翻譯，並不是因為世紀末之外的年代與翻譯無緣（畢竟每個年代的語言都在變動，自然都各自與翻譯結緣），而是因為世紀末的愛滋促成了「特別急促」的新一波翻譯浪潮。因應愛滋出現，各種立場的同志相關言論（歧視同志的、放棄同志的、支持同志的、提倡同志起身抗爭的種種言論）在西方快速激增，深受美國影響的台灣自然接受到美國震央傳來的急迫餘波。台灣早於一九八〇年代初就翻譯愛滋相關資訊，也同時頻繁接收和愛滋相關情報難以切分的種種同志知識／偽知識。

因為我將一九八〇年代初期的愛滋（而非八〇年代末期的解嚴）視為世紀末同志文學的轉捩

點，所以目前這一章一方面橫跨了「解嚴前」和「解嚴後」時期（也就不得不和聚焦於八〇年代的上一章發生一部分重疊），在另一方面也橫跨了「冷戰時期」以及「後冷戰時期」。冷戰時期和後冷戰時期之間，有連續的地帶，也有斷裂的罅隙。美國在這兩個時期都是操縱台灣命運的主要勢力——這個事實證明了這兩個時期之間的連續。但是，就「面對同志的態度」這個課題而言，冷戰時期和後冷戰時期之間出現戲劇性的斷層：在冷戰初期，美國將同志視為國家公敵；到了所謂的冷戰後期（即八〇年代），更將「同志」和所謂「世紀瘟疫」的「愛滋」混為一談。在冷戰之後的時期，美國卻漸漸將同志視為人權的代表（尤其在柯林頓總統和歐巴馬總統的任期期間），到了二十一世紀（在歐巴馬總統任期期間）更頻頻藉著批評敵國（例如某些中東國家，以及俄羅斯）打壓同志來強調（讓同志結婚的）美國比敵國優越。在冷戰時期，台灣就像當時的美國敵視同志；在後冷戰時期，越來越多台灣公眾則紛紛要求台灣政權向美國看齊、像美國一樣疼愛同志。

二、翻譯遭遇[3]

為了分析翻譯詞（如，「ＡＩＤＳ」的通用譯文為「愛滋」）在台灣境內被讀者公眾接受的情

3　我曾經將這一節的部分內容，以「酷兒」為題，宣讀於「知識台灣研究學群」主辦的「台灣理論關鍵詞二〇一六工作坊」，二〇一六年六月十八日。感謝陽明大學教授傅大為、中興大學教授李育霖、加州大學洛杉磯分校教授史書美針對我的口頭報告賜教。

形，我提出「翻譯遭遇」概念：我強調，任何外國字詞翻譯到台灣之後，翻譯詞的旅行遭遇（即，被三教九流的民眾使用、「誤用」、「亂用」）就會改變翻譯詞原本的意義。也就是說，我不將「譯文」（例如，作為「AIDS」譯文的「愛滋」）和它的遭遇（在台灣民間流通的歷程）視為兩個各自獨立的東西分別考慮，反而承認「譯文」和「遭遇」已然結合一體共生共榮的事實。我將兩者的結合體稱作「翻譯遭遇」。

「翻譯遭遇」概念，承襲自尼蘭冉納（Tejaswini Niranjana）和薩依德（Edward W. Said）這兩位著名後殖民學者。一方面，尼蘭冉納在《翻譯打卡：歷史、後結構主義、殖民脈絡》（*Siting Translation: History, Post-Structuralism, and the Colonial Context*）這本書中質疑[4]：西方既有的「翻譯」體制在推崇「原文」（原文被認為必然是對的）、貶斥「譯文」（譯文被認為難免「誤譯」的）的時候，持續鞏固了西方（許多「原文」的源頭）和非西方（忙著血汗製造「譯文」的所在）之間不平等的殖民關係[5]。另一方面，薩依德在〈旅行的理論〉（"Traveling Theory"）這篇知名文章指出[6]：國外的理念進入國內之後，必然被國內受眾「重新上架」（representation）[7]；在國內「重新上架」的本土化過程，必然改變進口理念的原本意義[8]；被國內受眾接受（不論全然接受或選擇性接受）的國外理念，或多或少被國內的本土化用法所改變[9]。這兩位學者的說法提醒我，研究者與其在意「台灣的『同志』是否忠實翻譯英美國家的『gay』、台灣的『酷兒』是否忠實服膺英美國家的『queer』」，反而更應該在意「同志」、「酷兒」這些譯文在台發展的意義。這個互相改寫的過程／旅程，我稱為「翻譯遭遇」。

這一章聚焦於「愛滋」、「同志」、「酷兒」這三個新詞的翻譯遭遇，並且主張「愛滋」、「同志」、「酷兒」這三者的「翻譯遭遇」一起強力推動世紀末的同志文學。「翻譯遭遇」一方面指「翻譯激發了公共性」，另一方面也指「公共性反過來改寫了翻譯」。前者是指翻譯提供公共討論得以發生的契機：例如，AIDS的翻譯進入台灣之後，成為種子，落地發芽，引發各界議論。後者是指翻譯也在公共化的過程中被改寫了：譯文在落地生根的過程中，被本土化、普及化，在本地風土吸取了、累積了原本沒想到的歧異意義。例如，漢字使用者的「望文生義」習慣就頻頻介入翻譯遭遇

4 Tejaswini Niranjana, *Siting Translation: History, Post-Structuralism, and the Colonial Context* (Berkeley: University of California Press, 1992). 原書名主標題「siting translation」召喚了發音相同的「citing translation」一語。「siting translation」是指「給翻譯定位、就定位」；同音的「citing translation」是指「提及；藉著提及某物而增加某物的曝光度」。為了同時傳達「定位」和「提及」這兩個動詞的意思，我採用網路文化流行詞「打卡」作為譯文：「打卡」兼具定位與藉著提及某物來增加某物曝光度的意思。

5 我在此引述的《翻譯打卡》內容，是我自己閱讀《翻譯打卡》消化整理的第二章精簡摘要。第二章〈文本的再現，文化的再現：翻譯研究學門與民族誌〉，頁四七—八六。

6 Edward W. Said, "Traveling Theory," *The World, the Text, and the Critic* (Cambridge, MA.: Harvard University Press, 1984), pp. 226-47.

7 Ibid, p. 226. 原文為「representation」，在原本脈絡具有「重新拿出來展示」之意。所以我把它翻譯成「重新上架」，而不是台灣慣用的「再現」。

8 Ibid, p. 226.

9 Ibid, p. 227.

（介入了翻譯的公共化）[10]。例如，ＡＩＤＳ除了被翻譯成「後天免疫缺乏症候群」（一九八五）[11]，更常被翻譯成「愛死病」（一九八二）[12]和「愛滋病」。「愛死病」誘引漢字使用者一看到漢字就聯想「愛導致死」；英文使用者和日文使用者（採用「エイズ」這個沒有漢字的譯文）卻可能不知道ＡＩＤＳ一進入台灣就被迫戴上「愛，導致死」的帽子。「死」帶來的望文生義有問題：「愛滋病」這個譯文取代了「愛死病」，看起來似乎比較禮貌。但是「愛」也帶來望文生義的包袱：中國採用「艾滋病」，可能比台灣的「愛滋病」更淡定面對ＡＩＤＳ。以愛滋為主題的散文集《海洋心情》[13]中，劇作家暨散文家汪其楣可能為了避免「愛」、「死」的望文生義，便盡量採用沒有被漢字化的「ＡＩＤＳ」（讀作四個音節「Ａ—Ｉ—Ｄ—Ｓ」而不是單音節的「aidz」）。

這一章也受惠於桑梓蘭的《浮現中的女同性戀》。貫穿桑梓蘭全書的關鍵詞之一就是哈伯瑪斯傳統中的「公共」（或稱「公共領域」），在桑梓蘭書中主要是指報刊雜誌呈現的輿論世界。我在這一章議論的公共，也是指印刷品展現的眾聲喧嘩世界。但桑梓蘭的專書和《同志文學史》這一章的重要差異至少有兩點：一、《浮現中的女同性戀》重視中國五四時期的翻譯（例如「同性戀」這個新詞），而這一章聚焦在世紀末的翻譯（「愛滋」、「同志」、「酷兒」這三者）[14]。二、《浮現中的女同性戀》觀察對象是一個整合的「大中華區」（the Greater China）[15]，被列入區中的中國與台灣被視為交纏、對話、互補的兩名家族成員。但是這一章（以及《同志文學史》的其他篇章）瞄準台灣，並沒有預設一個闔家團圓、和樂融融的巍巍大中華。

上一章討論《孽子》，已經提及公共和抵抗式公共。但是到了世紀末，公共與抵抗式公共的對峙比昔日更加熱鬧：世紀末的紙張媒體（紙媒）繁華一時，同志文學在印刷品獲得前所未有的曝光機會，同志文學也就更容易捲入以印刷品為舞台的決鬥：決鬥的雙方是公共與抵抗式公共。陳雪的第一本小說集《惡女書》[16]就引發了一波公共和抵抗式公共之爭。《惡女書》的序文作者是楊照；楊照自己也寫過再現跨性別、男同性戀角色的中篇小說〈變貌〉[17]。〈變貌〉由兩名男子的聊天構成。名為阿清的男子喜歡主動地向人傾吐自己的祕密：他遇到一名叫做湛子的跨性別者（我將在下一章細談湛子這名跨性別者）；小說敘事者「我」傾向被動地聽人傾訴，卻不習慣主動說出自己的

10 我在這裡標明「漢字」使用者而非「中文」使用者，是要指出中國方塊字「被戀物化」的傾向。不諳日文的台灣人一看到日文的各種文本（如藥品說明書），經常會將目光聚焦在文本的漢字（中國方塊字），將漢字當作中文理解。這種望文生義的行為「有讀沒有懂」，反而造成嚴重誤解。

11 見黃道明編，〈台灣愛滋大事記〉，收入黃道明主編，《愛滋治理與在地行動》（桃園：國立中央大學性／別研究室，二〇一二），頁二二九—三七。

12 同前注。

13 汪其楣，《海洋心情》（台北：東潤，一九九四）。

14《浮現中的女同性戀》確實也提到世紀末出現的「同志」（頁二三五），但全書重點還是放在早於「同志」之前通行的「同性戀」一詞。

15 同前注，頁三八、二四五。

16 陳雪，《惡女書》（台北：平氏，一九九五）。

17 楊照，〈變貌〉（上），《中外文學》一九卷一〇期（一九九一年三月），頁一四五—七四；〈變貌〉（下），《中外文學》一九卷一一期（一九九一年四月），頁一五三—八六。

祕密：被女人依依不捨愛慕的「我」並不慾望女人[18]，而是男同性戀者。「我」曾有過一名不願被「人家」貶斥為「屁眼」的同性愛人傑平；傑平曾經感嘆，「我們被以我們作愛的方式定義了。即使是我們從此不再做愛。人家只認得你的屁眼。……一旦被人家這樣看了，你就只剩屁眼。」[19]傑平說的「人家」就是社會公眾。傑平後來慘遭霸凌而死，「肛門裡被插進一根削尖的竹段。」[20]

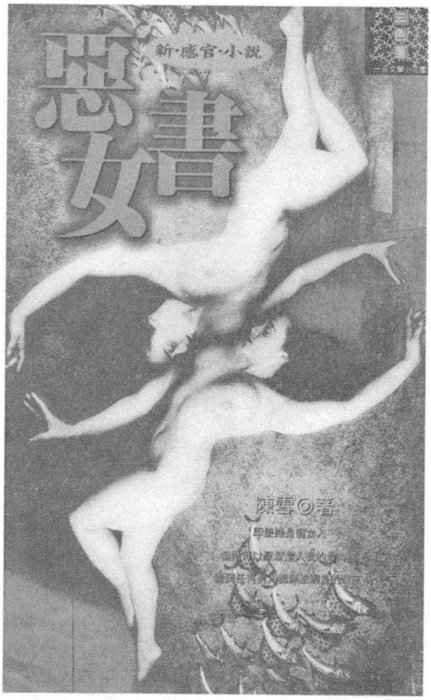

陳雪，《惡女書》（台北：平氏，1995）

在楊照的〈變貌〉中，同性戀者要不是像「我」一樣壓抑噤聲，就是像傑平一樣被殺人滅口。楊照序文批評陳雪所寫的女同性戀角色，主要是因為他認為陳雪筆下（沒有噤聲也沒有被滅口的）同性戀角色沒有面對社會現實[21]。我認為楊照所稱的（讓同性戀者噤聲、讓同性戀者滅口的）社會現實就是一種主流的「公共」。「抵抗式公共」則體現於獨立書店的座談、BBS、某些學術論文等等場域，共同推動《惡女書》的口碑與銷路。

抵抗式公共是多元的，而不是鐵板一塊的。首先，抵抗式公共和體制的關係不一。有些抵抗式公共的參與者是體制外的，例如BBS上發言支持陳雪作品的祕密讀者；有些人是體制內的，例如在學術論文為陳雪作品辯護的具名學者。其次，抵抗式公共的價值觀不一，呈現出價值觀的光譜。有些抵抗式公共（例如爭取一般讀者支持同志的某一些BBS平台）表達支援同志的意見，但有些抵抗式公共（例如比主流社會更加敵視同志的另一些BBS平台）卻可能專門找同志麻煩。

我並不是要畫出一個壁壘分明的二元對立圖像，一邊是「主流公共」，另一邊是「抵抗式公共」。我想像的棋局要複雜許多：「主流公共」也可能變得很像「抵抗式公共」，而且種種張力並不只發生在「主流公共」和「抵抗式公共」之間，反而也發生在「抵抗式公共」和「抵抗式公共」之間。抵抗式公共是複數的，並不是單數的。朱天文的長篇小說《荒人手記》就經歷了各種公共的過招。[22]此書於一九九四年獲得《中國時報》大獎[23]，堪稱當時文壇盛事。那麼，得獎的《荒人手記》和當時詩人楊澤主持的《中國時報．人間副刊》，到底算是主流的公共，還是抵抗性公共？一方面，《荒人手記》和〈人間副刊〉形同抵抗式公共。《荒人手記》公然將大量同性戀課題展現在

---

18 名叫曉芙的女子深愛「我」，希望「我」可以從同性戀者轉變成異性戀者，如此就可以與她論及婚配。〈變貌〉（下），頁一七六—七八。

19 同前注，頁一七七。

20 同前注，頁一七六—七七。

21 值得注意的是，〈變貌〉中的主要角色都找不到足以宣洩苦悶的公共。我猜測，楊照可能有意無意藉著質問陳雪的小說角色如何面對社會，來為他筆下的阿清（他愛上一名跨性別者）、「我」（他是男同性戀者）尋求出路：這兩名各有不可告人祕密的男人，要如何面對社會公眾呢？簡言之，並不是只有陳雪筆下的角色才有面對公共的壓力，楊照筆下本人的角色也不知道怎麼樣面對公共。

22 朱天文，《荒人手記》（台北：時報文化，一九九四）。

23 指第一屆中國時報百萬小說獎首獎。

〈人間副刊〉——這個副刊是當時文化界敬重的公共言論場域，就像是木馬屠城記的木馬（木馬，指抵抗性公共）被拉入城中攻城掠地（城，指主流的公共）。在同一時期，〈人間副刊〉和《中國時報》其他版面都刊登同性戀資訊的小方塊文章，似乎要藉機對《荒人手記》的讀者公眾進行惡補（惡補內容為同性戀相關知識）[24]。可是在另一方面，《荒人手記》和〈人間副刊〉還是被批評帶有主流公共的保守心態：朱偉誠疑慮，看起來抵抗主流的《荒人手記》恐怕還是主流保守社會的共謀者，因為書中主人翁持續排斥抗爭式的同志運動[25]。

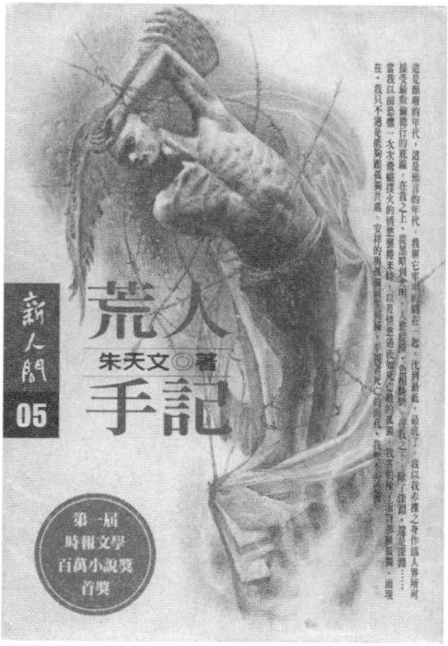

朱天文，《荒人手記》（台北：時報文化，1994，初版；1997，2版）

《荒人手記》當時遭受的辛辣挑戰，並不是來自還不能接受同性戀的主流社會，反而是來自早就呈現同性戀的非主流前輩：光泰。《荒人手記》被光泰指控涉嫌「抄襲」《逃避婚姻的人》——《逃避婚姻的人》畢竟也在一九七〇年代營造出一個高唱同性戀慾望的抵抗式公共，抵抗了、介入了當時拒絕看見同性戀的主流社會。經過釐清之後，原來《荒人手記》並沒有直接「抄襲」光泰的《逃避婚姻的人》，卻偏偏和《逃避婚姻的人》一樣，同樣引用了美國電影《夢幻騎士》（*Man of la Mancha*）的歌詞[26]：「糾正，無法糾正的錯誤。觸及，無法觸及的星辰。戰勝，無法戰勝的征戰。實現，無法實現的夢幻。」[27]既然兩位台灣作家都是向外國電影致敬，都是外國電影的「翻譯」，那麼沒有哪個台灣作者是原版，誰抄襲誰的說法也不成立[28]。

朱天文和光泰之間的爭端，剛好暴露台灣對於翻譯的習慣性依賴。冷戰以來，戰後台灣文學和文化（含同志文學、同志文化）頻繁借用國外（尤其美國）的文化產品來「補充」、「表達」本土

24 在此僅列舉二例：《中國時報》一九九四年六月十三日第三版（這一個版面不是《中國時報·人間副刊》而是臨時增設的「時報文學百萬小說獎特別報導」），〈「荒人手記」主題探討同性戀未來將撥1%版稅贈予相關公益團體〉（台北訊）一文表示，《荒人手記》的出版者（時報文化出版公司）希望藉此「呼籲社會大眾」「正視這個時代課題」（按，「時代課題」在此是指愛滋）。《中國時報》一九九四年六月二十一日第三十九版〈人間副刊〉，在《荒人手記》的第七日連載內容旁邊，〈為什麼大家都在說「同性戀」〉（袁寶島文）這篇方塊短文以詼諧口吻呼籲社會大眾用平常心看待同性戀。此文配了一小張照片，內容是美國首都華盛頓的公共活動：愛滋被單展覽。這兩個例子都展現出媒體人想要向社會大眾介紹同性戀相關知識的心意。

25 朱偉誠，〈受困主流的同志荒人：朱天文《荒人手記》的同志閱讀〉，《中外文學》二四卷三期（一九九五年八月），頁一四一—五二。

26 《夢幻騎士》（*Man of la Mancha*）是一九七二年的美國電影，改編自一九六四年的百老匯歌舞劇，述說西班牙文學英雄堂吉訶德的故事。《荒人手記》和《逃避婚姻的人》的小說內文都表明引述來源是電影版，而不是歌舞劇版。

27 歌詞來自歌曲〈不可能的夢〉（The Impossible Dream）。《夢幻騎士》的歌舞劇版和電影版都採用了這首歌。這裡引用的歌詞中譯來自《荒人手記》（頁一三）。《逃避婚姻的人》的確也引用了這一段歌詞（頁一六，頁九九—一〇〇），但中譯用字略有出入。或許因為帶有勵志色彩，〈不可能的夢〉這首歌一直到二十一世紀仍然流行，常被當作商業廣告配樂。

28 這樁爭議的始末，可見張殿報導。張殿，〈抄襲或者參考〉，《聯合報·讀書人專刊》，一九九五年三月三十日，四二版。

的種種情感——台灣的本土情感體質充滿了外國元素。這種「利用外國文化產品來敘說本土情感」的常見做法，也可以視為一種廣義的翻譯：用外國的「能指」（"signifier"，如外國歌曲）來指稱本土的「所指」（"signified"，如本國同性戀者的心情）。上述具有勵志色彩的《夢幻騎士》歌詞在《逃避婚姻的人》意謂某個同性戀配角（不是小說主人翁）的心聲：他沒辦法以同性戀的身分在台灣立足，所以只好咬牙追求本書先前提及的「美國時間」——移民美國舊金山[29]。這個配角說，「你以為我喜歡舊金山？你以為我拿了學位不想回來（按，回台灣）？我完全是一種逃避，我要逃避家裡給我的一切壓力！」[30]同樣的《夢幻騎士》歌詞在《荒人手記》則被身為同性戀中年男子的小說主人翁唱誦：主人翁小韶在日本陪伴同年老友阿堯養病（阿堯於一九八八年在美國境內感染愛滋），便唱了這首老歌來撫慰阿堯[31]。

曹麗娟小說〈童女之舞〉的「文本外面」和「文本裡面」都提供了廣義的翻譯例子。文本外面，是指一九九一年聯合報小說獎評審會議。根據《小說潮：聯合報第十三屆小說獎暨附設新詩獎、報導文學獎得獎作品集》，在評審會議上，諸位評審都肯定〈童女之舞〉值得獲頒小說第一名[32]。妙的是，評審們都不約而同地，個別交代自己知曉哪

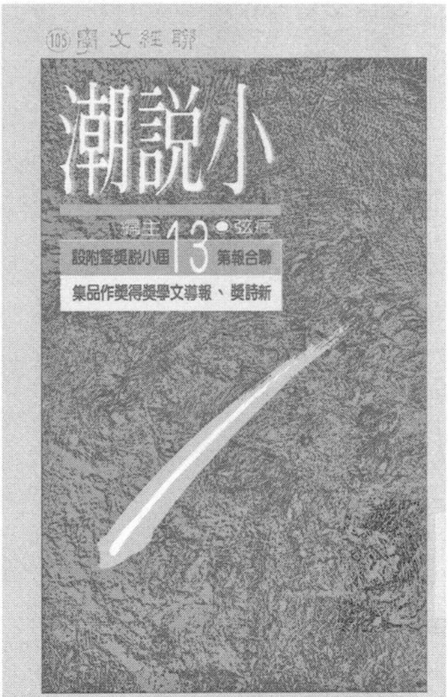

瘂弦主編，《小說潮：聯合報第13屆小說獎暨附設新詩獎、報導文學獎得獎作品集》（台北：聯經，1992）

些同性戀文學，似乎要展示自己的文學常識才能夠一方面給被評論的對象（即〈童女之舞〉）定位（定位為有能力呈現同性戀的文本），另一方面也給正在進行評論的自己定位（把自己定位為有能力辨認同性戀的知識人）：評審李有成教授提及《紫色姐妹花》（*The Color Purple*）[33]，評審齊邦媛教授提及《寂寞之井》（*The Well of Loneliness*）[34]，小說家張大春表示自己於一九八〇年代就讀過Lillian Hellman的書[35]。看起來，一九九一年，女同志文學的範例彷彿只能外求（在美國文學尋找），而無法在國內想像。在〈童女之舞〉文本外面，評審們忙著依賴國外「能指」（美國小說來定位國內「所指」（本土的女同性戀故事）。而在文本裡面，兩名女性主人翁也被國外的能指給

---

29 《逃避婚姻的人》，頁一一六。

30 《逃避婚姻的人》，頁一一五—一一六。

31 《荒人手記》，頁一一三。

32 楊錦郁整理，〈清新、諷刺、顛覆：聯合報第十三屆小說獎中短篇小說決審會議紀實〉，收入瘂弦主編，《小說潮：聯合報第十三屆小說獎暨附設新詩獎、報導文學獎得獎作品集》（台北：聯經，一九九二），頁三五三—七四。在評審紀錄中，五位評審對〈童〉的評價都很正面，覺得這個題材少見（按，對一九九一年的評審而言），並且討論文中女女情誼到底算不算是同性戀（他們沒有定論）。

33 同前注，頁三五八—五九。

34 同前注，頁三六五。

35 同前注，頁三六〇—六一。對台灣讀者而言，這位作家最有名的作品應是拍成電影《雙姝怨》（*Children's Hour*）的原著小說；《雙姝怨》由奧黛麗．赫本（Audrey Hepburn）與莎莉．麥克琳（Shirley McLaine）演出雙姝。

敘說了：這篇小說沒有明說「lesbian」是怎樣的人，卻說兩名女性主人翁像是電影《魂斷威尼斯》、《殉情記》（即《羅密歐與茱麗葉》，*Romeo & Juliet*）裡面的人物。也就是說，國外的能指（國外電影）解說了國內的所指（國內的「lesbian」）應該是什麼樣子：要像外國男同性戀一樣淒美（《魂斷威尼斯》），也要像外國異性戀少年少女一樣絕望（《殉情記》）。

此外，台灣文壇也經常將日本名家三島由紀夫（他的人、他的肖像照、他的作品）視為指涉同性戀的國外「能指」。諾貝爾文學獎得主莫言在散文集《會唱歌的牆》中強調，三島由紀夫絕對不是同性戀者[36]：「他對女人的愛戀達到痴迷的程度……他絕不是一個性倒錯者，更不會去迷戀掏糞工人汗濕的下體。我猜想他對男人體有一種厭惡感，他絕對不具有同性戀傾向，他有很多話是騙人的。」[37]但是，對耕耘同志文學的台灣作家來說，三島由紀夫就是影響力最大的外國作家之一。在《逃避婚姻的人》中，光泰以〈一封讀者的來信〉作為全書代序[38]，來信最後一段寫道：「不知您（按，光泰）看過三島由紀夫的《假面的告白》否？聽說這是三島的自傳。他的確是個了不起的作家，把一個Homo的男孩子，描寫的那樣淋漓盡致。」[39]這封寫於一九七六年的來信顯示，三島由紀夫作品在當時已經被關心同性戀的國內讀者珍視。邱妙津也在多種作品提及三島由紀夫的作品：(1)在《邱妙津日記》中，一篇一九九〇年

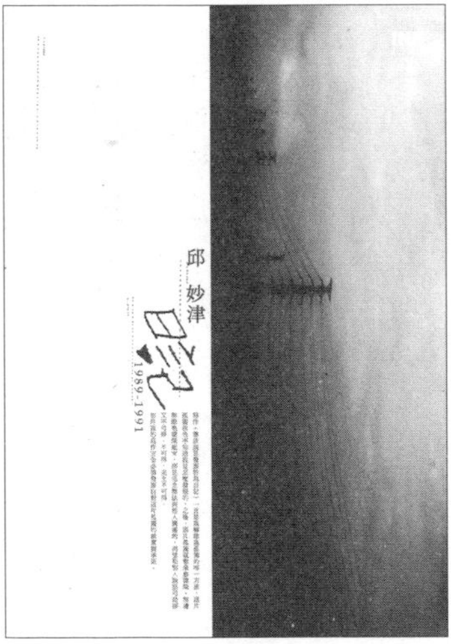

邱妙津著，賴香吟編，《邱妙津日記》（新北市：INK印刻，2007）

的日記宣稱，在大學畢業之後，日記作者就要投身藝術，「第一件事就是像三島在大學畢業時寫出一本能證明自己是小說家的長篇小說，屬於我的《假面的告白》，證明自己是個小說家。」[40] (2)後來，在《鱷魚手記》翻開來的第一頁，小說敘事者用開玩笑口吻將太宰治、三島由紀夫、村上春樹這三位作家相提並論[41]。(3)在《蒙馬特遺書》中，遺書敘事者卻說她偏愛不夠偉大的太宰治，並不喜歡嘲笑太宰治的三島由紀夫——她認為三島由紀夫「被遮蔽在某種腐爛的虛偽性裡」[42]。無論邱妙津在不同的創作階段怎樣褒貶三島由紀夫，她筆下的敘事者總是將三島由紀夫的言行視為（正面或負面的）參考標準。比邱妙津早一年出

邱妙津，《蒙馬特遺書》（台北：聯合文學，1996）

36 莫言，〈三島由紀夫猜想〉，《會唱歌的牆》（台北：麥田，二〇〇〇），頁一五三—六〇。
37 同前注，頁一五三。
38 〈一封讀者的來信〉，《逃避婚姻的人》，頁三—五。
39 〈一封讀者的來信〉，頁五。
40 邱妙津著，賴香吟編，《邱妙津日記》上冊（新北市：ＩＮＫ印刻，二〇〇七），頁一一一。
41 邱妙津，《鱷魚手記》（台北：時報文化，一九九四），頁八。
42 邱妙津，《蒙馬特遺書》（台北：聯合文學，一九九六），頁九三。

生、比邱妙津早四年去世的作家藍玉湖[43]，在一九九〇年推出小說集《薔薇刑》，書名直接襲用了以三島由紀夫當作（裸體）模特兒的著名寫真集《薔薇刑》。書中短篇小說主題都是男同志角色的性愛探險，書頁刊載藍玉湖本人的裸體照片[44]。

先前提及，在《荒人手記》的「文本之外」，公共和抵抗式公共之間發生摩擦。而在《荒人手記》「文本之內」，兩種不同抵抗式公共（畢竟抵抗式公共不是只有一種）之間的牴觸也正是書中好戲之一。小韶和阿堯這兩人持續齟齬，因為小韶覺得阿堯鼓吹的英美同志運動（而且是因應愛滋危機的新一波同志運動）太咄咄逼人了——阿堯投入的街頭抗爭，就是一種抵抗式公共。小韶和阿堯對於同志運動抱持相反的態度。不過小韶和阿堯卻也合得來：他們享受「共同記憶」：藝術電影等等藝文精品架構出來的懷

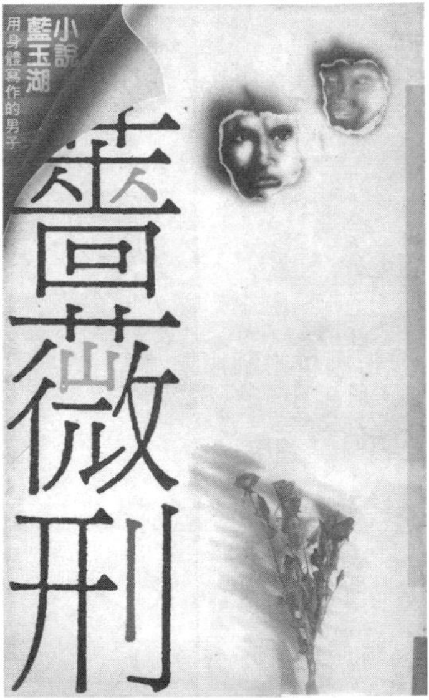

藍玉湖，《薔薇刑》（台中：晨星，1990），封面

藍玉湖，《薔薇刑》（台中：晨星，1990），封底

舊時光。這種「共同記憶」和具體地理空間無關，但也是一種公共[45]。這種公共並非全面開放給任何大眾，而只讓有緣的小眾參與。主流社會不斷向前奔馳，可是這種「共同記憶」偏偏要一再回首過往，也就是和主流社會的趨勢唱反調，亦即抵抗主流。換句話說，阿堯的抵抗式公共是喧鬧的大眾街頭運動，小韶的抵抗式公共是恬靜的小眾共同記憶。

43　高年億，〈同性戀者殺「愛人」　死者朱XX筆名藍玉湖　玻璃圈作家　出書夢成空　要求「履行同居義務」遭拒　兇嫌人財兩失揮刀〉，指出死者得年二十三歲、「是『玻璃圈』內頗具知名度的作家」。《聯合報・社會新聞》，一九九一年十一月六日，07版。我用「XX」取代死者本名。

44　藍玉湖，《薔薇刑》（台中：晨星，一九九〇）。台灣版《薔薇刑》的水平並不理想：作者的寫作功力，和當年的印刷水準，都太過陽春。《薔薇刑》的內容並沒有真正顯示三島的影響；此書封底文案和內文所援引的外國文化，是古希臘的男同性戀。不過，引用三島和引用古希臘是同一回事：台灣寫作者急著要找外國的文化符碼來證明自己寫出同性戀的真相，只好就在未必了解三島或古希臘的情況下借用了這些外國符號。不過，《薔》仍然是值得參考的史料：它讓人看見在解除戒嚴之後、網路興盛之前的一九九〇年代初期，怎麼在一本書的有限規格之內實驗展現同志文字與影像。九〇年代初期和中期，雖然只隔短短幾年，但「大環境」變動頗大：九〇年代初期，仍然百廢待舉；九〇年代中期，許佑生出櫃並大量出版介紹同志文化的圖文書籍，第一本同志商業刊物《熱愛》出現，BBS的同志文學蔚然成風。《薔薇刑》是簡陋卻大膽的先行者。《薔薇刑》的封面一角顯示「小說藍玉湖：用身體寫作的男子」字樣。封底刊登作者舉臂露出腋下的照片：這種誇示裸露男體的作者照片對於二十一世紀讀者來說或許不足為奇，但是在一九九〇年的時空實在很罕見。

45　雖然說這種共同記憶是開放參與的，但是有門檻。門檻倒不在於參與者的年齡，而在於參與者的知識：只有熟悉老電影、老文學的人才能夠參與。

三、愛滋：從國外到本土

一九八〇年代，陳映真創辦的《人間》雜誌就展現了「早於解嚴」的血淚知識。一九八七年五月（也就是在蔣經國於一九八七年七月宣布解嚴的兩個月前），《人間》雜誌第十九期推出愛滋專題，封面印著「ＡＩＤＳ、世界的疾癘」這幾個大字。以人道關懷攝影出名的《人間》在這個專題刊出多張照片，其中多達九張照片展示外國愛滋病人——但其中沒有任何一張照片與台灣有關。專題文章之一題目為〈ＡＩＤＳ滋生的病床：駁「天譴同性戀者」說〉，撰稿人是國內作家王菲林，但文章內容描述國外狀況，卻沒有呈現國內情形。這一期《人間》透露出幾個訊息：一，在一九八〇年代國人眼中的愛滋似乎只屬於外國人；二，早在解嚴前，國內媒體已經留意愛滋課題（但《人間》並不是最早的例子）；三，早在解嚴前，「ＡＩＤＳ是同性戀者的天譴」一說已經席捲國內外，要不然，王菲林也不必寫專文反駁這個說法。

愛滋在台灣文學剛出現的時候，大致被呈現為國外祕辛（也就是不關台灣的事）：愛滋是外國人特有的疾病；外國人來台灣之後發病；台灣人在國外發病去世。要等到愛滋個案在台灣普遍出現之後，文學才漸漸停止將愛滋擋在國外，開始承認愛滋在國內發生。這一節先討論愛滋被擋在國外的作品，再回顧承認愛滋本土化的文本。

大凡奇觀，一個巴掌拍不響：一邊是演出奇觀的「他們」，另一邊是觀看奇觀的「我們」。藉著旁觀他們，我們得以想像自己很正常、誤以為苦難都是別人家的事。王禎和的長篇小說《玫瑰玫瑰我愛你》[46]、朱天文的短篇小說〈世紀末的華麗〉[47]、陳若曦長篇小說《紙婚》、顧肇森的短篇小說〈太陽的陰影〉[48]、許佑生短篇小說〈岸邊石〉[49]都將愛滋感染者放在美國境內。這些作品中，最早提及愛滋的台灣文本應該是《玫瑰玫瑰我愛你》，以及陳若曦的長篇小說《紙婚》[50]。上一章已經談過《紙婚》以及〈太陽的陰影〉裡頭的愛滋，所以這一章就不再重複討論這兩者。

上一章提及，《玫瑰玫瑰我愛你》的仕紳角色開心幻想男同性戀（美軍為買方，花蓮子弟為賣方）可以輕鬆賺取美金，但是小說敘事者介入這些仕紳的滔滔不絕幻想，在括號之中向讀者講悄悄話：「（這時候誰也不知道美國男性同性戀會患一種恐怖病症AIDS……後天免疫不足症候群，這病嚇得連殯儀館的人員都不肯替罹患此症而喪生的人收埋屍體。……）」[51]小說敘事者利用括號向讀者說悄悄話，還強調「這時候誰也不知道……」[52]，敘述者在公共場合（《聯合報》副刊版面）之中打造了一個悄悄話密室，把「誰也不知道」的祕辛凸顯為「誰都想知道」的談資。「同性

46 此篇小說於一九八三年完稿，一九八四年二月二十至五月十九日連載於《聯合報．聯合副刊》。這一章參考王禎和，《玫瑰玫瑰我愛你》（台北：洪範，一九九四）。
47 朱天文，〈世紀末的華麗〉，《中國時報．人間副刊》，一九九〇年五月八至九日。
48 顧肇森，〈太陽的陰影〉，《聯合報．聯合副刊》，一九九〇年十二月九至十五日。
49 許佑生（筆名司馬素顏），〈岸邊石〉（一九九〇），收入郭玉文編，《紫水晶》，頁一三一—三七。
50 陳若曦，《紙婚》。
51 《玫瑰玫瑰我愛你》，頁一三六—三七。
52 同前注，頁一三六。

戀」、「愛滋」、「美國人」、「翻譯」這四者被串成一串：同性戀是因，愛滋是果；美國人是因，同性戀暨愛滋病是果；美國人是因，翻譯（從「黑摸」到「後天免疫不足症候群」）是果。

讀者可能想要批判《玫瑰玫瑰我愛你》歧視同性戀和愛滋，但是，不妨先考慮兩個歷史事實。一，《玫瑰玫瑰我愛你》對於同性戀的嘲弄，翻譯了、模仿了全書對於異性戀的調侃：「原版」是此書攻擊的跨國異性戀和梅毒（即書名暗示的「越南玫瑰」）[53]，「譯版」則是跨國同性戀和愛滋。「跨國」在此是指「美國和台灣之間」，更準確地說是「進行文化殖民的美國人和被殖民的台灣人之間」——王禎和經常以美台之間的性行為諷諭美帝對台宰制。二，它的歧視是「先知先覺」的：美國於一九八二年正式宣布「ＡＩＤＳ」這個英文新字之後不久，《玫瑰玫瑰我愛你》就在一九八三年寫完了；早在台灣本地愛滋個案出現之前[54]，這本書就已經寫完了；早於西方媒體大肆渲染第一個愛滋名人之前[55]，這本書就已經寫完了。《玫瑰玫瑰我愛你》幾乎與西方媒體同步，也就很難免如同一九八〇年代初期的西方媒體歇斯底里地排拒同志。

〈世紀末的華麗〉是朱天文的著名短篇小說之一[56]。不過，很少有人留意到這篇小說也提及愛滋。這篇文本顯示：外國出現愛滋，間接導致台灣的年輕人重新「定位自我」。小說主人翁米亞發現，國外出現愛滋新聞之後（但並不是國內事件），一方面她身邊的年輕男孩們紛紛變成同性戀，另一方面她也自己棄絕她曾經愛過的中性化服飾。因為國外愛滋案例，國內男孩們豁出去了，承認他們和同性戀的連結；女孩米亞卻畏縮了（豁出去的相反），想要藉著放棄中性化服飾斷絕與同性戀的牽連。

一九九六年十一月，作家許佑生與愛侶舉行同志婚禮，為國內首見[57]。他在一九九〇年（也就是緊接在一九八九年六四之後）發表了以紐約作為舞台的短篇小說〈岸邊石〉。小說平行比較了兩個台灣同性戀男子：性壓抑的曹玄田在美國愛上來自中國的男舞者；性開放的米則愛與美國白人風流，結果感染愛滋，被白種情人拋棄。米經歷了外國（美國）的利與弊（利：與白人的性歡愉；弊：愛滋），承受被揭發祕密（愛滋身分與男同性戀身分都被曝光）的失與得（失：被曝光之後米被美國人孤立；得：米的家長本來不知道祕密，得知祕密之後，米和家長反而和解了）。曹男在美國看到三種被公共化的奇觀：第一個奇觀以米的身體為平台，平台展示了被揭露的愛滋祕密，讓親友輪流觀看；第二個奇觀是紐約公開的同性戀文化，「值得被介紹給台灣」（也就是值得翻譯到台灣）；第三個奇觀是當時——〈岸邊石〉於一九八九年六四事件帶來的衝擊之下寫成——台灣人和中國大陸人的互動。這三種奇觀在當時台灣境內都很難被看到、很難公開示眾。

外國人病死在台灣的案例在作家楊麗玲的長篇小說《愛染》出現[58]。《愛染》中感染者的隱私

---

53 一位仕紳在眾多吧女面前說白了：「西貢玫瑰」就是梅毒（頁二三四）。

54 台灣於一九八四年十二月首次發現愛滋病個案，是外籍過境旅客；一九八六年，第一個台灣人案例才出現。黃道明編，〈台灣愛滋大事記〉，收入黃道明主編，《愛滋治理與在地行動》，頁二二九—三七。

55 美國著名影星洛赫遜（Rock Hudson）於一九八五年公然承認他是愛滋感染者。

56 朱天文，〈世紀末的華麗〉（一九九〇），《世紀末的華麗》（台北：遠流，一九九二），頁一四一—五八。

57 梁玉芳，〈同志婚禮　台灣第一次　許佑生、葛芮喜宴四十桌　施明德不請自來　場外有人抗議〉，《聯合報》，一九九六年十一月十一日，05版。

58 小說號稱這個人是第一個台灣境內案例。不過，凡是自我標榜「第一個」的國內外文本（和商品）往往都有自我吹噓之

被小說中的各種（廣義的）媒體踐踏殆盡——彷彿愛滋病人一旦落在當時台灣境內，就毫無尊嚴可言。《愛染》死者屬於「他們」（他們外國人、他們得病的人），小說敘事者「我」屬於「我們」（長得和台灣人差不多的馬來西亞華人）。小說敘事者「我」和「愛滋病人」這兩人其實是親兄弟，「他們（死去的兄）」和「我們（敘事的弟）」是相通的。兩兄弟是馬來西亞的僑生，剛好都是男同性戀者。《愛染》的「我」一方面是媒體閱聽人，透過電視新聞、報紙新聞、耳語，得知病患哥哥怎樣被台灣社會曝光侵犯；另一方面他也是（廣義的）媒體製作人，親自撰寫日記、遺書[59]、專題報導等等文本，探究台灣的男同性戀生態——結果他也成為侵犯隱私的共犯。他在台灣是輸家，過得比台灣人悲慘（遠離家鄉、被當作外勞剝削）[60]；但他在台灣也是某種贏家，因為他自詡比台灣人更能洞徹台灣人——「我」一廂情願認為，他以外國人身分來觀察台灣男同性戀的生態圈，會比台灣人客觀[61]。他合理化他窺視男同性戀圈子的行為，同時洩漏了他作賊心虛的態度（他明明知道偷窺不妥）。陳若曦的《紙婚》把中國人當作代替台灣人觸摸美國愛滋感染者的抗菌口罩，而《愛染》的抗菌口罩則是長得很像台灣人的馬來西亞兩兄弟：哥哥代替台灣人在台灣發病去世，弟弟代替台灣人深入台北新公園、揭開同性戀的神祕面紗。

一九九四年時報百萬小說獎的首獎、評審團推薦獎各頒發給朱天文的《荒人手記》和蘇偉貞的《沉默之島》[62]。這兩部小說剛好都很在乎男同性戀與愛滋。《沉默之島》的主人翁是異性戀女人晨勉（「沉湎」的諧音？），沉湎於多重性伴侶卻又不愛用保險套。對晨勉來說，（男）同性戀帶來最大的威脅（她與同性戀者的互動有限，但對同性戀人事物總是頗有微詞）[63]，卻也帶來最大的恩惠（一旦她懷孕了卻找不到生父，就可以找男同性戀者進行假結婚）[64]。此書敘事者一直神經質地尋找男同性戀的蹤跡（就像是害怕蟑螂的人要先在屋子裡找到蟑螂才能夠徹底避開牠），最後在新加坡發現男同性戀和愛滋。晨勉在新加坡為了討好金主而與他們上床（違反了她的原則：她在其他國家根本不會為了錢而與人風流），其中一人是雙性戀白種男子（名叫「辛」，澳洲人，「是名雙性戀者」）[65]。與辛發生關係之後，晨勉擔心會不會感染愛滋——她在其他國家和男人進行不戴保險套的性交，卻從未擔憂過[66]。書中新加坡與愛滋的連結，恐怕出於台灣對於新加坡的主觀偏見：新加

嫌。參考楊麗玲，《愛染》（台北：尚書，一九九一），頁一一二、一一五。

59 同前注，頁一一三。

60 同前注，頁一一八。

61 同前注，頁一五四。

62 蘇偉貞，《沉默之島》（台北：時報文化，一九九四）。

63 對（男）同性戀耿耿於懷的例子散置全書各處。在此只舉四例。「她甚至以為同性戀也沒什麼不好，」言下之意她本來覺得同性戀不好（同前注，頁一二四）。「沒有勇氣面對自己的感情，也沒有勇氣承擔。他們神秘地穿梭在人群中，他們知道關於自己的一切真相，就是沒有勇氣定位。所謂一種同性戀的歷史，是所有情感解放進化最慢的」（頁一五四）。「晨勉感覺軟弱，同性戀都不能打倒她的問題，現在打倒她了」（頁一六五）。「她從不輕視同性戀者，甚至可以容納與他們共同生活」（頁二〇〇）。

64 同前注，頁二七三。

65 辛在頁一八七出場。後來晨勉懷孕了卻找不到生父，就想要找辛這個男同性戀者來當孩子名義上的爸爸（同前注，頁二七三）。

66 同前注，頁二〇三。

坡被視為整齊而無情、新加坡人被認定為了錢就不擇手段，所以晨勉在新加坡特別不快樂，並且體驗到各種倒胃的性經驗，例如和某個市儈的印度富商[67]。印度人向晨勉求婚時，「如果必須選擇，晨勉寧願嫁給天生的同性戀者，不嫁後天合法的多妻者（按，指這名印度人）。」[68]這是印度人在台灣文學登場的罕見例子。

小說獎評審紛紛感嘆《荒人手記》、《沉默之島》艱澀難懂。不過我認為，只要正視愛滋暨男同性戀在兩部小說中扮演的核心地位，讀者就可以提綱挈領地，掌握這兩部小說的實驗性敘事。《沉默之島》的敘事分成兩個平行世界，其中一邊晨勉的雙性戀性伴侶很不收斂（不遮掩同性戀傾向）、很荒淫、讓人聯想愛滋，而另一邊晨勉的親弟弟極度收斂（絕口不承認性向）、很禁慾、後來抑鬱自殺。將兩個平行世界拼湊起來一起看，讀者就得到一連串雙重曝光的照片，可以從疊影之中看出晨勉為什麼覺得同性戀加倍恐怖——或許該說，看出晨勉怎樣把異性戀的性焦慮（性，是不是太多了？是不是太少了？性，怎麼永遠沒有剛剛好的時候？）加倍奉還地，投射到代罪羔羊的（被視為太多性或是太禁慾的）同性戀上面。

《荒人手記》也分成兩個平行國度：一邊是隨著主流時間觀平靜行進的異性戀社會，另一邊是不斷抗拒時間行進的男同性戀

蘇偉貞，《沉默之島》（台北：時報文化，1994）

世界——從四十歲小韶本人的格言「用寫，頂著遺忘」[69]，其他中年男同性戀者進行的抗老療程，一直到義大利導演費里尼（Federico Fellini）電影代表的共同記憶，都是這種抗拒的體現。小韶一邊感嘆男同性戀世界的混亂蒼涼（他讀的理論來自傅柯，看到的實例是老朋友阿堯：兩者都因為愛滋而去世），一邊羨慕異性戀社會井然有序（他讀的異性戀秩序理論，來自法國人類學家李維史陀[70]；他看到的異性戀秩序實踐，是親妹妹的家庭）。然而，綜觀全書可以發現，小韶只是自欺欺人地說出討好異性戀的客套話（「你家小孩真聰明，我家小鬼沒出息」之類），卻還是寧可深陷同性戀若隱若現的抵抗式公共性之中，不願自拔。

《荒人手記》中，異性戀對應了看似平庸的「國內」，同性戀情事大致上發生在華麗的「國外」。阿堯骨銷形散「死在國外」的奇觀，是此書引發爭議的焦點之一[71]。但是按照《荒人手記》書中的美學與邏輯，死在國外並不是要鄙夷愛滋感染者，反而是要細密禮讚愛滋感染者：在花香茶香誦經聲之間，慢慢陪他一段。阿堯怎麼能夠「死在國內」？想想看《愛染》病例「死在國內」的遭遇：太亂暴了。小韶最在乎的兩名男子就是阿堯和男友永桔；既然他偏偏要在「國外結婚」（在

67 同前注，頁二五二—二五三。
68 同前注，頁二五三。
69 朱天文，《荒人手記》，頁三八。
70 即「Claude Lévi-Strauss」。
71 可參考朱偉誠，〈受困主流的同志荒人〉，頁一四一—五二。

羅馬、梵蒂岡，與男友），那麼他也要在「國外送葬」（在日本，送阿堯）。小韶將阿堯的死，翻譯／對應到兩個外國人之死：釋迦牟尼（小韶自己說「釋迦骨銷形散一如愛滋患者」[72]）和費里尼——兩個外國人是「原文」，對應了死者阿堯這個「譯文」。阿堯「翻譯」了釋迦牟尼與費里尼：臨終之際的阿堯和釋迦牟尼同樣在國外骨銷形散；阿堯和費里尼的死亡同樣標誌一個失落的世代（抵抗主流的共同記憶）。與其說《荒人》醜化了愛滋感染者，不如說雕琢了給愛滋受害者送行的輓歌。

愛滋在台灣文學登場的時候，一開始被擋在國外，後來才慢慢變得本土化：較早的文學作品預設只有外國人士才可能和愛滋結緣，較晚的文學作品才承認愛滋已經深植國內。汪其楣的散文集《海洋心情》，舞鶴短篇小說〈一位同性戀者的祕密手記〉，李昂的長篇小說《迷園》，李昂的中篇小說〈彩妝血祭〉，履彊的短篇小說〈都是那個祁家威〉都是搶眼的例子。不過，雖然這些文本承認愛滋人口在台灣存在、發生在台灣人身上，但是這些文本仍然凸顯愛滋人口與主流社會之間的巨大鴻溝，彷彿愛滋人口仍然被擋在國外一樣。

劇場導演汪其楣的《海洋心情》於一九九四年出版，是較早正視愛滋的散文集之一。在二〇一一年的新版中，汪其楣回憶台灣愛滋感染者於一九九〇年代的遭遇：「二十幾年前，病人被家庭和醫護人員丟著不管的情形還相當『正常』。」[73]《海洋心情》記錄了愛滋也寫了男同志的生命史。但汪其楣為了避免一再強化男同志與愛滋密切結合的刻板印象，行文並不凸顯男同志人物，反而也寫多種男同志之外的形形色色愛滋之人。

小說家舞鶴的短篇小說〈一位同性戀者的祕密手記〉於一九九七年發表在《中外文學》。舞鶴自承這篇小說於一九八〇年代寫成，寫完的年分不是一九九七年。也因此，這篇小說對於愛滋的理解應該被八〇年代的時空所制約。文中大量使用兩種指涉男同性戀性行為的語詞。第一種用語是沒有二十世紀末時代感的、彷彿早在古早台灣就已經存在的「台客」俗語，亦即指涉屁股、陰莖、肛交的種種「黑話」；第二種用語，是極具二十世紀末時代性的「AIDS」與衍生詞——中文翻譯「愛死」、「AI」與「DS」。「愛死」這個漢字翻譯將「AIDS」變得無比沉重，然而，「去漢字化」的「AI」和「DS」反而將AIDS變得輕佻可愛。

小說中AIDS的翻譯一方面把同性戀壓入黑暗，例如第59節「愛死照在牆壁」、第六十一節「愛死第一八七號」內容。另一方面卻又凝聚同性戀者的力量，而且將同性戀請出暗處。如第六十三節「感謝AIDS」的敘事者表示：「AIDS炒熱了我們」。這一節題目「感謝AIDS」應該詮釋為「多虧AIDS」、「都要怪AIDS」——並不是要將AIDS盛讚為善類，而是要點出這個外來語帶來的契機：同性戀從單數匯集成為複數，從暗處被請入亮處。

李昂的《迷園》凸顯國族、男女兩性關係、女性主體等等議題，向來是性別研究的熱門文本。典型的《迷園》討論可見林芳玫的〈《迷園》解析〉：林芳玫此文探討「性別認同與國族認同的弔詭」[74]。但是朱偉誠提出「非典型」的《迷園》觀察：許多學者關心男女兩性的框架「之內」的性

72 朱天文，《荒人手記》，頁二一二。

73 汪其楣，《海洋心情：為珍重生命而寫的AIDS文學備忘錄》（台北：逗點文創，二〇一一），頁一五。

74 林芳玫，〈《迷園》解析：性別認同與國族認同的弔詭〉，收入梅家玲編，《性別論述與台灣小說》，頁一四五—七二。

別與國族，但朱偉誠留意《迷園》裡頭男女兩性框架「之外」的男同性戀與愛滋。根據朱偉誠觀察，小說楔子展現一群男同志在台北市中山區酒吧集散區進行募款[75]，原來這批男同志想要幫助「台灣第一個A.I.D.S病歷（例）」[76]。這群男同志向路上行人表示，「救Charlie就等於救我們自己。而且，just think，台灣第一個A.I.D.S病歷，有歷史意義的吔，我們要藉這個機會，為台灣的Gay，找到一條新的出路……」[77]。朱偉誠贊同劉亮雅的看法[78]：這批男同志身影與迷園（即書中的「菡園」）對照，「似暗示女性解放與同性戀運動結盟的可能。」[79]劉亮雅的讀法也是非典型的：在男女兩性框架「內」的女性解放和男女兩性框架「外」的同性戀之間尋求交集。

我珍視劉亮雅和朱偉誠跳出男女兩性框架的解讀。但我也要補充，女性解放和同性戀運動兩方的對照相望，一方面暗示兩方交集，卻也同時承認了兩方差異確實存在。一方面，進入一九九〇年代的上流階級異性戀女性已經漸漸納入體制（我將「菡園」視為體制的象徵）；同時，在另一方面，愛滋感染者和同性戀者就算勇敢上街募款，卻還是被隔離在體制之外。

李昂中篇小說集《北港香爐人人插：戴貞操帶的魔鬼系列》[80]，收入了〈北港香爐人人插〉這篇飽受爭議的作品[81]，以及〈彩妝血祭〉這篇呈現愛滋同志「慘況」的小說[82]。劉亮雅為文指出[83]，〈彩妝血祭〉將「二二八解

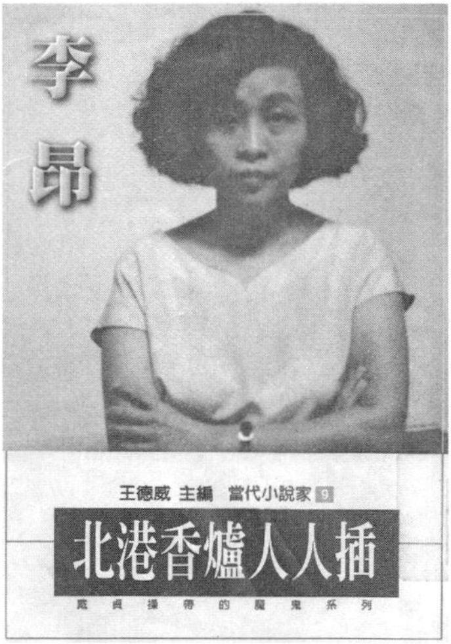

李昂，《北港香爐人人插：戴貞操帶的魔鬼系列》（台北：麥田，1997）

密」和「同性戀解密」結合在一起[84]。小說中王媽媽是政治犯遺孀，獨自扶養遺腹子長大，未料竟要面對白髮人送黑髮人的悲劇。小說標題的「彩妝」就是王媽媽為兒子屍體進行的化妝。這個死去的兒子就和台灣過去的歷史一樣悲哀：不但充滿委屈，而且委屈還只能往肚子裡吞，不能（或不准）坦然紓發。不可告人的兒子祕密如下：在兒子這一生，監視王媽媽的情治人員可能曾經對兒童

75 朱偉誠，〈國族寓言霸權下的同志國〉，頁八九。

76 李昂，《迷園》（台北：李昂出版，一九九一），頁一一。

77 同前注，頁一三。

78 朱偉誠，〈國族寓言霸權下的同志國〉，頁八九。

79 劉亮雅，〈世紀末台灣小說裡的性別跨界與頹廢：以李昂、朱天文、邱妙津、成英姝為例〉，《情色世紀末：小說、性別、文化、美學》（台北：九歌，二〇〇一），頁一三—四七；頁二七。

80 李昂，《北港香爐人人插：戴貞操帶的魔鬼系列》（台北：麥田，一九九七）。

81 〈北港香爐人人插〉，《北港香爐人人插》，頁一一三—六二。當時風波可見陳敏鳳，〈香爐風波　陳文茜：李昂搞黑函工程　一夜心理建設，她決定重回戰鬥位置　不滿旁人搧風，她說不能諒解莊淇銘〉，指出「民進黨文宣部主任陳文茜上午發表聲明，針對她被女作家李昂『北港香爐人人插』小說影射一事表示，她決定正面還擊，李昂的小說是她遇到最大的『黑函工程』」。見《聯合晚報．話題新聞》，一九九七年八月一日，04版。

82 〈北港香爐人人插〉，頁一六三—二二〇。

83 劉亮雅，〈跨族群翻譯與歷史書寫：以李昂〈彩妝血祭〉與賴香吟〈翻譯者〉為例〉，《中外文學》三四卷一一期（二〇〇六年四月），頁一三三—五五。

84 同前注，頁一四一，一四五。

時期的兒子進行性侵害[85]；聽說兒子是扮裝愛好者（男扮女裝）[86]，聽說是「跨世代」（cross-generational）戀愛（俗稱「老少配」、「考古癖」）的男同性戀者（喜歡父親那一輩的老男人）[87]；愛滋在當時更是不能說出口的祕密[88]。朱偉誠說明，這個兒子的死因「猛爆性肝炎」其實就是經常用來代稱愛滋的委婉用語[89]。

出身軍校的作家履彊（本名蘇進強）曾擔任《台灣時報》社長、台灣團結聯盟黨（簡稱「台聯」）主席。他在台聯主席任內帶團參拜日本靖國神社，引起爭議[90]。履彊寫過不少老兵、士兵男男的情慾故事[91]。

85 同前注，頁一四五。

86 同前注。

87 同前注。

88 同前注。

89 朱偉誠，〈國族寓言霸權下的同志國〉，頁七七，註12。

90 詳見侯延卿訪問，〈履彊的意外人生〉，《聯合報．聯合副刊》，二〇〇八年九月七日，E3版。

91 履彊至少在三本不同的書裡頭，反覆處理同一批男同性慾見聞。三本書之一是短篇小說集《兒女們》（台北：聯合文學，一九九四），由「台灣省政府新聞處贊助出版」（版權頁）。書中收入的作品不一定和軍人有關，但是和軍人有關的其中兩篇都敘說男同性戀故事。在〈相互煨暖的靈魂——一個久遠的事件〉中（頁一六一—一六七），敘事者「我」旁觀、偷窺官兵的男男情事。「我」是個小兵，和其他士兵一樣敬畏上士班長「何魔」：家人留在中國、隻身來台的何魔，身材粗壯。「我」發現：在眾人面前，何魔狠心處罰涉竊的小兵張青雲；在眾人背後，何魔卻帶張青雲去浴室洗澡。「我」

表示，「門的罅隙中（按：「我」透過浴室的門偷看），我看到何魔和他（按，張青雲）都扒得光光的……（張全身是傷。）何魔似乎有些慌，他轉過身子，我第一次看清楚他的全部，他身上的肥皂全洗淨。他扳過張青雲的身體，讓張青雲半立半趴在洗手枱上，他反身貼抱住他，似乎想要用體溫去熱他，我吸口氣，覺得有什麼事要發生了。……『我不敢再看下去』」（頁一六三—六四，雙引號為我所加）。「我」是好事之徒：「我看得出來，何魔凶戾的外形背後，藏著秘密」（頁一六四）（按：此處的祕密，可能指「同性戀」，也可能指何魔面惡心善。）「我」發現，張青雲「將隔班的機槍手裘正原也拉到身邊，兩人一是狼一是狽，更明白底說，裘正原也成為何魔的人」（頁一六四）。也就是說，根據「我」的猜測，原本的「何—張」二人組已經發展放大成為「何—張—裘」三人組。「我」的偷窺，也越來越起勁兒了。被偷窺的何、張、裘那邊至少有三人，而進行偷窺的「我」這一邊也不限於「我」一人——整個連的士兵都共享議論他人性生活的樂趣。「有人說，這兩個傢伙(張和裘)每個禮拜陪何魔一次，所謂一次，連上都知道是什麼意思：一次二百元或是二天榮譽假」（頁一六四）。後來，何魔被調走，「至於向輔導長坦承和他(按，何魔)有不正常關係，並且自述是被逼迫（按：被軍中情境逼迫）的張青雲和裘正原也進入禁閉室」（頁一六五）。輔導長並約見「我」，鼓勵「我」注意連上弟兄動態，還暗示王排副也有問題。接著，「我」一邊改而偷看王排副的女性化行為，一邊心想：「當偵探的秘密，使我在枯燥的生活中，得到小小的快樂。我小心在日記寫下觀察所得」（頁一六五）。後來「我」又目睹了何魔跟王排副在戶外（而非室內）雙雙裸體交纏在一起。「我」偷聽到何魔與王排副在說情話，王排副勸何魔別「再去沾惹那些無情義的小鬼頭」（按，張青雲等人）（頁一六六），聽起來王排副才是何魔的真正老相好。小說最後，「我」記憶，「我探頭，看到緊緊相擁，發著汗光的兩個男人赤裸的胸背；我看到互偎互依，互相取熱的兩顆男人的心靈」（頁一六七）。

三本書之二是《少年軍人紀事》（台北：聯合文學，一九九九），述說少年江進從軍故事。「江進」這個名字和履彊的本名（蘇進強）類似。此書的倒數第二篇〈互相煨暖的靈魂〉（頁一八六—九三），幾乎和《兒女們》收入的〈相互煨暖的靈魂——一個久遠的事件〉雷同，只不過舊文中的「我」一律改為「江進」：是江進（而不是「我」）在偷看。這篇故事的開頭，插入幾行如詩的句子：「相互煨暖／是禦寒的方法／灼燙的男性／有最深最冷的靈魂／……」（頁一六先前提及，陳映真早於一九七九年的短篇小說〈纍纍〉就以憐惜筆觸，描寫老兵耽看阿兵哥纍纍生殖器的情景。不過，每次陳映真寫到男人對男人的各種慾望，就會讓慾望行為承載「大道理」的隱喻：「四海一家」、「罷家」等等微言大義。履強筆下的男男慾望，看來卻沒有肩負「用隱喻傳達」「大道理」，反而都在鋪陳「微小慾望」本身。履強筆下的男男故事幾乎都以表達抒情、表達悲傷作為敘事的目的。

不過他的短篇小說〈都是那個祈家威〉卻偏偏採用喜劇手法帶出愛滋議題。標題中的「祈家威」在小說中並沒有出場，但是這個名字曾經形同「同性戀」的符號：一九八〇年代，同志運動人士祈家威是少數向社會大眾現身的同性戀者之一，是當時公然討論愛滋的少數人士之一。祈家威曾經於一九八八年參加著名舞台劇《毛屍》首演[92]，飾演「D：立場堅定，懂得見機行事的年長男性」[93]。

小說主人翁是兩位退伍老兵。他們想要去看他們早就認識的軍醫——昔日軍醫搖身變成花柳病的名醫。兩位老兵之一曾因為後面有病（按，指痔瘡）看過這位醫生，這一回另一名老兵來看正面的病（按，淋病）。這兩個本省籍老兵和外省籍老兵扭扭捏捏向醫生承認他們兩人早在部隊裡就是一對冤家[94]，日常起居就像夫妻，在床上亦然。他們看到祈家威常上報，因而聯想他們可能也身染愛滋，因而要求名醫幫忙驗血。未料名醫一聽聞老兵可能有愛滋就倒彈三步，要他們去找祈家威求助。這篇小說內文本還嵌入報導祈家威的《聯合報》剪報影印本：列為頭條的新聞報導標題為〈愛滋青少女帶原人逾千?!同性戀義工語出驚人祁家威根據冰山理論〉[95]。這種把報紙嵌入小說的形式遊戲讓人聯想到「收入社會新聞」的王禎和小說《美人圖》[96]。

八）。至於排序較早的一篇〈雄性的氣味〉（頁七七—八三），則描寫江進在十六歲初入軍校的情景。士官長喜歡針對軍校新生的生殖器開玩笑，江進頗在意。一回士官長喝醉了，公然抱著江進說「俺愛死你了」，被當作笑話；同學們說，「……士官長愛小姑娘江進……」（頁八〇）。士官長並邀江進一起享用「長官浴室」，並想幫江進搓身子——士官長沒有得逞（頁八二）。在〈軍營某夜事情〉這一篇故事中（頁一三八—四三），江進在十六歲的時候初次撞見兩具赤裸男體交纏在一起，其中一人是班長。江進自稱當下覺得噁心，原本終身軍旅的抱負也破碎了（頁一四三）。

三本書之三是《少年軍人的戀情》這本詩集（新北市：INK印刻，二〇〇五）。其中大約有百分之五十的詩是小說集《少年軍人紀事》的副產品。履彊承認，他在一九九〇年代撰寫《少年軍人紀事》各篇小說的時候，同時將每一篇小說的「小說本事」改寫成詩，並且將詩和小說在同一個版面發表（頁二四—二五）。詩集中的〈軍營某夜事情〉、〈互相煨暖的靈魂〉不但「一字不動」地採擷自《少年軍人紀事》同名小說內文附屬的詩，而且都附帶詩人解說。這兩首詩把男男性關係寫得很白，詩對應的小說與解說更再三提醒讀者絕對不能忽視詩中同性戀（頁五七，七三）。作者坦然表示《少年軍人的戀情》和《少年軍人紀事》都是他個人記住青春的備忘錄（頁二五）。

92 田啟元，〈首演資料〉，《毛屍：Love Homosexual in Chinese》（台北：周凱劇場基金會，一九九三），頁一五—一六。這冊劇本屬於「戲劇交流道　劇本系列」，系列策畫為《海洋心情》的作者汪其楣，主編為台文學者廖瑞銘。

93 〈毛屍〉，《毛屍》，頁一。

94 這兩位老兵的省籍差別是小說中帶來一段插曲：外省老兵在開放探親後，急欲赴中國，但本省老兵卻不捨他走。待外省老兵回台之後，本省老兵便懷疑對方在中國四處嫖妓，帶病回台（頁一七八—八〇）。「本省老兵」「外省老兵」等等身分標籤，在一般同性戀課題的討論中非常罕見。

95 這份報導刊登於《聯合報．焦點新聞》，一九九一年十一月二十九日，03版，記者郭錦萍／台北報導。

96 詳見上一章針對《美人圖》的討論。

四、同志：哪一種公共？

這部書第一章已經提供不只一種的「同志」定義。既然這部書堅持定義應該多勞不逸而非一勞永逸，這一節還要繼續補充「同志」的意涵：「同志」一詞在台灣通行之後，一直被廣泛期待參與公共。也就是說，（被認為面對陽光的）「同志」被期待說服社會大眾接納同志、被期待向主流社會爭取同志人權。相比之下，（被認為陷在黑暗中的）「同性戀」和（被認為不面對陽光的）「酷兒」這兩個詞都沒有承擔「勸說公眾」的道德責任，反而比較可以理直氣壯地享受「不和公眾打交道」的自在。

這一章先前在「翻譯遭遇」這一節提及楊照對於陳雪《惡女書》提出質疑。楊照的說法就預設了同志應該扛起的道德責任：面對公眾。楊照認為陳雪筆下的女同性戀者應該要「面對社會現實」才對——也就是說，楊照認為陳雪筆下人物仍然「背對社會現實」。楊照依賴了一種預設立場：同性戀者應該參與公共（也就是說，應該成為享受陽光的同志），而不應該背離公共（也就是說，繼續當個深陷黑暗的老派同性戀）。等到「同志」、「酷兒」的相關討論漸增之後，陳雪《惡女書》沉浸於黑暗私密的特色，才不被認定為苦守黑暗的同性戀，也不被認定為迎向陽光的同志，而被認定為樂享黑暗的酷兒。

「同志」與「同志文學」未必是親密盟友。「同志」和「同志文學」一直被相提並論，除了因為這兩者「顯然」在字面上相似，也因為這兩者都「隱然」被期待參與公共。「革命尚未成功同志仍須努力」這句口號一方面帶給同志力量（讓「同志」這個稱呼聽起來理直氣壯、正氣凜然），另一方面也帶給同志壓力（讓同志扛下參與公共的責任）。時至今日，公眾（不管是不是同志）經常認為同志就應該參加同志遊行、就應該公開結婚，這樣才可以讓社會看見同志力量有多大。公眾也經常認為「同志文學」應該向社會大眾表達同性戀者的心聲，彷彿文學的主要任務就是「做公關」而不是其他（例如「審美」、「自憐」、「娛樂」等等）。《荒人手記》書中就有「同志」和「同志文學」格格不入的現成例子。阿堯這個角色是疏於從事讀寫的「同志」，小韶這個角色則投入「用寫頂住遺忘」的「同志文學」。這兩人的主要衝突（可以讀做「同志」和「同志文學」的矛盾）在於各自信奉不同的抵抗式公共：之前說過，阿堯的抵抗式公共是喧鬧的大眾街頭運動，小韶的抵抗式公共是恬靜的小眾共同記憶。

我要審視「同志」這個新詞在世紀末台灣的「翻譯遭遇」。各界早就流傳一套介紹同志身世的制式常識：「香港影評人林奕華首先提倡『同志』就是『queer』／林奕華在一九九二年台北金馬國際影展『同志電影單元』把『同志』介紹給台灣觀眾／林奕華挪用孫中山遺言『革命尚未成功，同志仍需努力』。」[97]但我認為制式的常識往往應該被質疑。這種強調「中華傳承」的常識並沒有考慮到「跨國流通」的可能性。例如，澳洲學者麥克樂蘭（Mark McLelland）在《從太平洋戰爭到網路時代的酷兒日本》（*Queer Japan from the Pacific War to the Internet Age*）指出，一九五〇年代日本的

97 回顧林奕華在台提倡「同志」的國內外學者很多。例如，見馬嘉蘭（Fran Martin）的 *Situating Sexualities: Queer Representation in Taiwanese Fiction, Film and Public Culture* (Hong Kong: Hong Kong University Press, 2003), p. 23。

獵奇雜誌已經用「同志」一詞來指稱同性戀男人[98]。也就是說，世紀末的現代中文使用者也可能在日本看到「同志」的新用法，卻未必直接向想像中的中華傳統擷取既有語彙。

接下來我提出一系列質疑，並不是要找出誰才是「同志」一詞的真正「創發者」（即，第一人），反而是要破除對於「創發者」的迷信。任何新鮮詞彙都是在公共場域被無數名人以及無名氏共同打造的結果，並不是某個特定英雄在私人實驗室獨自研發的智慧財產。「同志說法始於林奕華」、「同志一詞來自國父」等等口耳相傳的說法，都需要被檢驗：林奕華和國父未必是真的創發者；在他們之前可能早有無名英雄或有名英雄一再賦予「同志」新意[99]。

在林奕華之前，邁克早就說過「同志」是「homosexual」。出身新加坡的香港作家邁克指出他比林奕華早用「同志」：在一九七〇年代，邁克就在舊金山和友人挪用「中共本黨同志」的「同志」取代「同性戀」；早在八〇年代，他就在電影文章採用「同志」；他表明他自己挪用同志的做法被林奕華拿去台灣發揚光大[100]。我發現，邁克等人說的同志和林奕華說的同志不是同一種。林奕華的「同志」對應「queer」，「同志電影節」對應「queer cinema festival」、是英美「新同志獨立電影」（new queer cinema）的結晶[101]。這個電影浪潮以獨立製片作風出名，社會運動精神遠高過娛樂效果，代表人物為死於愛滋的男同性戀導演賈曼[102]——《鱷魚手記》全書最後一頁的最後一行就向賈曼致敬[103]。受到愛滋衝擊之後，「新同志獨立電影」以及當時英美同志運動不想要繼續維持主流公共和抵抗式公共之間的和諧假象，所以不再用「gay」這個意謂社會和諧的字，反而挪用曾經意謂社會衝突（同性戀者和異性戀者決裂）的「queer」。然而邁克等人使用的「同志」卻不是對應「queer」——與邁克同一時間的七〇、八〇年代的英美同性戀者還沒開始挪用「queer」，仍在使用

「gay」以及「homosexual」。

但是邁克也不是「同志」說法的創發人。邁克是中共用詞的挪用者。不過中共卻也不是同志的

98 同前注，頁八一。麥克樂蘭表示，「同志」（在日文意謂「同樣理念」，而不是「革命同志」）從一九五〇年代起成為日文稱呼同性戀男子的詞彙之一，未料「同志」從九〇年代起「也」在中文世界流行——麥克樂蘭認為日文世界、中文世界剛好都用「同志」來指稱同性戀。麥克樂蘭認為中文世界使用的「同志」（同性戀）上溯到「民國時期」、意謂「革命同志」（頁八一，註25），但沒有上溯到日文世界的用法。我認為麥克樂蘭的看法值得參考，但我不同意他將中文的「同志」溯源到「民國時期」：就時間而言，我在這一章強調，（革命）同志的說法「早於」民國時期（早於中華民國創建）；就空間而言，我懷疑「同志」一詞可能先繞路到日本流行過，才又回到中國流行，而不是一直關在中文世界裡面。

99 我在國內整理這部書的初稿之後，才發現許維賢在《從豔史到性史》列出「同志」在多種歷來中國文獻的出處。他受惠於中國學者開發的電腦查詢系統，找出「同志」在中國文獻的大量條目。我在這部書列出的「同志」一詞出處條目，並沒有抄錄許維賢的搜索結果。許維賢和我的關切點不同：一，許維賢想要（盡量）全面性地列出「同志」在中國文獻的出處條目，但是我不追求資料條目的全面性，反而只要幾個「先於」孫文的樣本條目（藉此證明早在孫文之前「同志」一詞就已經流行）。二，許維賢想要證明中國歷來都善用了「同志」一詞，但我在乎的不是「同志」一詞在「中國國內」的「悠久」歷史，而是「同志」離開中國前往日本、然後又從日本傳到中國的「跨國」翻譯遭遇。

100 邁克，〈「同志」簡史〉，《互吹不如單打》（香港：香港牛津大學出版社，二〇〇三），頁二四四—四七。

101 我刻意將常見的譯法「新同志電影」改成「新同志『獨立』電影」，以便和比較主流的同志商業電影區隔。

102 Derek Jarman, 1942-1994.

103 參見Fran Martin, *Situating Sexualities*, pp. 225, 233.

創發人，因為中共和林奕華一樣挪用孫文的「同志仍需努力」。

但是孫文是真正的創發人嗎？「國父」這樣冠冕堂皇的頭銜，以及「革命尚未成功，同志仍需努力」這樣對仗工整的口號，與其說是孫文本人親手打造的，還不如說是孫文追隨者準備好的「黃袍加身」道具：黃袍，就是這些話術[104]；被黃袍所加的身，就是被造神的國父。根據阿圖塞（Louis Althusser）的「召喚」（interpellation）理論[105]，**孫文正是一個「被召喚造成」的主體**：人家說孫文是國父，他就順勢接下國父這個角色的主體性；別人說他搞革命，他就欣然接下革命者這個主體性。馮自由在《革命逸史》的〈革命二字之由來〉[106]一節寫道，興中會失敗以前，中國革命黨人並沒有採用「革命」二字，而是用「造反」等字眼；興中會失敗後，孫總理（孫文）發現日本報紙刊出「支那革命黨首領孫逸仙抵日」字樣，便表示「日人稱吾黨為革命黨，意義甚佳，吾黨以後即稱革命黨可也」[107]。**「革命」一詞不是孫文發明的，而是日本人給的**。孫文是一個被發明的被動角色，並不是一個發明自己的主動者。

「革命」和「同志」都不是中華文化的純種結晶。中國學者劉禾（Lydia Liu）在《跨語際實踐》（*Translingual Practice*）這本書明確指出，日本人借用中國古文「湯武革命」一語的漢字來翻譯「revolution」這個原文——「革命」在古代曾經是中文，但是在西方文明稱霸之後，「革命」卻是用漢字表意的日文[108]。《跨語際實踐》並沒有提到「同志」，但是和「革命」緊密對應的「同志」（如「『革命』尚未成功『同志』仍需努力」這句口號所示）也與日本有緣。「同志」一詞不是孫文最早啟用的；孫文的前輩梁啟超在《戊戌政變記》中已經零星使用「同志」一詞指稱被慈禧追殺的變法同路人[109]。但是「同志」一詞也不是梁啟超最早啟用的；梁啟超曾表示「激勵其鄉人，以效日本維新志士之所為」[110]，或許受到「現代化」日本人刺激才採用「同志」一詞。日本早於一八七五年就已經出現以「志同道合者，結社」（志を同じくする者が集まって創る結社）為宗旨的「同志社英學校」[111]，也就是京都「同志社大學」的前身[112]。但是「同志」一詞可能也不是同志社英學校發明的——這個詞應該早在同志社英學校成立之前就已經通行於日本知識界。

從出版社創辦人楊宗潤的言行可以推知，他認為「同志」就是「gay」。他不是這種詮釋的創發

104 研究孫文的權威單位「國父紀念館」網站顯示，國父遺囑（包含「革命尚未成功同志仍需努力」等字）是由汪精衛筆記，由宋子文等人見證。但是這分遺囑的作者究竟是誰？遺囑有多少比例出自孫文垂死之際的清醒意識，有多少比例出自才子汪精衛即興創作？恐怕都是歷史懸案。（來源：http://sun.yatsen.gov.tw/content.php?cid=S01_01_01_02，2015年6月18日查詢）

105 Louis Althusser, "Ideology and Ideological State Apparatuses," pp. 127-88.

106 馮自由於一九三九年出版《革命逸史》（共五集）。〈革命二字之由來〉，《革命逸史》第一集（台北：臺灣商務，一九七六），頁一。

107 同前注，頁一。

108 Lydia Liu, *Translingual Practice* , p. 335.

109 書中「同志」這個詞的詞義類似「烈士」、「志士」、「義士」、「仁人」等詞。參見梁啟超，《戊戌政變記》（台北：中華，一九六九），頁一〇三、一〇七。

110 同前注，頁八一。

111 來源：www.doshisha.ac.jp/information/history/emblem.html，二〇一五年六月十八日。

112 來源：www.doshisha.ac.jp/information/history/neesima/neesima.html，二〇一五年六月十八日。

者（每個創發者的前面都還有更早的創發者），不過他樹立了歷史里程碑：創辦台灣第一家同性戀主題書籍出版社「開心陽光」。「開心陽光」直接譯自美國同志出版社「Gay Sunshine」——創辦／創新，還是建立在既有的跨國翻譯上面，以舊為新。開心陽光的第一部出版品是來自美國的翻譯書，翻譯者景翔是投入西書中譯（尤其是同志主題的西洋書籍）工作的長青樹。除了字面上的翻譯行動，開心陽光也進行廣義的翻譯。第一個公開舉行同志婚禮的作家許佑生在開心陽光出版「同志族譜」《四海一家》[113]、《天荒地老》[114]（從古至今的各國同志名人列傳）、長篇小說《男婚男嫁》[115]（來自台灣的男同性戀者被美國紐約同志生活鼓勵，進而與同性愛人結婚）；這些書就是將西方男同志的歷史觀（希臘羅馬古代賢人都被說成是今日美國人的祖先）和價值觀（要上街遊行、要結婚）介紹給「同志仍需努力」的台灣社會。

到了一九九〇年代末，翻譯經過頻繁的本土化、公共化之後，「同志」這個譯文對應的原文已經不是「queer」，不是「homosexual」，也不是「gay」。「同志」一直和「革命同志仍需努力」這句口號難分難捨，但是並沒有現成的英文字可以表達「同志要革命」的意涵。有人將「同志」譯成／譯回「comrade」，但是「comrade」的挪用並未流行[116]。塵埃落定之後，「同志」對應「tongzhi」，如一九九八年華人同志大會的紀錄《華人同志新讀本》所示[117]：這個英文新詞是「同志」音譯。也就是說，「同志」不再是譯文，反而倒過來變成需要被翻譯的原文了。以前港台同志要向中文使用者解釋「queer」是什麼（在中文使用者的圈子裡傳遞西方知識），現在反而要向英文使用者說明「tongzhi」是什麼（從中文圈子跨界到外文圈子傳遞在地化的知識）[118]。

既然同志的詞義持續變動，同志和同志文學之間的關係也就不可能固定不變。接下來，我回顧不同的同志意義各自呼應了怎樣不同的公共性。邁克談的「同志」和林奕華談的「同志」意義不同，不只是因為前者對應「homosexual」而後者對應「queer」，也因為前者對應的公共性是香港電影圈（邁克所參與的電影刊物、電影節等等公共言論場域）而後者對應的公共性是英美的「新同志獨立電影」。

「同志文學」這個詞彙開花結果的地點，是在台灣，而不是在香港。邁克、林奕

盧劍雄暨文集編輯小組編，《華人同志新讀本：1998華人同志交流大會文集》（香港：華生，1999）

113 許佑生，《四海一家：同志族譜之一》（台北：開心陽光，一九九六）。

114 許佑生，《天荒地老：同志族譜之二》（台北：開心陽光，一九九六）。

115 許佑生，《男婚男嫁》（台北：開心陽光，一九九六）。

116 使用「comrades」的代表者之一是林松輝（Lim Song Hwee）的 *Celluloid Comrades: Representations of Male Homosexuality in Contemporary Chinese Cinemas* (Honolulu: University Of Hawai'i Press, 2007)。

117 盧劍雄暨文集編輯小組編，《華人同志新讀本：一九九八華人同志交流大會文集》（香港：華生，一九九九）。

118 見Lim Song Hwee, "How to Be Queer in Taiwan: Translation, Appropriation, and the Construction of a Queer Identity in Taiwan," *AsiaPacifiQueer*, pp. 235-50。

華只指出「同志」和「同志電影」的關係，並沒有從「同志」延伸到「同志文學」。然而，台灣的開心陽光出版社卻已經將「同志文學」這個詞視為理所當然、天經地義。開心陽光編選的同志小說選集《眾裡尋他：開心陽光當代華文同志小說選（一）》[119]經營同志文學史的連續性（從中國郁達夫開頭，一路接力到二十世紀末台灣文學新人，彷彿薪火連續不斷）[120]，卻也剛好暴露了同志文學史的斷層（斷層、斷裂性，是連續性的相反）：郁達夫和世紀末台灣作家隔了半世紀，這半個世紀的歲月不就是千真萬確的「斷層」嗎？被收入的短篇小說〈肉身菩薩〉作者、小說家朱天文表示[121]，她本來以為「自己對同性戀已知之甚詳」，在「同志運動是弄潮兒」之際看了開心陽光的出版品之後，才知道她自己對同志所知有限[122]。被收入的〈粉紅色羊蹄甲樹上的少年〉作者林裕翼表示[123]，他早在同志小說流行之前就寫了多種同志題材的作品，但是他早於流行之前的努力沒有被正視，反而被人誤以為是流行的跟風者[124]。朱天文和林裕翼都預設了二元對立：先與後（在同志小說「流行之前」還是「流行之後」寫作）。他們被收入的作品剛好描寫了舊時代（同志公共性匱乏的時代）：〈粉紅色羊蹄甲樹上的少年〉的高潮就是高中男生驚訝發現男教師和男同學幽會[125]，但這種「揭祕」（揭發同性戀祕密）只能在同志公共化之前吸引讀者，在同志公共化之後（同志「祕密」不再是賣點之後）「揭祕」

楊宗潤編，《眾裡尋他：開心陽光當代華文同志小說選（1）》（台北：開心陽光，1996）

招數就不再奏效[126]。〈肉身菩薩〉描寫兩名男子一方面沉湎於舊的公共（也就是「共同記憶」：眷村

119 楊宗潤編，《眾裡尋他：開心陽光當代華文同志小說選（一）》（台北：開心陽光，一九九六）。

120 書首〈出版源起〉（沒有署名）表示，「時間自三〇年代以降，地區涵蓋中、港、台三地，凡是和同志議題相關的短篇小說」（同前注，頁三）。但是這本小說集除了選錄中國的郁達夫小說之外，其他收入作品都是白先勇本人和白先勇之後的台灣作家小說——沒有中、港兩地的作品。也就是說，〈出版源起〉想要促成的跨歷史（從三〇年代以降）、跨地理（中港台）連續性並沒有實現。這本集子的續集《難得有情：開心陽光當代華文同志小說選（二）》刊登了一模一樣的〈出版源起〉，也就是同樣強調了從古到今的中港台連續性，但是這本集子更是只收入了當代台灣作家的作品，沒有來自中、港的稿子，沒有類似郁達夫的老前輩作家。楊宗潤編，《難得有情：開心陽光當代華文同志小說選（二）》（台北：開心陽光，一九九七）。

121 朱天文，〈肉身菩薩〉（一九八九），收入楊宗潤編，《眾裡尋他》，頁一三五—五四。

122 朱天文，〈後語〉，收入楊宗潤編，《眾裡尋他》，頁一五四—五七。

123 林裕翼，〈粉紅色羊蹄甲樹上的少年〉，收入楊宗潤編，《眾裡尋他》，頁一五九—九一。

124 林裕翼，〈後語〉，收入楊宗潤編，《眾裡尋他》，頁一九一—九五。

125 〈粉紅色羊蹄甲樹上的少年〉中，小說主人翁是個高中男生，死黨是發育良好的校隊球員。小說平行陳列了兩種性的啟蒙。一邊是異性戀的：主人翁和高中同學計畫結伴去歌劇院看脫衣舞女；另一邊是同性戀的：主人翁爬到國文老師家門外的樹上，赫然目睹國文老師和死黨球員在親熱。異性戀的脫衣舞帶來少男「轉大人」的驕傲，同性戀的私密親熱讓主人翁覺得大人（老師）齷齪。作者在後語表示：「偽善」（指這篇小說裡國文老師的偽善）帶來無可補救的傷害，「誠懇」才能維持人性尊嚴。作者希望「圈內的朋友」可以加入「社會道德的網絡中」，「與社會中的每個人平起平坐，且受到尊重」（林裕翼，〈後語〉，頁一九一—九五）。

126 林裕翼善用「揭發同性戀祕密」橋段作為小說結尾的高潮。在〈童女之舞〉獲得聯合報小說獎的那一屆，林裕翼也剛好

童年），另一方面擔憂無法存活於新的公共（比他們更年輕的同性戀男孩形成新的社交圈）。

朱天文和林裕翼都覺得他們屬於舊的一代，因為他們早在新一代同志文學流行之前（在「同志」、「酷兒」等詞流行之前）就寫了同志。但是換個角度來看（也就是換成這一章一開頭提倡的角度：重視作為轉捩點的愛滋），愛滋也是新舊世代同志文學的分水嶺：〈肉身菩薩〉中兩名男子邂逅的場所是一家荒涼的男同性戀三溫暖，這個男男情慾場所荒涼，是因為客戶都被愛滋危機嚇跑了。小說主人翁「他久已不去三溫暖，愛滋病蔓延之故」[127]。「愛滋病」提供〈肉身菩薩〉這個故事得以成型的契機。這麼說來，朱天文也算是「愛滋之後」的新一代同志文學作者——而不是屬於舊的一代[128]。

我要趁機強調三溫暖在同志公眾歷史的重要性。作為性的發展場，男同性戀三溫暖（以及其他萍水相逢的情慾空間，例如男同志聚集的電影院、一夜情的賓館）長期在國內外遭受異樣眼光，往往被剔除在主流歷史之外。如果要搶救這種空間的歷史，有心人至少可以參考本土文學。《孽子》中的龍子和顧肇森小說〈張偉〉的主人翁都各自去過紐約的同性戀浴室（類似男同性戀三溫暖）。但是龍子和張偉的經驗和〈肉身菩薩〉主人翁小佟的經驗大不相同：前兩人，年代較早，並沒有將三溫暖和愛滋聯想在一起；小佟這個角色處於一九八〇年代末，一想到三溫暖就聯想愛滋。但小佟還是去了三溫暖。小佟一進場，就「感覺到有一雙眼睛在看他」[129]，他很彆扭心想「老子沒興趣」[130]，未料一回看，「有一剎那，他們彼此看到。在那空空心巢的浩瀚座標上，他與他遇見」[131]。他們在開在十樓的三溫暖「裸裎相向，高架橋自窗邊飛越而過」[132]。小佟在三溫暖的經驗顯然比前輩龍子、張偉的經驗「正面」（也就是污名化的相反）許多。小說家林俊頴在二十一世紀初期投身於台語文的小說寫作，不過他在二十世紀末也致力呈現被社會遺忘的情慾空間。在林俊頴的短篇小說〈愛奴〉中[133]，某個角色自白：「二、三年裡，雜交過百人，在海濤洪荒竊笑的木麻黃防風林，在阿摩尼亞吶喊助陣的公廁，在溫柔陷阱的泳池，在盲目分解的三溫暖，以肉慾洗心革面，當然更

拿下同一種文學獎的兩座獎座：短篇小說〈我愛張愛玲〉（為戲仿張愛玲的後設小說），以及極短篇小說〈白雪公主〉。〈白雪公主〉中，小說主人翁的情人是一位媽媽，但這兩人不能一起出入公共場所，更別談公開結婚——主人翁在小說最後宣布，因為她本人也是女人，所以她的愛情不被祝福，更不能結婚。見瘂弦編，《小說潮：聯合報第十三屆小說獎暨附設新詩獎、報導文學獎得獎作品集》，頁一四一—四四。〈白雪公主〉的結尾（和〈粉紅色羊蹄角樹上的少年〉的結尾一樣）是足以驚嚇當年（一九九一）讀者的噱頭。但這種「揭發祕密」的噱頭在世紀末很快就行不通了，因為世紀末出現越來越多「不必當成祕密」的同性戀人事物。

127 〈肉身菩薩〉，頁一三六。

128 〈肉身菩薩〉這篇小說讓人覺得敏感之處，除了小說提及的恐慌愛滋心理、（經常被污名化的）三溫暖，還有（時至二〇一〇年代可能涉罪的）「與未成年發生性關係」。主人翁之一，成年男子小佟，曾在電影午夜場之後被兩個未成年少年（十六、十七歲）勾搭（頁一四三）。小佟帶兩少年回家，共處了二十四小時以上。小佟在家裡和十六歲的少年做愛：「十六歲拉他壓倒，跟他要，他就給，清清醒醒給，也愉樂，也寂寞」（頁一四四）。

129 〈肉身菩薩〉，頁一三七。

130 同前注。

131 同前注。

132 同前注。應指兩名陌生男子發生關係。

133 林俊頴，〈愛奴〉（二〇〇〇），《夏夜微笑》（台北：麥田，二〇〇三），頁一八三—二二〇。

冀望有愛贖身。」[134]在〈愛奴〉裡，三溫暖等等容納男同性戀性愛的場所（防風林、公廁、游泳池等等）已經不再形同地獄（不再形同《孽子》描繪的紐約澡堂），反而帶來可以讓人「洗心革面」的肉慾。林俊頴於一九九七年出版的長篇小說《焚燒創世紀》寫了一批中年男同志的聚散。書中人物之一士英「輾轉從朋友那得知」一家傳奇的電影院，「傳話之人也沒去過」[135]。士英輾轉來到這個空間：搭公車過河（按，從台北市到當時的台北縣），再走路走到天黑，穿過菜市場，來到「很容易便錯過的一家小戲院」[136]。士英「融入黑暗的莽林」[137]（按，戲院內部）——類似先前提及，符兆祥筆下的新南陽戲院。後來在一片黑暗中「相濡以沫……在淵黑之中迸裂成億萬個分子，嘩嘩的灑下」，人人形同「蜉蝣，熾情盛開，慢慢萎謝」[138]。士英性高潮之後走出放映廳，看見「一獸尾隨他之後出來」，全身是汗，手裡提著衣褲，只穿了球鞋[139]。這本小說的主人翁也去一家健身俱樂部尋找肉體結合的快樂。健身俱樂部內有一間「電話亭似的小房」，內有「一具具的裸身等待我去……」[140]——這個俱樂部似乎是（公然）以健身房之名，（私下）行男同志三溫暖之實。我在第一章提過，吳繼文的《天河撩亂》回憶了被男同性戀挪用的電影院。一九七〇年代時，小說主人翁除了愛去電影院，還愛去中山北路和林森北路之間的巷子勾引日本觀光客，「無廉恥地對一些男人發出曖昧的微笑，和他們無言地走進

吳繼文，《天河撩亂》（台北：時報，1998）

旅館，讓他們膜拜他的年輕身體」[141]。有的客人榨乾主人翁的肉體，讓主人翁聯想中藥的「採補」觀念[142]。主人翁賣身，可以溯源到他在台北中華商場的奇遇[143]：他被陌生日本男子搭訕，接著就跟日本人去林森北路聽歌，跟著日本人回旅店，上了床，拿了錢[144]。從此，他開始向各種陌生男人賣淫。

情慾空間的歷史有待有志之士一起贖回，我在本書無法詳談。接下來，我還是要回到林奕華帶給台灣的翻譯遭遇。林奕華明明來台灣傳播(1)「（愛滋出現後的）同志運動」理念和(2)「新同志獨

134 同前注，頁二一八。
135 林俊頴，《焚燒創世紀》（台北：遠流，一九九七），頁六九。
136 同前注，頁六九。
137 同前注。
138 同前注，頁七一。
139 同前注。按，這個「獸」在放映廳內應該是全裸的，只穿了鞋。
140 同前注，頁八五。
141 吳繼文，《天河撩亂》（台北：時報文化，一九九八），頁一六四。
142 同前注，頁一六五。
143 值得留意的是，已經拆除的中華商場（位於台北市西門町中華路）也曾經是男同性戀者邂逅的場所。吳明益的長篇小說《單車失竊記》就提及主人翁在童年時期在中華商場公廁多次目睹男同性戀者露出下體求歡。吳明益，《單車失竊記》（台北：麥田，二〇一五），頁二一一—二一三。
144 吳繼文，《天河撩亂》，頁一六四。

立電影」。可是，台灣世紀末的收成卻是(3)「同志運動」搭配(4)「（愛滋出現後的）同志文學」。我標明這四者的號碼，是要詳細註明這四者的時空位置：例如，同樣是「同志運動」這個詞，放在不同的時空就對應了不同意義。(1)林奕華推廣的同志運動理念來自英美：在英美，愛滋出現之前就已經擁有悠久同志運動的歷史，不過林奕華宣揚的是愛滋出現之後的同志運動；(2)「新同志獨立電影」本來就是愛滋出現之後的浪潮，所以不必特別標明「愛滋出現後」；(3)台灣的同志運動都發生在愛滋出現之後，所以也不必特別標明「愛滋出現後」；(4)這裡專指愛滋出現後的本土同志文學，並不包括一九六〇、七〇年代的同志文學。

香港人將「同志」搭配「同志電影」，台灣人將「同志」接合「同志文學」。當然台灣在一九九〇年代也有亮眼的同志電影，例如李安的《囍宴》和蔡明亮的《河流》，但是當時電影人「還沒有」（至少在九〇年代的時候還沒有）像文學人（例如開心陽光出版社成員）一樣致力於同志文化生產的「整合」——開心陽光出版社有心編撰同志文學歷史，可是同一時刻並沒有人整理本土的同志電影歷史。在世紀末的時候，李安、蔡明亮的主要力氣與其說是投入本土運動，不如說是投入國際影展、為國爭光；在世紀末的時候，台灣既有的教育體制容易大量產出《荒人手記》、《鱷魚手記》的討論者和臨摹者，但同一個體制很難複製李安、蔡明亮的接班人[145]。到了二十一世紀初期，看起來足以累積歷史的、刻意抗拒主流公共的同志獨立電影才開始出現，例如導演周美玲等人的作品。

在世紀末，英美同志運動的搭檔是獨立電影，台灣同志運動的搭檔是文學。這個差別顯示英美同志文化並沒有享受放諸四海皆準的「共相」，也意味著英美和台灣各有「殊相」：英美獨立導演至少在一九七〇年代就已經製作同志獨立電影（根據賈曼從七〇年代就已經開始的創作年表來推算），台灣民間至少從六〇年代就開始累積與同性戀有關的文學資產，兩邊都是經營幾十年的地方性土產。換句話說，同志現代性在英美的地盤包括獨立電影界，而同志現代性在台灣則長期立基於文學（至少在九〇年代仍然如此）。英美同志現代性不見得徹底影響東亞小國的文化表現，台灣同志現代性也不全然向西方取經。台灣同志運動和愛滋出現後的同志文學屬於同世代，但是這種同志運動與同志文學的「同時發生、同時存在」現象是獨特的台灣經驗，在其他國家很難找到。高唱「queer」的英美同志運動誠然也召喚他們的同志文學大師（王爾德〔Oscar Wilde〕、惹內〔Jean Genet〕等等）：不過，王爾德是十九世紀人、尚・惹內是和沙特（Jean-Paul Sartre）同代的法國人——這些同志文學大師距離愛滋出現之後的歐美同志運動非常遙遠。

我釐清各國的不同發展，並不是獨厚台灣經驗、並不是小看其他國家的同志行動。在其他國家，愛滋出現後，與同志運動同步的（in sync with）同志現代性，可能不是立基於文學，而可能是立基於電影、美術、音樂、街頭行動、夜生活文化等等；在台灣，愛滋出現後「立即」與同志運動同步的文化生產，並不是（需要動員大量財力物力的）同志電影，而是（可以單槍匹馬游擊作戰的）同志文學。

我說無意獨厚台灣經驗，也就是說我無意歌頌「其他國家都不像台灣一樣享有傲人的同志文學

145 值得一提的是，早於一九八〇年代，台灣電影也營造了抵抗式公共：「台灣新電影」。不過「台灣新電影」大致與同志無關，並不在我的討論範圍內。

傳統」這一類說法。台灣享有其他國家少見的同志文學傳統，與其說是因為國內各種條件讓人喜悅（作者特別有才華、國內文風特別鼎盛等等），不如說是因為國內同志生存困境曾經讓人悲哀。在戒嚴時期，想要表達非主流意見（如，支援同性戀者的意見）的公眾沒有多少渠道可以選擇：（一個人獨力就可以完成的）文學讀寫相對安全，而（牽涉多人合作的）電影、紀錄片、小劇場、街頭演講等等行動風險偏高。**世紀末同志文學在台灣興盛，一部分因為戒嚴時期的習慣揮之不去**（即「從事文學比較明哲保身」這種習慣想法）；世紀末台灣同志文學在其他國家很少大放異彩，一部分因為某些國家的同志課題早就進入多種藝術媒材（例如日本的實驗電影[146]）、多種社會參與空間（例如日本的同志夜店[147]、英美的社會運動等等）。其他國家沒有把所有的雞蛋放在同一個籃子裡，也就不必像台灣一樣在世紀末特別關心同志文學。

五、酷兒：在人道主義的王國外

這一節標題「在人道主義的王國外」自然是在回應上一章的其中一節：「在人道主義的王國裡」。一九九〇年代也是人道主義被有意無意質疑的時刻。

各界流行兩種定義「酷兒」的方式。第一種定義方法是將「酷兒」這個音譯對應「queer」這個原文。但是，就像林奕華曾經將「同志」對應「queer」但是後起之秀卻又紛紛將「同志」對應成「gay」、「tongzhi」，曾經對應「queer」的「酷兒」自然也和原文越行越遠。許多學者在英文中將台灣版本的「酷兒」寫成音譯的「ku'er」（就像把「同志」寫成音譯的「tongzhi」），以便表示

「ku'er」並不全然等於「queer」。

第二種定義方法是回顧一九九四年獨立刊物《島嶼邊緣》第十期「酷兒QUEER」專輯[148]。由洪凌等人主編的這個專號首先將「queer」翻譯為「酷兒」。有些人認為「酷兒QUEER專號」誤讀了英美的「queer」。這種在意「酷兒專號」有沒有誤讀西方、有沒有被本地人濫用的心態，都建立「先來後到、先貴後賤」預設立場之上：西方（英美）早、本土（港台）晚，而台灣比香港更晚；西方先有原文、本土後有譯文，而台灣比香港更晚得知譯文；原文等同真理的源頭、譯文等同真理的影子；源頭當然是對的、影子難免出錯。這一連串立場一再肯定西方的高貴血統，卻也同時貶低了本土的土俗成果。我並不在乎誰比較早、誰比較靠近西方、誰真正擁有西方的種籽，反而更留意翻譯遭遇的結果——台灣公共場域所長出來的本土果實。

146 例如，麥克樂蘭的《從太平洋戰爭到網路時代的酷兒日本》指出，日本戰後出現崇尚女性化的男同志夜生活。女性化男演員琵特（Peter）就是在這股風潮中，出演一九六九年實驗電影《薔薇的葬列》（*Funeral Parade of Roses*，松本俊夫導演），一炮而紅（頁一〇九）。在一九六〇年代，這種以夜生活為據點、被實驗電影界挪用、與文學淵源不深的「gay boy」風潮，是台灣沒有經歷過的同志現代性一種現象。

147 《從太平洋戰爭到網路時代的酷兒日本》指出，陰柔外表（而非陽剛外表）的男同志在戰後日本同志夜生活走紅了二十年：從一九五〇年代末期至七〇年代末期（頁一〇一、一〇四）。這種同志現代性的現象也是同時期（從一九五〇年代末期至七〇年代末期）台灣沒有經歷過的。

148 按，「酷兒QUEER」標題中的英文、大寫為原文所有。參見紀大偉，〈《酷兒啟示錄》編者說明與致謝〉，收入紀大偉編，《酷兒啟示錄：台灣當代QUEER論述讀本》（台北：元尊文化，一九九七），頁一七。

平心而論，在台推銷「同志」的林奕華和「酷兒QUEER」專輯的歷史意義差不多：正如林奕華無法壟斷「同志」的定義，洪凌等人也不是定義「酷兒」的終極權威。「Queer」這個英文字也曾經被朱偉誠等等學者翻譯為「怪胎」[149]，只不過後來坊間通行的譯法是「酷兒」而不是「怪胎」。如果有人堅持同志的「原始定義」要回歸林奕華於一九九〇年代初期的說詞，如果有人堅持酷兒的「原始定義」要回歸洪凌等人當時言論，那麼這些人「溯源」的努力就可能陷入兩種迷信：一，迷信「原初」（發明、創發、正版）等等被神聖化的概念。二，迷信「單一標準答案」（即「一元」）而疏忽了「多元」。我說的一元是各界經常偏好的單一標準答案：「『gay』等於『同志』」、「『queer』等於『酷兒』」之類說法。我說的多元卻經常讓人手足無措：「『同志』可以對應『gay』也可以對應『queer』」、「『queer』可以對應『酷兒』也可以對應『怪胎』」、「同志文學並非只關心同性戀，反而也關心異性戀、雙性戀」。這些說法都強調多元、拒斥單一標準答案。

同志和酷兒瓜分了同性戀意義的地圖。當初林奕華的「同志」進行了兩種翻譯：一種是「跨語際實踐」（translingual practice），將「queer」翻譯成為「同志」；另一種是「同一語言之內」（intralingual）的新陳代謝，將「同性戀」翻譯／改寫成為「同志」。到了一九九〇年代末期，「同志」繼續取代「同性戀」（「同志」只保留了「同一語言之內」的新陳代謝），可是「酷兒」取得「queer」的代表權（「同志」並沒有保留「跨語際實踐」）。

同志和酷兒也瓜分了公共。一九九〇年代的時候，「同志」的公共分散在於民間各界，「酷兒」的公共在於「玩理論」的學院。這種公共性的分配方式並不夠精準，但正好點出一個關鍵：對於身分認同（例如「同性戀者」、「中國人」等等身分）的態度。從後結構主義以及後現代主義影響以來，許多學者紛紛批判「人道主義」（humanism）是虛妄的、主體性是要被解構的、人道主義和主體性衍生的身分認同也被斥為純屬想像。但是，對學院之外的民眾來說，人道主義貨真價實、主體性不容挑戰、身分認同也需要捍衛。對於身分認同的不同態度剛好對應了「同志」和「酷兒」的不同：同志被認定擁抱身分認同，酷兒被認定質疑身分認同。換句話說，同志傾向現代性，酷兒傾向後現代性。

解嚴之後，曾經被壓抑的多種身分認同（如「台灣人」、「原住民」、「同志」等等）紛紛出頭；在這種「肯認身分認同」的社會氛圍中，「質疑身分認同」的酷兒難免比較冷門。不過，也正因為酷兒不相信身分認同固定不變，所以酷兒傾向於「轉變身分」、「逆轉身分」的想像，同志則沒有這種樂於轉變的傾向。這種傾向和「酷兒閱讀」（queer reading）[150]、「酷兒化」（queering）[151]的

149 使用「怪胎」而不用「酷兒」的幾個例子如下：朱偉誠，〈（白先勇同志的）女人、怪胎、國族：一個家庭羅曼史的連接〉，《中外文學》二六卷一二期（一九九八年五月），頁四七—六六；劉亮雅，〈怪胎陰陽變：楊照、紀大偉、成英姝與洪凌小說裡男變女變性人想像〉，《中外文學》二六卷一二期（一九九八年五月），頁一一—三〇；張小虹，《怪胎家庭羅曼史》（台北：時報文化，二〇〇〇）；朱偉誠，〈父親中國・母親（怪胎）台灣？——白先勇同志的家庭羅曼史與國族想像〉，《中外文學》三〇卷二期（二〇〇一年七月），頁一〇六—一二三；劉亮雅，〈鬼魅書寫：台灣女同性戀小說中的創傷與怪胎展演〉，《中外文學》三三卷一期（二〇〇四年六月），頁一六五—八三。

150 謝姬維克編過《字戀：在小說進行酷兒閱讀》（*Novel Gazing: Queer Readings in Fiction* [Durham, N.C.: Duke University Press, 1997]）這部著名論文集。在編者序（頁一—三七），謝姬維克承認，在這一部論文集中，各個學者對於「酷兒閱讀」的酷兒特性為何，並沒有共識。有些學者的酷兒閱讀追蹤同性情慾，但是有些學者則否。她認為，從事酷兒閱讀的

策略息息相關：這兩個策略很像，都是把看似不是同性戀的人事物「解讀成為」（也就是，藉著閱讀進行改變）同性戀的人事物。酷兒閱讀（例如這一章將討論的田啟元劇本《毛屍》「誤讀」孔子之舉）的成果，終究是為同志找來更多人事物資源；也就是說，酷兒未必和同志對立，反而壯大了同志的陣容。

同志和酷兒，與其說是不同的兩種人，不如說是不同的兩種態度。「不同人種」這種說法就暗示了固定不變的身分認同，但是酷兒就是強調身分認同會變。同志的態度信任人道主義，因而追求體制內的平等（暗示「異性戀，同性戀，大家都一樣，都是人」）；酷兒的態度質疑人道主義，因而留意體制內外都有的縫隙（「就算大家都是同性戀，也還是個個都不一樣」）。

有些人堅持同志文學和酷兒文學是截然不同的：他們認為，既然酷兒被認為比同志冷僻古怪，那麼酷兒文學就被認為比同志文學更加誇張地炫示文學技巧（也就是形式的賣弄）和情慾實驗（也就是內容的賣弄）。這種說法預設同志和酷兒是不同的兩種人（不同的兩種主體），但是我在上一段已經反對了這種預設。正因為同志和酷兒是兩種態度（可以共存於同一個主體身上）而不是兩種主體，所以同志文學和酷兒文學是文學的兩種不同面向（可以共存在同一個文本）而不是兩種不同的文類。

酷兒文學的特徵就是質疑人道主義。為了說明文學能夠怎樣酷兒，接下來我列出三類文本，各自呈現「古人類」、「新人類」、「假人類」。這三類文本的特色並不在於它們和同志文學對立（其實它們都算是同志文學的成員），而在於它們都對人道主義提出質疑。根據人道主義信念所寫出來的文學角色（包括同性戀角色）應該是活在當下的、完整無缺的、讓人設身處地感同身受的，要讓讀者覺得「文本裡的那個角色就是我」，可是我列舉的文本偏偏不符合人道主義信念、恐怕讓人難以感同身受[152]。

研究者們都在進行大膽的摸索，並沒有自信滿滿地聲稱自己確立了某種研究方法（頁二—三）。簡而言之，就連酷兒理論大師謝姬維克也樂見酷兒閱讀有多種定義方式，卻不提出單一一種固定不變的定義。這部論文集的主標題為「盯著小說看」（novel gazing），和英文常用語「盯著肚臍看」（navel gazing，即「自戀」）諧音。思及這個標題蘊含的文字遊戲，我把書名從「盯著小說看」改成「字戀」，取「自戀」的諧音。

151　什麼是「酷兒化」？簡而言之，就是在看似沒有酷兒意味的人事物看出來（創造出來）酷兒意味。著名同志研究學者戈德堡（Jonathan Goldberg）編過《把文藝復興酷兒化》（*Queering the Renaissance* [Durham, N.C.: Duke University Press, 1994]）。這本一九九四年出版的重要論文集並沒有在索引列出「酷兒化」（queering），也沒有列出「酷兒」（queer）——我認為這兩者沒有在索引出現，並不是因為這部標舉「酷兒化」的論文集不重視「酷兒化」、「酷兒」，而是因為「酷兒化」、「酷兒」兩詞在當時美國學界已經是不需要解釋的常見用語。我建議，讀者與其堅持要問「酷兒化」的定義為何，不如改問「酷兒化」的作用為何。在這部論文集的結語（頁三五九—七七），學者杭特（Margaret Hunt）簡單明瞭解釋「酷兒化」的作用：當保守派人士想要用他們詮釋的版本來對付我們（按，各種同志酷兒們），我們也要努力提出對我們有利的可用歷史（頁三五九）——也就是說，用「酷兒化」來讓「任憑各路人馬詮釋」的歷史材料變得可以讓我方可用，而不被動看著歷史材料被敵方挪用。「酷兒化」就是詮釋權爭奪戰的一種策略。

152　後現代文學也質疑人道主義。我發現，後現代小說的代表作家黃凡、林燿德、駱以軍、平路都寫過同性戀。在黃凡的中篇小說〈曼娜舞蹈教室〉（《曼娜舞蹈教室》〔台北：聯合文學，一九八七〕，頁一二—一一二），曼娜因為隆乳失敗、失去乳房，所以個性扭曲（暗示「愛慕虛榮」的「自作自受」？）。為了洩憤，曼娜發出黑函，宣稱某個男子（跟曼娜失去乳房等等遭遇都毫無關係）是同性戀、有愛滋、逼他身敗名裂。這篇小說藉著踐踏女性、身心障礙者（失去乳房的人）、同性戀者、愛滋感染者，達到後現代主義嚮往的虛無世界。和黃凡長期合作的林燿德對各種非主流的性事都有興第一類文本呈現的「古人類」距離當代太遠，讓讀者難以「心生共鳴」。強烈暗示孔老夫子本人就是同性戀的舞台劇《毛屍》只要求聳動，並「不訴諸感動」。因為愛滋而去世的田啟元是這齣戲的編導。他撰文在報紙上自況，「《毛屍》由教育、儒家、同性戀的議題切入。」[153]這齣戲大量引用詩經作為台詞的《毛屍》（毛詩？）選擇向孔子下手，應該是因為它想要藉著調侃儒家道統來挑戰一九八〇年代的黨政霸權。

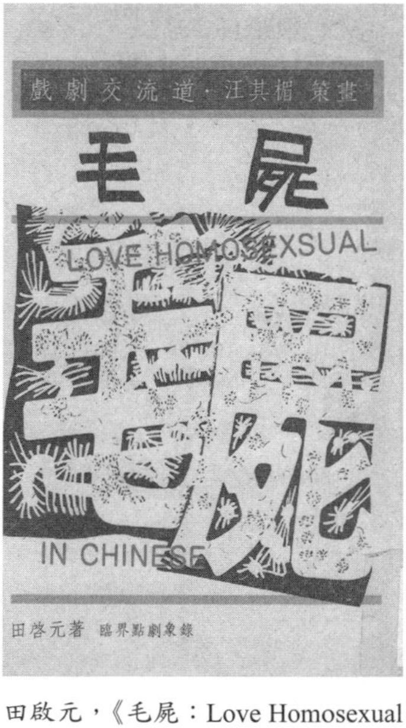

田啟元，《毛屍：Love Homosexual in Chinese》（台北：周凱劇場基金會，1993）

戲中六位演員唇槍舌劍。有角色說，「子路叫太太妻兄，妻子的妻，兄弟的兄。」另一個角色接著說，「對，妻兄妻弟就是同性婚姻最好的例證。」結果，F這個角色出聲抗議：「我呸！」[154]角色們「故意」將孔子心愛的子路「誤解」為同性戀，惹得F大怒。F是儒家的捍衛者。其他角色指控F，「在中國文化基本教材中下藥，自以為替新生一代的人民調出最好的養份，結果呢？」[155]F則抱怨，「我養你們三十九年了！你們不應這樣對待我。」[156]F似乎採取了某種政權領袖的口吻——從這齣戲首演的一九八八年回溯三十九年，就是肅殺的一九四九年。

角色們又說，「孔子說——」「說什麼？」「說男女授受不親！」「又說食色性也！」「既然男女都授受不親，這食色的色——」聽了這番推論的F問，「怎麼樣？」有人回答F，「恐怕就不是女色了！」這批暗示孔子提倡「非異性戀」的角色們，再度激怒F[157]。

《毛屍》早在「同志」、「酷兒」理念流行之前現身，但是它執行了這一章先前提及的「酷兒閱讀」，將經典地位的孔子（以及孔子弟子、相關四書五經）「酷兒閱讀」（按，這個詞在此為動詞）為同性戀。不少同志運動者故意將古代詩人屈原詮釋為同性戀者，也形同進行「酷兒閱讀」（按，這個詞在此為名詞）。這兩種「酷兒閱讀」（把孔子讀成同性戀、把屈原讀成同性戀）雖然帶來話

趣；他鼓勵先前提及的楊麗玲撰寫《愛染》、推動第一本同性戀小說選集《紫水晶：當代小說中的同性戀》出版。他的科幻小說《時間龍》（充滿科幻怪獸）和雜文集《淫魔列傳》（台北：羚傑，一九九五，暢談薩德侯爵〔Marquis de Sade〕等等）都貼近洪凌的寫作題材。林燿德的短篇小說集《大東區》（台北：聯合文學，一九九五）炫示了邊緣化、新崛起的身分認同（同性戀者、女性主義者），但這些故事和黃凡小說一樣：藉著羞辱社會邊緣角色達致目空一切的境界。糟蹋邊緣人，只是背離人道主義的多種路徑之一，容易被求快心切的作家採用、濫用。後現代作家平路和駱以軍寫的同性戀故事也背離人道主義，但他們並沒有像黃凡和林燿德一樣祭出「拋棄式、一次性」的同性戀角色，反而各自鑄造了「新人類」、「假人類」。針對林燿德的批評，詳見紀大偉，〈脫走胡迪尼：閱讀林燿德的逃逸術〉，《晚安巴比倫》（台北：聯合文學，二〇一四），頁一四六—五六。

153 按劇本的內文來看，這句話所稱的「教育」應該是指採用「中國文化基本教材」（按，根據儒家經典編寫而成）的當年教育。田啟元，〈戲，我愛，我做〉，《中國時報》，一九九五年五月二十七日，46版。

154 《毛屍》，頁六〇。

155 同前注，頁六三。

156 同前注，頁六四。

157 同前注，頁六五—六六。

題，但不會帶給觀眾將心比心的感動，也因而與人道主義的信念脫鉤。說到古人類，讀者容易聯想吳繼文的《世紀末少年愛讀本》[158]；這部小說根據清朝男色小說《品花寶鑑》寫成[159]。但是《世紀末少年愛讀本》與《毛屍》大異其趣：《毛屍》將看似不是同性戀的孔子「酷兒閱讀」成同性戀，《世紀末少年愛讀本》將看起來明明肖似同性戀的清朝人翻譯（而不是酷兒閱讀）成為二十世紀末的心靈（書名的世紀末，是二十世紀末，而不是清朝的世紀末）。《世紀末少年愛讀本》趨近了人道主義，而不是遠離。

第二類文本呈現的「新人類」（不是指街上確實可見的青少年，而是指未來的人類）也「**不訴諸感動**」，反而讓讀者覺得遙不可及。這類文本藉著寄託未來、否定當下。平路在短篇小說〈世紀之疾〉[160]想像一個愛滋已經完全絕滅的未來世界：未來世界的同性戀者不受愛滋威脅，卻也同時失落了舊世界與愛滋糾纏的情慾機會。也就是說，愛滋和情慾共生共滅。未來世界的同性戀者為了要召回情慾的感覺，竟然寧可獻身給「『世紀之疾』的病毒」[161]。這篇小說和大部分的科幻小說一樣超脫了當代讀者所熟悉的歷史條件（也就是愛滋橫行、肉慾橫流的當下現況），也就沒有提供讓台灣讀者容易認同的對象。林燿德的《時間龍》、洪凌短篇小說集《異端吸血鬼列傳》[162]打造的吸血鬼、紀大偉

吳繼文，《世紀末少年愛讀本》（台北：時報，1996）

小說集《膜》[163]推出的生化人各自走上〈世紀之疾〉這種「不訴諸感動」的路線。

世紀末文學最搶眼的新人類之一，躲在詩人陳克華的〈「肛交」之必要〉[164]裡面。〈「肛交」之必要〉收入在陳克華詩集《欠砍頭詩》裡，標題和內容都在歌頌肛交，讓人聯想男同性戀。然而，我認為這首詩是以歌頌肛交之名，進行「否定當下」之實：只有超脫這個詛咒肛交和同性戀的當下，才能夠抵達歌頌肛交的未來——這個未

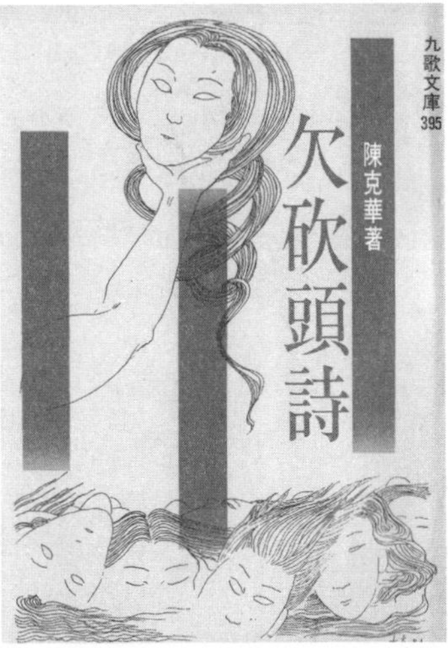

陳克華，《欠砍頭詩》（台北：九歌，1995）

158 吳繼文，《世紀末少年愛讀本》（台北：時報文化，一九九六）。

159 （清朝）石函氏（陳森）著，《品花寶鑑》（一八四九）（台北：桂冠，一九八四）。關於《品花寶鑑》和《世紀末少年愛讀本》的比較，詳見Ta-wei Chi, "Performers of the Paternal Past: History, Female Impersonators, and Twentieth-Century Chinese Fiction," *Positions: East Asia Cultures Critique* 15.3 (2007): 581-608。

160 平路，〈世紀之疾〉，《百齡箋》（台北：聯合文學，一九九八），頁一五—二三。

161 同前注，頁二三。

162 洪凌，《異端吸血鬼列傳》（台北：平氏，一九九五）。

163 紀大偉，《膜》（台北：聯經，一九九六）。

164 參見陳克華，〈「肛交」的必要〉，《欠砍頭詩》（台北：九歌，一九九五），頁六八—七二。

來，類似平路〈世紀之疾〉的異世界。各種軟玉溫香的體腔詩句之間，藏有這句話：「（我們是全新的品種豁免於貧窮、運動傷害和愛滋病）。」也就是說，只有未來的（還沒有到來的）新人類才可以免於愛滋，但是當下的舊人類卻還是要面對苦難。這首詩和讀者疏離之處，與其說是很刺眼的肛交（這是世紀末讀者都可以辦到的事），還不如說是豁免於愛滋病的新人類（這是世紀末讀者無法企及的）。平路和陳克華的這兩篇酷兒文本顯然都是因應愛滋危機的產物。

第三類文本呈現的「假人類」和前兩者最大差異之一，是和公共的關係。「古人類」、「新人類」被寄託到古代和未來，結果他們很難和世紀末讀者「存在於同樣時空」，很難與讀者共享公共性。方才提及的《毛屍》可能藉著指稱孔子是同性戀而批評了一九八〇年代主流公共性（儒家道統的戒嚴體制）、《世紀末少年愛讀本》也可能藉著託古而脫逸了抵抗式公共性（也就是火熱的九〇年代同志次文化），但這兩種文本的抵抗性恐怕不容易打動當代讀者——世紀末台灣同志文學的讀者可能更在乎他們可以目擊的、正在發生的對峙：（被認為打壓同性戀的）主流公共性 vs.（被認為幫同性戀出氣的）抵抗式公共性（體現在世紀末同志運動以及某些藝文作品中）。

我指出的「假人類」，是指肖似（同性戀的）人類卻又不盡然等同真人的角色。正如佛洛伊德提醒[165]，這種似人非人的人偶給讀者「詭異」（uncanny）的感覺；《鱷魚手記》中的「鱷魚」就是人偶似的角色。

《鱷魚手記》分為兩條敘述線進行：自稱「拉子」的同性戀大學女生這條線是悲情的——她的故事比較容易讓人感動；卡通人物一般的「鱷魚」這條線是逗趣的——牠的故事「不訴諸感動」。這兩條線各自進行了兩種「翻譯遭遇」：前者接受了「被翻譯、被發明」的「拉子」這種身分（原文是「lesbian」，譯文是「拉子」）[166]，另一條線「翻譯、發明」了「鱷魚」（同性戀者可能透過鱷魚這個假面，進行腹語術）。解嚴後的記者以媒體自由之名行偷窺女同性戀次文化之實，但是鱷魚卻神經大條地在城市遊走——鱷魚代替同性戀者，做了當年同性戀者不方便做的事。

「拉子」和「鱷魚」兩者進入女同性戀文化圈，用來取代「女同性戀者」這個舊詞；「拉子」以及衍生詞「拉拉」（聽起來比「拉子」更加親暱可愛）在香港、中國熱烈流傳[167]。桑梓蘭在《浮現中的女同性戀》第十章盛讚邱妙津，認為邱正面投入公共性：桑梓蘭認為邱妙津呼應了中

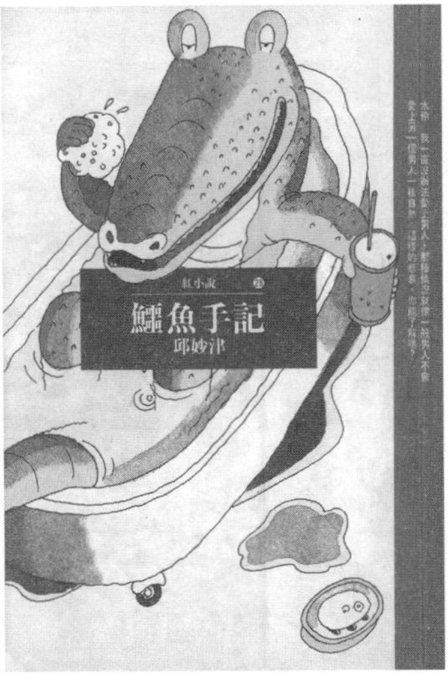

邱妙津，《鱷魚手記》（台北：時報文化，1994）

165 Sigmund Freud, "Uncanny," *The Standard Edition of the Complete Psychological Works of Sigmund Freud*. Vol. XVII. Ed. James Strachey (London: Hogarth Press, 2001), pp. 219-52.

166 小說角色並沒有明說「拉子」是個翻譯詞，但她們的確將這個詞當作一個新詞（拉：動詞；子：用來固定住拉的動作）來操用，見邱妙津，《鱷魚手記》（台北：時報文化，一九九四），頁八四—八五。桑梓蘭在《浮現中的女同性戀》只說「拉子」是一個無聊的綽號，並沒有發現這個詞也是一種翻譯行動的產物（頁二六三）。

167 可以參考金曄路，《上海拉拉》。這本書明確指出，在中國流行的「拉拉」一詞，是從台灣流行的「拉子」襲用而來。不過金曄路並沒有解釋為何台灣人將女同性戀稱為「拉子」，也沒有提及邱妙津（頁一，註1）。

國五四年代的女作家、與當時進步英雌一樣積極參與公共、並且在《鱷魚手記》直接批判消費女同性戀的噬血媒體。但我想要用抵抗式公共的概念來回應《浮現中的女同性戀》：《浮現中的女同性戀》認為邱妙津本人（而不是作品）投入了一個看似鐵板一塊的主流公共性，我則認為邱的作品（而不是邱本人）以「癡人說夢」的方式，在主流的公共性之外，另外打造了抵抗式公共。癡人，就是傻呼呼的鱷魚；夢，就是鱷魚和媒體玩捉迷藏的虛擬世界——這個捉迷藏遊戲本身就是一個被虛構出來的公共場域，和鱷魚一樣假。我並不認為邱妙津真心呼應五四傳統[168]，反而覺得邱妙津習慣以假亂真的策略（假人類，替身，腹語術，假公共性）逃脫性苦悶的台灣。

駱以軍在邱妙津去世後，發表長篇小說《遣悲懷》[169]，虛構他本人與邱妙津的互動（駱與邱本人是否曾經是好友，和「小說是不是虛構」無關）。換句話說，《遣悲懷》中的邱妙津（是死者，也是同性戀者）類似《鱷魚手記》中的鱷魚，都是小說家用來進行腹語術的假人類。可能因為「死者為大」的社會共識，更可能因為「講究同性戀者的尊嚴」的意識已經在台灣浮現，所以《遣悲懷》遭受來自抵抗式公共（講究同性戀尊嚴的讀者）的抨擊。駱以軍的遭遇和黃凡、林燿德的處境形成強烈對比：當年黃凡、林燿德發表後現代小說訕笑同性戀的時候，（重視同性戀者權益的）抵抗式公共還來不及成形、還來不及批判黃凡、林燿德二人的作品。

許悔之的〈白蛇說〉也是一九九〇年代氛圍的產物。這首詩屬於兩個家族[170]：一方面，「假人類」家族：它和邱妙津的《鱷魚手記》異曲同工，同樣將動物（蛇、鱷魚）當作假人類。另一方面，「挪用白蛇傳」的大家族：這個家族的成員至少包括李碧華的小說《青蛇》（書中青蛇成為愛慕白蛇的女子）[171]、徐克根據李碧華小說改編的電影《青蛇》[172]、小劇場導演田啟元的小劇場《白水》[173]、中國作家嚴歌苓的中篇小說《白蛇》[174]。〈白蛇說〉是在同志文化生產（電影，小劇場等等）興盛的風氣中寫成。詩的標題〈白蛇說〉一方面意味著「評論白蛇」（一如周敦頤名作〈愛蓮說〉），另一方面更指「白蛇在說話」。這首詩很明確表示「白蛇在說話」：她期待青蛇（青蛇被明確寫成女字旁的「妳」）一起「修行愛和欲」（詩中用字）：她要她進行肉體交纏（像是雙蛇盤

168 我找不到足以證明邱妙津重視中國五四傳統的文獻。我發現，〈寂寞的群眾〉可能是邱妙津作品中最貼近中國的一種。這篇中篇小說的一半篇幅描寫一九八九年六四天安門事件中的中國民眾，並且刻意模仿一九八〇年代中國文學的文字腔調。但是，這篇作品重視當時中國動態的小說卻並不重視五四傳統，並未提及五四女作家群。邱妙津，〈寂寞的群眾〉，《寂寞的群眾》（台北：聯合文學，一九九五），頁七七—一六一。

169 駱以軍，《遣悲懷》（台北：麥田，二〇〇一）。

170 發表於《聯合報．聯合副刊》，一九九五年六月二日；後收入詩集《當一隻鯨魚渴望海洋》（台北：時報文化，一九九七），頁三八—三九。

171 一九八六年香港版，一九八九年台灣版。李碧華也是《霸王別姬》原著小說作者。

172 一九九三。此片呈現兩名巨星張曼玉（青蛇）和王祖賢（白蛇）的情慾纏綿。

173 一九九三年演出。

174 嚴歌苓的小說借用白蛇傳的典故來述說、詮釋文革時期一對女子的短暫戀情。一名女子本來是扮蛇出名的異性戀舞者，另一名女子是女扮男裝的少女——也就是說，這篇女同性戀故事同時也是雙性戀故事、跨性別故事。我特別提及《白蛇》這篇小說，是因為這篇「來自中國」、凸顯女同性戀情慾的小說曾經獲得台灣讀者迴響（「來自中國」加上引號，是因為出身中國的嚴歌苓早就取得美國國籍）。台灣讀者所知曉、所青睞的「中國同志文學作品」極少，但是《白蛇》算是其中一個罕見例子。

繞）、體液交換（像是雙蛇吐涎），而且要她遺棄許仙（按照傳統，許仙本來是蛇妖的欲望對象）。這首詩讓讀者重新評估白蛇，所以詩的標題也可以解讀為「評論白蛇」。

〈白蛇說〉的語言讓讀者「輕易」辨識這是「同志詩」，而且是凸顯愛慾的「同志情詩」。或許正因為這首詩易讀性高，這首詩後來在二十一世紀初期成為中學教育熱門教材。

結語

桑梓蘭的《浮現中的女同性戀》和本書這一章各自回顧了「新中國」和「新台灣」的形成。《浮現中的女同性戀》所關切的新中國，不是一九一一年或一九四九年的產物，而是中國五四時期所體現的公共領域，參與者包括各種（所謂）進步的中國人：這個思考中國人身分認同的時代孕生了「同性戀」的翻譯遭遇。我在這一章雖然為了凸顯愛滋所以並不凸顯解嚴，但是這一章所指的新台灣畢竟還是「解嚴前後」「台灣意識浮現」之際的公共領域：公共性的參與者紛紛思考自己是否具有「台灣人」身分認同。世紀末國內民眾在學習「同志」「酷兒」詞彙的時候，也剛好同時學習成為（所謂）進步的台灣人。（我認為是否進步仍有疑義：例如，世紀末國內民眾對於愛滋感染者普遍充滿敵意，距離進步的人權意識仍然遙遠。）

「愛滋」、「同志」、「酷兒」以及「拉子」等詞的崛起，剛好證明了、促進了世紀末「中港台」、「兩岸三地」的「併購」（mergers and acquisitions）。西化的「愛滋」足以穿越國界，所以就算是曾經長期隔絕的「中港台」三個地方也不得不「同步」面對愛滋。西化的「酷兒」和「拉子」

的譯文首見於台灣，但是很快就出口到中國。最有整合力量的新詞則是「同志」：中港台新馬各地同性戀者本來各自獨立、互不關心，但是卻在世紀末被「同志」這個詞「同步化」了。

許多國內民眾不願使用「內地」這個向「地理中國」看齊的詞，卻樂於使用「政治中國」的「同志」。本來可能互不聞問、互不知悉對方是否存在的高雄人、香港人、北京人、吉隆坡人、新加坡人，現在都被「同志」一詞串連起來：各地人士開始預設每個使用中文的地方都有「同志」、各地同志甚至開始惺惺相惜。高雄的異性戀可能毫不關心吉隆坡的異性戀事件，但是高雄的同志和吉隆坡的同志卻可能關心同一樁同志婚姻官司。跨國的、華語的、同志的「想像共同體」（這個詞來自安德森）曾經是個願景，曾經催生了一九九〇年代某些跨國同志活動（例如一九九八年在香港大嶼山梅窩舉行的「華人同志交流大會」）[175]，以及「全球華人」同志文學獎[176]。從後見之明來看，究竟是港台同性戀者「聰明」挪用了中共慣用語「同志」，還是中共語彙「順勢」收編（contain）、整合「大中華」的同性戀者，實在難說。

不過，正如這一章再三強調，翻譯畢竟是和公共性互相定義的。翻譯一旦對應不同的公共，一旦捲入不同的遭遇，就各有不同的意涵。台灣同志、香港同志、馬華同志、新加坡同志、中國同志同樣採用了同志這個（身世複雜的）外來語，但是並非對應了同樣的公共性。台灣同志和中國同志

175　詳見盧劍雄暨文集編輯小組編，《華人同志新讀本》。

176　得獎作品已經集結成冊。見安克強編，《樓蘭女與六月青：第一屆全球華文同志文學獎短篇小說得獎作品集》（台北：熱愛，一九九九）。

是截然不同的，正是因為兩方置身於截然不同的公共脈絡中：在台灣，選擇「要不要當同志」的人，同時也剛好在世紀末遇到「要當中國人還是要當台灣人」的問題；在中國，選擇「要不要當同志」的人，並不至於同時質疑自己還算不算是中國人。

第七章

固體或液體的同志現代性

——二十一世紀初期

本書開宗明義指出：同志現代性的物質基礎，有兩層。第一層，同志現代性立足於（需要耗費人力物力投入）文學；第二層，文學立足於「紙本媒體」（現代中文報紙，以及報紙衍生的各種書刊印刷品）。在解嚴後的一九九〇年代，文學與紙本媒體享受榮景。這番榮景往往被歸功於「自由」。不過，到了二十一世紀初期，文學與紙本媒體的榮景不再。這番變遷往往也被歸咎於「自由」。自由，上善若水，可以載舟，亦可覆舟：二十一世紀初期，文學自由了，可以脫離「紙本媒體」，可以轉攻「網路媒體」，然後再流向「紙本媒體」。例如，先前提及的李屏瑤小說《向光植物》就是先在網路媒體發表多年之後，才結集出書[1]。同志現代性也自由了，溢出文學這個老舊地盤，流向各種新興舞台：例如，各國影劇、夜生活、動畫漫畫、天后演唱會、Facebook、同志運動、同志大遊行。關心同志生態圈的公眾都自由了，可以在上述各種新舞台進行「選購」商品化的舞台，不必像昔日一樣虔誠閱讀文學——既然忙著「選購」，誰有美國時間看書呢？

人們常說，文學（包含同志文學在內）在二十一世紀榮景不再，是因為「紙本媒體沒落、網路媒體興起」。但我認為這個推論太過簡略，見樹不見林：在二十一世紀的種種巨變之中，網路只是冰山一角。文學生態除了被網路影響，還受制於現代性的其他種種變遷。

李屏瑤，《向光植物》（桃園：逗點文創結社，2016）

早在一九九九年——早在網路媒體還沒有取代紙本媒體的時候——歐洲著名社會學家鮑曼就在《液體現代性》（*Liquid Modernity*）這本書指出，現代性進入新的階段：從舊有的「固體現代性」（solid modernity）進入崛起的「液體現代性」（liquid modernity）[2]。美國歷史學家馬丁・杰（Martin Jay）針對《液體現代性》評論，指出鮑曼早於一九八〇年代就力倡「後現代性」；但到了二十世紀末，有鑑於後現代早就過氣了，鮑曼便改而轉向現代性[3]。自從出版以來，《液體現代性》受到各國學者踴躍引用，其中不少學者果然只是將液體現代性視為後現代性的化身，卻未必同意液體現代性和後現代性截然不同。我在此無法細談液體現代性和後現代性的同與異——這兩者的比較需要大量的篇幅、時間力氣才能夠處理。

但我要解釋這一章的策略：為什麼不在這裡採用「後現代性」一詞，卻要採用「液體現代性」一詞。我承認這兩個詞之間的相似性與重疊度，但是我在討論台灣文學的時候必須多用「液體現代性」、必須避用容易造成國內讀者誤解的「後現代性」。在國內文壇，一談後現代，老資格的讀者

1 〈附錄：靜待回覆的摩斯密碼——曹麗娟、李屏瑤對談〉，收入李屏瑤，《向光植物》（桃園：逗點文創結社，二〇一六），頁二三八—三六。頁二三二。

2 Zygmunt Bauman, "Forward: On Being Light and Liquid," *Liquid Modernity* (Cambridge, UK: Polity, 2000), pp. 1-15. 這篇序文最末標註年分為一九九九年，頁一五。

3 Martin Jay, "Liquid Crisis: Zygmunt Bauman and the Incredible Lightness of Modernity," *Theory, Culture & Society* 27.6 (Nov. 2010): 95-106. P. 97.

就會回想一九八〇、九〇年代初期黃凡等等作家的「後現代主義」小說、台大外文系蔡源煌教授等等提倡的「後現代主義」論述。後來，在解嚴之後，後現代主義的文學技法與理念（故事的瓦解、歷史真相的瓦解、語言符號的瓦解等等）快速成為寫作者和評論者的基本文具，司空見慣。國內外電影和電視節目也早就內化後現代精神，一再展現人心、人慾、人體、人潮的跨界逾越，再也不會讓觀眾看了就大驚小怪。時至今日，後現代主義、後現代性等等詞彙只能用來描述八〇年代以降的台灣文學場域「常態」，但是不足以充分指陳二十一世紀台灣文學場域「巨變」。我必須另外啟用國內讀者大致覺得陌生的「液體現代性」，才能夠提醒讀者敏銳體認時局的天翻地覆。

上一段提及的馬丁・杰也承認，鮑曼於一九九九年的液體現代性隱喻，即使過了十年之後（即二〇一〇年左右），顯得越來越吻合當代社會脈動[4]。液體現代性和固體現代性共存，卻又快速取代固體現代性。「在『液體』現代性的時代，唯有最難以捉摸、最擅長不告而別的人事物，才能夠稱霸」，鮑曼宣稱[5]。我在上一章討論的愛滋身體與愛滋論述，都和血液本身、血液的象徵交纏：這兩者早在固體現代性的戒嚴時代，就已經體現了液體現代性，「跨國」進出台灣。此外，紙本媒體與網路媒體也可以——具體而微地——解說鮑曼的兩種現代性：具有重量、擠滿書架、容易折損發黃的「紙本書」，正是固體現代性的範本；鮑曼於一九九九年的時候只提到行動電話（並沒有預測到智慧型行動電話／智慧型手機），但是輕薄短小、讓人隨地檢視網路訊息的行動電話正好示範了液體現代性。行動電話和行動電話的使用者的確最難以捉摸、最擅長不告而別——正如無數電影紛紛提醒民眾，歹徒犯案一定使用隨用隨丟的行動電話，才能夠來去無蹤。

現代性有固體、液體之分。那麼，同志現代性算是固體，還是液體呢？我原本描述，同志現代性立足於文學和紙本印刷品這兩種物質基礎上——在這個想像的畫面中，同志現代性宛如固體一樣挺立，而不像液體一樣流溢。但是，在液體現代性掀起一波波熱浪的二十一世紀，同志現代性也逐漸塌軟，成為液體：「像蜜一樣緩慢注入／身體的縫線於是無法負荷」[6]，如詩人孫梓評所言。一部分的同志現代性仍然以固體之姿滯留在文學和紙本媒體，但更大一部分的同志現代性早就以液體之姿到處蔓延，沖入剛才提及的同志遊行等等新興舞台。

自我與世界，互相灌溉。液體化的自我灌注世界各處，搶攻地皮面積。「曾經在一首詩中遺失了性別……今在此沿海岸線徵友／你鋒芒而來／我將粉身而去」[7]，詩人鯨向海的這幾行詩，形同液體現代性的宣言。鯨向海並非以紙本媒體的文學獎獎座（獎座，多麼固態啊）聞名，而是在網路媒體（網路，多麼液態啊）發跡[8]。鯨向海的詩與散文經常瀰漫「性別不明」（因為遺失了性別）的慾念。在鯨向海筆下，好色之徒不在定點（像固體一般地）站哨，反而堂而皇之（像液體一般地）沿著海岸線狩獵，不惜讓（曾經固態的）自我粉身碎骨。樂於考據同志人事物的散文家王盛弘，也在《關鍵字：台北》展示同志現代性席捲的版圖。這本散文集的最前面扉頁（以及全書最後

4 Martin Jay, "Liquid Crisis," p. 101.

5 Zygmunt Bauman, *Liquid Modernity*, p. 120.

6 孫梓評，〈都放棄了〉（二〇〇四），《善遞饅頭》（台北：木馬，二〇一二），頁六四。

7 鯨向海，〈徵友〉，《通緝犯》（台北：木馬，二〇〇二），頁五五—五六。頁五六。

8 見《通緝犯》「作者介紹」，封面折頁。

面扉頁）各自呈現了一張台北市區地圖以及一張大台北（台北市與昔日台北縣）地圖，標註同志的生意「鴻圖大展」。同志不再死守單一定點（如台北新公園），反而在多種空間之間靈活飛濺。在室內，散文中的公寓裡，「雨牆表，處處曾因積納雨水而膨脹，雨水消逝之後，便留下一個個用過的保險套一般的痕跡，朋友告訴我，那叫『壁癌』」[9]；在戶外，男人和男人在台北山上馬槽花藝村溫泉關室密浴，發現「天氣大霧，精液般的濃」[10]。小說家徐嘉澤的中篇小說《下一個天亮》則是一部從講古到講今的台灣簡史：這部受壓迫民眾爭取自由的歷史，不但容許同志人物出席（而不是再次讓同志缺席），而且還讓同志角色積極介入歷史（投入社會運動）[11]。

　　液體化的世界也讓自我享受醍醐灌頂的滋味，改變人心，改變人形。BDSM把人變成狗[12]。作家夏慕聰在網路媒體花了六年工夫，

王盛弘，《關鍵字：台北》（台北：馬可孛羅，2008）

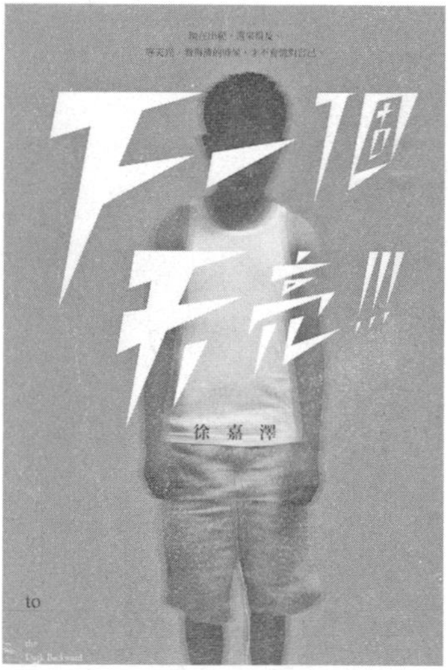

徐嘉澤，《下一個天亮》（台北：大塊文化，2012）

寫出十餘萬字的BDSM小說《軍犬》，由基本書坊出版。書中主人翁原本是慾望女性的異性戀軍人，後來在電腦網路窺知BDSM次文化之後，開始嚮往「狗奴調教」的樂趣——也就是說，要不是有液體現代性的電腦網路，這位軍人還不知道要怎樣和BDSM次文化結緣。這位軍人祈求找到彪悍男子將自己訓練成「狗奴」。在變成軍犬（由軍人變成狗奴）的過程中，被尊奉為主人的男子單方面決定忍氣吞聲的狗奴何時吃喝拉撒、何時全裸四腳爬行。軍犬擱置了做人的尊嚴，也順便擱置了異性戀的男女配對原則。基本書坊為了讓《軍犬》平安上市，還特別尋求「中華出版倫理自律協會」評議，取得「限制級」認證（未滿十八歲的讀者不得閱讀，但十八歲以上的讀者可以合法閱讀）[13]。

夏慕聰，《軍犬》（台北：基本書坊，2010）

9　王盛弘，〈灰塵〉，《關鍵字：台北》（台北：馬可孛羅，二〇〇八），頁七四—七五。
10　〈有鬼〉，《關鍵字：台北》，頁三四。
11　徐嘉澤，《下一個天亮》（台北：大塊文化，二〇一二）。
12　即「bondage and discipline, sadism and masochism」，可中譯為「綁縛與調教，施虐慾與受虐慾」。
13　封面書腰。夏慕聰，《軍犬》（台北：基本書坊，二〇一〇）。

「管制藥物」把（號稱理性的）人變成（號稱不理性的）「非人」[14]。據我觀察，管制藥物從二十一世紀初期開始搶眼注入同志文學。管制藥物的流動（正好是突破管制的一種流動）恰恰示範了鮑曼所稱的液體現代性。時至今日，管制藥物無孔不入，正如大小媒體所勤於披露。管制藥物早就在同志文學裡頭眉開眼笑，研究者不宜佯裝沒看見同志文學裡頭的管制藥物。墾丁男孩的小說《男灣》（書名和墾丁「南灣」諧音）描述一名二十四歲男同志「我」愛上二十歲異性戀男孩的故事；「我」感嘆「我和小我四歲的小Brown大概永遠無法體會別人吞了一件或者半件或者兩個小時再補了一件又拉K在電子音樂中朝陽乍現的Ecstasy Trips吧」[15]。「我」認為他和心儀的Brown之間還是有隔閡，因為他們兩人並沒有藉助管制藥物進入你儂我儂的融合境界。親密感（intimacy）的考量經常是管制藥物的潛台詞。徐譽誠在短篇小說集《紫花》寫出同志使用藥物之後，眼中的花花世界：「嘔吐感過，視覺開始變化。……最終盛開綻放，為一妖豔豐饒、具科技感的，紫色花朵。」[16]針對這本小說集，我認為「《荒人手記》想要『航向烏托邦』，而我覺得《紫花》企圖『茫向色情烏托邦』」[17]。《紫花》的文字氣味神似朱天文寫的《荒人手記》，但是書中視線已經從（二十世紀末期液體現代性的）航，流轉到（二十一世紀初期液體現代性的）茫。航，預設了方向感；茫，卻認定方向感的流失。我針對《紫花》指出，「在新的千禧年，烏托邦和政治改革無關了……個人主義（的人）……嗑了藥看見紫花……就等同進入烏托邦。」[18]

《紫花》的「花市」，體現了鮑曼指認的消費者烏托邦：鮑曼提醒，以生產者為重心的生活是講規矩的，但是以消費者為重心的生活就顧不了規矩、任憑浮動的慾望和浮動的許願所擺布[19]。鮑曼指出，消費至上主義（consumerism）的歷史，就是拆除一個接一個「路障」（固體的障礙）的歷史；拆除路障才可以確保消費慾求的自由流動[20]。在「逛街成為驅魔儀式」的消費至上主義時代[21]，文學場域被叫做「市場」，文壇被叫做「書市」，學界被叫做「學術市場」。在各種市場中，公眾（各種讀者、閱聽者）被紛紛化約為「消費者」，各種同志表現（文學、各種藝術、同志示威、同志遊行、智慧型手機上的軟體等等）則化約為爭取消費者青睞的

徐譽誠，《紫花》（新北市：INK印刻，2008）

14「管制藥物」又稱「娛樂性藥物」、「毒品」等等。不同的稱呼都對應了不同的立場、不同的價值觀。我採用「管制藥物」這個詞彙來強調國家機器的控管。

15 壆丁男孩，《男灣》（台北：寶瓶文化，二〇〇五），頁一七六。「一件」、「半件」、「拉K」、「trips」都是藥物次文化的隱語。這些隱語經常被二十一世紀初期新聞媒體報導、解說。

16 徐譽誠，〈紫花〉，《紫花》（新北市：INK印刻，二〇〇八），頁八一—一〇六。頁九七。

17 紀大偉，〈序：茫向色情烏托邦〉，收入徐譽誠，《紫花》，頁一四—一七。頁一五。

18 同前注。

19 Zygmunt Bauman, *Liquid Modernity*, p. 76.

20 Ibid, p. 75.

21 Ibid, p. 80.

「商品」。我認為，許多讀者之所以偏愛標舉「真、實、有」同志主體的同志文學、之所以不喜歡主體「假、虛、無」的同志文學，恐怕就是因為這些讀者已經被市場機制馴化了：「標示清楚」的同志文學比「標示不明」的同志文學具有更高的「商品辨識度」，方便消費者選購。公眾都知道，洗髮精、沐浴乳、洗衣精的塑膠瓶表面貼上偶像明星代言人臉蛋，就特別受到消費者青睞。「假、虛、無」主體的同志文學恐怕就是市場稱霸「之前」的活化石——要不然，某些寫作者為何不識時務，為何不寫出比較迎合市場的「真、實、有」同志主體？在商品洪流之中，我認為「假、虛、無」主體的同志文學沒有炫示商標，沒有市場競爭力，容易被潮流淘汰，也就因此更值得重視文學多樣性的讀者珍惜。

既然談到市場，我要趁機回答一種常見的問題：「ＢＬ文學、耽美文學可以納入同志文學的陣營嗎？」我認為這個問題未免太客氣了：展示俊男美女的「ＢＬ文學、耽美文學」在市場早就被方便地、有效率地歸類為同志文學，算是「商品辨識度」特別高的熱門商品。「ＢＬ文學、耽美文學」能不能在同志文學旗下占有一席之地，我一點也不擔心。其他沒有市場賣相的（沒有炫耀明確主體的、沒有謳歌俊男美女的）同志文學，才讓我憂慮：我擔心這些標示不明的老派同志文學被市場機制淘汰。時至今日，就算看似不必顧慮市場的公立圖書館、學校圖書館，也都有意無意採取了市場控管的思維：借閱率低（也就是缺乏市場競爭力）、封面破損的同志文學舊書，都可能當作廢紙出局。

接下來，我要簡單報告四組文學在現代性洗牌過程的境遇：詩、小說，呈現跨性別的文學，以及呈現原住民同志的文學。在全球暖化的危機時刻，世界深受旱災以及洪災之苦：要不是液體太少，就是液體太多。我在此僅僅拿出四組文學分類的格子，不可能妥貼容納二十一世紀同志文學流量：四格容器可能裝不滿文本（液體太少），也可能裝不下文本（液體太多）。

一、詩：從難以指認之苦，到不必發現之樂

一談到同志詩，就像一談到同志文學一樣，「同志詩的定義是什麼」這種問題自然浮現，陰魂不散。先前提及的鯨向海不但是詩人，也是詩的評論者。在二〇〇六年的《台灣詩學、吹鼓吹詩論壇二號》「同志、詩」專題，鯨向海發表〈他將有壯美的形貌〉一文[22]，題目典故來自（很少讓人聯想同志的）詩人羅智成。羅智成的詩句寫道，「他將有壯美的形貌……／但他一直沒有出現／因為唉因為／我們的文明還不足以指認他／創造出他」[23]；鯨向海從羅智成的句子進行自由聯想，想到「同志詩早已存在，只是辨識不易」這回事[24]，進而思考怎樣抓住同志詩的定義。鯨向海勤奮辨認多位殊異詩人作品之後，發現同志詩的定義繁複多元。他進而主張，唯有「超越性別偏見與詩學技法，志同道合之詩」可謂同志詩[25]。

22 鯨向海，〈他將有壯美的形貌——同志詩初探〉，《台灣詩學、吹鼓吹詩論壇二號》「領土浮出：同志・詩專題」（台北：台灣詩學季刊雜誌社，二〇〇六），頁九—二〇。
23 羅智成，《夢中情人》（新北市：ＩＮＫ印刻，二〇〇四），頁九—一一。
24 鯨向海，〈他將有壯美的形貌〉，頁一〇。
25 同前注，頁二〇。

羅智成詩句表示「難以指認」之苦，鯨向海卻享受「到處發現」（被發現的對象是同志詩）之樂。後來在二〇〇九年，鯨向海的另一篇文章〈我有不被發現的快樂？再談同志詩〉[26]，卻展現出「還要不要繼續努力發現」的猶豫。這篇文章題目典故來自覃子豪詩句，「沒有人會驚訝的發現我的存在／我有不被發現的快樂」[27]。覃子豪似乎早於一九五〇年代就預言了，似乎肯定「不必發現」之樂。（未必在談同志詩的）覃子豪「不必發現」之樂剛好抵銷了（未必在談同志詩的）羅智成「難以指認」之憾。鯨向海體悟，具有同志身分認同的詩人可以寫沒有同志認同的詩，沒有同志身分認同的詩人也可以寫同志詩[28]——也就是說，他不認為同志詩應該受到身分認同箝制。

蘇紹連（米羅・卡索）主編，吹鼓吹詩論壇版主群編輯，《台灣詩學、吹鼓吹詩論壇二號》（台北：台灣詩學季刊雜誌社，2006）

鯨向海從羅智成典故轉向覃子豪典故的旅程，從「企求指認」（指認符合標準的同志詩）到「不必發現」（發現符合標準的同志詩）之心態改變，正好呼應了從固體現代性到液體現代性的流動：同志詩未必要執著於身分資格，反而可以超越（鯨向海筆下「超越性別偏見」的超越）身分認同。

鯨向海從難以指認到不必指認的體悟，讓我聯想紐約黑人作家雪帕德（Reginald Shepherd）對於「身分認同詩」的批判。他在〈他者的他者：反對身分認同詩，期待更多可能性〉（The Other's Other: Against Identity Poetry, for Possibility）這篇文章表示[29]，他自己同時身為男同志和（窮困出身、從小喪母的）黑人，反對彰顯同志身分認同和黑人身分認同的詩——這兩種詩，都是他所稱的「身分認同詩」（identity poetry）。「身分認同詩」來自雪帕德所稱的「身分認同詩觀」（identity poetics）[30]：身分認同詩觀，預設詩人就該在詩中「做自己」（倒不是隨心所欲的自己，而是羅智成所謂「我們的社會」想要看到的自己）：例如，黑人詩人就該感嘆祖宗曾為黑奴的心酸歷史，不然這種黑人詩人就會被批判沒有善盡展現身分認同的責任。身分認同詩觀將詩藝視為手段（means），將身分認同的操弄當作目的（end）：讀詩，並不是為了欣賞詩，而是要藉著詩來讓社會大眾認識黑人（或同志）長什麼樣子，或是要藉著詩來動員社會運動。這種詩觀建立在資本主義意識形態的算計上：凡事都要划算，詩也不例外；不能被當作工具操用的詩，以及不能被社會認為有用工具的詩人，都會被淘汰。

---

26 鯨向海，〈我有不被發現的快樂？再談同志詩〉，《臺灣詩學學刊》一三期（二〇〇九年八月），頁二三九—四二。

27 覃子豪，〈花崗山掇拾〉（一九五五），收入劉正偉編，《覃子豪集》（台南：國立台灣文學館，二〇〇八），頁四九—五三。頁四九。

28 同前注，頁二四二。

29 Reginald Shepherd, "The Other's Other: Against Identity Poetry, for Possibility," *Orpheus in the Bronx: Essays on Identity, Politics, and the Freedom of Poetry* (Ann Arbor: University of Michigan Press, 2007), pp. 41-55.

30 Ibid, p. 41.

鯨向海在詩人鄭聿第一本詩集《玩具刀》序文對鄭聿說，「你跟我都是使用電腦寫詩的世代……網路是迅雷的，一下子就把一切光榮與卑微淹沒淘汰」[31]。這兩位詩人都不是在固體現代性的紙本媒體出頭。「刀」（或者被玩具化的刀）在詩集裡至少有兩處讓人聯想到性行為：「他在我裡面雕刻／我會痛……在很深的地方／雕刻自己的樣子……問他是不是快完成了」[32]。他在我的「心」裡面，還是在我的「體腔」裡面？兩者都可能。這兩人是一男一女還是一男一男？兩者都有可能。而這一句「我的短刃／從他的身體／抽出便是長長／的一生」[33]，是指他被凶器插過，還是被凶器一般的性器插過？（性器官在俚俗語言經常被比擬為凶器）。鄭聿第二本詩集《玻璃》書名驚世駭俗：在黑話文化，男同性戀（或男同性戀的臀部）的主要代稱就是「玻璃」，並衍生了「玻璃圈」、「賣玻璃」等詞。但鄭聿在詩集內外都沒有明說玻璃意象和同志身分認同的關係為何。〈匕首〉這首詩容易讓人聯想到《玩具刀》內容：「琢磨了一生／把最利的部分／斷在他體內／讓自己鈍」[34]。被琢磨一生之物，可能是詩中提及的詩藝，也可能是抽象的愛情，也可能是被具體化成為凶器／性器的愛情。自己由利變鈍（由硬變軟？），是指交換詩藝之後的結果，還是性器抽出的結果？兩者都有可能；或許詩藝形同性器。這兩具人體，是一個人的兩個分身，還是一男一女，或是一男一男？在〈從／失戀到／世界／末日〉這首詩，敘事者說，別人都以為他侃侃而談不必停頓（不必斷句），是因為「他們不知道大部分的句子，都在我裡面」[35]。這裡斷掉之物看起來是「句子」，可是〈匕首〉也早就暗示「詩句／詩藝」、「愛情」、「凶器／性器」這幾種東西的相似屬性。

英年早逝詩人葉青關切「身心對立」：並不是老生常談的「靈vs肉」，而是「發乎情的心vs止於禮的身」。在葉青的詩世界，心可以動，像是自由的液體；身體不能摸，像是不可褻瀆的固體。

她去世之後，兩本詩集《下輩子更加決定》、《雨水直接打進眼睛》才面世。她在ＢＢＳ網路平台發表詩作，列印出來裝訂成冊，就是簡陋版本的詩集。根據詩集說明，葉青參加過同志運動、探索「身分認同」。然而，儘管葉青詩中的哀怨很可能與身分認同有關，但是她的詩並沒有明白標舉身分認同或同志運動。《下輩子更加決定》開卷第一首〈當我們討論憂鬱〉就是「身心對立」的展演：「當我們討論憂鬱／總說那是一種心情／但為什麼沒有身體的憂鬱／渴望一個人卻只能擁有她的背影」[36]。這幾行除了點明被愛的人是女人（可是，愛人的人也是女人嗎？），更揭示憂鬱有兩種，個別對應心、對應身。這首詩比較關切的憂鬱，並不是心的憂鬱，而是身的憂鬱——我推測是指（性的）壓抑。身心對立也在〈值得一再丟棄〉這首詩出現：「我們」之間，有詩一般的愛情，以及愛情一般的詩。這種說法看起來很平常，但這個說法暗示了我們之間只能有（液態流動的）語言卻不能有（望之儼然的）身體。「我們」的身體止於禮：「只有肉體留在法國電影裡」[37]，只有別人

---

31 鯨向海，〈我初醒的房間時光的萬分之一亮度——致鄭聿與他的玩具刀〉，收入鄭聿，《玩具刀》（桃園：逗點文創結社，二〇一〇），頁八。
32 鯨向海，〈他將有壯美的形貌〉，頁頁一四六—一四七。
33 同前注，無題，頁一五七。
34 鄭聿，〈匕首〉，《玻璃》（桃園：逗點文創結社，二〇一四），頁二二—二三。
35 鄭聿，〈從／失戀到／世界／末日〉，《玻璃》，頁四八—四九。
36 葉青，〈當我們討論憂鬱〉，《下輩子更加決定：葉青詩集》（台北：黑眼睛文化，二〇一一），頁一九。
37 葉青，〈值得一再丟棄〉，《下輩子更加決定》，頁四二。

（法國人？還是異性戀者？）能夠享受肉體交融，「讓陽光揉皺白色的床單」[38]。也就是說，陽光和「我們」處於對立面。〈你的身體〉這首詩則想要突破身體受到壓制的困境：「很想成為你的身體……用你的雙手環抱你的身體／讓別人以為那是沉思或等待的姿勢但／那是我們長長的擁抱」[39]。「我」想像「我你二人」同時融合在「你」的身體之中。在禁止身體觸碰的葉青詩世界，這種身體融合的妄想——這種液體化的想像——實在太放縱了。葉青詩中，身體碰觸是禁忌，但禁忌的原因沒有說破。

國內外研究者經常比較鯨向海和陳克華的作品，但是這兩位不同世代詩人的作品大異其趣。二十一世紀新興詩人鯨向海等人偏愛液態的流動，早在二十世紀末之前就已經享有文名的陳克華則持續迷戀固態的堅挺。鯨向海作品喜歡來軟的（液態般地），偏好低調曖昧；陳克華作品偏好（固態地）硬來，直接挑釁社會主流。「你是那種比較強的風／我的靈魂依附在上面／是那麼容易散落」，鯨向海寫道[40]。這幾句顯示流動、流離，讓人想起某種無奈的愛，但是讓人難以確認當事人的性別。在詩集《大雄》收入的〈青年公園泳池所見〉則道，「雨水奇幻的一吻／預知了海流的方向的／我們的父親／曾身處同一座亞特蘭提斯」[41]。在台北市青年公園泳池這個男同志長久熱愛的情慾空間，男孩們的遐想從池水跳到雨

鯨向海，《大雄》（台北：麥田，2009）

水，再跳到海水，彷彿可以被逆反歷史方向的海流一路沖刷到神話之境（即，亞特蘭提斯）：父親一般的男色前輩，或者男色前輩一般的父親，就在那邊等候晚輩。二〇〇六年，陳克華出版詩集《善男子》，封面刻意展示一名男子結實胸肌的特寫[42]。詩集代序〈我的出櫃日〉就在談身分認同的課題：陳克華解釋他於二〇〇四年選擇主動出櫃（come out）的始末，以及他和保守社會的硬碰硬經驗[43]。他在同志專門出版社基本書坊出版《BODY 身體詩》[44]，內容是一張張明信片一樣的卡片，卡片正面印了陳克華的詩（各自歌頌男人身體的某個部位）或親筆素描，背面是百無禁忌的裸男照片[45]。〈大腿〉這首詩寫道，「男人們紛紛來到了天堂洗澡／那時，我還是兒童」[46]。我猜測這

38 同前注。

39 同前注，頁二四。

40 鯨向海，〈你是那種比較強的風〉，《精神病院》（台北：大塊文化，二〇〇六），頁二九。

41 鯨向海，〈青年公園泳池所見〉，《大雄》（台北：麥田，二〇〇九），頁八八。

42 陳克華，《善男子》（台北：九歌，二〇〇六）。

43 陳克華，〈我的出櫃日〉，《善男子》，頁三—八。

44 陳克華，《BODY 身體詩》，丫莫蝸牛、River Tu 攝影（台北：基本書坊，二〇一二）。

45 照片來自「丫莫蝸牛」和「RIVER TU」。這兩位都是二〇一〇年代拍攝台灣本土裸男而在電腦網路出名的攝影家。在他們之前，拍攝本土裸男的本土攝影師並不多。他們的極少數前輩（昔日男體攝影家）在紙本媒體而不是網路媒體發跡。在這冊詩集中，詩與裸男照片的比例是二十七首：三十二幀。

46 〈大腿〉，《BODY 身體詩》，無頁碼。

裡的天堂是澡堂。兒童「我」將諸多男人的大腿比擬為一群樹木組成的樹林，結果「我」終究「在大腿的森林裡迷失」[47]——原來是因為「我」喜歡「不斷摘採樹梢／纍纍垂墜的碩大果實……」[48]。「我」在不同男人大腿之間「摘採」不同男人的水果狀生殖器，彷彿沉溺於陳映真小說〈纍纍〉以及履彊多篇軍人小說的澡堂樂園。

青年詩人羅毓嘉在詩集《偽博物誌》的序詩〈創世紀〉中，並不歌頌液體現代性，反而道出寫作者身陷液體現代性的焦慮：「因為不能創造潮汐／你創造更多辭彙／去調度，去編纂類似的澎湃與驚嘆」[49]。為了彌補流失的人潮，寫作者只好召喚模擬潮汐的字海。

二、長篇小說：蒼蠅與膏油

《液體現代性》這部書多次提及蒼蠅與膏油的譬喻：蒼蠅代表無力感，膏油代表醍醐味的自由。「自由的美味膏油裡頭，有骯髒的無力感蒼蠅」，鮑曼說，「大家本來期待自由可以帶來培養力量的契機，所以無力感也就更加讓人討厭、更加讓人不舒服、更加讓人沮喪。」[50]膏油裡頭有蒼蠅的畫面，類似「一鍋白粥裡頭有老鼠屎」（意味著「害群之馬」）的意象。不過鮑曼並不是談害群之馬，而是在談一種荒謬情境：要不到自由的時候，自由被大家引頸期待的時候，自由才顯得可貴；得到自由之後，自由就馬上貶值，不再讓大家稀罕[51]。使用自由的人必須忍受膏油被蒼蠅污染的氣味，無法取得沒有被怪味污染過的膏油。

國內的文學和紙本媒體也嚐過蒼蠅與膏油的滋味。解嚴之前，公眾爭取言論自由（包含文學的自由以及紙本媒體的自由）；解嚴之後，一九九〇年代的文學和紙本媒體享受膏油之美，但是二十一世紀初期的文學關心者、紙本媒體關心者卻愕然發覺膏油包藏了蒼蠅的臭。

液體現代性勝出的二十一世紀初期，對輕薄短小的詩有利，對體積厚重的長篇小說不利。但耐人尋味的是，長篇小說並沒有在二十一世紀初期缺席，反而成果耀眼。長篇小說得以振興，除了顯然因為多種官方單位、基金會、出版社開始刻意獎挹長篇小說創作，也隱然因為寫作者們（以及官方、基金會、出版社）企圖利用固體現代性的厚重體積，以悲壯的心情，在蒼蠅污染的膏油三角洲挺立。

張貴興長篇小說《我思念的長眠中的南國公主》對比了兩種逃離身分認同枷鎖的罷家者。罷家者之一是主人翁蘇其，在馬來西亞出生長大。罷家者之二是蘇其在台灣的女友，可怡。蘇其離開母國，一九七〇年代末赴台灣留學，形同罷家。他在台北讀書之餘，只去民歌餐廳殺時間，特別留意女學生歌手可怡。可怡向蘇其坦承，和她分租公寓的女學生們都是「lesbian」——可怡和蘇其都用「lesbian」一詞來指稱她們。可怡赫然發現，兩個女學生輪流去可怡的房內挑逗她。可怡雖然覺得

47 同前注。

48 同前注。

49 羅毓嘉，〈創世紀〉，《偽博物誌》（台北：寶瓶文化，二〇一二），頁一九。

50 Zygmunt Bauman, *Liquid Modernity*, p. 35.

51 Ibid.

室友在她床上好詭異，但她也都配合[52]。曾有別的室友交了男友，被視為「正常了」、被視為「lesbians」的叛徒，被迫搬出公寓；可怡卻捨不得離開搬走：她是個猶疑不決的罷家者[53]。室友們開「lesbian」派對，可怡故意請蘇其參加；室友們大感不悅，但是蘇其看不出來這些女孩有何蹊蹺[54]。可怡和蘇其約會上床，事後感謝男方「你讓我自己覺得像個女人」[55]——可見得她本來一直心存「沒有成為（正常）女人」的焦慮。這部馬華小說植入的女同志情節，要按字面來讀，還是要當作隱喻來讀？也就是說，這段情節真的在描寫女同志，還是藉著描寫女同志隱喻其他人事物？我覺得蘇其和可怡是類似的罷家者：他們各自受制於族裔身分認同（馬華）和情慾身分認同（女同志），都想要逃離身分認同的桎梏，卻又都頻頻回首。

小說家陳雪從一九九〇年代投入寫作，後來成為同志文學領域產量最可觀的長篇小說家之一。在陳雪的第一本短篇小說集《惡女書》中，楊照在序文質疑陳雪筆下的女同性戀者們沒有勇敢面對社會現實。後來陳雪持續推出的一部又一部長篇小說卻正好回應了楊照：這些小說中的主人翁們被迫面對「貧窮」（也就是社會現實）——社會結構性的貧窮，與城鄉差距和階級差距互相定義。在陳雪筆下，主人翁女孩臉上有雀斑、人來瘋、愛唱小曲、眷戀母親風騷樣、喜歡熟年男子、吸引

張貴興，《我思念的長眠中的南國公主》（台北：麥田，2001）

「小T」。在長篇小說《橋上的孩子》[56]，女孩從小就因為雙親投資失敗而被迫在夜市做生意，在橋上幫雙親跑腿，所以堪稱「橋上的孩子」。在「身心障礙」庶民揭幕的《陳春天》故事中[57]，拒絕面對家庭的女孩因為胞弟車禍，才重新面對停擺的家庭。小說第一章「肖仔」（按，瘋子）描述了在村子裡、被排擠的精神障礙者。敘事者感嘆，「她（主人翁）沒想過有一天自己的境遇將會與那些『肖仔』的世界如此相似。／彷彿她同情的是未來的自己。當然那時候她並不知情。」[58]「她」於二〇〇三年走進台北市大同區的昔日

陳雪，《橋上的孩子》（新北市：INK印刻，2004）

52 張貴興，《我思念的長眠中的南國公主》（台北：麥田，二〇〇一），頁一九八—九九。
53 同前注，頁一九九。
54 同前注。
55 同前注，頁一九七。
56 陳雪，《橋上的孩子》（新北市：ＩＮＫ印刻，二〇〇四）。
57 陳雪，《陳春天》（新北市：ＩＮＫ印刻，二〇〇五）。
58 同前注，頁二二三。

公娼娼館「春鳳樓」，遇到讓她聯想親生母親（但與母親絕不一樣）的公娼運動者麗君[59]。原來「她」的母親為了快速還債，曾經離開鄉下的家去台中市，當「賺吃查某」[60]。在《附魔者》[61]，女孩捲入不同性別（男女都有）、不同世代（尤其雙親同輩人）、不同社會階級（尤其勞工階級）的情慾漩渦。在《迷宮中的戀人》[62]，歷經滄桑的女孩試圖專心追求女人，但是她已經身心俱疲。

為了逃避貧窮的追緝，陳雪的主人翁女孩們祭出兩種求生策略：「罷家」和「解離」。這些女孩的罷家和一九八〇年代同志文學常見的「罷家做人」現象不盡相同：不是因為父母不能接受女孩的同性戀，而是因為女孩不能繼續忍受她們與父母之間的親密（所以女孩們罷父母的家），或不能繼續承擔她們與（同性、異性）愛人的親密（所以女孩們罷她們、他們的家）。小說中的父母並沒有因為同性戀而將女孩趕出家門，反而歡迎女孩把女同性戀愛人們帶進家門——陷於貧窮的父母根本沒有餘裕在乎女孩的情慾，反而妄想女孩的愛人們能不能「下海」幫忙改變家的經濟。陳雪的小說世界曝露出**「家庭不能接受同性戀子女」這個說法的預設立場：這種預設立場想像了一種經濟無虞的核心家庭**，畢竟沒有經濟重擔的核心家庭才有美國時間擔心孩子的情慾是否正常。如果家庭再也沒有東西可輸，那麼孩子和什麼牛鬼蛇神在一起都可能改善家境。在身心俱疲的危機時刻，陳雪的主人翁們不但罷家，也罷掉自己：利用「解離」

陳雪，《迷宮中的戀人》（新北市：INK印刻，2012）

的策略讓自己暫時停電，幻想「我不在場」、「我不在家」、「我不存在」、「分手算了」，藉此切斷她們和俗世的糾纏。

一般認定的同志文學定義太僵化，一遇到陳雪作品就失效：陳雪筆下的女孩們經常是享受異性戀情慾的雙性戀者，並沒有抗拒異性戀。同性戀在陳雪小說中，不見得永遠占據舞台中央，反而可能不時讓位給異性戀。讀者不可能要求陳雪交出符合同志文學定義的作品，反而應該思考同志文學為何需要缺乏彈性的定義。

阮慶岳與郭強生都是多才多藝的學者型小說家。兩人的長篇小說剛好都「活見鬼」。阮慶岳的短篇小說〈騙子〉和〈廣島之戀〉都是男同志的（類）鬼故事。〈騙子〉中[63]，自鳴得意的主人翁曾經和一名自願卑微的神祕男子親熱同居，但後來從事美容業的對方突然像鬼一樣失蹤。篇名顯然是向經典電影〈廣島之戀〉致敬的同名小說中[64]，男同志主人翁去日本旅行一直「覺得／妄想」自己被另一名男同志跟蹤，後來才發現對方早就逝世，自然不可能跟蹤主人翁。這兩篇小說琢磨「男

59 同前注，頁七〇—七一。
60 同前注，頁八一。
61 陳雪，《附魔者》（新北市：ＩＮＫ印刻，二〇〇九）。
62 陳雪，《迷宮中的戀人》（新北市：ＩＮＫ印刻，二〇一二）。
63 阮慶岳，〈騙子〉（二〇〇二），收入朱偉誠編，《臺灣同志小說選》，頁二九七—三一一。
64 阮慶岳，〈廣島之戀〉，《愛是無名山》（新北市：ＩＮＫ印刻，二〇〇九），頁一三四—五一。

同志被心鬼折磨」的困境。阮慶岳的長篇小說《重見白橋》則更加野心勃勃述說龐雜鬼域：主人翁「我」被一個自稱是「哥哥」的陌生男子登門拜訪。「哥哥」糾纏不已、身世成謎，最後「我」發現哥哥恐怕不是真人而是鬼魂。既然這部小說故意含糊其辭，我也就不願斷定哥哥是真鬼還是假鬼。他可能就是被「我」親生父母裁定的私生子，可能是被生母墮掉胎兒的化身，至少絕對是被主流社會視為厲鬼加以驅逐的男同志。

講究規矩的主流社會可以接納某些形象良好的同志，但是社會（以及比較融入主流社會的某些同志）恐怕無法忍受這個「自暴自棄」的哥哥。小說中，「我」得知，哥哥貪圖前列腺快感，把異物塞入肛門自娛，結果需要動手術切開肛門才能取出異物[65]。哥哥在全書最後承認，人盡可夫的他是一個愛滋帶原者[66]（似乎這個身分可以「合理化」他的奇特言行？）。「我」偶然發現，哥哥和社區的「智障青年」在公寓樓梯間的窗口露出頭來——原來哥哥引誘「智障青年」趴在自己身上，兩人疊合的軀體靠在窗台上，進行雞姦[67]。這個畫面不只呈現同性戀，也呈現了「公共的性」（public sex）、「身心障礙者的性」，以及「我」的心魔。哥哥的性交是「公共的性」，可以被路人看見；哥哥引誘身心障礙者雞姦，究竟是造福對方，還是剝削對方？又，如果這個窗口畫面純屬「我」的想像，並沒有真切發生（畢竟哥哥是鬼）那麼曾經和女人結婚的「我」為什麼會憑空想出男同志荒淫

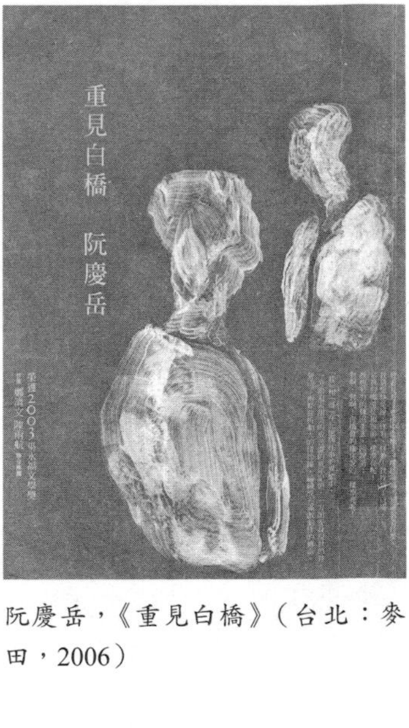

阮慶岳，《重見白橋》（台北：麥田，2006）

畫面？

郭強生的短篇小說集《夜行之子》、長篇小說《惑鄉之人》、長篇小說《斷代》在頻繁展示男同志性愛奇觀之餘，也訴諸狂放不羈的鬼魅。這三部小說屬於撮合同志和鬼的古老傳統：古往今來的同性愛慾經常寄託在鬼故事上面。我先前提及，劉亮雅為文討論台灣女同志小說中的鬼；國內外影迷也都知道，蔡明亮描繪同志情慾的電影總是鬼氣森森。在郭強生三部小說中，人像鬼，空間像鬼屋：許多同性戀角色過著行屍走肉的生活，種種同性戀場所（例如同性戀酒吧、同志三溫暖）幽暗如同鬼域。《夜行之子》收入的短篇小說以「世貿雙子星九一一事件」的紐約為背景。九一一事件本身具體、巨大、集體的浩劫，對應紐約同志社區和同志市民的死亡。同志社區和同志市民的死（不管是字面上的還是隱喻的）要歸咎於逼迫強者越強、弱者越弱的新自由主義資本主義。早在一九七〇年代，叢甦小說〈想飛〉就已經安排旅居紐約的台灣男人先碰上同性戀奇遇，然後跳樓自殺——這樣戲劇化的情節，同時指控「紐約吃人」與「同性戀吃人」（類似「禮教吃人」的概念）。《夜行之子》中，除了沉浸無限哀怨的當代同志活人與死鬼，還有穿透時間空間的同志守護神（守護神也是鬼）：王爾德、佛斯特（E. M. Forster）、時尚大師凡賽奇（Gianni Versace）。

《惑鄉之人》和《斷代》這兩部長篇小說的時間軸都橫跨數十年：《惑鄉之人》中，日本導演

65 阮慶岳，《重見白橋》（台北：麥田，二〇〇六），頁一三七—一三八。
66 同前注，頁一七六。
67 同前注，頁一〇六—一〇九。

松尾在日治時期是貧窮「灣生」少年，到小說結尾是在今日台北孤獨去世的老祖父；《斷代》中，姚立委在少年時代是中學留級生，到小說結尾成為幾乎要進入台灣內閣的五十歲政客。這兩部小說能夠交代長達數十年的人情恩怨，要歸功於兩種鬼：第一種是心鬼，也就是諸多角色歷經幾十年卻還是放不開的怨念；第二種是真鬼，也就是死後陰魂不散、死不瞑目的角色，日復一日、年復一年。這兩種鬼非常類似，都是「記憶」的隱喻。多虧「這兩種鬼／這兩種記憶」像龍骨一樣撐起這兩部小說，讓這兩部小說可得以維持龐大體積。郭強生三本小說展示的「身分認同」除了「同性戀」之外，還有「跨性別／扮裝者」、「原住民母親的孩子」、「愛滋感染者」等等。這些身分經常重疊：例如，在《夜行之子》，男同性戀角色的母親是原住民，後來同一男子穿上母親的洋裝成為扮裝者。三本書裡面的跨性別者（包含扮裝皇后）被寫成「解放」的享受者（「解放」意味著「可以改變」），而原住民正好相反，偏偏被寫成「宿命」的受害者（「宿命」也就是「無法改變」）。

這是一個逝水年華難以追憶的時代。賴香吟的長篇小說《其後それから》，如標題所示，是小說主人翁「她／我」在好友「五月」英年早逝之後的倖存錄[68]。「其後」兩字就像「後殖民」（post-colonial）這個概念，一方面想要擺脫過去（類似曾經被殖民的土地要擺脫被殖民的經驗），另一方面卻越是想要擺脫過去就越擺脫不乾淨（類似曾經被殖民的土地仍然籠罩在

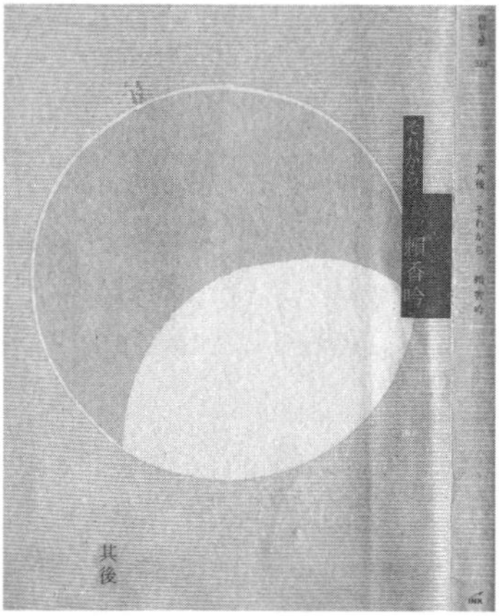

賴香吟，《其後それから》（新北市：INK印刻，2012）

陰魂不散的殖民主義幽靈之下）。「我」承認，「我們都是被遺留的人，無可選擇地被逝者的陰影籠罩。」[69]主人翁「看五月作品《手記》，才知道當年以為五月都想過了」「關於同性間的愛戀」，後來才知道自己的「當年以為」太天真——五月終究還是崩潰了[70]。「我」對五月感嘆台灣的巨變：「《手記》出版之際仍作為一個伏流詞的同性戀，忽然之間，就成了普遍用語……你竟會成為一個象徵，你的自殺成了一個時間，你的書死後追封給了獎……同志論述裡你成了指標人物」[71]。五月早逝之後留下沉重的文學光環，讓身為五月「代理人」（proxy，或avatar）的「我」壓得喘不過氣。因為五月拒絕繼續活著，「我」只好加倍用力、活出雙倍的餘生，好像在一直償付不斷增加循環信用利息的兩人份信用卡卡債。

張亦絢的長篇小說《永別書：在我不在的時代》是同志文學的異數。女同志主人翁似乎覺得邱妙津筆下人物很傻。她說，「邱妙津筆下的主角，在得不到愛時，會猛撞電話亭；在我這一生中，偶爾我會想起這個畫面——帶著一點點輕蔑地想：如果為此要撞電話亭，即使有一百個電話亭，也

68 賴香吟，《其後それから》（新北市：INK印刻，二〇一二）。這部小說並沒有解釋中日文並置的書名意味著什麼，但是熟悉日本文學的讀者容易輕易聯想到夏目漱石的名著《それから》（就是「其後」之意）。小說內文提及夏目漱石的名字以及夏目漱石這部名著的角色，但是沒有明白說出《それから》這個書名（頁一九〇）。賴香吟的這部小說裡裡外外也都沒有明說「五月」是誰。但是一般認為「五月」代表賴香吟的老朋友邱妙津，《鱷魚手記》的作者。

69 同前注，頁二三四。

70 同前注，頁一三。此處的《手記》可能對應《鱷魚手記》

71 同前注，頁一一四。

是不夠撞的。」[72]小說中，各個角色（含父母、同學等等）都忙著證明自己在人世的存在價值，也就是今日流行語所云「刷『存在感』」。強悍檢視女同志身分認同的《永別書》，也致力剖析政治立場（統獨之別、外省人本省人之分等等）。主人翁於一九八〇年代念中學的時候——早在同性戀和「黨外」都還是社會禁忌的時候——就已經享有「台獨份子加上女同性戀」的存在感[73]。她的雙親也非比尋常：對女兒（含主人翁在內）施加性暴力的父親[74]，是崇拜殷海光[75]、反對國民黨的外省人——他用政治熱情證明自己的存在感[76]；被主人翁斥為愚婦的母親則是沒有能力跟上丈夫、女兒進行政治辯論的客家人——她抓不住存在感因而被主人翁唾棄[77]。客家人身分，是存在還是不存在的？主人翁對於客家人身分愛恨交織。同志文學作品大致很少明確提及政治立場，但《永別書》讓政治立場與同志身分認同平起平坐、一起享有存在感。主人翁感嘆，她心儀反國民黨的本土運動以及同志平權運動這兩個政治陣營，但是這輩子傷害她最深的兩個惡徒（其中一位是她父親，另一位是某個同志運動者）偏偏就在這兩個陣營如魚得水，彷彿「將功贖罪」[78]。書中眾生搶著證明自己的存在感，但是這部書的主人翁最後卻選擇向崇拜存在感的社會道別。

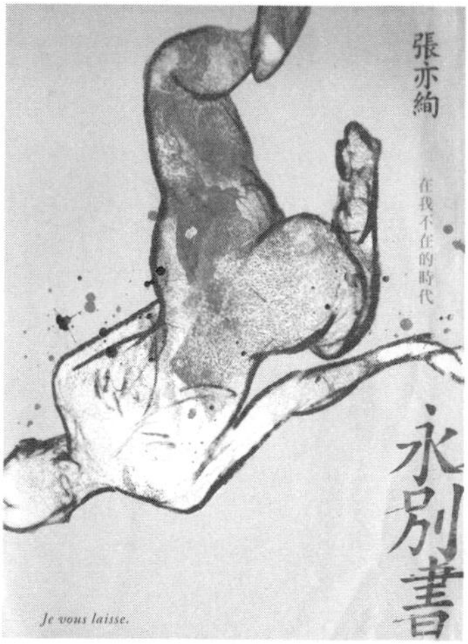

張亦絢，《永別書：在我不在的時代》（新北市：木馬，2015）

三、跨性別時間

「跨性別」（transgender）在文學領域的可見度增高。一般認為，國內社會風氣越來越自由開放，所以寫作者也就享有更多寫作自由，得以呈現昔日不易呈現的社會邊緣人，例如跨性別。也就是說，社會自由賜予跨性別在文學現身的自由。但是我並不願輕易押寶在自由上頭。我發現，寫作者經常有意無意利用跨性別角色，來處理時代變動帶來的焦慮。我曾經為文指出，中國二十世紀文學經常將跨性別人事物視為父權封建時代的稻草人，彷彿打倒跨性別就可以打倒舊中國[79]。也就是說，文人遇到時局變動，就提筆撰寫性別變動——這種應對方式倒是和自由與否的關係不大。

在吳繼文的《天河撩亂》裡，同性戀主人翁時澄和他的親姑姑——曾經男身但前往第三世界變

72 張亦絢，《永別書：在我不在的時代》（新北市：木馬，二〇一五），頁一三三。
73 同前注，頁四五。
74 同前注，頁一八九，二五八。
75 同前注，頁七〇。
76 同前注，頁一三二。
77 同前注，頁二二七，三六〇—六一。
78 同前注，頁三八五。
79 Ta-wei Chi, "Performers of the Paternal Past," pp. 581-608.

性成功的女子——形成強烈對比：年紀較輕的時澄總是石頭一般卡在時代的夾縫中，但是年紀老大的姑姑卻可以貌似輕鬆地跨性別、跨國界移動。時澄被大歷史、大時代綁住，可是姑姑反而脫逃歷史。凌煙的長篇小說《竹雞與阿秋》則在南台灣並置了另一個組合：異性戀男性張志豪和跨性別女同志竹雞[80]。跨性別研究者曾秀萍指出，張志豪把竹雞「當大哥崇拜」[81]，從竹雞身上得到「男性啟蒙」[82]。對我來說，（因為年紀與職業變動桎梏）張志豪代表浮動、浮躁的男性，而竹雞代表持恆不變、真金不怕火煉的男性——竹雞屬於永恆的時間。

凌煙，《竹雞與阿秋》（高雄：高雄市政府文化局，2007）

前一章討論的楊照小說〈變貌〉裡頭也有同性戀者和跨性別者的對照。兩位主要男性角色各有（在當時）難以啟齒的祕密：阿清愛上一名跨性別的湛子；敘事者「我」自己是男同性戀者。跨性別角色湛子象徵了不可捉摸、難以被文字語言固定的未來。跨性別者和男同性戀者在〈變貌〉裡頭都是社會邊緣人，但是他們對應了不同的時間座標：男同性戀與覆水難收的、悲劇的過去配對，而跨性別者與前途未卜、笑鬧劇的未來結合。湛子和跨性別論述中的跨性別者大異其趣：湛子可以來回跨越性別、年紀、種族的邊界，並不會再跨過去之後就跨不回來。原本是未成年少女的湛子突然「跨性別」、「跨年齡」變成中年男子之後，仍然被阿清迷戀，導致阿清被旁人視為同性戀者[83]。湛子也偶爾「跨種族」變成「非洲裔」黑人女子，讓阿清難以接受[84]。〈變貌〉可能讓人覺得偏離了跨性別研究，但是它的確反映了公眾對於「流動」（從跨性別的流動，到時局的流動）的恐慌及迷戀。

看似比較忠於跨性別研究的作品，如青年小說家林佑軒的短篇小說〈女兒命〉以及林俊頴短篇小說〈熱天午後〉，其實也在敘說時間。琳瑯滿目展示跨性別符碼的小說〈女兒命〉標題來自小說裡的摸骨算命師[85]。算命師

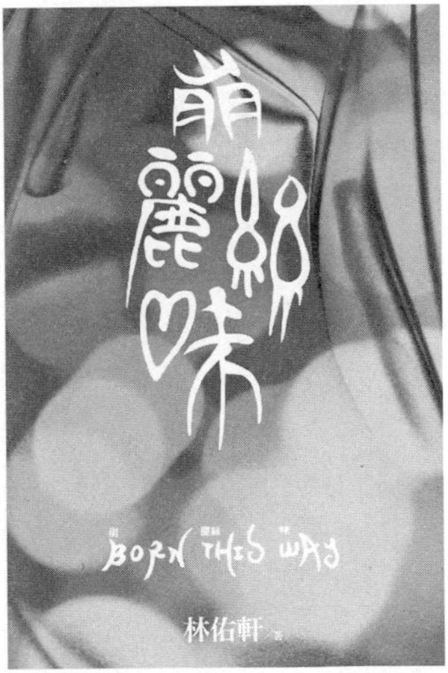

林佑軒，《崩麗絲味》（台北：九歌，2014）

80　凌煙，《竹雞與阿秋》（二〇〇七Takau打狗文學獎、長篇小說類）（高雄：高雄市政府文化局，二〇〇七），頁一七—頁六五。
81　同前注，頁四二。轉引自曾秀萍，〈扮裝鄉土——《扮裝畫眉》、《竹雞與阿秋》的性別展演與家／鄉想像〉，《台灣文學研究學報》一三期（二〇一一年四月），頁八九—一三三。頁一〇七。
82　曾秀萍，〈扮裝鄉土〉，頁八九。
83　楊照，〈變貌〉，頁一八五。
84　同前注，頁一八三。
85　林佑軒，〈女兒命〉（二〇一〇），《崩麗絲味》（台北：九歌，二〇一四），頁一九—三二。

向主人翁「我」的父親說，有女兒命。未料這話一語雙關：喜愛女裝的兒子「我」果然形同父親的女兒；父親自己也愛扮成女孩兒，要和兒子搶女裝來穿。小說中的驚喜，與其說來自同樣耽溺女裝的「我」，不如說來自「被『我』觀察的」、「扮裝歷史被『我』揭發的」父親——「我」像是考古學家，幫忙贖回了曾經被封殺的歷史。〈熱天午後〉形同跨性別的宗烈祠[86]：主人翁「我」企圖為眾多跨性別長輩翻案，例如其中一名在學校被同事嚴重霸凌的陰柔男老師，「體制組織之外的遊民」[87]，終究「陳屍公廁、死因成謎」[88]。上一章討論過的李昂小說〈彩妝血祭〉也為一名跨性別男同志受害者招魂。

四、原住民：從僵化的客體到流動的主體[89]

原住民與同志相遇的文獻至少可以上溯到一九二〇年代。本書第一章就已經提及，日本刊物《變態性欲》曾於一九二三年批判日本官員攻擊殖民地台灣原住民之中的同性婚配。這份提到原住民同性戀的早期紀錄，與其說呈現原住民當時實況，不如說顯現日本帝國內部的政治決鬥（以殖民管理當作決鬥場的決鬥）。

根據我有限的知識，原住民和同志文學相遇的例子極少。更精確地說，描寫原住民同志的「中文」文學極少——同志文學和大部分的台灣文學一樣，都採取中文介面，都預設了漢人中心主義，都將原住民（原住民作者、原住民讀者、原住民文學角色等等）嚴重邊緣化。

我只知道原住民同志在下列文本出現：白先勇的短篇小說〈滿天裡亮晶晶的星星〉、席德進的

《席德進書簡：致莊佳村》、白先勇的長篇小說《孽子》、排灣族作家伊苞的短篇小說〈慕娃凱〉與長篇散文《老鷹，再見》，以及郭強生的兩本長篇小說《惑鄉之人》、《斷代》。原住民在同志文學中的面目長久以來都是僵化的（被物化的）失聲客體，要到了伊苞作品面世，原住民在同志文學中的面貌才開始軟化（不再被物化）、成為具有發言權的主體。

最早提及原住民同志的作品應該是白先勇的〈滿天裡亮晶晶的星星〉。小說第二段等同原住民少男的肉體特寫：

> 原始人阿雄說：他們山地人在第一場春雨來臨的時節，少男都赤裸了身子，跑到雨裡去跳祭春舞，每次總由一個白髮白鬚的老者掌壇主祭。……原始人阿雄喝醉了，脫得赤精，跳起他們山地人的祭春舞來。原始人是個又黑又野的大孩子，渾身的小肌肉塊子，他奔放的飛躍著，那一雙山地人的大眼睛，在他臉上滾動得像兩團黑火——……阿雄天生來就是個武俠明星——我

---

86 林俊穎，〈熱天午後〉，《善女人》（新北市：ＩＮＫ印刻，二〇〇五），頁二一〇—二一八。我推測〈熱天午後〉向艾爾．帕西諾（Al Pacino）主演的《熱天午後》（*Dog Day Afternoon*）致敬。艾爾．帕西諾為了籌錢讓自己的愛人進行由男性轉變為女性的變性手術，鋌而走險搶劫銀行。

87 同前注，頁二一五。

88 同前注。

89 瑪達拉．達努巴克老師、Freya、政大台文所洪瑋其同學和我分享閱讀原住民文學的心得。我在此向他們致謝。

們都看得著了迷，大家吆喝著，撕去了上衣，赤裸了身子，跟著原始人跳起山地的祭春舞來。（有人宣布）「我們是祭春教！」[90]

這一段被稱為「原始人」的阿雄，被稱為「山地人」。這段文字一方面物化了原住民的肉體，但另一方面卻也指出原住民對於（漢人）同性戀者的貢獻：如果同性戀者要追求快樂和團結，就應該跟著原住民的腳步，一起跳祭春舞，並且將自己人的團體叫做祭春教。從原住民身上得到靈感的祭春教，就是《孽子》「我們的王國」的前身。不過在這一段之後，阿雄就淪為小說舞台邊緣的龍套了。

在《孽子》出版成書的前一年，《席德進書簡：致莊佳村》在席德進本人過世之後出版。莊佳村曾經是席德進的學生，也是席德進曾經愛戀的對象。這冊於一九八〇年代出版的書信集所收的信件寫於一九六〇年代。書中第二十七封席給莊佳村的信，於一九六四年從巴黎寄出。第一段寫道：「你的樣子很棒！有點野像，似高山族人。據說一種人到了另一種族人生活的地方，住上幾代就會變種，由於地理環境與氣候之故，漸漸地就像當地的種族了，人們說現在的澳洲人就變得有點像當地的土著，我想你像高山族，可以這樣解釋的。」[91]

席將莊比擬為原住民，固然出於讚美，但也出於物化對方的慾望。莊本人是否真的具有原住民血統，我並不知道，也無意調查。這一段顯示席被異族強烈吸引——綜觀席留下的文件和畫作，他對各種異族男人的偏愛一貫很鮮明。

曹瑞原導演的電視劇《孽子》大受歡迎，結果，電視劇帶給觀眾的印象經常「瓜代」小說原著帶給讀者的記憶。原住民演員馬志翔飾演書中奇人阿鳳，表現亮眼，結果觀眾就紛紛以為原著小說中的阿鳳是原住民。但小說並沒有指明阿鳳的族群身分認同。第一部分第十小節指出，阿鳳生母「天生啞巴，又有點癡傻」[92]，被一群流氓輪暴之後生出阿鳳。根據小說線索，阿鳳生母應該是身心障礙者，但看不出來是不是原住民；生父身分不詳，不知道是不是原住民。小說中的阿鳳可能是原住民，也可能不是。

同時，小說原著明寫出來的原住民，在電視劇中卻不見了。小說中楊教頭收養了乾兒子（按，「乾兒子」可能是指「小男友」），「原始人阿雄仔」——〈滿天裡亮晶晶的星星〉的原住民角色也叫做「原始人阿雄」。楊教頭包養的「阿雄仔是山地郎，會發羊癲瘋的……阿雄仔身高六呎三，通身漆黑，胸膛上的肌肉塊子鐵那麼硬。一雙手爪，大得出奇，熊掌一般……咧開嘴傻笑，咬著大舌頭」[93]，不擅長說（漢人的）話，而且似乎智能不足。

〈滿天裡亮晶晶的星星〉的阿雄不只以肉體取勝，還會主動帶領漢人跳舞；但是《孽子》中的阿雄仔雖有傲人身材，卻只是任憑漢人擺布的被動角色，在傻笑之餘幾乎沒有發言機會。《孽子》中，另一個可能也是原住民的角色，是鐵牛。這個名字暗示著個人頭腦簡單，四肢發

90 白先勇，〈滿天裡亮晶晶的星星〉，《臺北人》，頁一六〇。
91 《席德進書簡》，頁五七。
92 《孽子》，頁七八。
93 《孽子》，頁八。

達。其實讀者難以對鐵牛進行身分區分，並不能確知他是不是原住民。第一部第十四節寫道，有一個藝術大師很欣賞鐵牛。「鐵牛叉著腰，敞著胸……腿上的肌肉波浪起伏……全身都在暴放著野蠻的男性——可是藝術大師說，他在鐵牛的身上，終於找到了這個島上的原始生命，就像這個島上的颱風海嘯一般，那是一種令人震懾的自然美。」[94]野蠻，原始生命，自然美……等詞，經常被套用在原住民身上。這個藝術大師容易讓人聯想到席德進。他也用席德進的態度，觀看代表自然美的模特兒。鐵牛和阿雄一樣：光有身材，沒發言權。

上述的原住民角色經常淪為人種學標本，是被觀察、被觀賞的稀有動物。

二〇〇〇年，伊苞的〈慕娃凱〉獲得原住民文學獎短篇小說佳作[95]。這篇小說明顯描寫原住民大學女生「我」眼中所見的原住民女同志。題目標示的「慕娃凱」是傳說中的女頭目，曾經堅定拒絕與異性結婚。在當代台北，大學女生「我」認識了奶奶的朋友：來自山上、本名慕娃凱（名字來自剛才提及的女頭目）、漢名秀秀的三十歲女子。秀秀喜歡在酒吧和「女女朋友」（對應她的母語中「malerava」）喝酒；從上下文來看，「女女朋友」就是漢人所稱的「女同志」[96]。女學生「我」心中掙扎：「該不該告訴奶奶，有一個人名叫哈克，這個叫哈克的人很愛秀（秀秀），秀也很愛她。或者要更直接的說，哈克和秀一樣是個女人，她們彼此相愛，不能在一起，這是她們的痛苦。經過幾次的分離，現在，總算可以在一起了。」[97]其實「我」根本不必擔心奶奶不能接受「女人之間是有愛情的」[98]。她在山上探望奶奶的時候，就發現奶奶和別人家的老太太來往甚密。在女學生眼中，兩個老太太看起來簡直像是兩個逃婚（逃離男人）的新娘。奶奶還乘機偷摸女學生的乳房，笑稱「你的奶奶要窒息了」（雙關語）[99]——旁邊的老太太也大笑了。喜歡和女生親密的奶奶，可能早就和愛女人的秀秀打成一片。

伊苞在長篇散文《老鷹，再見：一位排灣女子的藏西之旅》進行了「跨國比較」：西藏與排灣的對照[100]。這兩個地方都是「國家」的「邊緣」。在書中，排灣的老奶奶們（至少三人，其中包括敘事者的親奶奶）互相深情愛慕。其中一個老奶奶去世的時候，存活的老奶奶哀痛至極，類似喪偶。老奶奶們記得，她們在少女時代喜歡在同一塊大石頭上小便，讓彼此的尿跡「接龍」（按，「接龍」是我本人用語）。巫師一說再說：

伊苞，《老鷹，再見：一位排灣女子的藏西之旅》（台北：大塊文化，2004）

94《孽子》，頁一〇八。
95 伊苞的〈慕娃凱〉為「第一屆中華汽車原住民文學獎」的小說組佳作得主。《山海文化雙月刊》二六期（這份刊物的最後一期）（二〇〇〇年十月），頁六八—七八。
96 同前注，頁七四。
97 同前注，頁七七。
98 同前注。
99 同前注，頁七三。
100 伊苞，《老鷹，再見：一位排灣女子的藏西之旅》（台北：大塊文化，二〇〇四）。

「有兩個女孩，是好朋友，她們在大石頭上面玩耍，發現彼此的陰戶，她們很好奇，非常好奇，兩人互相逗弄彼此的陰戶，後來死了。」[101]敘事者一邊聽基督教的長輩說，這些老太太都是撒旦，另一邊卻發現這些年輕就喪夫的老奶奶們看起來快樂、幽默。

伊苞作品中，年輕女孩習慣說漢語，結果總是被（不大說漢語的）大齡女子調侃[102]。儘管各自「操用了／背叛了」不同語言，每一代排灣女人都不平則鳴，有話要說。她們不像昔日文學裡的原住民一樣被剝奪發言機會：她們不當被物化的客體，要當跨界流動的主體。

結語

在講究流動的二十一世紀初期，在「表演藝術」與「文學」之間流動同志情慾的劇場大放異彩，吸引人流。好幾位劇本創作者不惜冒著出書賠錢的風險，仍然將劇本送入書市，為作為「公眾歷史」的同志文學留下珍貴史料。在許正平的劇本集《愛情生活》中，多種核心小家庭內爆，像土石流一般崩毀，很弔詭唯有男同志不至於被泥河滅頂。許正平的荒謬劇逆轉了昔日核心家庭體制在上、男同志個人在下的權力位階關係[103]。

許正平，《愛情生活》（台北：大田，2009）

我在第四章提及的周慧玲作品《少年金釵男孟母》，有心為「民國」寫下另類歷史，將從戒嚴到解嚴的台灣經驗「跨國」（跨到中國）、「跨世代」灌注舊中國同性愛故事這個容器裡。戲中飾演男孟母的小劇場名角徐堰鈴自己也編導了女同志劇作《踏青去》，劇中二十一世紀台灣女同志的流域都可以「跨國」（跨到中國）、「跨世代」溯溪到梁祝這個源頭[104]。戲中的演員之一簡莉穎自己也編導了BL（Boy Love）歌舞劇《新社員》，借用來自日本的「腐女次文化」作為河

101 同前注，頁一七九—八〇。
102 同前注，例如頁三〇〇。
103 許正平，《愛情生活》（台北：大田，二〇〇九）。
104 徐堰鈴，《踏青去》（二〇〇四）（台北：女書文化，二〇一五）。《踏青去》劇本和蔡雨辰、陳韋臻編的訪談錄、評論集《踏青：蜿蜒的女同創作足跡》（台北：女書文化，二〇一五）同時出版。《踏青去》的英文標題是 *Skin Touching*；「踏青」兩字應是「肌膚觸摸」的音譯。

周慧玲，《少年金釵男孟母》（台北：大可，2009）

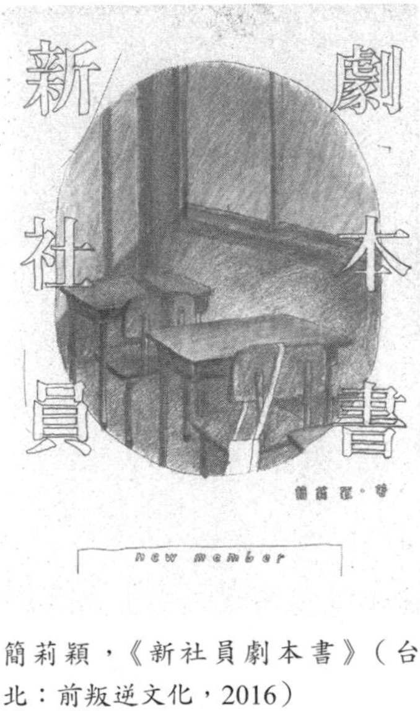

簡莉穎，《新社員劇本書》（台北：前叛逆文化，2016）

床，放任眾多美男子的慾望在河床流溢[105]。

這些搶眼的劇場表現並非憑空湧現，而應該歸功於二十世紀早已存在的伏流，例如這部書先前提及的王禎和、田啟元劇作。早在液體現代性澎湃湧現之前，同志人事物就已經長期進行「水滴石穿」（液體挑戰固體）的涓滴顛覆。

105 簡莉穎，《新社員劇本書》（台北：前叛逆文化，二〇一六）。

後記

中國在哪裡

一、今昔之比

在二十一世紀日常生活，中國的「軟實力」隨處可見。對關心同志的國人來說，慾望對象、認同對象早就包含中國演藝人員（以及名模、健身教練等等）；慾望與認同發生在中國擁有的智慧型手機交友軟體；作為「情慾願景」基礎的「經濟願景」往往寄託在中國市場。在「新」媒介衝浪的「中國同志商品」（例如二〇一五年的中國網路美男偶像劇《上癮》），讓國人忙著進行「視覺至上主義」的消費，也讓國人陷入中國式「同志國家主義」（homonationalism）的網羅。何謂同志國家主義？簡言之，就是利用同志風采，為政權「搞公關、搞形象」的策略。歐巴馬主政的美國是玩弄這種策略的行家，但中國急起直追。夾在同志國家主義的美國版與中國版之間，國人悄悄擱置了「舊」媒體的同志文學。

不過，中國以前沒有四處流動的軟實力。在《同志文學史》的既有框架裡，中國人事物幾乎一律缺席。

今昔之比，兩種變局：一，中國從缺席者變成強勢出席者；二，用鮑曼的話來說，「固體現代性」的壟斷情勢，遭受「液體現代性」挑戰。在二十一世紀，與其說國人將目光從固定不動的書冊轉移到固定不動的中國土地（這種說法暗示國人是主動的一方，中國土地是被動的一方），還不如說國人被跨越台灣海峽的一波波浪潮席捲（這種說法暗示國人是被動的一方，來自中國的液體現代性是主動的一方）：除了網路的「串流」，浪潮還包括物流、金流、人流、人海。在滾滾洪流中，國人如同泥菩薩過江，難以顧及印刷品的飄泊命運。

今昔之比促使我提出兩個問題：

「以前，在上一個世紀的同志文學中，中國在哪裡？」「現在，在這個世紀的中國浪潮中，同志文學又在哪裡？」

二、「同時存在」之謎

我先處理這個問題：「上個世紀的同志文學中，中國在哪裡？」在「愛錢來作伙」這一章，我提及人類學家猶杭倪斯．法邊。法邊提出「同時存在」（coevalness）的概念，指出不同民族（例如進行殖民的民族，和被殖民的民族）**要共享「同時存在」才算是平等共存**[1]。國人常說「某某國家的廁所，比台灣落後三十年」、「日本的設計美學，比台灣進步二十年」之類的說法；這些說法都預設了「何謂現代」，都預設了「誰才有資格享受現代」，都樂見有一方落後另一方，也就都背離了「同時存在」的理想。用法邊的話來說，這些說法「拒絕讓同時存在發生」（denial of coevalness）[2]。

同志文學是「冷戰的小孩」：因為冷戰布局親美反共，所以自然和共產中國隔閡。雖然冷戰時期的同志文學某些文本確實提及中國，但是這些文本反而暴露出一個尷尬的事實：國人和中國很難

1 Johannes Fabian, *Time and the Other*, p. 25.

2 Ibid.

「同時存在」：文本中的中國，文本外的國人，活在平行世界。

一九五〇年代的翻譯小說《月誓》、六〇年代的姜貴反共小說《重陽》，都讓讀者看到了中國；不過，兩者描繪冷戰之前的舊中國，而不是冷戰時期的毛澤東政權。吳繼文的《世紀末少年愛讀本》讓九〇年代讀者看到中國人在中國：清朝人，在北京。這三種文本之中的中國並未與國人享有「同時存在」。六〇和七〇年代，同志文學提及的「中華民國」就等於「中國」，國內作家一律是「中國作家」（中華民國作家）。同時期在中國的中國作家則被一筆勾銷。在中國文革之後，陳若曦小說《紙婚》讓中國女子前往美國照顧罹患愛滋的男同性戀白人；一九八九年天安門事件之後，許佑生小說〈岸邊石〉讓台灣男子在美國愛上偶遇的中國健碩男子。多虧液體現代性的人口流動，這兩個文本才讓台灣人看到中國人民的樣本：中國人民開始往美國流動（有些人取得合法留美身分，見《紙婚》；有些人沒有取得，見〈岸邊石〉），讀者才能夠在美國土地上看到當時國人仍然陌生的中國人民。陳若曦和許佑生的作品都是讓讀者看到「中國人和台灣人『同時存在』」的先聲，不過這兩者迴響有限。

到了一九九〇年代，冷戰號稱結束、戒嚴號稱告終、資本主義看似征服全球，國人終於開始正視「同志的存在」，也終於開始正視「台灣人和中國人是兩種人」——這兩種「正視」（正視「性他者」，正視「政治他者」）的視線幾乎同時產生。這兩種「正視」的共生可以歸諸冷戰局勢變化：在後冷戰時期，同性戀再也不必然危害（美國主導的）「自由世界」，同時曾經在冷戰被隔絕的中國也開始和「自由世界」匯流。

同志文學長期無視中國的習慣，終究限制了同志文學的政治視野。同志文學的政治視野往往不夠「政治化」：看重「個人矛盾」（「自己能不能接受自己」的問題）和「家的矛盾」（「家人能不能接受自己」這種問題），卻疏於留意「國的矛盾」（「國家機器——例如警察——和我之間存有什麼衝突」這種問題）、「跨國的矛盾」（「美國同志運動的價值觀為什麼決定我的人生走向」這種問題）。政治視野的狹隘化，一方面要歸咎於各界傾向「微觀政治」的習慣（時至今日各界仍然強調同志最大的考驗，就是「接受自己」、「讓家人接受」），另一方面要歸咎於國內公眾傾向迴避「巨觀政治」的自保心態。從戒嚴以來，「莫談國事」是民眾自保守則第一條：不要談中國為何被迫隱形、不要問美國是不是黑手、不要想中華民國和中國的差異。同志文學被拉向「微觀政治」，被拉離「巨觀政治」。

時至二〇一〇年代，「中國在哪裡」這個問題的答案就是，「中國到處流溢」。中國軟實力的種種洪流造就「中、港、台同時存在」的「榮景」，餵養各地閱聽人同樣的「華劇」、「華語電影」、「華語音樂」。這種形式化的大團圓與其說實現了「各種主體互相承認」的「同時存在」正義，不如說表演了「大家併桌吃飯就好」的戲碼。

三、冷戰的小孩

我說同志文學史是「冷戰的小孩」，不只因為「『同志』文學」這個詞的「同志」遭受冷戰銘刻，也因為「同志『文學』」的「文學」受到冷戰制約。

《同志文學史》引用文獻橫跨三個歷史時期：一，冷戰之前的時期（日本統治台灣時期）；

二，冷戰時期（大致從一九五〇年代起）；三，後冷戰時期（大致從九〇年代起）。我肯定第一個時期文獻的價值，但是我提出的同志文學史並沒有上溯到第一個時期，只上溯到第二個時期的五〇年代：國內民眾一直到了五〇年代，才開始被新興的現代中文報紙「密集」（而非「偶爾」）「教誨」如何窺視、厭惡、排斥同性戀。

一九五〇年代初期創立的《聯合報》等等大報讓讀者「頻繁」接觸現代中文呈現的同性戀知識：讀者獲得「同性戀（偽）知識」以及「現代中文」（而不再是日文或傳統漢文）的洗禮。報紙承襲冷戰美國敵視同性戀的態度，一再指導民眾戴著有色眼鏡去理解、誤解同性戀。報紙和其他量產印刷品（例如各級學校課本）教給民眾的現代中文，也是冷戰武器。藉著動員現代中文教育，中華民國可以「取代」日本，也可以取代中華人民共和國：一方面，中華民國將台灣從一個採用日文的殖民地，變成一個採用現代中文的「復興基地」；另一方面，執政者也發現，台灣境內的中文可以當作一張彷彿證明文化優越感的王牌，用來證明中華民國足以「取代」中華人民共和國：中華人民共和國採用簡體字，曾經抨擊中華傳統，讓中華民國得以暫時自稱中華文化道統的捍衛者。

報紙於一九五〇年代「耕耘」（指報紙培養了能讀現代中文、能辨認同性戀人事物的讀者群），作者群於六〇年代才得以「收割」（指作者接收了一批現成的、能夠閱讀現代中文的國內讀者）。七〇年代，朱天心散文《擊壤歌》的少女主人翁享受美國傾銷的流行文化，目睹冷戰在台灣留下來的種種證據：她讀《麥克阿瑟將軍傳》因而立志當將軍[3]、她喜歡在被稱「洋奴街」的台北市中山北路逛街[4]、她看見基隆廟口「有些Bar還閃著霓虹燈，有些洋鬼船員就摟著個旗袍開高衩的長髮中國女孩走在街上」[5]、她閱讀敘述美國人韓戰經驗的小說《最後一場電影》[6]。詹錫奎小說《再見黃磚路》也提及美軍、迷幻藥、女同性戀在台北共存共生的狀態。朱天心的《方舟上的日子》也提及迷幻藥[7]。不過，七〇年代大部分描寫女女關係的作品敘述飽受經濟壓力的勞動女性，與朱天心筆下看似沒有經濟枷鎖的女學生大異其趣。勞動女性也和冷戰布局結緣：台灣被動

詹錫奎，《再見，黃磚路》（1977）（台北：東村，2012）

3 朱天心，《擊壤歌》，頁二五。一般認為，帶領美軍占領日本的麥克阿瑟是韓戰英雄（也就是冷戰英雄）。

4 同前注，頁五三。

5 同前注，頁一一九。

6 同前注，頁一三九。我推測是《最後一場電影》這本書，由麥莫齊撰，李永平譯（台北：華欣，一九七五）。書中有美國人角色參與韓戰。這本書原書名應該是*The Last Picture Show* (1966)，作者原名「Larry McMurtry」（譯為「麥莫齊」）。麥莫齊幫李安準備《斷背山》（*Brokeback Mountain*）電影劇本，獲得二〇〇五年奧斯卡獎最佳改編劇本獎。

7 在朱天心的〈長干行〉（一九七五）這篇小說中，主人翁「她也見過舞會裡吃了粉紅色藥丸失態的女孩」（頁八五—八六）。在〈忘年之戀〉（一九七四）這篇小說中，主人翁看電視上的美國影片《娃娃谷》（*Valley of the Dolls*, 1966），擔心「芭芭拉佩金絲到底會不會也服迷幻藥」（頁七三）。芭芭拉·佩金絲（Barbara Parkins）是《娃娃谷》女主角的演員名字。這部片的確以迷幻藥著稱（片名的「娃娃」就是「迷幻藥」的委婉語）。這兩篇小說並沒有明說「美軍拿迷幻藥給台灣人吃」，但卻都暗示「當時台北高中生（即，和朱天心同年的人）對迷幻藥見怪不怪」。兩篇小說都收入在《方舟上的日子》。

員成為美國的工廠，國內婦女被動員為廉價的勞動者。婦女有了一點餘錢之後，接收了、拷貝了美軍夜生活的軟體和硬體（軟體：流行音樂；硬體：酒吧場地）。七〇年代末期連載、八〇年代初期成書的白先勇小說《孽子》並沒有讚頌美國，但還是將美國和日本（日本為二次戰後美國的東亞最佳盟友）視為苦悶同性戀者的出路：在台北殺人的嫌犯偷渡到美國流亡；爭取長期飯票的賣春少年想要到日本「從良」。

談起文學機制，文學研究者自然會想起知名英國學者伊格頓（Terry Eagleton）。他在膾炙人口的《文學理論：導讀》（*Literary Theory: An Introduction*）宣稱，「英文系的學術建制化，就發生在英格蘭帝國主義的高峰」[8]。也就是說，在英文世界，文學機制就是大英帝國的產物。我進而主張，台灣經驗的文學機制則是戰後美國霸權的產物。一九六〇年代以降，許多文人受過美國文化薰陶（例如，讀過大學英文科系，或是愛讀美國文學，或是經常在「美國新聞處」流連忘返）。這波美國風是台灣文學讀者的常識。但除了這個常識之外，我還要指出：公眾所認知的「文學機制」（文學版面、文學教育、以「國文」作為科目的考試等等）也是由冷戰催生。在美國庇佑的蔣介石政權下，文學成為極少數可以允許國人參與的公共場域之一。報紙副刊和文藝刊物成為文人的「兵家必爭之地」——兵家必爭文學版面，卻忌諱其他場域（例如街頭演講台），因為其他場域觸犯戒嚴的禁忌。許多曾經入獄的政治犯（良心犯），例如多次寫出男男情慾的陳映真，本來都是文學版面的讀者、作者、編者。文學曾經受到國人熱情關注，要「歸功」只准民眾讀書（而且只能讀通過審查的書）的漫長戒嚴體制。

同志文學並不是冷戰的「獨」生子。除了國內的同志文學之外，種種東亞文化生產（例如國內的電影、日本韓國等地的文學美術音樂電影等等）也可以說是冷戰的小孩。但是，國內同志文學的「核心技術」與其他文化生產的核心技術截然不同：同志文學的核心技術就是處理「不可告人祕密」——同性戀——的手工藝。其他的冷戰小孩（種種文化生產）並沒有像同志文學一樣將「祕密產業」視為核心技術。同志文學的參與者殫心竭慮，研發各種寫作技藝，讓讀者「感受」（而非「看見」）祕密被揭露、祕密被隱匿、祕密被捏造的各式情境，讓讀者「感受」祕密牽連的罪惡感、羞恥心。就算同志偶然遇上丁點喜悅，這種喜悅也被祕密產業改造為「竊喜」。在冷戰時期兼戒嚴時期，同性戀人事物都被迫隱形，幾乎只能在文學爭取一口透氣的窗戶。

一九九〇年代，作者和讀者暫時延續舊習慣，繼續擁戴文學和紙媒報紙，還沒有猜到文學、紙本報紙——這兩項同志現代性的基礎——在二十一世紀就要身陷市場萎縮的命運。一般認為，解嚴後報紙增張，言論自由大增，同志文學才得以取得暢所欲言的機會，同志文學因而大興。這種說法固然有些道理，但我要提出「物以稀為貴」的鐵律來質疑「媒體越自由，文學越興旺」的因果推論：解嚴前（冷戰時期），報紙版面有限、言論自由緊縮，絕處逢生的同志文學才特別受到珍視。到了二十一世紀，既然呈現同志的種種影像變得像自來水一樣隨手可得，國人也就未必想要重啟鑿井取水的克難精神，未必想要繼續珍惜文學。越多的自由，反而會讓人忘記文學的價值。

---

8 Terry Eagleton, *Literary Theory: An Introduction* (1983) (Minneapolis: Minnesota University Press, 1996), p. 24.

四、視覺至上主義之外

「同志文學，何去何從？」這個問題很常見，不容忽略。我將這個問題拆解為三個子題處理：一，同志現代性這個弄潮兒，將流向哪裡？二，對寫作者來說，在同志文學，還能做什麼？三，對閱讀者來說，在同志文學，還能做什麼？

一，同志現代性的伸展台，曾經是同志文學。「現代性」與「文學」合作，是台灣在某個歷史階段無心插柳的結果。在其他國家，同志現代性的伸展台可能在舞蹈，在夜生活，在藝能界等等。在二十一世紀，同志現代性早就已經將重心轉移到視覺文本：在電腦螢幕中、在智慧型手機螢幕中，國內外明星爭先恐後提供聲色之娛，宣稱自己愛同志。這個小螢幕統治大世界的現象，就是同志現代性與視覺文本共生共榮的冰山一角。中國深諳視覺至上主義的操作，早就在電腦網路強力販售炫示同志現代性的商品，例如各種「網紅」（網路紅人）的「自拍」與「直播」。在新自由主義淹沒各國的此刻，求新求變的同志現代性自然會跟隨人氣與商機，會持續與國內外商業市場合作。但我要說明，同志現代性只是同志生態圈的一部分，絕不是全部：同志生態體系的成員有人抵抗新自由主義，有人疑慮同志現代性的商業化傾向，有人阻撓同志現代性輕易收編社會抗爭。只不過本書的篇幅有限，只能夠另找機會討論社會抗爭（包括同志運動）的流向。

二，我抵抗一種流行的偏見：將文學限縮為獨尊寫作者的文類（甚或一種賺錢生意），而不承認文學是開放給讀者群的公共領域。「寫同志文學還有前途嗎？」「同志文學，還值得寫嗎？」上述問題就是這種偏見的產品。我在本書一再強調，讀者群（包含編者、翻譯者、研究者等等）也都投入了文學的生產。為了抗拒將文學場域窄化的偏見，我將這類問題至少改寫成兩個問題：「對寫作者來說，在同志文學，還能做什麼？」以及，「對閱讀者來說，在同志文學，還能做什麼？」

在國內外種種印刷品紛紛告急的二十一世紀，和印刷品共生共榮的文學寫作者當然難受。面對困局，同志文學的寫作者固然可以和其他文學寫作者「一樣」，不再完全依賴紙本印刷品這種舞台，轉而進攻各種視覺文本的平台，爭取更多曝光機會。

可是「同志文學」畢竟和其他文學常常「不一樣」。對於「曝光」機會這種事，同志文學往往心內彈琵琶。同志文學的看家本領在於讓讀者「感受」祕密的手工業，但是其他文學未必這麼勤於經營祕密的技藝。其他文學通常巴不得讓讀者「看見」過目難忘的人物，但是同志文學經常反其道而行，祭出不讓讀者輕易「看見」的主體，例如我列舉的假主體、虛主題、無主體。其他文學爭取亮相機會的時候，同志文學卻樂於一級一級走向沒有光的所在。

同志文學的寫作者固然可以投入視覺至上主義的熱潮，但是也大可以和熱潮唱反調：與其讓讀者輕易「看見」噱頭，不如讓讀者「感受」竊喜。

三，《同志文學史》的撰寫目的，就是要向讀者群（包括研究者們）證明同志文學是值得投入的研究領域。《同志文學史》的撰寫過程讓我赫然發現，台灣竟然享有長達一甲子的同志文學（寫書之前沒有想到這段歷史至少綿延一甲子），參與作者繁多（在寫書之前沒想過多位名家也和同志文學有緣），文本散置歷史各處（在寫書之前沒想過一九五〇年代報紙是同性戀寶庫）。這番文學榮景，在其他國家、其他年代，並不多見。我衷心期盼，國內外的前輩、同人、青年學子可以在

《同志文學史》勾勒的歷史網絡中，巧遇得以對話、反詰、立論的時間空間座標。受限於一己的精力與學力，《同志文學史》必然留下多處留白與謬誤，但是我樂見各界人士將這些留白與謬誤當作起點：從這些起點進行贖回瀕絕歷史的工作。在越來越多人走出衣櫃的二十一世紀，別忘了二十世紀的書櫃和衣櫃一樣留在原處：告別衣櫃，但不必告別書櫃。

這部書第一章提及琳達・哈虔（Linda Hutcheon）討論的「弱勢文學史」。她強調，弱勢的文學史不能只求「保存」歷史材料，還要力求「介入」主流文學史稱霸的局面，並且要爭取「文化詮釋權」。作為弱勢文學的同志文學，並不是要讓讀者「看見」史實，而是要讓讀者「感受」放在歷史中的種種感覺：文學並沒有「展示」歷史真相的義務，卻有讓讀者「回味」（即，再一次感受）種種委屈的力量。同志文學讓讀者閉上眼睛，「回味」同志曾經被恐懼、被排擠、被侮辱、被摧毀、被偷偷祝福的種種難言之隱。文化詮釋權的工作，並不是要還原「歷史真相」——歷史真相，有誰能夠客觀說清楚？——也不是要漂白粉飾昔日委屈。文化詮釋權的工作就是要為種種委屈提出多軌道的解釋。一甲子以來，國人對於情慾的恐慌、對於身體的嫌惡、針對女性的歧視、對於警察國家的畏懼、對於美國霸權的膜拜、漢人對原住民進行的「物化」、對於東亞局勢（包括東北亞、東南亞，以及中國）的陌生，共同造就了層層疊疊的難言之隱，都在文學留下痕跡。重訪歷史座標上的同志文學，就是換個角度再一次認識歷史。

參考及引用書目

期刊、雜誌、報紙

Boundary 2
Cultural Critique
Diacritics
GLQ: A Journal of Lesbian and Gay Studies
Journal of the History of Sexuality
Modern Language Quarterly
PMLA
Positions: East Asia Cultures Critique
Radical Historical Review
Social Text
The Journal of American History

Theory, Culture & Society
《PAR表演藝術雜誌》
《女學學誌：婦女與性別研究》
《山海文化雙月刊》
《中外文學》
《中央日報》
《中國時報》
《中國現代文學》
《文化研究》
《文星》
《台文BONG報》
《台灣文學學報》
《台灣社會研究季刊》
《台灣文學研究學報》
《性／別研究》
《東海中文學報》
《現代文學》
《臺灣詩學學刊》
《聯合文學》
《聯合報》

中文、日文

（清朝）石函氏（陳森）著，《品花寶鑑》（一八四九）（台北：桂冠，一九八四）。

〈一位讀者的來信〉，收入光泰，《逃避婚姻的人》（台北：時報，一九七六），頁三—五。

七等生，《削瘦的靈魂》（台北：遠行，一九七六）

——，《跳出學園的圍牆》（台北：遠景，一九八六）。

小明雄，《中國同性愛史錄》（香港：粉紅三角，一九八四、一九九七）。

小熊英二著，陳威志譯，《如何改變社會：反抗運動的實踐與改造》（台北：時報文化，二〇一五）。

——著，黃耀進譯，《活著回來的男人：一個普通日本兵的二戰及戰後生命史》（台北：聯經，二〇一五）。

工作傷害受害人協會，《拒絕被遺忘的聲音：RCA工殤口述史》（台北：行人，二〇一三）。

〈月誓（The Moon Vow）林涵芝著小說　在美出版暢銷〉，《聯合報．聯合副刊．萬象》，一九五八年十二月三日，七版。

片岡巖，《台灣風俗誌》（台北：台灣日日新報社，一九二一）。

王安憶，《小鮑莊》（上海：上海文藝，二〇〇二）。

王盛弘，〈有鬼〉，《關鍵字：台北》（台北：馬可孛羅，二〇〇八），頁三一—三六。

——，〈灰塵〉，《關鍵字：台北》（台北：馬可孛羅，二〇〇八），頁七三—八〇。

——，《關鍵字：台北》（台北：馬可孛羅，二〇〇八）。

王鼎鈞，〈黎中天　一個被遺忘的作家〉，《中國時報．人間副刊》，二〇〇八年十一月二十四日，E4版。

——，《文學江湖：王鼎鈞回憶錄四部曲之四》（台北：爾雅，二〇〇九）。

王禎和，〈小林來台北〉（一九七三），《嫁粧一牛車》（台北：洪範，一九九九），頁二一九—四八。

———，《玫瑰玫瑰我愛你》（一九八四）（台北：洪範，一九九四）。

———，《玫瑰玫瑰我愛你》（一九八四）（台北：洪範，二〇〇九）。

———，《美人圖》（一九八二）（台北：洪範，一九九六）。

———，《望你早歸》，《文季》一期（一九七三年八月），頁一六九—九二。

王德威，〈小說．清黨．大革命——茅盾、姜貴、安德烈．馬婁與一九二七夏季風暴〉，《小說中國：晚清到當代的中文小說》（台北：麥田，一九九三），頁三一—五八。

———，〈後遺民寫作〉，《後遺民寫作》（台北：麥田，二〇〇七），頁二三—七〇。

———，〈時間與記憶的政治學〉，《後遺民寫作》（台北：麥田，二〇〇七），頁五—一四。

———，〈第二章：遺民與移民〉，收入王德威編選．導讀，《臺灣：從文學看歷史》（台北：麥田，二〇〇五），頁二三—二八。

———，〈蒼苔黃葉地，日暮多旅風——姜貴與《旅風》〉，〈後遺民寫作》（台北：麥田，二〇〇七），頁一八五—八八。

———，《眾聲喧嘩之後：點評當代中文小說》（台北：麥田，二〇〇一）。

———，《後遺民寫作》（台北：麥田，二〇〇七）。

———編選．導讀，《臺灣：從文學看歷史》（台北：麥田，二〇〇五）。

———著，宋偉杰譯，〈導論：沒有晚清，何來五四？〉，《被壓抑的現代性：晚清小說新論》（*Fin-de-siècle Splendor: Repressed Modernities of Late Qing Fiction, 1849-1911*）（台北：麥田，二〇〇三），頁一五—三四。

———著，宋偉杰譯，《被壓抑的現代性：晚清小說新論》（*Fin-de-siècle Splendor: Repressed Modernities of Late Qing Fiction, 1849-1911*）（台北：麥田，二〇〇三）。

平路，〈世紀之疾〉，《百齡箋》（台北：聯合文學，一九九八），頁一五—二三。

——，《百齡箋》（台北：聯合文學，一九九八），頁一五—二三。

本報訊，〈失足僅一次　身體無變態〉，《聯合報》，一九五六年七月三日，三版。

——，〈同性戀不捨　毀容誤嫁期　少女涉嫌傷害起訴〉，《聯合報》，一九六一年六月三日，三版。

——，〈黃效先殺人動機！弱點盡被控制　終至行兇除根〉，《聯合報》，一九五六年五月二十三日，三版。

玄小佛，《圓之外》（台北：萬盛，一九八二）。

田納西．威廉斯（Tennessee Williams）著，楊月蓀譯，《田納西．威廉斯懺悔錄》（*Memoirs*）（台北：圓神，一九八六）。

田啟元，〈首演資料〉，《毛屍：Love Homosexual in Chinese》（台北：周凱劇場基金會，一九九三），頁一五—一六。

白先勇，〈序〉，收入歐陽子，《秋葉》（台北：爾雅，一九七一），頁一—五。

——，〈戲，我愛，我做〉，《中國時報》，一九九五年五月二十七日，四六版。

——，〈青春〉，《寂寞的十七歲》（台北：遠景，一九七六），頁一六九—七四。

——，〈寂寞的十七歲〉，《寂寞的十七歲》（台北：遠景，一九七六），頁一七五—二〇六。

——，〈滿天裡亮晶晶的星星〉，《臺北人》（台北：晨鐘，一九七三），頁一五九—六六。

——，〈孽子三十〉，《聯合文學》三〇卷三期（二〇一四年一月），頁四〇—四一。

——，《孽子》（台北：遠景，一九八三）。

——，《孽子》，《現代文學》復刊第一期（一九七七年七月），頁二五九—八六。

——，《孽子》，《現代文學》復刊第二期（一九七七年十月），頁三〇五—三九。

——，《孽子》，《現代文學》復刊第五期（一九七八年十月），頁二一五—三〇。

伊苞，〈慕娃凱〉，《山海文化雙月刊》二六期（二〇〇〇年十月），頁六八—七八。
——，《老鷹，再見：一位排灣女子的藏西之旅》（台北：大塊文化，二〇〇四）。
光泰，〈我為什麼寫「逃避婚姻的人」〉，《逃避婚姻的人》（台北：時報，一九七六），頁二三一—三六。
光泰，《逃避婚姻的人》（台北：時報，一九七六）。
吉見俊哉著，邱振瑞譯，李衣雲、李衣晴校譯，《親美與反美：戰後日本的政治無意識》（新北市：群學，二〇一三）。
〈同性戀愛共黨嫌疑　美國務院百餘職員　因此犯罪打破飯碗〉，《聯合報》，一九五三年七月三日，二版。
安克強編，《樓蘭女與六月青：第一屆全球華文同志文學獎短篇小說得獎作品集》（台北：熱愛，一九九九）。
朱天心，〈忘年之戀〉（一九七四），《方舟上的日子》（台北：三三，一九九〇），頁八一—八七。
——，〈長大——代序〉（一九七五），《方舟上的日子》（台北：三三，一九九〇），頁七—一二。
——，〈長干行〉（一九七五），《方舟上的日子》（台北：三三，一九九〇），頁五—七九。
——，〈浪淘沙〉（一九七六），《方舟上的日子》（台北：三三，一九九〇），頁一〇三—二七。
——，《三十三年夢》（新北市：ＩＮＫ印刻，二〇一五）。
——，《方舟上的日子》（一九七七）（台北：三三，一九九〇）。
——，《擊壤歌》（一九七七）（台北：聯合文學，二〇〇四）。
朱天文，〈世紀末的華麗〉（一九九〇），《世紀末的華麗》（台北：遠流，一九九二），頁一四一—五八。
——，〈世紀末的華麗〉，《中國時報．人間副刊》，一九九〇年五月八至九日。
——，〈肉身菩薩〉（一九八九），收入楊宗潤編，《眾裡尋他：開心陽光當代華文同志小說選（一）》（台北：開心陽光，一九九六），頁一三五—五四。
——，〈後語〉，收入楊宗潤編，《眾裡尋他》，《眾裡尋他：開心陽光當代華文同志小說選（一）》（台北：開心陽光，一九九六），頁一五四—五七。
——，《荒人手記》（台北：時報文化，一九九四）。
朱偉誠，〈（白先勇同志的）女人、怪胎、國族：一個家庭羅曼史的連接〉，《中外文學》二六卷一二期（一九九八年五月），頁四七—六六。
——，〈父親中國・母親（怪胎）台灣？——白先勇同志的家庭羅曼史與國族想像〉，《中外文學》三〇卷二期（二〇〇一年七月），頁一〇六—二三。
——，〈另類經典——臺灣同志文學（小說）史論〉，收入朱偉誠主編，《臺灣同志小說選》（台北：二魚文化，二〇〇五），頁九—三五。
——，〈台灣同志運動的後殖民思考：論『現身』問題〉，《台灣社會研究季刊》三〇期（一九九八年六月），頁三五—六二。
——，〈受困主流的同志荒人：朱天文《荒人手記》的同志閱讀〉，《中外文學》二四卷三期（一九九五年八月），頁一四一—五二。
——，〈國族寓言霸權下的同志國：當代台灣文學中的同性戀與國家〉，《中外文學》三六卷一期（二〇〇七年三月），頁六七—一〇七。
——主編，《臺灣同志小說選》（台北：二魚文化，二〇〇五）。
——編，《批判的性政治：台社性／別與同志讀本》（台北：台灣社會研究雜誌社，二〇〇八）。
朱濳（朱光濳），《變態心理學》（台北：臺灣商務，一九六六）。
老包（詹錫奎），《再見，黃磚路》（一九七七）（台北：東村，二〇一二）。
但漢章，《電影新潮》（台北：時報，一九七五）。
吳明益，《單車失竊記》（台北：麥田，二〇一五）。

吳繼文，《天河撩亂》（台北：時報文化，一九九八）。
——，《世紀末少年愛讀本》（台北：時報文化，一九九六）。
呂正惠，〈王文興的悲劇：生錯了地方，還是受錯了教育？〉，《文星》一〇二期（一九八六年十二月），頁一一三—一七。
呂秀蓮，〈評介「夜快車」〉，收入符兆祥，《夜快車》（台北：文豪，一九七六），頁三〇一—三〇二。
呂東熹，《政媒角力下的台灣報業》（台北：玉山社，二〇一〇）。
宋澤萊，《紅樓舊事》（台北：聯經，一九七九）。
巫永福著，鄭清文譯，〈慾〉，收入施淑編，《日據時代台灣小說選》（台北：麥田，二〇〇七），頁二五三—七五。
李幼新，《男同性戀電影》（台北：志文，一九九四）。
——，《威尼斯坎城影展》（台北：志文，一九八〇）。
李昂，〈北港香爐人人插〉，《北港香爐人人插：戴貞操帶的魔鬼系列》（台北：麥田，一九九七），頁一一三—六二。
——，〈回顧〉，《愛情試驗》（台北：洪範，一九八二），頁一—三〇。
——，〈花季〉，《花季》（台北：洪範，一九八五），頁一—一一。
——，〈莫春〉，《人間世》（台北：大漢，一九七七），頁七七—一〇四。
——，《人間世》（台北：大漢，一九七七）。
——，《北港香爐人人插：戴貞操帶的魔鬼系列》（台北：麥田，一九九七）。
——，《花季》（台北：洪範，一九八五）。
——，《愛情試驗》（台北：洪範，一九八二）。
李屏瑤，《向光植物》（桃園：逗點文創結社，二〇一六）。

李敖，〈沒有窗，哪有「窗外」〉，《文星》九三期（一九六五年七月），頁四—一五。

李臨秋作詞，鄧雨賢作曲，〈望春風〉（一九三三）。

汪其楣，《海洋心情：為珍重生命而寫的ＡＩＤＳ文學備忘錄》（台北：逗點文創，二〇一一）。

——，《海洋心情》（台北：東潤，一九九四）。

汪瑩，〈序　電影新潮〉，收入但漢章，《電影新潮》（台北：時報，一九七五），頁一—四。

阮慶岳，〈廣島之戀〉，《愛是無名山》（新北市：ＩＮＫ印刻，二〇〇九），頁一三四—五一。

——，〈騙子〉（二〇〇二），收入朱偉誠編，《臺灣同志小說選》，頁二九七—三一一。

——，《重見白橋》（台北：麥田，二〇〇六）。

——，《愛是無名山》（新北市：ＩＮＫ印刻，二〇〇九）。

周慧玲，《少年金釵男孟母》（台北：大可，二〇一〇）。

林佑軒，〈女兒命〉（二〇一〇），《崩麗絲味》（台北：九歌，二〇一四），頁一九—三二。

——，《崩麗絲味》（台北：九歌，二〇一四）。

林芳玫，〈《迷園》解析：性別認同與國族認同的弔詭〉，收入梅家玲編，《性別論述與台灣小說》（台北：麥田，二〇〇〇），頁一四五—七二。

——，〈日治時期小說中的三類愛慾書寫：帝國凝視、自我覺醒、革新意識〉，《中國現代文學》一七期（二〇一〇年六月），頁一二五—五九。

——，《解讀瓊瑤愛情王國》（台北：時報文化，一九九四）。

林俊頴，〈愛奴〉（二〇〇〇），《夏夜微笑》（台北：麥田，二〇〇三），頁一八三—二二〇。

——，〈熱天午後〉，《善女人》（新北市：ＩＮＫ印刻，二〇〇五），頁二〇九—二八。

——，《夏夜微笑》（台北：麥田，二〇〇三）。

——，《善女人》（新北市：ＩＮＫ印刻，二〇〇五）。
——，《焚燒創世紀》（台北：遠流，一九九七）。
林清玄，〈戲肉與戲骨頭——訪王禎和談他的小說《美人圖》〉（一九八一），收入王禎和，《美人圖》（台北：洪範，一九九六），頁一九九—二〇二。
林寒玉、邵祺邁整理，〈台灣同志文學及電影大事紀〉，《聯合文學》二七卷一〇期（二〇一一年八月），頁六四—七〇。
林裕翼，〈白雪公主〉，收入瘂弦編，《小說潮：聯合報第十三屆小說獎暨附設新詩獎、報導文學獎得獎作品集》（台北：聯經，一九九二），頁一四一—四四。
——，〈我愛張愛玲〉，收入瘂弦編，《小說潮：聯合報第十三屆小說獎暨附設新詩獎、報導文學獎得獎作品集》（台北：聯經，一九九二），頁六一—八八。
——，〈後語〉，收入楊宗潤編，《眾裡尋他：開心陽光當代華文同志小說選（一）》（台北：開心陽光，一九九六），頁一九一—九五。
——，〈粉紅色羊蹄甲樹上的少年〉，收入楊宗潤編，《眾裡尋他：開心陽光當代華文同志小說選（一）》（台北：開心陽光，一九九六），頁一五九—九一。
林燿德，《大東區》（台北：聯合文學，一九九五）。
——，《時間龍》（台北：時報文化，一九九四）。
——，《淫魔列傳》（台北：羚傑，一九九五）
林懷民，〈安德烈．紀德的冬天〉，《變形虹》（台北：水牛，一九六八），頁一二一—九一。
——，〈蟬〉，《蟬》（台北：大地，一九七二），頁一〇七—二一〇。
——，《蟬》（台北：大地，一九七二）。

——，《變形虹》（台北：水牛，一九六八）。
邱妙津，〈柏拉圖之髮〉（一九九〇），《鬼的狂歡》（台北：聯合文學，一九九一），頁一二七—四八。
——，〈寂寞的群眾〉，《寂寞的群眾》（台北：聯合文學，一九九五），頁七七—一六一。
——，《鬼的狂歡》（台北：聯合文學，一九九一）。
——，《寂寞的群眾》（台北：聯合文學，一九九五）。
——，《蒙馬特遺書》（一九九六）（台北：聯合文學，二〇〇五）。
——，《鱷魚手記》（台北：時報文化，一九九四）。
——著，賴香吟編，《邱妙津日記》上冊（新北市：INK印刻，二〇〇七）。
邱祖胤，〈三十四年前禁演，王禎和《望你早歸》再登臺〉，《中國時報》，二〇一一年七月十七日，A10版。
邱貴芬，〈女性的鄉土想像：台灣當代鄉土女性小說初探〉（一九九七），收入梅家玲編，《性別論述與台灣小說》（台北：麥田，二〇〇〇），頁一一九—四三。
金曄路（Lucetta Yip Lo Kam）著，廖愛晚譯，《上海拉拉：中國都市女同志社群與政治》（*Shanghai Lalas: Female Tongzhi Communities and Politics in Urban China*）（香港：香港大學出版社，二〇一四）。
〈附錄：靜待回覆的摩斯密碼——曹麗娟、李屏瑤對談〉，收入李屏瑤，《向光植物》（桃園：逗點文創結社，二〇一六），頁二二八—三六。
侯延卿，〈履彊的意外人生〉，《聯合報．聯合副刊》，二〇〇八年九月七日，E3版。
姜貴，《重陽》（台北：皇冠，一九七四）。
施淑編，《日據時代台灣小說選》（台北：麥田，二〇〇七）。
柄谷行人著，趙京華譯，《日本現代文學的起源》（北京：生活．讀書．新知三聯，二〇〇三）。
洪凌，《異端吸血鬼列傳》（台北：平氏，一九九五）。

紀大偉，〈《酷兒啟示錄》編者說明與致謝〉，收入紀大偉編，《酷兒啟示錄：台灣當代QUEER論述讀本》（台北：元尊文化，一九九七），頁一七—二四。

——，〈台灣小說中男同性戀的性與流放〉（一九九七），《晚安巴比倫》（台北：聯合文學，二〇一四），頁二四。

——，〈如何做同志文學史：從一九六〇年代台灣文本起頭〉，《台灣文學學報》二三期（二〇一三年十二月），頁六三—一〇〇。

——，〈序：茫向色情烏托邦〉，收入徐譽誠，《紫花》（新北市：INK印刻，二〇〇八），頁一四—一七。

——，〈情感的輔具：弱勢，勵志，身心障礙敘事〉，《文化研究》一五期（二〇一二年秋季），頁四五—七四。

——，〈脫走胡迪尼：閱讀林燿德的逃逸術〉，《晚安巴比倫》（台北：聯合文學，二〇一四），頁一四六—五六。

——，〈誰有美國時間：男同性戀與一九七〇年代台灣文學史〉，《台灣文學研究學報》一九期（二〇一四年十月），頁五一—八七。

——，〈斷裂與連續：評許維賢的《從豔史到性史》〉，《女學學誌》三七期（二〇一五年十二月），頁一三五—四三。

——，〈翻譯公共性：愛滋、同志、酷兒〉，《台灣文學學報》二六期（二〇一五年六月），頁七五—一一二。

——，《晚安巴比倫》（一九九八）（台北：聯合文學，二〇一四）。

——，《膜》（台北：聯經，一九九六）。

——編，《酷兒狂歡節：台灣當代QUEER文學讀本》（台北：元尊文化，一九九七）。

——編，《酷兒啟示錄：台灣當代QUEER論述讀本》（台北：元尊文化，一九九七）。

〈美公務員同性戀愛〉，《聯合報》，一九五二年三月二十六日，四版。

〈美容院血案原因待最後判斷　性變態殺人較可能〉，《聯合報》，一九五一年十一月十六日，七版。

范銘如，〈台灣現代主義女性小說〉，《眾裏尋她：台灣女性小說縱論》（二〇〇二）（台北：麥田，二〇〇八），頁七九—一〇九。

胡蘭成，〈代序〉，收入朱天心，《擊壤歌》（一九七七）（台北：聯合文學，二〇〇四），頁六—一一。頁六。

——，《眾裏尋她：台灣女性小說縱論》（台北：麥田，二〇〇八）。

凌煙，《失聲畫眉》（台北：自立晚報社文化出版部，一九九〇）。

——，《竹雞與阿秋》（二〇〇七Takau打狗文學獎、長篇小說類）（高雄：高雄市文化局，二〇〇七）。

唐辛子等著，《中國同話》（台北：基本書坊，二〇一一）。

夏志清，〈白先勇早期的短篇小說——《寂寞的十七歲》代序〉，收入白先勇，《寂寞的十七歲》（台北：遠景，一九七六），頁一—二一。

——，〈白先勇論〉（上），《現代文學》三九期（一九六九年十二月），頁一—一三。

——，〈姜貴的「重陽」——代序——兼論中國近代小說之傳統〉（一九七三），收入姜貴，《重陽》（台北：皇冠，一九七四），頁五—二一。

夏慕聰，《軍犬》（台北：基本書坊，二〇一〇）。

孫梓評，〈都放棄了〉（二〇〇四），《善遞饅頭》（台北：木馬，二〇一二），頁六一—七〇。

——，《善遞饅頭》（台北：木馬，二〇一二）。

席德進，《席德進書簡：致莊佳村》（台北：聯經，一九八二）。

徐堰鈴，《踏青去》（二〇〇四）（台北：女書文化，二〇一五）。

——，《踏青去[Skin Touching》（二〇一五年新版劇本別冊），收入蔡雨辰、陳韋臻編，《踏青：蜿蜒女同創作足跡》（台北：女書文化，二〇一五）。

徐嘉澤，《下一個天亮》（台北：大塊文化，二〇一二）。

徐譽誠，〈紫花〉，《紫花》（新北市：ＩＮＫ印刻，二〇〇八），頁八一—一〇六。

恩格斯（Friedrich Engels），〈一八九一年第四版序言〉，收入中共中央馬克思恩格斯列寧斯大林著作編譯局譯，《家庭、私有制和國家的起源》（*The Origin of the Family, Private Property, and the State*）（北京：人民，一九九九），頁六—一九。

班納迪克・安德森（Benedict Anderson）著，吳叡人譯，《想像的共同體：民族主義的起源與散布（新版）》（*Imagined Communities: Reflections on the Origin and Spread of Nationalism*）（New Edition, 2006）（台北：時報文化，二〇一〇）。

馬森，《夜遊》（台北：爾雅，一九八四）。

高年億，〈同性戀者殺「愛人」　死者朱ＸＸ筆名藍玉湖　玻璃圈作家　出書夢成空　要求「履行同居義務」遭拒　兇嫌人財兩失揮刀〉，《聯合報・社會新聞》，一九九一年十一月六日，07版。

高雄市文化局主編，《葉石濤全集一二，隨筆卷：七》（高雄：高雄市文化局；台南：國立台灣文學館，二〇〇六—二〇〇九）。

張小虹，〈話《白水》〉，《ＰＡＲ表演藝術雜誌》二七一期（二〇一五年七月），頁八六—八七。

——，《怪胎家庭羅曼史》（台北：時報文化，二〇〇〇）。

張亦絢，《永別書：在我不在的時代》（新北市：木馬，二〇一五）。

張杰，〈我所了解的席德進〉，收入席德進，《席德進書簡：致莊佳村》（台北：聯經，一九八二），頁一八三—一八八。

張曼娟編，《同輩：青春男同志小說選》（台北：麥田，二〇〇六）。

——編，《同類：青春女同志小說選》（台北：麥田，二〇〇六）。

張貴興，《我思念的長眠中的南國公主》（台北：麥田，二〇〇一）。

張殿，〈抄襲或者參考〉，《聯合報．讀書人專刊》，一九九五年三月三十日，四二版。
張誦聖，〈「文學體制」、「場域觀」、「文學生態」——台灣文學史書寫的幾個新觀念架構〉，《現代主義．當代台灣：文學典範的軌跡》（台北：聯經，二〇一五），頁二八三—九八。
——，《現代主義．當代台灣：文學典範的軌跡》（台北：聯經，二〇一五）。
掙扎中的不幸讀者（台北），〈大家談：新公園變成男娼館　應速裝燈派警巡邏　一個誤入歧途少年的呼籲〉，《聯合報》，一九五九年一月二十二日，五版。
曹麗娟，〈童女之舞〉，收入痖弦編，《小說潮：聯合報第十三屆小說獎暨附設新詩獎、報導文學獎得獎作品集》（台北：聯經，一九九二），頁七—三七。
——，《童女之舞》（台北：大田，一九九九）。
梁玉芳，〈同志婚禮　台灣第一次　許佑生、葛芮喜宴四十桌　施明德不請自來　場外有人抗議〉，《聯合報》，一九九六年十一月十一日，05版。
梁啟超，《戊戌政變記》（台北：中華，一九六九）。
梅家玲編，《性別論述與台灣小說》（台北：麥田，二〇〇〇）。
符兆祥，〈新南陽拆了〉，《夜快車》（台北：文豪，一九七六），頁六二—八五。
莊佳村，〈席德進與我——代序〉，收入席德進，《席德進書簡：致莊佳村》（台北：聯經，一九八二），頁一—一四。
莫言，〈三島由紀夫猜想〉，《會唱歌的牆》（台北：麥田，二〇〇〇），頁一五三—六〇。
許正平，《愛情生活》（台北：大田，二〇〇九）。
許佑生，〈岸邊石〉（一九九〇），收入郭玉文編，《紫水晶》（台北：尚書，一九九一），頁一三一—三七。
——，《天荒地老：同志族譜之二》（台北：開心陽光，一九九六）。

——，《四海一家：同志族譜之一》（台北：開心陽光，一九九六）。
——，《男婚男嫁》（台北：開心陽光，一九九六）。
許悔之，〈白蛇說〉，《當一隻鯨魚渴望海洋》（台北：時報文化，一九九七），頁三八—三九。
——，〈白蛇說〉，《聯合報．聯合副刊》，一九九五年六月二日。
——，《當一隻鯨魚渴望海洋》（台北：時報文化，一九九七）。
許通元，〈假設這是馬華同志小說史〉，收入許通元編，《有志一同：馬華同志小說選》（吉隆坡：有人，二〇〇七），頁二〇九—四七。
——編，《有志一同：馬華同志小說選》（吉隆坡：有人，二〇〇七）。
許維賢，《從豔史到性史：同志書寫與近當代中國的男性建構》（桃園：國立中央大學出版中心，二〇一五）。
郭力昕，〈人道主義攝影的感性化與政治化：閱讀一九八〇年代關於蘭嶼的兩部紀實攝影經典〉，《文化研究》六期（二〇〇八年春季號），頁九—四二。
郭玉文編，《紫水晶：當代小說中的同性戀》（台北：尚書，一九九一）。
郭良蕙，《早熟》（台北：漢麟，一九七九）。
——，《兩種以外的》（台北：漢麟，一九七八）。
——，《青草青青》（台北：時報，一九八六）。
——，《青草青青》（台北：漢麟，一九七八）。
郭強生，《夜行之子》（台北：聯合文學，二〇一〇）。
——，《惑鄉之子》（台北：聯合文學，二〇一二）。
——，《斷代》（台北：麥田，二〇一五）。

陳克華，〈「肛交」的必要〉，《欠砍頭詩》（台北：九歌，一九九五），頁六八—七二。
——，〈大腿〉，《BODY身體詩》，丫莫蝸牛、River Tu攝影（台北：基本書坊，二〇一二），無頁碼。
——，〈我的出櫃日〉，《善男子》（台北：九歌，二〇〇六），頁三—八。
——，《BODY身體詩》，丫莫蝸牛、River Tu攝影（台北：基本書坊，二〇一二）。
——，《善男子》（台北：九歌，二〇〇六）。
陳佩甄，〈現代「性」與帝國「愛」：台韓殖民時期同性愛再現〉，《台灣文學學報》二三期（二〇一三年十二月），頁一〇一—三六。
陳明仁（Babujia A. Sidaia），《A-chhûn——Babujia A. Sidaia ê短篇小說集》（台北：台笠，一九九八）。
——，〈詩人ê戀愛古〉，《台文BONG報》一期（一九九六年十月）；後收入陳明仁（Babujia A. Sidaia），《A-chhûn——Babujia A. Sidaia ê短篇小說集》（台北：台笠，一九九八），頁一五—六一。
陳芳明，《台灣新文學史》（台北：聯經，二〇一一）。
——訪問，李文卿整理，〈文學之「葉」，煥發長青——專訪葉石濤〉（二〇〇一），後收入高雄市文化局主編，《葉石濤全集二二，隨筆卷：七》（高雄：高雄市文化局；台南：國立台灣文學館，二〇〇六—二〇〇九），頁三五一—七四。
陳雨航編，《七十八年短篇小說選》（台北：爾雅，一九九〇）。
陳建忠、應鳳凰、邱貴芬、張誦聖、劉亮雅合著，《台灣小說史論》（台北：麥田，二〇〇七）。
陳映真，〈山路〉（一九八三），《鈴璫花》（台北：洪範，二〇〇一），頁五一—九一。
——，〈趙南棟〉（一九八七），《鈴璫花》（台北：洪範，二〇〇一），頁九三—二〇二。
——，〈纍纍〉（一九七九），《上班族的一日》（台北：人間，一九九五），頁四七—五五。
——，《上班族的一日》（台北：人間，一九九五）。

——，《鈴璫花》（台北：洪範，二〇〇一）。
陳映湘，〈初論李昂〉，《人間世》（台北：大漢，一九七七），頁二三六—三八。
陳若曦，《尹縣長》（台北：遠景，一九七四）。
——，《紙婚》（台北：自立晚報，一九八六）。
陳國祥、祝萍，《台灣報業演進四十年》（台北：自立晚報，一九八七）。
陳敏鳳，〈香爐風波　陳文茜：李昂搞黑函工程　一夜心理建設，她決定重回戰鬥位置　不滿旁人搧風，她說不能諒解莊淇銘〉，《聯合晚報．話題新聞》，一九九七年八月一日，04版。
陳雪，《附魔者》（新北市：ＩＮＫ印刻，二〇〇九）。
——，《迷宮中的戀人》（新北市：ＩＮＫ印刻，二〇一二）。
——，《陳春天》（新北市：ＩＮＫ印刻，二〇〇五）。
——，《惡女書》（台北：平氏，一九九五）。
——，《愛情酒店》（台北：麥田，二〇〇二）。
——，《橋上的孩子》（新北市：ＩＮＫ印刻，二〇〇四）。
魚玄阿璣、鄭美里，〈幸福正在逼近——建立台灣同性戀社會歷史的初步嘗試〉，收入鄭美里，《女兒圈：台灣女同志的性別、家庭與圈內生活》（台北：女書文化，一九九七），頁二〇九—二二。
麥莫齊（Larry McMurtry）著，李永平譯，《最後一場電影》（*The Last Picture Show*）（台北：華欣，一九七五）。
傅百齡，〈一個中國處男的故事——試探《不結仔》的中國性倫理〉，《新書月刊》六期（一九八四年三月），頁八六—九〇。
曾秀萍，〈扮裝鄉土——《扮裝畫眉》、《竹雞與阿秋》的性別展演與家／鄉想像〉，《台灣文學研究學報》一二期（二〇一一年四月），頁八九—一三三。

——，《孤臣．孽子．臺北人：白先勇同志小說論》（台北：爾雅，二〇〇三）。
覃子豪，〈花崗山掇拾〉（一九五五），收入劉正偉編，《覃子豪集》（台南：國立台灣文學館，二〇〇八），頁四九—五三。
馮自由，〈革命二字之由來〉，《革命逸史》第一集（台北：臺灣商務，一九七六），頁一。
——，《革命逸史》第一集（台北：臺灣商務，一九七六）。
黃凡，〈曼娜舞蹈教室〉，《曼娜舞蹈教室》（台北：聯合文學，一九八七），頁一一—一一二。
黃年等撰，《聯合報六十年：一九五一—二〇一一》（台北：聯合報，二〇一一）。
黃道明，《酷兒政治與台灣現代「性」》（香港：香港大學出版社；桃園：國立中央大學出版中心；台北：遠流，二〇一二）。
——編，〈台灣愛滋大事記〉，收入黃道明主編，《愛滋治理與在地行動》（桃園：國立中央大學性／別研究室，二〇一二），頁三三九—三三七。
黃榮村，〈席德進致莊佳村書簡心理分析〉，收入席德進，《席德進書簡：致莊佳村》（台北：聯經，一九八二），頁一六三—七四。
黃應貴，〈「新世紀的社會與文化」系列叢書總序〉，《二十一世紀的家：台灣的家何去何從？》（新北市：群學，二〇一四），頁iii—ix。
——，〈導論〉，收入黃應貴主編，《二十一世紀的家：台灣的家何去何從？》（新北市：群學，二〇一四），頁一—二六。
——主編，《二十一世紀的家：台灣的家何去何從？》（新北市：群學，二〇一四）。
楊千鶴，〈花開時節〉（一九四二），林智美譯，《花開時節》（台北：南天，二〇〇一），頁一四二—七二。
——著，林智美譯，《花開時節》（台北：南天，二〇〇一）。

楊宗潤編，《眾裡尋他：開心陽光當代華文同志小說選（一）》（台北：開心陽光，一九九六）。
——編，《難得有情：開心陽光當代華文同志小說選（二）》（台北：開心陽光，一九九七）。
楊牧，〈一九七二〉，《年輪》（台北：四季，一九七六），頁一五二—六四。
——，〈同性戀〉，《飛過火山》（台北：洪範，一九八七），頁一〇七—一一〇。
——，〈柏克萊〉，《年輪》（台北：四季，一九七六），頁三—一二五。
——，《年輪》（台北：四季，一九七六）。
——，《飛過火山》（台北：洪範，一九八七）。
楊青矗，〈在室男〉（一九六九），《在室男》（高雄：文皇社，一九七一），頁一七七—二〇九。
——，《在室男》（高雄：文皇社，一九七一）。
楊風，〈祇因——新公園之夜〉（一九七二），收入《楊風詩集》（高雄：春暉，二〇〇七），頁二二一。
楊照，〈變貌〉（上），《中外文學》一九卷一〇期（一九九一年三月），頁一四五—七四。
——，〈變貌〉（下），《中外文學》一九卷一一期（一九九一年四月），頁一五三—八六。
楊翠，〈文化中國．地理台灣——蕭麗紅一九七〇年代小說中的鄉土語境〉，《台灣文學學報》七期（二〇〇五年十二月），頁一—四一。
——，〈現代化之下的褪色鄉土——女作家歌仔戲書寫中的時空語境〉，《東海中文學報》二〇期（二〇〇八年七月），頁二五三—八二。
楊澤編，《七〇年代懺情錄》（台北：時報文化，一九九四）。
楊錦郁整理，〈清新、諷刺、顛覆：聯合報第十三屆小說獎中短篇小說決審會議紀實〉，收入瘂弦主編，《小說潮：聯合報第十三屆小說獎暨附設新詩獎、報導文學獎得獎作品集》（台北：聯經，一九九二），頁三五三—七四。

楊麗玲，《愛染》（台北：尚書，一九九一）。

瘂弦編，《小說潮：聯合報第十三屆小說獎暨附設新詩獎、報導文學獎得獎作品集》（台北：聯經，一九九二）。

葉石濤，〈序——兼評「安德烈．紀德的冬天」〉，收入林懷民，《變形虹》（台北：水牛，一九六八），頁一—九。

——，〈兩年來的省籍作家及其小說〉（一九六七），收入高雄市文化局主編，《葉石濤全集一三，評論卷：一》（高雄：高雄市文化局；台南：國立台灣文學館，二〇〇六—二〇〇九），頁一四五—六五。

——，《臺灣文學史綱》（高雄：文學界雜誌社，一九八七）。

葉青，〈值得一再丟棄〉，《下輩子更加決定：葉青詩集》（台北：黑眼睛文化，二〇一一），頁四二。

——，〈當我們討論憂鬱〉，《下輩子更加決定：葉青詩集》（台北：黑眼睛文化，二〇一一），頁一九。

——，《下輩子更加決定：葉青詩集》（台北：黑眼睛文化，二〇一一）。

葉德宣，〈兩種「露營／淫」的方法：〈永遠的尹雪豔〉與《孽子》中的性別越界演出〉，《中外文學》二六卷一二期（一九九八年五月），頁六七—八九。

——，〈從家庭授勳到警局問訊——《孽子》中父系國／家的身體規訓地景〉，《中外文學》三〇卷二期（二〇〇一年七月），頁一二四—五四。

趙彥寧，〈不／可計量的親密關係：老T搬家三探〉，《台灣社會研究季刊》八〇期（二〇一〇年十二月），頁三—五六。

——，〈老T搬家：全球化狀態下的酷兒文化公民身分初探〉，《台灣社會研究季刊》五七期（二〇〇五年三月），頁四一—八五；

——，〈往生送死、親屬倫理與同志友誼：老T搬家續探〉，《文化研究》六期（二〇〇八年三月），頁一五三—九四。

——，〈痛之華——五〇年代國共之間的變態政治／性想像〉，《性／別研究》「酷兒：理論與政治專號」三、四期合刊（一九九八年九月），頁二三五—五九。

趙剛，〈重建左翼：重建魯迅、重建陳映真〉（二〇〇九），《求索：陳映真的文學之路》（台北：台社、聯經，二〇一一），頁三二一—三六。

——，《求索：陳映真的文學之路》（台北：台社、聯經，二〇一一）。

趙班斧，〈大家談　為黃效先免死呼籲〉，《聯合報》，一九五七年十一月四日，三版。

舞鶴，〈一位同性戀者的秘密手記〉，《中外文學》二五卷一〇期（一九九七年三月），頁一〇九—三三。

劉正偉編，《覃子豪集》（台南：國立台灣文學館，二〇〇八）。

劉亮雅，〈世紀末台灣小說裡的性別跨界與頹廢：以李昂、朱天文、邱妙津、成英姝為例〉，《情色世紀末：小說、性別、文化、美學》（台北：九歌，二〇〇一），頁一三—四七。

——，〈怪胎陰陽變：楊照、紀大偉、成英姝與洪凌小說裡男變女變性人想像〉，《中外文學》二六卷一二期（一九九八年五月），頁一一—三〇。

——，〈鬼魅書寫：台灣女同性戀小說中的創傷與怪胎展演〉，《中外文學》三三卷一期（二〇〇四年六月），頁一六五—八三。

——，〈跨族群翻譯與歷史書寫：以李昂〈彩妝血祭〉與賴香吟〈翻譯者〉為例〉，《中外文學》三四卷一一期（二〇〇六年四月），頁一三三—五五。

——，《情色世紀末：小說、性別、文化、美學》（台北：九歌，二〇〇一）。

劉春城，《不結仔》（台北：圓神，一九八七）。

履彊，〈互相煨暖的靈魂〉，《少年軍人的戀情》（新北市：ＩＮＫ印刻，二〇〇五），頁七二—七三。

——，〈互相煨暖的靈魂〉《少年軍人紀事》（台北：聯合文學，一九九九），頁一八六—九三。

——，〈相互煨暖的靈魂——一個久遠的事件〉，《兒女們》（台北：聯合文學，一九九四），頁五六—五七。

——，〈軍營某夜事情〉，《少年軍人的戀情》（新北市：INK印刻，二〇〇五），頁一三八—一四三。
——，〈軍營某夜事情〉，《少年軍人紀事》（台北：聯合文學，一九九九），頁一三八—一四三。
——，〈雄性的氣味〉，《少年軍人紀事》（台北：聯合文學，一九九九），頁七七—八三。
——，《少年軍人的戀情》（新北市：INK印刻，二〇〇五）。
——，《少年軍人紀事》（台北：聯合文學，一九九九）。
——，《兒女們》（台北：聯合文學，一九九四）。
歐陽子，〈近黃昏時〉（一九六五），《秋葉》（台北：爾雅，一九七一），頁一二一—三六。
——，〈素珍表姐〉（一九六九），《秋葉》（台北：爾雅，一九七一），頁一八三—二〇〇。
——，〈最後一節課〉（一九六七），《秋葉》（台北：爾雅，一九七一），頁一五一—六四。
——，《王謝堂前的燕子：「台北人」的研析與索隱》（台北：爾雅，一九七六）。
——，《秋葉》（台北：爾雅，一九七一）。
蔡孟哲，〈愛滋、同性戀與婚家想像〉，《女學學誌》三三期（二〇一三年十二月），頁四七—七八。
蔡雨辰、陳韋臻編，《踏青：蜿蜒的女同創作足跡》（台北：女書文化，二〇一五）。
蔣勳，〈七〇——〉，收入楊澤編，《七〇年代懺情錄》（台北：時報文化，一九九四），頁一〇九—一一四。
〈輪上醜劇　老船員竟獸性大發　強拉雇工斷袖分桃〉，《聯合報》，一九五九年五月二十二日，四版。
鄭聿，〈匕首〉，《玻璃》（桃園：逗點文創結社，二〇一四），頁二二—二三。
——，〈從／失戀到／世界／末日〉，《玻璃》（桃園：逗點文創結社，二〇一四），頁四八—四九。
——，《玩具刀》（桃園：逗點文創結社，二〇一〇）。
——，《玻璃》（桃園：逗點文創結社，二〇一四）。
鄭美里，《女兒圈：台灣女同志的性別、家庭與圈內生活》（台北：女書文化，一九九七）。

鄭清文，〈校園裡的椰子樹〉（一九六七），《校園裡的椰子樹》（台北：三民，一九七〇），頁一五七—八二。

——，《校園裡的椰子樹》（台北：三民，一九七〇）。

墾丁男孩，《男灣》（台北：寶瓶文化，二〇〇五）。

盧劍雄暨文集編輯小組編，《華人同志新讀本：一九九八華人同志交流大會文集》（香港：華生，一九九九）。

蕭颯，〈迷愛〉（一九八二），《死了一個國中女生之後》（台北：洪範，一九八四），頁一三七—四三。

——，《死了一個國中女生之後》（台北：洪範，一九八四）。

蕭錦綿，〈滑稽多刺的玫瑰——細讀王禎和新作《玫瑰玫瑰我愛你》〉，收入王禎和，《玫瑰玫瑰我愛你》（一九八四）（台北：洪範，一九九四），頁二六三—七八。

蕭麗紅，《桂花巷》（台北：聯經，二〇〇二）。

賴香吟，〈霧中風景〉，《霧中風景》（台北：元尊文化，一九九八），頁四六—六九。

——，《其後それから》（新北市：ＩＮＫ印刻，二〇一二）。

——，《霧中風景》（台北：元尊文化，一九九八）。

駱以軍，《遺悲懷》（台北：麥田，二〇〇一）。

聯合月刊編輯部，〈訪莊佳村〉，收入席德進，《席德進書簡：致莊佳村》（台北：聯經，一九八二），頁一七五—八二。

邁克，〈「同志」簡史〉，《互吹不如單打》（香港：香港牛津大學出版社，二〇〇三），頁二四四—四七。

——，《互吹不如單打》（香港：香港牛津大學出版社，二〇〇三）。

鍾阿城，《棋王》（北京：作家，一九八五）。

叢甦，〈想飛〉（一九七六），《想飛》（台北：聯經，一九七七），頁九—一九。

簡莉穎，《新社員劇本書》（台北：前叛逆文化，二〇一六）。

聶華苓，〈紀德與「遺悲懷」〉，《聯合報・聯合副刊・萬象》，一九六〇年十月十六日，七版。
——，〈紀德與「遺悲懷」〉，收入安德烈・紀德（André Gide）著，聶華苓譯，《遺悲懷》（*ET NUNC MANET IN TE*）（台北：晨鐘，一九七一），頁一一—一九。
藍玉湖，《薔薇刑》（台中：晨星，一九九〇）。
羅智成，《夢中情人》（新北市：INK印刻，二〇〇四）。
羅毓嘉，〈創世紀〉，《偽博物誌》（台北：寶瓶文化，二〇一二），頁一八—二一。
——，《偽博物誌》（台北：寶瓶文化，二〇一二）。
鯨向海，〈他將有壯美的形貌——同志詩初探〉，《台灣詩學、吹鼓吹詩論壇二號》「領土浮出：同志・詩專題」（台北：台灣詩學季刊雜誌社，二〇〇六），頁九—二〇。
——，〈你是那種比較強的風〉，《精神病院》（台北：大塊文化，二〇〇六），頁二九。
——，〈我有不被發現的快樂？再談同志詩〉，《臺灣詩學學刊》一三期（二〇〇九年八月），頁二三九—四二。
——，〈我初醒的房間時光的萬分之一亮度——致鄭聿與他的玩具刀〉，收入鄭聿，《玩具刀》（桃園：逗點文創結社，二〇一〇），頁八—一四。
——，〈青年公園泳池所見〉，《大雄》（台北：麥田，二〇〇九），頁八八。
——，〈徵友〉，《通緝犯》（台北：木馬，二〇〇二），頁五五—五六。
——，《大雄》（台北：麥田，二〇〇九）。
——，《通緝犯》（台北：木馬，二〇〇二）。
——，《精神病院》（台北：大塊文化，二〇〇六）。
嚴歌苓，《白蛇》（台北：九歌，一九九九）。
蘇偉貞，《沉默之島》（台北：時報文化，一九九四）。

顧肇森，〈太陽的陰影〉（一九九〇），《季節的容顏》（台北：東潤，一九九一），頁五〇—七五。

——，〈太陽的陰影〉，《聯合報．聯合副刊》，一九九〇年十二月九至十五日。

——，〈去年的月亮〉（一九八九），《月升的聲音》（台北：圓神，一九八九），頁一六九—九八。

——，〈張偉〉（一九八四），《貓臉的歲月：旅美華人譜》（台北：九歌，一九八六），頁八三—一一〇。

——，《月升的聲音》（台北：圓神，一九八九）。

——，《季節的容顏》（台北：東潤，一九九一）。

——，《貓臉的歲月：旅美華人譜》（台北：九歌，一九八六）。

英文

Ahmed, Sara, *Queer Phenomenology: Orientations, Objects, Others* (Durham: Duke University Press, 2006).

Althusser, Louis, "Ideology and Ideological State Apparatuses," *Lenin and Philosophy, and Other Essays* (London: New Left Books, 1971), pp. 127-88.

____, *Lenin and Philosophy, and Other Essays* (London: New Left Books, 1971).

Bauman, Zygmunt, "Forward: On Being Light and Liquid," *Liquid Modernity* [Cambridge, UK: Polity, 2000], pp. 1-15.

____, *Liquid Modernity* (Cambridge, UK: Polity, 2000).

Bennet, Eric, *Workshops of Empire: Stegner, Engle, and American Creative Writing during the Cold War* (Iowa City: University of Iowa Press, 2015).

Bennett, Judith M., "'Lesbian-Like' and the Social History of Lesbianisms," *Journal of the History of Sexuality* 9.1/2 (Spring 2000): 1-24.

Blatti, Jo, "Public History and Oral History," *The Journal of American History* 77.2 (Sep 1990): 615-25.

Butler, Judith, "Giving an Account of Oneself," *Diacritics* 31.4 (Winter 2001): 22-40.

____, *The Psychic Life of Power: Theories in Subjection* (Stanford: Stanford University Press, 1997).

Castle, Terry, *The Apparitional Lesbian* (New York: Columbia University Press, 1995, Revised Edition).

Chang, Sung-sheng Yvonne, *Modernism and the Nativist Resistance: Contemporary Chinese Fiction from Taiwan* (Durham: Duke University Press, 1993).

Chi, Ta-wei, "Performers of the Paternal Past: History, Female Impersonators, and Twentieth-Century Chinese Fiction," *Positions: East Asia Cultures Critique* 15.3 (2007): 581-608.

Desai, Gaurav, "The Invention of Invention," *Cultural Critique* 24 (Spring 1993): 119-42.

Dinshaw, Carolyn, Lee Edelman, Roderick A. Ferguson, Carla Freccero, Elizabeth Freeman, Judith Halberstam, Annamarie Jagose, Christopher Nealon and Nguyen Tan Hoang, "Theorizing Queer Temporalities: A Roundtable Discussion," *GLQ: A Journal of Lesbian and Gay Studies*, "Queer Temporalities: A special issue" (2007): 177-95.

Eagleton, Terry, *Literary Theory: An Introduction* (1983) (Minneapolis: Minnesota University Press, 1996).

Eliot, T. S., "Tradition and the Individual Talent,"(1919) *Modernism: An Anthology*, ed. Lawrence Rainey (Malden, MA.: Blackwell, 2005), pp. 152-55.

Fabian, Johannes, *Time and the Other: How Anthropology Makes Its Object* (New York: Columbia University Press, 1983), pp. 106-109.

Foucault, Michel, *The History of Sexuality: Vol. 1. An Introduction*. Trans. Robert Hurley (New York: Vintage, 1978, 1990).

Fraser, Nancy, "Rethinking the Public Sphere: A Contribution to the Critique of Actually Existing Democracy," *Social Text* 25/26 (1990): 56-80.

Freeman, Elizabeth, *Time Binds: Queer Temporalities, Queer Histories* (Durham: Duke University Press, 2010).

Freud, Sigmund, "Uncanny," *The Standard Edition of the Complete Psychological Works of Sigmund Freud*. Vol. XVII, ed. James Strachey (London: Hogarth Press, 2001), pp. 219-52.

Giddens, Anthony, *Modernity and Self-identity: Self and Society in the Late Modern Age* (CA: Stanford University Press, 1991).

Goldberg, Jonathan, *Queering the Renaissance* (Durham, N.C.: Duke University Press, 1994).

Greenblatt, Stephen, "Racial Memory and Literary History," *PMLA* 116.1 (Jan. 2001): 48-63.

Halperin, David, *How to Do the History of Homosexuality* (Chicago and London: The University of Chicago Press, 2002).

Hinsch, Bret, *Passions of the Cut Sleeve: The Male Homosexual Tradition in China* (Berkeley: University of California Press, 1992).

Hobsbawm, Eric and Terence Ranger ed, *The Invention of Tradition* (Cambridge: Cambridge University Press, 1983).

____, "The Invention of Tradition," in *The Invention of Tradition*, ed. Eric Hobsbawm and Terence Ranger (Cambridge: Cambridge University Press, 1983), pp. 1-14.

Hutcheon, Linda, "Interventionist Literary Histories: Nostalgic, Utopian, or Pragmatic?" *Modern Language Quarterly* 59.4 (1998): 401-17.

Jackson, Peter A. and Gerard Sullivan ed, *Lady Boys, Tom Boys, Rent Boys: Male and Female Homosexualities in Contemporary Thailan*d (London: Routledge, 1999).

Jackson, Peter A., *Queer Bangkok: 21st Century Markets, Media, and Rights* (Hong Kong: Hong Kong University Press; Chiang Mai, Thailand: Silkworm Books, 2011).

JanMohamed, Abdul R., "Humanism and Minority Literature: Toward a Definition of Counter-Hegemonic Discourse,"

Boundary 2 12-13 (1984): 281-99.

Jay, Martin, "Liqiud Crisis: Zygmunt Bauman and the Incredible Lightness of Modernity," *Theory, Culture & Society* 27.6 (Nov. 2010): 95-106.

Johnson, David K., *The Lavender Scare: the Cold War Persecution of Gays and Lesbians in the Federal Government* (Chicago: Chicago University Press, 2004).

Lim, Song Hwee, "How to Be Queer in Taiwan: Translation, Appropriation, and the Construction of a Queer Identity in Taiwan," in *AsiaPacifiQueer: Rethinking Genders and Sexualities*, ed. Fran Martin, Peter Jackson, Mark McLelland and Audrey Yue (Urbana: University of Illinois Press, 2008), pp. 235-50.

____, *Celluloid Comrades: Representations of Male Homosexuality in Contemporary Chinese Cinemas* (Honolulu: University Of Hawai'i Press, 2007).

Lin, Hazel, *The Moon Vow* (New York: Pageant Press, 1958).

Liu, Lydia, *Translingual Practice: Literature, National Culture, and Translated Modernity-China, 1900-1937* (Stanford, Calif.: Stanford University Press, 1995).

Liu, Petrus, "Why Does Queer Theory Need China?" *Positions: East Asia Cultures Critique* 18 (2010): 291-320.

____, *Queer Marxism in Two Chinas* (Durham: Duke University Press, 2015).

Martin, Fran, *Backward Glances: Contemporary Chinese Cultures and the Female Homoerotic Imaginary* (Durham: Duke University Press, 2010).

____, *Situating Sexualities: Queer Representation in Taiwanese Fiction, Film and Public Culture* (Hong Kong: Hong Kong University Press, 2003).

____, Peter Jackson, Mark McLelland and Audrey Yue ed, *AsiaPacifiQueer: Rethinking Genders and Sexualities* (Urbana:

University of Illinois Press, 2008).

McCullers, Carson, *Heart Is a Lonely Hunter* (Boston: Houghton Mifflin, 1940).

McLelland, Mark J., *Queer Japan from the Pacific War to the Internet Age* (Lanham: Rowman & Littlefield, 2005).

Niranjana, Tejaswini, *Siting Translation: History, Post-Structuralism, and the Colonial Context* (Berkeley: University of California Press, 1992).

Page, Max, "Radical Public History in the City," *Radical Historical Review* 79 (2001): 114-16.

Pflugfelder, Gregory M., *Cartographies of Desire: Male-Male Sexuality in Japanese Discourse, 1600-1950* (Berkeley; London: University of California Press, 1999).

Puar, Jasbir K., *Terrorist Assemblages: Homonationalism in Queer Times* (Durham: Duke University Press, 2007).

Rainey, Lawrence ed, *Modernism: An Anthology* (Malden, MA.: Blackwell, 2005).

Rohy, Valerie, *Anachronism and Its Others: Sexuality, Race, Temporality* (New York: State University of New York Press, 2010).

Russo, Vito, *The Celluloid Closet: Homosexuality in the Movies* (New York: Harper & Row, 1987, Revised Edition).

Said, Edward W., "Traveling Theory," *The World, the Text, and the Critic* (Cambridge, MA.: Harvard University Press, 1984), pp. 226-47.

____, *The World, the Text, and the Critic* (Cambridge, MA.: Harvard University Press, 1984).

Sang, Deborah, *The Emerging Lesbian: Female Same-Sex Desire in Modern China* (Chicago: University of Chicago Press, 2003).

Sedgwick, Eve Kosofsky, *Epistemology of the Closet* (Berkeley: University of California Press, 1990).

____, *Novel Gazing: Queer Readings in Fiction* (Durham, N.C.: Duke University Press, 1997).

Shepherd, Reginald, "The Other's Other: Against Identity Poetry, for Possibility," *Orpheus in the Bronx: Essays on Identity, Politics, and the Freedom of Poetry* (Ann Arbor: University of Michigan Press, 2007), pp. 41-55.

____, *Orpheus in the Bronx: Essays on Identity, Politics, and the Freedom of Poetry* (Ann Arbor: University of Michigan Press, 2007).

Silvio, Teri, "Lesbianism and Taiwanese Localism in The Silent Thrush," in *AsiaPacifiQueer: Rethinking Genders and Sexualities*, ed. Fran Martin, Peter Jackson, Mark McLelland and Audrey Yue (Urbana: University of Illinois Press, 2008), pp. 217-34.

Spivak, Gayatri Chakravorty, *In Other Worlds: Essays in Cultural Politics* (New York: Routledge, 1987).

Watt, Ian P., *The Rise of the Novel: Studies in Defoe, Richardson and Fielding* (1957) (Berkeley: University of California Press, 2001).

Zelizer, Viviana A., *The Purchase of Intimacy* (Princeton, N.J.: Princeton University Press, 2005).

附錄　作家年表

【說明】

一，作家排列順序按照出生年排列。每條作家的條目只陳列出生年（或生卒年）以及代表作（至多兩種代表作）。這份年表不收入國外作家，也不收入學者或評論者。

二，這份年表提及的作家不一定是「狹義的同志文學作品」作者，但都是「廣義的同志文學領域」參與者。

一九二〇年前

一九〇六—一九八一　胡蘭成　《今生今世》、《山河歲月》等等。

一九〇八—一九八〇　姜　貴　《重陽》、《旋風》等等。

一九一二—一九六三　覃子豪　《向日葵》、《畫廊》等等。

一九一三—二〇〇八　巫永福　《風雨中的長青樹》、〈首與體〉等等。

一九二〇年後

一九二一—二〇一一　楊千鶴　《花開時節》等等。

一九二三—一九八一　席德進　《席德進書簡：致莊佳村》、《上裸男孩：席德進四〇至六〇年代日記選》等等。

一九二五—　王鼎鈞　《千手捕蝶》，《左心房漩渦》等等。

一九二五—二〇〇八　葉石濤　《媽祖祭》，《台灣男子簡阿淘》等等。

一九二五—　聶華苓　《葛藤》、《桑青與桃紅》等等。

一九二六—二〇一三　郭良蕙　《心鎖》、《兩種以外的》等等。

一九三〇年後

一九三二—　馬　森　《夜遊》、《海鷗》等等。

一九三二—　鄭清文　《校園裡的椰子樹》、《報馬仔》等等。

一九三七—　白先勇　《臺北人》、《孽子》等等。

一九三七—二〇一六　陳映真　《上班族的一日》、《鈴璫花》等等。

一九三七—　叢　甦　《想飛》、《生氣吧！中國人》等等。

一九三八—　陳若曦　《尹縣長》、《紙婚》等等。

一九三八—　瓊　瑤　《窗外》、《幾度夕陽紅》等等。
一九三九—　七等生　《我愛黑眼珠》、《跳出學園的圍牆》等等。
一九三九—　符兆祥　《夜快車》、《咕咕哩哩：我在巴拉圭》等等。
一九三九—　歐陽子　《秋葉》等等。

一九四〇年後

一九四〇—　王禎和　《嫁粧一牛車》、《玫瑰玫瑰我愛你》等等。
一九四〇—　楊　牧　《年輪》、《柏克萊精神》等等。
一九四〇—　楊青矗　《工廠女兒圈》、《在室男》等等。
一九四二—　劉春城　《不結仔》等等。
一九四三—一九九一　三　毛　《撒哈拉的故事》、《稻草人手記》等等。
一九四三—　楊　風　《那年秋天》、《原來你還在唱歌》等等。
一九四六—　光　泰　《逃避婚姻的人》、《激情．天涯．夢：臺商在海外的情慾紀事》等等。
一九四六—　汪其楣　《海洋心情：為珍重生命而寫的ＡＩＤＳ文學備忘錄》、《青春悲懷：台灣愛滋戰場紀實戲劇》等等。
一九四七—　林懷民　《變形虹》、《蟬》等等。
一九四七—　蔣　勳　《欲愛書：寫給Ly's M》、《身體美學》等等。

一九五〇年後

一九五〇—— 黃　凡 《曼娜舞蹈教室》、《慈悲的滋味》等等。
一九五〇—— 蕭麗紅 《桂花巷》、《千江有水千江月》等等。
一九五一—— 玄小佛 《圓之外》、《小葫蘆》等等。
一九五一—— 舞　鶴 《十七歲之海》、《鬼兒與阿妖》等等。
一九五二—— 宋澤萊 《紅樓舊事》、《血色蝙蝠降臨的城市》等等。
一九五二—— 李　昂 《殺夫：鹿城故事》、《北港香爐人人插：戴貞操帶的魔鬼系列》等等。
一九五二—— 詹錫奎 《再見，黃磚路》等等。
一九五二—— 龍應台 《在海德堡墜入情網》、《親愛的安德烈》等等。
一九五三—— 林清玄 《菩薩寶偈》、《禪心大地》等等。
一九五三—— 平　路 《玉米田之死》、《百齡箋》等等。
一九五三—— 履　彊 《少年軍人的戀情》、《兒女們》等等。
一九五三—— 蕭　颯 《死了一個國中女生之後》、《霞飛之家》等等。
一九五四—— 陳明仁 《A-chhûn—Babujia A. Sidaia ê短篇小說集》、〈詩人ê戀愛古〉等等。
一九五四—— 楊　澤 《薔薇學派的誕生》、《人生不值得活的》等等。
一九五四—— 蘇偉貞 《離開同方》、《沉默之島》等等。
一九五四——一九九八 顧肇森 《貓臉的歲月》、《季節的容顏》等等。

一九五五— 吳繼文 《世紀末少年愛讀本》、《天河撩亂》等等。
一九五五— 羅智成 《夢中情人》、《透明鳥》等等。
一九五六— 朱天文 《世紀末的華麗》、《荒人手記》等等。
一九五六— 張貴興 《猴杯》、《我思念的長眠中的南國公主》等等。
一九五七— 張大春 《四喜憂國》、《撒謊的信徒》等等。
一九五八— 朱天心 《擊壤歌》、《方舟上的日子》等等。
一九五八— 阮慶岳 《愛是無名山》、《重見白橋》等等。

一九六〇年後

一九六〇— 林俊頴 《夏夜微笑》、《善女人》等等。
一九六〇— 曹麗娟 《童女之舞》等等。
一九六一— 張曼娟 《海水正藍》、《緣起不滅》等等。
一九六一— 許佑生 《男婚男嫁》、《懸賞浪漫》等等。
一九六一— 陳克華 《欠砍頭詩》、《BODY身體詩》等等。
一九六二—一九九六 林燿德 《大東區》、《時間龍》等等。
一九六三— 林裕翼 《我愛張愛玲》、《在山上演奏的星子們》等等。
一九六三— 楊 照 《大愛》、《黯魂》等等。
一九六三— 楊麗玲 《愛染》等等。

一九六四—一九九六 田啟元 《毛屍》等等。
一九六四— 凌 煙 《失聲畫眉》、《竹雞與阿秋》等等。
一九六四— 郭強生 《惑鄉之人》、《斷代》等等。
一九六六— 許悔之 《肉身》、《當一隻鯨魚渴望海洋》等等。
一九六七— 伊 苞 〈慕娃凱〉、《老鷹，再見：一位排灣女子的藏西之旅》等等。
一九六七— 駱以軍 《遣悲懷》、《西夏旅館》等等。
一九六八—一九九一 藍玉湖 《薔薇刑》、《狂徒袖》等等。
一九六九—一九九五 邱妙津 《鱷魚手記》、《蒙馬特遺書》等等。
一九六九— 賴香吟 《霧中風景》、《其後それから》等等。

一九七〇年後

一九七〇— 王盛弘 《關鍵字：台北》、《大風吹：台灣童年》等等。
一九七〇— 陳 雪 《惡女書》、《附魔者》等等。
一九七一— 洪 凌 《異端吸血鬼列傳》、《肢解異獸》等等。
一九七一— 吳明益 《天橋上的魔術師》、《單車失竊記》等等。
一九七二— 紀大偉 《感官世界》、《膜》等等。
一九七三— 張亦絢 《愛的不久時：南特／巴黎回憶錄》、《永別書：在我不在的時代》等等。
一九七四— 徐堰鈴 《踏青去Skin Touching》（二〇一五年新版）等等。

一九七五—— 許正平 《煙火旅館》、《愛情生活》等等。
一九七六—— 孫梓評 《男身》、《善遞饅頭》等等。
一九七六—— 鯨向海 《精神病院》、《大雄》等等。
一九七七—— 夏慕聰（阿聰） 《軍犬》、《貞男人》等等。
一九七七—— 徐嘉澤 《窺》、《下一個天亮》等等。
一九七七—— 徐譽誠 《紫花》等等。
一九七七—— 墾丁男孩 《男灣》等等。
一九七九—二〇一一 葉 青 《下輩子更加決定》、《雨水直接打進眼睛》等等。

一九八〇年後

一九八〇—— 鄭 聿 《玻璃》、《玩具刀》等等。
一九八一—— 黃崇凱 《壞掉的人》、《黃色小說》等等。
一九八四—— 簡莉穎 《新社員劇本書》等等。
一九八四—— 李屏瑤 《向光植物》等等。
一九八五—— 羅毓嘉 《樂園輿圖》、《偽博物誌》等等。
一九八七—— 林佑軒 《崩麗絲味》等等。

十八劃

十九劃

二十劃

二十一劃

十六劃

十七劃

十五劃

十四劃

十三劃

十二劃

十一劃

十劃

九劃

八劃

七劃

六劃

五劃

三劃

四劃

索引

英文

中文

一劃

二劃

台灣與東亞
同志文學史：台灣的發明

2017年2月初版
2022年11月初版第四刷

定價：新臺幣平裝650元
精裝750元

著者	紀大偉
叢書主編	沙淑芬
封面設計	兒日

出版者	聯經出版事業股份有限公司
地址	新北市汐止區大同路一段369號1樓
叢書主編電話	(02)86925588轉5310
台北聯經書房	台北市新生南路三段94號
電話	(02)23620308
台中辦事處	(04)22312023
台中電子信箱	e-mail:linking2@ms42.hinet.net
郵政劃撥帳戶第	0100559-3號
郵撥電話	(02)23620308
印刷者	世和印製企業有限公司
總經銷	聯合發行股份有限公司
發行所	新北市新店區寶橋路235巷6弄6號2F
電話	(02)29178022

副總編輯	陳逸華
總編輯	涂豐恩
總經理	陳芝宇
社長	羅國俊
發行人	林載爵

行政院新聞局出版事業登記證局版臺業字第0130號

本書如有缺頁，破損，倒裝請寄回台北聯經書房更換。
ISBN 978-957-08-4875-5 (平裝)
ISBN 978-957-08-4877-9 (精裝)
聯經網址 http://www.linkingbooks.com.tw
電子信箱 e-mail:linking@udngroup.com

國家圖書館出版品預行編目資料

同志文學史：台灣的發明/紀大偉著．初版．臺北市．
聯經．2017年2月（民106年）．520面．14.8×21公分
（台灣與東亞）
ISBN 978-957-08-4875-5（平裝）
ISBN 978-957-08-4877-9（精裝）
[2022年11月初版第四刷]

1.台灣文學史 2.同性戀

863.09 106000372